Biography of
Song Meiling

宋美龄全传（上）

佟静 著

团结出版社
UNITY PRESS

© 团结出版社，2015 年

图书在版编目（ＣＩＰ）数据

宋美龄全传 / 佟静著 . 一北京： 团结出版社，
2016. 11（2024.11 重印）
ISBN 978-7-5126-3942-3

Ⅰ.①宋…Ⅱ.①佟…Ⅲ.①宋美龄（1897～2003）
－传记Ⅳ.① K827=7

中国版本图书馆 CIP 数据核字 (2015) 第 306006 号

责任编辑：张　阳
封面设计：阳洪燕

出　　版：团结出版社
　　　　　（北京市东城区东皇城根南街 84 号　邮编：100006）
电　　话：（010）65228880　65244790（出版社）
　　　　　（010）65238766　85113874　65133603（发行部）
　　　　　（010）65133603（邮购）
网　　址：http://www.tjpress.com
E-mail：zb65244790@vip.163.com
　　　　 fx65133603@163.com（发行部邮购）
经　　销：全国新华书店
印　　装：三河市东方印刷有限公司

开　　本：170mm×240mm　16 开
印　　张：51.5　　　　　　　　　　　字　　数：806 千字
版　　次：2016 年 11 月　第 1 版　　　印　　次：2024 年 11 月　第 3 次印刷

书　　号：978-7-5126-3942-3
定　　价：128.00 元（全两册）
　　　　　（版权所属，盗版必究）

序

宋美龄是中国近现代史上一个带有传奇色彩的人物。作为一位有相当政治影响力的女性，她的人生跨越了三个世纪，这本身就是一个传奇。她出生的家庭是传奇的，她的成长经历是传奇的，她的婚姻是传奇的，她的政治作为也颇有传奇特点，长时期作为"中华民国的第一夫人"，使她的生活内幕、她的长寿更带有神秘的色彩。所以，她才能在中国几代人中间都享有很高的知名度和关注度。

正因为如此，笔者深深感到，给她作传实属不易。

宋美龄出生于19世纪末叶。当时的中国基本上还是一个封闭的社会，与中国绝大多数人迥然不同的是，宋美龄有一个开明的家庭。在一个女性甚少机会读书的社会，宋美龄的家庭却为她提供了比一般人更优越的学习环境和中西合璧的受教育条件。她五岁就被送入当地教会学校就读；年仅十岁，就远渡重洋，被"高瞻远瞩"的父亲送到美国的贵族学校读书，接受了十年完整的西方教育。她天资聪颖，勤奋好学，很早就显示出与众不同的气质。在中国传统文化和西方文化的共同作用下，后来作为"第一夫人"的宋美龄言行中既有中国传统推崇的贤妻德妇形象，又处处展现出西方文化中的开明、进取之精神。在某种意义上说，宋美龄是东西方文化交融的产物，她也因此一度成为20世纪上半叶中西文化沟通的重要"桥梁"。

宋美龄的父亲与"革命之父"孙中山过从甚密，两个姐姐又都嫁给了民国政坛上的风云人物。家庭背景的影响和留美的人生阅历，造就了宋美龄与众不同的婚姻观。她要的不仅仅是富足的生活，更看重对方的政治实力和未来的发展。所以在寻觅十年之后，当她三十大龄时才有了一个备受关注的婚姻。与姐姐们相比，她后来居上，嫁给了当时既有实力又有手腕的中国的"拿破仑"，这为她日后所拥有的一切和在中国政坛"有所作为"打下坚实的基础，从此，她的命运也就与蒋家王朝连在一起，一荣俱荣，一损俱损。

作为"第一夫人"天天与丈夫在一起，不仅可以在枕边议论政事，甚至在一定程度上参与决策，这是很自然的事。但是宋美龄的"夫人参政"程度是其他第一夫人望尘莫及的。无论内政、外交、军事、教育和文化，宋美龄都为丈夫提供了决策的动力和助力。

最初，宋美龄为协助丈夫解决北伐战争中的遗孤问题，在南京创设了两所遗族、幼童学校，帮助蒋介石解决后顾之忧；当蒋介石执意"剿共安内"之时，宋美龄紧随其后，走遍了中国的东南、西北和西南诸省，亲临前线鼓舞"士气"；国民党第五次"围剿"占领江西，宋美龄先借助于基督教协进会的力量，在江西设立11个实验区，从事农民福利与卫生等物质建设；接着，在蒋介石推行的"新生活运动"中，她出任"全国妇女指导委员会"的指导长，统领各界知名人士大张旗鼓，大造声势，把这项所谓"心灵道德建设"推向全国，并向国外广为宣传。

很早就有改造中国的愿望的宋美龄，在丈夫依靠枪杆子维系着自己统治的情形下，自然也要涉足军事。深得丈夫信任的宋美龄结婚不到10年，一跃登上国民党航空委员会秘书长的宝座，被称为"空军之母"。她不仅总揽着空军的人事、采购大权，还充分施展个人魅力，为国民党空军引来了一位骁勇善战的美国空军中校，组建了名扬中外的"飞虎队"，她本人则成为"飞虎队名誉队长"。

震惊中外的西安事变发生后，宋美龄又有了不同凡响的表现。为营救自己的丈夫，她竭尽全力先在"戏中有戏"的首都南京舌战众多的"主战派"，力主停止军事讨伐，派人谈判；接着，她又亲赴西安，与各方力量斡旋，对西安事变的和平解决和第二次国共合作的形成起了积极的历史作用。

抗战期间，宋美龄的爱国情感空前高涨。战争之初，上海遭受日军的野蛮进攻，宋美龄擦干悲愤的眼泪，号召全国妇女，出钱出力，为抗日的将士们服务，她亲自带着慰问品，不顾危险，出现在前线阵地鼓励官兵。甚至在慰问途中遇车祸受伤，她也没有停止她的抗战事业。为此，在人民心目中，当时的宋美龄赢得了良好的声誉。为向美国友人和全世界呼吁制裁日军的暴行，支持中国抗战，她犹如一个"国际播音员"，不断通过媒体广为宣传中国抗战的艰苦和抗日将士的英勇，为中华民族的生存做着不懈努力。抗战中，作为当时中国的妇女领袖，宋美龄领导妇女开展了多方面的工作，其中最具特色的是战地服务、儿童保育、妇女干部的训练及献金运动。她的努力在很大程度上激发了广大妇女为抗日作贡献的热情，无怪乎各国驻华外交官送她一个"女委员长"的雅号。

太平洋战争爆发后，蒋介石成为世界反法西斯同盟军中国战区最高统帅，国民党外交有了新的任务。这一时期，最让宋美龄引以为豪的是她异常活跃的"夫人外交"政绩。1942年，她随夫访问印度，促成中印共同抗日；1943年她先在北美大陆刮起了一股强劲的"宋美龄旋风"，十分成功地博取了美国朝野和广大民众的同情。而后，她又在北非开罗大国首脑会议上大出风头。一时间，宋美龄成了中华民族反侵略战争的代言人。由此她被美国《时代周刊》评选为全球十大最受欢迎的女性之一，并连续当选了二十多年。作为蒋介石的妻子、助手、翻译和不可或缺的智囊，宋美龄不仅帮助丈夫扩大了国际视野，还为他打开了国际知名度，争取到了大量的军事援助。宋美龄外交方面的骄人业绩，既为丈夫蒋介石争来了最急需的军援和经援，也为她自己赢得了在政坛和国民党内的地位以及爱国的美誉。

然而，尽管宋美龄确实有过很高的爱国热情和突出的爱国表现，为什么中国人民对她仍无好感呢?答案很简单，在旧中国的"四大家族"中，她和她的兄姐就占了三个，他们依靠蒋介石政权的力量成为左右中国经济的财阀集团；同时，作为蒋宋王朝的关键人物的她，为了爱"家"，却可以牺牲国的利益。特别典型的是，她对她的大姐及其家人一贯是关怀备至的，甚至对于这些亲人的丑行，她也是宁负国人不负家人，总是代表着阻碍中国发展的官僚买办势力。这是她人生中最大的败笔。另外，当着广大中国人民为摆脱外国列强的奴役而英勇奋战之时，她却时常摆出"第一夫人"的派头，讲排场，出风头，在公开的场合，常常是一副雍容华贵的仪容，或是身着毛皮大衣，或是身着非常考究的披肩，足蹬镂空的高跟皮鞋，手上是讲究的拎包，耳朵上还挂着钻石坠子，与身处水深火热之中的贫苦大众形成鲜明的反差。一个美国记者因此刻薄地把她称作"爱打扮的美国女郎"。这也是导致宋美龄在人民当中没有好感的相当重要的一个原因。所以，当蒋介石的统治行将崩溃之时，也许是自知无法求得中国人民的支持和同情，她只好跑到美国乞求援助。

国民党败退台湾之后，已过知天命之年的宋美龄尽管不再在政坛上担任要职，但是她在台湾和世界的政治舞台上仍然异常活跃。她追随蒋介石，在台湾政治的台前与幕后做了大量的工作。她既要在家政中说了算，又要在"朝政"中参与人事的决策，她成立了"中华妇女反共抗俄联合会"，鼓动广大的台湾"半边天"走出家门，去保卫蒋家唯一可以立命的台湾；她曾四度以"第一夫人"的身份访美，充当着一位"亲善大使"的角色；她不仅千方百计地为蒋氏政权争取经济的、军事的一切外援，还在背地里利用"金钱外交"、"度假外交"的手段打开台湾的困局。客观地说，宋美龄在台湾的发展和建设中确实占有特殊的地位，发挥了一种无人能取代的独特作用。同样客观地说，她的上述作为目的还是为了维持蒋家政权。所以，她不仅协助夫君著书立说，而且不遗余力地宣传"反共抗俄"，夫唱妇随地在一切公开场合大骂共产主义。竭力"反共"构成了宋美龄一生中又一大特点。

直到蒋经国去世后，宋美龄作为一个特殊政治人物的作用才开始有所变化。但她的一举一动，仍然会引起海峡两岸及美国和有关各方的关注。她对台湾政局及与美国的关系，仍然保持着自己的特殊影响力。

宋美龄之所以能有这种作用，其原因不外乎：在蒋氏父子的两代权力核心中，她要么是"第一夫人"，要么是"国之太母"，她都拥有着顶峰实权人物才能拥有的影响力，所以，她虽没有什么政治名分，其力量却足以牵制台湾"朝政"。甚至在蒋经国死后，她的"余威"仍能进逼台湾权力核心的文臣武将。正是有了上述的必要前提条件，才有了宋美龄一生中如此多的"作为"。

拙著《晚年宋美龄》出版以来，本人又翻阅了若干的历史著作和能够找到的有关宋美龄的历史资料，从而更加深化了对这位传奇人物的认识。

现在看来，作为一名出生于那个时代，生活于那样的社会背景和家庭环境之下的女性，身为"娇小姐"出身的"第一夫人"，她能够放下"贵夫人"的架子，像普通人一样努力工作、慰劳伤员、组织疏散、抢救难童，甚至冒着危险亲临前线慰问，是非常难得的。必须承认，在民族危难来临的时候，宋美龄牺牲个人的安逸，为抗战救国奔走呼号。从许多史实中，我们可以看到她对国家和民族的关心及责任感，我们还能看到她对在日寇铁蹄下苦苦挣扎的中国百姓的深切同情，看到她对流离失所、无家可归难童的一颗爱心。

退台以后直至定居美国，宋美龄仍然关注着中国大陆，关注着华人，关注着两岸关系。20世纪50年代以来，宋美龄一直坚决反对美国某些人分裂中国的企图。与当今台湾某些甚至不承认自己是中国人的政客相比，宋美龄至少是爱国的。

突出地表现在抗日战争期间，她在政治和外交领域的个人成就是非凡的。如果考虑到中国传统政治对女性的排斥和近代中国长时间的弱国外交历史，宋美龄在这方面的成就和个人才华，还应该得到更高的评价。

然而，我们还是应该看到，在爱国的同时，宋美龄一天也没有忘记爱自己的"家"——宋家、蒋家和孔家。大量地敛财，享受种种特权，甚至为了私情而甘冒天下之大不韪，作出损害国家和民族利益的勾当，这也是宋美龄的所为。

令笔者有强烈感受的，还有宋美龄根深蒂固的"反共"情结。这是其本身的历史局限性和阶级局限性所决定的。宋美龄作为她那个阶级的代表人物必然与劳动人民在价值判断上有着巨大差别。这种差别决定了"反共"是她的一种自然的选择，而这个选择必然与中国广大劳动人民的选择不同。所以，她毕生的"反共"情结，也是她最终被中国最广大的劳动人民抛弃的根本原因。

毫无疑问，宋美龄对蒋家王朝有着突出"贡献"，那么，对中国的贡献呢？相信历史会给她一个合适的定位。

目　录

宋美龄 全传

· Biography of Song Meiling

第一章

传奇世家

宋美龄出生于近代中国最富传奇色彩的家庭。这个家庭的缔造者叫宋嘉树。

之所以称为传奇，是因为他的人生经历坎坷而奇特：偶然的机遇加上其勇敢无畏的性格和不屈不挠的奋斗精神，使他由一个贫寒的农民之子变成受到美国正规教育的传教士，再由经商而成为上海滩上声名显赫的大富翁。然而他并未满足于做一个成功的实业家，他的另一个惊人之举是以万贯家财资助推翻封建清王朝的革命斗争，并由此而成为中国资产阶级民主革命领袖孙中山的坚定支持者和亲密战友。

之所以称为传奇，还因为他对子女的成功培养无人能比：他的六个子女都受到良好的教育，尤其是他的三个女儿，因其赴美留学所获得的非凡气质和良好教养而魅力四射，成为民国初年最有影响的风云人物所追求的理想佳偶。因为宋嘉树的女儿及其所嫁的丈夫们，在中国近八十年的历史上扮演了极其重要的角色，他被称为"世界上最杰出的三位女儿的父亲"。

近代中国最富传奇色彩的家族。前排右起：席地而坐者为宋庆龄、宋子安、宋子文、宋蔼龄；后排右起：宋美龄、倪桂珍、宋嘉树、宋子良。

一个极其偶然的机缘

宋美龄是20世纪上半叶中国最富传奇色彩、最具影响力的宋氏家族的小妹，她和大姐宋蔼龄、二姐宋庆龄，因为她们的美貌、才识和闻名天下的婚姻而受到世人瞩目，引起人们经久不衰的兴趣。

宋家的显赫和宋氏姐妹的尊荣，出自一个极偶然的机缘。宋家姐妹出生前的30年，她们的父亲宋嘉树——那个时候还不叫宋嘉树，他原本姓韩名教准——还是海南文昌县一个贫寒的农家子弟。如果没有这个机缘，宋家姐妹也许和千千万万的普通村姑一样，甭说出国留学、才识出众，恐怕连最起码的识字扫盲教育也不能享受。在美国度过青年时代的宋嘉树，后来成为上海滩上颇有名望的实业家和革命党人。运气不错的女孩，也许能嫁一个殷实的耕田之家，生儿育女，恪守为人妻母的人生职责。

那么，决定宋氏家族命运、深刻影响近代中国政治风云的这个偶然机缘是怎么回事呢？

宋嘉树的家乡海南文昌是中国著名的侨乡，漂洋过海寻找生计的侨民遍及南洋、北美、南美各地。宋嘉树的祖先也加入了开拓者的行列，并且把家族的分支伸向美洲大陆，沿美国东海岸做起生意来。

恰巧，宋嘉树有一位堂舅早年移民美国，经营茶叶与丝绸，在美国马萨诸塞州的波士顿，开设一家茶丝小商店，生意颇为兴隆，遗憾的是膝下无子。

1875年，这位堂舅回乡探亲，看到韩家内侄长得聪明伶俐，遂有意收他为养子，过继到宋家作为香火的传承者和家业的继承人。韩家父母欣然同意，于是，韩教准正式过继给堂舅，并更名为"宋嘉树"。不久，宋嘉树随养父在海上飘荡一个多月后，来到了当时美国最繁荣的商埠——波士顿。

正是这位普通茶丝华商的偶然招嗣选择，不仅极大地改变了韩教准，也就是后来的宋嘉树的命运，也

在美国度过青年时代的宋嘉树，后来成为上海滩上颇有名望的实业家和革命党人。

多少影响了近现代中国政治的走向。

这位中国少年，面对完全陌生的国度，将怎样开始他全新的人生呢？

独闯天下的东方之子

养父为宋嘉树聘请了一位有经验的英语教师，这是一位林肯总统的崇拜者，除了每天讲授两节英语课外，他还使这个来自中国的学生知道了什么是解放黑奴运动，什么是美国内战，什么是林肯的伟大主张——"民有、民享、民治"的三民主义。他还带领宋嘉树参观了波士顿几乎所有的美国革命纪念地。一百多年前发生"波士顿惨案"的英王街，1775年4月19日打响独立战争第一枪的莱克星敦，1776年3月17日民军将英军赶出波士顿的纪念地……更让宋嘉树难忘的是，在老师的引荐下，他还幸运地会见了抗英英雄萨缪尔·亚当斯的曾孙女，这位少女谈起自己祖父的英雄业绩时，更是生动传神，极具感染力。独立和自由的信念深深地打动了宋嘉树的心，他就这样受到了民主思想的启蒙教育，这为他日后投身革命党打下了最早的思想基础。

在他呼吸波士顿清新空气的同时，茶店里的学徒生活却令他感到乏味和厌倦。家人指望他在自家的店铺里学会生意经，为他制订了一个节制有度、刻板俗套的计划。随着他慢慢长大，某一天继父会宣布：嘉树将成为本店铺的掌柜。但是，这一天为时尚远，按照中国人传统的观点，这个九岁的男孩至少要再过六年，才能算作是成人。在这样的生活中，新奇的外国教育对这个家庭毫不起作用。仿佛命中注定他要过一种平凡的、艰苦的生活。

然而宋嘉树已不安于过这种生活了。这一变化主要是来自当年在美国为数不多的中国小留学生的影响。

1871年，中国政府组织了中国

海南文昌宋氏祖居。

教育团赴美，团中来自上海的两个小留学生温秉忠和牛尚周经常光顾宋嘉树的小店铺，在那里高谈阔论。这两个小留学生常常同在柜台后面的小男孩攀谈各自的体会。他们告诉他学校里各种有趣的新闻，以及每年夏天他们被送往夏令营所过的生活等等。他们经常来店铺，并且总是批评宋嘉树所过的那种日子，说他总是站在柜台后面，仅仅满足夜校的学习水平，劝他到学校去学一门有意义的学问，将来再谋一个理想的职业等等。一般来说，同龄人很容易沟通交往，他们逐渐成了好朋友。

但是他们都未曾料到，这一结识竟改变了宋嘉树的一生。确切地说，当他们首次踏进波士顿这家中国人开的小店铺时，便开始编排了一个中国同胞另一种形式的命运，也开启了这个中国男孩命运的富贵之门。宋嘉树的羡慕之心不断增强，终于有一天，在好朋友的怂恿下，他走到舅舅面前，要求允许他结束学徒生活，能够到美国的学校读书。

然而，他的舅舅对这样一种雄心勃勃的志向毫无认同感，认为嘉树已有他自己的前途，一个很有出息的前途：他将同其他宋家人干一样的事，像一只勤劳的蚂蚁一样工作，把自己造就成一个精明的商人，为他的家族增光。因此，舅舅劝他安分守己，继承"家业"。但是，这时嘉树自己却另有主意，他并没有声张自己的意图，而是开始悄悄地、执着地追求更远大的人生目标。朋友的劝告和来到美国后所产生的潜移默化的影响已渗入到宋嘉树的心灵之中，他已下决心自己来改变自己的命运。当小嘉树十三四岁时，他开始模仿美国男孩的行为，并且真正干了一件美国男孩常干的事情——离家出走。作为中国人这是不孝的行为，但对当时渴望过一种新生活的宋嘉树来说则是不可避免的。

宋嘉树偷偷跑到波士顿港口一艘美国国税局缉私船上躲起来。这船正巧驶往南方，他既不知道也不在乎这船开往何处，小小年纪的宋嘉树此时只有一个想法就是设法逃走。

当然，宋被抓住了，并且被带到船长查理·琼斯（另有著述说，船长的名字是埃里克·加布里埃尔森）的面前。他又赶上一次好运气，船长琼斯是位心地善良而又虔信上帝的人，想必他有一些其他的猜想，但最终还是暂时收留了他。当船在下一个港口靠岸时，他没有简单地把年轻的嘉树送上岸去，相反，他开始对这个东方男孩怎样而且为何偷偷乘上了他的这条船感到好奇。小嘉树热切地、兴奋地、极其真诚地把一切都告诉给他：他怎样想上学，而他舅舅不让他去，他正在长大，再晚一点，一切就要被耽误。他乞求允许让他以干活为生，以便离开波士顿和那个店铺，并且找到一个机会实现他已选定的，而不是强迫要他达到的目的。

小小年纪就有明确的个人志向和胆量，嘉树终于打动了船长，因为美国人的传统中也崇尚这种不靠祖宗余荫，不靠别人恩赐，而靠自己奋斗，吃苦耐劳，创造前途的人生哲学。在船长看来，眼前这个中国男孩，这么小年纪就不愿继承"家业"，而独闯天下，反对干涉，追求自由，这该有多大的勇气和胆识啊！于是宋嘉树不仅获得了同情，被留在船上干活，而且开始了人生命运的大转折。

船长带着小偷乘者驶过了一个个口岸。宋嘉树的勤奋赢得了船长的好感与喜爱，与此同时，船长待他有如亲子，教他信仰基督。每当"考尔法克斯"号驶进波士顿港口，嘉树就神秘地消失了，只有当他们能够从这座危险的城市安全离开时，他才重新出现。

在一次航行期间，当"考尔法克斯"号驶进卡罗来纳州的威明顿时，船长有意识地上了岸，寻访他的朋友罗杰·穆尔上校和查德威克夫人，他们是南卫理公会热诚的工作者。他们讨论了宋嘉树的事，然后决定由查德威克夫人把这孩子及他的有关问题托付给南五号街卫理公会主教派教会的头面人物佩奇·里考德牧师。

19世纪末的中国，洋传教士已越来越多，而中国人做传教士的却极为少见。

传教作为文化侵略的措施之一，早在美国侵略中国的第一个不平等条约《望厦条约》中已有明文规定，而且实施多年。这位基督教会的头头对这个东方男孩产生了兴趣，他希望通过培养这个中国男孩，达到向神秘的东方大国中国传播基督教的目的，期望他在开拓美国在中国的事业中能起到美国人起不到的作用；而宋嘉树则渴望学到一门学问，以便将来改变自己的命运。于是，二者一拍即合，1880年在美国南方的小镇里，宋嘉树答应皈依基督教。他以查理·琼斯·宋的名字接受了洗礼。

试想，在异国他乡、举目无亲的环境中，一个十四岁的孩子，作出这样的选择，没有对改变个人命运的执着追求和信念是不可能的。

人生轨迹的重大转机

几个月后，当里考德牧师把年轻的宋嘉树带来见朱利安·卡尔将军时，自然出现了已预见的那种结果，达勒姆市的卡尔将军是联邦军的军人，一个纺织企业家、富翁和慈善家，他决定给这个男孩以梦寐以求的教育。得到将军的允许后，宋嘉树被送进北卡罗来纳州的小城达勒姆市。将军把他带进自己的大房间，这里邻居的其他孩子以前从未见过中国人，因此宋嘉树或多或少地被他们看成像展品一样新奇。

卡尔将军为查理选择了卫理公会的圣三一学院，这所学院当时在兰道尔夫县只占很小的一块地方。在预备学校里他只学习了一年，但他学得很快，而且不久就干起学院里的工作。他生活在W.T.甘纳威教授家里，并由院长布拉克斯顿·克雷文博士教他学习。克雷文夫人在宋嘉树最初起步的困难时刻帮助了他，因为那时他的英语还不能运用自如。这些好心的人已经想到查理·琼斯·宋一定是为了一种特殊的目的，由上帝送到他们面前的。经过适当的训练，难道他不能成为他本国土地上的一个积德行善的人吗？宋查理在圣三一学院第一年的圣诞节前夕被领入教堂，克雷文博士引用《圣经》里的话说："你，走向世界：向天下一切生灵布讲福音。"

宋嘉树的朋友们对他将来在自己本国土地上的圣职工作抱有莫大的希望。这时正是赛珍珠在她最著名的一本书《战斗的天使》中所描述的时代：美国各地所有教会里的人都渴望筹集资金支持他们的传教士。

宋嘉树的美国恩人朱利·卡尔将军。

这些传教士是些意志坚定的年轻人，立志带着神的感召出国去拯救愚昧无知、留着小辫子的中国人的灵魂。宋嘉树的恩人一定这样想：这个船舱服务员是作为神圣计划的显灵，被送到了他们的面前。美国的传教士用他们的方式干得很好，但美国培训的一个中国本乡本土的牧师将会产生多么大的效力啊！对卫理公会所有好心的人来讲，用上帝的方式对待他、抚育他、教导他，则是他们应尽的责任。

在美国的宋嘉树又有了一个新名字——宋查理。宋嘉树是一个有骨气的年轻人，不愿完全依赖别人的施舍，坚持靠自己赚钱为生，学校假期里，他挨家挨户地卖书，并出售他在船上学会编织的绳索吊床。他每到一家都受到教堂会友的欢迎。当然这些人都见过他，至少对将军这个奇怪的门徒也瞥过一眼。好客的小城居民在他卖出一个吊床前，经常邀请他到屋里喝一杯咖啡和尝一块馅饼。同时，达勒姆市家家户户宁静的庭院里几乎都添设了一张摆动着的精致吊床。

至此，宋嘉树的人生轨迹有了第一次重大转机，而他的确是一个典型的聪明而自立的幸运儿。这是他走向自己目标的第一步。

宋嘉树的课业负担是十分沉重的，他以惊人的意志和记忆力克服学习中的困难，这给老师们留下很深刻的印象，院长克雷文博士在1881年6月9日的年度报告中指出："他每一个方面都很出色，专心学习，一定会成功。"在同学中，宋嘉树也赢得了好感，他热情肯干，爱开玩笑，所以成了一个有吸引力的热心的活跃分子。

多年以后，宋嘉树在向孩子们讲述北卡罗来纳州的学校生活时，总忘不了

在美国的宋嘉树又有了一个新名字——宋查理。

进入圣三一学院后的那个万圣节的夜晚。那天晚上，他走进黑暗的屋子，迎面看见屋角摆着一个龇牙咧嘴的南瓜脑袋，烛火在两只眼洞后闪烁，嘴里布满了锯齿状的牙齿。当时，万圣节的南瓜鬼头对一个美国孩子来说并不新奇，但嘉树以前从未见过它，起初他搞不清这是什么东西，一时间想入非非。他停住脚步凝视，这时那些隐藏起来的同学忍住了咯咯的笑声。此时，嘉树也许更快想到的是鬼，而没有想到自己已是一个不信邪的基督教男孩……"说时迟，那时快"，

"他径直地走向那个南瓜，照它的鼻子一拳打去，当然，南瓜粉碎，从此以后男孩们再也不拿他开玩笑了。"——几十年过后，女儿们还能津津乐道重述她们父亲早年的故事。

宋嘉树曾在美国学习时的北卡罗来纳州照过一张相片，这张相片显示出那时他就是个强健的、身着美国时装的男孩。他的头发几乎从正中分开，光滑地倒向两边，一条腿翘在另一条腿上，两只手小心而又自然地放着。他两眼直视，年轻的额头上皱着双眉，显出认真的表情。他鼻子上翘，嘴和下巴刚毅坚定，这张照片使人感到他是个健康的、充满希望的、早已具有坚定信念和目标的年轻人。

宋嘉树在圣三一学院待了两年后，转入田纳西州纳什维尔市范德比尔特大学神学院学习，以便和返回故土的传教士们有所接触。

他不愿意离开克雷文夫妇，他送给克雷文夫人一个吊床，并且谨慎而有礼貌地讲了一番谢词，此时此刻，他突然难过地哭起来，"伸出臂膀搂住她的脖子，向她吻别"。（埃米莉·哈恩著《宋氏家族》，第9页）

同样，宋嘉树的恩人之一卡尔将军，这位百万富翁，于20年后出访中国时则得到了他应有的报偿。"在那儿，他们对待我就像对待一个国王，"他总是若有所思地说，"像一个国王……"（同上）

1882—1885年，宋嘉树在范德比尔特大学神学院就学。除了代理院长乔治·温顿博士外，他似乎和所有的人交上了朋友。他的同学后来回忆时给宋嘉树这样的评价："他脑子灵，努力准确而流利地使用英语，通常充满了机智和幽默，脾气好。小伙子们开始喜欢他，带他参加校园里的所有社交活动，他备课很认真，所有的考试都及格，毕业时，在神学方面是班上的优等生。"（《回忆查理宋》载《世界言论》1938年4月号）另一位同窗也有同样的评价："他个子不高……身体结实，他性情开朗，爱笑，所有的学生都欢迎他，他是一个才思敏捷、中上水平的学生。"（［美］罗比·尤恩森著《宋氏三姐妹》，第7页）学

宋嘉树在回国途中，于日本横滨的留影。

生时代给宋嘉树留下了十分美好和愉快的回忆。

但也有人对他的评价不是太好，代理院长温顿博士就对他很不以为然，曾尖刻地写道：宋，我们也叫他"速（Soon）"，是个轻率的小伙子，富有活力和乐趣，但不是一个出色的学生。他似乎对宗教没有特别的兴趣，对传教兴趣更少。事实上，后来宋嘉树确实走上了另一条发展之路。

学习之余，宋嘉树常常怀念远方的祖国和亲人，他天真地认为，基督真能帮助他拯救祖国，对回国传教充满着信心，这可以从当年他写给教会即将派他回上海工作的负责人林乐知的信中得知："在我结束我的学业时，我希望我能把光明带给中国人。我生活的目的是行善、敬人、赞美上帝；对别人行善，拯救他们免遭永恒的惩罚。但愿上帝帮助我。"

悲喜上海滩

1886年1月，传教士宋嘉树带着传教任务返回中国，更确切地说回到了上海。

当时的中国，事实上已被列强们瓜分得支离破碎，令人惨不忍睹。每一块领土都受到某个贪婪的外国势力的影响。外国列强都在等待时机肆无忌惮地夺占更多的地盘。北京的朝廷依靠这些西方列强苟且偷生。这些列强的外交官看到他们的贸易竟在种种离奇的条件下增长，感到心满意足。试验性的分割已确定，中国已支离破碎。

西方的精神文化与它的物质文明一起，也日渐渗入进来。来自法国的罗马天主教神甫，来自英国和美国的新教传道士在传教时发现，他们接近中国人的道路畅行无阻，因为中国人不怕上帝在中国农村的存在。1890年，长江流域开始出现反抗传教活动的骚动，但还没有发生大的起义，也没有引起举国上下的怨恨，还未导致像十年后席卷全国的义和团运动。总的来说，传教活动兴盛一时。在这个对宗教宽容大度的国土上，佛教徒和老子的道教信徒相安无事，和睦相处，各自进行自己的崇拜，同享孔子的人生哲理，基督教也迅速地传播开来。到1890年，中国已有成千名领受圣餐的基督教徒和一些本国的传教士。

与内地相比，上海甚至在那时就是一个舒适的大都市。它的声誉已在英语字典上创造出一个新的动词（Shanghai——灌以酒或麻醉剂使人失去知觉，然后拐带到航船上做水手）。上海自1843年以来，就是通商口岸。《南京条约》签订后，英国强词夺理地捣毁了这个昔日老渔村的围墙，为获得更大的油水，他们把这里开辟成港口，把这一小片土房变成了沟通中国内地和欧洲市场之间贸易往来的交通枢纽。他们希望在上海创建一座完全是他们自己的外国城市，仅允许中国人干些诸如仆人和店铺老板之类的必要杂活。19世

这是19世纪末的上海滩，宋嘉树从这里开始了自己的新生活。

纪80年代后半期，上海已是一座世界性的城市，它正处于大工业化的前夜，大批纺织厂沿贫民窟的边缘建立起来，吸引了成千上万的乡下人。宋嘉树来到了家乡之外的这样一个陌生地方，开始了他的奋斗生涯。

初到上海这个地方，宋嘉树首先要忍受最初调整阶段的困难时刻。他不仅对中国饮食已不习惯，而且只能把英语当作交流的唯一语言，他的着装也是一身洋人的西服，留着油光锃亮的西式分头。可以这样说，这时的宋嘉树对生活在喧闹散乱的美国城市，比国内更使他有居家之感。

尽管在美国的八年经历，已经使宋嘉树美国化了，但在他的美国上司林乐知的眼里，他仍是一个有抱负、想往上爬的村夫。上级给林乐知的指示是：不用给予什么特别的考虑，就是应该把他派到最底层去。他要徒步一个城镇一个城镇地巡回布道。美国作家西格雷夫也认为这种安排"是故意贬抑查理在自己人当中的地位，中国人是很重视坐轿子之类的外表身份的，查理被降低到农民的地位了"。（［美］斯特林·西格雷夫著《宋家王朝》，第41页）他的上司认为他不应享受美国传教士的特殊待遇，给他的每月薪水不超过15美元。初回国内宋嘉树还立足未稳，只好忍气吞声接受这一工作。这是自北卡罗来纳州幸福的学校生活之后，传教士宋嘉树突然重新做起辛酸的社会功课。（也正是教会对他这一系列的歧视措施，使他迫于生存而无法专心从事他的传教事业，继而转向了中国正在兴起的实业界。）

具有强烈自强意识和自尊心的宋嘉树，很快就由于与顶头上司林乐知发生冲突而申请调往日本，但他的请求没有成功，他不得不留下继续工作。为了改善自己的处境，他下决心丢掉美国人的外表，他脱下洋装，改变着在国外养成的生活作风，他学会了地道的上海话。据说，宋嘉树的语言课经常以相互争吵结束，原因就是他与老师在中文说法如何用英语来表达方面不断发生歧义。嘉树还要重新学习社交、礼仪方面的知识。在吴淞接受了六个月的语言训练之后，他就被派往内地，在地处水乡、沪苏公路上的昆山充当一名巡回传教士。

年轻时代的胡适。

他写信告诉自己在美国的朋友，他在黄浦江口的村镇吴淞以及苏州和昆山一带传道。吴淞是他活动的第一个中心，他同时还在教会的一所学校教书。

在他教过的一个班里，有一个后来在中国有着鼎鼎大名的胡适博士（他日后就读于美国康乃尔大学，最后成了中国知名的学者、中华民国驻美大使和著名的教育家）。在胡博士的回忆中，当这个新老师首次大步走上讲台时，他那敦实的身材、短短的头发和那张土里土气的南方人面孔引起一阵阵学生的窃笑声。

学生们对传统的中国先生那种严肃的神情、修长的身材和因循守旧的习气已感到习惯。胡适预料宋嘉树将羞愧地离开教室。可是相反，等到教室里的嘈杂声平静下来，他才打开书本开始讲课，孩子们立刻安静下来，并逐渐对他敬重起来，他们不仅佩服查理的课堂讲授，而且强烈地感到，查理是他们当中的一员：他是靠自己的力量跑到西方去的，既非朝廷派遣，又无教会支援。正当华人在美国备受折磨苦难的时候，他却在那里闯出了自己的路子。很明显，他出身农村，脚趾缝里还残留着地里的泥巴。他像一辈子光脚在地里耕耘的农夫一样。而这恰恰正是他吸引学生的地方。他是个出色的老师，他成了校中最受欢迎的老师。第一学期结束时，消息传开了。于是，查理班上的学生数从12名猛增到24名，整整翻了一番。

宋嘉树最初的传教生活，很是艰苦，拿着很低的薪水，不仅要巡回布道，而且还要教书。但是看来这番艰苦的经历，只是影响到他对中国教会顶头上司的看法，并没有使宋嘉树对美国的看法有太大的改变。一方面当时对于涉世不深的宋嘉树来说，幕后教会的看法和这些不友好的活动，他并不了解；另一方面在美八年，他曾得到许多美国人的帮助，与他们产生了深厚的感情，也留下了美好的回忆，所以回国后虽备受教会上层人物的歧视、打击，却丝毫没有减弱他对美国的感情，他始终把美国看作是自己的第二故乡，一直保持着美国的生活方式，后来又先后把自己的六个孩子都送到美国去读书。

对于23岁的宋嘉树来说，生活方面除了经济上不宽裕，孤独更是他最大的困扰。但是很快事情就有了转机，他在上海与好友牛尚周、温秉忠重逢了。当得知他的近况后，好友们提出一项简单的解决办法，即结婚成家。朋友自告奋勇为他充当红娘，他们把自己的小姨子倪桂珍介绍给宋嘉树。

由于娶了倪桂珍这位名门才女，宋嘉树开始在中国社会上既有了地位，又有了名气，为他进一步发展提供了更多的契机，他当然一定不会放过这种错综复杂的社会关系网所提供的良机。两位连襟是宋嘉树命中的福星，两次给宋送来了好运气，可以说，没有两位连襟的慷慨引见与介绍，就没有日后宋嘉树这么快登上中国的政治舞台。当然平心而论，嘉树的本领就在于他不墨守成规，而是时时要冲破成规。宋嘉树的"智慧"表现在他能够不失时机地把握遇到的每一个机遇，他是一位不寻常的人物，是一匹脱缰之马，充满魅力与精力，一刻也闲不住。他能随遇而安，适应力极强，但生性不愿逆来顺受。正是他这些品格、特质吸引了那些在他人生成长经历中愿意助他一臂之力的人。也正是这些品格与特质使他很快在上海这块地盘上脱颖而出。

上海的方便之门终于打通了，剩下的就看宋嘉树如何利用自己的好运气了。

宋嘉树发迹的客观环境并非是骤然而降的，这是由他的传教生涯和新的秘密生活交织而成的。

1888年，他在教会的地位开始获得改善，被提升为正式牧师。精明的宋嘉树非常注意利用这些条件，更快地发展自己的事业。一方面，他踏入实业界的事情进展顺利；另一方面，他的美国朋友也发觉他的言

给宋嘉树带来好运的倪桂珍。

谈举止发生了显著变化，事实上他已经由人介绍加入了上海的一个有势力的秘密帮会，并开始了从基督徒到革命者的转变。

传教士的"神话"

1893年到1894年两年间，宋嘉树由无名小卒一跃而成为一位举足轻重的人物，一位成功的出版商和工业家，同时也是公共租界首屈一指的教会属下的专职牧师。他成了上海的一个大名人。人们都在谈论他是如何发达起来的，于是关于嘉树的神话便不胫而走。对于宋嘉树本人来说，苦尽甜来，现在正是大展宏图之时了。

1889年，宋嘉树在美国《圣经》出版协会谋了个经纪人的兼职差事，其任务是在中国推销中文版的《圣经》和《新约全书》。他发现传统的中国印刷术不适用了，而他完全可以帮助改变这一状况。因为他曾在威尔明顿印刷厂当过学徒，所以他对西方机械化印刷术基本懂行。加上他的头脑聪明，很快就挣到不少的钱。

他利用本地便宜的纸张和硬纸封面，雇用本地便宜的中国劳力，大量翻印已译成地方方言的西方历史、科技书刊。他把公司称为"华美书馆"，白天黑夜赶印着各种书刊资料。几年之后，当他第二个孩子出世时，东奔西跑，总算挣到一些外快。宋嘉树已在经济上翻了身。在这类业务的掩护下，他还秘密为反清团体印刷宣传品，为主张君主立宪的教育家、同时也是他的姻兄温秉忠印刷西方教科书等等。

印刷厂只是他借以挤进上海工商界的手段，一旦进入这个圈子，宋嘉树马上成了沟通东西方工贸的热门人物——买办，他进入这样的世界是具备一切条件的。他说得一口流利的上海话，讲英语根本不用思索，谈吐中又常能引用《圣经》典故。在上海，教堂又是人和钱进行接触而产生丰硕成果的场所。宋嘉树就是那种非同一般的商品，一个由美国人训练、从中国牧师转变过来的买办。当宋嘉树的出版商地位确立之后，富有的家族便跟他接触，需要他奔走于两种不同的文化之间，充当与洋人谈判的买办，提供咨询，充当中间人。

英国人在鸦片贸易中使用过买办，统统是波斯人或伊拉克的犹太人。他们后来腰缠万贯，成了上海的首富，如出名的沙逊、哈同、卡杜里一类的人。有人这样形容过：他们从巴格达到上海，骑的是骆驼，离开上海时，坐的是罗斯·罗伊斯牌汽车。跟这些人一样，许多中国买办也富起来了，外商离开他们就寸步难行。他们的手段高明，像机灵的政客，从买卖双方各得好处。

宋嘉树是上海第一个代办外国机器的商人，而且他自己也学会了为面粉厂和纺织厂安装设备。之所以最先从外国引进机器设备，是因为他被中国劳工的处境所震惊，这些劳工像负重的牲畜一般被驱赶着干活并且不得不以此为生。宋嘉树不是一个对此种劳动条件感到震惊而对改造它们无动于衷的人，他的个性和修养使他直接投身于使上海工业化的工作。用这种方式，他开始与拥有一个大面粉厂的孙氏家族有了联系。孙家长时间一直是上海华人实业界里的头面人物。宋嘉树安装机器并在厂里工作，自己也拥有工厂的一些股份，并惠及宋家后人仍然享有这些股份。

宋嘉树的局面打开了，他成了一位海派人物，西方人称他为"出版《圣经》的宋查理"。他同一些投资者合伙创办上海商务印书馆，在中国出版西方的教科书，并大量印刷商用簿册报表，俨然成了远东出版业中的佼佼者。宋嘉树经营的各大企业蒸蒸日上，产品种类繁多，不仅印刷政治传单和《圣经》，而且出版工程教科书和中国文学古籍，不仅涉足印刷业，甚至产品中还有面条。在美国朋友朱利安·卡尔的鼓励下，宋嘉树还向一些烟厂、纱厂投资，为它们进口机器。到1904年，他的家业已经相当可观了，足以够他把一部分财产投入革命运动。

神秘的革命党人

1892年前后，宋嘉树结识了中国伟大的民主革命先行者孙中山。由于他们之间有颇多的共同点，同为广东老乡，先后都在国外接受西方教育，又都具有强烈的爱国主义思想，很快走到一起。宋嘉树成为孙中山忠实的支持者、赞助者。应该说，正是由于宋嘉树与孙中山友谊的发展开始影响到他自己此后的生涯。宋嘉树接受着革命家改造中国的政治思想，使他已具有的朴素爱国思想和对外国帝国主义歧视中国人的不满情绪，得到了升华。加之宋嘉树的特殊身份，可作为当时革命地下活动的一种掩护。

从这时起，宋嘉树的命运又一次出现了重大转折，他不仅发誓效忠于这一事业，而且始终要为这位流亡多年的革命家的秘密活动做掩护。这使他的家庭与中国革命发生了非常密切的联系，也使他的家庭成为革命成功以后中国最重要的家庭之一。

宋嘉树还创立了上海中华基督教青年会。基督教青年会，最早是由英国基督教徒乔治·威廉于1844年6月创立的，主要针对当时英国青年中流行的酗酒、赌博及享乐、放纵现象，鼓励热心宗教的青年向所认识的青年宣传福音，引导他们改邪归正。青年会后来发展成为以青年人为主要对象的服务于社会的慈善机关，在世界各地建立组织，总部设在日内瓦。这既是宋嘉树对基督教事业在中国发展的一大贡献，同时这一组织又为革命事业作出了一定贡献。宋嘉树之所以辞去牧师职业后又热心创立基督教青年会，关键就在于可用宗教作为秘密革命活动的一种掩护。

当时同盟会的高层领导人仍旧在他虹口的家里或山东路印刷所旧址开会，而一般人员则把青年会作为安全处所，聚会交往都不引人注目。为防止意外，他还买了一张葡萄牙护照，假冒出生于澳门。尽管当时世界上还没有普遍使用护照，但有了葡萄牙国籍就可以使他逃避美国刚刚通过的排华法的迫害。一旦有事，他和家眷便可以到美国去避难。

中国民主革命的先行者孙中山。

革命者都了解宋嘉树同美国的富翁有不同寻常的联系，这是他人所不及的，因此，一致同意派他去美国筹措革命所需的资金。

1905年，宋嘉树乘船去美国为革命党募捐时，已经颇富资财了。他在太平洋邮轮公司的船上包了豪华套间。船在旧金山停岸，他受到致公堂成员的欢迎，被请到斯波福德巷36号致公堂总部，同华人银行家、商业界人士见了面。致公堂那时自称是"世界自由华人共济会"，在斯波福德巷总部的大门口还挂了一块大意如此的小牌牌。就为同盟会募集资金而言，宋嘉树这次逗留，在这些急于表现爱国热忱的美籍华裔富人中收获不小。但他只在旧金山停留几周。他来美还有一个目的是看望他的恩人朱利安·卡尔。

回上海后，宋嘉树把募得的200多万美元转入同盟会的账上。各方面资料都证实了这件事，其中最有力的证据是中国驻美大使施肇基1936年在杜克大学的演讲。这笔钱中有些当然是各方人士捐赠的，但有迹象表明，最大的一份是来自他的好友和恩人朱利安·卡尔。

由于1905年至1906年北美筹款之行取得了成功，宋嘉树被任命为同盟会的司库。此前他非正式地承担这项任务，而从这时起，他就正式负责向革命提供经费了。与此同时，他还继续兼任孙中山先生在上海总部的行政秘书，从私囊中支付孙中山的个人开销，实际上是不惜重金确保孙先生能顺利进行革命活动。孙中山不管什么时候来上海，总是住在宋家，孩子们把他视为本家人。孩子们是把孙当作叔叔看待的，而对嘉树来说，他是正义之火的象征。

不久之后，宋嘉树创办了一家出版社，同事们对这个变化感到蹊跷，并把它归因于他那残存的传教志向，因为《圣经》是出版社的主要出版物。一些人却认为，宋嘉树预见到人们大量需求印刷品，而且善于见风使舵。创办这个企业的真正原因多年来一直是个谜，但生活在孙中山时代的学生现在都知道，宋嘉树的出版社是为孙中山印刷革命文章和小册子的。别的印刷商都不敢承担这项工作，朝廷是警觉的，而且手

宋嘉树凭着自己的声望和在美国的社会关系，为反清革命募集了巨额资金。

段残忍毒辣。孙中山之所以依靠这位朋友和合作者，是因为宋嘉树新的理想已取代了过去的志向，而且，他甘愿以自己的生命和家庭利益去冒风险。他出版《圣经》、传单和小册子，宣扬世间太平和革命，他在大街上出售《圣经》，回到家中就与孙中山讨论推翻清朝统治的计划。

在虹口的住宅恰好是宋嘉树另一个怪癖的标志，因为这所房子地处荒郊野外。宋家的朋友看到他们这样胆大妄为，都暗暗地感到钦佩。如今这所房子已为密集的城市建筑所环抱，纵深达数英里。宋家一直从这所房子收租税，直到1937年日本人占领虹口。那时，这所住宅坐落在绿色的田野上，周围为枣椰树和其他上海稀有的树木环抱，一条小溪在房前流过。这是座中西结合的住宅，上海许多居民都选用这种房子，这使上海与其他通商口岸形成鲜明对照，因为别地通商口岸的大部分中国居民，仍住过去的老房。宋嘉树住宅的前院有一堵围墙把房前小溪和儿童住室隔离开。但是，孩子们顺树爬上爬下翻越墙头，极大地惊扰了邻近的村民。细心的父亲为此拿出一小笔钱"贿赂"乡里人，让他们别干扰他的孩子们，此后，宋氏小家伙们跑遍了乡村。

这所住房由前至后笔直地伸向后院，里面分成四间大的屋子：宋嘉树的书房、餐室、配有红木桌及立式小凳的中式客厅、摆设有钢琴和舒适扶手椅及沙发的西式客厅。房子坐北朝南，像上海所有讲究的房子一样，通向一个宽阔的凉台。全家人常在这里露天就餐。往后是些小一点的屋子，里面有楼梯和盥洗室，两者的设计也都与众不同；楼梯通向二楼，楼上四间屋子为卧室，分别归父母、女孩、男孩和仆人所用。卧室后面有两间小屋和两间浴室，浴室里装有精美的苏州澡盆。盆的外表有一圈黄色的龙雕，里层是绿色的釉质。盆内装有冷水笼头，热水在楼下烧好，然后提上楼来用。在电没接到虹口路以前，室内暖气由煤气加热炉供给，上海的许多外国人在缺少电的情况下都用这种巧妙的装置。床不是大多数中国人用的那种坚硬的平板木床，而是精美、舒适及带有弹簧垫的美国式沙发床。邻居们常进来只是为了看一眼这种床，他们用手指挑剔地戳试床面，相互交头接耳，说三道四，认为这种床最不益于孩子的健康，对他们贻害无穷。

后面的第二栋房子被一个小院分开，里面有设备相同的仆人住屋、厨房和仓库。这栋房子后面有一个大菜园，宋嘉树喜欢在里面干活。如果确有其事，就正好助长了他有怪癖的传闻。一个受过教育的人、一个学者和一个老师，怎能像一个农夫一样干活？下一步又会干什么呢？

宋嘉树一生一直不习惯吃中式饭菜，所以，宋夫人不得不成了一名出色的西餐厨师。餐厅后面有个餐具室，里面有个炉子，她常在那里烘烤食品。虽然厨房里的家庭厨师有自己的一套操作方法，宋夫人仍然在餐具室里向女儿们传授美式烹调的奇特花样。庆龄和美龄后来都是拿手的厨师，宋美龄的许多朋友都证明，她会做小甜姜饼和圣诞蛋糕。但是蔼龄，这个任性的孩子从来不喜欢母亲的传授，她在厨房里唯一的成就是烤鸡。至于做中式饭菜的宋家厨师，当然是个男人，女孩们不想走进他的操作间，于是母亲告诉她们一个年轻姑娘应该知道的那些食物——面条、馒头等。

宋嘉树喜欢唱歌，他嗓音纯美洪亮，宋家小辈一个个对西方音乐也都比中国曲调更加熟悉。蔼龄显示出同父亲一样的才能，暑假的夜晚，她常和父亲一起唱二重唱。她向父亲学的歌曲都是宋嘉树在北卡罗来纳州和田纳西州采集来的。她与父亲相处的时间很长，她老大的地位和她的性格使父女俩的志趣十分相投。宋嘉树爱好骑自行车，他是上海第一个拥有一辆自行车的人。蔼龄十岁生日那天，他送给她一辆自行车，蔼龄成了中国第一个自己有一辆自行车的女孩。父女俩常一起骑车出去，每当他们骑到南京路尽端的码头时，她总要骑车绕着站在那里的、身材高大的锡克族交通警一圈又一圈地转，这时，惊慌失措的父亲费尽心机也无法叫她停住。

宋嘉树这时在上海市民中已渐有名气。他把对西方的兴趣和自己的美国知识视为财产。小小的基督教社会已把宋嘉树夫妇列入他们领导人的行列，基督教青年会里的气氛也开始渗入人们最庄重的宴会中。宋嘉树甚至还在市府礼堂举办的义演中演一名角色，把新内阁大臣讽刺性地演作"战争大臣"。

高瞻远瞩的父亲

有这样一种教会身份，宋嘉树自然要让他的孩子们接受卫理公会的学校教育。在教会开办的马克谛耶学校，他为自己的女孩找到了这种教育。

这所学校当时在汉口路，由南卫理公会创办，并且以主教的名字命名。到中华民国时期的上海，马克谛耶仍旧是为中国女子开办的一所最重要的外国学校。汉口路上的老教学楼已不复存在，学校移至愚园路。在交通运输缓慢的日子里，从虹口的宋家住宅到汉口路有很长一段路程。蔼龄把邻街西藏路上的教堂作为标志记熟了汉口路。这座教堂此时叫摩尔纪念教堂，宋嘉树是教堂里主日学校的校长，即使在他放弃讲道以后，仍然是教堂里的台柱。每个星期天，他都同妻子一起来参加教堂的礼拜式，孩子们稍大好带时，他也把他们带来。

唱诗班由马克谛耶学校十六岁上下的女孩们组成，五岁的蔼龄注意到女孩们都坐在自己规定的位置上，感到疑惑不解。唱诗班的歌声把她迷住了，从那时起，她就一心一意地向往着这个似乎是天堂的马克谛耶学校。为了蔼龄的上学问题，宋夫人争辩说，她的大女儿还太小，以致还不能在世界上独立起步，但谁也阻拦不住宋嘉树的女儿。

最后，宋嘉树亲自带蔼龄去见校长海伦·理查森小姐，问她马克谛耶能否收下他五岁的孩子。理查森小姐打量着这个穿一条色彩鲜艳的小裤子、梳两根小辫子的孩子，开玩笑地用英语问这个小家伙是不是真想上学，蔼龄用英语执拗地回答说，她想上学胜过一切。这使理查森小姐吃了一惊。最后学校同意让她试读，她暂时作为一名寄宿生入学，她们想看看结果如何。

从孩子择校学习问题，就可以看出宋家的孩子们正在按照一种混合了中国和西方思想的方法哺育成长。

在家庭中，宋嘉树非常关心儿女，总是给他们一个快乐而舒适的生活，并经常向孩子们讲述自己青少年时期的经历，有意地培养他们具有崇高理想和锻炼他们不怕艰难困苦、不屈不挠的意志，养成谦虚自尊、热爱祖国的精神。就这一点来说，宋嘉树又是中国传统家庭中培养儿女成长的模范。

宋嘉树希望他的儿女们都在"家"接受教育，培养崇高的爱国主义精神，但由于他赞赏美国的教育，因而及时地把子女一一送到美国读书。由于他具有远见卓识和充满苦涩的生活经历，他终于培养了宋蔼龄、宋庆龄、宋子文、宋美龄等著名人物。尽管他的子女们后来各人所走的道路不同，他们对中国的历史和社会所起的作用和影响不一，但都是中国近现代史上为人瞩目的人物。正因为如此，宋嘉树也被美国作家埃米莉·哈恩称为"模范公民，教堂的台柱，出色的丈夫和最优秀的家长"。宋嘉树的确是孩子们的好父亲。

公务之余，宋嘉树经常用讲故事的形式，向他的孩子们讲述自己青少年时期的奋斗经历，灌输爱国主义思想和民主主义思想，阐明对旧的传统习俗观念的厌恶，对命运安排不公的反抗勇气，以及自强不息的奋斗精神、意志的培养。毫无疑问，这些言行对儿女们都产生了不同的影响。既培养了像宋庆龄这样品格崇高的"国之瑰宝"，也产生了宋美龄这位近现代中国女性中的"一代风流"人物。当然，从宋美龄身上更为突出地体现了宋嘉树当年培养子女的两句箴言"不计毁誉，务必占先"。（尚明轩、唐宝林著《宋庆龄传》，北京出版社，第22页）

斯巴达式的母教

倪桂珍，浙江余姚县人，出生于上海。据宋家儿女为其母所作传记称，她是中国明代著名科学家徐光启的后裔。徐光启是我国最早皈依并传播基督教的人，徐家世代为官，官称"文定公"，居住在现上海西南部的徐家汇，据说，"徐家汇就是以这个家庭命名，从字义上解释即'徐家中心'"。自从明末文定公皈依基督教并开始注重新式教育以来，这个家庭一直保持自己的传统，对待自己的孩子采取一视同仁的态度，绝无性别上的偏见。

徐家汇后来划入法租界，教会的活动受到了租界当局的保护，由于这种历史与宗教的渊源，徐氏家族一直在租界范围有威望和影响，而这一条件更使宋倪婚姻之后，宋嘉树大大扩展了他的交际范围和声望。

倪桂珍的父亲倪一山，是一位学者，精通法律，因工作之故来到上海。他在那里与徐家一位姑娘结婚，在此安家落户。

事实上，倪一山的家庭恰巧也有三位千金。依当时的社会习俗，女孩从小都要裹脚，以求日后拥有

倪桂珍是明代著名科学家徐光启的后裔。

因徐氏家庭而得名的徐家汇。

"三寸金莲"。最小的女儿倪桂珍裹脚后反应很大，发高烧，父母终于作了让步，由此她便有了那个时代的女孩中非常罕见的大足。可是这在当时便没有士绅会考虑娶她为妻了。倪桂珍从小就很聪明，是父母的宠儿，也得到了他们精心培养。随着她渐渐长大，她那知书达理的父亲高兴地发现，尽管她留着大脚，却喜欢读书，所以便让三女儿五岁即随老师练习写字，而那时别的女孩却只致力于女红。桂珍八岁进了上海妇女联合救济会创办的布雷基曼女子学校读书。十四岁时，因成绩优良被保送上海西门的培文女子高中，十七岁毕业。毕业留校担任教员。她的数学成绩优异，而且还弹着一手好钢琴。对当时大多数中国人来说，钢琴还是一种陌生的洋乐器。由于家庭的影响，她非常热心慈善事业和教会活动。

留美学生牛尚周从波士顿回国时，倪桂珍的大姐正值出嫁妙龄，通过媒人的张罗，一场文明结婚典礼安排停当了。牛的表兄和密友温秉忠当时也已从波士顿回国。于是牛娶大姐后不久，温便娶了二姐。三姐妹中只剩一个未嫁了，这就是那位长着一双大脚、受过西方教育、喜爱钢琴的小妹。她的这些素质在当时的中国社会对她要找一位好丈夫都是不利的因素。

如果说在当时人们的眼里倪桂珍不是一位理想的新娘，那么宋嘉树也不是理想的新郎。温秉忠和牛尚周事先已做好安排，让宋嘉树陪他们俩去教堂见面，因为倪小姐这天正在唱诗班里唱赞美诗。那个礼拜天，宋嘉树的眼睛突然一亮，感到了身为基督徒的慰藉。这是一位老老实实的姑娘，圆圆的脸蛋、柔顺的眸子，两弯修眉干净利索，讨人喜爱，一头平整的乌发齐齐地向后梳着，前面留有刘海，鬓角上插了一支小小的珍珠发卡。十九岁的倪桂珍比宋嘉树小两岁，她虽说不上美艳，却别具少女的动人风韵。

这天下午，便有人向倪小姐的母亲详细介绍了宋嘉树的人品及优点。她稍经斟酌便宣布，对这门亲事感到满意。

婚礼是在1887年仲夏举行的，规模不大，主婚人是克劳伦斯·里德牧师。礼毕，便是乱哄哄的传统的上海式喜宴，几十道菜，大量的用高粱酿制的白酒。赴宴的有几百位乡亲及其他宋嘉树不认识的权势人物，都是与他岳父家有交往的人，其中有买卖人，银行家，搞神学、医学、法学的，也有军界人物和皇亲国戚。对宋嘉树来说通向新世界的大门从此打开了。女方家族的人高朋满座，但遗憾的是，历史毫无记载说明，宋嘉树自己的家里是否有人从海南岛赶来参加这次婚礼。

婚礼过后，宋嘉树把新娘带到了昆山。新婚燕尔，小日子充满了欢乐，唯一美中不足的是薪水不高。虽然现在已是两口人吃饭了，但月薪仍然不足15美元。多亏有了那笔为数颇大的嫁妆，这才着实补贴了宋传教士可怜的开支。十九岁的倪桂珍与二十二岁的宋嘉树结为秦晋之好，不仅为宋带来一份丰厚的嫁妆，还为他带来了娘家的声望与社会关系。

与丈夫相比，倪桂珍对她所信仰的宗教要虔诚和热情得多。只要在宗教信仰范围内所能做到的事，她都不遗余力去做，因此朋友们都认为倪桂珍是"世界上最好的女人"。（李桓著《宋美龄传》，第22页）倪佳珍与宋嘉树结婚，组成了影响深远的宋氏家族。倪桂珍虽是名门之后，但她的丈夫宋嘉树在他们结婚以后最初的几年里，确实收入低微，生活贫困。婚后一段时间，倪桂珍"在冬天连一条围巾都买不起，只能以旧毛巾围在脖子上御寒"。（刘家泉著《宋庆龄传》，第6页）但由于她与丈夫的信仰、性格和志趣相投，丈夫亲切、热诚、随和，妻子善良、贤惠、厚道，相互理解和支持，婚后的生活颇为美满。他们共生育和抚养了六个子女：蔼龄、庆龄、子文、美龄、子良、子安。

婚后的一段日子，尽管宋嘉树当时还是南卫理公会的一个牧师，但他已步入实业界。他还帮助孙中山博士进行革命，为此他日夜工作。夫人料理家务，设法量入为出。凡是省吃俭用节余下来的钱，她即捐赠给革命事业。她也接济穷人，并且是学校和教堂的赞助人。

虽然，这个家庭在开始时并不十分富裕，但母亲仍然尽量让全家人都生活得快活和舒适，即使在最困难的日子里，她也始终保持这样。这一点已深深留在孩子们的记忆中。

按照中国的传统习惯，凡事父亲做主，但事实上母亲往往是整个家庭日常生活的主宰，她不仅要孝敬老人、教育子女，还要精打细算、操持家务。倪桂珍是早期新式中国家庭主妇的样板。由于她个人受到良好的社会教育和家庭的培养，并且是一个热衷于传道的虔诚的基督教徒，她拥有自我牺牲的精神、循章办事的严格态度，也有管理大家庭、处理复杂事务的能力。她以慈善为怀，平时对贫苦的人们乐善好施，热心社会福利事业。她恪守宗教仪式，而她丈夫却不拘小节。倪桂珍在宋嘉树的影响下，也尊敬孙中山，积极支持孙中山的革命事业。

倪桂珍有刚强的意志，对事业、家庭和孩子都有高度的责任感和极严格的要求。所有这些都对孩子们产生了极其深刻的影响。宋夫人生活的主要内容就是向子女言传身教，使他们尽量能自力更生。

倪桂珍与二女儿宋庆龄的合影。

对于宗教，倪桂珍似乎比丈夫更为虔诚，她一生都笃信祷告灵验有效，常常一跪就是几个小时。在这个问题上，宋美龄的宗教观受其影响很深。

"在母亲看来，祷告上帝不仅是请求他祝福她的子女。乃是等候他的旨意。对于她，宗教不是单行道。她按照他的箴言生活，公正行事，爱慈悲，谦卑地与他同行。她常向我强调这一点：我们不应当要求上帝做任何可能伤害别人的事。她的去世对于她的子女是极惨重的打击，可是对于我的打击也许比较更重，因为我

是她最小的女儿，曾十分依靠她而不自知。"（宋美龄：《祈祷的力量》，台湾《读者文摘》，1955年第7卷第4期）

宋夫人对宋美龄的影响，当然不仅仅是宗教方面的，但不可否认宗教对宋美龄的个性、人生、意志和价值观都产生了深远的影响。在教育孩子的问题上，倪桂珍采用斯巴达人的训练方法（斯巴达人以坚韧、刻苦著称），对孩子进行礼貌规矩的训练。她完全按照清教徒禁欲主义的规范生活要求他们。她视酗酒、赌博和跳舞为罪恶，决不允许在自己家中进行这些活动，而且她把这一切都看做是神的意志，不允许违反。

中国的女孩子还有一种必修课，叫作"女红"。那个时代，有出息的中国姑娘都懂得如何在丝绸以及形状别致的小块装饰品上刺绣，并把它们缀在布鞋上。宋夫人渴望女儿们精通这项技艺。她雇用了一个受过教育能识文断字的寡妇。上海话的"女工活计"一词听起来与"女叫花子"的读音很相似，宋蔼龄对静坐半天才绣出一条边的光景感到沉闷无聊，就利用这个双关语大做文章，为自己从精神上受到这个寡妇的折磨而报复。她的小妹妹们自然也都跟她学。过了很长时间，这个师傅才发现为什么她的学生在叫她时笑个不停。一意识到这一点，她马上就去宋夫人那告状。母亲立刻作出反应，她感到蔼龄严重违反了一个中国少女的礼节，同时也是基督教所不能容忍的。她严厉地训斥她的女儿。如果不是她丈夫干预，袒护蔼龄，她肯定要继续对女儿进行更严厉的惩罚。宋嘉树喜欢看到孩子们独立自主、直言不讳，而且对小女儿们厌恨女工活计寄予同情。为了使妻子接受他的理念，他有更好的主意和更好的理由去提醒妻子，既然仅花几元钱就能买到最好的刺绣，那么用这种精工细活去损害孩子们的眼睛就完全没有必要，眼睛最好用于阅读，比方说，小女孩们就该如此。不知宋夫人是被丈夫说服了，还是为了已上学的大女儿的眼睛，总之，从那天起她便把大女儿蔼龄一人的刺绣活免除了。后来成为孔夫人的宋蔼龄毫不后悔地作证，她甚至在今天也缝不直三针线。

三个女儿的打扮，也受着母亲极大的影响。宋夫

倪桂珍是一位贤惠的妻子、严厉的母亲。

人一直喜欢梳一种中国传统的发髻，并且要她的三个女儿也这样做。看来这个"家规"无人打破，始终被三姐妹不打折扣地执行着，无论社会流行什么发式，无论春夏秋冬，无论年轻时还是垂暮之年，在公之于世的照片上她们都是与母亲一样的发式。虽然这只是一个生活小节，但终身都做到这一点也是不容易的。

从宋美龄的回忆中，我们可以看到，她的启蒙教育都是在家庭中得到的，尽管，家庭的教育无论条件如何优越都比不上社会正规学校教育更全面、更加实在和符合时代潮流。但由于她的聪慧和勤奋，她并不比其他同龄儿童受的教育差，加上宋嘉树有明确的培养目标：要美龄学好英语和古文为到美国留学打好基础，所以她在家庭当中所受到的启蒙教育，应该说仍然是全面而有效的。

宋美龄的父亲，刚直不阿，热情爱国，乐做善事，有强烈的事业心；母亲深情、善良而又严厉。正由于父母对儿女们悉心抚育、积极培养，使她及兄姐弟都得到新式的、正规的、优等的教育。这对于他们后来成为中国近现代政治、经济舞台上的活跃人物有很大的关系。

宋嘉树于1918年5月3日因胃癌去世，终年52岁；13年后，夫人倪桂珍亦因癌症病逝。1932年8月，宋家子女合葬父母亲于上海万国公墓宋家墓园。

宋庆龄和弟弟谒父亲墓。

宋美龄 全传

Biography of Song Meiling

第二章

金色童年

优越的家庭环境并没有使宋美龄成为一个被宠坏的孩子，同她的姐姐一样，父母给了她最好的早期教育。长着圆圆的小红脸蛋的宋美龄，五岁便进入学堂，和她的大姐一样成为马克谛耶学校最小的学生。在家里她孤芳自赏、我行我素，甚至是"家里一霸"，然而在学校里她却是最好的学生之一。

含着金汤匙出生的孩子

宋美龄出生在一个环境优越的家庭，是个胖乎乎的孩子，她小时候的照片就已显露了这一特征，用她自己的话讲："我还是个小女孩时就很胖，以至于我的一个叔叔灵机一动，给我起了个绰号叫'小灯笼'。冬天，母亲把我裹在厚鼓鼓的棉袄里，我穿着它走起路来一摇一摆。我记得当我三四岁时，每走二三步就要摔倒，因为衣服太厚、太笨拙了。可是，由于自己满身胖膘，衣服又裹得那么严实，我从不记得被严重跌伤过。我头顶有两根小辫子，用红带子扎着，然后卷成圆环，这就是众所周知的发型'螃蟹眼'，这是当时小女孩中相当流行的一种发型。母亲总给我穿花布衣裳，那是一种在背后开口系扣的短上衣。我的鞋子是独一无二的，它做得看上去像个猫头，两旁伸出两只猫耳朵，上面还绣着猫胡须和眼睛。长大一点后，母亲便给我穿男孩的衣服，大概因为我是一个顽皮的姑娘。再者，母亲认为既然我举止那么像个男孩，而且穿我哥哥的衣服比穿姐姐们的衣裳显得更自然，所以她这样做岂不正好一箭双雕吗。但实际上，我哥哥子文的衣服很快就小了，以至于每二三个月就要给他做新衣服，我就成了他这些穿小了的衣服的继承者。直到我去美国时，绝大部分时间里，我都穿男孩的衣服。"

美国作家西格雷夫评论说：美龄是一家之霸。她周身浸透着虚荣，她自恃自己有能力而忘乎所以。她孤芳自傲，无人敢理。她那种我行我素的品格与外表的美丽并不相干。她生性超然脱俗，精力旺盛，即使是小姑娘时，她就高傲、威风凛凛。她崇拜勤奋的大姐蔼龄，蔼龄让她干什么她就干什么，蔼龄发号施令，处理家务事的时候，美龄总是一旁细心体察，仿佛在做蔼龄的艺徒，准备将来取代姐姐的角色。

宋嘉树自"卫理公会布道团"退职以后的15年中，他陆续添了四个孩子，于1894年12月4日喜得第一位公子,取名子文,洗礼时被命名为保罗,但后来人们只称他T.V.。接着又一位千金呱呱落地。她是一个圆脸胖娃娃。按前两个女儿的名字排下来,宋查理给她取名美龄("美好的心境")。美龄下面又是两个儿子——子良(T.L.)和子安(T.A.)。宋家共有三女三男,恰好为男女各半。在当时的中国,他们可以说是"含着金汤匙出生的孩子",天生的富贵命。

有作者这样分析宋氏家庭的变化以及孩子们成长的特点:

宋夫人自生下最后一个孩子后,愈发虔诚地信奉基督教。虹口的家务,由她一手操持。宋嘉树学着他美国朋友朱利安·卡尔对他妻子的称呼,爱喊自己的夫人为"妈咪"。宋夫人天天都按时祷告。她严禁子女跳舞、打牌或做其他有失体统的事情。自从生下美龄之后,她就从一位精力充沛的少妇转变成为一个虔诚信教的贵妇人了。这一变化发生在世纪交替之际。1900年,俨然是她人生的"正午",此后,"上午"的纵情欢乐渐渐让位于"下午"的严肃庄重。这种变化也体现在子女的性格上。前四个孩子,生气勃勃,顽皮淘气,精力旺盛,富有发明创新的精神。后两个孩子子良和子安则驯良谨慎。

这与宋嘉树也有很大的关系。他娇纵前四个孩子,迎合他们的情绪,要什么给什么,使他们深信生活中没有办不到的事情,天地之大就在脚下。他扩大了孩子们的志趣,让他们希冀纷呈,树立了只有以超常的干劲与进取精神才能实现那些希冀的信念。他常常给孩子们讲述他的冒险经历。告诉他们,对有胆识的人来说,天下无难事,他本人就是一个活生生的例子。然而,到后两个孩子出生的时候,他终日忙碌,再也不能像对上面四个孩子那样,在他们身上花很多时间了。他正在成为百万富翁,又承担着革命党执行秘书的责任,与流亡异邦的孙中山博士保持着密切的联系。其结果,只有1900年以前出生的几个孩子才智超群。

一个人从小性格的塑造,可能是他一生命运的关键,宋美龄自然也不例外。

她的家教是良好的,家庭是美满的,那是一个中

这张照片似乎可以说明为什么宋美龄小时候的绰号叫"小灯笼"。

西合璧、半洋半土的家庭，有中国传统的素养，也有西方基督教的精神。她从小受了父母亲的教诲，尤其有一个基本的观念，要有责任心，要能平等待人。她的家庭教育没有任何的差别待遇，能做到这一点，很不容易，因为在那个时代，对女性的教育，远远比不上对男性的教育，即使是一个传教士的家庭，花钱把小孩送到国外念书，恐怕也是只有男孩有机会，可是对于这一点，在宋美龄的家庭里则没有一点问题，男女受着同等的教育，都是在美国学校念书，而且女孩都进了美国的贵族学校。

三姐妹在女塾

宋美龄的父亲从长计议，为了让女儿们将来能够到美国念书，特地供她们读上海著名的中西女塾，一所外国教会学校——马克谛耶学校。

这是外国教会在中国开办的第一所收费女子学校，主要创办人叫林乐知。林乐知看到上海有那么多的"高级中国人"，却没有一所学校供他们的女儿就读，于是建议美国卫理公会，由南方女布道会负责筹备，在上海成立一所专供中国富家豪门女儿就读的学校。中西女塾首任校长为佐治亚州教育家海淑德女士。中西女塾的校名是林乐知取的，他办过"中西书院"，故沿用"中西"二字，并兼含"亦中亦西"、学贯中西之义；该校的英文名字却与"中西"无关，而采用"马克谛耶女校"之名，马克谛耶就是当年拒绝宋嘉树在美国学医并命他速返中国传教的范德比

宋氏三姐妹的留美预备学校——中西女塾。

尔特大学校长。马克谛耶大力支持中西女塾的创办，但学校未建成即去世，故以其姓为校名来纪念他。（见尚明轩、唐宝林著《宋庆龄传》，第34页）

从担任中西女塾校长海淑德女士的回忆中，我们可以看出宋氏姐妹求学的这所贵族学校大致情况。（《文史资料》1978年第1辑，第97页）

其中有关19世纪90年代创办女校时的历史背景情况是这样介绍的：

1. 上海的情况和25年前大不相同了。中国人不

再敌视和怀疑外国人。过去家长们不愿意送子女进外国人办的学校，甚至贴钱给学生还是勉强来上学的，而现在很多家长愿意自出学费给子女来上学了。

2. 富有的家长们不愿意送自己的子女进教会开办的慈善性质的义务学校，因为这些学校的学生都是穷人家的女儿。富有的家长们不愿自己的女儿和她们生活在一起。

3. 有许多富有的家长，很希望现在就有一所合适的学校，让他们的女儿们马上可以入学。从各方面的征象来看，我们的学生一定会不断增加，每个在国外留学过的中国男子，都希望他的姊妹、他的妻子和他的女儿受到新教育。现在中国还没有一所他们认为理想的、外国人办的正规的学校。因此，只有延请家庭教师或者由兄长和父亲在家里充当教师。

4. 中国地大人多，我们不可能单靠自己派遣传教士来开展工作，一定要培养很多中国领袖，让他们自己去做工作。

5. 要办好这所学校和搞好工作，你们一定要不断选派传教士来华。为了使新来的传教士能很好地适应环境，必须使他们在开始工作前，有充分的准备。因此，在建筑校舍的同时，还应考虑到建筑一所教师之家，让她们住上一两年，学习华语，接受必要的师资的培训。新来的传教士，可从这里积储力量和胆量，在很短的几年中，就可以很快地在他们出色的工作中偿还你们的投资。

这样，在校长海淑德的精心策划和设计下，林乐知所渴望的一所"理想的"、"高贵华人"的女校，终于在1892年3月在上海西藏路汉口路口成立了。

那么这所学校是如何培养人才的呢？从知情人的介绍中我们可以有如下的了解。

课程方面，可以用一句话概括地讲，一切都是从美国的角度，来灌输所谓西方文明的。其表现在下面四个主要方面：

（一）重英文轻中文。

所用的课本，除语文外，一律都是英文的，连中国的历史、地理课本也是美国人编写、在美国出版的，而且还由美国老师教。

（二）美国家事训练。

在学校初开办的时候，有刺绣课，但没有烹饪课。这是什么缘故呢？因为厨房工作是下等的。学生既是"商贵"华人的女儿，就不需要这种本领。但学校本身就是宣扬美国生活方式的阵地，因此处处觉得需要西方的家事知识。于是便在高中开设了这门课程。

第一年让学生掌握如何美化自己，如何美化家庭和环境。

第二年按照美国当时青年女学生对待男朋友惯例，教学生如何选择对象和如何组织家庭。

第三年让学生学会如何在家中和公共场所招待宾客，如何开茶会、宴会和舞会以及怎样做西点、西菜等。

这样一个家事实验室，就是要使中国女青年了解并接受美国的生活方式。

（三）宗教课占有很重要的地位。

（四）三门课外选修课是：以钢琴为主的西洋音乐课、表演法课、舞蹈课。

这三门课的共同点，都是另外收费，数目与学校的正规学费相等，学成后都另发文凭。学习内容都是外国材料，当时在校内都被称为"出风头"课。登台表演时，往往引起全校学生和家长们的羡慕和赞扬，由此也往往吸引着更多的学生参加学习。

宋嘉树将三个女儿送入这所学校，无疑是为她们将来赴美留学选中了最合适的预备学校。

在某种意义上，这种教育就等于是留美预备学校一样。宋氏姐妹就在这样的贵族学校受到她们早期的启蒙教育。到底这种教育对她们一生有多大影响，很难下什么结论，毕竟三姐妹走上了截然不同的道路，但有一点可以肯定，在她们同时代的人中从小就受到西方教育的是凤毛麟角的，因此，她们能够脱颖而出，成为中国近代史上知名度很高的女性是一必然的结果。

女作家尤恩森认为三姐妹中，宋美龄是表面上最自信和最开朗

民国时期马克谛耶学校的校门。

的，还应加上也是最倔强任性的。1902年，宋美龄满五岁时，她坚持要求随姐姐去中西女塾读书，于是家里人给她准备了小旅行箱，让她穿上花袄，在一片叮咛声中，打发她上学去。

文文静静的宋庆龄。

一位三姐妹的校友说，她对姐妹三人的印象是，蔼龄举止娴雅，在她那样年纪的孩子中，颇有些泰然自若的风度。毫无疑问，早年离家对此起了一定的作用。庆龄，宋家的第二个女孩，她的外国名字叫罗莎蒙黛，没有竭力效仿蔼龄斯巴达式的行为。她七岁时才出现在马克谛耶学校。她是个文静的孩子，学英语有出众的天赋，她留短头发，不讲究编好看的辫子。美龄五岁时开始了同样的经历。一方面由于蔼龄已在这种环境中挺了过来，另一方面家人认为这个小女孩有姐姐作伴，处境会更好。马克谛耶学校又作了另一次特殊的安排，就这样美龄入了学校的幼儿班，并且与庆龄住在一间寝室里。

由于庆龄的这个小妹妹获许与她二姐同住，美龄也就特别卖劲地履行自己的义务。每天下晚自习后，庆龄的朋友们回到寝室里总发现"小美"为她们准备好了茶水——只为庆龄的朋友效劳，她也干其他服侍人的活。

每星期三晚上，马克谛耶学校都从外面邀请一些有名望的客人来主持宗教讨论会。有时宋氏夫妇也来主持会议，然而，更经常的是由李牧师当主持人。讨论会鼓励孩子们提问题，经过公开讨论，解决她们信仰上的疑难问题。每个问题都被认为是正当的，不会受到权威人士的批评。爱持怀疑态度的那些小女孩得到了大家认真和善意的对待，只有美龄一人不能谅解她们，而且感到十分惊讶。

"你为什么向李牧师提问题？"一次星期三晚上的讨论会结束后，她愤怒地要求庆龄回答，"难道你不忠实信仰？"

在美国作家项美丽的书中关于宋美龄入学后还有这样一段轶闻：

汉口路上的马克谛耶学校由两座楼组成，由于当时上海城市无计划发展的结果，一幢楼有电灯，另一幢楼只好用气灯照明。点气灯的楼到有电灯的楼之间有一段漆黑的通道，大多数岁数小点儿的女孩都害怕走这段路。但是，从表面上看，美龄不管怎样都不怕晚上从这条通道上走过。老师总对其他人说："你们为什么不敢像美龄一样从那里走过呢？"美龄成了孩子们的榜样。

其实，她也很紧张，她老是做噩梦而且失眠，总要经过一段时间后才能恢复常态。学校里的一个老师发现，这孩子夜里睡不着觉时，就一阵阵地颤抖。这时，她总是下床来站直身子，反复地默读她的课文。

让五岁女孩就当个寄宿生的这个实验没持续多久。几个星期以内，美龄白天表现得非常好，赢得了人们的喜爱，迫使年长的孩子们屈从她的意志，轻松愉快地完成功课。但天黑以后，一个人躺在黑乎乎的宿舍里的床上，树影在窗子上晃来晃去，吓得她连连做噩梦，她梦中尖利的喊叫声，打破了女生宿舍的宁静。

她没有蔼龄初入学校时那样的刚强意志，情绪极容易冲动，结果出了一身丘疹，一个五岁的孩子全身上下到处都是通红的"小疙瘩"，或是成片的"疹团"，她身上出现了一些疤，不好看了。

对此，宋夫人不能无动于衷了。宋嘉树夫妇终于不得不把她接回家，美龄回到家中，开始由家庭教师教她，一直到几年后她出国为止。

在念小学的年代，宋美龄的父亲就如同现在的一些父母一样，为她进行"才艺"上的早期训练了。据宋美龄后来的追忆说："记得小时候练习钢琴，每周要上两次课。因为星期三、星期六要上课，我总在星期二、星期五才拼命练习，星期一、星期四都懒得练。先生看我如此，有一天便对我说：我可以'教'你，但'学'要你自己来，就好像我可以替你做好饭，但不能代替你吃。"父亲对

宋美龄就如同对她的姐姐哥哥一样，充满了热切的期待，在这一方面，宋嘉树显然没有一般中国人的那种重男轻女的偏见。（参见王丰著《美丽与哀愁》，第111页）

回家后不久，幼儿班把美龄借回学校帮助她们演一场学校排的话剧。这是专为学期结束演的话剧，在校的庆龄被邀请扮演一个对孩子来说难度很大的角色。这场话剧演的是个神话故事，恰好在闭幕前，当

中学时代的宋庆龄。

剧中所有的人物从今后都将过幸福生活时，庆龄扮装的公主被加冕为王后。宋嘉树由此被人戏称为"国王的岳父"。

快乐的假期

暑假到来，三姐妹与她们的小兄弟又汇聚在一起，但是，父母并没有放松孩子们的学业，功课还要继续学下去。一个英国女人担任她们的家庭教师，她每天早上在自己家里给孩子们上课，教她们英语和拉丁语，拉丁语是这些中国女孩为之惊奇的新事物。

中午，顶着当头烈日，三个小女孩坐一辆黄包车回家，她们一路上相互拍打逗趣，咯咯地笑个不停。午饭后，她们本该睡午觉，但是，当母亲睡着后，她们就悄悄地溜到花园里玩耍。她们爱玩的游戏是"抢壁角"和"拉黄包车"。一天蔼龄装黄包车夫，庆龄装乘客，"车夫"拉得用力过猛，以致力量失去控制，庆龄被抛了出去，从此，她身上一直带着这次事故中留下的一小块伤疤。

下午的时间，她们跟一位先生学习古典文学。古典文学课是在自己家里上。曾教过宋嘉树的这位先生感到，他应该对宋家第二代人特别严格。蔼龄不喜欢这些功课，默默地坐在那儿，无所事事地消磨时光。她经常走神，先生总是用一种既不失身份又强有力的方式斥责她。一次，这种局面引起彼此间的恶感，蔼龄找了个借口，溜到先生椅子的后面，悄悄地把他的长辫子捆在椅子背后，然后又回到自己的座位上，端正地坐下开始气他，先生跳起来去惩罚她，突然被猛地向后一拽，摔倒在地，椅子也翻倒在他身上。那时宋查理不干预家中的纪律，而宋夫人却狠狠地打了大女儿屁股一顿。

在孩子们的记忆中，"母亲单独教我们阅读和演奏音乐，我们一起吃了无数的苦，但她心平气和地忍受了这一切。那时，人们刚刚开始认真对待女孩子的教育问题，但母亲却早已打定主意，她所有的女儿都应该到外国去学习……"

项美丽认为：

在兄弟姐妹中，美龄对大姐的感情最好，而美龄对她大姐深厚的爱正是出自她的童年时期。一个这么小的孩子对家里其他孩子产生这么深的感情，远远超出了自己从他们那里得到的，这可非同寻常。其实，大家庭的成员之间有时发生的竞争和争吵远远超出了相敬相爱。然而，美龄很长一段时间几乎还像对英雄崇拜一样对待蔼龄，因为姐姐对她的小妹妹是那么慈爱，总站在她一边，对抗天下的另外一种人——那些嘲弄人的、可恶的小男孩，还有那些总爱欺负小孩子的女孩。

显然，她们的这种关系事出有因。美龄是那伙游伴中最年幼的孩子，她们做游戏时，美龄也蹒跚地跟着她们玩。于是，她们竞相想法子把她甩开。有一天，她心中的辛酸终于满盈外溢。孩子们在玩捉迷藏，美龄嚷着也要入伙，她们感到很生气，因为美龄不大会玩捉迷藏，轮到她藏的时候，她太卖劲了，以致无法被发现；而该她找别人时，却很不在行。她们想了个主意，假装笑着甜言蜜语地哄美龄说，她是个"机灵鬼"，因此必须站在花园中间，数一百下后再找人，在数满一百之前，她不准看东西。

美龄耐着性子费劲地数起来，她不太识数，数着数着就乱了套。她经常数完十位数后就从20跳到了30，甚至到40，其中落掉了很多数。自然，她用这种方法很快就数到了100。但是，其中有一个孩子留在那里听她数，而且告诉美龄，她必须从头开始重数一遍。美龄用圆滚滚的小手捂住自己的眼睛，顺从地重新开始数起来。这时，四周一片沉寂，没人挑剔她的数数了。"八十，六十，五十，一百！"美龄得意洋洋地说着，她睁眼一看，只剩下她一个人了。

她被遗弃了，花园里一个孩子也没有，刹那间，她预感到了这种现实。她找了好半天，最后认定其他的人都抛弃了她，她们已经离开这里逃走了。她们在远处找个地方，可能先对美龄嘲笑一番，然后投入一场不带她玩的新游戏。美龄完全陷入孤独的境域，无人要她，她竭尽全力想和她们待在一起，但枉费心机，没有人要她，这场悲剧吞没了美龄。

她站在那里伤心地哭着，每当这种时候，总是蔼龄走过来，擦净她的眼泪和鼻涕，安慰她，向她保证总有一天她也会变成个大女孩。蔼龄从未使她失望，不仅当时这样，后来也是这样。

因为大姐蔼龄自小就帮助她、保护她，所以，美龄对她的这位大姐十分崇拜，几乎是言听计从。当霭龄在家里发号施令、处理家务的时候，美龄总是在一旁聚精会神地看着，她像在跟她大姐学习管理家务似的。

宋家的素质教育

宋嘉树夫妇的思想品德和良好的家庭教育方法，对孩子们的影响是极为重要的。

父亲早年在美国受林肯的"民有、民享、民治"思想影响颇深，对腐败的清王朝十分不满。宋嘉树自从与孙中山先生结为好友之后，一直大力协助中山先生，从事再造中国的革命努力。因此他所塑造的家庭，即有虔诚的基督教信仰，西化的生活方式，又有改造中国的革命理想和远大抱负。在这样家庭氛围的影响下，宋美龄的一生亦正表现出这种精神，特别是她表现出的较强烈的使命感和爱国热情，正是受着父亲和家庭因素的影响。事实上，在宋美龄的幼年，这一影响已开始有了表现形式。

1903年（光绪二十九年）上海因沙俄拒撤入侵东三省军队而发生了拒俄活动，1905年（光绪三十一年）又因美国歧视华工而发生抵制中美工约风潮，宋美龄因其父亲的影响，小小年纪即随同长兄宋子文及二姐宋庆龄参加爱国活动——在虹口繁华之区散发传单。抵制中美工约时，她加入中国童子抵制美约会，手持宋家特制的旗帜，挨户散发传单，抵制美货。7月19日上海各界在务本女学举行拒美特别大会。宋家除霭龄已赴美求学外，全家出席，在当时的上海曾引起轰动。这可以算是宋美龄从事热爱国家民族活动最初的举动。

宋美龄的热爱国家民族，又是与她虔诚的基督教信仰共生共长的。日后她回忆早年生活时，曾说："我与宗教发生关系，可分为三个阶段。第一个阶段，我极度的热心与爱国，也就是渴欲替国家做些事情。"而她的虔诚基督教信仰与爱国心实际上都是自幼得之于家庭传统，受着家庭的影响。宋家的孩子们都要参加家庭祈祷，这使得小美龄十分厌倦，她常常以"口渴"为借口，偷偷地溜到外面去玩，这时常惹得她母亲生气。美龄也要和兄弟姐妹一样，必须常常到教堂去，冗长的说教使得她觉得厌烦。但宋美龄自称，这种习惯养成她做事的恒心。

她的母亲倪桂珍不信旧礼教，主张男女平等，要求妇女解放，并且不曾缠足。有人由此推论，她具有浓厚的反对封建的民主解放思想。按宋美龄的话说："母亲的个性，处处表示出她的严厉刚强，而绝对不是优柔善感的。"她用美以美教派的教条来要求她的孩子们，不准孩子们跳舞和玩上帝不喜欢的游戏。这位母亲，几乎在孩子还没有离开襁褓时，就领着他们做祈祷。在她看来，没有什么比对全能全知的上帝的虔诚更重要的了，不自觉自愿地接受上帝的指引，就不可能成为有作为的人物。她思想上也受西方文化影响，个性"严厉刚强"，凡事持之以恒。她要求于子女的，必循循善诱以达于成，而非徒恃严厉的惩罚。由于有虔诚的宗教信仰，常诱导子女养成上教堂礼拜的习惯。她又具有中国妇女端庄贤淑的美德，在这方面她对女儿也影响极深。另外，在宋美龄个性形成时期，她又于少女年龄赴美读书，所进的学校均是注重女德的美国女子贵族学校，并专攻了她喜好的课程——文学与哲学，所以陶冶出宋美龄的气质高雅端庄贤淑，对人亲切温馨。

父亲对宋美龄的影响之大则表现在，使她养成了一种信念：世上无难事，只怕有心人。他扩大了她的欲望，使她懂得了只有以非凡的干劲和永无止境的进取精神才能实现鸿鹄之志。事实上，宋嘉树本人经历过各种各样的惊涛骇浪，对自己的冒险有许多故事可讲，在孩子们的眼里父亲就是一个"胆大者事竟成"的活楷模。

宋美龄的家庭教育的特色还包括以下诸方面：

在宋嘉树看来，最先进、最科学也是最伟大的教育方式，应是符合孩子天性即个性的教育方式，任何扼杀或窒息孩子天性的举动，都是愚蠢和罪恶的。因此，宋氏夫妇坚决反对中国传统的压抑个性的陈腐教育。

宋嘉树信奉"知识就是力量"。1898年，他和长女一起编了一份《上海儿童报》，主要文章都由孩子自己写。这里是自由天地，孩子们想写什么都可以。父亲则是她们的忠实朋友、热心的读者和印刷业务的承担者。这份报纸一直办到宋氏夫妇最小的两个孩子子良、子安进入圣约翰大学附中时才停刊。孩子们在这种创造性的自立活动中，迅速增长了各种才干。后来他们到美国学习，同学见到他们都能信手在打字机上打出一篇篇文采斐然的文章，都为之惊讶。

宋嘉树很重视孩子们的英语训练，在孩子们入学前，他就从美国购买来大量幼儿读物，他们夫妇俩轮流教孩子们读写。同样，他也很重视孩子们的中文教育，希望自己的子女们成为学贯中西的大人物。孩子们在父亲的严格督促下，认真地练习毛笔字。宋嘉树常常对孩子们说：学英文是为了睁开眼睛看世界，是为了留学长知识学本领，将来报效祖国，所以中文一定要更好！他坚信未来中国的领袖人物一定要学贯中西。在父亲的督导下，孩子们的中国语文水平提高得很快。

为了培养孩子们勇于创新、勇于开拓的精神，宋嘉树经常给子女们讲述那些冒险家的传奇经历。宋嘉树是个讲故事的能手，这一方面归功于他擅长演讲的天赋，另一方面则归功于他丰富的人生阅历。他讲的故事，不但人物性格鲜明，而且故事情节极富戏剧性和幽默感。其实，故事的主人公大多是宋嘉树本人，故事的情节也大多是他在海外拓荒历险的传奇经历。这些故事，简直使父亲成了孩子们心目中崇拜的偶像和英雄，并且激起了他们要像父亲那样到外面闯荡一番的强烈愿望。

有这样的家庭教育，孩子们的知识自然是在迅速地增长着，以至于外婆认为他们无须到学校读书。倪桂珍也认为，她可以继续充任孩子们的家庭教师。宋嘉树却坚持认为，教育应当是社会的，不管家庭教育多好，也不能代替集体生活的训练，孩子们大了总得要走上社会，独立地面对社会的各种挑战。她们不应当是象牙塔中的公主，更不应当是笼中的金丝鸟，她们应当是弄潮儿。为了增加孩子们的社会知识，宋嘉树还经常带领孩子们去参观印刷所、面粉厂、香烟厂和纺织厂。他和孩子们坐着私人黄包车从大街上经过时，他向她们揭示城市的内幕和弱肉强食的真相。

宋美龄的童年就是生活在这样的家庭环境中，父母的言传身教和兄弟姐妹的影响，都在宋美龄成长过程中打下了很深的印迹。

宋氏夫妇的家庭教育对孩子的影响是巨大的。甚至有人说，宋家和别的中国封建家庭相反，重女轻男。作为一个家族的奠基人，宋嘉树的杰出贡献是精心培育子女，使他们成为国家和社会的"栋梁之材"。尤其令人钦佩的是，他敢于蔑视男尊女卑的世俗偏见，为自己的三个女儿从学前到大学教育提供了与男子一样的学习机会和条件，使她们能够接受西方现代科技知识和价值观念，并且刻意训练她们能够独立面对生活挑战的能力。

20世纪初叶，就能受到这样良好的家庭教育，确实难得，也显示出父母的远见。

宋美龄 全传

Biography of Song Meiling

第三章

留学美国

年仅十岁的宋美龄追随着她的两位姐姐，来到美国。十年的留学生涯，她从童年进入青春期的黄金时代，从一个圆脸的小姑娘出落成丰姿绰约的妙龄少女。她创办了也许是这个世界上最小的报纸，每张报纸售价五美分；她成为韦尔斯利大学的明星，获得学院的最高荣誉称号"杜兰特学者"。

这十年里，究竟发生了什么，她恋爱了吗？无从考证。然而她确实变了，变得非常美国化，成为一个黄皮白心的"香蕉人"。也许，这是中国最早的"香蕉人"。用宋美龄自己的话说："只有我的脸像个东方人。"

罗曼蒂克的校园生活

1907年，宋美龄才十岁，她的父亲就决心把她送到一所美国学校读书，以现在的标准来看，她无疑是一个名副其实的小留学生。

1906年，宋嘉树为孙中山筹款访美，在这期间他曾问过克拉拉小姐是否愿意明年接收他的两个女儿庆龄和美龄入校学习。克拉拉很高兴地答应了这件事情。

克拉拉女士，祖籍是白俄罗斯，这位"克拉拉个子高大，一头浓密的栗色头发，精神饱满"。19世纪末，她的父亲在耶鲁大学辅导过几名中国学生。那些学生都是阔气的年轻男子。他们回到中国后，克拉拉同父亲一道去东方参观访问，长年累月，她渐渐地对东方有了亲身体验。父亲去世后，克拉拉承袭父业，在萨米特学校招收少数中国学生，为他们补习功课，以准备进入美国的大学读书。

在十岁这个年龄去留学，又是个女孩子，看来也许有些为时过早。但是宋家当时正经历着有史以来最动荡不安的时期。由于宋嘉树积极帮助孙中山，身为革命党人他必须时刻防备逼近的各种危险。被清朝廷发现只是或迟或早的时间问题，届时他将不得不逃亡国外，否则将遭到逮捕和砍头。

宋嘉树另外的考虑是：在几个孩子当中，大女儿蔼龄已就读于美国卫斯理安女子学院。两个较小的女儿也即将安全地到美国在克拉拉小姐的学校里读书。他的长子子文就要从上海的圣约翰大学少年班毕业了，不久即可赴哈佛大学读书，如果一旦发生紧急情况时，宋嘉树就会少了许多后顾之忧。另外两个男孩子良和子安还很小，出现危难时，他们不会成为多大的累赘。

除了上述原因外，正如宋美龄就读的韦尔斯利大学校长麦克阿斐女士说的："宋美龄的双亲打破国内的习俗，送其东方生长的女儿来西方学校里求学实在是需要想象力及勇气的。鼓励在一种文化中成长的女儿到另一种文化中求学的宋氏父母实为东西文化融合的前驱。"

宋美龄最喜欢的大姐宋蔼龄。

1907年，温秉忠再次率教育代表团赴美。他的外交身份可以庇护庆龄和美龄，不再会重演当年蔼龄在旧金山那种可怕的经历了（因美国移民局刁难，在旧金山港口船上被扣留三个礼拜后才得以上岸）。是姨父温秉忠为清廷出差顺路把两个小姐妹带到美国的。

1907年夏，温秉忠和他的夫人带着庆龄和美龄乘坐"满洲里号"班轮离开中国。格兰特与他们同船赴美。宋庆龄、宋美龄也踏上大姐走过的这条赴美求学之路，所不同的是她们和一伙去美国的中国学生相伴，并由她们的姨夫和姨妈温秉忠夫妇一路护送。当然，美龄上大学还太早，但她坚持要随她二姐同行，并以自己生病时父母对她的许诺相要挟，那时父母答应她可以做她想做的任何事情；也许，他们认为既然孩子们已共同经历了马克谛耶学校的生活，那么两人同时离开家庭将会使她们感到更轻松些，也使父母放心些。

十岁的宋美龄，这个曾是马克谛耶学校的宠儿，仍然是个可爱的孩子，对她将去的那个国家总是想入非非。她对自己未来的计划充满信心。同船有个从上海回家的年轻英国女子，一天，她同宋美龄一起在甲板上散步时被逗得乐起来，她像人们往常那样问这孩子：

"你长大后，想成为什么样的人？"

宋美龄即刻回答："我要当个大夫。"在20世纪初，这对一个中国小女孩来讲是个多么惊人的抱负啊！宋家的孩子显然已经经受了现代思想的熏陶。

宋美龄的回答使这个英国姑娘惊愕，她无意地说："大夫！噢，天哪，我想你不应该干那行，你知道吗，你得去锯掉人家的腿，你懂吗？"

"是吗？"美龄感到惊讶。想了一会儿，她"咳"的一声说，"那么我不想当大夫了"，她做了决定，"这太脏了。"

美国作家项美丽说：从上面的对话可知，当时宋家小妹虽然还很幼稚，但她的英语已说得相当流利。说明宋家很重视在语言方面对孩子的培养。宋家孩子经常和他们的父亲对练，这可是他们得天独厚的条件。这是一方面的因素，此外，还应归功于当时马克谛耶学校坚持的高标准。此后，佐治亚那几年的生活对她们的口音产生了非同小可的影响，姐妹三人的言谈，尤其是她们拿腔拿调时的话音仍保留着美国南方教育的痕迹。据说，许多来自上海的中国姑娘说英语时，都带有美国中西部地区较重的鼻音。而蒋夫人悦耳动听的言语，孔夫人低沉流畅的声音和孙夫人文雅甜润的话语，无不得益于美国南方卫斯里安女子学院和南卫理公会的栽培。

在这些亲人和熟人的陪同之下，两个女孩在旧金山平安无事地通过了关检。

异国的童年

初到美国，宋美龄的父亲把她安排在佐治亚州的梅肯市修了六年的语文和小学、中学课程。在此之后，宋美龄进入梅肯市的卫斯里安学院就读，这是一所专门招收贵族子女就读的学校。

美国的学校环境和她的两个姐姐，给宋美龄少年时代的人格塑造，造成极大的影响。

宋氏两姐妹来到此地学习了几年，她们的同学埃米莉·多纳尔回顾了当年她听说两个中国姑娘将来校学习时的情景：

> 在我们这个小天地里，这是一件令人感兴趣的事。但过了好久，没人再提起这件事。不久我们也就把这事儿忘记了。直到一天早晨我们来上学时，发现她们已经来了。
>
> 年龄较长的那个女孩，表情庄重安详，大概有15岁吧。对于我们这些同学来说，她的年龄挺大的，因为我们这些人都只有八九岁。她的中国名字叫庆龄，但不知怎么的，我们总喊她"罗莎蒙德"……我们不常见到她，因为由于

年龄和气质的关系，她总是回避我们幼稚的游戏和嬉闹，这是很自然的事。

幸好还有一个讨人喜爱的小姑娘，她名叫美龄，恰好和我们同龄，她生气勃勃，欢蹦乱跳，有些调皮……美龄是一个生性快活的小姑娘，胖乎乎像个黄油球似的。她什么都想知道——没有见过的花啦、树啦，还有房子啦，人啦，什么的。

两个女孩在克拉拉小姐的学校里学习了不长一

在美国留学的宋庆龄

段时间后，她们的大姐蔼龄来看望她们……她已是成人，很逗人喜爱，很友好。她的脸上擦了厚厚一层香粉，嘴唇和脸颊涂得通红，把我们这些1908年的小鬼们吓了一大跳。她使我们认识到，这么个年龄的中国姑娘有这种习俗，正如美国较她大几岁的姑娘们在脸上淡淡地抹一点儿粉的习俗一样。我看得出来，她打扮得很漂亮。但我记得，当时从一个小姑娘的角度想，我虔诚地希望美龄长大后可别这样糟蹋自己的脸。

一天，从中国寄来的邮包到了。除了给这两个姑娘的五颜六色的小玩意儿外，包里有一套给美龄做的可爱的小衣服：一条黑绸子裤和绣着几条青龙图案的小袄。美龄穿上衣服和裤子，就跑去爬树。她爬得太高了，自己爬不下来。因此，我哥哥赶紧爬上去扶她下来。我们站在树下，希望她别刮破了那套小衣服。还好，衣服没有刮破。

镇图书馆馆长路易斯·莫里斯发现，这两个中国姑娘读书如饥似渴。庆龄"那个严肃的姑娘"，贪婪地阅读成年人读的小说、传记和历史等等。这些书"远远超出她那个年龄的普通姑娘的口味"。美龄则爱读《小兔彼得》。

宋美龄常想家，一想家就到玛格丽特·巴恩斯（住在克拉拉小姐的学校里的一位教师）那里去聊天解闷。

这位老师说，晚上，她经常到我房间来，跟我谈她家里人，或讲述有关中国人生活的情况。这两个女孩都不喜欢她们的中国发式，求我教她们照美国发式做头发。为此，她们买了红绸带，每天早晨，美龄总在她那乌黑的头发上扎两个大蝴蝶结。

到美国之初，宋美龄没有像她的兄姐那样，感受到强烈的东西文化冲突。毕竟，她太小了，然而，唯一让这位年少的中国女孩感到拘束不安的，就是她的那身中式服装。她年幼的双眼很快觉察到中西服装上的差异，她的那身装扮，经常成为同学取笑的对象。

然而，她那张粉白美丽充满东方风格的脸孔，却让她的同学深深喜爱。所以，她的美国同学对这位在中国咬着金汤匙出世的女孩，没有作出任何令她难堪的事情。

在萨米特顺利地度过一年之后，庆龄到了入卫斯理安女子学院的年龄。她和美龄在佐治亚州山城德莫雷斯特的朋友家度过了1908年的暑期。德莫雷斯特是皮德蒙特学校所在地。该校系由一位卫理公会巡回传教牧师于1897年创办的。后人只称这位牧师为斯宾士修士。到了秋季，庆龄该到梅肯开始秋季学期的学习了。美龄继续住在德莫雷斯特，与游伴们一起在一所当地学校上学。

宋美龄满12岁了，但仍太小，就连去卫斯理安女子学院当个"特殊生"都不够格。但是，格利先生退休后，禁止非本院学生在学生宿舍里寄宿的规矩变了。新任院长安斯渥夫主教作出安排，使美龄能够留在庆龄身边。另外，因为学校里还有另一个跟她岁数相仿的小女孩，即院长安斯渥夫主教的小女儿，所以校方又为她们作了特殊的安排。就这样，她被留在学校，一切都很顺利。后来，又来了第三个女孩，也加入她们一伙。她叫克拉瑞贝尔·马歇尔，是另外一个大女孩的妹妹。这三个人组成了自己非正式的班级，艾罗斯·安斯渥夫、克拉瑞贝尔·马歇尔和宋美龄都很快活，但三人都有一个共同的心愿，总希望小女孩同大女孩一样受人器重。

许多年以后，宋美龄回忆说："大女孩都有秘密，我们多么想知道她们在谈些什么！但她们从不告诉我们，她们总说：'一边去，小孩儿。'"

女学生们的联谊会几乎把她们馋疯了，幸亏她们想出个主意，成立了自己的组织，并称之为"三个小家伙"。她们还四处寻找会议室。大音乐室的顶层有一间小屋，这是唯一合适的房间。为了获准使用这间小屋子，她们不得不令安斯渥夫主教宣誓成为她们的一个忠实会员。这一招很灵，不久几乎所有的老师也都成了她们忠实的会员。她们制定了相应于大女孩联谊会的口令、秘密暗号和规则，例如，其中一项规定是，在会议室开会时不准嚼口香糖。在一般情况下老师们从不注意不准嚼口香糖的规定，她们总是津津有味地嚼着口香糖走进房间，"三个小家伙"的创始人立刻大喊大叫以示抗议。

卫斯里安女子学院的人说，两个姐妹有时学习美国的习惯和方言是很困难的，而宋美龄轻而易举就适应了学校的环境。当然，这是因为她岁数更小的缘故。起初，有时她的朋友们来串门，常使她感到拘束不安，因为自己穿着中式服装，她总要跑进盥洗室换一下装，然后才感到自在随和。

几年的工夫，宋美龄已经完全融入美国青少年的圈子，她的外表是最显著的证明，布扣子的中式服装已经被她丢弃，她每天穿着西式服装，穿着和所有美国少女一样的长裙洋装，模样也越来越明艳动人。这时宋美龄的内心世界也起了极大的变化，她开始阅读狄更斯的著作，并且由于她对文学的兴趣，尝试着和一些小朋友一起创办了一份小报。

宋美龄、艾罗斯、克拉瑞贝尔创办了一份报纸，宋美龄是文字编辑，另外两人分别担任美术编辑和记者的工作。这可能是世界上独一无二的报纸，因为虽然它每天发行五份，但每份都不相同，其中一份的社会专栏评论说：

"校园里所有的姑娘都没有帕蒂·布朗长得美，昨天，有人见她……"等等，不一而论。另一份报纸在同一栏里评论说：

"多萝西·迪尔是全校最聪明的姑娘。"

前一份报纸卖给了帕蒂·布朗，后一份卖给了多萝西·迪尔。每份报纸价值5美分，因为报纸用的是学校普通的作业纸，所以不用花管理费。"三个小家伙"每天经过劳动挣得25美分的零花钱。整个事情最难办的，就是需要统一认识，如何花这笔钱，统统都买冰激凌呢，还是拿出一部分买花生米或糖果。"那种报纸肯定毫无价值，"宋美龄后来回忆时这样写道，"因为，每天都有个自称'讲故事夫人'的角色出现，讲的都是辅佐美人、劝告失恋者以及评议校园闲话一类事情。还有我随心所欲想象出来的叫作'闲谈者和旁观者'的消息报道。"

"东部一所大学的学生听说这种报纸后，给我们写信，想要得到一份，以便把它当作美国最年轻编辑的作品的一项记录。他的信中没有附一枚5美分的镍币，我们写信嘲弄他，指出了他的这一疏漏。"尤其是，她们还提醒他说："回这封信花了我们两美分，后来他寄来一枚5美分的镍币。但是如果他把这份报纸保存下来，那它可能是现今唯一存在的一份这种报纸，很不幸，其他的报纸都丢失了。"

宋美龄认为，由于这段时间受到老师的特别辅导，她比在普通班级里取得了更大的进步。她学习进度之快令人惊讶，而且将继续快速地学下去，一直学完她的整个大学课程。到她二十岁的时候，她读遍了狄更斯所有的著作；但她无意评述，究竟她理解了多少。

许多年以后，她以十分眷恋的心情回顾了那段经历：

当时，我太小，不能进入大学学习，刚刚十一岁。因为我喜欢那个小村庄，并在那里的小姑娘中间找到了游伴儿，我姐姐（庆龄）决定把我留给我大姐的一个同学的妈妈莫斯太太。

在皮德蒙特我读八年级。我在皮德蒙特住了九个月，过得非常愉快。使我十分感兴趣的是，我发现和我同读八年级的许多学生实际上是小伙子和大姑娘。他们从遥远的山区来到这里，其中许多人，为了弄到来皮德蒙特求学的钱而教了好几年小学。所有这些人对我都表示很大兴趣。而我呢，则开始更深入地了解了那些为了生存，甚至为了要筹措受初等教育费用而奋斗的人们的生活。我认为，我小时与这些人的接触，影响了我对那些出身贫寒的人们命运的关心。若不是在皮德蒙特读书，我就永远不会接触到他们。这使我认识了他们的真正价值，因为，说到底，他们和他们那样的人，正是任何民族的主体。

正是在皮德蒙特，我初步懂得了如何分析句子的奥秘。当时我的英语知识，顶多是略知一二，因为我在美国才待两年。我在词语的表达方面闹了许多小笑话，使我的语法老师感到为难。为了纠正我的毛病，她让我试着从语法上分析这些句子。她的努力应该说是有成效的，因为现在人们说我的英文写得挺好。

……村里人总是把我当做什么怪物看待。但是管它怪物不怪物，反正我能和我的游伴一样喜欢吃老亨特先生杂货铺里卖的五分钱一块的口香糖。我常常买这样的糖吃。我记得，我们三四个小女孩中若谁有一枚五分钱的硬币，能够请别的孩子一道吃奶酪饼干或大棒棒糖，我们认为那就是一次了不起的款待了。这些糖果就摆在亨特老先生小店的玻璃橱窗里，是那样的诱人。尽管那时候玻璃橱窗里除了陈列那些商品以外，还在同样显眼的位置放着满是斑斑点点的粘蝇纸，可我们不大懂得苍蝇和细菌的危害，也不在乎这些东西。然而，我还是一直活到今天，能向你们讲述那段往事。

弗洛伦斯、美蒂·亨德里克森、弗洛西·埃迪顿和我，在圣诞节前几天，决定做一件使他人愉快的事情，因为圣诞节的真谛要求我们这样做。我一生中从未体会到行善之举使我何等兴奋。我们共做一件善事，各尽其力，每人出25美分，凑及一美元，为铁路那边的一个穷苦人家买土豆、牛肉饼、苹果和橘子。我们努力做到谦逊不骄，不让别人知道我们的高尚行动。但我们太兴奋了，连店里的亨特先生都听到了我们叽里咕噜地争论买什么食品最合适。我记得因为生理学是我最喜欢的课程，因而我坚持主张买糖，而且要多买些，我认为食糖里含有大量碳水化合物，能使那些瘦小的孩子们的身子暖和些，使母亲有足够的体力。而向这一"伟业"捐款的另一位好善乐施的伙伴则强烈主张买土豆。她说土豆最能填饱肚子，是产生热量最多的食品。亨特先生好奇而津津有味地听着我们这一场激烈的辩论。最后，他慷慨地每样都捐赠了一点，才解决了我们的难题……在我们抱着包裹吃力地跨过栈桥时，我们都感到自己好像鲜花盛开的圣女贞德行进在执行神圣使命的途中。然而，当我们走到拟定的受礼人借以蔽身的破烂木棚子时，我们面前站着的是一位心灰意冷、形容枯槁的母亲。她那一窝孩子紧握着她的双手，站在那里，从她的裙子后面偷看我们。我们吓呆了，谁也说不出一句话。我们把包裹丢在地上，撒腿就跑，跑出了一段距离，感到勇气又来了，我们又放慢了脚步，我们中的一个人壮着胆子喊了一声："祝你们圣诞快乐！"然后，我们又更快地跑起来。

我们喜爱的娱乐活动是采摘榛子，那条满是尘土的长路，至今还浮现在我眼前。一到星期日下午，我们总是沿着这条路走到树林中去。有时我们很幸运，会碰到一个赶马车过路的好意农夫，他会让我们搭他的车，而且给我们吃他午饭吃的玉米面面包，偶尔还会撕下油炸小鸡的鸡腿给我们吃，但是，我们都是些小女孩，很不好意思接受。我常受到不少善意的戏弄。你可没听说过这些山里人是怎样用那些老掉牙的笑话来要弄这个中国小姑娘。"坚果来自何处？"显然，我会鲜明地回答，"当然来自树上。"他们眉开眼笑地反问道："油炸甜团是从哪种树上长出来的？"这下可把我难住了。"从餐室里。"（餐室pantry的词尾try和树tree谐音）说完，他们开怀大笑，但我依旧疑惑不解。好心的车夫让我们在树林边下了车，并总要照例再告诫一番："你们女孩子家最好天黑前就动身回家。"然后，我们总是蹦蹦跳跳地跑进树丛里，去采摘榛子或是黑莓。我们心满意足地吃着，也许吃掉的果子远比带回家的还多。

在皮德蒙特，我常进行大量的阅读。我居住的屋外有两棵树，中间有一个木板凳，那里是我最爱去的地方。我住在莫斯夫人家中，她是男生宿舍的负责人。我和她一起住在楼下的一套房间里，和我们同住的，还有她的女儿罗西娜和鲁比。罗西娜启发我学会了颤音、半颤音、和弦以及五指练习的复杂弹奏。那时，我学会了演奏诸如"小耗子田野四处跑"一类的小调，每首小曲都有一段和它相关的故事。另外还学会了"小羊倌"一类的曲子。我记得一个动作迟缓的大女孩说，她生活的志向就是能在圣诞节时演奏赞美歌，以便使她的情人为之倾倒。我那时认为，这个目标是值得赞赏的，但我疑惑为这些公子哥们而全力以赴是否有价值。绝大多数的男生都在二十岁上下的年龄，一些是到学校寻求教育的乡村教师。莫斯夫人每星期日晚上都邀请他们一些人来吃晚饭。男学生们能把一盘盘的热饼和黑莓酱吃得精光，这总是使我感到惊讶不已。成盘的热饼和大盘的火腿都像变魔术一样消失了，但是，莫斯夫人和罗西娜能极其熟练地做出这些东西来。在按比例配料方面，她们似乎天生就懂，要掺进多少烤面粉和其他东西才恰到好处，她们干得是那么快。每当这时，莫斯夫人都很照顾我，她总让我做饼干，可我从未做出过像样的饼干，看来我天生就完全没福气成为一名厨师。

在我记忆中，皮德蒙特还有我难忘的一件事。在那里我患了我一生中仅有的一次耳疼病，这正巧在我十二岁生日那天，我疼得很厉害，人们只得请来拉姆医生。当他把热油滴入我疼痛的耳朵眼里时，我感到惊恐万分，他看到我这种样子开心地乐了起来。

关于卫斯里安学校的种种，从宋美龄后来的片段回忆中，也可以看出一些吉光片羽：

这无忧无虑和快乐的童年时代所曾熟悉的田地……早晨用震荡的铃声惊醒我们的好梦的袤利亚和麦咪小姑娘们，那时认为这是很难忍受的时刻。他们还随时亲切照看我们，呵责我们天真的淘气；可惜她们现在都已不在人世。永远面带笑容、随处出现的一头灰发的管门人汤姆叔叔，也已物故；和我经常玩乐做伴、形影不离的埃洛伊斯·艾音斯沃士淑及其他许许多多的人，都已离开此地。（见1965年，宋美龄回美国佐治亚州卫斯里安学院演讲的演讲词，该讲词现集于《宋美龄言论集》下册）

艰苦的宗教生活也深深在她脑海里烙下印记，宋美龄在后来回忆时说过："我记得奎瑞博士每天15分钟的教堂讲话，有时对他们是件苦事。一学期里每天早晨必须默默背起的十字架，这好像就是昨天的事。然而回想起来，他那些谈话确为正心、力行及端正举止的金玉良言。无疑地，他有许多寓意深长的精短证道词，塑造了我们的观念和思想。"（同上）

这位奎瑞博士，给宋美龄最深刻的教训是什么呢？是他告诫"女士们应当高尚娴雅"。

宋氏三姐妹每人都在佐治亚州住了五年。可宋美龄的五年仅有一年是作为正式学生度过的，其余四年里，为了照顾她，人们有意地曲解、违反或修改学校规章。在学校里她可以到处跑，年龄比她大些的女学生都把她看作小福星，虽然在宿舍楼里离厕所不远的地方有她自己的房间，但是她的大部分时间是在安斯渥夫院长家度过的。安斯渥夫夫妇有一个女儿，叫埃洛伊斯，虽身体瘦弱，但很活泼，只比美龄小两岁。

1910年5月的宋美龄

她们成了形影不离的朋友。她们在维多利亚式的主楼的走廊里跑着玩儿，暗中窥察学校女生，以便在她们身上搞点儿鬼把戏。安斯渥夫夫人后来写了一篇充满怀旧柔情的文章，追述当时的情景：

埃洛伊斯为能有一个与她年龄相仿的女孩和她一起玩儿，而喜出望外。从一开始，美龄就和我们无拘无束地在一起，她的大部分课余时间都是跟埃洛伊斯在一起玩。一天，美龄因与埃洛伊斯闹意见而噘着嘴生闷气。我当她们已经言归于好了，但美龄还在闹别扭。因为埃洛伊斯很担心伤了朋友的心，所以，我决定跟美龄谈谈宽恕人的好处。我问她是否对自己显得如此心胸狭隘而感到羞愧。她的两眼眸子一亮，迅速地答道："噢，不，安斯渥夫太太，我倒觉得好玩。"

这两个小女孩非常喜欢隔着会客室的百叶窗偷看女大学生们会男朋友。看后，她们就咯咯笑一阵子，匆忙跑回来把她们看到的情况告诉我。再也找不到比她们更天真烂漫的小人精了。当这些女生中有一个订婚时，她俩与所有人一样兴奋。

我的两个儿子，威廉和马尔科姆常常用手推车推着她俩在学校的长长的游廊上来回跑，使她们感到很开心。车一跑起来，美龄的黑辫子就会从头顶上滑下来，在微风中纷扬。男孩子推着她玩时，她的脾气好极了。美龄在社交方面总是很成功的。

学校给宋美龄以特殊的照顾，为她配备了专人辅导。她们是玛吉·伯克斯和卢西·莱西特，两位都是学校的年轻教员。伯克斯小姐的母亲，英文教授伯克斯夫人，照料美龄的生活，给她做衣服，帮她买鞋。虽然宋氏姐妹穿的都是美式服装，但她们做衣服的料子都是从上海寄来的中国织品。当她们俩在一起，绝对没有外人时，两个女孩子马上换上旗袍。要是同学们突然破门进入宋美龄的房间，她会急忙蹿进大壁橱里，直到她换好常穿的西式衣服才走出来。

人们认为宋美龄早熟。她总是疯跑胡闹。她的那张巧嘴常常帮她脱离困境。那时候口红和胭脂被看成不体面的东西。一天，人们突然发现宋美龄脸上擦了中国脂粉，涂了口红。"啊，美龄，"一位年龄较大的学生惊叹道，"我敢说你的脸搽粉了！""是的"，美龄抢白了一句，"搽的是中国粉。"

在法文课堂上，老师允许宋美龄在上课过程中随时中止听课，去绕着校园跑一会儿，只是因为她坚持认为这是必要的。

1912年在终于成为大学一年级学生时，宋美龄却显得不怎么用功。她不靠勤奋，而靠小聪明。倒是她二姐，庆龄成了严肃认真的学生。

若干年以后，宋美龄回忆说："我记得，奥利夫·范·海斯小姐教我哲学和自然科学。一天她宣布我的哲学平均分数为98分，由于我这学期获得了高分，便成了唯一免受期末考试的学生。这时，我感到了一生从未有过的自豪。"

"另一个老师是亨里埃塔·阿迪顿小姐，她现在在纽约的警察部门里做事，最近我收到她的一封信。当时，她教我算术。我应当承认，当我遇到百分比换算的时候，我就无法施展我的任何才能，而且仅能得C等成绩。"

"在皮德蒙特时，我开始进入句子语法分析的迷宫，因为我在美国仅待了两年，我的英语知识充其量还很肤浅。我在措辞用句方面犯了许多可笑的小错误，这使我的语法老师感到迷惑不解。为帮我纠正，她教我试着对它们进行语法分析，她的努力肯定是卓有成效的。瞧，现在我英语写得多好。我可以肯定地说，这几学期为纠正不连贯的短语和分列的不定式所进行的刻苦练习，使我在英语语法和修饰方面有了排难解疑的能力，那时的苦练也许与以后我在此种能力上的训练效果相同。"

一年夏天，"我离开皮德蒙特前往北卡罗来纳州的费尔蒙特，我姐姐已决定去那里上暑期补习班。莫斯夫人把我远远地送到亚特兰大，我在那遇见了我姐姐。以后我再没回过皮德蒙特，但是，我在那种环境中度过的岁月，给我留下了美好的回忆"。

在北部的一个暑期补习班学习

1913年，宋美龄（坐者右三）在卫斯理安与同学们的合影。

时，历史老师叫宋美龄述说谢尔曼进军佐治亚州的经历，她回答说："原谅我，我是个南方人，这个议题使我很难过，我可以省去它吗？"

日后这个小留学生成为蒋介石的夫人，她被称为一个最标准的外交家。台湾学者认为之所以称她为外交家是因为她有智慧，因为她有渊博的学问、她有坚强的意志、她有高雅的气质，而最重要的是她有最令大家钦佩的语言能力，她的语言能力不但使中国人对她钦佩，甚至连外国人也觉得不可思议，她在每次演讲，在广播、在讲话的时候所用的辞藻，要很多人去查字典，认为她怎么可能用到这么深奥而恰到好处的词汇，真是对她钦佩不已，这是一个具有外交才能的人必须具备的条件，这也正是宋美龄日后能够从事外交工作的基本条件。而这个条件恰恰是她从早年的留学生涯中获得的。

沉默寡言的宋庆龄探求的是另一类问题，思索祖国发生的事件更为深刻的意义，权衡困扰她的父亲和他的朋友孙中山博士的革命的道义问题。同学们都一致认为她"美丽"，但她们完全可以说她"忧郁"或"哀伤"，正是她的伤感与静思的气质赋予她花容玉貌般的姿色。在她的内心深处，她已将自己的热情献给了国内正在进行的推翻封建王朝的伟大革命。

宋查理给女儿们写长信，寄剪报，使她们了解国内形势。宋庆龄能够从这些片断的情况中了解到孙中山博士革命的艰难历程。

韦尔斯利女子大学的"杜兰特学生"

沿波士顿向西十二里，即进入韦尔斯利镇。一路丹黄杂驳，霜林染醉，古趣盎然的一条郊道，隐隐约约地指向密藏在古树丛中的韦尔斯利学院。

韦尔斯利虽然是全美顶尖的十大学府之一，却从来不在规模上与哈佛、耶鲁等名校竞争。如果说哈佛、耶鲁等是配备了现代化生产线的都市型大学，韦尔斯利就是保持着手工艺精美风貌的乡村型大学。在美国，韦尔斯利是以其对学生"个别注意"的特殊教育风格著称的；在这里曾有过两位来自中国的明星学生，她们就是宋美龄女士和谢冰心女士，她们都以最高荣誉学位毕业。

宋美龄在1913年从佐治亚的卫斯理安学院转赴麻州韦尔斯利，专攻英国文学和哲学，在1917年毕业。她是以该校最高的杜兰荣誉学位毕业，杜兰是卫斯理安学院的创办人，该校校名即杜兰所取，用以纪念他的好友、大慈善家亨尼威尔之妻。在这个学校里，"杜兰奖"是优秀学生的最高奖项。

宋庆龄的大学毕业照

1913年夏，宋庆龄毕业返回中国后，卫斯里安女子学院就剩下宋美龄孑然一身。于是她来到韦尔斯利女子大学，被招收为该校一年级的学生。美龄的哥哥子文以"T.V."这个缩写名字而闻名。他已在一年前就学哈佛大学，当时正在那里学习大学课程。美龄把哥哥当成自己的保护人。他是位身材修长、沉默寡言的青年人。在美国期间，他依然显示了这一特性。

"她与子文之间有一条真正的纽带。美龄听他的话，他是兄长，她总是希望得到他的教诲……我从未听说过她的两个弟弟（子良和子安），这当然只是一件偶然的事。美龄是一个很重视家庭的人，有着强烈的家庭自豪感和相当浓厚的服从家庭的意识（只要不涉及任何具体行动）。她每每谈到她的两个姐姐和她的父亲，经常谈到子文，有时谈到她的妈妈，但她从未提到过那两个弟弟。"

韦尔斯利大学1938年2月号的期刊描述了宋美龄在该校的学生生涯：

她是一个有才华的学生，主修英国文学和选修哲学。据说，她特别喜欢亚瑟王骑士传奇故事中的激烈战斗场面。这门课由当时负有盛名的教授维达·斯卡德讲授。在整个四年中，她学了法语和音乐（理论、小提琴和钢琴），还选修天文学、历史、植物学、英文写作、圣经史和讲演。此外，1916年夏天，她在佛蒙特大学选修教育学，也获得了学分。

在大学四年级，她获得了"杜兰特学生"的称号，这是该校授予学生的最高荣誉称号。

她并不广泛参加体育运动，但喜欢游泳和打网球。三年级时，她被选为T.Z.E的一员。这是韦尔斯利六个地方社团之一，仅仅向高年级学生开放，从事于半社交、半学术性的活动，在学术活动时间研究音乐和艺术。作为一名忠实的"会员"，宋美龄还曾在1943年访美时向该社团赠送了一本她撰写的《西安事变

1917年宋美龄毕业时，与韦尔斯利T.Z.E姐妹会会友的合影。后排右二为宋美龄。

回忆录》，这本装帧精美的图书是中国印刷的，上面还带有她本人以及她丈夫蒋总司令的签名。"美龄的英语不但说得非常地道，写得也很流畅。她讲英语时总是带有一些美国南部的口音，而毫无东方人的味道。"

据说，开学的第一天，因为不喜欢韦尔斯利大学，她曾走进校长办公室，宣称："唔，我估计，在这儿我不会待很久。"

"据美龄在韦尔斯利大学的朋友们回忆，她时而快活，时而忧郁，但总的说来是一个很有个性的人。曾在伍德村同她住在一起的安妮·克·特埃尔教授写道：'她对许多事情都有了不起的见解。她常常提问，问各种思想的性质，今天跑来问文学的定义，明天跑来问宗教的定义。她思考伦理道德并为自己探索某些准则，而人们对于准则往往是不问究竟地承袭相因，按现成的和盘接过。她是一个坚持真理的人，一旦发现向她灌输传统的谬误，她就愤愤不满……'

我们大家都喜欢她，把她看作我们的当然成员，完全忘了她是一个外国人……当然，她受到人们那么多的称赞，不是因为那时她像两位姐姐一样漂亮，而是因为她热情、真诚，常常有一种内在的力量……

韦尔斯利大学的一个毕业生承认，要不是同班同学美龄对她的帮助，她就不可能通过韦尔斯利大学的考试。在玛利·惠顿·卡尔金茨教授讲授的哲学课上，她们是邻桌。这个美国姑娘对这门学科感到茫然，失去了学好的信心。美龄主动前来帮助她。'买一本卡尔金茨小姐写的书（《哲学中始终存在的问题》），'她说，'好好读一读，凡有不懂的地方，每天晚上到我这儿来问。'就这样，这个美国姑娘通过了哲学考试，拿到了学分。

韦尔斯利大学的另一个校友回忆说，在美龄宿舍的墙壁上挂着一把东方大宝剑。一个对这位'异教的中国人'抱有成见的一年级女生，竟被这件武器吓坏了，一走过美龄的房门就拔腿跑开。"

这让不少女孩都觉得她是一个很不可思议的女孩，因而和她都保持相当的距离，可是，美国同学慢慢发觉这位中国同学，是一位和善而热情的女孩。

她的同学慢慢喜欢接近她，然而，她们也逐渐发觉，宋美龄情绪变化无常，个性捉摸不定，她有时很高兴，有时又忧愁。

在音乐的表现上，她不但精通乐理，而且还是小提琴和钢琴的好手。

教过宋美龄两年音乐的赫蒂·惠勒小姐说，她的这位学生对东方文化及其遗产的思想感情，使她极为感动。美龄的这种思想感情似乎随着年龄的增长而愈发强烈。惠勒小姐说，像她通常所表现的那样，她最初似乎完全西方化了。但逐渐地她却越来越为中国的文学和艺术感到自豪。英语系的伊丽莎白·梅因沃特小姐也有这种看法。她没有教过宋美龄，但是曾经同她交谈过一次。在那次谈话中，宋美龄口若悬河地谈到中国对世界文明的贡献，并为西方世界对此竟然漠视而表示遗憾。

作为一个女学生，她脚穿结实的美国鞋，身穿和大家一样的美国裙。但是她经常用一些色泽明丽的丝绸在自己宽大的短外套或夹克衫上做点缀，使其具有东方人的一点特点。

花 样 年 华

16岁，是最宝贵的浪漫年龄。

韦尔斯利大学规定全体学生（全部是女生）都必须穿一种像水手服的制服，宋美龄穿起那样的制服，再配合她那张年轻而聪颖的东方面孔，和一条又黑又亮的辫子，让人打心眼里就对这位中国少女存在着浓厚的神秘感和好奇心。

当她住在韦尔斯利大学附近一个名叫木村的村庄时，由于宋美龄的气质和清秀的外表，吸引了太多青年的注目，于是，在木村宋美龄的住处附近，总是聚集了许多慕名而来的青年。这些热情青年，希望借助各种理由，来接近宋美龄这位东方少女。

包括宋美龄哥哥在哈佛大学念书的一些同学，也都对宋美龄有深刻的好感，也都喜欢和这位少女结交朋友。

1913年宋蔼龄、孔祥熙与孙中山的元配夫人卢慕贞的合影。

一位情窦初开少女的情怀，是难以用理性法则去估量的。以宋美龄当时在学校杰出的表现，加上她清朗秀丽的外貌，且又是上海知名商人的掌上明珠，自是众多中外青年竞相追逐的绝佳对象。有一次，宋美龄在绘图室等待宋子文的时候，一个中国学生看见了她。这个无时无刻不在思念祖国的学生凝视着这位年轻的姑娘，不禁陶醉在今后生活的遐想之中。那时，宋美龄体态十分丰满，肤色异常健康，一条辫子垂在身后。

一个朋友回忆说："当时，她是一个姿容秀丽、妩媚动人的少女，举止适度、待人热情，深受同学们的喜爱。她在美国住的时间太久了，以致她的一些朋友对她返回中国深感不安，担心她无法适应家乡的生活。"

"美龄深受哈佛大学以及美国东部其他一些大学的东方大学生们的喜爱。她的一个朋友说：有一两个漂亮的中国青年停留在美龄住所门前的石阶上。"宋美龄害怕回国后父母为她包办婚姻，因此在韦尔斯利大学上学期间就和一个中国学生订了婚。当然，后来这门亲事并未成功。

但是，宋美龄早年的择友却因为她的两个姐姐对她产生的影响，而在她的性格形成上，产生了微妙的作用。

正当宋美龄在韦尔斯利大学就学的时候，她的大姐和二姐，先后结了婚。

1911年10月，中国发生有史以来最重大的事件，清王朝被革命党人推翻。动荡的时代背景，让宋美龄对政治产生了浓厚的兴趣，特别是在她的大姐宋蔼龄成为孙中山的秘书，乃至和孙中山的助手孔祥熙结婚之后。宋蔼龄的婚事，并没有受到家庭任何的阻力，但是，由于姐夫孔祥熙是孙中山的财政助手，从而让宋美龄开始注意中国的政局发展。

在大学四年的生涯中，唯一让宋美龄"震撼"的是，宋庆龄写信告诉她，有关她和孙中山的热恋，父母反对以致被软禁以及决定私奔的经过。宋美龄接到信，简直不敢相信自己的眼睛，在卫斯理安照顾她五年的二姐，竟会嫁给她所崇拜的革命家、爸爸的好友。美龄吓坏了，赶紧拍了一封电报给在附近哈佛大学就读的子文哥哥，要他在周末到韦尔斯利来"详谈庆龄的事"。宋子文周末从波士顿搭车赴韦尔斯利时，居然在当地出版的英文报纸上看到斗大的标题："上海世家次女私奔赴日嫁革命领袖孙逸仙博士"。宋子文到了韦尔斯利，宋美龄含着泪水和他一起细看庆龄的信件，那是1915年深秋的夜晚。

她的二姐宋庆龄的婚事，在宋家掀起了轩然大波。

宋嘉树和孙中山之间的龃龉冲突，以及宋嘉树对女儿宋庆龄强烈不满的决裂，都在年少的宋美龄心中，造成强烈的冲击。

甚至可以这么说，宋庆龄的婚姻经历使得宋美龄在日后面对婚姻问题时，抱持着更为强烈的自主态度，这在当时中国半封建的社会中，简直是一桩大逆不道的事情。

她小时候的照片，圆圆胖胖，她也自认为是"小灯笼"，所以在很小的时候看不

1915年10月25日，宋庆龄与孙中山在日本东京结婚。
二姐的婚事，给宋美龄的思想造成了强烈的冲击。

出来她是个漂亮的小女孩。可是她越长越标致，尤其是她到美国韦尔斯利念书时，被大家公认为是这个学校最漂亮的女生。是不是"校花"没有证据，但她的思想、她的成绩、她的表现被老师和同学所称道。所以，她在学校里被大家公认是个才华横溢、最受欢迎的女生。她擅于交际，相当出风头，而且她对每件事情都有与众不同的、了不起的见解；她对各种问题都有高度的兴趣，她对文学、宗教、哲学、音乐、法语以及小提琴、钢琴、教育学，样样都精通，可谓是一位多彩多姿、多才多艺的女性，无怪乎她在学校给大家留下非常深刻的印象，并且从她的表现来看，从小就已被外国人所欣赏。

一个身栖异国他乡的大学生，其思想感情往往是非常复杂的。而宋美龄初来美国时还是一个小姑娘。任何一个孩子都爱尽力去模仿周围其他小朋友的言谈举止。有的孩子不敢承认自己比别的孩子知道的多，有的孩子则根本否认他们除了会说所在国的语言之外，还会说其他国家的语言。宋美龄长大以后，也许会感到祖国的吸引，特别是在她的两个姐姐回国以后，然而这种思乡之情也一定会伴随着某种担心和恐惧，因为在她的眼里，中国的礼教习俗是一些可怕的东西，况且她又离开这么多年了。甚至连我们这些就在本国上学的学生，每当返家之时，也会感到忧郁不安。即将到来的命运要求她再次付出巨大的努力，为此她深感厌烦，也许正是这种情感使得这位少女在给朋友的信中写出这样的话："只有我的脸像个东方人。"

她说的一点不错。从一张照片来看，甚至连她的脸也不太像东方人了。这张照片是她同另外两位穿着水兵服装、梳着蓬松发型的学生一起拍的。她看起来完全像战前那种类型的美国女大学生，回到了五弦琴、奶油糖的时代，墙上挂着三角旗，虽然有学问，但仍以享有小姐的特殊待遇而骄傲。

毕业，意味着宋美龄的学业完成了，更意味着她已经是一个十足的美国人，至少，在外表上看起来是这个样子。初到美国的那些中国传统服装，早已进了旧衣箱。

然而当别的美国同学正在为毕业庆幸的时刻，她却和获得哈佛学位的哥哥宋子文，在忧虑回国后如何调适多年来在美国养成的生活方式的问题。当时，民国政府已经成立，可是，这个脆弱的政府却是被军阀所把持的，中国还是处在深重的危难中。

大学时代就要过去了，回国使她面临着许多困难的问题。她和宋子文都有这种感觉。宋美龄不能设想回国以后将会遇到什么困难，因为对她来说，中国的环境与生活条件已经变得陌生了。在美国，尽管她善于交际，而且颇有人缘，但是总保持那么一点距离观望美国人，时而怀疑挑剔，时而乐意赞同，觉得自己多少有点外国人的味道。

当年一同在美国留学的宋庆龄（右）、宋子文、宋美龄。

从1907年到1917年，宋美龄在美国学习了十年。而且这十年是她从童年进入青春期的黄金时代，是她世界观形成的重要时期。她实际上几乎是在美国读完了从小学到大学的全部课程。可以毫不夸张地说，宋美龄所受的教育是全盘的美国教育。宋美龄初到美国时，还是个小姑娘，正是学习和模仿力最强的时期，因此，她在生活习惯、举止言谈等各方面都美国化了，她的价值观念、思维方式也都打上了深刻的美国烙印。

感念卫斯理安

留学生涯常使三姊妹怀念不已，宋蔼龄于1932年曾返回母校逗留两天，宋庆龄毕业后未再重返美国，但晚年常向美国访客回忆多年前在佐治亚州的留学生活。宋美龄未在卫斯理安毕业，但仍以母校视之，对这个南方小学校的感情显然胜过麻州韦尔斯利。宋美龄与蒋介石在1927年12月1日结婚时，已退休的卫斯理安老校长安斯渥夫和他的夫人正好在中国访问。宋美龄见到校长夫人，仍像当年一样热情，搂着老太太的脖子用佐治亚腔调说："校长夫人，当年您告诉伊萝丝和我的话，我并没有当它是耳边风，您知道这些金玉良言现在仍让我受用不尽。"（叶公超《蒋夫人在卫斯理安的日子》，《世界周刊》，1990年4月29日，第5页）

1943年6月26日，宋美龄在宋蔼龄长子孔令侃陪同下专程回到卫斯理安探望师生，并接受名誉法学博士学位。此时，新校址已迁至六英里外的理沃立，兴高采烈的宋美龄向全校师生说："仁慈的圣母，请挥一下你的权杖，让蔼龄、庆龄也一道回来这里，我知道她们是多么想旧地重游，我真希望此刻她们就在我身旁陪伴我。……我仿佛回到了久别的家园，见到了久违的家人，我内心的兴奋难以形容。"宋美龄在人群中看到老校长桂利的遗孀，立即飞奔过去，两人热烈地拥抱，桂利夫人说："呵，美龄上次我见到你时，你还是个小女孩呢！"美龄答道："是啊，我想我大概就是那位调皮捣蛋的小女孩吧！"桂利夫人说："没那么调皮嘛！"

宋美龄此次返校，代表三姐妹赠送六件高雅的上等白绢刺绣给母校，其中两件为象征中美友谊长存的凤凰及苍鹰，其他四件则为代表春夏秋冬四季变化的花鸟，这些礼物现仍存放在该校图书馆供人参观。22年后的1965年10月20日，宋美龄搭乘专机二度访问母校，其专机于梅肯城附近的罗宾斯·华纳空军基地着陆。宋美龄返校后发表演说称："对这个曾经在我童年欢乐的时光留下美好回忆的故乡，充满无限的怀思。我的心情错综复杂，回到这里，一切都那么熟悉而又陌生，依稀像是昨日嬉戏之地，如今时过境迁，触景伤情，冷酷无情的岁月也把我们许多老友从这个世界带走了。"她说固然不能忘记新英格兰田园的旖旎风光，更重要的是对人格成长的影响，"在这里，我度过了我学生时代连续四年的快乐时光，我接受到的熏陶，是宁静的高尚气质，是体谅他人，是正直为人，是知识上的钻研，是交换那些发展丰富人生所必要的观念与理想等等。"（《蒋夫人言论集》下，第1332页）宋美龄在短暂

宋美龄在韦尔斯利学习时住过的宿舍陶亚楼。

的停留中，接见全校每一位学生，鼓励她们，并抽空前往曾任她的私人老师的伯克斯的坟上献花悼念。

宋美龄对卫斯理安的培育之恩，无时或忘，1997年3月27日卫斯理安学院突然收到发自香港律师事务所的一份传真信，表示"有人"将捐赠200万美元以表彰宋美龄的贡献。过了不久，又有两份传真信告诉该校，再分别捐赠200万美元以纪念宋蔼龄和宋庆龄，三笔捐款总数高达600万美元，香港律师拒绝透露捐款人的身份和背景。事实上，除了宋美龄本人和宋蔼龄的后人，还会有谁呢？1997年5月，孔祥熙就读过的俄亥俄州奥柏林学院亦自香港律师处收到了"匿名信"捐赠600万美元予该校，这无疑是孔祥熙和宋蔼龄的后人所为。

卫斯理安为宋美龄带来了温馨、快乐的少女时代，同时也是她在知识上的启蒙阶段，韦尔斯利则使她扩大视野，在教育殿堂上更上一层楼，亦使她从少女变成淑女。这两个学府的校园生活塑造了宋美龄的人生观和生活哲学。

就教育内容和学术水平作一比较，韦尔斯利强过卫斯理安甚多。前者是东北部名校，才女辈出，美国总统克林顿的妻子希拉里即是该校的校友，且因学业出众获得在毕业典礼上代表毕业生致答辞的殊荣。卫斯理安则是典型的南方小学校，以促进教师与学生之间的感情为主，着重身教，学生皆来自中上阶层的家庭，不大注意学科成绩。

重返韦尔斯利

1942年是宋美龄从韦尔斯利学院毕业25周年，有人发起在学院中捐资成立一个"美龄基金会"，即时集资两万美元襄成其事。基金会在10月成立，典礼上邀请了胡适和林语堂等作专题演讲。据该校负责筹款的一位校友表示，宋美龄除了在基金会成立当年从重庆具函道谢外，后来还陆续送了不少捐款。"美龄基金会"从1942年一直存在至今，宋美龄和韦尔斯利学院的渊源之深，于此可见一斑。

从韦尔斯利毕业之后，宋美龄曾先后两次返回母校访问。第一次是在1943年，时值对日抗战最艰苦的岁月，宋美龄代表中国政府到美国寻求更多援助，

1943年宋美龄重访母校韦尔斯利。

当时《新闻周刊》《时代》和《生活》杂志，都以此为封面故事，而在报道中，三大杂志都不忘宣扬韦尔斯利教育对成就这位"龙女士"的重要性。

40年代的韦尔斯利校风仍相当保守，禁止学生穿长裤，只能穿裙子。宋美龄重返她的母校引起了一片轰动。看着中国"第一夫人"穿着长裤在校园中和学生散步聊天，一位学生向校长说："我们可以穿长裤了。"校长答道："你们若有蒋夫人那么聪明就可以穿长裤。"

宋美龄第二次重返母校演讲，是在1965年。宋美龄偕同当时担任台湾当局"国防部长"的蒋经国访美，寻求美国对国民党的支持和援助。而在事实上，约翰逊政府以低调处理"反攻大陆"的问题，美国新闻界也以低调处理宋美龄访美消息，《时代》杂志记者甚至在演讲会上中途离席。与这片冷暖人情对照的，是韦尔斯利对重返母校学子的热情接待。

台湾的记者对此事作了详细的报道：

为记者做向导的是一位棕发大四女生，她也知道宋美龄，并兴奋地指着一幢耸立在绿荫丛中的建筑物说："这就是蒋夫人住过的宿舍。"

宋美龄初进学院时住的是一幢旧式宿舍，名叫"木庐"（有书上称为"木村"）。她就读于哈佛的兄长宋子文就经常到"木庐"探看这位风头颇劲的胞妹。"木庐"当时一共有49名住宿生，既是美国贵胄少女梦寐以求之地，更是当时哈佛等名校男生流连忘返之所。

临毕业前一年，宋美龄搬到陶亚楼的新宿舍居住，那位洋向导所指的，正是这幢宿舍。"木庐"早已拆除，陶亚楼则树绕湖偎，风华仍茂。宋美龄当年住过的房间现在有两名女生寄住，问管理处可有保存宋美龄当年留下的物件，值班的少女要记者到湖边一栋小砖屋去问，说是小砖屋保留了许多文物，留下的私人物件多数都陈列在该处。

砖屋是学生的湖边游乐中心，外表已经有点失修，内部陈设也有点新旧混杂的不协调感。幸而，宋美龄的一套茶具仍大致完好，精致古雅的红木碗柜虽然略呈陈旧，但仍可看出当年的风光。墙壁上挂了几幅国画，门上贴着两幅刺绣，已没有人知其来历。墙上另外挂着一张宋美龄和蒋介石的合照，相信是宋美龄后来重访时送给母校作为纪念的。学院对宋美龄的致意当然不限于这所砖屋。在行政大楼的大堂，正对主办公室的地方，被布置成一个小客厅。宋美龄送的一座明代彩瓷大象，放在中间。毫无疑问，能使学校扬名的学生，必然成为后辈的怀念与楷模。

同样毫无疑问的是，宋美龄之所以在母校受到如此热烈的欢迎与她在中国政坛的地位是分不开的。而她在中国的成功，与她的家庭背景和美国文化背景以及她在美国所受到的良好教育有密切的联系。宋美龄去美国十年，在美国教育、文化和社会中充分浸染、彻底陶冶。这十年，不仅给宋美龄打下了极好的英文底子，更重要的是对她价值观、思维方式、作风和视野有了深深的西化烙印，这些对她的一生具有关键性的影响。宋美龄留学美国

宋美龄送给韦尔斯利的明代彩瓷大象

65

十年，使她成为美国化的中国人，这对她以后数十年间，帮助蒋介石制定联美抗日和联美反共的政策，成为美国与蒋介石政权之间的穿线人，有着重大影响。

宋美龄是中西文化交汇点上的一个重要人物，是中国近代半封建半殖民地土壤中产生的一个中西合璧式的人物。成为中国的"第一夫人"之后，宋美龄的中西方文化背景对蒋介石政权的外交走向、对当时的政治制度、对中美关系史也产生了重大的影响。

宋美龄 全传

· Biography of Song Meiling

第四章

回归中国社会

这是一个体态纤细而又丰满、性格活泼开朗、漂亮而又新潮的姑娘。总是身着洋装的宋美龄很快成为大上海"社交界的宠儿"。然而宋美龄并没有满足于做一个"交际花",她又用了十年的时间来完成自己的"中国化"。

宋美龄初回国时非常"西化",被人认为有失中国体统。如何寻找自己的定位,经过彷徨与寻觅,她决定找一位中国老师来帮她补习汉语和中国历史。多年的努力,她的汉语表达能力和写作水平都有了很大提高,为她的中国化打下了坚实的基础。

与此同时,精力充沛的宋美龄积极投身于各项社会活动。上海市议会打破常规邀请她加入童工问题委员会,这使她不仅成为该委员会的第一个妇女委员,而且也是该会的第一个中国人。

以其独特魅力吸引了众多异性的宋美龄并不急于出嫁,燃情岁月中的爱恋之人到底是谁至今仍是一个谜。

乐不思蜀的女儿被父亲唤回家

做了十年的海外游子,在青年宋美龄的脑海里,家乡已是个很模糊的形象,大部分时间她会把自己待过的美国南部小城镇当作她的家乡。可是,幼年的记忆深处,当真正的家乡中国呼唤她时,她又想起那个曾经在她幼年时代、在内心深处留下深深烙印的灾难之邦。

宋美龄是宋家待在美国受教育最久的一个人,用她自己的话来说:"我游遍了整个美国,实际上,美国的每一个州我都去过。每年暑假,要么就是同我父亲的朋友们在一起,要么就是去拜访我的同学。"没有几个美国人敢说他们能像她那样了解美国。当她学成归国时,她的两位姐姐,早已先于她和兄长子文回国。

对于回国这个字眼,曾经引起宋子文和宋美龄这两个已经非常美国化的"香蕉人"深深的苦恼。可是,这是无可选择的一种命运,他们的父母正在中国热切期盼孩子的归来。

宋美龄的父亲多次写信催促她回国。1917年的一天,她又收到父亲的一封来信。父亲在信中言辞恳切地说:"美龄,还记得你六岁的时候,得了中风不语病，不几天你的右腿又起了脓包，可吓坏了爸爸。爸爸从来没有落过泪，看到你躺在床上的时候，爸爸平生第一次为女儿掉了泪。一直到你九岁离开爸爸的时候。如今十年了，爸爸一直为你担心祈祷。前些日子，你来信说不想回来了，爸爸又是几个不眠之夜。……如果你要真是爸爸的血缘，你应该回来，你应该立即回来，爸爸在等着你……"（参见刘毅政编著《宋美龄评传》，第34页）

在万般无奈的情况下，在美国度过了对于形成她的性格最有决定意义的十年之后，1917年8月3日，宋美龄告别了韦尔斯利大学，终于启程回国。

二姐宋庆龄在一封信中写道："试想，小美龄今年6月就要毕业，7月就要回国了。时间过得真快呀！她是个讨人喜欢的小姑娘，她的大学生活过得多么惬意！"

宋美龄回国时才二十岁，十年的美国生活使得这位归国的女学生刚刚开始时未能适应上海的生活。由于举止不像一个中国传统式的淑女，她受到了很多人的指责。

按道理说，大姐宋蔼龄先于美龄回国已经八年。八年来，这些海外归来的女大学生在上海人眼里已经逐渐变得顺眼。而且几年以后，几个留学的姑娘还在上海创办了一个俱乐部。然而宋美龄刚回来时，她的一些举止仍使当地人感到难以理解。

那时，她精力极其旺盛，并且积极参与社会活动。她是一个体态纤细、性格活泼的姑娘。她那充满活力的个性与当时青年女子的行为规范大相径庭。初回国时，宋美龄感受

宋庆龄为美龄的回国感到高兴。这是1917年宋庆龄与孙中山先生在广州大元帅府的合影。

到中西文化的冲突，显然要比当年初到美国时的冲击来得激烈。因为，当年到美国时，美龄的意识形态尚在襁褓阶段，在美国求学十年时间，宋美龄几乎已被塑造成一个美国人，价值观念上，她已经彻头彻尾地以美国人的心态出现在公众面前。别具一格的着装让她看起来根本就像一个美国青年。

然而，回到了中国并不意味着回归了中国社会。起初，宋美龄依然身着洋装，直到中式服装的陌生感逐渐消失，她看得顺眼为止。后来，她虽然也穿起了中式服装，但就像当年在美国求学时保留东方特点一样，总爱保留某些西方的格调。例如，冬季她常戴一顶有檐的帽子，上装也总是在腰部弄得很合体，而按中国的惯例，青年女子只能身着筒式上衣。她还经常满不在乎地身着一身剪裁时髦的女式骑装，头戴一顶风致秀雅的宽檐女帽。据说，当时许多中国妇女骑马时都穿上了马裤，这恰是美龄首开先河。

总是身着洋装出入各种社交场合，宋美龄立刻成为众亲友侧目的聚光点。亲友的非议，一度困扰着宋家人。因为在那个刚由大清帝国改朝换代到民国的过渡时期，在许多人还是扎辫子、裹小脚、穿旗袍的时代，宋美龄的穿着打扮引起这样和那样的批评非议，是不足为奇的。

尽管在宋美龄身边有太多的疵议和批评，可是这没有让她马上入乡随俗、改变观念，就像年幼的时候在家里、少年的时候在美国一样，她依然是我行我素。

宋美龄回国后似乎有无限的精力。她将自己的很多精力投入公共与社会服务的工作。但她投身于社会活动的方式，却引起仍处在传统社会观念中人们的非议。这些人认为她的举止如果不是不拘小节，至少也不像中国传统的妇人。面对非议，除了家人以外，宋美龄对任何人的看法都不介意。她做她想要做的事，穿她高兴穿的衣服，爱戴有檐的帽子。据说她是第一个穿着合体的短外衣和剪裁讲究便裤的中国妇女。

宋美龄回国后，曾经到过父亲的办公室。这是一个偌大的办公室，内有豪华设施，地面铺有红毛绒地毯，上面绘有精制图案，长条棕色沙发，配有古香古色的茶桌，洁白的墙壁上挂有世界名画。尽管这样，宋美龄走进这里时，扫了一眼四周，仍旧不满意地说："爸爸，你的名字蜚声海外，怎么这房子和你的名字不相称哇？"

父亲对女儿的提问无言对答。女儿又道："和美国家庭比起来，我们太落后了。我们应该有一间现代化的办公室和浴室。如果爸爸同意的话，我愿帮助爸爸设计。"

"好，好。"女儿刚进家门，作为爸爸，他不能直言批评女儿，但他明显感到：女儿变了，彻底变了！

宋嘉树见到宋美龄已长成大姑娘了，她身材纤瘦，丰姿绰约，体内似乎蕴藏着无穷的精力。她几乎成了只有东方肤色和脸型的美国人。起初，她对周围的生活环境很不适应，总是以挑剔的眼光指责中国的种种落后，同胞的种种愚昧。"噢，在美国可不是这样的。"她经常重复这句口头禅。对于她童年就生活在那里的那座老房子她也看不惯，认为这房子太小，不太适于节日聚会，并责怪她的父亲没有买一栋比较排场的大房子。

宋嘉树对小女儿的态度感到震惊和痛心。若是留美回来的人都像她这样完全以美国人的口气来指责自己的祖国和同胞，谁还愿意将子女送到美国去受教育呢？在以后与友人谈话中，父亲曾经流露过这样的想法：不应该送孩子出国受这样的教育。他不止一次地告诫美龄："要爱祖国、爱同胞。"

当年上海的许多学校纷纷邀请她去任教，当然与她刚回国时参与的社会工作不无关系，他们想从这位美国大学毕业生的身上看看能不能学些东西。宋美龄没有到任何一个上海学校去任职，把她在美国学到的知识传授给中国学生，主

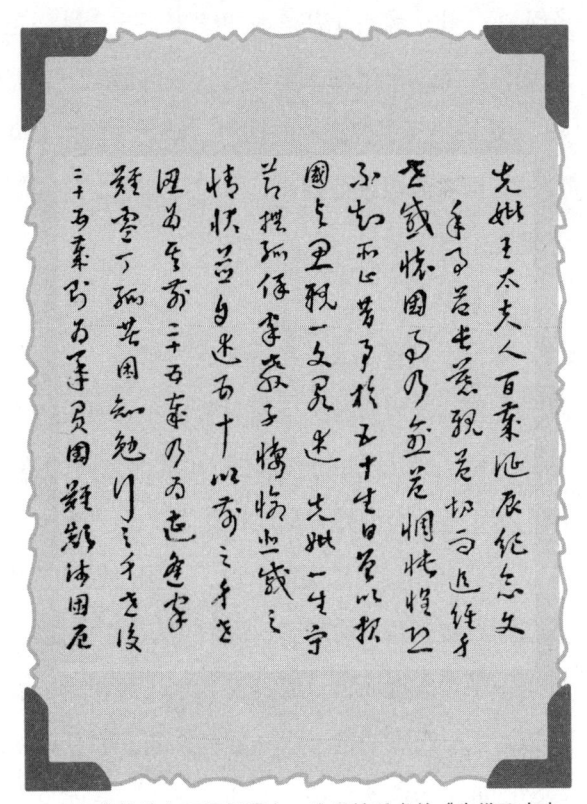

宋美龄的字写得很漂亮，这是她手书的《先妣王太夫人百岁诞辰纪念文》。

要是因为宋家两位老人的反对。他们认为宋美龄应补习自己的中文课程，这一点才是更重要的。

应该说，大学毕业回国后宋美龄想做的事情很多，最终决定做的第一件事，也是父母的希望，就是找一位中国教师，开始重新学习汉语。毕竟回到祖国，日常生活、工作以至社交都是离不开母语的。去复习已经完全生疏的中文，对宋美龄来讲无疑是一件艰苦的事情。但是由于她已经整整离国近11年之久，中文要不再加训练，她根本不能写一篇完整的中文文章。尽管她凭借孩提时代的记忆，稍加练习就恢复了讲上海方言，可是她对自己听说和理解汉语的能力是非常不满意的。同时，她还要提高自己的汉语读写能力。

宋美龄的老师是位老学究。在他的影响下，宋美龄学会了吟诵，并向学究那样有节奏地摇动身体。美龄学习中国古典文学时总是一边反复吟诵，一边摇晃着自己的身躯，特别是当重复那些需要牢记的章节时，她摇晃得就更厉害、更有节奏了。几乎像当年在学校里念书一样，她还是那样的与众不同。在绝大多数的归国留学生都对中国文学不屑一顾的情况下，美龄却是坚持每天都跟她的老师学习。她决心要掌握流利的国语，精通中国古典文学。尽管她还在孩子时已学会流利的口语，但她还是要通过学习增加中文的词汇，学会读和写。就这样，她跟随私塾先生每天学习，坚持了好多年。

感谢父母的及时指点和她自己正确的决定，事实证明这个决定是非常高明的。功夫不负有心人，在后来成为"第一夫人"，特别是抗战时期，她的很大一部分工作就是需要抛头露面对公众发表演说。她那一口流利的汉语和文字优美简洁的文稿，使人称道，较之她在其他方面的造诣，非常有效地堵住了一些人的嘴，否则他们会说她"彻底洋化了"，"她连中国话也不会说！"

毫无疑问，对宋美龄来说，回国之后马上补习中文，是一个正确决定，她不仅仅需要接受西方的教育，同时由于她回到自己的家园，因而她必须学好中文。就这一学习态度而言，宋美龄当年已深切地了解学习的重要性，她要学贯中西，学以致用，没有满足于已学到的东西，而是根据现实需要，不断充实自己，所以她留学回来后依然勤于学习、忙于学习，而且不断从事各种社会改革运动，扩大了自己的胸襟，也扩大了自己的视野。

大上海社交界的宠儿

　　回国以后，宋美龄的日子过得充实而又紧凑。除了积极学习与补课之外，主要参与某些社会工作，她加入了上海的基督教女青年会，并在公共租界做义工。她的工作性质即在教导中国青年，特别是女青年，养成具有现代性的生活习惯。她也从事一些社会服务的工作。同时她还是全国电影审查委员会的直言不讳的一员。上海市议会还打破常规邀请她加入童工问题委员会。这使她不仅成为该委员会的第一个妇女委员，而且也是其中的第一个中国人。这是可怕而又令人震惊的工作。工厂的童工营养不良，眼睛呆滞，紧张的劳动使他们体力不支。这种景象使宋美龄感到愤怒，这个委员会的经历对她往后的生涯有莫大的影响。对于这位纯粹是学校里培养出来的大学生来说，这无疑是一种启蒙教育。在此之前，她的世界是在学院；此后，她才踏入了真实的世界。

　　宋美龄有一个突出的个性，就是缺乏耐心。

　　她的一位童年时的玩伴记得一件事，最足以表明她这方面的特质。有一天，她们在街上遇到了，相伴而行，快到宋家的时候，宋美龄邀请这位英国女孩子到她家去喝茶。进门后，宋美龄摇铃叫来仆人吩咐此事，等仆人走后，宋美龄随意四处望了一下，突然皱起眉头，不高兴地说道："都是灰尘！"然后转身向她的这位英国朋友解释："这些仆人就是不晓得怎样保持房间的清洁。"随后，她又唤来了一位女仆人，指着一张桌子，要她擦干净，这名女仆人窘迫地拿着抹布使劲擦着。宋美龄看了以后，再也忍不住了，一把将抹布拿了过来："不是这样子！这里……要像这样子！"然后她就起劲擦着，所有她看得到灰尘的地方，她都不放过。一面擦着，一面回头和她的客人说道："这些人除非你教他们，否则他们什么都不懂！""我想大多数人会认为我竟自己来做这些事情，实在是很没面子，但是我顾不了这些了！"在

宋美龄的国画。

讲这些话时，她的脸上充满了轻蔑的表情。

许多到过中国访问、看过在医院和学校中工作的宋美龄的外籍人士都曾留下类似的印象。几十年过去了，宋美龄对于干净与威严的要求仍无削减。

帮助家里擦拭灰尘，只是小事一桩，对于一般中国普通家庭的孩子来说，干这点事情是普通的事儿；可是一个富有家庭的娇小姐能做这样的粗活，也的确不容易。这也许跟美龄在美国受到的务实教育有关系。从这一件小事上，就反映出宋美龄鲜明的个性和她终此一生的"洁癖"。

宋美龄的洁癖使她对看见的脏乱无法忍受，她以改进国人的生活习惯为己任，毫无疑问，这一认识要早于"新生活运动"。

宋家与外国人的来往甚为频繁。一般从海外回来的中国人，往往不再与外国人接触，但是宋美龄则不同，她回国后却仍然与美国人保持往来。美龄回国后的翌年春天，父亲宋嘉树的美国朋友卡尔访问上海，宋美龄帮助父亲热情接待。

卡尔是位美国退休将军，老绅士。据说，宋嘉树曾为孙中山领导的"同盟会"提供了200万美元的经费。这一慷慨与这位美国大亨不无关系。由于卡尔将军支持过中国革命，他到上海，革命党人热情地接待他。卡尔乘船抵达上海时，宋嘉树亲自到码头迎接，并将他径直接到法租界宋家住宅，将家人介绍给卡尔。在后来的一些日子，宋嘉树安排卡尔会见了步惠廉牧师，带他参观华美书馆的陈旧设备和商务印书馆的新大楼。宋庆龄和孙中山也在法租界莫里哀路的住宅接见了卡尔将军。孙中山亲自主持两次宴会招待卡尔将军，并发表了表示感谢卡尔将军支持中国革命的讲话。所有这些活动，宋美龄都陪同贵宾参加，从中美龄又认识了不少革命党人。事后卡尔将军回忆说："他们待我像对待皇室成员——像对待一个皇帝。"卡尔在写给家里人的信中，还谈到孙中山亲自指示他人为卡尔设计了一个精致的大瓷瓶，并由上海最优秀的工匠手工制成，作为中国政府的正式礼物赠送给卡尔。虽然孙中山当时不是全国政权的领导人，"政府"只是想象中的东西，但这也说明中国革命党人对卡尔对中国革命帮助的感激之情。卡尔说：他在上海受到的款待，就像当年华盛顿为了感谢拉斐德在美国独立战争期间所作的贡献而给予他的款待。也正如作家西格雷夫所言：卡尔就像拉斐德一样，是一位"两个世界的英雄"。（［美］西格雷夫著《宋氏家族秘闻》，第174页。另有一说，此时孙中山不在上海。）

宋嘉树除了对美龄的婚事表示关心外，对美龄回国后的政治思想变化，也是非常关心的。美龄可以在父亲面前直言不讳地发表对中国政局的看法，提出她的政治见解。她主张实行强权政治的思想，使宋嘉树感到震惊。宋美龄认为：当前民心涣散，各行其是，必须有铁腕

宋家在上海西摩路的住宅（现陕西北路369号）

人物出来实行强权政治！要有强大的政党，党员必须绝对服从领袖；要有强大的军队，纪律严明，所向披靡；还要有强大的财政金融……这同宋嘉树的民主理想水火不容，因而，宋嘉树觉得：他的三女儿是比男子汉还要有胆有识的杰出女性，但也令人恐惧和不安。这说明宋嘉树对自己女儿在政治思想上的无限关心。

在婚事上，宋美龄不打算成为上海上流社会的一名阔太太，也不愿做一个默默无闻的贤妻良母，而是很想成为一个叱咤风云的人物。在她后来写的《我的宗教观》文中透露出这种信息，她说："我极度的热心与爱国，也就是渴望替国家做些事情。我的机会很好，我与丈夫合作，就不难对国家有所贡献了。我虽有这样的抱负，但只赖自我，我实在还缺乏一种精神上的定力。"在那个时代的中国，一个女子，就是有天大的本领，如果不借助她丈夫的力量，也是难以施展才干的，宋美龄迟迟不婚，正是在积极物色能给予她以"精神上的定力"的那种男人。宋美龄希望出现一个铁腕人物来统一四分五裂的中国，当然也希望借助这个铁腕人物的权势和力量来施展她的才干，实现她自己的政治抱负。最终，这位铁腕人物——蒋介石出现在她的面前。

卡尔将军访华后仅几个月，宋嘉树却突然被医生告知得了癌症，这一消息对宋家来讲，无疑是一大噩耗。宋嘉树于1918年5月3日溘然长逝。这时宋美龄留学归来还不到一年。他临终时，宋家三姐妹都在宋嘉树的床前守护。美龄、庆龄、蔼龄都随侍在侧。宋家的大家长走了，对家族是一个重大的打击，对宋嘉树的妻子倪桂珍而言，更是晴天霹雳。作为唯一在母亲身边生活的孩子宋美龄来说，只

能强掩本身的悲痛，陪伴在旁劝慰母亲节哀顺变。宋嘉树一生留给亲属的是一个所谓"宋家王朝"和一个与勇敢、改革同义的名声。宋嘉树对孙中山的革命斗争给予巨大的支持，因此革命党人把他看作是亲密的战友，他的逝世是孙中山革命事业的一大损失。

凭着买办业务的鹊起，宋嘉树把宋家提升到中国社会的顶层，如今他走了，难免对宋家家业的进一步发展造成某种程度的顿挫。但是，宋家四兄妹都已经学有所成，宋家在教育上的巨大投资也到了产生回报的时候，宋嘉树的故去，反而更激励了兄妹们向上奋进的决心。

宋美龄婚前的社交活动是非常频繁的。在当时的上海，对宋氏家族和其他富有的中国家庭而言，是个非常舒服的地方。他们在这个西式的、奢华的都市中，可以尽情享受中国式的舒适。当第一次世界大战接近尾声时，这个城市的商业更是空前的繁荣。宋家与他们的朋友们，几乎都是以车代步，舞会如流水宴席终年不断，有钱人拼命在享乐上挖空心思，互竞高下。富人家的生日宴一连就是好几天吃不完的美酒佳肴、山珍海味，请著名的外国剧团到家里来表演更是常有的事。不过，在外国朋友的质与量上，宋家仍然是个中翘楚，宋美龄与美国的联系更是不曾间断。除了参加一些公益活动外，宋美龄就把剩余的精力，用在年轻人最喜欢的休闲娱乐方面。

在当年的上海，除了少数资本家家庭的青年之外，其他家庭的青年几乎是没有机会赴美留学的，因而像宋美龄这样的留美青年，便成为上海社会，特别是当地的西方人最喜欢交往的社会精英。只要是外国人举办的聚会，都绝对不会把像宋美龄这样的人疏漏。久而久之宋美龄便成为上海上层社会以及外国人游乐聚会的常客。

宋家是一个富有的家庭，又有一个舒适愉快的环境。宋家的亲朋好友也都像宋家一样，拥有汽车和财富，他们经常聚会纵情欢乐。当他们为某一位家庭成员庆祝生日时，总要举行为期几天的盛大宴会，以奢华侈靡的方式来显示自己的富贵荣华。凡有这种场面，宋美龄必会出席，并常常担任重要角色。

这些社交场合恐怕是宋美龄寻找自己白马王子的重要机会，但是拥有强烈的政治抱负的宋美龄在这些纨绔子弟中恐怕很难觅得理想的人选。在这种场合，有来自各方的玩家，以及上流阶层的有钱人，他们见到像宋美龄这样丰姿绰约、出身高贵而又如此高雅的女士，难免会兴起追求的念头。可是由于宋美龄对这些人都看不上眼，所以，许多纨绔子弟，难免也要在宋美龄面前碰上许多软钉子。她长得漂亮，有教养，有钱购置精美的服装，这就使她成为社交聚会中的宝贝。在这种聚会中有很多人不断向她求婚，但她总是坦率表示不准备结婚。（《孔宋世家》，第42页）

事实证明，宋家这位最年轻的公主似乎不想结婚，直到大学毕业十年后她才完婚。按当时中国人的看法，宋美龄在而立之年才出嫁，十足一个晚婚者。那么，宋美龄在这十年中或十年前，有无初恋？如果有，情人是何人？这已成为历史之谜了。

谁是燃情岁月中的初恋情人？

结婚之前，宋美龄到底有没有初恋情人？到底谁是宋美龄的初恋情人？

1917年前后的宋美龄，正值豆蔻年华，东方少女的体态肌肤，配之以近十年西洋文化的熏染，浪漫、明快、纯洁，塑造了一个气质优雅、风姿绰约的少女形象。无论在东方人还是西方人眼里，她都是妙不可言的安琪儿。尤其在当时的中国留学生眼中，她不仅是思春的佳偶，也是怀乡的寄托；有多少海外学子，或明献殷勤，或暗揣相思，瞳仁都紧锁在宋美龄身上。

而宋美龄呢，她对自己的魅力十分自信，但对遥远的故国却十分陌生，在她心目中，祖国无疑是可亲的，但那里贫穷、落后，据说还动荡不宁，青年男女的婚事由父母包办，甚至有的还是指腹为婚……受美式教育长大的少女宋美龄，最不能容忍、最难以接受的就是自己的情感和婚姻受到别人的支配。因此，她也十分乐意与哈佛、麻省理工学院的留学生交往，希冀从中物色自己理想的白马王子。因此，有几本宋氏的传记都不约而同地提到了她的这段感情生活：被来自中国的名校学生的青睐所包围，甚至还与一位来自江苏的哈佛留学生彼得·李订了婚。（见西格雷夫《宋家王朝》）不过，这段婚约无疑只是短暂的"无果之花"，大概一则宋美龄眼光独特，一般的少年断断不能长久俘虏她的芳心；一则宋美龄对祖国的某种焦虑消隐之后，她自觉婚约固定尚早，不想过早地束缚自

宋美龄（右一）和宋庆龄（左二）在卫斯理安学院学习时，宋子文（左一）偕竺可桢及其女友探望她们时的合影。

己。总之，这是少女宋美龄情窦萌动时代情感经历的一朵浪花吧。

然而，另外有一些传记作品，却指名道姓地说出宋美龄的那位初恋"意中人"。

例如，一本以埃米莉·哈恩著作为蓝本的《宋美龄传》（龙流编译，北京农村读物出版社，1988年出版），叙述蒋介石在1923年后，曾对宋美龄有过长达五年的热烈追求，宋美龄之所以不理不睬，是因为她心有所属，她有了一位要好的男朋友。书中说："五年来，蒋介石不管宋美龄已与当时上海市市长刘纪文订婚，他仍不断地追求她，向她提出结婚的要求，但是宋美龄没有答应，原因是宋老太太一直反对蒋成为她的女婿。"（同上，第87页）

这本书指名道姓，言之凿凿。类似的说法在台湾地区出版的《宋美龄传》《宋美龄前传》等图书中也有描述。

那么，刘纪文究竟是一个什么样的人？刘纪文时任南京市特别市长，曾留学英国和日本，追随孙中山先生多年，据说是个风度翩翩、才华横溢的得意之士。童轩荪先生在台北《传记文学》的一篇文章中写道："国民党里有两个美男子都以风姿伟俊为世所称，而此两人竟同字'兆铭'。一为汪精卫，一为刘纪文。"（见《传记文学》第34卷第6期，童轩荪作《刘纪文的生平及其他》，第63页）

按说，宋美龄对这样一位美男子产生感情也并非不可能。但仍然有许多人对此事表示怀疑。台湾作家王丰对宋美龄的早期情感生活作了比较详细的考证，指出这一传闻并不可信。他在《美丽与哀愁》一书中写道：如果硬把宋美龄和刘纪文扯在一起，事实上存在着许多疑点和笑话。

其一，据香港波文出版社出版的《当代中国四千名人录》的记载，"刘纪文，广东东莞人，日本及英国留学生，历任广东金库监理、广州市审计处处长、陆军部军需司司长、大元帅府审计长、广东省政府委员兼农工厅厅长、国民革命军总司令部经理处处长、南京特别市市长、江海关监督、国民党三届中执委、国民政府建设委员会委员、'国大'代表、'总统府'国策顾问，死于1957年4月13日。"以刘纪文这样的背景资历，如果他真是当年宋美龄的意中人的话，还何劳蒋介石去作什么调查，恐怕早就是上海报纸津津乐道的话题了，更何况，根据刘纪文的生平经历，青少年时代可说都一直跟着孙中山闹革命，这样有名望的

令蒋介石戎马倥偬之际念念不忘的宋美龄。

人，蒋介石如此孤陋寡闻，还要请包打听去查访，如此，蒋介石未免也太逊色了点吧！

因此，可以说明上书中所作的这段叙述，存在着很大的疑点有待澄清。或许有人会说，这样的证据又何以说明刘纪文不是宋美龄的初恋情人呢？没错，但是，我们不妨来翻翻当年的报纸，从中找出一些蛛丝马迹，以作为笔者反对指称刘纪文和宋美龄有任何情爱关系的旁证。

比如，1927年10月5日上海的《时报》有报道指出："蒋介石于去年7月9日在广州东校场任北伐军总司令，出师之前夕，政府当道，盛筵为蒋介石送行，同桌中有宋美龄女士在，蒋一见之，遂属意焉，以后虽在戎马倥偬之际，每不能忘。"这段文字说明蒋介石某次邂逅宋美龄的场合，以及蒋介石追求宋美龄的客观情况。报道接着指出："当9月下旬，宋子文来日，先至云仙，继到神户……时蒋已经下野，忽闻宋家人之后亦来云仙，9月28日，蒋偕参谋长张群、南京市长刘文岛（笔者按：此处应为刘纪文之误，因为当时的南京市长确为刘纪文，而非刘文岛氏，按刘纪文是日本法政大学毕业生，日文能力应当不错，这是蒋介石

要他陪同去日本的主因，刘为文臣，而张群为日本陆军学校毕业，为蒋介石之武将，可说是十分妥当的出访幕僚搭配）、秘书陈舜寿，并卫兵五名，在沪秘密上船。送行者只日本领事清水氏一人而已，日本驻沪记者非常注意，大阪朝日、每日驻沪记者，均随之出发……盖蒋是中国近代'伟人'，其一举一动，极为世人注目，何况闻其又有一段姻缘，更足供新闻资料也。"

报道又指出蒋介石在接受日本和中外记者访问时说："余回顾过去一年间在战场上之光景，令人感慨无量，今日能优游于云仙快乐之乡，荡涤战尘，胸襟不觉一快，至于漫游欧美与否，现未决定，与宋女士结婚问题，今日亦不能对各位表白，请诸君推测可也。"

据后来包括《宋家王朝》在内的书中都认为蒋介石这趟去日本，多半是为了说服宋美龄的母亲倪桂珍，以便让她的女儿嫁给他，当然有一部分原因是和当时国民党正在闹宁汉分裂有关。

明白乎此，就可以知晓，如果刘纪文和宋美龄已有情愫的话，为什么蒋介石还会带着刘纪文这个"情敌"，去日本洽谈自己和宋美龄之间的婚事，这简直是滑稽突兀。况且，就算蒋介石有这样的"雅量"，难道刘纪文就有这样的"雅兴"，为"情敌"铺婚礼的红地毯？这是相当值得推敲的一个问题。

再回过头来，我们审视一下刘纪文的求学背景。许多海内外有关宋美龄的书说，宋美龄在美国念书时认识了刘纪文。但是，根据刘纪文本身的求学过程资料显示，刘纪文从来不曾留学美国，他是日本和英国的留学生，曾经在民国十二年奉派去欧美各国考察市政。然而，有趣的是，宋美龄早在民国六年，就已经学成归国，她不可能和刘纪文隔着一道太平洋"神交"吧？因为二人根本没有在美国交往的时间，刘宋二人如何能够成为"留美同学"？

紧接着，民国十六年11月14日《时报》报道说，包括蔡元培在内的一些党政首长、学界人士等，参加了13日上午举行的罗家伦和张维桢二人的婚礼，从日本回来有些时候的刘纪文也出席了这个婚礼仪式，在婚礼上，各个要人分别发表对婚姻的看法，结果，刘纪文也起来讲了一席话，这则报道说："并有刘纪文君报告蒋宋之姻缘……"

我们以常情判断，假如刘纪文真的和宋美龄有过一段情的话，刘纪文怎么会有面子在这样的大庭广众面前，脸不红气不喘地作什么"报告"？一个情场败将会心甘自我堕落如是？这又是一个指刘宋夙有情愫之流言不合情理的间接证据。

看来，被小道消息炒得沸沸扬扬的宋刘之恋并没有确凿的证据，并且从王丰先生的考证来看，疑窦太多，非情理的事太多。然而，人们为什么偏偏挑中刘纪文，作为这场绯闻的主角？是偶然原因还是事出有因？刘纪文与蒋介石、宋美龄之间，到底有没有某种默契、约定？这确实是一个很有趣的话题。我们再来看一下有关刘纪文的一些官方文献的记载。

民国十八年南京市政府出版的《首都市政》一书，对这位南京市首位国民党市长的背景，作了如下的交代：

"刘市长纪文，广东东莞县人，现年40岁，卒业于日本志成学校及法政大学，专攻政治经济，随从先总理革命十余年，未尝远离左右，历任中华革命党财政部部员、广东全省金库监理、广州市审计处处长、大元帅府审计局局长、陆军部军需司司长等职。民国十二年赴英国，在伦敦经济大学及剑桥大学研究欧战后状况，由广东政府特派为欧美市政考察专员，赴欧美各国首都及重要城镇实地考察，对各国市政制度及管理方法，极有心得。民国十五年归国，由国民政府特任荐广东省政府委员，兼农工厅厅长，后因革命军北伐战事紧急，特赴前方被任命为国民革命军总司令行营军需处处长，及总司令部经理委员会主席、审计处处长、经理处处长，南京奠定后，被任命为南京特别市市长，旋被选为南京特别市党部执行委员，民国十六年7月，复任南京特别市市长，于7月20日就职，兼任国民政府建设委员会委员，民国十八年3月被选为中国国民党中央执行委员。"

这就是当年刘纪文任职南京市市长时，官方给他作的出身介绍。

王丰先生的《美丽与哀愁》对此分析道：对照上述《当代中国四千名人录》的有关记载，两者早期资料并不存在太大误差。有若干著作指出，刘纪文出任南京市市长的原因，是当时宋美龄答应嫁给蒋介石的条件之一，不论这个说法正确与否，从文献资料上显示，刘纪文在担任南京市市长期间，似乎有明显受到上峰挤压抑制的现象，种种迹象显示，刘纪文名为南京市市长，实则不过是一个空头市长，根本有名无权。如果像某些书说的，关于蒋介石要娶宋美龄的条件是包括了"保荐刘纪文当南京特别市市长"的话，刘纪文干南京市长，权力何以如此萎缩？这是另一个值得疑问的地方。

另外，刘纪文遗孀许淑珍对刘纪文的情感生活有过坦诚的交代，她说，"纪文曾亲口告诉说他出身寒微，献身革命奔走四方，没有时间谈恋爱。纪文和我结婚时，他已三十九岁。"至于刘纪文的初恋，许女士也毫不隐讳，据实相告："纪文初恋真正的情人是古婉仪小姐。她的父亲为党国元老古应芬先生。不幸古小姐和纪文订婚不久，卧病经年，临终之前旬余，纪文视侍在旁，可见两人间情之笃，事隔多年，他无时或忘，时常和我提起。"

刘纪文与许淑珍关系和谐，感情不错，按说许女士的话是可信的。许女士的说法，更佐证了刘宋情感的不可能性。

不过若说刘纪文不认识宋美龄，似乎也不合情理。各种文献都说民国前两年到民国十二年，刘纪文一直都在孙中山的身边，那么他怎么可能不认识宋三小姐宋美龄？

刘、宋如果有意接近彼此，在时间上是有可能的。即民国前两年一直到民国十四年，刘一直跟在孙中山的身边，那么，刘纪文认识宋氏家族成员的时间，绝对是在民国初年，大约是在民国三年前后，而宋美龄是在民国六年回到中国的，所以，除非宋美龄足不出户，否则，刘纪文认识宋美龄的年份定然是在民国六

1921年1月，出任孙中山北伐大本营参军兼第二军参谋长的蒋介石。

年以后不久，绝对不会像许淑珍讲的，要到民国十五六年间才认识宋家的人。事实上，根据许多文献记载，宋美龄回中国后是很热衷于参加各种公益活动的，所以，她不可能足不出户。

我们可以大胆作一种假设，就是如果宋美龄和刘纪文之间真的彼此有心的话，他们间交往的时间早

国民政府首席顾问鲍罗廷正在武汉的群众集会上演说。

在蒋介石和宋美龄结婚前，至少可以有近十年的交往时间，这十年时光，要作一场爱情长跑，是绰绰有余的，况且，宋美龄和蒋介石结婚时，她的实际年龄已是二十九足岁。即使在旧时代，一个二十九岁的女人，如果说从来不曾对一位男士动心的话，大概也要有很深的"修养"才办得到。

到底谁是第一位白马王子的问题，恐怕是一桩没有答案的历史公案。笔者希望以宋美龄的"答辩"为结尾。

在1927年10月9日，宋美龄接受日本记者火田谷访问时，火田谷问宋美龄："蒋先生谓初认女士为其理想之伴侣，但不知当时女士做何感想？"宋美龄微笑答复："此乃五年前事，当时余未注意之。"

最后，这位日本记者直截了当地问宋美龄："女士婚姻何以迟迟至于今日？"宋美龄脸上泛了一阵红说："因未觅得相爱之人故。"（日本大阪《每日新闻》1927年10月9日电）

宋美龄巧妙地避开了记者的词锋，顽强地坚守着关于自己初恋以及感情经历的隐私权。笔者以为，蒋介石是否为宋美龄的初恋情人，除非宋自己出来说明，否则永远是一个无法认定的谜，但可以肯定的是，宋美龄对蒋介石有个认识过程。在1922年，宋美龄首次见到了时任粤军第二路军前敌总指挥的蒋介石。一来当时的蒋介石仅为国民党的二三流人物，二则两人相识于蒋介石和陈洁如新婚不久，凭着宋美龄当年对未来的追求，对蒋当时这样的身份，宋小姐是不会动心的。至于以后他们走到一起，则是由于各种机缘促成的。

宋美龄婚前十年家庭兄弟姐妹的基本情况是，大姐婚后家居主要在天津，哥哥子文和二姐庆龄随同孙中山来到广州开展革命工作，所以美龄每年总是平均安排自己在南方和北方的逗留时间。

在这样的背景下，宋美龄就有大量机会对周围环境进行比较，并观察到南北两个对立政府的工作情况。南方生机勃勃，按照乐观的俄国人的说法，一切都将发展，诸事大有希望；北方则是一切依旧，也就是说，时而万马齐喑，时而互相残杀。用美国作家项美丽的话来说，这是一个非常有趣的时期，整个中国只有宋氏一家能在双方阵营中确保安全，偌大的中国疆土只有美龄一人能以这种方式进行旅行。

与此同时，正是在这种革命与反革命的较量中，宋美龄开始对资本主义和共产主义加以比较和取舍。在以往世人的认识中认为宋美龄的反共情结，是受蒋介石的影响。而今台湾一些学者则认为，事实并非如此。在宋美龄未与蒋介石结婚前，她已经有了自己的定见，认为"共产主义不适合于中国"。

1926年冬，宋美龄陪同母亲及大姐蔼龄赴汉口探望长兄子文及二姐孙夫人宋庆龄，曾几次会晤苏联顾问鲍罗廷，并多次讨论共产主义的本质问题。当时鲍罗廷以其丰富的欧洲史及美国史知识，痛斥美国开国历史的不实之处，以及民主政治与资本主义的弊端，滔滔不绝地讲述共产主义的世界观与行动计划。宋美龄承认鲍罗廷是一位富有自制、魄力和煽动力的俄共第三国际的杰出人物，同时却又认为他蔑视人性，冷酷无情，无法接受其主张和观点。

另外，台湾学者认为，因为宋美龄是一位虔诚的基督徒，鲍罗廷所宣传的无神论，也激起宋美龄的厌恶与排斥。故而宋美龄的反共，不仅是以为这种政治理论不适宜于中国，而且亦认定，是违背她所信奉的宗教观念的。

其实，在美国作家西格雷夫的《宋家王朝》一书中就提出过这一看法：宋美龄的政治见解很右，她曾经说她姐姐庆龄只不过是个浪漫派，蒋介石的大屠杀只使共产党人和其他低下阶层的人受害，"过火行为"是普通士兵的狂热造成的，是难免的。

所以，台湾学者的结论不无道理。笔者也认为：宋美龄的反共情结并不源于其丈夫蒋介石，而是源于她自己的政治见解。

宋美龄 全传

·Biography of Song Meiling

第五章

底定政坛新格局的蒋宋联姻

自古美人爱英雄。宋美龄说："他那对闪亮射人的眼睛告诉我：他是个英雄……相形之下，远比我的二姐夫英俊。"

宋家三姐妹出生后，传说母亲倪氏都有准确的观天象。她说蔼龄出生时，月亮是圆的，说明她的姻缘是美满的；庆龄出生时，月亮是弯的，说她要守寡；美龄出生时，月亮是昏的，说她要有气。迷信虽不可信，可事情的发展确是这样。

五年穷追不舍的蒋介石终于在情场上得了意，他如愿以偿地娶到了宋家的三小姐。轰动中外的盛大婚礼，不仅是蒋宋政治婚姻的开始，也标志着近代中国蒋、宋、孔三大家族在政治经济上的初步结盟。

在这场婚姻中如愿以偿的，恐怕不仅仅是蒋介石。对于渴望权力的宋美龄来说，这也许是实现自己政治抱负的捷径。对那些说她嫁给蒋介石是因为受到了两个姐姐影响的议论，她嗤之以鼻。

许多年以后，宋美龄曾对人剖白："你想想，我是能够被人包办婚姻的吗？""这项婚姻自始至终是我自己做主，自己主动的。与我阿姐何干？"宋庆龄曾对斯诺谈起过蒋宋的婚姻："开始并没有爱情，但是我认为现在有爱情

毛福梅与蒋经国夫妇及长孙。

了。美龄真诚地爱蒋，蒋也真诚地爱她。"

爱情马拉松从孙中山的客厅开始

1922年，蒋介石第一次见到宋美龄是在上海孙中山的家里。此时他刚刚与陈洁如结婚不久。看着宋三小姐飘然而至，蒋介石立刻被她的美国式的教养和气质吸引住了。在他看来，陈洁如虽然年轻貌美，温柔体贴，却比不上宋美龄的风采和广泛的交际关系，何况，有财有势又与孙中山结成姻亲的宋氏家族对野心勃勃的蒋介石来说更具有无穷的魅力。新的追求目标由此确立，博取宋三小姐欢心的喜剧和疏离新婚娇妻的悲剧同时开始了。

与未婚青年宋美龄相比，蒋介石的婚姻经历颇为复杂，他曾先后和两位女性结婚，与一位女性同居，元配、美妾、娇妻他一样都不少。

第一次婚姻是与同乡毛福梅结婚。毛氏遵奉三从四德，对丈夫百依百顺，对婆母孝敬可亲，平时吃斋念佛。毛福梅本来是靠包办婚姻、父母做主才与蒋介石成婚的，并生有一子蒋经国。蒋介石对年长其五岁的毛福梅早已不感兴趣，又碍于寡母之命不得离婚。

第二次是同居，蒋介石是在远离家乡和毛福梅的情况下，认识了出身寒门，在一家高级妓院当"娘姨"即丫环的姚怡琴，两人从1912年开始同居，此后姚怡琴改名姚冶诚。蒋介石此举是在婚姻生活中寻找安慰和理想人选的第一次尝试。蒋、姚不可能白头到老，两人间是有感情的，但姚氏只能成为蒋某暂时的贤内助。在蒋介石的地位日益提高以后，她的出身、经历和文化修养使她不可能成为蒋介石政治上的好帮手，两人分手于1921年11月间。之后，姚冶诚经常住在离蒋介石所在地不远的地方，除抗战期间迁到重庆外，其他时间主要住在苏

蒋纬国夫妇与姚冶诚（中）

州，以便于蒋纬国和蒋经国过去探望。后随蒋介石集团一起去台湾，定居台中，蒋纬国几乎每周都去探望。1966年去世，终年81岁。姚氏和蒋介石一起生活了近十年，她没有孩子，十分喜欢蒋纬国，而且成为蒋纬国的养母。她与蒋纬国之间的感情并未因以后政治风云和蒋家内部的变化而受到影响。

第三次是和陈洁如结婚。陈洁如原名叫陈阿凤。陈阿凤因为与张静江的续弦夫人朱逸民是好朋友而经常到张静江家做客。也是张家常客的蒋介石十分喜欢这位阿凤，并明白表示要娶她为妻，此时陈阿凤只有13岁。1921年前后，孙中山的革命事业进入一个新的阶段，在广州正式建立了革命根据地。追随孙中山的蒋介石也来到广州，出任粤军第二军前敌总指挥，政务、外事、社交活动大为增加。这样一来蒋介石对身边的夫人要求更高了，毛福梅、姚冶诚当然适应不了这种新角色。陈女士这位在上海长大的美女在社交方面富有天赋。后来蒋介石出任大本营参谋长、黄埔军校校长、国民革命军总司令，陪同出场的就是陈洁如女士，她因此成为当年广州城里有名的"总司令夫人"。

只是此时的蒋介石已经看中了上海滩上的名门闺秀宋美龄，所以蒋陈婚姻出现危机。宋、陈比较，宋美龄在社交风度、文化素质、对西方的了解和对官场的精通方面，远远超过了陈洁如，蒋介石弃陈娶宋势在必然。

新的婚姻价值观拓宽了婚姻行为的内涵，换妻也就成了一种特殊阶段的政治现象。

在蒋介石婚姻历程中，我们可以看到一个有趣的现象，即取舍的尺度与政治条件的优越与否密切相关。毛福梅、姚

蒋介石任黄埔军校校长时与陈洁如合影于军校。

冶诚、陈洁如的婚姻悲剧，对蒋介石来说，是把夫人当成了是否有助于政治上发展的工具，当他在仕途上不断上升，夫人也在更新换代，提高档次。到蒋某发动四一二政变，建立蒋家王朝后，他终于找到了宋美龄这样适合他的地位、能帮助他立身的夫人，蒋介石也就从此从宋而终了。有人曾给这一现象起了一个非常形象的名词，叫"改组内阁"，足见其政治色彩的浓厚。

在美国作家项美丽的著述中，这样记载了蒋介石追求宋美龄的开始：

蒋介石见到宋美龄后，一天，他向孙中山提起了这门婚事，自称没有妻室，问孙先生说："您能劝宋小姐嫁给我吗？"孙中山没有马上去劝妻妹宋美龄，而是把蒋介石的意思转告了妻子。庆龄坚决地回答说，她宁可看到妹妹死，也不愿意让她嫁给一个在广州城内至少有一两个情妇的男人；虽然他名义上还没有结婚。的确，当时有关蒋介石的传闻很多。但是孙中山并没有把妻子拒绝的话转达给蒋介石，因为他喜欢这个年轻人。他劝蒋介石说："等一等吧。"蒋介石明白孙中山的意思，于是等了起来。在孙中山逝世以前，蒋介石又曾两次提起过这门亲事，但每次得到的答复都是"再等一等吧"。蒋介石大概也没有想到这一场爱情马拉松，他跑了长达五年之久。

为这一场婚姻，当年曾有人指责蒋介石"好色"。确实用中国的道德标准去衡量，蒋介石的行为不仅为道学先生所鄙夷，也为普通老百姓所不齿。然而，蒋为宋倾倒，并非只因宋三小姐姿色迷人那么简单。蒋宋联姻，蒋介石主要出于政治的动机。

蒋介石十分清楚赢得孙中山信任并加强与其亲密关系的重要性。这是两人在黄埔军校开学典礼后的合影。

《大公报》创始人之一的胡霖分析道：蒋介石的再婚，是一项有预谋的政治行动。他希望借此赢得孙逸仙夫人和宋子文的支持……那时候，蒋介石也开始觉得有必要寻求西方的支持。娶宋美龄为妻之后，他就有了与西方人交涉的"嘴巴和耳朵"。此外，他非常推崇宋子文是一个财政专家……为了政治上的考虑，蒋介石什么事都做得出来。

《宋家王朝》一书的作者西格雷夫也指出：不能看轻孙逸仙的形象的重要性，他在一般中国人的心目中是一个半神化的人物……政治家或将军只要同孙有一丝关系，也就带上了某种神奇的色彩。在青帮的阴谋中，如果蒋介石能够假借孙逸仙的超自然训令，把自己描述成他的人间代表，那是很重要的。蒋介石借着与宋家联姻，除欲获得孙逸仙的神秘权威外，他更希望能获取宋家的财务支持。他的开支太大了，青帮负担不了，即使向老百姓勒索也有限度。虽然他以征服或收买各地军阀等手段，迅速扩展他的军事控制地区，但实际上他只掌握极少数的中国本地财富。

夺夫先吃鸽子宴

就在蒋介石开始追求宋美龄的时候，他和陈洁如刚刚结婚一年，尽管蒋对陈也是信誓旦旦，但他从来没有把陈洁如视为终身伴侣。因为蒋介石视政治高于一切，陈洁如只是蒋感情生活上的一段插曲。

蒋介石在行动，宋家姐妹在行动，在如此强大的联合阵线的攻势下，不谙政事单纯得如中学生的陈洁如根本没有还手之力。她在多年后写成的回忆录中讲述了一个"鸽子宴竟成夺夫宴"的故事，生动地再现了那场婚变中的一个场面：

一个星期六的晚上，介石下班回家了，他突如其来地对我说：

"明天晚上孔夫人请我们吃饭。她告诉我，要特别为你和我准备一席很别致的鸽子餐。她要我们三点钟到，但是我五时无法离开军校，所以请你先去。"他边说边在室内来回踱着，好像很兴奋。他的喉咙似乎因为紧张而收缩了。"请客！"他自言自语，"我从来想不到会有这件事。而现在，这么久了，你我终于有缘跟这位大人物同席共进晚餐了。这真是太妙了，妙得难以置信！”

"何必这么兴奋！"我轻松地问，"只是一餐晚饭。天气这么热，我还真不想出门呢！你何不一个人去放怀开心一下，你可以为我设词婉谢。"

"你怎么还没有搞懂？"他一下子就责备起我来，"你必须要体会了解，对我十分重要的一件事，就是更接近宋家。你应该知道这几年来我都未能如我所愿地接近我们的总理，而这次吃饭就是一个机会，可以更接近总理的亲戚。这，你懂了吗？"

当然，我不能否认他说的是事实。

"你同我一样了解，"他耐心地又说，"广州的军事专才多的是，可是，我完全是因为走了点运，才当上军校校长。我有了地位，但缺少声望。因此，我要走的路线是培养与总理身边的亲人间的友谊。我要把孙、宋、蒋三家紧密地连接起来，要越来越紧密。"

我望着他，心知他说的运气是什么意思，因为当初孙先生挑选军校校长时，心思总是在湖南谭延闿将军身上打转。不过，由于谭将军坚决反共，所以推辞了这项职务。

介石伸出手来握住我的手，满面爱意地牢牢握着它，以哄劝的口吻对我说：

"我们就要跨过重大成就的门槛，在我们革命事业方面和在培养友谊关系方面，你都必须同我站在一起，争取成功。你知道这对我是何等重要。你千万不要不肯去参加晚餐。"

"我答应你。"我向他保证，"我会尽我所能，帮助你实现你的愿望。我愿意去任何你要我去的地方，你现在满意了吗？"

介石快活地笑起来，抱着我紧贴他的身躯……

我到达这幢房子的时候，其他客人差不多都已先到了。孔夫人身上散发出熏人的法国香水气味，热切地欢迎我，但又担心似的大声说：

"介石呢？他肯定地答应过要来的！"

"他过一会儿会来。"我告诉她。

然后，她就领我进入客厅。在场的人我都认得，有她的妹妹宋美龄、名

1921年蒋介石与陈洁如结婚的喜柬。

外交官及学者陈友仁及廖仲恺夫人。我同每个人握手后，大家就愉快地谈起来……

　　然后，陈友仁和我漫步走进花园。当我们走到房子旁边的时候，客厅中的快活笑声吸引了我的注意。那是宋蔼龄的高亢声音，我听到她说："她只能做一个中等人家的主妇，怎么配做一位新兴领袖的妻子？一定要想个法子。"

　　"是的，"宋美龄表示同意，"她就象征我们国家生活中一条宽阔的社会鸿沟。"然后，她带点讽刺意味，又说，"不过，我必须说她也有好的地方，她可以做一个宁波乡下人或农人的好主妇。"我可以意识到这些话所蕴含的尖刻轻蔑之意。

　　"你们要她怎么样？"廖仲恺夫人叫着说，"她还是一个孩子，还没有甩掉她的小包袱。啊！她需要一个自我发现的机会，她会学习。我必须指出，她实在是一个好女人，比她那个坏脾气丈夫高明多了。"……

　　陈友仁和我回到客厅中，她们三人都闭口不言了。

　　这时介石仍未到来，我就微笑着坐下，陈友仁则过去同廖夫人谈话。宋蔼龄和宋美龄在座位上扭动不安，似乎是在想到底我听到她们那些话没有。她们从头到脚打量我，好像在评判一个女学童。

……这以后，接着就是一阵盘问，打听有关我丈夫的情形。这两位姐妹一定认为我是一个蠢女人，于是我就故意让她们问下去，要看看她们究竟目的何在？

"蒋夫人，你对婚姻生活感受如何？你跟你丈夫吵过架吗？"宋蔼龄问。

"没有，"我佯作正经地答说，"我们还没有可以吵架的事。介石尊重我的意愿，我也尊重他的。我们就是透过彼此尊重而相安无事。"

"但是，介石那讨人厌的脾气是出了名的，难道他没有责怪过你吗？"孔夫人带着狡猾的微笑问我，"没有？那么，你一定是耐性的化身了，竟还没有同他吵闹过！"

"听孙先生说，介石一受到小小的刺激，就爆炸发作起来，不是这样吗？"宋美龄问。她看着我，又说，"当然，我不相信这一点。但是，一个有坏脾气的男人，总比一个没有脾气的男人，还要好些。你不认为吗？"我点点头，装作同意她的意见。她再问：

"告诉我们一些关于她第一位妻子毛夫人的情形。她反对你吗？她故意找你麻烦吗？她对你很不客气吗？"

"毛夫人是我所认识的最可敬爱的妇女。"我照实答复，"她是虔诚的佛教徒，已经不问世俗之事。当然，我们结婚以前，介石已征得她同意分居。"

"那第二位妻子姚夫人又是怎样情形呢？你见过她吗？"又是宋美龄问，"她什么样子？"

"姚夫人住在苏州，我没有见过。听说她相当守旧，喜欢打麻将。我们结婚之前，她同意接受一笔五千圆的款子，同意放弃将来对介石的一切赡养要求。不过，介石每月还是另外给她一点不算多的补助。我们现在将她当作一位亲戚。"

比宋美龄小八岁的陈洁如单纯得像个孩子。

我望着孔夫人，看见她和美龄交换着寓有含义的眼神。这样子的盘问又不休不止地持续下去。

五点钟，介石进门来了，满口抱歉迟到。孔夫人佯作愠状，狠狠地瞪他一眼。于是，他走过去，向她咕哝一些讨好的话。

随后，我们都走进餐厅。座位的安排是：介石坐孔夫人和宋美龄之间，而我则坐在陈友仁和廖仲恺夫人之间。

晚餐是欧洲式的。第一道是浓肉汤，接着是煎鲽鱼，然后是一只大肉鸽。每只鸽子置于一片钻石形状的烤面包上，这片面包放在一只盘子中，每人一盘，盘中另配有一根水芹菜和一些番薯片。金褐色鸽子的胸肉爆裂出来，令人望而垂涎……

这个小晚宴只是一次普通聚会，我再也想不到，也不能相信，这竟会是谋夺我的蒋介石妻子地位的长期阴谋之滥觞。

蒋介石的野心和手腕不仅表现在千方百计搞政治联姻上，而且是三管齐下的。有人这样分析蒋介石的上台：一党专政，就有"一人独裁"的"必然"后果。而独裁者的蹿升，又"必然"要通过三大渠道，即，抓军、抓党、抓钱。三者缺一不可，总名之曰抓权。

在这"抓军"的过程之中，军人自然就沾光了。在孙中山去世后，国民党试图组织"国民政府"，统一两广的初期，其建军的"苦劳"，两次"东征"，消灭刘、杨，镇压"商团"等不世之"功劳"，都被黄埔军校校长蒋介石一肩扛过。但是蒋于此时在国民党中的地位却不高。

此时国民党中所有光辉的"主席"名号，全被汪精卫一人霸占了。汪氏诗词做得顶呱呱，能说会讲，风度翩翩，是有名的美男子。但他就是不能治军，军事大权就旁落了。

陈洁如女士在她的回忆中，提供了一些可信的微观小史料，澄清了六十多年来"中山舰事变"的谜团，同时也佐证了国民党之必然走向"一人独裁"，这个客观规律中历史发展的宏观大势——从抓军、抓党到抓钱。

1926年3月20日"中山舰事件"后，蒋介石扶摇直上，也带动了自陈英士死后，在国民党中久已式微的江浙帮之复兴。在蒋介石的安排之下，中央监察委员张静江居然当起中央执行委员会常务委员会的主席来。中央组织部长谭平山，也让位由蒋介石"兼任"，由陈果夫"代理"。国民党中的组织部自此变成C.C.派的天下了。以上是蒋介石在党中取得大权的简略经过。

汪精卫曾任国民党的主席，但从未掌过军权，故而总是斗不过靠黄埔起家的蒋介石。

三关已通过了两关。再下一步"抓钱"，就要从全国财经方面着手了。

这个"忍人之所不能忍，决人之所不敢决"（罗家伦对蒋的评语）的蒋总司令认为，南昌武汉之间的国民党党内斗争和国共两党的党际斗争的决胜战场，不在武汉，而在上海。谁能抓到上海的钱包，谁就有最后的胜利。

如果能够娶宋美龄为妻，蒋介石自己就成为孙中山的姻亲，而握有国民政府财权的宋子文就成了他的大舅子。在当时，除争取一定的政治声望之外，能争取财援对蒋介石乃是当务之急。宋子文握有武汉国民政府的"钱箱子"。因其抗命，财神爷曾经扣压了他的军火与军饷。加之宋子文与江浙财团的密切关系，能号召上海资本家捐款为蒋买军火，在财政金融方面具有举足轻重的作用。所以宋子文成了蒋介石必须争取到的重要对象。换句话说，争取到了宋子文，在某种意义上也就是争取到了江浙财团的支持，这在南京政府来说，也是成败的关键所在。

蒋介石希望宋子文出来主持财政，解决南京政府面临的筹饷和财政统一问题。这也是南京国民党中央决策层的共同看法。谭延闿当时曾谈道："以现在政府之状况说，北伐军事已在发展时期，首都新治，应从训政开始。唯军事政务皆赖于财政者最为重要，国府方面故以宋部长出而担任。宋部长前在广东办理财政，很有成绩，辅助军事进行极大。……现在训政开始，要实行民生主义，更要一方面发展军事，

拥有财权并与江浙财团有着密切关系的宋子文成了蒋介石急欲争取的对象。

一方面统一财政。宋部长之经验学识最深，党内同志，希望其在此最短时期，于财政上有重大之发展，以完成北伐统一中国。"（《申报》1928年1月9日）的确，建立不久的南京国民政府，一方面在大部分新收复地区急需整理财政、增加收入；另一方面正在规划新的战事，筹措军费乃至政费，实在是不可拖延的紧迫任务。此外，财政部是国民政府中一个极为重要的部门，财政部长的人选必须在国民党中央决策层内获得通过，为各主要派系所接受。按照李烈钧的说法："宋部长向来光明磊落，很以国家人民为重的。"（《申报》1928年1月9日）

显然，在当时国民党营垒中，从学识、经历、地位、人际关系等方面的因素来看，宋子文确实是出任财政部长最合适的人选了。蒋介石早已看到了这一点。

蒋为了自己的前途，将这桩政治婚姻告诉陈洁如，陈洁如差点气昏过去，一时说不出话。蒋花言巧语让陈出洋进修五年，回来再说，否则，蒋以死相胁。在蒋的花言巧语下，陈洁如只好表示退让。1927年3月，北伐军到上海，蒋介石继续与宋美龄来往，但仍住在陈洁如家里。1927年3月19日，蒋介石把写给宋蔼龄、宋美龄的两封信给陈洁如看。这两封信如下：

致孔祥熙夫人函：

亲爱的大姐：敬请陪同令堂、孙夫人、令妹三小姐（美龄）、令公子令侃及令爱等前来牯岭居住。无论如何，请勿续留汉口。今夜我将离开九江，明日抵达安庆。我已悉美龄前次未来牯岭的原因（由于我的妻子）。你回到汉口之后，请询明三妹（美龄）的态度。你如来函，盼交专差径送安庆，嗣后每周我们均可派专差递送信件，以免有所遗失。你赞同此议吗？

中正

1927年3月19日

致宋美龄女士函：

美龄女士：我料想令姐已代转我给你的专函。今夜，我将离开九江向前

进发，途中将在安庆停留数日，以等待你的回信。收到你的信后，将上前线。

你的态度如何？请来函详示。你可否赠我一帧最近的玉照，以使我得以经常见到你的芳影？我的想法是：令堂、孙夫人、孔夫人暨男女公子，以及你自己应当即速离开汉口，赴牯岭定居，如此较为妥适。你因我仍在江西，以为不便来与我晤面（由于我的妻子）。但我今已离开江西，你大可不必再存此种令你不安的疑虑。

中正

1927年3月19日

这两封信促使陈洁如下决心离开蒋介石。陈行前把蒋的箱子钥匙和一封短信交给仆人转给蒋。陈洁如坐船回到上海母亲的身旁。她的母亲伤心不已，许多亲友尚不知内情，纷纷前来祝贺，更加刺痛了陈洁如的心。她还是装模作样，强颜欢笑，深感自己是个伪君子。

陈洁如和蒋介石关系破裂，是在1927年8月，蒋东渡日本前夕。8月1日晨，蒋单独来到陈洁如母亲家，以作告别。蒋让陈与张静江女儿一起坐船去美国。陈洁如开始不答应，蒋苦苦恳求，以五年为限。蒋介石说："洁如，你必须远去美国，这是宋蔼龄的条件之一。洁如，我明知这样做是过分了，但你如留在上海，这个全盘交易就会告吹。你还不了解我的苦心吗？"在陈洁如母亲的斡旋下，蒋介石发誓以五年为限，必定恢复与洁如的婚姻关系，否则天打雷劈，放逐海外，永不回来。

就这样，蒋介石为了政治目的，下定决心，和陈洁如一刀两断，以便早日与宋美龄结为夫妻。蒋陈婚姻，只有六年时间，大部分岁月在南方的广州度过。他们的关系开始于上海，也结束于上海。

1927年8月19日，陈洁如在张静江女儿黛瑞莎和海伦陪同下，乘

与陈洁如同游牯岭的蒋介石却在暗中遗憾：由于妻子在侧，他盼望的宋美龄没有来。

不知这张玉照是否曾赠予蒋介石？其"芳影"是否宽慰了蒋氏的思念之情？

"杰克逊总统号"客轮去美国。临行前蒋介石还叮嘱陈"要好好学习，回国后可以更好地尽到总司令夫人的职责"。船到日本神户时，日报还登载了"蒋夫人搭轮赴美"的新闻。但当轮船航行在太平洋上，无线电广播了上海各报刊载的《蒋中正启事》：

　　各同志对于中正家事，多有来函质疑者，因未及启复，特此奉告如下——民国十年，元配毛氏与中正正式离婚。其他两氏，本无婚约，现已与中正脱离关系。现除家有二子外，并无妻女，惟传闻失实，易滋淆惑，特此奉复。

　　陈洁如听后如晴天霹雳，痛不欲生，几次要跳海，均被护送者劝阻；陈洁如到美国后，许多记者一度尾随，企图挖掘新闻，陈洁如一行以"无可奉告"搪塞。张家姐妹曾怂恿陈洁如向蒋介石报复，陈洁如忍住内心的痛楚，一笑置之。她曾想去投河，多亏一个老人拦阻，她终于镇定下来。她回到寓所，跪在地上，默默祈祷说："菩萨呀！蒙你的大慈大悲，请帮助我，保佑我。"她想到远在上海的母亲，决心为母亲而不去死！蒋宋结婚后，1928年春，蒋派江一平律师与陈洁如洽谈离婚事宜，经虞洽卿劝解，陈洁如遂正式与蒋介石离异。此后，她终身未再嫁人，以全部精力深造，留美五年多，苦修英文、养蜂和园艺，并从哥伦比亚大学教育学院获得硕士学位。她终于用自己的艰苦努力，在社会上争得了独立地位。1933年，陈洁如回到上海，她深居简出，闭门谢客。她给

为了与宋美龄结婚，蒋介石将陈洁如遣往美国留学。这是陈洁如在赴美的轮船上所摄。

蒋介石写过几封信，蒋介石批给她5万元钱。

上海解放后，陈洁如被邀为上海市卢湾区政协委员。1961年陈洁如获得周恩来总理亲自批准去香港定居，改名"陈璐"。蒋经国闻悉后，特为她在九龙窝打老道买了一套宽敞的豪华公寓，赠给"上海姆妈"作为养老之所。1962年，蒋介石75岁时，曾派戴季陶之子戴安国秘密送一封亲笔信给陈洁如，信中说："往昔风雨同舟的日子里，所受照拂，未尝一日去怀。"1967年，她在唐德刚教授与蒋介石的英文教师李时敏的协助下，完成自传稿，纽约一家出版公司有意出版。但蒋家出钱收买，该书未得问世。传说这件事由陆以真负责进行谈判，成交的代价为美金30万美元。1971年2月21日陈洁如在香港寓所中风去世，享年六十五岁。临终前她在给蒋介石的一封信中道出了心中长期的积郁："三十多年来，我的委屈惟君知之，然而为了保持君等国家荣誉，我一直忍受着最大的自我牺牲，至死不肯为人利用……"

从陈洁如的回忆来看，没有宋美龄的积极介入，陈、蒋婚变的可能性就要小得多。但是宋美龄不同于一般妇女，她不愿意过当时中国上流社会妇女所过的那种生活，而是对政治权力有浓厚的兴趣。宋美龄的大姐和二姐先后为孙中山做秘书，二姐又成为孙中山的夫人。宋氏家族的一些成员都成为当时中国政治舞台上的风云人物，这不能不对宋美龄的婚姻产生重大的影响，而且，为此"她曾拒绝过为数甚多的追求者"，宁可不结婚。她为蒋介石动心，确实也是为了追求政治权力。在这种动机下，面对蒋的追求，宋

三姐妹在20世纪20年代的合影。

不介入是不可能的。蒋介石向宋美龄表达自己的爱慕之情，实际也是向她争取政治支援。

求婚的最后冲刺在日本

1927年8月13日，蒋介石在国内强大的政治压力下第一次"下野"，宣布辞去所兼各职。前一日离开南京，之后经上海和宁波，回到溪口故乡，入住雪窦寺。这时，蒋介石以"举世所弃之下野武人"的身份，给宋美龄寄去一封"情书"，这份极为珍贵的历史文件，被天主教所办的天津《益世报》于同年10月19日公之于世。信中写道：

> 余今无意政治活动，唯念生平倾慕之人，厥唯女士。前在粤时，曾使人向令兄姊处示意，均未得要领，当时或因政治关系，顾余今退而为山野之人矣，举世所弃，万念灰绝，曩日之百对战疆，叱咤自喜，迄今思之，所谓功业宛如幻梦。独对女士才华荣德，恋恋终不能忘，但不知此举世所弃之下野武人，女士视之，谓如何耳？

据说，这位下野武夫的来信得到了宋美龄的倾心，当时，宋美龄向朋友透露口风说，她将与蒋介石结婚。

面对蒋介石的追求，宋家人对这场婚姻持什么态度呢？

1927年，蒋介石率领的北伐军势如破竹，他的政治与军事成就成为其人生旅途中第一个高峰，也使他有了进一步向宋三小姐求婚的资本。为蒋介石的求婚，宋家曾经召开家庭会议，讨论宋美龄该不该嫁给这位蒋总司令。

宋家的三位反对者之一宋庆龄因为反对蒋介石的独裁统治，所以反对这门亲事，不久她远走莫斯科。宋子文最初支持二姐，不赞成妹妹和蒋介石的婚事。当然他不赞成的理由和宋庆龄不一样，宋庆龄主要是对蒋介石发动反革命政变、建立南京政府的反共反人民的立场不满；宋子文则是认为蒋介石的门第和人品不够当妹夫的资格。但是，他没有坚持自己的观点，很快由"家中反蒋派"转变为"家中拥蒋派"，尽管如此，作为大舅子，他对妹夫一向不太尊重，即使后来蒋介石官至"委员长"、"总裁"、"总统"后，两人也是时常争吵，官场上时有他们吵骂闹剧的传闻。宋家第三个反对者，也是最关键的人物是母亲倪桂珍，她反对的主要理由则是信教不一，宋家为基督教徒，蒋家为佛教信徒，两教不能合一。（参见刘红《蒋介石大传》上卷，第393页）

第五章 底定政坛新格局的蒋宋联姻

宋庆龄因为反对蒋介石的独裁而不赞成小妹的这桩婚事。

这门亲事最坚定的支持者是宋蔼龄，只有这位大姐坚信蒋介石前途无量，积极推动婚事，被人誉为"超级红娘"。

关于蒋宋是否成婚，宋家尚有一段秘史值得一提。据知情人介绍，因蒋求婚，宋家大姐力促其事，宋子文却持反对态度。为此事，几乎兄妹决裂，宋家可以说一时间充满了火药味。宋氏姐妹搬来了与宋家颇有人缘、宋子文较为信服的谭延闿出面调解。

谭延闿在日记中有如下记载：

> 应宋美龄电邀到西摩路赴宋母之约，抵彼，美龄迎于梯口，称有事奉托。入室，宋母以美龄将嫁介石事见告，并称不料子文反对，托为和解。继呼子文来，同至另室详询经过，当婉劝以儿女婚事尚不应多管，何况姊妹，徒伤感情，且贻口实，再四譬解，始得完成使命而归。（谭光《我所认识的孔祥熙》，载《文史资料选辑》，第25辑，第216页）

蒋介石在北伐战争频频报捷的情况下，他还打赢了另一场战斗，即战胜了宋夫人。蒋向宋美龄求婚五年中，除了宋家兄姐的反对，还要加上宋夫人极力反对，否则宋美龄或许早就答应了。宋母反对的原因在于：首先，蒋介石是一个军人，而军人在中国的社会地位，在过去有文化的中国人眼里是极为低下的；其次，蒋介石以前结过婚，尽管这门婚姻是在他15岁时由父母包办，而且已经离异，宋夫人仍然对他这段经历耿耿于怀，更何况社会上还流传着他与其他女人有关系的丑闻；而最为重要的是，他不是基督教徒。光是这一事实就足以使宋夫人坚定自己反对这门婚事的决心。

她曾极力回避与蒋介石谈论这个问题，并且在很长一段时间里拒绝与他见面。其他任何一个求婚者如果受到这样的冷遇，都会向命运屈服，死了这条心，因为没有母亲的允诺，宋美龄不会以身相许。可是蒋介石不是一个轻言罢休的人，他仍然不停地缠磨宋夫人，以致宋夫人最后不得不跑到日本躲起来。当宋夫人得知蒋介石抵日的消息时，她正住在日本的西部地区。她立即乘飞机横穿日本前往镰仓，以避开女儿求婚者的纠缠。然而蒋介石穷追不舍。他信心十足，因为宋美龄本人此前已经向他表露了首肯的意思。

1927年10月3日，在宋蔼龄的极力劝说之下——宋夫人终于同意给蒋介石一次见面机会。蒋介石拿出一份材料证明他已和过去的配偶离婚，并且澄清了社会上的流言蜚语。然而他的宗教信仰问题尚未解决。当宋夫人问他是否愿意成为基督教徒的时候，蒋介石的回答使她大为满意。蒋介石说，他很愿意试一试，他将尽力研究《圣经》，但他不能未经体验就随便允诺接受基督教。这样，宋母才最终同意了这桩婚事。

婚后三年，蒋介石果然接受了基督教洗礼。蒋介石退到台湾后，曾在士林官邸设有蒋家私人礼拜堂"凯歌堂"，在这当了40年牧师的周联华说："蒋公对《圣经》非常熟，牧师只要一报章节，他几乎立刻就能找到，后来，我才知道原

1926年，蒋介石与宋美龄及其外甥孔令杰合影于孔宅庭院。宋美龄手里拿的是一份介绍蒋介石的画报。可见蒋氏求爱的方法之多样和攻势之凌厉。

来他曾下过一番功夫。当他们二位还没有结婚的时候，蒋公曾在宋老太太前提亲。宋老太太说：我们家的小姐是不嫁给非基督徒的。蒋公说：假如我为了跟三小姐结婚而做基督徒，您大概也不会喜欢。我答应您，从此以后，我一定每天好好地读《圣经》，先让我研究研究。宋老太太说：蒋先生，像你这样的

蒋介石追求宋美龄用了五年时间。这是爱情马拉松中的一个镜头。

人，说过的话一定算数，你既然答应读《圣经》，只要你担保自己一定会实现，我就答应这件婚事。后来，他真的每天读《圣经》，最初的时候感到很难，常常到宋府老太太面前去请教。"（《周联华回忆录》，第203页）

有人说，宋美龄在与蒋介石谈论婚事时，曾提出三个条件，以为双方共守的标准：

第一，蒋介石必须信奉上帝，受洗礼成为基督徒；因宋美龄是虔诚的教徒，两人必须有共同的宗教信仰。

第二，宋美龄不生小孩，以保持身材，献身事业。

第三，宋美龄不担任政府公职，不参加正式的高层决策会议；她只愿以蒋介石私人秘书的身份，对外从事政治活动。

蒋介石对宋美龄所提条件无不欣然应允。

1927年10月14日《交通日报》刊登对宋美龄的专访，其中有：

问：蒋先生谓初见女士时，已认为女士为其理想的伴侣；但不知当时女士，做何感想？

答：（女士微笑）此乃五年前事，当时余未注意之。

问：结婚问题，起于何时？

答：半年前，然最近始有成协。

这里所说的"半年前"，也就是蒋介石在上海发动"四一二"政变之后，再次访晤宋美龄，向宋"仍申前请"的时候。

　　1927年11月，蒋介石由日本回国，回国后发表结婚启事云：

　　　　中正奔走革命，频年戎马驱驰，未遑家室之私。……兹定十二月一日，
在上海与宋女士结婚，爰拟撙节婚礼费用，宴请朋友筹资，发起废兵院……欲
为中正与宋女士结婚留一纪念。

　　这时蒋介石已四十岁，宋美龄三十岁。

　　在西方人眼中，漂亮富有的美国名校才女宋小姐最终选中的白马王子却是人
到中年的一介武夫，这实在令人诧异。为什么宋美龄会在那么多的追求者中选择
了蒋介石？

　　有人评论说，如果说宋美龄嫁给总司令是出于一种义务感，那是不公平的，
她确实期待着能够协助蒋介石统一中国，这无疑也是她与蒋介石结合的原因之
一。宋美龄绝不愿意因为结婚，而失去从事建设性工作的机会。她曾经拒绝过为
数甚多的追求者，她宁愿不结婚，也不愿意过当时中国上流社会妇女所过的那种
自私生活。这是一种好听的解释，这种评论有吹捧之嫌。如果换一种说法，就是
民间常说的，宋家小妹是爱权的。在这一点上，宋美龄确实是非同一般，因为在
中国二三十年代民风未开的背景下，一般妇女连社会地位都没有的情况下，何
曾会有参政观念与兴趣呢？宋美龄却是模仿姐姐们的婚姻，去精心策划自己的
未来。

　　有关宋美龄与蒋介石的婚姻还有以下两种主要说法：

　　一说是宋蔼龄的深谋远虑，努力促成这桩婚姻交易；一说是宋美龄的远见卓
识，自己主宰自己的婚事。

"超级红娘"宋蔼龄

　　孔祥熙宋蔼龄夫妇之所以全力以赴撮合蒋介石、宋美龄的结合，是因为他们
深信蒋介石是有政治前途的。

　　为什么他们能有小妹当上"中国第一夫人"的政治远见呢？

1918年，宋嘉树病逝了，无疑给这个家庭带来了沉重的打击，但是，在宋嘉树的精心培育下，宋家子女已开始在中国政坛与商界崛起。既有从政的，又有干实业的。如果从经济利益来说，宋氏家族的利益已与官僚买办资产阶级的利益融为一体；从政治理念上说，宋蔼龄夫妇与宋庆龄的理想主义气质相反，他们更看重和追求的是个人或家族的现实利益。

孙中山逝世后，国民党失去了舵手，代表各阶级利益的政治派别纷纷推出自己的代表人物到前台表演，一部分人向左转，继续奉行孙中山的新三民主义路线，一部分人向右转，代表大地主大资产阶级利益。宋蔼龄夫妇从维护宋氏、孔氏家族利益出发，很自然地与以蒋介石为代表的国民党右派产生了共鸣。

蒋介石和孔祥熙早有来往。孔在1905年间就认识孙中山，次年在纽约耶鲁大学读研究生时又同宋嘉树、宋蔼龄见面。"二次革命"失败后，宋府举家迁到日本，时为东京中国基督教青年会总干事的孔祥熙成为宋府常客，不久成为宋家女婿。孔祥熙和蒋介石的关系早就相当密切。蒋、孔两人"精诚团结"，互相关照几十年。他们能够无间合作，从不争吵，这和当年孔祥熙、宋蔼龄极力说服宋母同意蒋介石和宋美龄的婚事有关。

曾作为孙中山秘书的宋蔼龄长期在同盟会和国民党上层活动，且又与妹妹庆龄一家来往密切，对当时革命形势的分析，对国民党内部形势的分析有独到的见解。她看到蒋介石虽一介武夫，政治上是个暴发户，声誉不佳，但是由于手握重兵，已逐渐成为国民党内的实力派人物。1926年5月20日上海《申报》的报道，是这样介绍广东形势的："目前广州最流行的游戏之一，似是将政府高层大员赶下台这个玩意，而被赶的人几乎都是广东人。例如，许崇智将军、刘震寰、胡汉民和最新版本汪精卫便是。一般咸信，这些人之被迫离开广州，系因他们阻碍了'新领袖'蒋介石将军的政治野心，众信蒋氏企图取得政务及军队的最高统治权。事实上，他是当今'最出色'的国民党领导人物！"

孔祥熙、宋蔼龄与长女孔令仪的合影。

到1927年初，宁汉分裂之前，宋蔼龄已经敏感地

宋氏三姐妹与母亲的合影。右起：宋蔼龄、宋庆龄、宋美龄。

觉察到蒋介石即将成为国民党新政府的首脑，因此，她决定支持蒋介石。

当蒋介石在南昌再度陷入困境之时，据陈洁如在回忆录中说，宋蔼龄曾专程赴九江在江轮中与蒋介石长谈24小时，为其出谋划策并达成了某种交易。

1927年5月，宋美龄与蒋介石同游金山、焦山，交往十余天，蒋介石终于获得了宋美龄的欢心。这次出游是经过周密安排的。蒋介石在发动"四一二"政变之后，遭到国民党左派和共产党的反对，身心疲惫，决定到镇江焦山去休息。他想邀请宋美龄也去焦山游玩，便派了卫士队长宓熙专程到上海去邀请。这位队长记载了详细的经过：

蒋介石亲笔写了一封信，派我到上海去面交孔夫人（指宋蔼龄）。我交上蒋介石的亲笔信，她含笑看信，看了之后，高兴地对我说："知道了！总司令约三妹在15日到焦山去玩，好吧！你就住在我这里，等到15号走罢！"这一天是5月13日。

5月14日下午，我到北火车站，打算预购明天的车票，见着站长，说明来意。他问我："你是来接蒋总司令的朋友去镇江吗？"我说："是的。"他说："不用买票了，我已经预备好了一辆蒋总司令上次坐过的花车，挂在明天上午八点钟开往南京的特别快车的车头后面。"并笑容可掬地问："你看好不好？""当然好啦！"我高兴地答道。随后就回来告知孔夫人，她也很高兴。坐在她一旁同时听到我说话的三小姐——宋美龄，也嫣然一笑。

吃过早点，等候夫人下楼。七点半，孔夫人、三小姐和另外一位中年妈妈，一同下楼，上了汽车。七点五十分到达车站，一进站就望见那辆花车，站长来打招呼，我们一行登上花车。孔夫人宋蔼龄一个人回去了。一声汽笛，离开上海北火车站。

下午三时许，火车进入镇江车站，车站上有警察警戒。蒋介石已等候在站上，他不穿军装，换一套华贵笔挺的西装，一顶高级草帽，足蹬白皮鞋，精神采奕奕，背后有一排卫士和公安局局长俞予厚。车站站长站在月台上，指挥火车停下。正好花车停在蒋介石的面前，他即走上花车，同宋美龄见面。握手后，和宋乘新式轿车开到江边，换乘小汽艇，直驶焦山。焦山位于长江之中，来往必须乘船。山上有个大庙，和尚并不多，游人也不很多，环境非常幽静。

蒋、宋在焦山，每日早出晚归，游览这一带的名胜古迹。有一天到了一个清朝做过大官的人家里，壁上挂着一幅唐伯虎的画，两人赞赏了一会儿。

这样一晃就是十天，蒋介石带着卫士返回南京，叫我送宋美龄回上海。
（转引自《蒋介石家族的女人们》，第148页）

宋蔼龄认为蒋介石苦苦追求小妹已五年了，就目前形势发展，如果宋美龄和蒋介石结婚，她就将成为"中国的第一夫人"。她看到了这场婚姻潜在的巨大政治价值，尤其是对未来宋氏家族以及孔家的重大影响。蒋宋结合，正是中国最大军力和财力的结合。

"第一夫人论"很快说服了宋美龄本人及其母亲和兄长。

宋美龄称："自己做主"

宋美龄所受的西方式教育和她回国后的表现，使人很难相信她是个听父母之命、媒妁之言的传统女人，自己掌握安排自己的命运更符合她的性格。那么，她本人对这门亲事又是一个什么态度呢？

宋美龄回国后，以她的开放、博学的见识，以及高超

1923年蒋介石摄于广州。

107

的社交能力和让异性心动的美貌，艳压群芳，使上海滩上多少交际花黯然失色。她长期生活在名人圈内，羡慕名人们的成功，她要实现成为名人的梦想，不是没有可能的。她想要用联姻的方式，一跃而进入权力圈，谈笑封侯，改变自己的命运，就像她自己宣布的那样：绝不给一个中国大亨做夫人。她需要的是权力、地位，需要一个政治舞台。当然，有了权力和地位，在旧中国就等于有了一切。

宋美龄在观察和等待，希望选择一个能给自己带来超人的权力和地位的如意郎君。由于有大姐夫、二姐夫，宋家的三女婿当然也应是过人之辈，小妹不会甘居姐姐之后。这位新女性在慎重选择终身伴侣时表现出极大的耐心，共用了十年时间，与蒋介石结婚时已经三十岁。为避开在旧中国用在女性婚事上不够体面的"而立之年"，宋家把宋美龄的出生时间向后推了三年，以至于在相当长的时间里，宋美龄的真实年龄都是一个谜。

宋美龄首次见到蒋介石时，他任粤军第二路军总司令。在以后的几年间，蒋介石跃升为国民党内的中坚人物，无论是在实力上还是在趋势上都已成为必然上台执政的人选，宋美龄对此不会视而不见。

蒋、宋自结识至结婚的六年间，蒋介石不少时间在广州、宁波，同远在上海的宋美龄一直保持书信来往，一边与陈洁如周旋，一边向宋美龄倾诉衷肠。双方能保持这么长时间的联系说明宋美龄对蒋氏的追求也有积极的回应。因此说，首先是宋美龄认可这桩婚姻，也不无可能。抗战时期为宋美龄当过秘书的张紫葛在其所著的《在宋美龄身边的日子》一书中讲述了这样的情景：当有人说是宋蔼龄包办了宋美龄的婚姻时，宋美龄当即反驳说："你想想，我是能够被人包办婚姻的吗？"继而说她爱上蒋介石的根本原因是她自幼崇拜英雄："他那对闪亮射人的眼睛告诉我：他是个英雄……相形之下，远比我的二姐夫英俊。"因此，她几度用上海话和他交谈，并应蒋的要求，互留住址和电话号码。后来，她母亲过生日，是她电话邀请蒋介石来家做客的。

宋美龄还说："这项婚姻自始至终是我自己做主，自己主动的，与我阿姐何干？可笑的事情还多，别人还造谣说，委员长和我结了婚，才走英美路线，更是天大笑话。委员长访问苏俄，深知斯大林之极权独裁……这与我宋美龄有什么关系？……委员长既然如此选择，国际上必然亲英美与民主国家。难道还能与苏俄

共为友邦吗？人们都胡说，是我们宋家拉拢委员长和美国联成一气。真的说得轻巧！我们有点家产，但比起华尔街的老板算老几？我们弟兄姊妹不过是美国的大学毕业生，算个什么？就能牵得动整个美国吗？……"

　　另据蒋介石的"御医"熊丸回忆说："夫人（指宋美龄）谈起

蒋介石、宋美龄结婚前的合影（1926年摄于孔宅）。

她结婚时的经过说，当时蒋先生还是军事委员会主席，因孙大人（宋庆龄）时任总理秘书，故介绍蒋先生到她家里与夫人认识。蒋先生自从与夫人认识后，有好几次均借故到她家，慢慢地与她亲近。夫人说她当时也看出蒋先生人长得英俊，又很有志向，十分能干，但她却从没想过婚姻方面的问题。直到有一次，蒋先生直接向夫人求婚，夫人当时答复：你跟我讲没有用，要我母亲同意才行。我家是基督教家庭，我们都听父母之命，如果我母亲同意了，我再考虑。当时蒋先生很听夫人的话，便马上求见夫人的母亲宋太夫人，并与太夫人谈了许多次话。宋太夫人是个很直爽且心地善良的人，她直接对蒋先生说：你出身佛教家庭，我家则是基督教家庭，我们两家的宗教信仰不一样，你要好好考虑。当时蒋先生回答：我知道这样的婚姻会很难处理，不过我也可以信基督教。我之所以信佛教，是因为我们家庭信佛教，但我个人并非佛教徒，所以我也可以信基督教。当时宋太夫人听了蒋先生这番话，便对他说：既然你这么说，那么我现在给你一本《圣经》带回去，一年之后你再来看我，一年之内就先别谈这件事。整整一年之后，蒋先生又对夫人说他想见宋太夫人，夫人便带他回家。见到宋太夫人后，蒋先生便把那本《圣经》交还宋太夫人，太夫人一看蒋先生的那本《圣经》里画满红线，便说：'光画红线是不行的，我还要考你。'于是便问蒋先生许多有关《圣经》的问题，蒋先生均答得头头是道，可知他不仅确实读过，且经过仔细地思考与分析。当时宋太夫人便说：'不错，你这一年内确很辛苦，你的公事这样忙，还有时间读《圣经》，我相信你一定从中获得许多。既然如此，你的要求我答应

北伐誓师时的蒋介石。宋美龄很可能在这个时期发现了自己企盼的"英雄"。

你,不过你仍得征求我女儿的同意才行。'蒋先生当时便问夫人:'你母亲已答应,接下来要问你。'夫人当时便答:'我没有意见。'于是蒋先生与夫人的婚事就这样订了下来,时为民国十六年。"(见《熊丸先生访问记录》,第109—110页)

史学家唐德刚是这样评论蒋宋联姻的:

当介石以校级无业的小军官,随侍中山往返于广州上海之间,他如动念头,想追求"总理的小姨子",岂非发疯哉?然蒋公那时毕竟年轻,好权重色。见佳丽当前,小姑独处,岂能无癞蛤蟆之心?然当时五陵年少,高车驷马,出入于孙府宋府者,岂有虚日?张学良将军偶过沪上,亦时为访客。少帅时拜陆军上将,黄金车载、珍珠斗量,蒋伟记出身的宁波小贾,怎能搭配?又谁知将相无种、男儿自强、时未数年,便贵贱易位。北伐前夕,蒋介石已手握重兵,允为南中国第一人,而英姿俊发、革命豪情,不减少年,前途无限。这时蔼龄大姐,有意为小妹作伐,亦不算是太离谱之事。何况她们都是华侨之女,留美学生,把离婚结婚,也看得十分平常。

盛大婚礼伴着政治宣言

1927年12月1日,蒋介石与宋美龄在上海举行结婚典礼。可以说,这是20世纪的中国,最为隆重、显赫的一场婚礼。婚礼分两次举行,一次是基督教式的,一次是中国传统式的。首先在上海西摩路宋家的宅邸里举行了基督教式的婚礼。

其间发生的一件事，冲淡了宋美龄的满腔喜气。当年与宋家较熟悉的新闻记者顾执中回忆说：

宋家是景林堂的教友，景林堂的牧师那时是江长川，照习惯，应该由江牧师主持婚礼。同时，宋美龄和她的母亲平时对江牧师极为敬佩亲热，她们也恳盼江牧师来主持婚礼。从一般情形论，宋家有钱，蒋家有势，平素跟宋家的关系又不坏，每当教会中发起捐钱，只要江牧师一开口，宋家无不慷慨应命。因此，要江牧师来主持蒋、宋婚礼，应该是没有问题的。

然而出人意料的是，江牧师斩钉截铁地一口拒绝，他说，蒋介石的离婚是片面的，没有法律根据，手续尚未搞清，根据教会的精神，他不能为蒋、宋主持婚礼。虽经宋美龄和宋母再三向江说明，江坚执如故，无丝毫变更。宋美龄对此极为伤心，不过教友们对于江的严正不苟，富有宗教精神极为心折。

于是宋家不得已求其次，请基督教青年协会总干事余日章来主持蒋、宋婚礼。余在社会上极活跃，好个人宣传，当然不会拒绝，所以蒋、宋的结婚虽名为宗教仪式，却不是牧师主持的。

接着，这一行人前往富丽堂皇的大华饭店，举行世俗婚礼。那天，来宾们聚集在这家饭店里，等候着这对新婚夫妇的到来——所有能够及时赶到上海的名士要人都来了，大家要亲眼看看宋氏家族和"中国第一强人"结合的场面。

1927年12月2日的《上海时报》作了如下报道：这是近年来的一次辉煌盛举，也是中

蒋介石与宋美龄的结婚照

国人的一个显赫的结婚典礼。这次婚姻使得南京军队过去最强有力的领导人蒋介石和新娘的哥哥宋子文博士的家庭以及国民党创始人、已故孙中山博士的家庭联结成一体。

12月1日下午举行婚礼时，大华饭店的舞厅里足足有1300人。当蒋介石同男傧相一起出场时，桌边的椅子上坐满了人，还有许多人站着，鼓掌欢迎这位前军事领袖。上海以及其他地区的中外知名人士在这里济济一堂。高级领事埃德温·查·S尼汉姆先生、英国总领事西德尼·巴顿先生、挪威总领事阿·N尔先生、日本总领事矢田七太郎先生、法国总领事纳·M吉亚尔先生以及其他一些国家的总领事出席了这次结婚典礼。美国太平洋舰队司令马克·布·L里斯扎尔海军上将、华北方面军司令官约翰·邓肯少将以及其他外国高级将领也身穿便服出席了结婚典礼。

步入装饰华丽的舞厅时，人们立刻就被那很有气派的满堂花卉迷住了。这些花卉是由刘易斯育婴堂布置的。讲台上挂着国民党创始人孙中山先生栩栩如生的大幅肖像，旁边挂着国民党党旗。乐池里，一支俄国管弦乐队正在忙着调弦定音，等待下达演奏门德尔松婚礼进行曲的命令。4时15分的时候，新郎和新娘都还没有露面。舞厅外面大约聚集着1000人，恭候这位前北伐军总司令及其新娘的到来。

根据程序单上的安排，这次结婚盛典共分十个项目：

一、来宾入场。二、主婚人和证婚人入场。三、新郎入场。四、新娘入场。五、向孙中山先生肖像三鞠躬。六、宣读结婚证书。七、在结婚证书上盖公章。八、夫妻对拜。九、新郎新娘向主婚人和证婚人鞠躬，以示感谢。十、新郎、新娘向来宾鞠躬，以示感谢。

结婚盛典由北京大学前校长、南京政府教育部长蔡元培先生主持。结婚典礼开始之时，管弦乐队奏起外国乐曲。舞厅里的人们屏住呼吸，伸长了脖子。蒋介石在男傧相的陪伴下步入舞厅，摄影机开始转动，镁光灯闪个不停。

人们又一次屏住呼吸，又一次伸长脖子，后面的人因为被人挡住了视线而登上了椅子。伴随着《新娘来了》的古老名曲，宋美龄挽着他的哥哥、前财政部部长宋子文先生的臂膀走进来了。此时，摄影机快速地转动着，镁光灯闪得更加炽烈。宋小姐捧着一大束白色和粉红色的玫瑰花。在结婚仪式举行之前，她和新郎摆好姿势拍了照片，然后向位于讲台正中的孙中山先生的肖像三鞠躬。肖像的两边挂着国民党党旗和中华民国国旗。新娘和新郎先向右边鞠躬，然后又向左边鞠躬，然后再向中间鞠躬。

而后，蔡元培开始高声朗读结婚证书，新人在结婚证书上盖印。接下去的程序是，夫妻对拜；向证婚人鞠躬；向全体来宾鞠躬敬礼。

当新郎新娘在乐曲声中离开讲台，来到一个由玫瑰花装饰成的巨大的花团下面摆好姿势合影的时候，场内爆发出一片掌声。

与基督教的习惯相反，新郎、牧师或其他人都没有拥抱或亲吻新娘。这次结婚仪式本身是短暂而又简单的。新娘是由她的哥哥宋子文交给新郎的。男傧相是蒋介石的秘书刘纪文。

美国次中音歌手霍尔先生演唱的歌曲《啊，答应我！》为这次婚礼增色不少。婚礼结束以后，在舞厅和威凡斯厅举行了茶会。

《字林西报》则重点描绘了新娘的雍容华贵：

"新娘穿着一件漂亮的银色旗袍，白色的乔其纱用一小枝橙黄色的花别着，轻轻地斜披在身上，看上去非常迷人。她那美丽的桃花透孔面纱上，还戴着一个由橙黄色花蕾编成的小花冠。饰以银线的白色软缎拖裙从她的肩上垂下来，再配上那件长而飘垂的轻纱。她穿着银白色的鞋和长袜，捧着一束用白色和银色缎带系着的淡红色麝香石竹花和棕榈叶子。新娘由四位女傧相伴随着，她们是郭珀尔小姐、王月懿小姐、孔波林（罗莎蒙熏）小姐和倪杰西小姐。前两人穿的是桃红色软缎衣，上面镶着钻石和桃红色珠子。软缎袖子长仅齐肘，在肘部用浓淡相宜的桃红色乔其纱做成宽大的袖口。另外两位年纪较小的女傧相，穿着同样的衣服，但是颈上装饰着带褶的乔其纱，袖口也带褶。女傧相后面，跟着撒花的小女孩周小姐和陈小姐。她们身穿撑开的桃红色塔夫绸衣裙，手持装满花瓣的小花篮。走在最后的是两位小侍从孔珍妮小姐和孔路易少爷，他们身穿黑色丝绒衣服和白色缎子背心。新娘的母亲身着紫红色丝绒旗袍，脚穿黑色鞋袜。

"……新娘和新郎沿着深红色的地毯回到两把椅子那里去，椅子上方悬挂着一个由鲜花装饰成的巨大花团。花团上面垂下几条丝带，扯动丝带，花

喜气洋洋的新娘新郎

瓣就袅袅地飘撒到新娘和新郎的身上。"

婚礼极尽豪华铺张之能事，据李宗仁亲眼见到的情形是："只见满客厅都是各界赠送的丰厚礼物，琳琅灿烂，光耀照人。"有人统计，蒋宋结婚，花费达数百万元。这种铺张，是有政治目的的。它是一次政治亮相，它向全中国和全世界宣布当时中国最有权势的蒋介石和最有财富的宋氏家族的政治联姻，宣布蒋宋将携起手来"统一"中国并统治中国。

作为女方主婚人的宋子文，很快出任南京国民政府财政部部长。在当时情况下，这种婚姻关系使宋子文在蒋介石眼里更为可靠、可信了。不论宋子文起初对蒋介石追求他的妹妹有无反感，但在操办这桩轰动上海滩乃至当时中国政坛的婚事时，宋子文却是出了大力的。蒋介石与宋美龄结婚，男家的主婚人是蒋锡侯，宋子文则是女方的主婚人，在婚礼的柬札上，每份都盖有宋子文的印章。在1927年12月1日举行的结婚仪式上，是宋子文挽着宋美龄走到众宾面前，把新娘交与蒋介石之手的。在人们的心目中，宋子文再次成为"当朝国舅"了。

蒋介石与宋美龄举行盛大结婚典礼那天，上海《申报》同时刊登了两则启事：一是蒋、宋结婚；一是蒋介石离婚声明。蒋介石还在报上发表《我们的今日》文章，堂而皇之地向世人宣告："我今天和最敬爱的宋女士结婚，是有生以来最光荣、最愉快的事。我们结婚以后，革命事业必定更有进步，从今可以安心担当革命的大任。……我们的结婚，可以给中国旧社会以影响，同时又给新社会以贡献。"这几句话明白无误地说出了蒋宋联姻的政治目的。

对于蒋宋的结合，海伦·福斯特·斯诺在她的《近代中国妇女》一书中说："1927年12月，蒋介石同宋美龄结婚，此中奥秘比卫理公会派的教义还要多。这次结婚，是他所走的一着妙棋，这使他完全如愿以偿。漂亮的、穿着讲究的、受过美国教育的美龄，为蒋介石那个与上层社会的现实格格不入的政权装饰了门面……

"显然，这门婚姻是在蒋介石、洋化华人和洋人之间沟通联络的一条渠道。在某种意义上说，美龄是中国旧传统的一个人质，是家族利益同政治利益之间维持信义的一项保证。但蒋介石是一个神气十足、仪表堂堂的军官，他个性强悍，野心勃勃。他们两人没有理由不能成为一对恩爱的夫妻。"

蒋宋结合的政治因素是显而易见的，但是其中是否也有爱情的因素？其感情的真实情况如何？这些他们本人自然十分清楚，但却成为人们长久议论的话题。

在新闻记者顾执中的回忆中还有这样一段对蒋宋婚后秘闻的记述："结婚后蒋、宋双方的情感并不好，二三月以后，蒋的侍从卫队就传出了蒋、宋间不时大吵大闹的消息。从结婚的那一年起，一直吵到后来，在重庆时尤吵得家喻户晓。这是在政治的利害关系基础上结成婚姻的自然结果，毫不足奇。

"一两年后，我到南京遇到蒋的两个卫队长王世和及孟浩然（孟后来在南京骑马时跌死），问他们蒋夫人有没有喜讯，他们竟粗俗而随口而出地答道：总司令的'机器'坏了，哪能有喜。他们说了以后，自知不妥，生怕我说出，再三恳求要守口如瓶，保守秘密。据说蒋在上海的交易所鬼混时，喜逛妓院，出了毛病，不免'机器'坏了。后来宋美龄果然二十多年未有生育。王世和及孟浩然对我所讲的，不是没有依据的谣言。"

另有一位资深记者张广基，曾经透露了一段亲历见闻：

有一回美国《时代》周刊老板亨利·鲁斯来中国，目的是要访问蒋介石夫妇，拍些有关蒋介石日常

宋庆龄和宋美龄的合影。二姐对于小妹婚姻的评价是符合实情的。

生活的照片。蒋介石便安排了这批美国客人，到他的官邸拍片。那天，蒋介石和平常一样，穿着中山装，大家都晓得，中山装有两个宽大的口袋，蒋介石喜欢在里头摆些眼镜什么的杂物，所以看起来有些邋遢，夫人宋美龄就在一旁叮咛，要蒋介石扣个扣子，衣领要怎么怎么，叮咛了好多次，最后蒋介石有些烦了，就十分不耐烦地叫道："哎呀，好了好了！你别说了。"蒋介石这个动作和眼神很强烈，美国记者虽然听不懂蒋介石夫妇讲的话，可是，大概隐约之间可以意会蒋介石在说些什么，大家不禁面面相觑。可见，蒋介石还是有一般中国旧式男人的习性，自我意识是很强烈的，特别不喜欢太太去干预他的事情。但是，在那一回，一旁的宋美龄也不以为忤，只安静地看着美国记者为蒋介石拍照。（见王丰《美丽与哀愁》，第150页）

宋庆龄曾对斯诺谈过自己对蒋宋婚事的看法。斯诺写道："我初次会见宋庆龄时，她说，这个婚姻的双方都是出于投机，其中绝无爱情可言。"但是，事情并非一成不变的。斯诺接着谈到，孙夫人回国后，数年中姐妹俩很少见面。一直到中日战争，她们才有了点和解，而孙夫人对宋美龄的婚事的看法也有所改变。"'开始时他们的婚姻并不是爱情的结合'，1940年的一天，宋庆龄在香港对我说，'但是，现在我认为是了。美龄真心爱蒋介石，蒋介石也同样爱她。没有美龄，他也许会坏得多。'她依然厌恶蒋介石，把他看作是民族的灾星。"（埃·斯诺著《复始之旅》，第99—105页）宋庆龄对蒋氏夫妇结合在感情方面的前后不同的评价是符合实际的，他们确实走了一条基于政治目的而结合、结合以后又增进了感情的婚姻之路。

宋美龄 全传

Biography of Song Meiling

第六章

准政治生涯

宋美龄与蒋介石结婚后，成为他的得力助手，在很大程度上影响着蒋介石的内政外交，蒋介石因此成了一个基督徒，蒋政权也成为一个亲美政权。作为"第一夫人"的宋美龄，并没有在南京政府中担任要职。但是，她对于蒋介石政权的影响力却超过了蒋政权当中任何一个高官。宋美龄不懂军事，但是在维护国民党政权过程中，她发挥的作用也超过了任何一位将军。

宋美龄不但热爱政治与权力，而且也学会了运用权术，作为"第一夫人"，她用女人特有的手段帮助蒋介石拉拢心腹，瓦解对手。在中原大战中，面对非常不利的局面，宋美龄发挥了巨大作用。凭借着巧妙的政治手腕和非常有效的"夫人路线"，她收复了冯玉祥西北军的得力干将韩复榘，参与策反刘茂恩。蒋介石逐鹿中原，夫人堪称是"超级兵团"。

宋美龄没有子女，但是叫他"妈妈"的人很多。宋美龄与黄埔军校几乎没有任何联系，但她却对黄埔军校毕业的军官有广泛的影响。宋美龄的个人生活非常奢侈，但她却成为蒋介石新生活运动的"火车头"。

"第一夫人"美梦成真

蜜月刚过，1928年1月4日，蒋介石复任国民革命军总司令。1928年2月8日，国民党二届四中全会在南京召开，蒋介石被推举为中央执委会常委、军事委员会主席、国民革命军总司令。3月7日，国民党中央又推举他为中央政治会议主席。从此，蒋介石把党、政、军大权集中到自己手中，宋美龄也成了名副其实的"第一夫人"。从此宋美龄开始了她的准政治生涯。她为蒋介石保管最机密的文件，处理最机要的事务。宋美龄英语说得非常流利，所写英文字迹优美，毫不夸张地说，她可能是当时中国最精通英语的人之一。她每天摘录外国报纸杂志，把重要的事件向蒋介石报告，并解释西方政治经济情况。蒋了解外国的思想或问题，她是必不可少的顾问。在与外国人交往的时候，她又成为不可缺席的翻译。她几乎和蒋介石形影不离，他们几乎讨论所有的问题，从内政、外交政策到《圣经》。

海伦·斯诺在她的《近代中国妇女》一书中说："许多历史学家大胆地断言，因为蒋介石与宋美龄的联姻，使国民政府的外交取向发生了一百八十度的转变。"当然，这可能过高估计了宋美龄个人的历史作用。事实上，当时的中国面对比自己强大的日本军阀的挑衅，必然要寻找新的国际联盟，因而由亲日、德的外交政策，转向亲英、美的外交政策，这是形势所逼。宋美龄顺应这一形势，起了推波助澜的作用。

就内政而言，宋美龄的影响力也不容忽视。这不仅表现在宋美龄本身对军事、政治的干预，而且蒋宋联姻也使宋氏家族成为蒋介石统治中国的顶梁柱。有人说：

新婚不久的蒋介石、宋美龄

"虽然宋氏全家并非始终与蒋中正投合一致，可是一旦他和宋美龄结婚，他们便对他表示忠诚。"

虽然蒋介石是从不轻易迁就别人的，即使是妻子的意见，他也不一定言听计从。但是宋美龄是从维护丈夫的独裁地位出发的，她的一言一行无不与加强蒋介石的统治权力有关。因此，宋美龄的活动不仅能得到丈夫的理解，而且还会得到丈夫的支持。宋美龄经常向西方国家发表演说，撰写文章，目的就是为了向"外国朋友"宣传她丈夫，宣传她丈夫领导下的国民党政权。

蜜月刚过，宋美龄即随蒋介石来到他的新政权所选定的都城南京。由于刚刚组建的政府条件有限，很多房屋必须推倒重盖，有时连街道都成了政府人员的办公地点，条件十分简陋。南京城里，到处是一片萧索凄凉的景象。

尽管宋美龄到过中国的一些地方，但是仅限于天津、北京和广州几个大城市。用她自己的话说，她的婚前生活一直是惬意而又舒适的。住在南京对她是一种磨炼，一种她这个阶层的绝大多数妇女所不愿经受的磨炼。这里没有上海那种有暖气的现代化寓所，在寒冷的冬季有如冰窖，因此许多官太太宁可待在上海，与丈夫定期地见面，也不愿随丈夫到南京来。许多夫妻分居两地的状况一直持续了好几年。可是，宋美龄却似乎心甘情愿地选定南京作为她婚后家庭的基地。当时的南京，生活条件很差，作为一般市民自然没有什么文化娱乐可言，就是一般官员也不会有五光十色的社交活动。不过蒋介石与宋美龄毕竟与一般人不同，他们还是要经常出席各种形式的宴会和招待会。在自己举办的宴会上，蒋介石总是让宋美龄陪着他，并坚持让她作为女主人出场。而宋美龄作为各种盛大活动中的唯一女性，当然威风八面。

由于宋美龄是这种场合中绝无仅有的一位妇女，起初她曾感到十分难堪，但这种感觉很快就过去了。宋美龄说："我认为官员们也觉得我是一个妇女，后来我索性忘掉自己，一心一意帮助丈夫工作，他们也就不再把我看作一个妇女，而当成他们之中的一个成员了。"

宋美龄未结婚前，由于长期在美国生活的影响，衣着常是西式的。但结婚后，因身为中国"第一夫人"的关系，力求与蒋介石的形象配合，改着旗袍，不烫发，梳传统式的发髻，外表不带欧美风格。中国妇女大多不随丈夫参加各种宴会等交际活动，各夫人间也很少往来。宋美龄则不然，经常陪同蒋出席各种公共场合，也经常邀请各首长夫人相聚。在成为蒋介石"最亲密"的助手的同时，"夫人政治"的序幕也徐徐拉开了。

为了重新开始北伐，蒋介石进行了为期三个月的准备工作。在这段时间里，宋美龄和她丈夫的工作虽然非常繁忙，但他们安排得井然有序。他们常常一起散步、阅读《圣经》并且进行讨论，因为蒋介石要恪守他向岳母许下的诺言，竭尽全力研究基督教。4月，北伐战争重新开始。从这时起，宋美龄一直随同蒋介石来往于前线。他们走到哪儿，就住在哪儿。虽然南京的住宅寒冷而简陋，比上海的差得多，但是前线的一些住处和南京的比较起来，差距就更大了。对于宋美龄来说，这是她真正体验中国生活的开始，既是艰苦生活的开始，也是她官场生活的开始。

把婚姻交付上帝

蒋介石必须皈依基督教，这是与宋美龄结婚的条件之一，但是，蒋介石结婚后近三年，一直不大愿意接受洗礼。为此，宋美龄穷逼不舍。关于这一点，董显光为蒋介石所写的传记中引录江长川牧师的一段回忆讲得十分清楚。

江长川说："民国十七年之某日，我接到蒋夫人的一封急电，要我即来南京。我于次日清晨到达。获知蒋夫人要我以其家庭老友的资格，劝请蒋先生接受基督教，若有可能，则为其担任洗礼。由于蒋先生公事甚忙，故迟至下午四时始能晤谈。甚至彼时仍恐为诸事打断谈话，于是蒋夫人提议驱车出游，且行且谈。随即备了三辆汽车，前后二辆为卫队所乘，居中一辆则由我们三人乘坐。""当我上车时，蒋先生坚邀我坐在中间，蒋夫人在我左方，蒋先生则在右方，车行中，蒋夫人力劝蒋先生接受基督教，并正式受洗礼。她说：'我们的老友江牧师不久赴美国，此行将逗留许多月。'蒋先生则不愿意受洗礼过速。他答称：'我现在只读完新约第二遍，正开始读旧约，我要对基督教多知道一点，然后正式接受耶稣为我的救主。'我们继续谈了一些时候，我后来赞同蒋先生的意见，建议他在我出国的时候再熟读《圣经》，我极愿意能在回国时为他举行洗礼。"

"我在美国时，中国某一军阀与中央政府间发生内战。某日，在战争进行中，蒋先生被敌军诱困于开封附近，四面几被包围。处此失望之境，蒋先生祈祷上帝解救，并声言此次得救后，定即正式信仰基督为救主。上帝对此祈祷即予接纳，骤下大雪，为此季所罕见，固使敌军无法进迫。同时，他的援军已从南京由火车运到，结果不仅蒋先生的生命得以保全，且转败为胜。"

"当我从美国回来，我遂被邀请为这位中国领袖施行洗礼。"

由上可见，宋美龄在促使蒋介石皈依基督教方面确实费了一番心

"二次北伐"占领北平后，宋美龄陪蒋介石等到山西碧云寺祭告孙中山先生。

思。诚然，结果也是令她满意的。此后，蒋介石每日祈祷礼拜，从不间断。

据说蒋介石入教之前，还发生过一件比上帝接纳祈祷骤下大雪更为奇异的事：

1929年12月1日，是宋美龄与蒋介石结婚两周年纪念日，宋美龄和蒋介石照例要举行庆祝活动。纪念日的前几天，蒋介石提议渡江到乡间去庆祝，宋美龄欣然同意。可是，过了几天，宋美龄感到身体越来越不舒服，最后只好对蒋说："我不太想去了。不过，如果会让你扫兴的话，我们还是去。不知为什么，我就是想待在家里。"

蒋介石说："你太累了！我们就在家里庆祝吧！"

蒋宋结婚二周年纪念日那天，蒋介石非常忙碌，一直到傍晚时分，仍有好几个重要的访客需要接见，看样子一直忙到深夜才会结束。宋美龄因身体不适，就寝得较平常为早。可是她在床上辗转反侧，翻来覆去睡不着。南京的12月，又冷又潮湿，室内的湿气很重。宋美龄躺在床上，一直心神不宁。寝室附近空无一人，女佣们也都回到自己房间里去了。

室内一片漆黑，黑得吓人。宋美龄在黑暗中躺了许久。她终于忍不住了，忽然翻身起来，把室内，甚至连浴室和蒋介石书房里的灯全部打开，一时间灯火通明。她披上睡袍打算去叫蒋介石，但转念一想，又觉得不妥，于是就站在客厅门口，静听里面的动静。

一个访客走了，她听到蒋介石与此人道别的声音。接着，又一个访客进来了，这人一听便知，是"倒戈将军"石友三。石友三是来澄清有关他对蒋不忠的谣言的。石友三赌咒发誓，决心效忠蒋介石。这时，宋美龄再也忍不住，敲门而入，把蒋介石叫到自己房里来，说：

"我有强烈的不祥预感，你要留意些，我觉得要发生不幸的事！"

"会有什么事呢？一切都很平静啊！你太紧张了，也可能是太累了，我叫阿妈来陪你，我也会尽早结束公事，你还是去休息吧！"蒋介石劝慰她说。

倒戈将军石友三

宋美龄不要阿妈来陪她，自己回到房里，没多久便睡着了。可是，半夜里她被噩梦惊醒，发现蒋介石正坐在床头上。

"我做了一个可怕的梦！梦见河中间有块巨石，月色照耀波光如银。突然间，所有的河水变成血红！整条河变成一条血河！"

梦中凶兆明显且意味深长——一块巨石在血河之中，而她的丈夫不就是"介石"吗？！

但蒋介石听后百思不解，只好说她太紧张了，安抚一番后，两人再度就寝。

12月2日凌晨三点钟左右，隆隆的炮声把蒋介石夫妇惊醒。接着，卫士来报告：石友三叛变了，正在浦口用数十门炮轰击南京城。蒋介石夫妇原拟去度假的地方遭到了炮击。

蒋介石夫妇在那个晚上再也没有合过眼。早晨六点钟，宋蔼龄来到蒋介石官邸，蒋夫人看到她时，惊恐地大叫道：

"回去！难道你不知道这里出事了吗？现在这里太危险了！"

宋蔼龄急忙拍了一封电报给上海的宋老太太，大意是情况紧急，不及详述，但请宋母代为祈祷云云。两小时后，宋老太太来了回电，附了《圣经》中的一句话：敌人将会自动退去！

奇妙的是，当天近晚时分，上帝的话果然"应验"了！

原来，国民党内的反蒋派系改组派发动了溧阳暴动。事先曾策划由中央军校的一个航空教官驾驶教练飞机，准备在中央政治会议开会时，炸毁中央党部会议厅。但因天气不好未能起飞。石友三也参加了这次反蒋行动，他下令炮击南京后，发现没有配合行动，不敢孤军深入，就退走了。蒋介石夫妇受一场虚惊。可是，这次偶然的"上帝显灵"却成为促使蒋介石信奉基督教的重要原因之一。

1928年5月"二次北伐"途中，打着小洋伞的随军夫人宋美龄到达郑州。

事情并没有完。石友三虽没攻打南京，但他却把沿浦口到蚌埠

宋美龄陪同蒋介石检阅军训队伍。

铁路线驻扎的蒋军第五十六师，第一六八旅全部缴了械，而北上的蒋军嫡系却一时无法调回，南京空虚，警报频传。

为了保卫南京，宋美龄忽然想起了卫立煌。卫原是粤军中骁勇善战的将领，被蒋介石改编后，又在北伐中立有战功。1928年1月，蒋介石重新上台后，排斥异己，培植个人势力。因卫立煌既非浙江籍，又与黄埔系无缘，便被送到北平进陆军大学特别班"进修学习"。现在，南京危急，宋美龄要请他出山来保卫南京。于是她给卫立煌的夫人，她昔日在美国留学时的好友朱韵珩写了一封信。信中说："现在您的将军已在陆大学习，达到了您的愿望。蒋先生想请卫将军以崭新的姿态，速返安徽，重组劲旅，以保卫南京、保卫中山先生的陵园……"读罢来信，朱韵珩泪如雨下。她本打算让卫立煌军校毕业后，远游欧美，继续深造，超脱于军阀混战之外。卫立煌虽对蒋抱有怨气，但却视此为重返军队、再建战功的好机会。于是，他说服了妻子，登车南下就职。经过数月努力，卫立煌以粤军时期的老部下和黄埔学生为基干，组建了第四十五师，驻扎蚌埠。石友三见状，马上软了下来，撤离津浦路南段，移军河南商丘。宋美龄以她的灵活手腕，把卫立煌拉入了蒋介石的阵营。

蒋介石参加基督教，接受洗礼，中国人并不感到震惊，但是，在外国人中间，尤其是在美国人中间，则可以听到很多赞许的声音，认为基督教虽在中国受到批判和抵制，然而蒋介石皈依基督则是基督精神在中国复兴的一种象征，说明传教士的工作会变得容易起来。可是也有不少西方人对于蒋介石皈依基督的动机表示怀疑，例如美国期刊《基督教世纪》就发表社评指出：各地的基督徒们最好不要把蒋介石皈依基督这项宣布视为是基督教在中国的胜利，因为没有"任何确凿无疑的迹象，说明中国在走向上帝的天国方面向前迈进了一大步"。这篇社评最后指出："在目前的中国局势中，还有其他一些因素……譬如，它明显地迫切需要外国的支持，尤其是以贷款形式给予支持……他们对经费的需要极为迫切，甚至不断有人传说可能会在官方或半官方的默许下恢复鸦片交易。"南京政府的领袖们鼓励"这位总裁采取这一步，必定已经考虑了非常直接和实际的好处"。（［美］西格雷夫著《宋氏家族秘闻》，第340页）

宋美龄则利用一切机会向她的朋友宣传蒋介石皈依基督的情况，争取外界对蒋介石的同情和支持。她不管走到哪里，都向外国传教士和妇女俱乐部的人士发表讲话，企图将外国的教会团体、传教士和外国的基督徒集聚到自己的身边。可见，蒋介石皈依基督，为宋美龄争取美国朝野人士对国民党政府和蒋介石的支持，从而为美国在中国推行扶蒋政策产生了很大的影响。

前线伴夫行

从1927年到1937年，蒋介石大多是在东征西讨中度过的。为了做到夫唱妇随，宋美龄一直随其奔波在旅途上，不论这些战场是在边关，还是内地。从"二次北伐"，到"剿共"战争，她的足迹也是在那时，踏遍了全中国。

蒋介石一向把中国共产党看成是他的心腹大患，必欲消灭而后快。他在国民党新军阀混战告一段落后，便开始对红军进行军事"围剿"。宋美龄随同蒋介石转战江西、福建、云南各地，对红军作战。

1932年6月至1933年3月，宋美龄随蒋介石到武汉、庐山等地指挥反共战争。南昌行营取代了南京政府，宋美龄陪同蒋介石常驻庐山。

1933年4月，在江西抚州，宋美龄遇到过一次危险。

那时，宋随蒋住在抚州中学隔河的木结构三间小屋里。一天夜里，在室内安睡的宋美龄和蒋介石突然被一阵猛烈的枪声惊醒。"出了什么事？"蒋介石急忙让宋美龄穿好衣服，同

宋美龄称赞蒋介石"有词客的温柔"。徜徉于青山翠林之间，或许正是其情致大发的时刻。

时派遣特务员前去侦察情况。枪声越来越密，越来越近。宋美龄在寒风中冷得直打哆嗦，在微弱的烛光下披上衣服，捡出机要文件，准备在非转移不可的时候，把这些文件烧毁。她紧张极了，掏出手枪坐下，等待着事态的发展，如果无法冲出去，就准备自杀。蒋介石命令全部卫队环列成一个圈子，准备万一真的被红军包围起来时，好冲杀出去。蒋介石和宋美龄都十分恐惧，因为抚州城防空虚，守卫抚州的只有蒋的几百名卫兵。

一小时后，宋美龄得到消息：原来是守城门的哨兵被红军吓破了胆，在黑暗中误把好几卡车蒋军当成了红军，开枪射击，双方便交起火来。一场虚惊很快过去了，守城门的哨兵被蒋下令枪毙了。

同年9月，蒋介石纠集100万军队、200架飞机，气势汹汹地包围了中央苏区。10月16日，对中央苏区发动了第五次"围剿"。国民党军队进入红色区域后，"剿共"总部发出命令：1. 红区壮丁，一律处决；2. 红区房屋，一律烧毁；3. 红区粮食除分给"铲共义勇队"，搬运出红区外，难运的一律烧毁。蒋军进入红区，一路大肆烧杀淫掠，鸡犬不留，残酷至极！

一个普通女子，特别是上层女子，如果处在"第一夫人"的地位，或许会觉得留在南京或庐山享清福更好些。可是，宋美龄却不这样想。她坚持要和蒋介石一起到江西去"围剿"中央苏区。这或许是她的特殊性格决定的。10月19日，蒋介石带着宋美龄从南昌行营出发，到达临川督战。11月9日，宋美龄随蒋到达吉安，她率领救护兵和江西一些上层妇女到前线慰问蒋军伤员。她在给美国的一位友人的信中自我吹嘘说："虽然生活很艰苦，同我们的军队一道进一步深入内地，但我还是感到很愉快，因为我身体健康，很有耐力，这样，我能和他（指蒋介石）在一起，并出些力，如果我在家里坐等到中国真正实现和平，那么我们要等待很久才能团聚。所以我总是决定和他在一起。"

11月，被蒋介石调往福建"剿共"的十九路军，在中国共产党关于合作抗日主张的影响下，发动了福建事变，成立了抗日反蒋的"中华共和国人民革命政府"。蒋介石闻讯，便于1933年12月中旬，调派人马向福建进攻，去消灭福建人民政府。1934年1月，宋美龄陪同蒋介石到福建督战。他们从杭州动身，乘飞机和汽车到达浦城。宋美龄晕机，横卧在机上特设的睡榻上，一下飞机改乘汽车就没有不舒服的感觉了。这次出巡福建，正好在圣诞节前夕。同去福建但出发稍晚的还有一架飞机，委员长侍从秘书汪日章、德国警卫顾问斯太乃司、美籍飞行师斯密司、电务员三人、宋美龄的女秘书一人、厨师二人等乘这架飞机，他们携带着文件，还有宋美龄准备圣诞节食用的一只烤好的火鸡。但因飞机发动机失灵，迫降在距景德镇二十里外的地方。圣诞节要到了，厨师只好将宋美龄过节用的那只火鸡分给大家吃了。

初到福建，宋美龄被福建山区的雄伟景象所吸引，在写给她的美国友人的信中描绘道："福建却是山复一山，接连不断的崇峰峻岭，上面都长着繁茂的树木，万万千千的杉树，在这圣诞时节青翠欲滴，并且在苍翠山色中，还偶尔衬着一两棵朱红的蜡树，鲜艳夺日。"

除夕那天，宋美龄和蒋介石在浦城郊外的山中散步。他们发现了一株怒放的白梅。宋美龄认为那是"吉兆"，"梅花五瓣，预示着福、禄、寿、禧以及康宁"。蒋介石情致大发，细心地折了几枝梅花回来，晚上点起红烛的时候，蒋介石把梅花放在一个小竹筐里送给了宋美龄，作为新年礼物。"梅花在树上的时候，固然清丽多姿，而堆在篮里，映着烛光，越发美不可言，枝条的疏影，在墙上映出清劲的笔势，饶有明八大山人的画意。"宋美龄在赞叹之余，称赞蒋介石说："你们或许明白我何以愿意和丈夫在前线共尝艰苦。他具军人的胆略，又有词客的温柔呢！"

一星期后，蒋介石乘坐军用飞机到建瓯去指挥作战。因乘坐飞机寒冷而又危险，蒋介石让宋美龄一行人乘船到建瓯去。宋美龄带着美籍护士、女秘书、女仆各一名和男仆卫兵等，同行共有六七十人，分乘五只民船、五个竹筏前往。河道有些地方急流冲激，有的地方浅可见底。小船在急流中前进，船身时而擦过岩石，时而撞着水底的石块。忽然，宋美龄乘坐的船被撞裂了一个口子，于是人们急忙戽水，拿脱脂棉把裂口塞好。她们白天乘船，夜晚泊岸过宿。傍晚时候，身体坐得僵冻，她们便到石岸上去采集芦苇，燃起篝火，围坐在篝火旁取暖。

宋美龄登岸，极目四望，见周围到处是断壁颓垣，十室九空，满目荒凉。这本是蒋军残酷烧杀留下的罪证，宋美龄却把这一切通通推到了所谓"匪徒"身上，说这是"匪徒"的杰作。

1月中旬，十九路军失败。1月22日，宋美龄随同蒋介石从建瓯乘飞机回到南京。

蒋氏夫妇在西昌与彝族妇女合影。

就在镇压福建人民政府期间，端纳进入了宋美龄的生活之中。当宋美龄还在孩提时代，端纳就已是其父亲宋耀如的朋友。端纳是澳大利亚人，大约在1897年前后，就作为报社记者来到中国，后来成为张学良的顾问，帮助张学良戒掉了毒瘾。1934年初，张学良在端纳的陪同下从欧洲旅行归来。蒋介石为了谋划反共战事，在杭州与张学良进行多次会晤，端纳都在场。不知不觉中，端纳逐渐离开张学良，转而为宋美龄服务。张学良在杭州拜访宋美龄期间，端纳也常与他们见面。一天，宋美龄抱了一大摞信件、报告以及建议书等文件来到端纳身边，对他说：

"瞧瞧这摞儿东西！我永远也处理不完。端，您能帮个忙吗？"

于是，端纳便留在了蒋介石的司令部里，成了蒋的顾问。1934年10月，端纳建议蒋氏夫妇到各地去视察，了解民情。

10月4日，蒋介石在宋美龄、张学良、端纳和其他人的陪同下，下庐山到华北、西北各地视察。

蒋氏夫妇一行于10月14日到达西安。宋美龄和蒋介石下车伊始就发表演说，大肆鼓吹"新生活运动"。他们还邀请在西安的所有外国传教士参加茶话会。会上，蒋介石和宋美龄分别用汉语和英语发表演说，赞扬传教士对中国所作出的"贡献"，并呼吁他们协助推广"新生活运动"。传教士们纷纷指出他们各自所在地区的弊端，并提出纠正这些弊端的一些对策。

宋美龄还单独把西安高级官员的太太们召集到一起开会，以"第一夫人"的身份，敦促她们要关心公共事业。这些太太们答允开设一个戒鸦片瘾的诊所。宋美龄还与她们一起参观了省立孤儿院和为贫家少女开设的商业学校。

接着，蒋氏夫妇一行来到了甘肃省会兰州，在此地他们参观了羊毛厂和棉纺厂。他们还登上了兰州古城墙，并视察了兰州黄河大铁桥。旋即乘飞机来到宁夏，受到马鸿逵、马鸿宾兄弟的欢迎，并举行了欢迎仪式。在宁夏，蒋介石一行参观了一座制币厂和一座煤矿。

几天后，蒋介石一行来到开封。宋美龄要求与在开封的所有外国传教士会面。她派出私人代表，邀请各个传教机构的传教士参加在首府举行的茶话会。会上，蒋介石再次赞扬了传教士在中国所作出的努力。宋美龄用英语读了一份旁观者的报告，证实江西省改造的真正成绩。她特别呼吁女教士们要与中国的官员夫人合作，掀起美好家庭活动。

蒋氏夫妇游兴正浓，决心到济南一游。宋美龄提议在路经北平时，在北平协和医学院附属医院休整一下。于是，他们在该医院住了几天，让医生为蒋介石治疗消化不良症。在北平期间，内蒙古的德王、沙王等打电报邀请蒋一行到内蒙古去视察。

蒋介石不打算去内蒙古，便采取了一个折中的办法，派了一位"友好"使者赴内蒙古，大队人马则只到了察哈尔省的张家口。从张家口又转赴绥远，再到太原。蒋介石一行在太原分手，蒋赶回南昌行营；宋美龄、端纳等人则取道北平、天津、青岛、上海返回

1934年的蒋介石、宋美龄

129

南京。

华北、西北之行，宋美龄每到一个城市，她都把上层妇女，尤其是各省要人的太太们召集起来，敦促她们为"新生活运动"尽力。在演说中，她大反中国的传统旧习，大反名门闺秀的深居简出，反对吸鸦片、肮脏和贫穷。她呼吁妇女要有责任感。她任命各地高级官员的夫人为"新生活运动"的领导人。这些紧张活动克服了她的羞怯，奔波劳顿使她增强了体魄，长时间的空中飞行锻炼了她的胆魄。这些，都为她以后能适应紧张工作创造了条件。

蒋介石夫妇的华北、西北之行，绝不是为了游山玩水，也不仅仅是为了宣传所谓"新生活运动"，而是有重大的政治目的的。

1931年9月18日，日本侵略者占领我国东北后，接着又不断蚕食我国华北地区。蒋介石一再采取不抵抗政策，实行"攘外必先安内"的反动政策，全力"围剿"中央苏区和各红色根据地。蒋介石的倒行逆施引起了全中国人民的普遍不满，各地学生纷纷游行示威，反对蒋介石的卖国政策，一些爱国将领也主张团结抗战，反对内战。蒋介石夫妇华北、西北之行，主要目的是向北方地区的国民党将领游说，说服他们合力反共。在北平，蒋介石夫妇接见了原东北的军政要人莫德惠、王树常、马占山、苏炳文、邹致权等人，对他们百般抚慰；在察哈尔他们接见了宋哲元等，在归绥接见了傅作义和蒙旗德王、云王、沙王等，在太原与阎锡山密谈多次，在西安接见了杨虎城、马鸿逵等。蒋介石夫妇对这些人主要宣传的是，蒋不是不抗日，是共产党拉住了他的后腿，所以他非消灭"共军"不行。

蒋氏夫妇正在华北游说，10月中旬接到"南昌行营"转来的情报，说红军主力开始突围，前锋已通过信丰江。于是，蒋介石于11月9日急急忙忙赶回南昌，立即召集会议，讨论判断红军的行动方向。

1934年10月，由于博古、李德（共产国际派来的军事顾问）的错误指挥，中央革命根据地的兴国、

蒋介石在江西指挥"围剿"红军时所住的南昌百花洲行营，宋美龄当然是这里的常客。

宁都、石城一线相继失陷，粉碎蒋介石第五次"围剿"的希望完全丧失。中共中央领导人博古等仓促决定中央红军主力撤离中央革命根据地，突围转移。21日，中央红军连同后方机关共八万余人，从福建长汀、宁化和江西瑞金、雩都等地出发，向湘西进军，开始长征。

蒋介石亲自在南昌指挥国民党军队围堵红军，设了四道堵截封锁线，在湘江部署了五路进军追堵红军的计划，并配有飞机一队助战。

随着蒋介石的战车到处转的宋美龄。

长征开始后，中共中央领导人又在军事上犯了逃跑主义的错误，使红军蒙受巨大损失。在突破蒋军湘江封锁线时，中央红军即损失过半，减至三万余人。12月，蒋介石调集40万军队，准备围歼向湘西转移的红军。在这紧急关头，中共中央接受了毛泽东的正确主张，放弃向湘西前进的原定计划，改向敌人力量薄弱的贵州挺进。1935年1月，进入贵州的红军强渡乌江，占领遵义。中共中央在遵义召开了政治局扩大会议，揭发和批评了第五次反"围剿"和长征以来中共中央在军事领导上的错误，肯定了毛泽东等关于红军作战的基本原则，确立了以毛泽东为代表的新的中央的正确领导，挽救了党和红军。接着，红军一渡赤水河，进入川南。2月中下旬，又挥师东进，二渡赤水，重入遵义，搞得蒋介石晕头转向。

1935年3月2日，蒋介石带着宋美龄与陈诚等人前往重庆，扬言要亲自督师，"雪遵义失败之耻"。宋美龄在1935年4月写给国民革命军遗族学校男女同学的信中，详细地描述了她在四川一路上见到的自然风光和风土民情。宋美龄跟随蒋介石从南昌出发到九江，再从九江坐轮船到重庆。轮船沿着扬子江上游的石滩向上爬，直到四川的宜昌为止。过宜昌便是巫山三峡，"几千百年来的浩浩江流向大山冲涌而出，悬崖高达千尺，山顶甚至有高至四千多尺的。当轮船鼓轮上驶的时候，就可以试验到江流的厉害，又可以见得洪水冲撞大石的力量之伟大了。"长江两岸的影崖，笔直的像一堵危墙，当中的江流，奔腾澎湃，白浪滔天，礁滩声如狮吼，极其危险！"在阳光照耀之下，山峡是极其美丽的，足以使人们钦佩造物之庄严与伟大！"到了金沙江畔，宋美龄见沙滩上一群群的人正在沙里淘金，她大感兴趣，向遗族学校的学生们详细地描述了淘金的情景，并希望将来能用现代的方法来开采金矿。

到达重庆那天，时值下雨，宋美龄和蒋介石被安排到一座宽敞漂亮的大房子里住下。宋美龄对四川群众种植和吸食鸦片烟很不满意。她到处发表演说或谈话，大声疾呼扫除烟祸，设法训练民众，禁止吸鸦片烟。在重庆的日子里，宋美龄劝告四川的官吏们将烟馆一律封闭，她还组织一些官太太来肃清烟祸，但因四川妇女毫无训练，连组织开会的程序都搞不清，所以，禁烟活动根本无法开展起来。宋美龄觉得"天府之国"四川是个大有可为的地方，所以，她提倡开发富源，倡办工厂，开展"国民经济建设运动"。可惜，宋美龄的建议根本无人理睬。

正当宋美龄在重庆游山玩水、兴致大发的时候，红军三渡赤水，再入川南。蒋介石再次调动大军聚集在川南围堵红军。3月24日，蒋介石带着宋美龄由重庆飞抵贵阳督师。宋美龄写道："我们从重庆飞来的时候，看见这种山阜很长的排列着，好似一个巨魔将它们摆列着玩耍似的，又好似小孩子做的无数的小沙堆，奇形怪状，十分好看。"宋美龄陪着蒋介石在贵阳住了六个星期，他们一起到城南的清溪去散步，畅游龙门洞，观看溪水流入洞中，泻下山崖。宋美龄描绘

游山之人似乎看到了新奇之物。

说：山溪两旁"美丽的野玫瑰在石上结成天然的文绣，凤尾草和各种不知名的野花错错落落的到处点缀着，使得这个地方显得又幽静又秀丽……"。蒋氏夫妇陶醉在山光水色之中。

3月底，红军突然掉头东进，四渡赤水，神速南下，突破乌江，兵临贵阳，弄得正在享受山水之乐的蒋介石夫妇惊慌失措，手忙脚乱。

蒋介石到贵阳督师后，实际上自任了战场的指挥官。如今红军直逼贵阳，贵阳城防兵力包括宪兵在内不足两个团，如果红军攻取贵阳，蒋很难守住贵阳。蒋介石慌了手脚，急忙调动云南军阀的部队，限令昼夜兼程赶到贵阳来"救驾"。同时命令空军连番侦察敌情。为了保障蒋氏夫妇的安全，派兵确保飞机场，并挑选二十多名忠实可靠的向导，预备十二匹好马、两乘小轿，以便蒋介石和宋美龄能随时逃走。4月5日，贵阳东南九十里发现红军，贵阳守军人心惶惶，蒋介石和宋美龄也心神不安。夜间，又听说贵阳城外有红军游击队在活动，吓得蒋介石和宋美龄彻夜不安，赶快向上帝祈祷，求上帝保佑。

云南军阀昼夜赶到贵阳。红军却神出鬼没直扑云南，于5月初巧渡金沙江，跳出了蒋介石几十万大军的围追堵截圈，取得了战略转移中有决定意义的胜利。

5月12日，蒋介石带着宋美龄等人由贵阳飞往昆明，以金钱、地位拉拢云南军阀龙云，梦想在大渡河消灭红军。宋美龄记述说：5月12日，"我们到清镇飞机场坐飞机，飞过许多高山，往云南的省城，即现在的昆明。在离开贵阳约三百里的地方，我们看见一条川流，向悬崖绝壁间冲下，约有二百多尺高，这条水叫作镇宁白水河，是很有名的瀑布……再望下去，有一条古老的铁索桥，是用铁链造成的，从前通云南贵州的旧道，是要走这条桥的……"这桥就是大渡河上的铁索桥。"在红土的上面飞过，我们已到了云南平原了，就看见一排一排的树木，缘伏在地上，宛似长龙一样……到了昆明的上空，望见省公署在城内一座小山上"，最后，飞机降落在巫家坝机场。机场上搭着彩棚，云南省主席龙云及其夫人率领男女学生及各界人士在机场迎接蒋氏夫妇，举行了热烈的欢迎仪式。蒋氏夫妇住进云南大学的前院。这座大学坐落在一座小山上，面对翠湖，风光秀丽，空气清新。

陈诚早年的照片。

龙云为了表示对蒋氏夫妇的忠心，为他们举行了盛大的招待宴会，其客厅的宏丽有如北平的居仁堂。宾主共三百余人。宴席间，蒋、宋分别发表了讲话。龙云还组织数千小学生开了一次别开生面的欢迎"委员长"的提灯会。

宋美龄是个喜欢游山玩水的人，初到云南，她游兴大发，在昆明游览了滇池，参观了华亭寺的佛塔，游览太华山并在万顷一碧楼上进午餐，又在三清阁逗留许久。她兴致勃勃，异想天开地要到中越边境一带的个旧市去领略热带风光。一天下午，她率领着侍从们从昆明乘坐长途汽车南下，穿过好几十个隧道，经过许多曲折的山路，掠过无数悬崖峭壁，来到阿迷州，在一所客栈里住了一夜。宋美龄的好奇心和冒险心得到极大的满足，但终因身体不适，只好返回昆明。

蒋介石在昆明督师三个星期，终以失败而结束。5月22日，蒋介石飞往贵阳，再飞重庆。宋美龄没有与蒋同行，她于5月24日坐飞机直飞重庆，在重庆住了一天，于次日下午飞往成都。

7月上旬，蒋介石又在成都陕西街设立行辕，妄图消灭进入川康的红军。宋美龄觉得成都可供游览的地方不多。因城内街道狭窄，人流拥挤，所以，宋美龄常常到宽阔的城墙上去散步。她站在城墙上，极目四望，见到处是辛勤劳动着的人们，河流旁边转动着水磨，河网灌溉着一块块水田。宋美龄对成都街道两旁的小手工艺品商店很感兴趣，她认为这些小手工艺品，制作精巧，价格低廉，是值得大力提倡、推广的。

7月中旬，因天气炎热，宋美龄和蒋介石乘汽车来到峨眉山避暑。一路上，渡过浪大流急的岷江，穿过富饶美丽的田野，来到峨眉山麓，"远远就看见西南有庞大的峰峦，高耸入云，在平原之上，陡然而起……在澄净的暮色中，更觉美丽可爱，远望像一匹无头巨兽，蹲踞欲跃的样子"。这就是宋美龄眼中的峨眉山。到了峨眉山脚下，他们改乘轿子登山，"沿着一条涧水，在浓荫夹道的狭窄山径中前进。两边为山壁所束，所以千百蝉声，在中间往复回荡，震耳欲聋。它们似在齐声合唱：'救救我，救救我！'路边到处是松树，淙淙的鸣泉旁边，还生长着丛丛赤杨，万千只美丽的蝴蝶，循着气流，翩翩飞舞"。蒋介石和宋美龄住在半山腰外国教会建造的西式洋房里，站在屋前眺望：眼下是一片平原，嘉定城远远收来眼底，岷江在晚霞的余晖中闪着白光，平原上星罗棋布的城市和村庄，遥遥在望。往上看，只见块块白云，悠然而行，拂过山巅，有时碰着高耸的山岩，冉冉下降，有如瀑布。宋美龄简直被峨眉胜景陶醉了，飘飘欲仙。几天后，蒋介石带领随员攀登了峨眉"金顶"。因攀登"金顶"不能乘轿子，只能步行或者让"苦力"背着爬上去。宋美龄不愿让苦力背她，步行又吃不消，所以没有和蒋介石一起攀登峨眉"金顶"，为此她深感遗憾。但她还是向遗族学校的学生讲述了在峨眉绝顶所能见到的"峰峦积雪"、"佛光"等景象，以及有关"佛牙"、浴象池、万年寺、仙人洞等名胜古迹和关于这些古迹的传说故事等。

宋美龄在川、黔、滇游山玩水的时候，中央红军突破蒋介石的围追堵截，于5月29日飞夺泸定桥，渡过天险大渡河，接着又翻越终年积雪的夹金山，走过荒无人烟的茫茫草地，于10月19日抵达陕北吴起镇，11月21日至22日，在直罗镇全歼蒋军一〇九师，彻底粉碎了蒋介石对陕北革命根据地的第三次进攻，给中共中央把全国革命大本营放在西北举行了奠基礼。1936年10月，中国工农红军第一、二、四方面军在甘肃会宁会师，伟大的长征胜利结束。蒋介石"围墙"红军的计划彻底破产。蒋介石从峨眉山下来时，无可奈何地慨叹道："六载含辛茹苦，未竟全功。"（刘巨才《一代风流宋美龄》，第100—111页）

干娘做媒揽"忠臣"

结婚后没用太长时间，宋美龄便已经开始显示她的"政治智慧"了。为了笼络人心和政治上的需要，宋美龄确实在蒋介石用人问题上发挥了作用，她通过亲自做媒等手段，为蒋网罗"忠臣"。

清末进士出身，曾任国民革命军第二军军长、南京国民政府主席、行政院长的谭延闿，与蒋介石为腻友，经常到蒋介石的官邸漫谈，每来必携女儿谭祥同行。

谭祥，又名曼怡，是谭延闿的三女儿。1905年生于长沙。她品貌端庄，聪慧出众，就读于上海教会女校，并曾经与宋美龄一起在美国留学。因谭延闿曾认宋美龄之母为干娘，所以谭祥虽仅比宋美龄小八岁，但论辈分，却是宋美龄之干女儿。曼怡口极甜蜜，称蒋为爸爸，称宋美龄为妈妈。蒋氏夫妇对其也极为钟爱。

1930年谭延闿患脑溢血病故，生前曾嘱托蒋、宋，为其物色才识卓越的乘龙快婿。当年谭延闿曾为撮合蒋宋姻缘出过大力，宋美龄感激这份恩德，自然责无旁贷为干女儿选择"佳婿"。

蒋介石在江西庐山与受训的军官合影，其中站立姿势最标准的是陈诚（前排右一）。

蒋氏夫妇决定在年轻将领中以胡宗南、陈诚两人择一而配，最后商量选定陈诚。胡宗南当时还没有结婚，但考虑到胡宗南是黄埔军校的一期学生，是"天子门生"，对蒋忠诚不贰，可以放心。虽然陈诚已结过婚，但他早期与邓演达关系极深，以后才投靠蒋。为了笼络陈诚，因此决定将谭小姐许配陈诚。也有人说陈诚久为蒋介石所器重和赏识，宋美龄见陈诚忠实可嘉，就把谭祥介绍给了陈诚。不管究竟是为了什么原因，由蒋氏夫妇亲自为其择配佳偶，宋美龄的干女儿便成了蒋陈政治上紧密结合的一种凝聚力。

蒋氏夫妇商量内定后，征询谭祥本人意见。谭问："现居何职？"宋美龄回答："军长。"其实当时陈诚只是第十一师师长。曼怡又问："是哪一军？"蒋介石在旁补充一句："第十八军。"
谭俯首无语。蒋事后提升陈诚为第
十军军长，宣布陈诚因讨伐阎、冯
有功晋级。于是，在陈诚赴日本参
观秋操回国后，蒋介石、宋美龄便
正式向陈诚提起了这桩婚姻。

陈诚夫妇及子女。

　　陈不仅为谭小姐落落大方的潇
洒风度和知书达理的内在素质所折
服，而且更为蒋介石、宋美龄亲自
出马充当介绍人而受宠若惊。他毫不犹豫地接受了蒋、宋的美意。谭祥对陈诚的
翩翩风度和军阶、战功，亦极仰慕，可谓一见钟情。

　　可是，在陈诚与谭祥结合的道路上，还有一道障碍需要扫除。这就是陈诚
乃有妇之夫，按时间算来，他与青田吴氏结婚已十二三年。这桩婚姻是由父母做
主，元配夫人吴舜莲为旧式裹足淑女，在外求学、从军多年的陈诚对其毫无感
情，即使回家也是独居一室，拒绝与其同室共寝。吴舜莲因不堪冷落而用剪刀自
杀，幸亏被及时发现而捡了一条命，但其婚姻已是名存实亡。尽管如此，陈诚若
不与吴舜莲正式离异，谭祥嫁入陈家，就不能算作正娶。作为名门闺秀的谭祥，
在这一点上，当然不肯迁就。陈诚便托了同乡前辈、吴家祖上的亲族杜志远先生
和吴氏的哥哥、自己的同学和下属吴子漪，出面予以劝导，促其同意办理离婚手
续。淳朴、老实的吴舜莲，在各方劝说下，决心终身不再婚嫁，她只提出了一个
可怜的条件："生不能同衾，死后必须同穴。"（杜志远之子杜伟《我所知道的
陈诚》，《纵横》1985年第6期）陈诚也顾不得去理会这身后冥界中的问题，当
即同意。由吴子漪代写了一张离婚协议书，并注明：因舜莲不识字，故由子漪代
为签名盖章，并愿承担一切责任。

　　1932年元旦，陈诚与谭祥在南京励志社举行婚礼。男方由杜志远主婚，女方
由谭泽闿主婚，证婚人为鲁涤平。（另据张维中的资料，证婚人为贺耀祖；而台
北出版的陈诚传记中说，陈、谭结婚地点是在上海，证婚人为蒋介石。）

　　接着，他们双双到杭州西子湖畔度了蜜月，组成了一个对陈诚来说，堪称美

满幸福的家庭。

谭祥性格温存，落落大方，夫妻感情弥笃。婚后，谭祥堪称陈诚之贤内助，持家有方，尊敬婆婆；偶当陈诚在人事关系上遇到麻烦时，也出面到宋美龄面前予以周旋，使之化险为夷。谭氏计生四男二女，长子履安，次子履庆，三子履碚，四子履洁；长女幸，次女平。诸子女学业均佳。后来长子履安位至台湾当局"行政院国家科学委员会"主任委员，并为国民党第十二届中央执行委员会常务委员。

当然，这桩婚姻给蒋宋带来的是一个忠臣，而给陈诚带来的益处则是吃了败仗反而继续加以重用。拿新婚不久后的一次战事来说，就是靠夫人摆脱困境。

当时陈诚指挥着三路纵队11个师的人马，用分进合击战术，向江西革命根据地发动了猖狂进攻，由于指挥上的低劣，前半阵劳师辗转，疲于奔命，后半阵处处挨打，溃不成军，结果数万之众遭歼，两个师长当了俘虏。"陈诚在1933年二三月间，连遭黄陂、东陂两次惨败，三个精锐师被歼，其中被生俘者达万余，枪支被缴万余支，又损新式机关枪300挺、大炮40门。"（《中央革命根据地史》，人民出版社，1986年版，第385页）尤其是他赖以起家的第十一师，竟也未能逃脱被歼之命运，更使其丧魂失魄。当他听到这一消息时，几乎昏厥倒地，数日中，伤心泪下，羞愧不已。

惨败之后，蒋军内部哗然，都对陈诚的行为表示愤慨。当陈诚听说江西省主席熊式辉向蒋介石建议要撤销被歼的几个师番号时，更是悔恨交加。他致电蒋介石，辞去本兼各职，并不待回电，即去南昌，住在家中，闭门谢客。

面对攻击四起的严峻形势，陈诚意态消沉，夫人谭祥挺身而出，跑到宋美龄那里，诉一番苦衷，表一番忠诚，宋美龄自然要在蒋面前为陈诚评功摆好。

此时蒋介石对陈诚在第四次"围剿"中的失败，虽有责备之意，但并未对他失去信任，且权衡手下诸将领，觉得将来"围剿"红军的前方指挥，似非陈莫属。但陈诚不主动前往谒蒋，蒋亦不便召见，蒋陈关

谭祥（左）与宋美龄一起以自助餐招待外宾。

系，一时竟成僵局。后来还是南昌行营的参谋长贺国光从中斡旋，决取"夫人外交"的办法，打开僵局。贺请谭祥邀陈散步，就便去看望宋美龄，以便蒋陈见面。谭依计而行，于散步中提出访宋，陈当然不便拒绝，遂随谭往谒。果然，宋与陈夫妇寒暄不久，蒋即出见，并与陈商讨新的"围剿"红军的计划，表示了重用陈的决心。陈欣然受命，前嫌遂释。（孙宏巍著《蒋介石的宠将陈诚》，河南人民出版社，第79页）随后，陈诚便重回抚州，坐镇指挥。

最终的结果是，蒋介石不但没有追究陈诚兵败的责任，而且还为陈诚补充兵力，继续予以重用。

其后，陈诚更是步步高升。究其原因有二：

其一，是对蒋介石的忠诚。

其二，是与夫人有关。如上所述，陈诚有了这样一位称蒋介石、宋美龄为干爸干妈的了不起夫人，在以后的仕途上当然会有不俗的表现。

中原逐鹿的"超级兵团"

1930年，中原大地爆发了一场规模空前的军阀激战，史称中原大战。这是中国近代史上最大的新老军阀的大混战。交战的一方是蒋介石的"中央军"，另一方有冯玉祥的西北军、阎锡山的晋军、李宗仁的桂军，以及大大小小的地方军、杂牌军，其波及面之广，参加人数之多，于政局影响之巨，在中国内战史上是罕见的。在硝烟弥漫的战场之外，宋美龄利用蒋介石夫人的特殊身份，对扭转战局发挥了重大的作用，被人称为"超级兵团"。

战争初期，"逐鹿中原"的只有蒋介石和阎锡山两家。在很短的时间内，晋军、西北军、桂军结成联盟，连为一体，组成了阵容强大的反蒋阵线。反蒋联军在实力对

中原大战的主角（左起）冯玉祥、蒋介石、阎锡山。

被宋美龄收服的韩复榘

比上占据了优势，似乎已成必胜之局。就在蒋介石的"中央军"面临战败危险的时候，宋美龄出马了。

宋美龄的第一个笼络对象是西北军的叛将河南省主席韩复榘。宋美龄软语收老韩，是这个"超级兵团"发挥作用最有典型意义的例子之一。

当时，反蒋联盟咄咄逼人。从声势上看，晋军、西北军、桂张联军聚众70万，分别于津浦、陇海与鲁西南、平汉、湖南几个战场上同时进军。他们的战略计划是：以桂张联军为主体，李宗仁为总司令的第一方面军，沿粤汉路北上；以晋军为主体的第三方面军，徐永昌任前敌总指挥，沿津浦线南下；以西北军为主体的第二方面军，鹿钟麟为前敌总指挥，沿陇海路东进同时沿平汉线南下；再加上以石友三部为主体的第四方面军，对蒋介石的"中央军"形成了南北夹击的态势。

在这种形势下，河南的战略地位就变得至关重要，在一定意义上说，韩复榘倒向谁，谁就取得了战略主动。而从历史上看，韩复榘是一个不讲信义、摇摆不定的人。

韩复榘原是老西北军内的骨干，冯玉祥把他从一个士兵，一步步地提拔到了河南省政府主席的高位上。韩复榘常对别人说："冯先生于我，实同亲生父母。"可是，在此前的蒋冯战争中，在蒋介石的重利诱惑下，韩复榘就曾与石友三一起背叛了冯玉祥，使冯玉祥遭到了致命的打击。

中原战争爆发，石友三突然宣布加入反蒋联盟，并担任了第四方面军的总指挥。这一下，坐镇河南的韩复榘去留如何，成了陇海战场上的关键。韩复榘又开始动摇了。

对于蒋介石来讲，如何留住毫无信义可言的韩复榘是个难题，如果他再反叛"中央"，后果不堪设想。他最后的选择是请夫人宋美龄上阵。

实际上，当年韩复榘叛冯投蒋，就是宋美龄搞的策反。那时，蒋介石正和桂系打内战，宋美龄用了热情加金钱的办法，就使韩复榘投向了蒋介石。宋美龄先把韩复榘与二夫人纪甘青迎到汉口，礼待有加，又是游玩，又是宴请，还赠了一张几十万元的支票。后来，韩复榘叛冯投蒋，把部队拉到郑州。

每每谈及这段往事，韩复榘总是这样对人说："蒋夫人见到我，总喊我'常胜将军'，从不喊我的名字。可我的老上级冯先生见了我则是韩复榘长韩复榘短地训斥我，连个'向方'（韩复榘表字）也不肯叫。"

现在到了危急时刻，宋美龄与蒋介石一同北上，迅速同前来打探动静的韩复榘单独会面。

会面开始，宋美龄就大力称赞韩复榘，称赞他在河南开展的反对蓄婢纳妾与女子缠足束胸活动，表示自己要代表全国二万万妇女向向方将军表示敬意。慌得这位韩主席还礼不迭。

接着，宋美龄话锋一转，开始谈形势。她说，阎锡山、冯玉祥他们为私利所动，挑起战端，对此，希望向方将军深明大义，千方不要受他们的拉拢。随后，宋美龄又对韩复榘说，尽管外面传闻很多，可我还是百分之百地相信将军，也一直劝委员长不要听信谣言，受人挑唆，所以这一回，他不但要让你担任第一军团的总指挥，还把陈调元、马鸿逵和刘珍年的部队都交给你调遣，装备上也要加强。

一番话，有吹捧，有威胁，有利诱，宋美龄把她的外交艺术发挥到了极致。本来摇摆不定的韩复榘，很快坚定了他的拥蒋立场。他唯一的要求就是不和西北军的老兄弟们正面交火。他对宋美龄说："冯先生好比是我的亲生父母，委员长和夫人好比是我的再生父母，我不能帮着冯先生打委员长，也不能帮着委员长打冯先生。我本来主张和平，反对打仗。现在看在夫人的面上，我听委员长的，不过，请夫人跟委员长说说，体谅我的苦衷，就让我去打阎老西那个王八蛋吧！"

后来，蒋介石果然把韩复榘的第一军团调往山东，从正面去阻击阎锡山的进攻。自己的嫡系部队则编成第二军团，由刘峙任指挥，专门对付冯玉祥的西北军。

收服韩复榘，是宋美龄在中原大战初期立的第一功，其作用已经远远超过了一个兵团。

尽管稳住了韩复榘，战场形势还是对蒋介石非常不利。中原战场战局复杂，参战各方已经拉开了决战的架势。然而此时的宋美龄却在饭桌上主演了一出"杯酒释兵权"的现代戏,她要利用酒席为丈夫力挽狂澜。

受请的人名叫刘茂修。刘茂修是旧军阀刘镇华的七弟,正在日本士官学校读书。前不久,国内形势骤变,旅居日本的刘镇华不放心,就叫刘茂修回国看看。当年,刘镇华出国,把部队交给了老部下万选才和五弟刘茂恩。这次中原大战,万选才是反蒋联盟的第六路军军长,冯玉祥任命他为河南省政府主席。万选才反蒋倾向也就更加坚决。但刘茂恩却并不太热衷于对抗中央军,为此,刘茂修打算先摸摸蒋介石的态度。

正当刘茂修为如何接近蒋介石犯愁的时候,宋美龄派属下上门邀请来了。一辆小车把刘茂修载进了黄埔路官邸,又是接见,又是宴请。宋美龄一番努力之后,刘茂修感恩戴德,劝说刘茂恩阵前倒戈的心意已决。蒋介石让宋美龄拿来笔砚,当场写了一封给刘茂恩的亲笔信,作为他投诚以后加封行赏的信物。

1930年11月,蒋介石夫妇在南京迎接张学良夫妇时的合影。

刘茂修匆匆地回到前线,找到刘茂恩,把蒋介石的指示送到了他的手里。反蒋联盟当中的一员干将开始密谋反叛。

这一边密谋反叛,那一边却毫无防范。尤其是阎锡山,说什么也不会生疑。因为刘镇华当年驻军陕豫,跟山西只有一水之隔,彼此常相往返,交情笃厚。

1925年刘部对国民军作战失利；1929年刘部为唐生智、宋哲元所逼，曾两次东渡黄河，退入山西，都是靠阎锡山的照顾接济，才得以保全。阎锡山对刘茂恩是非常信任的，加上他身边的万选才反蒋坚决，阎总司令当然不会有所怀疑。

在刘茂修的怂恿联系下，刘茂恩暗中与陈诚牵上了线，然后一个电话，把万选才骗到军中。刘茂修立即让预先埋伏好的枪手把万选才五花大绑，直接押送到陈诚处。万选才刚当上河南省主席不久就变成了阶下囚，后来被转交南京执行枪决。

这件事使反蒋联盟大为震动。刘茂恩带走了一个师，兼并了万选才第六路军的大部，还顺手端掉了晋军的两个炮兵营。这等于白白让蒋介石增加了八万多精锐之师。本来，反蒋联盟进展顺利，眼看就要形成对中央军的合围，他们的阵地却忽然出现了一个大口子。蒋介石再趁乱一阵反攻，晋军抵挡不住，稀里哗啦地退了下来。幸亏西北军及时增援，重创了刘峙的第二军团，才使晋军停止了溃退。

此后，中原大战中的主战场呈现了胶着状态，双方在开封以东的广大地区展开了拉锯。对反蒋联盟来讲，最宜速战速决，时间拖得越长变故也可能越多；而蒋介石却可以利用这段时间，加紧对东北军的拉拢，改变对自己不利的局面。

然而不管怎样，宋美龄请刘茂修的那一桌酒席真是没有白费。关键时刻刘茂修帮了蒋介石一个大忙。

后来，张学良发布"和平通电"并宣布进行"武装调停"，一场历时半年之久的军阀混战，终于以蒋介石的胜利，冯、阎、桂的失败而告终。张学良对大战的态度，成为蒋介石获胜的决定性因素之一。蒋介石不仅自己与张学良兄弟相称，而且不断督促宋美龄加紧与张夫人于凤至之间的感情联系，以达到进一步拉拢少帅的目的。于是，便有了宋美龄、宋蔼龄拉着于凤至拜宋母为干娘的一幕。人们从登载在报刊上的照片中看到的是三位干姐妹的亲亲密密，却不曾想到这是"超级兵团"的又一次出击，其战

左起：张学良、宋蔼龄、于凤至、宋美龄、蒋介石

略目标是使蒋的阵营更加巩固和壮大。

在这次大战中，蒋介石之所以能够取胜，原因有很多。韩复榘的支持，刘茂恩的倒戈，张学良的"和平通电"及"武装调停"，蒋系军队的努力，宋子文的财政支持——发行了大批公债，又从江浙财阀和官僚买办那里筹集了大量款项给蒋做军费等，都是非常重要的原因。

而在这些原因的背后，宋美龄的作用也不容低估，其"超级兵团"在第二条战线大显了威力。

遗族学校的常务校董

为办遗族学校，宋美龄投入了许多精力和热情。

1928年11月间，国民党中央常委会决议在南京中山陵园内创办国民革命军遗族学校，专收北伐中阵亡将士的子女和辛亥革命以来追随孙中山先生奔走革命而牺牲的先烈后代。常委会推定宋庆龄、蒋介石、蔡元培、胡汉民、戴季陶、何应钦、何香凝、宋美龄、王文湘（何应钦之妻）等九人为该校筹备委员会委员，并决定以宋庆龄为校长。

1929年10月，学校建成，原筹备委员会改称校董会，宋美龄任常务校董。因宋庆龄校长忙于从事国际反帝国主义同盟的工作，故遗族学校从筹备到成立到解散，都由宋美龄负责。

宋美龄作为配角，第一次出现在美国《时代》周刊上（1931年）。

遗族学校创设的经费，起初是由陇海铁路东段的附加税，作为学校的经费，从1928年8月1日起，学校开始申领这项经费。可是，毕竟因为宋美龄本人和多位国民党要员直接参与的关系，学校的经费迅速增加，在公开劝募之后，竟然多达50万元以上。那时的国民政府也十分支持这所学校，每月的经常性经费多达5000大洋，后来又增加到月费12000元，可见受到重视的程度。学生的待遇更是十分优厚，凡是入学的学生，因为都是遗族子女，所以，学费一律免缴，并且还由公家供给一切生活用品。

宋美龄虽然不是学教育出身的，可是，却有自己的一套教育理念，加上蒋介石给她的关于军人教育的一些观念，于是，这所遗族学校就成为宋美龄的美式思想和蒋介石的日本式军队教育的一个复合体。

曾在遗族学校工作的储子润回忆宋美龄从事这项工作时的情景：

遗校筹备时，宋美龄新婚不久，蒋介石对她说："二姐在国外，学校的事交给你管吧！"从此她就把校长的责任担当起来。

宋美龄把校舍选择在环境优美的孙中山陵园里。在新校舍建成前，先在南京城内租屋开办。校舍于1929年8月建成，地址恰在中山陵园的中心，紫金山对峙其前，环城河远绕其后，右瞻中山陵墓，左接明代孝陵，前带梅园，后通桃坞，松柏成荫，农场千亩，四季花开不绝，春夏果熟盈园，环境十分幽静。学校成立之初，是男女合校的，后来又在南京市内羊皮巷总司令部旧址设立国民革命军遗族女校，专门培养遗族女子，女校有学生150余名。

宋美龄亲自抓学校的校务管理，她说："我对于遗族男女两校，既然负着责任，总要希望把它们办成中国的模范学校。……所以我对两校的校务，完全由我负责进行。"当宋美龄不在南京时，则由两校讲座委员会随时讲座校务及其他各项问题，并执行管理监督权，而后向宋美龄汇报，学校的重大事情都要由宋决定。

宋美龄每星期至少有三天到校，处理校务，研究问题。她常常陪同蒋介石于早晨六时学生起床前，或晚上学生就寝后到校视察。往往两辆小汽车同时到校，前一辆是蒋氏夫妇，后一辆是便衣卫士。

宋美龄虽不是对教育有经验的人，但对教育问题颇有见解，如对某课文所述遵照孙中山先生双手万能手脑并用的教育方针，实施做学教合一的理论，她很欣赏，将其译为英文，作为她接待外宾时讲解的内容。1930年孙中山先生的老朋

武岭学校

友、美国人林白克来校参观，听了宋美龄的介绍，誉遗校为当今东方第一所新兴学校。宋得此嘉许，引以为荣。宋美龄说："我向来主张教育不但是只重精神的训练，而手足的活动，与一般的生活，也要同样的注意。尤其是对于革命先烈的子女，更要养成他们刻苦耐劳的精神和能力，使他们彻底了解生活的价值。……我希望他们能够具有中国旧道德和现代新知识，发展蓬勃的精神，高尚的志趣，为建造新中国的柱石。"

高年级学生以生产教育为基础，以学习农业技术为中心，要求学生学会新的耕种方法。女学生，从五六年级起，就给以家事训练，教以缝纫、织袜、刺绣、编织、造花、玩具制造等手工艺；男生则要学习木工、竹工、石膏工等。

遗族的童子军颇出风头，学生汤护民1935年曾代表中国童子军出国参加美国童子军25周年纪念大会，1937年汤护民又代表中国童子军到欧洲荷兰参加世界童子军第五次露营大会，并为代表团的队长，在录选考试中汤获得第二名。宋美龄得此喜讯，非常高兴，汤回国的第二天，宋立即传见，慰勉有加。

宋美龄在南昌时，曾参观过江西的农村服务区，在南京时曾接见过平民教育促进会晏阳初。她决定在遗族学校也成立学生乡村服务团，以学校四周乡村，即中山门外苜蓿园到孝陵卫各乡村为服务范围，服务内容有文化卫生新生活运动的宣传及娱乐等项。文化方面设有平民学校一所进行扫盲工作，儿童班白天上课，成人班晚上上课，教师由遗校高中学生担任，请老师作辅导，解决教学难题，提高教育质量。卫生方面在孝陵卫设诊疗所，为民众免费医疗。医师由中央医院医师担任，护士由女校曾受护士训练的学生担任。推行新生活运动，则由学生在要道站岗检查或进行家庭访问。娱乐方面由励志社经常在遗校大礼堂放映电影，欢迎民众观看。服务团由宋美龄直接领导，每月汇报一次，有一次她通知卫生部部长刘瑞恒、保健司司长金宝善来参加汇报会，解决药品供应和医疗技术指导等问题。服务团由于宋美龄的重视，有关机关的热心协助，一度搞得轰轰烈烈。服务团自1935年开始工作，到抗战初学校停办才结束。

宋美龄对建筑遗校同学会会舍大力支持，除筹拨经费外，并将她立法委员的月薪600元，交给学校作为同学会建筑费用。她在研究同学会房舍建筑的一次会上，要求由同学们自己设计，自己施工，靠自己的双手和智慧完成任务。在宋美龄主持的这次会议上，成立了同学会会舍建筑工程处，公推汤鹤松为主持人，着手筹备。汤后来说："我和同学们都没有学过土木建筑，房子怎么盖，毫无所知，但蒋夫人的命令难违，我们几个同学只得到图书馆找资料，到别人工地去参观，读了许多有关建筑工程的书，经过好长时间，才摸索出建筑设计的一些门道，向蒋夫人做了报告。她看了很高兴，称赞我们一番，然后介绍我们去基泰工程司找关颂声请教（关颂声是国内著名的建筑工程专家）。承他热心指导，提出许多宝贵意见，叫我们修改后再送审核。半年后，抗战爆发，因此停工，没有建成。但我在这次自建同学会的过程中，学到了许多建筑工程的知识和经验。"

抗战开始后，学校是停办了，但学生仍有安置，初中、高中的在校学生，得在贵州省铜仁县中学和国立三中读完初中或高中，已经毕业有志深造的，得到升大学的机会，没有工作的都得到工作，每学期大学成绩报告单，宋美龄都要过目，亲自决定每年助学金的金额。有一次她随蒋介石自重庆到成都，对在西北联大学习的遗校同学，一一传见并鼓励他们好好学习。抗战胜利还都南京，她把大学毕业的同学，都安插在遗校各部门。例如把金陵大学农科毕业的汤鹤松安排为农场主任，王育民安排为牛奶厂厂长。她对外国新闻记者谈话表

蒋介石和宋美龄每次回故乡，总是热热闹闹。

示，她把培养出来的学生安排担当各种事业，是她一生中最快意的事情。（储子润《宋美龄与遗族学校》，见《文史资料选辑》第93辑，第67—70页）

遗族学校毕业的学生后来分布世界各地，在宋美龄定居美国之后，每年到了遗族学校校庆那一天，或是蒋介石或是宋美龄生日那天，都会有旅居美国的遗族学校学生，去宋美龄的住处探望她。遗族学校的学生称她为"妈妈"。

宋美龄和蒋介石结婚后，着手扩建溪口武岭学校，既作为对乡里的贡献，又为蒋培养有用人才，由蒋介石小时候的同学张昌雪之侄张明镐（留日，曾为宁波效实中学和商校教师）负责筹建新校舍。宋美龄具体提出："学校要包括农科中学、完全小学和幼儿园三部分，并附设武岭医院。"那是仿照法国乡村学校模式，以校为中心，把溪口镇的社会福利事业都包括进去，如医院门诊、阅览室、消防队、电厂、电影院、公园等。农专有实验场，分动、植物两部分，培育良种，以便研究和推广。校舍的布局和设备都是新式的，卫生设备一应俱全，还备有来宾客房。从设计开始，宋美龄可说样样事情始终过问，连教室门漆成深灰色也是她的意见。学校建成后，无论外观内饰都很有气魄，蒋和宋巡视检查很仔细。1934年以后，由"励志社"副总干事邓士萍任教务主任，邓也是宋美龄派的人，他实现了宋的愿望。

武岭校舍落成时，适逢蒋介石44岁生日，宋美龄提前几天派人布置庆祝事宜，按照乡俗耍龙灯，去宁波"大有南货号"定购大油包馒头、爆竹，大大庆祝了一番。

掌管"励志社"

1929年1月1日，一个名为"黄埔同学会励志社"的机构成立了。

蒋介石为什么在北伐成功和国民党"统一"之后，要成立这个组织？因为他的最大希望是使他的军队能够保持早年黄埔军校的"革命精神"，进而成为维护他的专制统治的军队。

早在蒋介石担任黄埔军校校长的时候，就有"军官励志社"这种组织形式。只不过当时它以黄埔军官道义所等名称而为人所知，实际上是黄埔军校的一个俱乐部，成立的目的在于提高士气，加强课外的政治教育。

宋美龄结婚以后到了南京，许多黄埔军校的毕业生都来拜访他们的前校长蒋介石，宋美龄因此常有机会和他们在一起闲聊。在谈话当中，宋美龄发现有一个问题引起了军官的普遍不满，这就是在南京除了待命奔赴前线之外，他们既无处可去，也无事可做。于是她建议为军官们建立一个"精神家园"，或成立一个类似军人之家的组织。经蒋介石的批准，军官励志社应运而生了。

蒋介石、宋美龄1929年创办"励志社"时所摄。

蒋介石为"励志社"的成员制定了一句格言，这句格言是："立人立己，革命革心。"

除了这句格言之外，蒋介石还颁布了十条戒律，要所有的社员一体遵行，这十条戒律是："一、不贪财，二、不怕死，三、不招摇，四、不骄傲，五、不偷懒，六、不嫖赌，七、不吸烟，八、不饮酒，九、不借钱，十、不说谎。"

"励志社"的创始者黄仁霖曾经说过："'励志社'是对黄埔军官和学生灌输道德，提高精神而设立的。"这个主张正可以呼应蒋介石提出的那些戒律和清规。

蒋介石想把"励志社"办成像早年孙中山成立中华革命党秘密结社时那样的组织，所以，"励志社"入社的仪式也类似于上述组织。要入社的人，每人在社长（即蒋介石）面前宣誓，誓言恪遵蒋介石提出的十大戒律，"励志社"的员工则更不在话下。可见，成立"励志社"初衷，是蒋介石让军官和军校学生有一个"养志"的地方，他希望把"励志社"变成一个能端正军中风气的场所。

然而事实上，在以后的发展中，在宋美龄主导下，"励志社"先是一个基督教色彩极浓的场所，后因局势发展演变成一个为外国援华部队服务的机构。到了抗战之后，"励志社"甚至演变成一个以服务蒋家为工作项目之一的内务府机构，它部分满足了蒋宋在各个时期的需求。

在一开始的时候，宋美龄对"励志社"就掌握了内部主要的人事权，社长是她的丈夫，但蒋介石政务繁忙，无精力过多过问"励志社"，因而，"励志社"的实际权力控制在宋美龄以及她的大姐夫孔祥熙的手上。

"励志社"的首任总干事是朱懋仁上校，当时在孔祥熙任部长的实业部中担任实业司司长。不久，由于工作繁忙，又把总干事的职务交给了黄仁霖。

黄仁霖何许人也？早年留美，毕业回国后在基督教青年会任职，他可称为宋美龄嫡系中的嫡系，这可以从他的家世窥其全貌。黄仁霖的岳父余日章是一位牧师，在宋美龄嫁给蒋介石时，曾经为他们主持婚礼。日后在黄仁霖成为余牧师的女婿时，宋美龄为了报答余日章这份恩情，当然义不容辞地负起照顾余牧师女婿的责任。（仅从黄的回忆录由宋美龄亲自题写书名就可知他们的关系不一般。）

对于这个社团的成立及作用，黄仁霖在回忆录中是这样说的：

"起初，军官励志社只是设在位于许多平房中间的一个又矮又小的板房里。离它不远的地方是基督教青年会的房子，这是一幢又新又漂亮的楼房。坦率地说，当我将这两所房子进行比较的时候，我真想留在基督教青年会工作。但是在我经过察看并询问了几个问题之后，我认识到，组织军官'励志社'是一件大事，在某些方面，它对军队所起的作用要大于基督教青年会，因为军官'励志社'是专为军官成立的一个组织。于是我同意承担这项工作。头几个月，该社的活动并不顺利。许多军校学员对我们有误解，他们认为军官'励志

1929年元旦，"励志社"成立时蒋氏夫妇与全体职员的合影。坐者左一为总干事黄仁霖。

社'是一种新式的外国宣传机构，其目的是欺骗他们加入基督教，因此，在我上街散步的时候，他们常向我身上扔东西，并且扬言要烧掉这栋房子。但是，随着时间的推移，他们慢慢喜欢到军官'励志社'里来了。现在，所有的军官都参加了这里的活动。"

蒋氏夫妇对他们创立的这样一个组织还是很关心的，一天，他们没有通知下属就突然来到了"励志社"新址，正巧亲眼看到每个干事都卷着衣袖做着清洁工的工作。他们很满意，也留下很深的印象。在"励志社"成立大会上，作为会长的蒋介石不仅强调了他创办该社的初衷和十条戒条，还特别强调了以黄仁霖为代表的新干事们有新作风、新精神，他说："我亲眼看到这位总干事黄仁霖同志以及他的同事们，用扫帚与拖把来打扫清洁这个地方，他们亲自动手做这种工作，是个好的榜样。我要把这种精神，灌输到你们军官和学生的身上，以及各个军营中去。"

跟着，宋美龄也称赞说："我从来没有看见过政府公务人员，收入微薄，而能做这样勤奋的工作。你们'励志社'同仁都是谨慎而节省的，你们用一块钱去做二块钱的事。愿你们好好保持着这种精神。"

黄仁霖曾经在基督教青年会工作，本人也是基督教徒，因此到"励志社"任职很快就能适应，特别是对蒋介石提出的那些和基督教的一些清规戒律相似的规矩，执行起来不但不打折扣，而且在做法上还有一些创新，这大概与黄仁霖有留美的经历不无关系。在他的回忆录中还有如下记载：

为改掉随地吐痰的陋习，黄仁霖就交代下面的人，在每扇门的背后，放一个小拖把，只要有人进了"励志社"大门，老习惯不改，便会有"励志社"的同仁，拿着一把拖把把地上吐的痰拖干净，然后再对吐痰的人加以劝导。日子一久，便再也没有人好意思在"励志社"吐痰了。在"励志社"，许多军官

孙中山先生的灵柩由北平西山碧云寺移葬南京时，宋庆龄、宋美龄、蒋介石等行进在迎灵的行列中。

151

和学生终于学会了如何遵守礼仪和现代的生活习惯。

黄仁霖对办好这个社团很是下功夫，他知道蒋介石和宋美龄夫妇对军官们的衣着是否整洁十分重视，特地在"励志社"门口放置了一面镜子，镜子的旁边还悬挂了一则标语，写着"整衣冠"，要进入"励志社"的人，都能事前修整衣冠，不使服装零乱有碍观瞻。

黄仁霖把不少国外生活起居的做法引进"励志社"，例如，他把从美国留学时代看到的自助餐用餐方法，搬到"励志社"来，对用餐方式加以改革，使自助餐成为当时最受欢迎的一种用餐法，并且逐渐风行。黄仁霖还引进了西方的淋浴方法，在"励志社"的浴室里，设计了一套只能盛水五加仑的桶子，让军官和学生可以尝尝洗淋浴的滋味，且又不浪费水。

"励志社"成立后不久就遇到要为孙中山先生移灵的工作，即把孙先生暂厝北平西山碧云寺的灵骨，移葬到南京的紫金山。

蒋介石把这个工作交给了"励志社"，具体负责之人是黄仁霖，而总指挥官是孔祥熙。移灵是当时全国瞩目的一件大事，在"励志社"的全力以赴下，任务圆满完成，也令蒋宋夫妇很满意。

此后，这个社团开始逐渐转变其工作内容。当然它能演变成后来那个样子，多多少少和当时特殊的政治背景，以及领导者希望多方讨好蒋介石夫妇有关。

据黄仁霖回忆：后来，军官励志社承担了大部分军队音乐会的组织工作，它的美术部门已经成为重庆市宣传画、油画、舞台布景和公共建筑装饰物的主要来源。其实在宋美龄的积极倡导下，所有这些早在军官励志社刚刚成立的时候就已经初具规模了。后来逐渐扩大到官邸的庶务工作。到重庆后，蒋、宋家中的庶务工作也交给"励志社"去办了。

"如蒋、宋要看电影即由'励志社'派电影放映队去。蒋、宋外出拍摄的照片和电影，都由'励

蒋介石夫妇与"励志社"职员的合影。

蒋介石在南昌各界"新生活运动"大会上讲话。

志社'派人操办，别的单位是插不上手的。蒋、宋的油画肖像，也由'励志社'美术股的人负责画制；另外，蒋、宋两人平常的吃食，固然由官邸厨房供应，可是，若遇两人要宴客时，就由'励志社'的中西餐部负责包办宴客所需的一切饮食，宴会场合则由'励志社'的戏剧股、音乐股来负责。"

因为要为蒋、宋两人办理种种私事，所以，总干事黄仁霖就拥有相当大的权力，他可以直接进出蒋的官邸，而不用像一般官员那样晋见蒋、宋，还得通过侍卫人员，更不必约定时间。（参见王丰《美丽与哀愁》）

在宋美龄的严密掌握下，到抗战时期"励志社"更是进入了"全盛时期"。黄仁霖也跟着风光了好一阵子，以致引起了国民党内一些人反感。有知情人回忆说：

黄仁霖是办青年会出身的，受宋美龄推荐得任"励志社"总干事。凡是蒋夫妇请客，黄总以第一副官身份出现，指挥佣人布置并处理一切。对于宋美龄更加恭顺，黄因得宠于蒋介石夫妇，国民党要人们都很敷衍他，他便自以为了不起。在重庆时，戴季陶的考试院及本人住家都在求精中学校园内。一天黄昏，戴持手杖在园内散步。黄仁霖穿起短裤，从旁边走过，遇见了戴，黄用洋人口吻打招呼说："哈罗，戴院长。"戴平日就看不惯黄，经过西安事变戴又最恨宋美龄，见黄如此轻狂，便大发脾气，举起手杖打了黄两下，骂道："你是什么东西，敢用这种态度对我。"黄只得快快逃开。（周一志《戴季陶为何砸瓶子》，见《文史资料》第93辑，第81页）

"新生活运动"的"火车头"

20世纪30年代中期，确切地说，宋美龄和蒋介石结婚六年以后，在中国曾兴起了一场全国性运动，即改造社会道德与国民精神的"新生活运动"，简称"新运"。对此，运动的发起者蒋氏夫妇抱有很大希望。用蒋介石的话来说，这是国民党于30年代所进行的遍及全国之"精神方面的重大战争"。宋美龄在这场运动中则扮演了被人称为"火车头"的重要角色。

对于"新生活运动"的起因，有各种说法。

较为普遍的说法是：蒋氏夫妇决心铲除贪污、受贿、不卫生和不礼貌，因而发起了新生活运动。他们认为，中国要跻身于世界先进国家行列之前，必须先行整理内部。（《宋氏三姐妹》，第90页）有作品指出，早在"新运"前不久，1934年蒋介石在江西演说称：我去年初来的时候所看到的，几乎无一不是蓬头散发，有扣不扣，穿衣服要穿红穿绿，和野蛮人一个样子，在街上步行或是坐车都没有一个走路坐车的规矩，更不晓得爱清洁，甚至随处吐痰。还有，看到师长不晓得敬礼，看到父母也不晓得孝敬，对于朋友，更不知道讲信义。这种学生，可以说完全不明礼义，不知廉耻！这样的学生，这样的国民，如何不要亡国？因而要搞这场"新运"。

还有一种更具体的说法是：20世纪30年代对于蒋介石及其政权来说，仍是一个多事与混乱的年头。尽管1930年中原大战后，对付新老军阀暂时告一段落，但共产党的力量却仍是他的心腹大患，蒋介石不顾有血气的中国人主张抗日的强烈呼吁，开始一心对付共产党。蒋介石对外声称中国还不能抗日，特别是在国力被内战削弱耗竭的情况下更是如此。因此他一直反共，直至共产党退到了西北。当蒋介石对中共发动"围剿"时，发现苏区人民的思想都被"赤化"了，同时也为贯彻他推行的"七分政治、三分军事"的理念，必须对江西人心加以"改革"。（参见刘巨才著《一代风流宋美龄》，第112页）

从另一个角度来看，蒋介石已在与各路军阀的斗争中取得了决定性的胜利，此时他有精力和有可能来组织一场大规模的社会改造运

"新生活运动"中的蒋氏夫妇

动。换句话说就是他在以"力"服人和不断进行军事"剿共"后，开始按中国封建传统伦理道德巩固自己统治的正规化的进程。这场运动最初是由蒋介石的头号智囊杨永泰献议发起的，杨认为春秋时代管子治齐，有"礼义廉耻，国之四维，四维不张，国乃灭亡"之说，提倡礼义廉耻即可改变"人心风俗之颓败"，以抵制共产主义思想的影响。

宋美龄为了争取外国对她和蒋介石实施的"新生活运动"给予支持，在美国和上海的英文报刊，连续发表解释"新生活运动"的文章。1935年6月，她在《美国论坛》杂志发表《中国的新生活运动》；1936年10月10日，她又在上海《字林西报》发表《舆论的形成》。她还为纪念"新生活运动"两周年和中华民国成立25周年发表《新生活运动》一文，反复地解释"新生活运动"的意义，以及提倡"新生活运动"的动机。

美国作家西格雷夫则认为宋美龄是这一运动的倡导者或发起人。理由是1933年夏天，宋美龄在庐山避暑时，与一批美国传教士讨论中国问题，传教士提出，南京政府如欲获得外国政府的支持和贷款，则必须在国内实施社会福利计划，使外国政府对南京政府有好感。同时，传教士们又建议，美国罗斯福总统正推行"新政"，蒋介石不妨也实施改造中国社会福利方面的"新政"。聪明的宋美龄马上领悟到传教士所说的要点，立即向蒋介石报告，并得到了同意，宋即和传教士拟出了中国"新政"的细节，她为此取名为"新生活运动"。

如果这种说法成立，更确切地说，此时宋美龄对于如何改造中国，不仅有了传教士的建议，更有了自身的体会。宋三小姐从小生长在十里洋场，十岁又到美国留学，二十岁回来后已经十分洋化。对中国国情的了解仅局限在对中国几个大城市的表面印象。这一成长背景与从小生长在农村、熟悉国情的夫君蒋介石相距甚远。但自从与蒋介石结婚后，她陪伴夫君"走南闯北"。习惯了西方生活方式的宋美龄，有了这番经历，一方面是有了对中国落后的了解，另一方面自然也会向丈夫提出向西方的生活方式学习，在中国开展社会风气改造运动的想法。

笔者认为，前面所谈到的各种提法在当时都可能是发动这一运动的因素之一，但从当年国内社会状况来看，发动这一运动的初衷，主观上是蒋介石要对共产党的宣传加以抵制，不断清除共产党的影响；客观上是蒋介石上台后，要不断推出新的政策从各方面维持其统治。

1934年2月19日，蒋介石在南昌行营发表了由杨永泰起草的《新生活运动之要义》的讲演。他说："国家民族之复兴不在武力之强大，而在国民知识道德之高超"，而"提高国民知识道德，在于一般国民衣食住行能整齐、清洁、简单、朴素，过一种合乎礼义廉耻的新生活"。当天，在南昌成立了"新生活运动促进会"，蒋介石亲自担任会长；同时成立"新生活运动促进会妇女指导委员会"，由宋美龄亲自担任指导长，宋美龄成为"新生活运动"的实际推动者和领导人。

"新生活运动"先在江西南昌开展，然后推广到全国。3月17日，在南京成立"新生活运动促进会"，会后进行游行，以壮声势。接着各省各县也相继成立分会或支会，由各省主席担任分会会长。"新生活运动妇女指导委员会"也在各省设立分会，由各省主席的夫人担任领导人。一时间全国上下热闹非凡。

在全国各地普遍设立"妇女工作委员会"和"妇女新生活运动队"，每个机关成立一队，负责检查各地区环境的清洁与卫生。宋美龄特别倡导在许多大城市和乡镇成立"识字班"。因为她相信知识就是力量，而妇女的潜力是不容忽视的。

宋美龄对"新生活运动"抱有极大热情。

除了"新生活运动妇女指导委员会"，宋美龄还依靠教会去推进这项运动。她首先以南昌为试点，邀请南昌市各基督教会中西传道士领袖及附属各教会学校、医院等团体代表共三十余人举行茶话会，大谈"新运"的"政治意义"及其与基督教的关系，号召教会对"新生活运动"予以协助，大力推广。会后基督教会即以多种方式，为推行"新运"开展广泛的宣传活动。

1. 利用南昌卫理公会、豫章中学、葆灵女中、宏初中等教会学校作为宣传的基地，每逢纪念周，即向全体学生讲演"新生活运动"之意义，并利用各校学生组织宣讲队到各公共场所如火车站、汽车站、菜市场、茶馆、剧院进行宣传，并散发各种宣传小册子。

2. 利用各教会医院门诊候诊室，向候诊病人宣传，并向住院病人散发有关基督教及"新生活运动"的宣传文件。

3. 由黄仁霖向陆军医院及南昌模范监狱接洽，利用监狱展开布道宣传。事先由宋美龄借南昌皇殿背妇幼医院康成院长的住宅，召集南昌市各基督教会中西男女传道士及教会团体负责人三十余人开会，组织所谓传道团，由南昌内地会西籍传道士博英望任团长，率领内地会圣经学校男女学员代表十余人，每星期赴南昌"模范监狱"及陆军伤兵医院布道一次。在布道中，总是讲《圣经》中"浪子回头"的故事（《路迦福音》第15章11至23节）劝在监的"犯人"彻底悔改，重新做人；要"安分守法"、"服从领袖"，实际上就是劝人不要革命，要像信仰上帝一样，皈依于蒋介石的独裁统治。传道团的宣传活动情况，由博英望每月向宋美龄作一次书面报告。宋美龄在给他的回信中，对他赞赏备至。

4. 利用江西黎川"农村实验区"，组织"新运委员会"，给农民放映幻灯，宣传"新生活运动"，散布政治毒素。

5. 在南昌举办一个特种警官训练班，由传道士向受训警官传授接待外国人的礼节，教他们英语会话。在南昌开始推行这个运动时，闹过很多笑话。有一次美国传道士高福绥在街上散步，交通警察出来说他领扣没有扣好。高福绥说："我穿的是西装，外面领扣是从来不扣的。"态度非常轻蔑傲慢，与这个警察争执不休。外籍传道士认为这是对外人的失礼，因此，训练班特别注重训练如何接待外国人。（邓述堃《宋美龄——基督教——新生活运动》，载《文史资料选辑》等93辑，第72页）

后来，蒋介石、宋美龄游历各地时，都把当地阅历最深、最有经验的传教士找来，安排他们去推进"新生活运动"。

宋美龄不仅号召妇女与利用基督教会来推展"新生活运动"，而且在她的影响下，蒋介石任命"励志社"总干事黄仁霖兼任"新生活运动"全国总会总干

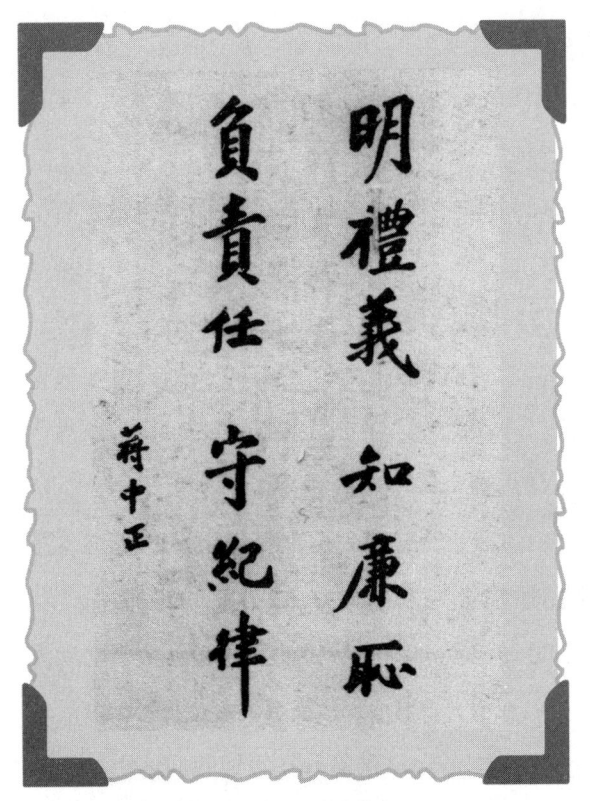

明禮義 知廉恥

負責任 守紀律

蔣中正

蒋介石为"新生活运动"手书的条示。

事。黄仁霖出任该职，固然反映出"励志社"在工作性质上与"新运"是如何接近，另一方面也可看出，宋美龄对"新运"如何看重，如何亲身参与其事。黄仁霖素被视为宋美龄的亲信，他的总揽其事，更可使"新运"按照宋美龄之意推行。

如何开展这一运动？蒋介石根据夫人和智囊的建议，作出了一系列部署。整个运动分为"训查、设计、推行"三个阶段。首先由"规矩"和"清洁"开始，要求由自己做起；其次由不费钱、不费时、不费力之事做起；最后，由机关团体推及公共场所。通过身教、口教配合图画、电影、宣传等各种形式展开。

宋美龄对"新生活运动"有她自己的解释：

她撰写的"新生活运动"文章强调："衡量一国的进步程度，必得注意那一个国家妇女的情况，和妇女在社会生活及国家生活中的地位。倘若大多数妇女有受教育的机会，而且生活很合理，那个国家才算是进步的国家。"她勉励妇女同胞："国家的力量是依着人民的力量而消长的，居人口半数的妇女，有绝对的理由得为国家出力。"

宋美龄认为："精神往往重于物质，所以仅仅经济繁荣，尚不足完成中国大国的地位，同时一定要提高人民道德的水准。"

对于礼义廉耻四种旧道德的意义，她也作了一番解释。她说："一礼，最浅显地解释，礼就是仪节。然仪节定要自衷心流露，而不是虚伪的形式。二义，义可以略释为对人对己的尽责和服务。三廉，廉就是能辨别权利界限，不侵犯别

人，换言之，就是一种公私及人己权利的辨别。四耻，耻就是觉悟与自尊。"（《蒋夫人言论集》上集，第21页）

显然，宋美龄在解释中糅进了近代西方资本主义的一些生活习惯和精神文明的内容，她尤其强调环境卫生和个人的清洁卫生。她还把礼义廉耻四字翻译成英文，极力向外国人宣传解释。她说："新生活运动的目的，是在于增进人民幸福，使人人有和平、优裕、活泼、愉快的生活，这运动并不干预私人事务，也不禁止人民实现他们合法的愿望，不过鼓励人民痛除旧有的恶习而已。"她认为妇女"有绝对的理由，得为国家出力，正像她们有处理家务的职责一样"。她希望妇女"至少要把家庭处理得清清楚楚，把家庭生活调整得井然有序，绝对摒除烟酒赌博等一切浪费腐败的习惯。知识较高的妇女，应当用她们的才智去指导她们的邻舍，如何管教儿女，如何处理家务；应当教她们四周的妇女识字读书"，以此来推动"新生活运动"。

1935年4月，还成立了"新生活运动劳动服务团"，分为军队、宪兵、警察、教员、学生、党部、机关、铁路等部门。这些团体多是在国民党官僚、党棍的命令下强迫组织起来的，其中军官"励志社"起了重要作用。所谓"新生活运动"施行的结果只在不随地吐痰、出门扣好衣扣等枝节方面做文章，根本解决不了任何实际问题。不久，它便成了人们嘲笑的对象和言谈的笑料了。其表现为运动的前一两年，群众对这一运动并不太理

20世纪30年代上海《申报》画刊登载的10位"标准女性"，对宋美龄的评语是有"相夫贤德"。其他女性有：宋母倪桂珍、艺术家何香凝、文学家丁玲、游泳冠军杨秀琼、影后胡蝶、胡汉民的女儿胡木兰、哈同夫人罗迦陵等。

解。"新运"被普遍理解成最为大众所熟知又最不重要的内容,即大褂的领子必须系上纽扣的规定。政府官员和警察的确认真尽职,公共场所,如火车站外的广场保持得十分清洁。随地吐痰和乱扔烟蒂者皆受到惩罚。

然而这一运动的内容远不止如此。这些细节:礼仪、清洁、衣着俭朴、饭桌仪表及节制吸烟,只不过是蒋介石呼吁人民所进行的最重要的精神改造的外在东西,蒋介石用古代圣人所熟知的礼义廉耻四个字阐明这一运动的宗旨,也是希望改造人的思想,为巩固其统治服务。

蒋介石曾经写道:外国人最初可能不理解这一运动的必要性,他们是在一种民族意识发展起来的环境下成长起来的,而这种意识在中国人身上却被强制剥夺,因此认识不清是什么情感和动力能促使西方人民在国难临头时迅速采取行动,如果认识到这一点,他们就会理解这一运动的必要性。现在进行的心理和教育运动,正是为了纠正这种严重国情所带来的恶果……我们必须懂得,纠正个人乃至民族的瑕疵,必须仰赖古人之教诲。文化和艺术熏陶可以改变粗野卑陋的习尚,发展良好的个性可以克服堕落,但欲达此目的,光靠一般的教育和管制是无效的,倘若我们改造决心已下,则须起步于最基本的东西——必须首先改造我们的习惯……这些美德(上面提到的礼义廉耻)在食、衣、住、行普通事情上也须恪守。

蒋介石从三个方面讲述了必须恪守的原则:

脱离实际的"新运"没有取得什么成果,但却有助于改变蒋介石在西方世界的形象。

一、资料之获得应合乎廉,廉者明也,应明其分,苟非其分,一介莫取。质言之,衣食住行之资料,须以自己劳动换得,或以正当名分取予。若争夺依赖,固所不可,即施让赠与,亦所不屑。先儒所谓"失节事大,饿死事小",即此意也。

二、品质之选择应合乎义,义者宜也,须因人制宜、因时制宜、因地制宜与因位制宜。何谓因人制宜? 老者衣帛食肉,不负载于道路,宜于饱暖舒闲,而少年反以不饥不寒为足,宜于刻苦锻炼也。何谓因时制宜? 四季寒暖不同,饮食起居宜顺时调节,以与気候相适应也。何谓因地制宜？南北土壤气候不齐，近山滨水，生活习惯亦异，宜依地为良，以与环境相适应也。何谓因位制宜？或临万民以执法，或帅三军以御敌，必有一定体制，姑足以见威仗而蔽所事，要在不卑不亢，毋泰毋啬，因其地位之上下以制宜也。

三、方式之运用应合乎礼，礼者理也。（一）须合乎自然的定律。（二）须合乎社会的规律。（三）须合乎国家的纪律……

美国作家项美丽对此评论说：作为取代共产党的诺言，我们西方人认为这套道德说教由于过分抽象和缺乏实际而效用不大。共产党说话尖锐，直接触及税收、土地分配和废黜封建领主等问题。而蒋介石的纲领虽然目标宏大，却失之内容空泛，说教味儿浓，未能将实际问题考虑进去。

从以上蒋、宋所述的新生活运动的指导思想可称为中西"大杂烩"，不可能成为一种思想体系。

美国作家项美丽说："蒋夫人在旅途期间以自身的能力出现在公众眼中。每日的演讲克服了她的羞怯，像竞选一样的奔波劳顿使她的体力大为增强。每至一个城市，她都把妇女召集起来，敦促她们为全国的改革尽力。在演讲中，她反对中国之旧习，反对大家闺秀之深居简出，以及鸦片、肮脏和贫穷的威胁；她呼吁妇女要有社会责任感。她任命各地高级官员的妻子为新生活运动倡导人，后来在中日战争爆发后，她也这样做过。所有这些紧张的活动对她产生了作用，回到南京后，她了解到自己在丈夫身边所能做的事。"

据说，为了了解"新生活运动"在下面的推动情况，宋美龄居然不经意之间做了一次"微服私访"。

1935年，宋美龄第一次到成都，因当时正大力提倡"新生活运动"，所以她脱掉艳服换上布衫。一天，她偶然去看了一场川戏，当时是到了成都有名的"新又新"剧场，正巧前排一个包厢空着，她便入座。招待员告之这是预订座位，而她并不以为然。一会儿，四川军阀范绍增的姨太太们来到了包厢，她们见一个穿着如"扬州姑娘的老妈子"的女人坐在她们的包厢内，便开始谩骂起来，引起纠纷后宪兵到场，于是，宋美龄拿出"中央委员宋美龄"的名片，宪兵排长吓掉了三魂。宋美龄于是命令剧场停演，她发表了一通谴责军阀专横的演说。从此，

"新运"声势浩大，却只见花儿不见果。

"新又新"剧场取消包厢，改为对号入座。

这样不辞辛苦、大张旗鼓的宣传，其结果如何呢？台湾学者作了如下统计：

"新生活运动"的推动是极其快速的。从1934年2月在江西省发动，至1936年，各省成立"新生活运动"分会者，计有20个。院辖市有"新生活运动"分会者四，县"新生活运动"分会达1355个。此外尚有铁路"新生活运动"分会12个，华侨"新生活运动"分会10个。当时投入"新生活运动"最为热心者，除行政人员及警宪军外，则是学生，特别是中小学生。抗战军兴以后，由于国家处于战争总动员的状况之中，"新生活运动"组织则从事各种辅助抗战建国的活动。

如何评价宋美龄曾经非常投入的这一运动的作用呢？笔者很同意台湾作家李敖对此的评论：

蒋介石以元首之尊，登高一呼于上，蓝衣社以及其他各种法西斯文化组织推波助澜于下，必然是万众响应。1934年搞得十分热闹，1935年就有点泄气，1936年连蒋氏本人都感到失望，正合《左传》上所谓"一鼓作气，再而衰，三而竭"，结果是一败涂地。除了思想上的薄弱外，领导大搞"新生活运动"的蒋介石、宋美龄夫妇根本把问题看走了眼，无视乞丐、盗匪、贪污、腐化等经济成因，以为完全可以伦理道德来纠正，因而一再教导人们礼义廉耻，不要随地吐痰、随地丢垃圾、养成整洁的习惯等，但是诚如一位美国学者所说："全民复兴运动不可能建筑于牙刷、老鼠夹、苍蝇拍之上。"宋美龄的说法也很妙，她说中国有的是大米，有人挨饿因不知劳动神圣，真可说是不知民间疾苦矣，与晋惠帝所谓何不食肉糜，有异曲同工之妙。正由于不切实际、流于浮浅、难有实效，然而蒋氏夫妇亲自领导，政府不能不大力推行，乃强挟整个社会以行，缺乏民众的自发性，推广的范围固然有限，持久力更成问题。（见汪荣祖、李敖《蒋介石评

传》（上），第268页）

1936年，蒋介石于失望之余，把"新生活运动"交给宋美龄来负责，宋美龄虽请美国传教士帮忙注入"新生命"，仍然无济于事，这场运动终于无疾而终。

宋美龄在1940年6月撰写《我将再起——新生活运动》一文，吹嘘"新生活运动"所取得的成就，说："为了促进国家的政治统一和激发全国人民向所茫然的爱国心，新生活运动是值得人称誉的。"（《蒋夫人言论集》上集，第205页。）但是，实际情况并非如此。这个运动借谈生活问题来束缚人们的手脚，要全国人都循规蹈矩地服从蒋介石的独裁统治，因此，"它是蒋介石的理想主义与独裁国家的现实相结合的运动"。（［苏］B·沃龙佐夫著《蒋介石之命运》，中共中央党校出版社，1992年中译本，第125页）

对此运动的评价，正如1937年4月，宋庆龄在《亚细亚》杂志发表的《儒教与现代中国》的文章中所指出的："三年以前，国内开始了一个名叫'新生活'的运动，这个运动是带了儒教气味的。"但在"新生活运动中找不到任何新东西，它也没有给人民任何东西。因此，我建议用另一种运动来代替这个学究式的运动，那就是，一种通过生产技术的改进以改善人民生活的伟大运动"。（《宋庆龄选集》上卷，人民出版社，1992年10月版，第171页）

出现"新生活运动"自生自灭这一结果并不奇怪。究其原因：

一是"新生活运动"充满对人民的污蔑，因而也就找不准运动的方向。

宋美龄曾以蒋介石的名义谈"新生活运动"的必要性，她是这样看待中国人的："现在，绝大多数中国人的精神状态是浑浑噩噩，毫无生气。在行动中表现为好歹不识、是非不辨、公私不分。由此，我们的官员虚假伪善，贪婪腐败；我们的人民斗志涣散，对国家福利漠不关心；我们的青年颓废堕落，不负责任；我们的成年人则淫邪险恶，而又愚昧无知；有钱人纵欲放荡，花天酒地；而穷人则体弱污秽，潦倒于黑暗之中。所有这些导致政府的权威和纪律扫地以尽、荡然无存，终于引起社会动乱，使我们在天灾和外敌入侵面前束手无策，无能为力。"

蒋介石、宋美龄作为中国统治集团的首脑，认为大众愚昧无知、刁顽险恶，把人民当成群氓，甚至当成敌人，在这种认识基础上提出的"新生活运动"也就失去了可行性。宋美龄对官场的批判，讲得痛快，对富豪的揭露，也属事实，但并没有看出国民党政权的阶级本性和社会制度是其病根所在。宋美龄本人奢侈豪华的程度非一般富人所能比。所以，根本不可能提出任何进步的政策，根本不可能提高社会生活的层次和文明程度，其运动当然不会有什么收获。

二是"新生活运动"完全脱离当时的国情和人民的需要。

该运动提倡的某些现代化的生活习惯是有益的，如通光透气、捕鼠灭蝇、交通安全、注意卫生等，劳动人民在自己的生活中，已经掌握这些知识，只是由于过度贫困，使其生活方式无法达到高度文明的要求。20世纪30年代的中国，对占人口绝大多数的下层人民来说，最主要的是保持最起码的生存权，灾荒、饥饿、贫穷、落后、超经济的剥削时刻威胁着中国人民，宋美龄大谈的文明方式根本没有任何推行的经济基础。作为统治者，不去解决人民生活中的难题，无视人民生存的起码条件，而是空议论生活方式的改变，岂不是本末倒置？

三是"新生活运动"的推行者不得力也是失败的原因。

蒋介石的"礼义廉耻"，成为人民大众思想上的牢笼、行动上的枷锁。而本应做到"礼义廉耻"的蒋介石、宋美龄及统治集团成员，却从未按"新生活运动"的准则去做，他们是在愚弄人民、限制人民，人民当然不愿受其摆布。在开展"新生活运动"的地区，虽说从中央到地方，甚至家庭妇女都归口管理，可各套班子形同虚设，只是向上应付，只有一些别有用心、希望走"夫人路线"的人为之奔忙。还有推行该运动的人本身无法做到、也不愿意做到"礼义廉耻"，这些推行人员如此，又从何谈起深化"新生活运动"。最主要的是，如果真开展"新生活运动"，受"礼义廉耻"的限制和"新生活运动"准则约束的，如禁烟、禁赌、禁捐、禁止浪费的对象，主要是达官贵人、土豪富绅、宪兵警察、恶霸流氓及其亲友，而他们要么实权在手，要么财大气粗，要么称霸一方，明知故犯、执法犯法，"新生活运动"的准则无法限制他们，他们首先成为该运动无法突破的阻力。对于下层劳动人民，统治阶级只是把"新生活运动"当成惩治百姓、搜刮民财的又一机会。这样，"新生活运动"一出场就成了一场闹剧。

四是"新生活运动"的基本指导思想与其倡导者的真实意图相互矛盾。

宋美龄说："一个人只有进行脱胎换骨的改造，才能进入新生活。"应该承认，此言非常正确，要想解决"新生活运动"提出的问题，不是简单的生活方式的改变或提高层次，而是一场深刻的社会变革，也就是说要"进行脱胎换骨的改造"，并非抓几个生活方式不文明者，而是社会成员的思想改造和自我教育。

要想达到精神文明的新境界，首先就要推翻与人民利益相违背的社会制度，才能有新生活出现的可能，很显然这一点宋美龄是不会同意的，这一根本问题不解决，也就无从谈起"脱胎换骨的改造"和进入新生活。其次，改造的标准只能是人类的先进理论而不是国民党用来束缚和控制人民的思想、理论，宋美龄对这一点也不会同意。（参见刘红著《蒋介石大传》，第732页）

上述问题不解决，"新生活"从何而来？

说到底，蒋、宋倡导的"新生活运动"只是从中国的文化系统中找出一些维护统治阶级的统治秩序、窒息人民反抗意识的经学理论，再把从美国搬来的一些生活方式，加以糅合，可谓古今中外大杂烩，基本脱离中国的实际。这场运动充其量只是美化国民党统治的一种手法，当然不会奏效，当然也就没有生命力。

"新运"虽然并不成功，但却给蒋介石和宋美龄带来了两个意外的收获：

一是使得宋美龄在全国出尽风头，在国民党的政治生活中打上自己的烙印并从此有了树碑立传的资本。南京城里的文武官员，对这位自1927年底与蒋介石结婚以来在政治舞台上还没有过多露面的"第一夫人"有了新的认识，看到夫人的能量远不止"夫人"名分之内。"新生活运动"在当时受到高度赞扬，出面肯定的有国民党官员，也有西方人士，一时宋美龄声誉鹊起，名响四方，江西省也被南京政府列为"模范省"。

作为宋美龄本人，当然看到了"新生活运动"的局限性，有花无果，劳而无功，至多是哗众取宠，招摇过市。这样的结果，还受到官场和市面的赞扬，宋美龄自然明白这不是赞扬"新生活运动"取得了什么成绩，而是在吹捧"第一夫人"、向"第一夫人"致敬效忠的一种官场文章。自此之后，宋美龄再也没有干过类似的事情。其原因是她明白此类事不能不干，否则不能扬名天下；但此类事又不能多干，否则形象难立，将会留下好大喜功、华而不实的责备。这也算

在夫人之间纵横捭阖是宋美龄的长项。这是1930年宋美龄在南京殷勤接待张学良夫人于凤至的情景。

是她的明智之处。

二是"新生活运动"最大的实惠在有助于改变南京政府在西方世界的形象。一个只知争权夺利、挑起内战的蒋介石，通过"新生活运动"，和西方政客的距离大为缩短，似乎这场由江西掀起的"新生活运动"，表明蒋介石正在中国进行现代化改造，推进社会福利政策；似乎中国人民经过"新生活运动"就能一步跨入无忧无虑的新生活，套上民主和自治的光环。西方有些善良的人们，以此呼吁当局增加对蒋介石的援助。从这个意义上说，这也算是宋美龄摸透西方人的思维方式而采取的改变蒋介石形象的一项有效措施，从此加深了西方大国与蒋介石的关系，这是"新生活运动"获得的第二个意外收获。

借妻"杀"夫

蒋介石的"新运"无疾而终，但是宋美龄却在蒋介石的"借刀计"中发挥出威力。利用夫人之手达到扩大势力范围的目的，也是民国政治斗争中非常厉害的手段。

据史料记载，蒋介石制服"贵州王"王家烈，实现对贵州的统治，就是因为使用了上述手段。宋美龄在南京方面控制贵州的过程中确实发挥了相当大的作用。《夫人政治》一书曾经形象地记录了宋美龄借妻"杀"夫的政治作为。尽管文学描写有夸大之嫌，但我们可以从作者传神的描述中体会民国政治中的不择手段和蒋介石的狡诈。

蒋介石在南京建立起独裁统治之后，各地方实力派依然是各自为政，在多数情况下，并不服从中央指挥，所以，消灭异己实现政令、军令统一，一直是他努力的目标。多年来，征战讨伐，收买安抚，软的硬的，无所不用其极。甚至有些时候，蒋介石也利用夫人们的弱点采取"迂回"战术。这时候，夫人宋美龄无疑是蒋介石棋盘上最有力的一颗棋子。

贵州地处僻远，不服中央调遣由来已久。只因鞭长莫及，蒋介石一直无力实现对贵州的实际控制。未曾料到，在"剿共"战争期间，正当中央军在云贵川对红军进行围追堵截，蒋介石感到胜利在望之时，"贵州王"王家烈的夫人万淑芬不请自来。她的目的是为贵州新的外交策略奔波。

过去，老黔军有着传统的外交政策，那就是联省自保。王家烈派甘凤章为长驻代表以联粤，派张蕴良为代表以联桂，派胡嚣为代表以联湘，派毛月秋为代表以联滇，派徐大伟为代表以联川，由此编成了一张外有粤桂湘滇川、黔居中央的扇形安全网络。近些年来，贵州政治腐败，内部矛盾重重，却能自保，这与安全网的庇护是大有关系的。

宋美龄发挥着夫人的作用，同时也影响着国民党高层的夫人们。

万淑芬要改变联省自保的旧路线，先往广东找胡汉民，胡汉民自恃堂堂党国元老的身份，根本不把她放在眼里。万淑芬恼怒之下，乘飞机到南京，企图与胡汉民的政敌蒋介石建立关系。蒋介石可不像胡汉民那样迂腐，他马上推出了夫人宋美龄，热情款待。宋美龄心领神会，又是设宴招待，又是陪同游览，很快就赢得了万淑芬的好感。万淑芬私下里把宋美龄与胡汉民的态度一对照，感激之情油然而生。于是，两位夫人先结成了"同盟"，一个表示有什么需要贵州方面帮忙的事，一定尽力而为；另一个则说，需要南京方面帮忙斡旋的，一定倾力相助。

第二天，宋美龄根据事先商定，安排万淑芬与蒋介石见面。会晤中，蒋介石笑容可掬地对万淑芬表示欢迎。随后又说了一大通中央如何信任绍武（王家烈表字）、如何寄希望于贵州的话。蒋介石走后，宋美龄又详细说明了蒋介石对贵州的态度以及对王家烈、王夫人的看重。万淑芬深信不疑，连连表示："我这次回去，一定让贵州听委员长的。"

不久，万淑芬带着蒋介石赏赐的200支二十响连发炮和宋美龄给的一万块大洋，春风得意地返回了贵阳。她回黔的第一桩事就是告诉王家烈，蒋介石委员长和蒋夫人对他们深信不疑，开导王家烈多听委员长的。

王家烈却认为，贵州要想自保，必须有邻省的帮助，贵州势单力薄，为老蒋而得罪邻省，并不一定合算。

万淑芬一方面大讲联合南京的好处，一方面又离间桂军和川军，提醒王家烈小心。王家烈本来就有两个顾忌，一是部下篡位，二是川军的吞并。看到川军在"剿共"战场与蒋介石的关系密切，加上夫人的劝说，王家烈的大脑活动了。

于是，由王家烈而万淑芬，由万淑芬而宋美龄，贵州的进退终于不再以西南的联省自保为轴心，而是直接听命于蒋介石的指挥了。不久，王家烈和邻省当局关系逐一冷淡甚至翻脸，然后帮着蒋介石追堵过境的中国工农红军，半年厮杀下来，元气大损，蒋介石趁其新败，立即派兵入黔"支援"。

看到蒋介石派来军队，王家烈有些清醒了，李宗仁、白崇禧让王家烈赶快把部队集中到黔南一带，与桂军廖磊部取得联络，共同堵截中央军。

这时，宋美龄给万淑芬拍来电报，说是她要和蒋委员长来贵阳表示慰问。王家烈刚要调兵遣将，就遇到了夫人的阻拦。眨眼之间，薛岳率领大军进入了贵阳。跟着，蒋介石和宋美龄也来了。

万淑芬亲自前往委员长行辕，邀请宋美龄去螺丝山游览阳明洞。宋美龄满口答允。可是到了约定的日子，万淑芬等得望眼欲穿，也不见宋美龄的影子。万淑芬着急了，差人去催请。结果，回话是蒋夫人身体不适，今天不来了。

当时在场的多是有阅历的贵州省要员夫人，一听这个回话，顿时预感到大事不妙。新黔系开创者周西成的遗孀钱夫人克制不住，一把搂紧万淑芬痛哭起来。

就在宋美龄拒请的同时，蒋介石把王家烈叫去，板着脸说：绍武兄，你把省政和军队都搞得一团糟，我来贵阳没几天，日日都有你部下的告状，说你克扣军饷。这样吧，我看你这支队伍也带不下去了，第二十五军的番号就此取消，你可以马上跟张汉卿副总司令的飞机一起先去汉口，再转去南京，到陆军大学高级班学习一段时间再说吧。王家烈知道蒋介石在卸自己的职，苦于贵阳已被他人掌握，无力挣扎，只得哭丧着脸表示默认。

按照原先的策划，陈诚主张把王家烈杀掉，斩草除根。经过考虑，蒋介石没有采纳。他担心第二十五军的几万部众由此而发生骚乱，因而决定以稳妥的方式，平和地解除王家烈的兵权，并给他旅费3万元。

就这样，蒋介石借王家烈夫人万淑芬的手除掉了王家烈，轻而易举地控制了贵州。如果蒋介石论功行赏，这里立下头功的应该是自己的夫人宋美龄。

贤内助和贤外助

关于蒋、宋还有许多鲜为人知的轶事，曾任蒋介石侍卫官的孙宗宪回忆说：蒋介石与宋美龄结婚之初，两人的生活习惯、志趣爱好，各有不同。比如：蒋惯于吃中菜，宋却喜西餐，吃饭时各吃各的；有时意见不合引起争吵。因蒋杀害邓演达一事，两人闹得最激烈。宋美龄一气之下，就驱车走上海，每次都由宋母或大姐蔼龄对双方进行劝解，促宋回去或电蒋来接。以后逐渐和睦，同吃中菜。宋母死后，相处更为亲昵，互称"大令"（洋人夫妇间的爱称）。

蒋介石在南京与宋美龄住在中央军校后面三间小楼房内，还在孝陵卫修理了三间小平房为别墅，他每于假日要驱车去休息，偶或住宿一夜，宋嫌其处僻静，不愿宿夜。蒋平常也于晚饭后，与宋驱车到孝陵卫一带郊区兜风。

宋对蒋的生活起居，关怀照顾，无微不至，犹如护士。蒋有胃病，不宜饱食，宋加以限量，每餐二小碗，有时蒋还想添，宋每劝止；蒋办公之后，宋常为之整理案头文件。公余时联袂散步于官邸（军校内）小花园。一次假日，宋高兴地提出去野餐，蒋欣然赞同，就命准备简便炊具、餐具和必要的食物、调味品，驱车到中山陵园，搬出架锅，宋亲自煮菜。因火太猛，鸡蛋炒得焦黑不堪，宋向蒋表示歉意说："我不会烧菜，鸡蛋炒得不能吃了"，不愿拿过来。蒋说"好吃的"，一定要她拿来吃。于是席地而坐，津津有味地吃起来，还称"好吃、真好吃"，竟一扫而无。蒋介石夫妇的膳食费，每天3元，包括男女佣各一、厨师一在内，有一处理私人信件的姓钱的女秘书伙食自理，招待客人时另加。菜肴之中，每天有新鸡一只，炖汤吃两餐。蒋不吃点心、不吸烟、不饮酒、不吃茶和牛奶咖啡，渴时喝白开水。每晨四时起床，做体操，洗澡；晚上十一时洗澡就寝；中午睡40分钟，睡起喝鲜橘水一杯。宋的生活也并不特殊，当年上海小报载她用牛奶洗澡，她身边的人无人知

蒋宋尽管中、西餐各有所好，但还是互敬互让。

169

蒋氏夫妇在野餐，远处是卫兵的身影。

道有其事。

宋美龄对蒋介石来说，不仅是贤内助，也是"贤外助"。在外交场合上，她是蒋介石最尽职也最可靠的"翻译官"。不仅仅在外宾访问中国时如此，即使1942年蒋介石访问印度，1943年开罗会议，宋美龄雍容高雅的气质、机智敏锐的反应、流畅无碍的英语，都为蒋介石和中国政府增了光彩。甚至连英国的丘吉尔感到有"蒋介石夫人"在场时说话都小心三分，不得不恭维她是"20世纪世界上最杰出的女性之一"。

宋美龄在外交场合端庄凝重，对有外人在的公开场合也有某种"不怒而威"的仪态。而她在蒋介石的面前，自有她柔媚体贴的一面。曾做过国民党"立法院"院长的刘健群曾谈及一则小故事：

抗战时刘健群为说服"云南王"龙云听命于蒋介石的调遣而到重庆向蒋介石汇报，他和宣介溪一起连夜赶到黄山官邸，将龙云的信呈给蒋介石。蒋介石此时正在为龙云的动向而焦虑，看到了信十分高兴，就在官邸中和刘健群、宣介溪谈论云南的情形以及龙云的态度，谈着谈着，不觉已过了晚上十一点，管家曾两次提醒蒋介石："先生（官邸中人都称蒋介石为"先生"），时间不早了！"

蒋介石总答："不要紧！不要紧！再谈下去。"不知是不是侍卫去请了宋美龄，十一时许，宋美龄出现在客厅的门口，轻轻柔柔地叫了一声"大令！"蒋介石听到了，不自觉地伸了伸舌头说："呵！过了十一点了。"刘健群、宣介溪都站起来说："时间太晚了，委员长也要安歇了，我们告辞吧！"他们

置身于外宾之中，宋美龄是蒋介石的"耳朵"和"嘴巴"。

离开黄山官邸时，耳边都有夫人那一声"大令！"的声音萦绕着。因为他们过去仅知道蒋夫人在官邸内对卫队长以下的人要求，都称呼蒋介石为"先生"，而夫人在有人在场时也称呼蒋介石为"先生"，这一天他们才算知道了另一秘密：蒋夫人对蒋介石还有另一昵称"大令！"事过多年，刘健群还对这一

有宋美龄在身边，蒋介石的坏脾气就大为收敛。这是二人在对弈为乐。

声"大令！"留有深刻的印象。宣介溪也说："刘健群说的没有错，那一天我也在场。"（台湾风云书系《孔宋世家》，第92页）

宋美龄曾被视作是蒋介石侍卫人员的保护伞。蒋介石性情急躁，好发脾气，一不称心，就要骂人打人，一拳一脚，非常熟练，侍卫长王世和、侍卫官兰培基是常挨骂挨打的对象。按军规，长官打时，只有挺胸而立，不准退避。一次，在打兰培基时，宋美龄进来，对兰说："你为什么这样呆，还不快走！"从此以后，兰见蒋发怒要打，拔腿就逃，并顺手把门带上，蒋也就罢了。别人也相与效法。

大家知道，宋美龄在的时候，蒋很少发火，因宋经常向他规劝："像你这样的身份，还能随便发火骂人打人吗？"平常，侍从人员听到蒋的喊声，进去时不免心悸，见到宋在，就如有了保护。她对人的态度和蔼，甚得大家尊敬，以致对蒋的军人阳刚之气颇能产生中和作用。而在这种中和作用下，使蒋本人处事，以及与部属间的关系，常能由纯阳刚性而转化为较柔和亲切，消弭不少危机。

上海法租界迈尔西爱路9号，有三间二楼小洋房，后面有小花园，是宋美龄经手买的公馆。平时由副官蒋富寿（蒋介石的本家）看管，宋美龄常去小住，并从其兄弟宋子安或宋子良家接宋母来同住。去时，由侍卫长王世和派九个便衣带枪随往保护。宋美龄对侍卫生活待遇，颇为优厚，每人每月补贴伙食费9元，还常到厨房看看，关注过问。

宋对蒋的公务之外，所谓"家务"内助也很上心，处置得体。如1933年和

171

宋美龄身上的旗袍总能恰到好处地体现"国服"的神韵。这是1943年在美国访问的宋美龄接受美国《时尚》杂志的邀请拍摄的沙龙照。

1934年蒋介石公务繁忙，人少事多，侍从人员常由深夜工作至天明。办公室离蒋宋住处很近，宋往往亲自做糕点派人送给电务员谢耿民、邵恩孚、孙德庆等人当夜餐；对少数侍从人员在年终时各送一套长袍马褂以资笼络。有的侍从因太忙不易分身，中午回去吃饭多不方便，经王世和提了报告，宋就叫她的中国厨师每天中午多开一客，每顿都是二菜一汤，很可口。当时他们从早到晚都在"公馆"里，随时能遇上宋美龄，她总是微微点头，微笑有礼，毫无做作。

孔二小姐（孔令俊）打扮得不男不女，一副怪态。起初，因宋美龄的关系，她来时，门岗向她敬礼，后来有意给她难堪，不再敬礼，她气愤地去告诉宋美龄，不料宋的回答是："你不是政府官员何必向你敬礼？"反而讨了没趣。

蒋氏夫妇对于卖力为他们服务的人，还是挺关心的。蒋介石的"文胆"陈布雷，便是受到宋美龄关心较多的一个人。据陈布雷生前好友杨玉清回忆：陈布雷身体很差，一望而知其为"病夫"。在重庆时，我曾劝他注意营养，他说："我的营养已经很够，如果以抗战时期定量分配来讲，已经超过了一个普通人。"接着又说："我每天除正餐以外，蒋夫人还送我一磅牛奶。"

迁都重庆后，在当时交通不便的情况下，宋总是想尽办法从印度空运三五牌香烟、美国奶粉，按时送给陈布雷。由于工作繁忙，日夜为蒋氏操劳，陈精神疲惫。宋美龄对陈布雷表示：陈主任，你身体不好，不要硬撑，主席很关心，嘱我告诉你，是不是易地疗养？是不是到昆明去休养，那边气候好。所有休养费用，交通工具，我会关照的。陈布雷感激地回答：多谢蒋先生和夫人关心，去昆明太远，万一蒋先生有事，恐有不便。到5月上旬，宋美龄又来到陈布雷住所，捎去蒋的亲笔信：易地疗养不便，可

20世纪30年代的宋美龄。

在近郊疗养，修书敦促，请即离渝，保重身体。

抗战中一个时期，蒋介石自任国民政府主席，要陈布雷做他的文官长，陈一直推辞不就。宋美龄曾为此责备陈太顽固。陈说："像我这样一个人，摆在礼堂上也太不像样子。"（《文史资料》第81辑，第170页）

在20世纪30年代至40年代任蒋介石侍从室秘书的汪日章先生回忆说：

宋美龄有较高的文化教养。她头后梳一个小髻，旗袍贴身，大衣适体，穿高跟鞋，在甬道上都是轻步走过，我每次碰见，她总是面带微笑，平易近人，每每不觉得她突然出现，不觉得有骄矜盛气，和她谈话，不觉得拘谨。她言谈委婉适度，声音从不放重，六年中我未见闻过她和蒋有过口角。她和别人谈话，总是只让对方可以听清楚就是，从不大声，颐指气使。

宋美龄经常随蒋出访各地，在外地他们所住的房子一般总是三间，包括卧室、办公室、秘书室。宋美龄和蒋介石常在一块儿吃饭，宋喜吃烤鸡、猪排，蒋则喜吃肉丝咸菜汤、干菜烤肉、咸菜大黄鱼。宋美龄很讲究卫生，即使在庐山时也由人从山下捎去蒸馏水用。1935年暑期在峨眉山时，还以瓶装维碘矿泉水犒赏侍从室高级职员。

蒋宋夫妻间感情深厚，有时说些闲话也不避人。有一次汪日章乘坐他俩的黑色特长轿车由镇海飞机场去溪口，在80分钟行程中，他们谈笑风生，宋美龄还和蒋打赌说："谁先见到江口塔，谁就赢。"不一会儿蒋说："我先见到了。"宋接着说："我老早就看见了。"不认输。他们在溪口时往往手拉手漫步于妙高台、相量岗之间，此地群峰环抱，曲径通幽，风景独美。他们在千丈岩欣赏

胜景，蒋介石称宋为Darling，但汪说一直没听到过宋称蒋什么，即使出门散步时，便衣警卫跟随很近，也没听到怎样呼唤（依照外国习惯，远远喊人是不礼貌的）。侍从室人员对侍从室称"公馆"，对蒋介石称先生，对宋美龄称夫人，都不带姓，不带官衔。先生方面的内务副官是蒋孝镇，是他侄孙辈（从中尉升到少校级）；夫人的内务副官叫斯绍凯，平时穿蓝色长衫，没有军衔。还有两个下手，客来送茶点。有中、西厨师各一人，不对外。有一个四十多岁的健壮外国保姆料理房间、保管衣物以及诸如给小客厅换透明纱窗帘布等，但不做洗衣之类的下手事。宋也有私人秘书，所以她也有秘书室。女秘书的能力和学识素质都好，但外表都是其貌不扬，这或许是做妻子的特有的心理。1933年的女秘书叫钱用和，三十多岁，嘴唇动过手术还看得出，后来调到中山门外贵族学校当校务主任，宋美龄常去视察，关怀备至。继任的个子很小，长得也不漂亮。后来换了一个身体健壮、穿着时髦但一只眼睛有毛病的女秘书；随后又换成一个男秘书，叫古兆鹏，广东人，四十多岁，秃顶，带着妻子，是宋子文介绍的，专做与美国教会、华侨方面的通讯交流工作，包括宣传和捐赠、救济事宜。宋美龄的秘书主要是代她做些妇女儿童福利工作。

宋美龄有两位贴身随从，一位是秘书陈小姐，一位是女佣蔡妈，均是典型的中国传统妇女形象。

秘书陈小姐，生得矮墩墩，胖乎乎的，是不施脂粉、穿戴平常的姑娘。她容貌平平，却不失其端庄娴静、落落大方。她寡言少语、不苟言笑，中英文具有一定基础，并擅长中英文打字，喜阅中外文学名著，工作余暇从不单独外出，更无人际交往。抗战时期，宋美龄的公职除国民党中央常务委员外，还担任中央妇女运动委员会主任委员、航空委员会秘书长、航空公会主席等领导职务。以她"第一夫人"身份，身边可以多安插几名工作人员，但仅有陈小姐一人。所有文稿，经宋美龄批阅整理后，再由陈

1935年宋美龄随蒋介石视察四川綦江水利工程。

小姐打成英文或中文送有关部门办理。据说陈小姐大学毕业后刚满23岁时即到此工作，韶光易逝，转眼多个年头过去了，依然待字闺中。从女仆蔡妈的唠叨中可以了解一些内情："夫人喜欢她，也关心她。有一天，夫人办完公事，伸伸腰走到窗前和陈小姐闲聊。宋美龄对她轻声说：'二十九岁，不小了，该是时候了。我想给你……'说了一半停住，侧脸瞥她一眼。陈小姐似已觉察夫人的用意，低着头回答说：'我能追随夫人一辈子余愿足矣。'她刚说完，引得夫人抿嘴笑说：'和我一起与婚姻是两回事呀！'只见陈小

与时尚女郎并立的蔡妈更显出传统女性的特质。左为影星凌波。（摄于台北士林官邸）

姐把头连摇了两下说：'谢谢夫人，我早不作此想，决心独身一辈子。'从此，夫人再未向她提及此事。"后来陈小姐随宋美龄去了台湾，约在50年代后期与一位广东籍华侨军官缔结秦晋之好，20世纪70年代随夫君侨居海外。

敢与宋美龄顶嘴的蔡妈权威有多大

宋美龄贴身女仆蔡妈是陪嫁来的江苏扬州人，当年是一位笑口常开，操着一口扬州话，喜欢唠唠叨叨的中年妇女。她除了随宋美龄外出时改穿一件旧式布旗袍，平常都穿布衣裤。1939年，宋美龄来到多雾的重庆，宿疾——胃病遇上这样的气候很不适应，胃痛得不能起床，卧床一月余，消瘦不堪。先是侍从医官吴麟荪（留德医学博士）诊治，后又经几位著名医师诊治，均未见好转，都是蔡妈衣不解带，日夜侍候。

一天早晨，蔡妈在宋美龄床边念叨："我就不相信西医。"言外之意应看中医。正好秘书陈小姐也在床边，听蔡妈这么一说，趁势进言："蔡妈妈所说，不妨请夫人试试看。"蔡妈极力劝请中医，于是延请旅渝南京名中医张简斋诊治。想不到宋美龄的宿疾，服了张简斋几服中药，竟霍然而愈。

主仆情深的宋美龄与蔡妈

175

1942年春，远征军入缅甸作战，一次激战解了英军之围，歼灭日军万余。在此战役中，远征军军长戴安澜将军不幸殉国。3月，蒋介石赴缅视察慰问。此行计有：蒋介石夫妇、林蔚主任、陈希鲁组长、俞国华秘书、竺启华侍卫官、斯绍凯副官，外加蔡妈随行。在缅公毕返航，万想不到，飞机起飞后不久即遭多架日机追击。机长衣复恩中校当机立断下令："全体穿上降落伞！"其时情势万分危急，飞机一会儿爬高，一会儿骤降，以迷惑敌机。航线上崇山峻岭，稍一不慎，机毁人亡。因宋美龄穿的是旗袍，无法穿降落伞，蔡妈也未穿降落伞。她神色自若，迅速用全身紧紧抱住宋美龄。也许受惊恐过甚，加上飞机的非常飞行，宋美龄身体已经不支，双眼紧闭似已昏晕，呈休克状。蔡妈毫无惧色，在宋耳畔轻轻呼唤。当时蔡妈的想法是：敌机若用机枪扫射，先打死自己护住夫人。万一从机上摔下去，抱紧夫人摔死自己保住夫人。幸好机上人少物也少，飞行极快，终于逃脱敌机追击。（以上是侍卫长的回忆——笔者注。）

蔡妈是宋美龄自娘家带到蒋家的梳头娘，由1927年侍候到1960年，在官邸中，除了蒋氏夫妇之外，蔡妈的权威几乎超过了侍卫长；因为只有她一人敢于和蒋介石及宋美龄顶嘴，一旦她发了脾气，宋美龄是什么辙也没有，甚至还要向蔡妈说好话哄她回心转意。同时，宋美龄外出随蒋介石出巡，甚至西安事变中间、至埃及参加开罗会议……蔡也都被列为第一的随行人员。西安事变发生之后第三天，黄仁霖即随端纳（澳洲人）入西安，旋被张学良扣留11天，到了12月25日才被释放。我们从黄仁霖所撰的《回忆录》可看到，甚至在西安事变中，也有蔡妈的身影。黄仁霖在回忆录中有如下的描写：

（蒋、宋离开西安的12月25日）"蒋夫人自己走出来，并且告诉我，委员长和她当天下午离去。她要我随后收拾一下，最后命令说：'不要忘记把蔡妈带出来，这是我的忠诚的女佣。有一架飞机已经为你们准备好了，你们可以明天出来。'"

这说明宋美龄赴西安虎穴"救夫行动"时，也要带上蔡妈随行。这一天，蒋介石从西安飞往洛阳，由于飞机上座位已满，宋美龄为了蔡妈和黄仁霖，还特别准备另一架专机，于第二天起飞。读者从宋美龄交代黄仁霖的话中，不难看出蔡妈在宋美龄心中的分量如何了。

实际上，当时被张、杨扣留在西安的国民党军政大员尚有蒋百里、朱绍良、陈诚、蒋作宾、卫立煌、陈继承、万耀煌、陈调元等一二十人，他们不仅未及与蒋氏夫妇同时离陕，甚至也未能与蔡妈同行，而是等了七八天，元旦过后，才由杨虎城将他们送出西安，返回南京的。经过这一比较之后，若干有"政治眼光"的人，走夫人路线也兼走"蔡妈路线"，甚至专走蔡妈路线，也就没什么好奇怪了。

国民党退踞台湾以后，一位做"省主席"的大员，到官邸请谒之时，总是先打电话给侍卫长，问明蒋介石召见的时间，又请侍卫长安排向夫人请安的节目。待见过蒋介石之后，侍卫长将他导入夫人的会客室，当夫人尚未出见，夫人的贴身女仆蔡妈出现时，这位"省主席"都会向蔡妈起身肃立说："向蔡大姑请安！蔡大姑好！"演出现代"官场现形记"的活剧。由此一例，就可以掂出宋美龄在政治方面影响之一斑了。

蔡妈在20世纪60年代中期病逝于台北，享年六十五岁。蔡妈数十年薪金收入自用甚微。去世后，她既无后代，又无亲人，宋美龄含泪亲自点算蔡妈节衣缩食的积蓄，悉数用蔡妈名义捐赠台北阳明山孤儿院。（摘自《海峡导报》，又见2000年12月9日《人民日报》）

宋美龄对她与蔡妈的感情是这样说的：

在留在瓦城期间，我们所居的营地遭到轰炸，"但是我们对轰炸并不太在乎，因为被轰炸已是我们的日常生活"。

"在我们准备起飞时，并无护航，因此我们只好在无护航下飞返。我们的飞机刚升空，我们接到了电讯，37架日本飞机在追踪你们。当时只有五个降落伞，因此机员们给了总统一个、给我一个，其余三个给高级将领们。我的女仆开始哭了，我告诉她不要发愁。我说降落伞的设计可载250磅，我们两人加起来还不够这重量呢。我说如果我们必须跳伞，我们便互相抱紧，两人用一把伞飘下去。

"她停止了哭泣，说：'夫人，如果我死了，不会有人想念我，但是我们的人民需要你，我不愿考虑为了救我的命而使你冒险。'"

"我们飞进了云里，躲开了敌机，但是我从未忘记这件事。这位女仆蔡祺贞现在仍然和我在一起。现在她年纪慢慢老了，有时有些怪癖，但是我绝不和她执

圣诞节一直是宋美龄最重视的节日。

拗，因为我始终记得在缅甸的那一天，和她多年来的忠实服务。"

究竟有多少人通过走"蔡妈路线"而得到宋美龄赏识，恐怕很难统计。但通过蔡妈和宋美龄两人所说的飞行中遇险的故事，我们至少可以看出她们主仆之间的感情是多么深厚：她们两人所说的日机数目不同，蔡妈说有7架，宋美龄说有37架；她们叙述的各自的表现也不相同，蔡妈说宋美龄吓昏了，又身着旗袍穿不了降落伞，是她护主心切抱着宋美龄；而宋美龄则说，降落伞不够用，是她爱仆心切建议两人共用一个降落伞。她们两人中恐怕有一人是撒了谎的。但是，不管谁说了假话，从中都能看出她们两人实在是主仆情深。

为人处世的细微之处

在蒋氏夫妇警卫人员的记述中，还有涉及宋美龄的许多小事，从中也可使读者了解宋美龄的为人处世。

蒋介石和宋美龄请客吃饭是常有的事。菜饭是普通的，有些人出来后说吃不饱。这里当然有拘束感的原因，但也与不丰盛有关。在宋美龄的厨房里没有过多的酒肉，都是按少量、新鲜的原则配置的。

蒋介石在用度方面也较节省，若有部下请求济助，最多只批200元，就算是面子十足了。宋美龄选购衣料，总是跑上好几家，问明价格，择合意的地方去买。但对教会方面较慷慨，每到一地若有耶稣教会，必邀集教友特别是外国传教士及他们的家属举行茶话会或聚餐，以联络感情。1933年底和1934年初在浦城、建瓯、延平，他们都住在教会房子里。

宋美龄处事仔细，也注意小节。有一次，外收发送一封从美国寄给她的信，见信封上一张邮票被扯去，她立即查询，外收发胡某承认为集邮而犯下错误，送上原物，也就未予处罚。蒋宋的私人信件，都经各自的侍从秘书（又称随从秘书）拆阅送呈，一般批文件也由侍从秘书加封，若密件、急件均另打记号加火漆印，外收发有所疏忽立即能查出。

不知身后是何处"美庐"。

她作为"第一夫人"，许多内外事情都得兼顾，所以每日作息时间安排有序，不浪费分秒。她有许多外国寄来的刊物，每日必看快报。她对文学、音乐造诣较深，对美国历史及世界名人传记都注意研究。她的中文也相当好，毛笔字体颇似蒋介石，但较秀柔。她能说一口流利的上海话和广东话，也讲普通话。

宋美龄对蒋的日常生活有很大影响。午休时间均由内务人员放留声机，片子皆是小提琴独奏，都由宋美龄亲自选好放在盒内；留声机在卧室门外，直到开门时才停止放片。宋美龄不在时，蒋也有这习惯。宋对基督教的几个节日非常重视，按西方风俗过圣诞节，即使是在军务前线时也不忘过节。

1942年底，顾维钧回到重庆，他是应蒋介石之约，同赴黄山住了一夜，过江后，他和蒋介石步行了一个半钟头，随走随谈。蒋介石对他的招待殷勤备至。蒋介石送他就寝时，还亲陪往房中检查床褥；出门时必喊人帮助穿大衣并备汽车。

有什么意见，他讲了，蒋介石必从抽屉里拿出纸来记下。顾说：这些举动，"是得力于和蒋夫人结婚"。（杨玉清《我所知道的顾维钧》，载《文史资料》第17辑，第203页）

官邸·美庐·美龄宫

宋美龄对住房颇为讲究，除了出游在外地临时住上三间平房或楼房将就一下外，她自然想要一个永久性的像样的公馆。

宋美龄同蒋介石结婚后，过着极为豪华的生活。她在大陆仅别墅就有多处，建筑风格各具特色。

宋美龄有幢陪嫁房子，在上海贾尔业爱路，为美国式的花园洋房。此栋西式二层楼舍，虽说房间不多，但设计新颖漂亮，特别是那面积超过房屋三四倍的花园，绿荫如云，幽雅奇秀，堪称"闹中取静"的养憩佳境。正房约四开间阔，纵深颇长，楼下有一个大客厅，容40人不挤，也可放电影。这幢房子本是外国人的花园洋房，是宋家买过来的，在上海并不算是最好的，位于法租界住宅区，房间里是小柚木条拼嵌的地板。向西延伸一排二层楼十多间下房。花园里有小溪横贯过草坪，溪阔三米，东侧安放小石块，可徒步跳跃而过。灌木丛中，间以假山，取自园林式布局，由一个四十多岁麻脸男管家看管。室内布置除应有的大小沙发、大茶几桌椅外，墙上挂的颇精致，其中给人印象最深的是八大山人画的春、夏、秋、冬四帧花鸟条幅，意境逼真，确是神品。这座房子蒋介石总共住过六七次，最长一次住了不到两个月。无论蒋去南昌、重庆、昆明、贵阳……宋美龄有时是稍后赶来，有时是先期回来，这种时候宋总是单独在这里住上一个时期，并和两个姐姐叙叙天伦。

在南京，宋美龄与蒋介石居住于"中央军官学校"校长官邸。楼

宫殿式建筑美龄宫

下有客厅、饭厅、秘书室、副官室，还有一个狭长的小会客室。宋会客就在一排玻璃窗到底的圆形书房，墙上挂着意大利人画的风景画，楼上的房间全部都是他们俩享用，室内布置平常，墙上也不挂画。这个公馆并不中宋美龄的意，她在1931年就看好了中山门外小红山的一个山坡：在树林丛中从未有过建筑物，四周围都是空旷地。她就计划在这里盖一所房顶是中国宫殿式的西式楼房，有地下室，有平台，作为长久居住的地方。

冬日庐山观景

在宋美龄所有别墅中，以她自己的名字命名的两处最为令人瞩目：一是"美龄宫"，二是"美庐"。

美龄宫系十幢富有民族风格的宫殿式建筑，位于南京紫金山四方城东200米处，从这里朝东北方向可望见中山陵，正北方能看到明孝陵，建于1931年。别墅笼罩在参天古树的苍翠深处，四周筑起蜿蜒的高墙，进门便是暗香馥郁的花园，曲径通幽处，若隐若现地露出两层高的古典楼房，那绿色琉璃瓦流光溢彩，阳台汉白玉栏杆雕有千姿百态的凤凰，更添俊俏。建房的任务交给南京市工务局长赵志游，由技师陈品善为主的好几个人设计了多种建筑图案，作为房子主妇的宋美龄一再提修改意见，单就室内装饰、浴室颜色就进行了多次变换拆建，阳台也修整了好几次。当时的市长魏道明和赵志游为了讨好宋美龄，还特请杭州西湖艺专校长林风眠亲自画室内墙壁的装饰花样，有千姿百态的鸟群嬉戏在嫩绿翠柏林中。屋内几间卧室、大小餐厅、两间办公室（他们各人一间）以及其他众多的大小房间设计布置方案，无一不是由宋美龄逐个审查鉴定，有些已经决定施工又加改变，如浴室瓷砖先是改成绿、黄间色，后又改为一样淡蓝色，复将花样装饰一概废去，改成单色平面。以致这座房子长期不能竣工，抗战前夕只好停止建筑，抗战胜利后方才完工，但时过境迁，也就不以为好了。宋美龄把它改作耶稣教堂，每逢礼拜日准时和蒋介石同去做礼拜。

"美庐"是宋美龄避暑之所，1934年在庐山观音桥旁，江西省主席熊式辉为蒋、宋盖起三开间的小木屋，有水泥平台，坐在靠椅上静听桥下泉水叮咚，远眺

飞阁凌空的妙高台

五老峰雄峙众山，颇感心旷神怡。但他们只小住几天，就废弃了，改买了一所外国人的旧房子，即牯岭路12号。那所房子起先叫13号，后因基督徒忌讳13这个数字，改为12号。"美庐"虽说是英式风格，却具有东方神韵，气度不凡。"美庐"上下两层，有露台和庭院，草木碧合，环境十分幽静。这所房子傍依山脚，门前低，后面渐高，有个大平台，他们常常围坐在那里打桥牌，谈笑自若。1946年夏天，宋美龄曾多次陪同美国使者马歇尔的夫人，在"美庐"一带散步谈笑。（《宋美龄的别墅》，原载《江苏旅游报》，转引自《羊城晚报》1992年6月15日）

近年来，宋美龄的别墅已成为旅游景观，吸引国内外游客前往猎奇览胜。

在蒋介石的老家溪口，也为宋美龄修了别墅，原因是虽有蒋介石祖屋一栋，称"丰镐房"，然而蒋的元配毛福梅离婚不离家，依然是丰镐房的主妇，宋美龄自然不便栖身。而且蒋家祖宅丰镐房四周皆民宅，警卫不易。

蒋介石的侍卫说，武山临溪南端，有一处高数丈的小丘地，作伏龙吸水之势，俗称"龙头"，是个风水宝地，蒋选中此地造了一幢二楼三底小洋房，名叫"乐亭"。临溪有走廊，依石阶而下有一座小桥，横跨隔水的两块突出的岩石上。宋美龄初来溪口，就住这里，倚桥观鱼，怡然自乐。这幢洋房内部装饰皆西式，有大小客厅、餐室、卧室，并有一露天水泥走廊直通正屋东首的另一平顶洋房，专供来访贵宾憩息、侍从秘书办公住宿之用，内有图书室、机要译电室，平顶上布有警卫岗亭。在蒋母墓道半山脚上有新房三间，称为"慈

溪口乐亭

庵"，也是蒋和宋来溪口时落脚的地方。

1928年蒋偕宋初次回籍，曾在雪窦山上野餐，蒋向隐潭庙龙王塑像作揖行礼，念念祷告，宋也随侍肃立。1934年以后还一同去过离溪口三十多里的四明山相量岗，那里也造了些房子作为避暑用（蒋经国夫妇曾在那里住过）。他们还带着风水先生察勘眺望，为自己选择墓地。在南京中山门外明孝陵和中山陵之间，也由风水先生陪同看好了穴道。他们老早选好了最终的归宿地。

雪窦山上风景独好。距雪窦寺二里许有千丈岩，其西北的妙高台，三面临空，陡壁深渊，易于警戒。他们就在妙高台上建造一幢别墅，有正屋楼房三间，平顶凉台三间，六角亭一座，下房数间（用以住警卫人员、轿夫和做厨房）。因这平台延伸在岩石上，转以铁栏杆，凭栏俯瞰，众山烘托呈螺旋状罗拜，景观别致。妙高台并不是顶峰，但群山接踵，峰峦叠嶂，气势磅礴，几可媲美庐山，所以也是他们来溪口的避暑地。雪窦寺近在咫尺，蒋宋每来必去寺中礼佛，寺的大门有蒋亲书"四明第一山"的大匾。蒋虽入基督教，但信佛根子很深，而宋则对佛教塑工的高超技术有鉴赏能力，对佛像庄严宏伟也肃然起敬。

溪口蒋母墓道

抗日战争期间，宋美龄在重庆住过四个地方：歌乐山的林园、黄山别墅、曾家岩官邸和小温泉"中央政治大学"校长官邸。这些宅邸均建筑精湛，富丽堂皇，很有气派，饶有"皇宫"韵味。

宋美龄 全传

· Biography of Song Meiling

第七章

"空军"之母

最早关注国民党空军建设的是孙中山先生。然而，宋美龄却被称为"中国空军之母"。

抗战爆发前夕，宋美龄担任了国民党航空委员会秘书长的重要职务。宋美龄为国民党空军的建设确实付出了许多的心血，也确实作出了很大的贡献，同样她也有过重大的决策失误。宋美龄最喜欢的胸饰之一是"空军飞行徽章"，在很长一段时间里，她都把国民党空军亲切地称为"我的空军"。

陈纳德和他的飞虎队与宋美龄关系极为密切。宋美龄称陈纳德为我的"飞虎将军"；宋美龄被人称为"飞虎队的名誉队长"，陈纳德称她为"我的公主"、"我的小姑娘"。陈纳德的巨大贡献和飞虎队的英勇表现在很大程度上挽救了宋美龄在国民党空军中的地位。

没有先例的"空军之母"

中国最早的空军建立于1913年，是由北京政府建立筹组的，但是，当时只设立了一个"南苑航空学校"，并没有正式成立空军部队。在1919年，山西省首开纪录，向国外采购了全国第一架飞机。紧接着，云南也在1921年设立了航空学校。东三省则更进一步在1921年成立了航空处，是中国第一个常设的航空事务机构。同年，浙江成立了航空教练所，江苏则于1923年成立了航空队，西北军于1924年成立航空处，山东则于1925年设立航空教练所。上述所有航空单位的飞机

航空委员会秘书长宋美龄

全部购自国外。

国民党部队首先成立空军单位是在1920年，由孙中山领导成立了一个叫作"航空局"的机构。当时，国民党已经拥有五架飞机，曾经多次参与对军阀的战役。

国民党所属的"广州飞机制造厂"制造了一架"乐士文"飞机，是中国第一架自制飞机；1924年冬天，孙中山在广州东山创立了"广东军事飞机学校"，并拥有"寇蒂斯"飞机三架，且从黄埔军校的学生当中，挑选了八名学员学习飞行技术。

1925年，国民革命军为了北伐，特地从国外购买了DH. 9A及BREGUET. 14等飞机，积极备战。

1926年7月9日，国民革命军北伐到武汉之后，把原来的"航空队"改组为"国民革命军总司令部航空处"，而东路军也收编了浙江和江苏两地的空军，统一调动。

1927年5月，国民政府定都南京，成立航空处，并将飞机重编为一、二两队。

1928年5月，北平被北伐军占领，国民党部队正式接收了北平政府的航空机构，中国的航空行政单位开始统一。同年11月，航空处改为航空署，直属于军政部，辖下有航空队四队，共有飞机24架。

北伐初期，国民党空军参与了湘北之役，阻截敌人舰艇，汀泗桥之役，津浦路、平汉路沿线支援地面部队作战，都发挥了重要作用。北伐胜利之后，国民党空军最大的任务，便是统一国内所有的空中军事武装，建立一支有组织有效率的空军。

1929年，国民党中央陆军军官学校附设航空班，国民党军队开始有计划地培养空军幼苗；1931年3月，航空班迁往杭州，改称"军政部航空学校"；1932年9月1日，正式改为"中央航空学校"。

1933年2月，国民党军方制定了空军官制。8月，航空署改为隶属于军事委员会，航空队编了轰炸、驱逐、侦察各一队，共为七队。

1934年，航空署迁往南昌，改名为"航空委员会"，航空队增编为八个队。11月筹建中央航空学校洛阳分校。

1936年，宋美龄就任隶属于军事委员会的航空署秘书长，实际上成了国民

蒋介石正在为宋美龄佩戴飞鹰胸章。

党空军的"司令"。一个乘飞机就会晕机，且不懂军事、没有军职，又完全不懂如何建立现代兵种的女人，居然被称为中国"空军之母"，这在中外历史上是绝无仅有的，也是中国近代政治独有的产物。宋美龄也承认自己是"空军之母"，而且数十年来她最喜欢的胸饰也是"空军飞行徽章"。1986年，在蒋介石百岁冥诞纪念会上，仍佩戴着"空军飞行徽章"，表明她仍未忘记她是空军的"家长"。由此可以看出宋美龄视国民党空军为己出的心态。

宋美龄为什么会对国民党空军情有独钟？可以说宋美龄较早就认识到空军在国防中的作用，1937年3月12日，她在上海《英文晚报》发表《中国航空》一文，把航空事业的发展，看作是中国统一的最重要条件。在这篇文章中她强调："一切促进中国统一的新发明，或许要推飞机的功绩，最为伟大。飞机不仅能拉近边远省份与各省以及与中央的距离，且可迅速消除彼此之间的误会。在没有飞机以前，尤其是边远各省的官吏，大都各自为政，和中央相当隔膜。"（《蒋夫人言论集》）她认定航空发达，有助于蒋介石国民党政权的统一和稳固。

然而，宋美龄能在20世纪30年代担当国民党空军的要职，更重要的是与蒋介石把她作为"心腹"来安排有关，蒋介石需要她帮助自己控制好空军从采购到用人的各项大权。

蒋介石在北伐胜利和实现"统一"全国的梦想之后，开始建构他的总体战略设计，其中很重要的是设计建立空军的蓝图，他为空军设计的战略构想显然把共产党建立的江西革命根据地列为他的首要打击目标，他还把当年孙中山喊出的口号"航空救国"重新提出来，作为他建立空军的政治幌子。

蒋介石在1933年2月，采取了一个先期行动，把航空署改为隶属于军事委员会，成为自己属下的一个单位，以便全面地控制这个新兴兵种，并且企图给红军一记致命打击。

在航空署改变隶属关系后不到三个月，蒋介石明确宣布就任"剿匪总司令"，开始对河南、湖北、安徽、江西、湖南的工农红军发动最猛烈的军事攻势，这当然也包括了空中攻击行动在内。

接着，为了扩大早期飞行半径不长的军用飞机的作战能力，以便更加疯狂地对深入江西山区的红军发动空中攻势，蒋介石把航空署迁往南昌，并且为了发挥航空署的职能，将航空署改组为"航空委员会"；航空队的飞机数目和作战队伍，也由原先的七个作战队伍，扩充到八个队；并且为培养飞行员，于该年年底，又在距离前线较远的洛阳，成立中央航空学校洛阳分校，以补充可能随时会在战争中阵亡的飞行员。到了1935年，国民党空军已经由原来的八个队，扩编到十四个航空队，全面投入"剿共"战争。

1936年1月，蒋介石的"剿共"战争正式告一段落，共产党所领导的部队经过千辛万苦，终于摆脱了国民党军队的围追堵截，落脚到中国西北的延安地区。从战术的观点来看，蒋介石在"剿共"战争上，得到局部的胜利。从战略的角度来看，蒋介石的"剿共"战争不但未竟全功，而且是完全失败的，因为日后证明，这正是导致他未来覆灭的种子。然而，就蒋介石来说，这次"剿共"战争，他是头一次把空军动用在实际的作战过程中，这个全新的兵种，给蒋介石一种截然不同的战场感受，他对成立空军充满了兴趣。蒋介石对航空兴起雄心，除了"剿共"战争外，对各地乱事的平定也是个关键的目的。局部的失利让蒋介石夫妇神伤，局部的胜利也让他们夫妇沉醉于以先进武器攻伐敌人时所取得的荣耀成果。为了达到这个目标，他必须付出更大的代价，特别是在组织和人事的整顿上。

随着大规模的"剿共"战争告一段落，为了空军的发展，也为了进一步健全"航空委员会"，在1936年4月，蒋介石修正了"航空委员会"的组织编制，并把他的妻子宋美龄抬了出来，由宋美龄出面担任"摇篮时期"的空军"航空委员会"的秘书长，作为襄助他的一名超级助手。一个月以后，宋美龄在委员会里作了一次局部的人事改组，把她所信赖的周至柔将军

蒋介石视察航空学校。

189

提拔为"航空委员会"主任，而把原来的主任陈庆云，调到航空学校当校长。（台湾"空军总司令部政治作战部"，1974年6月20日编印出版的《空军建军史话》。）

此时，蒋介石的心思主要是放在如何把一些地方军阀的空军力量，收编到自己的部下，不费多大代价就可以壮大自己的空军力量，这是蒋介石拨的如意算盘。蒋介石夫妇之所以把陈庆云调到航空学校，是因为陈庆云是广东人，而当时广东和广西的空军实力十分强大，两广的李济深、李宗仁，以抗日为借口，不理会蒋介石的指挥，颇让蒋介石头痛。那时，全中国的空军基本上都已经向蒋介石输诚，唯独广东空军根本不受蒋介石的控制，蒋当然视之如芒刺在背。蒋介石夫妇特派陈庆云到广东、广西去向两广空军游说，几番劝说之下，两广空军军官黄志刚等21人，于1936年7月间，分别驾驶21架军机到杭州，向蒋介石"投诚"。一个月以后，广东空军司令黄光锐率领全体飞行员和机械员，飞到杭州。两广的空军力量便如此悉数瓦解，国民党空军终于"统一"。

大功告成之后，就有了蒋介石让他的夫人宋美龄在空军得到更大权力这一结果。因为在20世纪30年代的中国，空军作为新兴的外来兵种，蒋介石急需拥有杰出的外语能力并且能够和外国专家沟通关于技术和采购等事宜的"自己人"，而当时只有宋美龄具备这一条件，宋美龄担任这一重任确实"当之无愧"。

蒋介石把发展空军这样一个庞大计划交给宋美龄去落实，除了借重宋美龄的外文能力外，也和当时错综复杂的政治环境有关。

在北伐以后，蒋介石逐步夺取了国民党政府的军政大权。蒋介石决定扩大空军装备，进口了大量空军器材。蒋介石的想法在这一点上是明确的：国民党必须使中国的军事力量现代化，需要战斗机。

另有学者认为，中日之间爆发战争，是早在蒋介石意料之中的事情，虽然早先他的"攘外必先安内"的口号，遭到全国人民和各界人士的反对，可是，为了备战，蒋介石早在"七七"事变前两个月，便料到中日战争不可避免，所以首先授权夫人掌管空军。

然而，空军的发展涉及有关军火销售的重大利益问题，购买飞机涉及大笔款项，蒋介石确定不了他那些善于贪污的下属中，究竟谁能负起这一重任？蒋介石也不希望像早期刚刚"统一"时那样，采购军火的大权掌握在何应钦等军人手中，所以，把建军和后勤最花钱的空军交由宋美龄去负责，由此也可以把一连串的相关事宜，交给宋子文这些家族人员去经手。

蒋介石这种"肥水不流外人田"的办事原则，早就有先例。1932年，蒋介石派遣当时为国民政府实业部长的孔祥熙，到欧美考察，孔祥熙的名义是"实业专使"。

在表面上，孔祥熙是去欧美各国考察"实业"，然而实际上却是去德、意、美各国，采购"剿共"所需武器，更重要的任务则是采购空军所需的飞机和装备。

由于他是蒋介石的官方代表，因而在各国都受到十分热烈的欢迎，像德国的希特勒、意大利的墨索里尼等各国政府的首脑，都十分热情地接见了这位来自中国的财神爷。此外，德、意等国的军火商，如像德国克虏伯军火企业家，都和孔氏进行了广泛接触，尤其是意大利更对中国空军的建军计划，表现了极大的兴趣，因而频频向孔祥熙示好。

到了美国之后，由于孔祥熙是美国欧伯林大学的毕业生，而从这个学校毕业的美国人中，有不少是资本家家族出身的人，他们和美国的飞机制造商关系深厚，知道孔祥熙去美国，自然更是极尽巴结之能事。

为了推销自己公司的飞机，美国厂商自然给了孔祥熙不少有关飞机型号的说明书，让孔祥熙带回中国。蒋介石在看了这些型号之后，觉得孔祥熙真是有办法，对他更加倚重，当时，一度有意要孔出任拟议中的航空部部长一职。

谁知孔祥熙出国洽商飞机采购的事情，被一些原本负责军备采购的军人侦悉，这些包括何应钦在内的军人，对孔祥熙极为不满。不但何应钦这些人对设立航空部持否定看法，就连蒋介石的大舅子宋子文也坚决反对。

可是，成立空军是蒋介石的既定政策，关系着"剿共"战事的成效，蒋介石只好想出一个权宜之计，不设航空部，而设立了一个"航空委员会"，既然对孔祥熙主管航空宋子文这批人不同意，那干脆找宋美龄来主持。

一方面，宋美龄英文很好，而空军的成立势必要仰仗美国人，如果有一个精通英文的人来主管，当然比较妥当；另一方面，宋美龄和孔家、宋子文家，都没有大的矛盾，由她来掌管空军的建设或是军事采购，应该不成什么问题。

两相权衡，蒋介石才决定让宋美龄来出任"航空委员会"的秘书长，负责空军事务。于是，宋美龄便和空军结下不解之缘。

人事上作了如此安排，可是，孔祥熙在实际上仍然负责对外的联络事宜。尽管如此，宋子文和孔祥熙之间，还是为了军购事宜，始终尔虞我诈，暗中较劲。

就在孔、宋两人这样暗中相互较量时，国民党空军草草建立了初步的规模，而宋美龄在调和宋子文和孔祥熙两人的矛盾上，起了相当微妙而关键的作用。

常言道，时势造英雄，正是利用空军这一阵地，宋美龄开始在蒋介石政府的权力舞台上，崭露头角，争得一席之地，于是中国近代史上多了一个"空军之母"的称谓；同时，在宋美龄的政治生涯中，当上"航空委员会"秘书长，成为她迈向权力之路的一个奠基石。

为了对当时美国军用飞机有全面的了解，宋美龄花了不少时间，对各个美国飞机制造商飞机的特性进行了深入的研究，对有关航空理论、飞机设计、飞机配件等，宋美龄都在20世纪30年代初、中期，作过广泛的了解和接触。宋美龄这样一个留学美国的大学毕业生，本来专攻的是文学、艺术、哲学方面的课程，这些对她来说确实勉为其难，对国民党即将新建的空军，更无疑是一大冒险。

这是蒋介石别无选择的选择，然而，宋美龄并没有让他失望。

这位只受过音乐、文学教育的女人，为了协助她丈夫实现政治野心，全力投身于对航空理论、飞机设计、比较各种飞机部件优缺点的技术刊物和空军训练的研究上。终于，凭着她的口才和组织能力，争取到美国国防部的支持，着实让美国的飞机制造商对国民党的军火购买力，大为吃惊。宋美龄一出手就订购了价值2000万美元的飞机，这笔大买卖的确让当时纽约的军火商喜出望外，从此把宋美龄视为大主顾，毕恭毕敬。于是就有了第一批属于中国的较为先进的飞机，为未来国民党空军的发展奠定了基础。

事实上，宋美龄担任这一职务，她的条件是优劣参半的。她具有人事调和作用，但缺点是没有军事采购方面的专业知识，所以，大部分飞机的采买，基本是通过宋子文在美国活动。除此之外，蒋介石在建立国民党空军之初，其战略的考虑是以中共作为其假想之敌，而不是以日本侵略军为最主要的敌人，所以，在最初的建设蓝图上，就欠缺一股恢宏气势。尽管如此，宋美龄仍成了事实上的中国空军司令，这在中外妇女历史中是没有先例的。

奢侈的"献机祝寿"与"飞行祝寿"

为了显示自己的力量，同时也为了进一步发展国民党空军，宋美龄为蒋介石五十岁生日举行了一场空前奢侈的祝寿活动。

在全力参与之下，宋美龄在极短时间内，就掌握了空军的主力，这从1936年阴历九月十五日蒋介石五十岁生日时，宋美龄要空军作一次祝寿表演便可以看出一些端倪。此次祝寿，虽然蒋介石不在南京，宋美龄却要当时的空军飞行员在南京举行的献机祝寿仪式上，在空中作飞机喷雾排字表演，空军出动50架飞机，在天空中以喷气烟云排出"中正"、"五十"四字的字形出来，当时在南京引起轰动。

天上用空军飞机编队排成"五十"两字，地面则邀请蒋百里等名人聚会。宋美龄亲自切开孔祥熙所赠特大寿糕分送宾客，并和侍从室人员合影留念。

当年为了蒋的五十大寿，国民党党务、特工、各机关系统在全国人民中强令展开献机祝寿运动，成为一次空前的勒索。一时间各省纷纷响应，成立专门机构，募款购机祝寿。据后来公开的资料显示，国内所定的目标是：一县一机，一架飞机定价为捐款10万元。政府官员则按薪水多寡定捐献比例。工、商及银行各界则自定募捐办法，订购一批美国最新型的马丁式飞机，每架40万元。南洋华侨亦组织南洋购机寿蒋会，推举陈嘉庚担任会长。政府还发行了航空公路建设奖券，一时间热闹非常。所捐得的款项，到10月底，总计6551514元。其中马来西亚华侨130万元，新加坡华侨20多万元，古巴华侨15000元，泰国、英、美等地华侨200多万元。国内广东省100余万元、飞机20架，香港50多万元，晋绥两省18万元，新疆20000元。浙江献机六架，命名为浙江一至六号。福建

新疆民众的献机仪式在成都举行。

捐献七架，湖南捐献三架。全国警察也捐10万元，命名为警察号。南京市捐款20万元、飞机18架。陆海空三军捐机八架。上海市捐献十架等。10月31日于南京明故宫机场举行盛大献机典礼，由何应钦代表蒋介石接受105架献机。

这种事情在现在经济条件下算不上什么了不起的开支，但是在70年前，在战乱不断、贫苦落后的旧中国，这样的祝寿方式，的确是相当盛大的一种庆祝方式，这足以说明，宋美龄在当时重组空军人事和军力方面作出了相当大的努力，取得了丰硕成果。至少，她已经帮她的丈夫，把空军这个现代兵种，在最短时间内，很快地建立了起来。

在宋美龄受蒋介石之命担任"航空委员会"秘书长一职的时期，宋美龄的确可说是意气风发，不可一世。当然这种内心的权力欲望，也必然会随着地位的升高膨胀起来。之后，宋美龄的活动力明显表现为"航空委员会"内部几次人事变动，更为突出的是她受命到美国去求援的抗战中期，对内的权力和对美国的影响力，更是到了一个前所未有的巅峰期。

宋美龄于1936年4月，受蒋介石之命，担任"航空委员会秘书长"之后，"航空委员会"曾经历了几次组织人事上的变动。

1938年初，也就是南京会战结束以后，"航空委员会"作了新一波的组织调整，蒋介石还是"航空委员会"委员长，宋美龄依旧是该会秘书长，而这次的人事调整中，委员人选包括了宋子文、孔祥熙、何应钦、白崇禧、陈诚、贺耀祖、徐永昌、宋美龄、钱大钧、周至柔等人，主任则为钱大钧。

蒋介石、宋美龄视察空军航空学校。

1939年5月，蒋介石在重庆召开空军第一次干部会议。在这次会议上，蒋介石指示，以后有关空军的建设及改进大计，应由"航空委员会"主持，至于普通事项，则授权下级机关处理。在这次改组之后，蒋介石仍兼任委员长，委员增加唐生智、龙云两人，周至柔和黄光锐继任正副主任。

1941年4月，为了划分空军的军令军政系统，第二次进行改组。人事方面，蒋介石仍兼任委员长，委员有孔祥熙、宋子文、宋美龄、周至柔、陈诚、唐生智、龙云、冯玉祥、陈庆云、何应钦、白崇禧、程潜、徐永昌、张治中、商震、贺耀祖；主任周至柔，副主任沈德燮、黄镇球。

抗战胜利后，1946年6月，为了配合国民党军队整个军事机构的调整，把"航空委员会"改组为"空军总司令部"，宋美龄手下大将周至柔成为首任"国军"空军总司令，副总司令有两人，分别是毛邦初和王叔铭，王叔铭兼任参谋长。

随着抗战胜利的来临，宋美龄也从空军的幕前，隐身至幕后。

购买武器换来的美名

针对抗战时期宋美龄被评为"世界十大女性"这一现象，台湾作家王丰曾评论说：

战争年代，与其说这个美名是她烽火动乱的国家和苦难的人民，用鲜血和性命换来的，不如说是当时的中国政府，用大把大把的银子购买美国数额庞大的武器而换来的。

1935年时，中国已经是美国武器和飞机的最大进口国，在蒋介石的授权下，宋美龄成为中国空军的实际幕后控制者，奠定了她和美国军火商人之间紧密关系的基础。

很显然，宋美龄在美国享有的声望，有很大的一部分，是美国资本家——特别是美国的军火商人哄抬起来的，她的历次美国之行，能够如此风靡绝倒、轰动一时，与美国军火商善于为其造势是有着绝对关系的。这个分析是有一定道理的。

王丰继续分析说：从另一个层面来讲，以宋美龄家族盘根错节的人际关系、富可敌国的庞大家产，她和她的兄长宋子文，根本没有必要像现在台湾的一些官僚政客，为了谋取军火采购的利益，沾得了满身腥臊，宋氏兄妹只要以最公正持平的方式，经手军火生意，为国家争取最大利益，他们就已经坐拥许多无形的财富了。

毫无疑问，宋美龄的声望是由她所处的地位换来的。

战争带给中国人民无穷尽的苦难，而给宋氏兄妹带去的则是无尽的资源和声望，尤其是宋美龄，对日抗战中，取得了最大的无形利益，而这种无形利益，正是她在中国乃至世界舞台上，得以挥洒自如、纵横捭阖的主要原因。

到了20世纪40年代，中日战争持续扩大，战局瞬息万变。中国对美国军火，尤其对美国军用飞机的需要日益迫切，宋家兄妹在美国的地位便相对更加重要和突出。所以有人评论说，宋美龄对蒋介石的影响是与她取得外援多少成正比的，此话不无道理。

1941年12月29日，也就是珍珠港事件之后不久，美国总统富兰克林·罗斯福声明美国愿意扮演"民主国家兵工厂"的角色，宣布美国今后除了将在财政上援助中国之外，还将以大批的军火后勤装备等，援助中国和英国等国的对敌作战。1942年1月10日，罗斯福向美国国会提出了著名的"租借法案"并经国会通过。同年5月，宋子文向蒋介石建议应该在美国成立一个公司，聘用一些与美国政府关系良好的政府官员为经理人，代表中国政府向美国政府各部门、各机关进行奔走游说，而中国国内负责军火的技术人员，也可以归入此一公司之下，以求统一行动。

这项建议在蒋介石同意之后，随即快马加鞭，立刻进行，在美国考柯兰飞机公司负责人考柯兰的协助下，依照美国狄拉怀州的法律，在该州成立"中国国防供应公司"，这家公司挂名董事长是罗斯福总统的母舅德兰诺。

中国政府于1942年5月2日，由中国驻美国大使胡适，正式通知美国罗斯福政府，中国政府授权宋子文专门负责获取或接收美国的援华军事物资，同时宣告"中国国防供应公司"的成立。

谁 之 过？

在宋美龄受命负责"航空委员会"，插手国民党空军的重新组建、重新调整之前，国民党空军的建立，经历了一个艰难的过程，事实上已经历了二十余年的酝酿筹组过程。早期由于军阀的割据，呈现出各省各自独立发展的面貌。而宋美龄接手后，国民党空军的发展也不尽顺利。

据宋美龄在向美国友人讲述时表示，在抗战初期，"当时我国空军，甫经改组，而可用之飞机，其数量之少，殊令人惊异而难以置信，总计其数不足300架。其中战斗机与轰炸机，不满100架，余均供高级与初级教练之用者。而在日本方面，作战飞机约5000架"。

1940年11月，蒋氏夫妇在某机场视察，召见在1939年12月柳州空战中击落日寇飞机的中国空军飞行员。

当时的国民党军队为了应付日益严重的日本侵扰事件，在1936年结束"剿共"战争之后，就积极开始布置空军攻防计划，"以肃清长江日军势力，轰炸长江日舰，袭击上海和汉口日本租界，以及出击日本九州、四国……"然而，国民党军方也承认，可惜的是这个计划的拟订难以实现。到"七七"事变前夕，根据国民党军方的统计数字显示，那时的空军兵力状况是："9个大队、31个中队，全部飞机的数量314架，其中：霍克80架、可塞55架、诺斯罗卜41架、达格拉斯50架、费亚提23架、许来克20架，亨克尔、洛佛亚、波因、羊城、复兴等40余架。以机种分为：轻轰炸机90架、重轰炸机6架、特重轰炸机6架、驱逐机97架、侦察机95架、攻击机20架……"

陈立文所著《宋子文与战时外交》一书则说："中国空军的发展起步原就较迟，到抗战军兴，共有35个中队，飞机305架；从1937年到1939年间迭经八一四空战、九一九首都空战、四二九空战、武汉保卫战，及其他大小空战，损失惨重，又苦于无法补充，至1940年宋子文使美时，全国可战之飞机已不足100架。"

在开战初期，日本方面对华作战的空军作战飞机数目状况则是：陆军第一线作战飞机有500架、第二线约300架，海军方面的作战飞机还未计算在内。

抗战初期的空军状况，与宋美龄领导有多大关系，还待进一步查证、研究。但从抗战开始时她的表现来看，说宋美龄主导了抗日时期的中国空军，是毫不为过的。

抗战初期，这位空军领袖在一篇文章中，对中国空军的草创，作了一个大略的叙述，同时也对当时的空军艰苦抵抗日机攻击有过下面的叙述："世界大战的时候，空军根据地往往距离前线有数百英里，假使轰炸机不受对方的猛烈抗拒，每天只能往返一次。可是如今在上海，我们没有飞机去抵抗他们，他们的飞机根据地距离前线至多不过五英里，因此可以从容地重新补充弹药和燃料。只要自保于我们少数高射炮射程之外，就可以自由地飞翔在我军阵地之上，投掷大量炸弹。""可是你知道，中国空军的历史，还不到五年，最初又因为缺乏驾驭这新式武器的经验，而空费了许多岁月。"（宋美龄《中国固守立场》）

抗战初期，中国曾派三架轰炸机空袭日本东京，安全返航。当时，宋美龄是这样说的："我们派飞机空袭东京，表示我们有能力轰炸东京，但我们是正义的斗争，不伤及日本的妇孺百姓，我们只带上数十万份传单散发启蒙日本国民：中国是不会屈服的，全民抱着抗战到底、最后胜利必属于我们的决心，而你们都是危险的，趁早回头吧。"

中国空军投向日本的是传单，可等来的却是日机肆无忌惮狂轰滥炸的炸弹。

在同一篇文章中，宋美龄叙述她带着外甥孔令杰观看一场中日空军空战的情景：

我此刻看到日本的轰炸机了，小杰米的目光非常锐利，所以我时常把他带在身边，他高声喊道："三架——六架——九架。"

就是下午的2点42分，天气很晴朗，天上有几朵白云，静止地停留在高空之中，三架日本重型轰炸机，在云层罅隙的晴空里，自北向南，冉冉而来。尾后还有三架，高射炮向前面的三架密集射击。现在后面三架也受到高射炮浓烟的包围了。后面又来了三架——所以总共是九架。高出于云层的上面，我听到了驱逐机声，我所在的地方近军用机场，这是敌人轰炸的目的地，所以高射炮的炮火非常猛烈，若干火花在我的面前闪烁爆裂。

几架我方的驱逐机出现了，它们是在云层后面飞来的。我的上面，已听到机关枪声，双方空军正在云中角斗。那九架轰炸机以蹒跚的进展，越入城市。倘使它们要击中目标，必须保持着它们的阵线，前列三架现在已抵城南的上空了。

下午2点46分。猛烈的火焰和几股浓烟高高地逆冒了起来，敌人已投下了若干炸弹。它们接着就散开，我方的几架驱逐机追踪袭击。我的北面，正在激战，那是2点34分开始的。此刻敌方的轰炸机完全隐遁在云中，看不见了，但仍有若干日方驱逐机被我机所困扰着……

1937年，国民党首都南京被围时，宋美龄主要的工作重点仍在空军。据说，她认得每架飞机、每个飞行员。一有飞机起飞，她必在旁目送，一有空战，她就爬到高处观战。空战后，她还会兴致勃勃地向有幸生还者转述战况。每天，她都要面对许多的突发事件。可以说，在这段时间里，宋美龄为中国空军在时间和精神上付出了很大的代价。

抗日初期，中国空军最大的问题，是飞机的大量损失，那时中国空军主要的战斗机种是所谓的"霍克"（或是鹰式HAWK）飞机，但不论是"霍克2"还是"霍克3"，都不是日本新式飞机的对手。在中日开战之前，中国由孔祥熙和宋子文等人，向意大利等国买了一批飞机，但是，多半在交运之中，有的还在谈判过程中，唯一已经运到中国国内的，就是"马丁"式轰炸机，不但正在装配，而且这种飞机需要长跑道，当时南京、上海地区根本就没有供这种飞机起降的机场。

身为"航空委员会"秘书长的宋美龄，当然得操心机场跑道问题。她想起南京市区通往中山陵的公路，为什么不能把它修成为跑道？于是，她在和蒋介石商量之后，就开始着手进行跑道工程改建任务，在军情紧急之下，跑道工程必须尽快完成。

那时，因为战争刚刚开始，不少难民从南京城郊涌向市区，她便命人招来一些青年难民，参与飞机起降跑道的修筑工作。而在兴修跑道的过程中，因为担心日本飞机轰炸，只有趁夜晚在暗淡的煤油灯光下施工。

穿飞行服的两人是远征日本空投"纸弹"后胜利归来的中国空军第十四大队队长徐焕升和副队长佟彦博。立于左侧的是孔祥熙。

由于开战之初，包括杭州笕桥航校在内的空军基地，便受到日本飞机的密集轰炸，那时中国飞机还没有地面掩体设施，许多停在地面的军机因为来不及起飞，被日本飞机击毁，几次空战下来，中国军机的折损率很高，飞机成了当时最宝贵的资财。因为飞机少，而发生了一机多用的情况。有青年飞行员提议在"霍克2"式和"霍克3"式战斗机上面加装投弹设备，让这些战斗机兼有轰炸机的功能，甚至在一些简陋的初级教练机上，也加装了投弹装置，做轰炸机用，可是，这种教练机一装上炸弹之后，起飞速度变得非常迟钝，所以效果十分有限。

早在日本对中国开战之前，蒋介石为了掌握空军，加紧对内对外备战，曾经通过关系，向苏联等国购买军用飞机。苏联基于让中国抵挡日本，缓冲其东方的军事威胁的考虑，曾提供若干苏制飞机，供中国军队用，但毕竟是杯水车薪，根本无法在战场上派上大的用场。

另一资料记载："8月14日，也就是日军进攻上海的第二天，中国空军首次出击，奇袭停泊在上海海面上的日本军舰，狂妄不可一世的日本海军陆战队被这突如其来的袭击搞得狼狈不堪，日寇第三舰队的旗舰'出云'号来不及躲避，被中国空军炸成重伤失去应战能力。当天下午，日寇18架轰炸机从杭州湾飞来，妄图偷袭我陆军阵地。中国空军第四大队大队长高志航奉命阻截，他率领27架战斗机穿云破雾，冲向敌群，杭州上空顿时枪炮轰鸣。飞机在半空中翻转飞旋，一会儿俯冲，一会儿拉起。经过激烈的战斗，我空军击落敌机六架，而自己无一损伤。"中国空军首战告捷，连主张消极抗战的蒋介石在8月15日的日记中都写道："倭寇空军技术之劣，于此可以胆寒矣！"宋美龄高兴之余，建议每年以8月14日为"空军节"。

然而，这种气氛并没有持续很久。抗战全面爆发之初，中国军队的空中力量突然尽失，严重地削弱了对日作战的能力，使中国人民为之振奋的空战局面只维持了三个月。

1940年1月，蒋介石与击落日机的空军飞行员合影。

抗战时中国空军在作过英勇战斗后消耗过大，又无法补充，迁都重庆时几乎无飞机可以应战，致使日机经常来狂轰滥炸。实际上"航空委员会"已无事可做。

为什么当年国民党空军这么软弱无力，据说与蒋夫人宋美龄领导有"方"有关。当年宋美龄确曾有过独断专行、"高见"误国之时。

1936年，国民党军政部航空署扩编为航空委员会，宋美龄出任航空委员会秘书长。虽然她身居高位，但论及她的领导能力，人们实在是不敢恭维。

当年，国民党空军的经费特别优厚，足以体现蒋介石对空军的高度重视。对于这笔经费的使用，是造飞机还是买飞机，一时间引起了争论。最后，还是"统一"到宋美龄的"高见"上。

宋美龄认为，世界各国飞机制造业发展迅速，型号日新，性能月异。一种飞机出世不久，很快就会被另一种更新的飞机所取代。这样岂不是买不胜买？要说造飞机，当时航空委员会下设两家飞机制造厂，一个在杭州，另一个在南京，生产"羊城"、"复兴"等飞机，宋美龄认为国产飞机不及正宗的外国货。这却是实情。凭着她对世界市场的了解和中国军队的需要，宋美龄提出了既不自己造飞机，也不马上买飞机的主张。她认为最好的办法还是把钱全部存到银行里生利息，到了必要时再买也不迟。因此，宋美龄自作主张地把空军的大笔军费，连同老百姓捐献的大笔航空救国专款统统存到了香港银行里。

表面看这一番"高论"颇有道理，但是宋美龄忘了，中国市场可以任她这位"第一夫人"呼风唤雨，可是世界市场则不会任由她来摆布。

不久，卢沟桥事变发生。此时，蒋介石总算下定了抵抗日寇的决心。宋美龄大笔一挥，同意立即大批进口飞机。但是生意场比不得上战场，从讨价还价、草签合同、付款发货，到运抵中国，海岸线早已被日本人封锁，一架飞机也进不来。当蒋介石听说作战飞机总共只有300架时，面色顿时大变，半天说不出话来。

国民党高级将领都知道，这些年，全国人民为实现"航空救国"的愿望，捐了多少钱！单是航空奖券储蓄一项，每期就是500万元。发了这么多期，该折成多少飞机？其他的还有献机祝寿，一县一机运动，全国有多少县，就是打个对折，一次运动少说也有500架飞机。再加上临时捐款、义演献机等，拿出千八百架飞机，绝对不应成为问题。怎么会只有300架飞机？

空军将领把宋美龄的全部"高见"和盘托出，听得蒋介石哑口无言。最后，蒋介石故作镇定地说道："没有空军，也要抗战！"

就这样，中国空军仅凭着300架飞机，与日本空军开始了一场空前的血战。虽然空军将士们士气高昂，技术娴熟，屡建奇功，但结果可想而知，日本飞机由于补充不断，越战越多；中国飞机因为得不到补充，越打越少。从8月作战开始，不到三个月时间，中国空军就完全丧失了制空权。一位当年在国民党空军服过役的老兵在"亲历记"中记录了这段令人悲愤的历史：

我随空军第二大队到了武汉，空军所剩经过修复的飞机不足十架，驻在江西南昌，专以溯江面之日军为目标，不到几天，全打完了，南昌机场空空荡荡的，没有一架飞机，只有跑道两旁的几面红旗在临风飘曳。空军人员住在远离机场的乡村师范学校里，从学校的楼窗可以遥望机场情况。南昌警报很多，日机常来，如入无人之境，任其低飞，任其扫射。我到南昌的第二天，适遇空袭警报，有一架日机竟在机场跑道上低空盘旋，降落于跑道，机上人下来走了几步，抽去一面红旗，然后从容登机，一飞而起，又盘旋数圈而去，空军人员遥望此类情况，气得直跺脚，悲愤已极。

对此，谁来承担责任呢？蒋介石不可能打自己夫人的板子，所以也只好不了了之了。

"飞虎队"的荣誉队长

宋美龄在蒋介石的授权之下，于抗日战争爆发前夕，全力整顿当时尚处于初创阶段的中国空军，之后，她卸下这副担子。但从美国人陈纳德应宋美龄邀请来到中国之后，空军大权就又掌握在宋美龄手中，因为不久，宋美龄就被封为美国来华志愿飞虎航空队的"荣誉队长"。至此，宋美龄以她"空军之母"的身份，在丈夫蒋介石与美国人之间扮演了桥梁角色，在某种程度上说，宋美龄成了事实上的中国空军司令官，曾任"励志社"总干事的黄仁霖就说过，宋美龄在那时是"直接指挥着中国空军"的。（见《黄仁霖回忆录》第九章《记战地服务团》，第117页。）

蒋介石、宋美龄与在空战中击落日机的空军将士合影。

除了蒋介石对夫人的授权，使其担任中国空军的幕后负责人之外，宋美龄所以一直以"我的空军"自豪，其重要原因，和她同时又是抗日时援华的"飞虎航空队"荣誉队长有关，而宋美龄能够掌握空军大权，更和她邀请了陈纳德来华援助空军作战有直接关系。

1937年初春，陈纳德收到了宋美龄的一封信，问他是否愿意到中国当空军顾问，月薪1000美元，此外还有额外津贴、专用司机与轿车、译员，并有权驾驶中国空军的任何飞机。因病而离开军职的陈纳德立刻答应，4月1日即由旧金山搭乘邮轮赴华，护照上面写的是到中国"考察农业"。此后，陈纳德与中国结缘，成为家喻户晓的"飞虎将军"。（《陈纳德与中国》）此行使陈纳德在中国天空找到了施展才华的舞台。

陈纳德原是美国得克萨斯州的一位乡村学校教员，在第一次世界大战中，作为三个孩子的父亲，经过多次申请，他终于如愿以偿地当上了一名飞行员。1920年加入陆军航空兵，以后在飞行学校、空军战术学校任教，陈纳德出版的战术教材曾在国际航空界引起轰动。因为耳聋他于1936年退役。

1937年6月初，陈纳德抵达上海，一个炎热的下午，霍布鲁克将军带他去见宋美龄。当晚，陈在日记上写下他会见宋美龄的印象："将永远是我的公主。"陈答应在两个月内向宋美龄提出对中国空军的考察报告。

之后，蒋介石在庐山召见陈纳德和中国空军总指挥部副总指挥毛邦初（毛邦初是浙江奉化溪口岩头村人，为蒋介石元配、蒋经国生母毛福梅的同宗本家，黄埔三期生，曾任航校副校长）。

在陈纳德的回忆录中有如下描述：

　　寒暄过后，蒋委员长就转向毛将军，严厉地用断断续续的中国话责问他关于空军的情况。这时候，蒋夫人与我站在一旁，她向我翻译他们的对话：

　　"可以作战的第一线飞机共有多少？"蒋委员长向他严厉问道。

　　"91架，委座。"毛将军回答。

　　这时候，蒋委员长的面孔变得通红，我想他快要爆炸了，他在地上大踏步走来走去，然后说了一大串带齿音的中国话，蒋夫人中止翻译。毛将军面无人色，立正不动，眼睛直视面前。

　　"蒋委员长在恐吓他要枪毙他呢！"蒋夫人向我耳语道。"航空委员会的记录是第一线可以作战用的飞机有500架。"

　　这是我认识蒋委员长八年中唯一一次目睹他的震怒。最后，他火气降了一点，转向我用中国话问道："据你所知情形到底如何？"蒋夫人为我译成英语："毛将军报告的数字是对的。"我答道。"继续讲下去！"蒋夫人催促我道："告诉他实际情形。"

　　陈纳德便坦诚地向蒋说明他对中国空军的观感，他说他们"还没有准备好作战"。陈连续讲了20分钟，蒋夫人向他使眼色叫他止住，蒋匆匆离开，毛邦初一直立正站着。这一场会面奠定了蒋对陈纳德的完全信任。

　　在陈纳德正式来到中国协助作战之前，中国空军号称有军机500架，但实际上真正具备空战能力的只有91架，而且训练十分草率。

　　为了让装备本来就比日军差得多的中国陆军不致在完全失去空中掩护的条件下作战，时任中国航空委员会秘书长的宋美龄向陈纳德提出组建一个外籍空军兵团的想法。陈纳德接受了宋美龄的建议。

　　陈纳德在昆明市郊区组建了一所航校。从1937年起开始帮助中国训练中国飞行员，并招募到一批优

　　蒋介石与陈纳德

秀的美国空军预备役军官到航校任教官。抗战开始后，他看到日军飞机在中国上空横行霸道，如入无人之境，认为中国空军实力和技术有限，建议由美国提供轰炸机和驱逐机，并招募美国飞行员参加对日本基地的轰炸行动和支持中国军队作战。蒋介石因此于1940年11月，指示正在美国活动的宋子文向美国方

在抗日战争中立下战功的飞虎队

面提出了由美国提供500架飞机，在中国设立机场，轰炸日军，支持中国军队实施大反攻的建议。罗斯福总统和军方、外交部门进行会商后，认为中国提出的计划切实可行。1941年3月间，美国通过《租借法案》，美国飞行员可以到中国进行作战。陈纳德开始在美国招募飞行员，条件是月薪750美元，每击落一架日本飞机可得500美元。关于飞机却不很顺利，因为美国军方当时手中根本没有500架飞机可以调出，只得将准备交付英国的100架P—40驱逐机先给中国使用，1941年6月间这批飞机陆续到货。1941年8月1日，美国空军志愿队正式在重庆成立，陈纳德为总指挥。这支部队的飞机头部都绘成鲨鱼嘴状，并且定名为"飞虎队"。

之后，陈纳德正式参与中国空军的训练与作战，指挥上海、南京和武汉对日空战，在昆明训练中国空军并建立一个复杂的地面警报系统。宋美龄还曾嘱咐陈纳德，在中国飞行员还未培养出来之前，不妨雇用西方雇佣兵。1941年夏天，陈纳德筹组的"美国志愿队"成员陆续来华助战。

1941年12月7日，日本偷袭珍珠港，太平洋战争爆发。12月20日，十架日军轰炸机飞临昆明，准备进行轰炸，陈纳德一声令下，美军志愿队十几架战斗机直冲蓝天。

美援P—40驱逐机运抵昆明机场。

这场空战，志愿队取得了9：0的辉煌战果。此后，激烈的空战频繁进行，志愿队员以20架可用的战斗机迎战总数超过1000架的日本战机。在31次空战中，志愿队员共击毁敌机217架，自己仅损失了14架，5名飞行员牺牲，1名被俘。对美国空军志愿队取得的辉煌战绩，中国军民纷纷赞扬他们是飞虎队。

1942年2月28日，蒋氏夫妇在昆明宴请飞虎队，宋美龄当场用优美的语言表达了她的感激之情："在中国国运最严重的关头，你们带着希望和信仰飞越了太平洋来到中国。因为这个缘故，不仅我国空军，而且我们全国都展开双臂来欢迎各位。委员长曾道及你们光辉和英勇的事迹，他并且赞誉飞虎队为举世最勇敢的一支空军。当你们翱翔天空时，你们无异是用火焰在空中写出一些永恒的真理，给全世界都看到……"

"飞 虎" 扬 威

中国新成立的空军固然英勇，然而英勇却没有后勤支援的空军，却一直缺乏新的武器补充。从1937年开战以来，中日空军之间历经了八一四空战、九一九首都空战、四二九空战、武汉保卫战等各种大小战役，中国空军由原先的三百余架战斗机，到20世纪40年代初期已不足百架战机，如果再不休整补充，中国空军就可能没有任何完好的飞机升空迎战。补充新的人员和新式战机，成为当时的当务之急。可是，在中日开战之初，美国力行中立政策，不愿意卷入中日战争，因而，中国方面只好想出招募志愿航空队的方法，来解决燃眉之急。陈纳德就是在这样的背景下，造就出来的一位时代英雄。

据黄仁霖回忆，志愿航空队成立的过程凝结着陈纳德的心血。他"采取的第一个步骤，就是征召一批外国航空人员，这些人像他一样，愿意为中国作战。在上海就有许多志愿参加的航空人员，但其中只有少数几位有资格充任战斗驾驶员。陈纳德大约挑选了十几个人，其中有英国人、美国人、荷兰人以及法国的一些经历过战争的驾驶员，他把这些人组织成一个国际志愿队，简称IVG……国际航空志愿队虽然很英勇，但是却无法阻遏日本空军进攻的决心，仅仅支持了几个月，便被消灭了……那时宋美龄正担任航空委员会秘书长，直接指挥着中国空军。她和陈纳德、宋子文、孔祥熙以及其他美国朋友威廉姆·鲍来等，想出了一个办法，要去征召一批美国飞行员和美国飞机来组织第一个美国航空志愿队。因此，加强雇用美国的'飞虎航空队'的美籍飞行员，成了别无办法的办法。"

在美国的对华援助中，陈纳德的飞虎队立下不朽功勋。

在抗战中，中国空军付出了极大的牺牲。这是蒋介石夫妇接见空军遗属子弟。

珍珠港事件后，美国通过了向中国提供约13亿美元军用物资和商品的法案。美国同意援助，但是如何把数量如此之大的货物运到中国成为难题。特别是滇缅公路被切断，中国陆路上的国际通道关闭。地上、海上已无路可走，唯一的办法就是从天上走。

1942年10月8日陈纳德在写给美国总统特使温德尔·威尔基的信件中，就提出开通"驼峰航线"的建议。从昆明经缅甸到印度的航线上，山峰连绵起伏，有如驼峰，这就是抗日战争时期著名的"驼峰航线"。

美国方面先把各类援华物资经海路运到当时处于英国控制下的印度东北部港口，然后运到靠近中国边境的阿萨姆邦，再用飞机空运到中国西南地区。从四川、云贵到南亚印度的阿萨姆邦，要飞越横断山脉、喜马拉雅山脉、金沙江、澜沧江、怒江，航线全长1120余公里。航线并不算太长，难度是在航线沿途大都是高达5500米到7000米的高山。在高山顶上飞行，既有未标明海拔高度的山峰，还有难以预料的雷电等变化不定的气候，从东南亚起飞的日军飞机经常进行拦截，均对运输构成巨大的威胁。因此，驼峰航线又被称为"天空地狱"。

在这条最危险、最可怕的航线上，在抗战最后几年间，分外繁忙，每天都有飞机飞来飞去。在这条航线上飞行的，是陈纳德指挥的美国第十四航空队。原来美国陆军方面接受了史迪威的建议，对在中国投入空军力量并不感兴趣。只是由于陈纳德的坚持，美国空军也出面劝说罗斯福支持中国空军，以加强对日寇的打击力度，1942年7月4日，飞虎队才被改组为美国空军第十航空队第

207

二十三战斗大队，陈纳德也因此升为准将。第二十三战斗大队每月运输的货物已达3000吨，在当时飞机载重量有限的情况下，能够达到这一水平已需经过较大的努力。陈纳德对自己辛辛苦苦拉出的航空队伍还得接受第十航空队的指挥深为不满，在10月威尔基访华时，他请威尔基给罗斯福总统转交报告，再次要求拨给500架飞机。

　　1943年2月，美国空军代表安诺德到达中国，在与蒋介石的会谈中，蒋介石为遏制已经与自己闹得很僵的史迪威，提出应授予陈纳德独立指挥权。1943年3月，罗斯福致电蒋介石，提出第二十三战斗大队改组为第十四航空队，由陈纳德任总指挥并晋升为少将；第十四航空队要装备500架左右的各类飞机，每月运送的美援应增加到一万吨。3月10日，第十四航空队正式成立。5月8日，罗斯福通知宋子文：自7月1日起，经由印度运到中国的货物，每月增加到7000吨，其中5000吨归陈纳德的空军，其余2000吨归陆军（史迪威控制）；如果印度阿萨姆邦机场扩展工程如期完成，每月运输将增加到一万吨。

　　第十四航空队身负战斗和运输两大任务。航空队的空中作战取得了颇为辉煌的战绩，如在当年7月20日飞往汉口、广州、衡阳等地上空，向日寇发动进攻，

宋美龄最喜欢的配饰就是飞鹰徽章。

对包括零式战斗机在内的日机进行起飞拦截，结果日机一共被击落153架，把一贯在天空横冲直撞的日本飞行员打蒙了。运输则更为可观，在驼峰航线上500多架C—46、C—47、C—54型运输机每天穿梭飞行，从每月运输80吨增加到每月最多时达8万吨。中国航空公司则共飞越驼峰航线8万架次，运载乘客3.3万余人。由中国运到印度的物资有24.7万吨，由印度运往中国的物资有50.8万吨，其中第十四航空队运输了65万吨。

为维持这条运输线，中美两国人民付出了巨大的代价。复杂的航线、多变的气候、繁忙的任务以及日军的拦截，使很多飞机坠毁在高山顶上。据不完全统计，中国航空公司共损失飞机46架，牺牲了25个机组和十余名随机人员，还有多架飞机被日本驱逐机击落。美国空军损失飞机468架，平均每月13架，牺牲人员1579人。因为美国飞机事故太多，1943年，美国特工在缅甸组织了救护队，专门抢救坠机遇难的飞行员，营救出125人，但不到遇难飞行员的三分之一。在这条航线下面宽50英里的地面上，散落在山头山坡上的铝质飞机残骸到处可见，在阳光下竟然可以成为飞行员的地面反光路标。直到20世纪90年代中期，在中国西南地区还发现了当年失踪的飞机残骸和飞行员的遗骨。在这些数字面前，人们会肃然起敬。人类就是以牺牲换来了消灭法西斯的胜利，推动了人类正义事业的前进。

至战争结束，第十四航空队以500架飞机的代价，共击落敌机2600架，击沉或重创223吨敌商船、44艘军舰、13000艘100吨以下的内河船只，击毙日军官兵66700名。

中国人民对这位传奇将军给予了隆重的礼遇。在重庆成千上万的中国民众把陈纳德的汽车抬起来，走上层层台阶，一直抬进一个广场。观礼台上装饰着飞虎队的标志，松枝与鲜花构起一道长虹。中国政府授予陈纳德最高勋章。由于飞虎队员的出色表现，大多数队员均得到了中国政府的嘉奖。

三十多年以后，宋美龄对那些飞虎队员依然感念不已。她说："回忆1942年2月间，我偕同今'总统'委员长赴昆明视察飞虎队。我对这群青年——我这群可爱的青年——以少克多之勇武事迹，如圣书上'大卫'和'歌利亚'之斗的那种维护正义的艰巨任务。而今岁月推移，时事变迁，我对此仍记忆犹新。"

"尤感欣慰者乃是我曾为他们的荣誉司令并于促成组队之实现略尽绵薄。而

陈纳德与蒋氏夫妇在一起

际此撰拟纪念之文，仍可想到当时的情景，有些青年是团团而肥胖的婴儿脸，松松的头发，带着愉快表情的碧眼，有些青年头发整洁，眼神锐利——仪容焕发的神态充分表现一种进取、信心、发愤和牺牲的精神。勇武庄重令人欣羡！如此可令人敬佩者，主要由于一位人物对他们不时灌输坚毅的团结精诚。"

但是，"飞虎航空队"成员毕竟不是神仙，也有他们的七情六欲，于是最为时人所厌恶的一些问题，不约而同地出现了。

例如，"招待所（指'励志社'的美军招待所）的职工除了对经手采购食品和招待所用物品索取回扣外，还和美军串通一气，贩卖黄金、美钞、手枪以及其他走私物品……"至于吃喝玩乐，更是不在话下。

蒋氏夫妇与陈纳德的合影

对这些令人厌恶的现象，宋美龄似乎也感觉到了问题的严重性，于是，在一次向飞虎队的演讲中，宋美龄十分直率地说："……你们的司令官曾经一再告诫各位要注意纪律。这是一个讨厌的字眼，是不是？空中要有纪律，地面也要有纪律，没有纪律我们将是毫无成就。因此我本人，以贵队

荣誉队长的身份，也要将更多的纪律灌入你们的耳中。"

"我要较陈纳德将军更进一步，我的意思是内心的纪律，仅仅遵守纪律是不够的，我们必须有内在的纪律，才能充分发展我们的人格。……但是我要各位子弟们牢记一点，即全中国对你们都很爱护，因之我要你们的品性行为，处处配

飞虎队的鲨鱼嘴令日本飞机胆寒

得上你们贵国的伟大传统。我要你们留给我国人民一个印象，一个真正代表美国国民的印象。我深信并知道，你们不论在中国何处，一定会使你们的行为让人看得起。"

"请你们原谅我这样直言，或许我应当对你们很客气……我希望你们每一个，无论在空中或在地上，总会记住你们是中国的客人，同时你们所做的每一件事将使你们贵国有面子。"

关于陈纳德还有如下的记述：

陈纳德担任第十四航空队司令期间与中缅印战区美军司令兼蒋介石参谋长的史迪威将军发生过严重冲突。史迪威是陈纳德的顶头上司，出身于西点军校，陈则为"杂牌军"，两个人在个性、脾气、战略与政治观点上都南辕北辙，史厌恶蒋宋孔家族及国民党统治阶层，陈则交好蒋宋孔。史、陈不睦，经常闹至陆军部（美国空军从1947年开始脱离陆军而成为独立兵种）和白宫，陆军参谋长马歇尔与陆军航空队司令阿诺德都支持史迪威；陈纳德多亏罗斯福总统的远亲、当幕僚的专栏作家艾索普关照，有些事情才可以"通天"而得到白宫支持。1948年8

蒋氏夫妇慰问在抗战中牺牲的空军将领高志航的母亲。

月，陈纳德奉召返国，蒋授予他青天白日勋章。（《陈纳德将军与中国》）

"空军之母"的特权

1938年3月，一则美联社的电讯称："据可靠消息，蒋夫人将辞去中国空军司令的职务。"事实确实如此，当时军事委员会改组，宋美龄推荐钱大钧为航空委员会主任，自己于1938年3月辞去秘书长职务，致力于对外宣传，特别是对美国方面的宣传和呼吁工作。为什么辞职，美国的《时代》杂志曾作了详细说明："一般认为，战时工作的紧张损害了她的健康，这可能是她不久将要辞职的原因。实际上，在过去的数月间，蒋夫人一直安静地住在香港，把她一贯称为'我的空军'的指挥权交给别人。"

虽然宋美龄早已卸任，由于是"空军之母"，也就有了特权，抗战之时，宋美龄拥有一架"美龄号"专机，是DC3型的最新机型（当时别号"空中霸王机"），每次出门，都有照顾她衣食住行的男女仆人三十余人随行，所以必须另外准备一架飞机，作为运输衣物、生活用品及低级随行人员之用。

国民党到台湾后，宋美龄离台乘专机一事在台湾被新闻媒介炒得沸沸扬扬，结果一些有关宋美龄的陈年旧事也随之被揭露出来。

一位名叫洛佩斯的美国退役军官这期间曾向台湾记者讲述了一件发生在抗战后期的事情。他说，1944年，正值中国抗日战争的关键时期，由于日

宋美龄为台湾"空军军史馆"剪彩。

军切断了几乎所有的补给线，送往中国境内的一部分补给，就只好依靠美国空运指挥部用运输机飞越喜马拉雅山（即所谓的"驼峰"）来运补。这是一项颇为艰巨的任务。在这条飞越驼峰的航线上，美国飞行员所付出的代价是十分惨重的：损失了数百架飞机和上千条人命。可就在这时，几位一直执行驼峰空运任务的战友告诉他一个他们发誓说是千真万确的故事，故事的主人公是宋美龄，也就是当时蒋委员长的太太，为她重庆的宅邸由美国买进了一批昂贵的古董家具，其中还包括一架大钢琴，尽管中国抗日战场上急需军用物资，但由于宋美龄老子天下第一，她的家具和钢琴当然被列为第一优先，立即装上了一架要飞往中国的C—46运输机。那架运输机的驾驶员给惹火了，因为他知道中国国内非常迫切地需要战争补给品，而不是宋美龄的家具和钢琴。于是在快飞到航线终点的时候，他就用无线电报告说，飞机有一具引擎失灵，需要抛掉整舱的货才能维持飞行的高度。身为飞机驾驶员，这些措施完全没有超出他的权限范围。这位美国军官在向记者讲述这件事时还特别谈了他的感受：每当想起那架钢琴在崎岖的高峰侧面弹跳滚落的情景，我总觉得其味无穷。

抗战胜利后，陈纳德借助宋美龄的力量组织了民用航空公司，陈为总经理，他的主要工作是联系蒋介石、宋美龄，购买美国剩余战略物资的飞机和零件，以及美国驾驶员的管理等，因为驾驶员大多是飞虎队的老班底，是他的部下，别人控制不了。

国共内战爆发后，当蒋介石的军队被围时，陈纳德的飞机为其空投粮食，例如，辽沈战役中，公司集中了很多架飞机，专向沈阳空投粮食；淮海战役时，公司集中飞机由南京空运粮食到前线，接济蒋军。

1949年11月，解放大军向西南进军，重庆残留的蒋介石集团军政人员，纷纷逃往台湾、香港。可是当时空军运输机忙于撤运空军人员，无力顾及。中国、中央两航空公司的飞机，大部分已起义飞向人民。陈纳德的民航队将大批国民党的重要官员和一些重要物资抢运到了台湾。

1975年，台湾又一次出现了悼念老飞虎队的活动。宋美龄发表对陈纳德将军的纪念文，并亲自播讲录音，于陈纳德将军逝世17周年追思礼拜上播放。

宋美龄的纪念文章又一次肯定了陈纳德的贡献，她说，在抗战之前，当我

213

出任航空委员会秘书长期间，这个人就是我的顾问，当时他予我的印象是：具有
缄默及高度工作效率能力，恰当运用空战策略和苦心孤诣发挥有限资源之最大效
用。在我们事态急转直下的发展期间，若干顾问在实际情况考验中有望尘莫及之
感，而他确是一位卓越的领导者。能有此选择，他确未负殷切的期望。

　　文章还赞扬道：飞虎队的青年们对他敬爱尊重，他是一个卓越的空军战术
家，谈吐温和、意志坚定、待人热诚。对部属虽求纪律严明，但不缘近苛求。因
此，在他领导下，他能做到充满意气相投和亲如手足的亲爱精神。

正在飞越"驼峰"的美国军用运输机。

宋美龄 全传

Biography of Song Meiling

第八章

西安救夫

为了逼迫东北军和西北军"剿共"，蒋介石来到西安督战，没想到却激变出震惊中外的西安事变。

为了抗日，张学良"三谏"蒋介石。由"直谏"，到"哭谏"，最后实行"兵谏"。对南京方面轰炸西安的命令和"讨伐令"，宋美龄直截了当地责问何应钦："若有其他途径可寻，又何必求军事解决？张、杨要求的不过是'抗日'二字，何必大动干戈？"

事变发生后第十一天的早晨，蒋介石在《圣经》中读到："耶和华将会有新作为，将令女子护卫男子。"这天下午，宋美龄来到他面前。

宋氏兄妹的联保，张学良夫人的抗争，仅仅保住了少帅的性命，张学良从此失去了自由。宋子文警告蒋介石："你不要做人，我是要做人的！你碰汉卿一根毫毛，我非给你拼到底不可！我就把全部内情公布于众，不仅让国内老百姓知晓，而且向全世界发布新闻，让外人也可以了解你！"

兵谏，蒋介石被扣西安！

宋美龄和周恩来说了同样的话："我们对不起张汉卿（张学良字汉卿）！"

在蒋介石看来，国共武装斗争已经较量近十年，如今红军已被赶到陕北，国民党军已占据了绝对优势，只要再进行最后一击，便可全胜收兵了。1936年10月，蒋介石踌躇满志地飞临西安，亲自指挥实施"剿共"的"通渭会战计划"。

蒋介石一到西安，立即就在东北军将领张学良、西北军将领杨虎城和陕西省主席邵力子等人的陪同下，游遍陕西名胜。当蒋介石在谈话中得知张学良在看《唯物辩证法》《政治经济学》等书时，马上像辅导小孩子一样说："我在十几年前，看了不少这样的书，这些书都是俄国人写的，不适合中国的国情，你看了是会中毒的，以后不许你看这些书！你以后要好好地读《大学》和《曾文正公全集》等书，你把这些书读通了，将一生受用不尽。"

发动西安事变的爱国将领
张学良将军

对内战为先抗日为后的"攘外必先安内"政策早已表示不满的张学良将军，直言不讳地对蒋介石表示，如今国难当头，千钧一发，只有停止内战，一致对外，怎么能还打内战呢？并表示"停止内战，一致抗日"已成为东北军全体将士的主张。杨虎城也曾在与蒋的接触中表示，个人服从命令参加"剿共"没问题，只是部队抗日情绪高涨，"剿共"士气低落。此话是说给蒋介石听的，蒋介石自然也听出其中的奥妙。

爱国将领杨虎城将军

在这样的情况下，为了统一意志，步调一致，蒋介石决定亲自到这两支部队中煽动"剿共"。

10月27日上午11时，蒋介石在张学良、杨虎城的陪同下，由临时行辕临潼华清池来到王曲军官训练团训话，他大讲目前还不能抗日的"道理"，当然他的训示还包括：军人以服从命令为天职；任何违抗命令的人，将受到法律的制裁，等等。他的训话引起在场大部分军官的反感，会场秩序很乱，会场上的"攘外安内"标语也不知什么时候换上了"安内让外"。为防止出事，张学良和杨虎城取消了原定的蒋介石训话完毕后与前面一排高级军官握手的程序。

针对会场上的混乱和事后军官训练团内部对训示的反感情况，蒋介石要张学良、杨虎城把"危险分子""左倾分子"名单开列出来，进行惩处。张、杨以苗剑秋等已"畏罪潜逃"为由没有采取行动。

10月30日，蒋介石飞赴洛阳，表面上为"避寿"，实际是在紧张地部署"通渭会战计划"。

但是，蒋介石没有料到的是，公开反对此次"剿共"战争的竟然是此次作战计划中的主力——东北军的张学良和西北军的杨虎城。

蒋介石的计划之所以遭到抵制，答案很明显，当时日寇打进中国国门已经五年，中日之间的民族矛盾已上升为主要矛盾，抗日救国已经成为全国人民的共识。

此时蒋介石正在思考着面临的军事问题：现在已到了十年"剿共"战争的关键时刻，消灭红军已经指日可待，无论如何不能放弃"剿共"，使自己十几年的努力功亏一篑。

蒋介石和张学良在一起。

蒋介石（右三）与张学良（右二）、杨虎城（右五）在西安西关大操场阅兵。

右起：杨虎城、宋美龄、蒋介石、张学良等游览茂陵时的合影。

1936年10月30日，蒋介石在洛阳五十寿庆时的合影。右起：阎锡山、蒋氏夫妇、张学良。

蒋介石、宋美龄在寿宴上的合影。

蒋介石决心已定，他前往西安的目的就是要逼迫张、杨服从他的政策。

蒋介石亲自宴请东北军、西北军的军师级高级将领，表示要他们在"剿共"完全胜利的最后五分钟内，作出一份贡献。同时，他也发誓说，只要消灭红军，他一定可以带上东北军回东北去。

同时，对于张学良、杨虎城将军，蒋介石则明确摊牌：东北军、西北军全部开上陕甘前线，中央军随后督战；否则东北军调福建，西北军调安徽，陕甘由中央军负责"进剿"。这无疑是把张学良、杨虎城逼上梁山。全部上前线作战，显然不可能，因为东北、西北两军已与红军签订互不侵犯条约，更为关键的是因为不能再打内战；南调，两军分开，"三位一体"被打破，显然是给蒋介石分而治之提供条件。对张学良、杨虎城来说，"剿共"和被分而治之，都是他们不愿看到的结果。为了达到抗日的目的，只有采取非常的手段。

12月4日，蒋介石再次飞到西安，住在距西安城东四十里的临潼骊山脚下的华清池内。

12月7日，张学良再次求见蒋介石，恳求蒋介石："无论为国家、为民族的利益着想，还是为委员长的个人威信着想，都应该停止内战，共同抗日。不停止内战，不举国团结一致，就谈不到抗日；不抗日，也就谈不到救亡图存。现在全国的人心，都一致要求政府抗日，若再继续'剿共'打内战，必然丧失人心，绝对不会有好结果！请委员长三思而行！"此时的张学良，已经泣不成声了。

蒋介石不为所动，而且与张学良发生激烈争执。三个小时后，两人依然各执己见，最后蒋介石把桌子一拍说："你现在就是拿枪把我打死了，我的'剿共'政策也不能变！"（《张学良与西安事变》，第88页。）蒋介石坚决不听张、杨苦劝一致抗日，反而更严厉地督责和威胁他们。

张学良的"哭谏"没有效果，离开蒋介石后，他与前来讨论事态的杨虎城决定，只有采取

1936年12月初，到西安督师"剿共"的蒋介石（前排左一）抵达西安车站时，张学良（前排左四）、邵力子（前排左三）、杨虎城（前排左二）等前往迎接。

最后一招：发动兵谏。此前两人在洛阳向蒋介石祝寿时，曾有过采用非常手段逼蒋抗日之议。如今，两人觉得"和平"、"劝说"、"哭谏"等方式都已无用，特别是面临东北军和西北军被分别南调和各个击破，反共内战又起的形势，再不行动就会坐以待毙。12月8日晚，张学良秘密来到发府街芷园，与杨虎城商讨兵谏事项。具体部署是：

东北军负责到华清池捉蒋，对蒋介石只能活捉，不能伤害。西北军负责扣压全部中央军政大员。

12月12日凌晨，华清池响起了兵谏的枪声。黎明时分，于寒风中颤抖着躲在骊山虎斑石后的蒋介石被活捉；同时，西安城内蒋介石系的军政要员陈诚、朱绍良、卫立煌等十余人也悉数被拘禁。这就是震惊中外的西安事变。

西安事变当天，张学良与杨虎城等19人联名致电国民党中央执行委员会、国民政府主席林森、各院部会等，提出八项要求，张学良还以个人名义致电宋美龄。

蒋夫人赐鉴：

学良对国事主张，当在洞鉴

西安事变前的张学良与杨虎城。

1936年10月宋美龄与蒋介石游茂陵。

之中。不意介公为奸邪所误，违背全国公意，一意孤行，致全国之人力、财力，尽消耗于对内战争，置国家民族生存于不顾。学良以待罪之身，海外归来，屡尽谏诤，率东北流亡子弟含泪剿共者，原冀以血诚促其觉悟。此次绥东战起，举国振奋，介公以国家最高领袖，当有以慰全国殷殷之望，乃自到西北以来，对于抗日只字不提，而对青年救国运动，反横加摧残。伏思为国家、为民族生存计，不帽（忍以）一人而断送整个国家于万劫不复。大义当前，学良不忍以私害公，暂请介公留住西安，妥为保护。耿耿此心，可质天日。敬请夫人放心，如欲来陕，尤所欢迎。此间一切主张，（以）文电奉闻。挥泪陈词，伫候明教。张学良叩。

张学良这封信的主旨是向宋美龄说明西安事变的苦衷，希望得到她的理解。

张学良还给孔祥熙发了一电："伏思中华民国非一人之国家，万不忍以一人而断送整个国家万劫不复之地。弟爱护介公，八年如一日，今不敢因私害公，暂请介公留驻西安，促其反省，决不妄加危害。"（张魁堂著《张学良传》，第204页）两电都提到保证蒋介石的安全，从而增强了孔、宋营救蒋介石，争取和平解决西安事变的信心。

后立者为端纳（右）和黄仁霖。

13日，蒋介石曾想给宋美龄拍电报说："美龄吾妻：余决心殉国。余死后，余之全部财产由汝继承。望汝善视经国、纬国两儿，有如己出，以慰余灵。愿上帝赐福予汝。蒋中正。二十五年十二月十三日。"蒋介石把电报交给了宋文梅，宋则把电报交给了张、杨将军，因而此电并未发出。

这是蒋介石被扣后对外作出的第一个决定，其中可看出蒋介石最初的打算：一是他确实不准备向张、杨作出让步；二是让宋美龄关心刚成年的蒋纬国和断绝音信、远在苏联的蒋经国，说明大难之际他最担心的是宋美龄和两个儿子的关系。

旋涡中的勇毅

西安事变时正值星期六，孔宋家族主要成员正在上海，宋美龄在上海主持国民政府航空委员会的改组，得知消息后极为震惊，焦急万分；孔祥熙立即致电张学良，表示张学良爱国心切，必有不得已苦衷，但要委婉协商，不要反为仇者快，以先稳住西安方面。宋美龄立即和孔祥熙、宋子文等人连夜出发，在13日清晨到达南京。当他们见到张学良、杨虎城的通电后，觉得主要是为了抗日，只要同意抗日，事变应该可以得到和平解决，三人的主意已定。为营救自己的丈夫，宋美龄竭尽全力一方面与南京政府主战派唇枪舌剑，另一方面紧张地展开营救蒋介石的活动。

但是这时，蒋介石的情况究竟如何，张学良、杨虎城两将军的意图到底是

曾与张学良相处六年之久的端纳，对张学良非常了解，相信他不会杀蒋。这是早年张学良、于凤至（右一）、端纳（右二）等在乾清宫前的合影。

什么，这些情况宋美龄都无从知晓。（12月12日，张学良拍给孔祥熙、宋美龄的电报，由于南京方面有意扣压，使孔、宋等人无法知道西安扣留蒋介石的真实情况。）所以，首要的问题是必须了解到真实的情况。宋美龄很快找到了两个合适的人选，建立了与张学良直接沟通的有效渠道。这两人一个是1934年出任蒋介石顾问的端纳。但蒋在《西安半月记》中说："端纳者，外间常误以为政府所聘之顾问，实则彼始终以私人朋友资格常在余处，其地位在宾友之间，而坚不欲居客卿或顾问之名义。"宋美龄在《西安事变回忆录》中亦称，端纳"彼昔为我先父之友，但常为我家之宾，亲朋皆呼为'端'"。端纳认识宋嘉树时，宋从事印刷《圣经》工作，宋美龄还是一个小学生。据称后来为拘禁张学良事，端纳与蒋有所争执。端纳于1942年在菲律宾遭日军拘禁，经菲律宾抗日游击队救出，1946年在檀香山罹患肺癌，宋美龄闻讯乃派机去接端纳，端纳于11月去世，终年71岁。

另一个是黄仁霖。他是"励志社"及"新生活运动"的负责人，个性圆融，长于交际，是宋美龄的亲信，也深得蒋介石信任。

对于当年的情况，端纳回忆说：12日下午他回到饭店的房间，看到桌子上放了好几个电话留言，要他马上给宋美龄回话。他打电话在孔祥熙家找到宋美龄，她轻声地要他马上过去。他来到孔家时，宋氏家族的几个成员已经聚在那里了。宋美龄紧张地说："西安已发生了兵变！委员长被绑架处死了。"端纳回答说："我绝不相信。首先，我不相信少帅会造反；其次，我也不相信委员长已经遇害。"当晚，孔祥熙夫妇、宋美龄和端纳一起离沪去南京，计划由端纳赶紧去西安了解真相。

对于突发的西安事变，宋美龄的心态和所作所为还可以从她的亲信黄仁霖的回忆中窥见一斑："12日早晨我被蒋夫人召了去，告诉了我这个惊人的消息。我当时呆住了，不知道该说些什么来安慰她。终于我勉力告诉她，我愿意为她去做任何事情，只要她吩咐好了。她挑战似的问我：'如果我要你到西安去，看望委员长，你愿意去吗？'我毫不犹豫地回答道：'当然，我愿意去！'当晚，我们便乘夜车前往南京。"

13日早上，宋美龄这一行人正在用早餐时，军政部长何应钦等人进来了，宋美龄告诉何：她和端纳要去西安。何应钦对端纳说："任何人都不能去西安，我们正对西安进行讨伐，委员长已经遇难。"端纳反驳说："你说委员长已经死了，我说他没有死，在真相弄清之前，你不能进攻。"何厉声说："他死了，我们已下讨伐令。"

黄仁霖在其回忆录中说："蒋夫人不仅为了丈夫的安全，亦是为国家前途起见，正在争论时，她提议先派遣一批可靠而能信赖的人员，并为张学良所能接受的人，前往西安，做初步的接触，以期确知委座的安全健康情形，他是否身体健康，或是受了伤，或是如所怀疑的，已经遭遇不幸？然后再谈其他。""内阁会议中午结束。端纳先生和我二人，因能取得双方的信任，且互有交情，便被选任前往西安一行，并准许我们有整整一小时的时间去做准备，立即前往西安，在动身之前孔代院长给了我一个命令，他说：'你的任务是用你的眼睛，亲自看到委员长，亲眼看见。看见他了之后，马上回来向夫人和我报告，你所亲眼看到的确实情形。就是这一点，不多亦不少。如果委员长健康而安好，那么谈判之门，还是敞开着的。'反面的说明，他并没有再详细申述，留待我自己去解释了。他又说：'仁霖，这是很重要的，祝你好运'。"

端纳对张学良十分了解，相信他不会杀害蒋介石。可是等了一个上午，仍然没有得到张学良的音信，使他感到焦虑；宋美龄也发出端纳即将启程赴西安的电报，但仍没有得到西安方面的回应。到了中午，端纳与宋美龄商议决定端纳即日飞往洛阳，次日飞往西安。14日一早，端纳飞往洛阳，在转往西安之前，接到宋美龄的电话，说她已得到张学良的复电，张要求端纳马上飞往西安。

14日下午4时左右，一架小型飞机出现在西安上空，并用小型降落伞投下一个信筒。当兵的捡到后，立即送往张学良处。端纳在写给张学良的信中表示，受蒋夫人的委托，希望会见张学良将军，如果同意，请在机场上点起烟火。张学良急忙命令点火，让其降落。端纳带来了宋美龄给张学良和蒋介石的

西安事变后第三天，端纳带着宋美龄的信飞到西安见张学良。

225

信。宋美龄给少帅的信，就是她回复少帅的电文，她为更有把握，将这封电文又以书信形式交给动身到西安的端纳，请他亲自交给少帅。信中写道：

西安张副司令汉卿兄勋鉴：

奋密。昨在沪上，惊悉西安兵变，即晚来京，接奉文电，深以为慰。吾兄肝胆照人，素所深佩，与介兄历共艰危，谊同手足。在沪未接电前，已知其必承吾兄维护，当决无他；来京获读尊电，具见爱友之赤诚，极为感慰。惟精诚团结，始足以御侮抗敌；沉着准备，乃足以制胜机先。介兄自九一八以来，居处不宁，全在于此。吾兄久共军机，夙所深悉。凡吾兄有所建议，苟利国家，无不乐采纳。介兄以地位关系，不得不加以慎重，藉避敌人耳目。吾兄贤明，当必深谅此意。我国为民主制，一切救国抗敌主张，当取公意。只要大多数认为可，介兄个人，当亦从同。昨日之事，吾兄及所部将领，或激于一时之情感，别具苦衷，不妨与介兄开诚协商，彼此相爱既深，当可无话不说。否则另生枝节，引起中外疑惧，不免为仇者所快，亲者所痛，想吾兄亦必计及于此。至如何安慰部曲，消弭事端，极赖芡筹。介兄一切起居，诸祈照拂，容当面谢，并盼随时电示一切为荷。蒋宋美龄叩。元。

端纳到了西安，张学良即问："你接到我的电报没有？事件发生后我就拍去电报了。"端纳回答说，到他离开洛阳前，才听说这个电报。张学良很气愤，说："一定有人捣鬼，把电报扣压了，南京尽干缺德的事。"

张学良在会见端纳时，详细地向他说明扣留蒋介石的经过，并说明他们扣蒋的原因和态度，以及蒋介石的情况。张学良对端纳说："情报员告诉我，南京已对西安下讨伐令，这说明他们想叫委员长死。"他们这样做是为了夺权。端纳听后，即提出要去见蒋介石。

14日当天晚上，蒋介石见到端纳，见到了宋美龄的信。

张学良和端纳一起到了杨虎城的总部，在那里端纳看到蒋介石住在一间小屋，他躺在一张木床上，面朝墙，用被蒙着头。没有卫生设备。端纳见到蒋即说："你好，委员长。"蒋转过身坐起来，流着泪说："我知道你会来。"端纳说："我已经来了，蒋夫人也要来。"蒋介石脸上顿时变色，他对端纳大声说："你不能带她来！你不能把她带到这个贼窝来。"（厄尔·艾伯特·泽勒著，徐慰曾等译《端纳传》，第324—328页）

端纳通过与张学良、杨虎城的会谈，对他们的主张有所了解后，也对蒋介石进行了劝说。他说："我这次是受蒋夫人的委托而来的，到这里之后与张汉卿将军进行了晤谈，对这次事变情况有了一些了解。我首先告慰你，就是张将军对你并无加害之意，只要你答应他们的主张，他们还是忠心拥戴你做领袖。我认为这不仅是张、杨两将军的个人意见，也是全中国人民的迫切要求。而且许多西洋人也赞同这样的政见。你若是接受他们的主张，今后更成为世界之伟人；若是拒绝接受将成为渺小的人物。国家和委员长个人的安危荣辱，全系于委员长自己心思的一转。"

宋美龄信中对丈夫的关切之情跃然纸上："夫君爱鉴：昨日闻西安之变，焦急万分。窃思吾兄平生以身许国，大公无私。兄所作为，无丝毫为自己个人权力着想。即此一点，寸衷足以安慰。且抗日亦系吾兄平日主张。唯兄以整个国家为前提，故年来竭力整顿军备，团结国力，以求贯彻抗日主张。此公忠为国

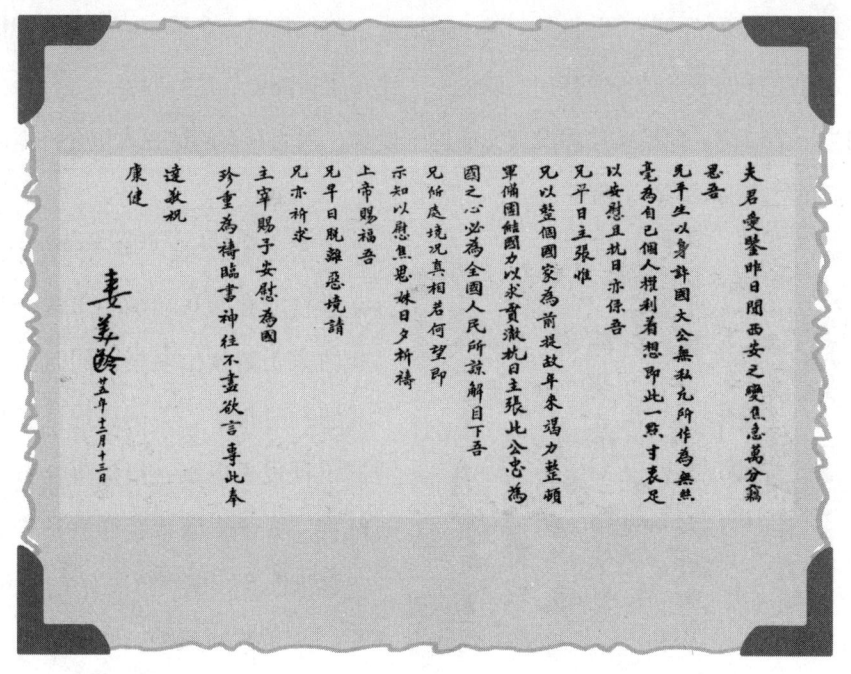

宋美龄的手迹

之心必为全国人民所谅解。目吾兄所处境况真相若何，望即示知，以慰焦思。妹日夕祈祷上帝赐福吾兄早日脱离恶境，请兄亦祈求主宰赐予安慰。为国珍重为祷。临书神往，不尽欲言。专此奉达，敬祝康健。妻美龄廿五年十二月十三日。"宋美龄的信表达的意思主要是为蒋介石的处境担心。在见到宋美龄的信和端纳后，蒋介石竟然流出了眼泪，这眼泪中带有十分复杂的心情，其中当然有在危难之际对夫人的思念，对夫人想方设法及时派代表来看望的感激；同时，端纳向蒋介石传达了宋美龄另外的话：目前南京方面是戏中有戏，在可能和必要的时候，她愿亲自去西安一趟，恐怕更令蒋介石感到五味俱全，苦涩难当。蒋介石开始认真面对被扣后的政治现实，对抗情绪开始缓解。他同意搬出新城大楼，对张、杨也变得温和起来。

　　黄仁霖可没有端纳的好运气，经过了一番周折他才见到了蒋介石。黄告诉张学良说，是蒋夫人派我来，要我看看委员长的健康情况，建立初步的接触，并充任端纳先生和委员长谈话时的翻译。所以如果可能的话，我要马上去见委员长。但张学良说："我可以向你保证，委员长现在很好。至于你想去见他，我也不在乎此，但是我已将此事在委员会中提出，他们都投票反对。"

　　后来在蒋介石的坚持下，黄仁霖在张学良的陪同下见到了蒋介石。蒋介石写了一封有三张纸长的信，并将此一遍一遍地念给黄仁霖听，念了三遍之后才把信交给黄。他这样做显然是怕信被扣下或遗失，他希望黄能记住这些内容，这样至少会带回去一个口信。但是黄仁霖没有完成这个使命，因为只有端纳一人被允许返回南京，而黄仁霖则被留在了西安。

蒋介石写给何应钦的手令。

经过张学良与端纳的交谈，张学良应允听从端纳的忠告，并一起给宋美龄发出电报，同时给美国《纽约时报》、英国路透社和其他通讯社发去电讯，报告蒋介石平安健在。张学良还请孔祥熙和宋美龄一起来西安，谈判解决有关问题。

宋美龄对端纳、张学良电报的真实性深信不疑，但她对大量耸人听闻的报道深感惶惑，没有表示要立即飞往西安。为了解除宋美龄的疑虑，端纳准备飞往洛阳，好用电话向宋美龄汇报西安方面及蒋介石目前的情况。

端纳到洛阳后，即与宋美龄通话，要她尽力制止轰炸西安，因为那样将会危及蒋介石的生命。宋美龄要他马上回南京，说她为了制止南京军界一些人的夺权活动感到困难重重。端纳起初回答，他不能回南京，因他已向张学良和蒋介石许诺要回西安。12月16日，宋美龄又两次同端纳通话，结果最终端纳还是飞回了西安。

回西安后，端纳立即去见蒋介石，报告他与宋美龄通话交谈的情况。宋美龄在电话中询问，孔祥熙现在正代理行政院院长，离不开南京，宋子文可否代孔前去西安。经过端纳与张学良等人商谈决定请宋子文即来西安。17日晨，蒋介石派蒋鼎文带着他给何应钦停止军事行动三天的手令赶赴南京，上面写道："敬之吾兄：闻昨日空军在渭南轰炸，望即令停止。以近情观察，中（正）于本星期六以前可以回京，故星期六日前万不可冲突，并即停止轰炸，为要！顺颂戎祉。中正手启十二月十七日。"

端纳西安之行沟通了西安方面与孔祥熙、宋美龄之间的联系。

为了能救蒋介石，宋美龄想到了她能想到的一切可以利用的关系。今稀老人所写《西安事变中的几段秘闻》中有这样的记述：

1936年底，国民党特务头子戴笠的情报员从阎锡山的机要秘书那里截获一封电报，即宋美龄以巨金赠送给张学良元配夫人于凤至。……西安事变时宋美龄为了营救夫婿蒋介石，首先想到的就是于凤至，希望以她们情同姐妹的感情打动于凤至的心，要于凤至以夫妻感情劝说张学良，让西安事变和平解决。西安事变发生时，于凤至旅居美国，她是个娴雅文静、思虑深沉的世家女子。宋美龄给她赠送的巨额金钱到底有多少，一直到现在仍是一个秘密，而宋美龄为什么送钱却从来都不是秘密。她的目的当然只有一个，就是希望于凤至影响张学良，释放她的夫君蒋介石。（见台湾《中外杂志》1997年第六期，第43页）

讨伐派的代表人物何应钦

笔者认为，其一，这一秘闻有不实之处：于凤至当时并未旅居美国，而是在英国陪伴孩子读书；其二，有不详之处：阎锡山的机要秘书何以会有这样一封电报，戴笠的情报员又是如何"截获"的均无交代，让人颇为费解。因而，这一则秘闻还有待于进一步解密和证实。不过，宋美龄会想尽一切办法千方百计救夫却是人们深信不疑的。

南京政府戏中有戏

蒋介石被扣后，国民党内各实力派反应不一，冯玉祥坚决主张避免内战，用和平手段解决事变；阎锡山则想借事变进行政治投机，献媚于南京当局，操纵事变的解决；桂系李宗仁、白崇禧明确主张和平解决事变，反对何应钦决定的对西安讨伐行动；傅作义支持张学良、杨虎城的抗日主张；川系刘湘想趁机夺回已由蒋介石控制的部分势力范围，但同意和平解决事变；云南龙云、贵州王家烈对张、杨行动表示同情；山东韩复榘先支持何应钦讨伐，见军事行动无望后，马上发表通电主张和平解决事变，谴责张、杨的行动，拥护蒋介石；河北宋哲元，要张、杨与共产党分家，保护蒋的安全等。

南京政府内的亲日派蠢蠢欲动。在南京主持军事的军政部长何应钦立即致电正在德国休养的汪精卫，请其回国主政，以应付蒋介石被扣后南京政府群龙无首的乱局。汪精卫喜出望外，亲自求见希特勒，以南京政府加入德日反共协定的代价，请德国支持他回国掌权。希特勒通过与日本当局联络后，支持汪精卫、何应钦组织亲日政府。但当汪精卫回到南京时，事变已经和平解决。

戏中有戏的南京政府和国民党上层已分成了以英美系为主的和平解决派和以亲日派为主的武力讨伐派。讨伐派头领何应钦开始调动军队，向西安及潼关、兰州一带集结。于右任则以"西北宣慰使"的名义，北上进行分化活动。

宋美龄在她的《西安事变回忆录》中，描述了何应钦准备实施军事讨伐的局势。她说："西安四周军队皆整装待发，叛军之后，复有共军，凡此各方，皆屏息以待，立可爆发。而中国境外复有各国静观此间之结果。所谓东北军者，人数众多，军械精良，其作战之计划，即以后方之共军为其唯一之后盾；而虎视眈眈之帝国主义者，正是盼中国内战之爆发，俾以借口以大规模之侵略，完成其统治中国之迷梦，则此种现象之造成，自将引起彼方之无限制之干涉。凡上述之危状，皆为日来缠绕我心坎之魔影。自闻军事长官坚决主战之论调后，未能一日忘怀者也。"

和平解决派以孔祥熙、宋子文、宋美龄为代表。而他们对西安事变的各自态度，被人描述为最着急的是宋美龄，最圆滑的是孔祥熙，最肯干的是宋子文。

13日下午，国民党中央常委会和中央政治委员会再次召开联席会议，孔祥熙、宋子文、宋美龄参加了会议。何应钦在会上宣称，洛阳一带的中央军已经开始向潼关进发，西安城外发生小规模战斗，必须趁张学良、杨虎城还未做好准备之前，向西安发动军事进攻，救出蒋介石。戴季陶、吴稚晖等人公开附和，煽动与会者，立即下令对西安进行讨伐。孔祥熙、宋美龄等在会上据理力争，提出应该力争和平解决事变。

会上争论内容之一是关于蒋介石的安全问题。

和平解决派认为，对西安的军事行动将首先危及蒋介石的生命，有可能被南京方面的飞机炸死，或因"叛军"误认为和平解决事变无望而把蒋介石这位身价不凡的人质杀死。谈判虽说是向张、杨变相屈服，却可保住蒋介石的身家性命。

宋美龄直截了当地责问何应钦："若有其他途径可寻，又何必求军事解决？张、杨要求的不过是'抗日'二字，何必大动干戈？"

讨伐派认为，中央政府不能不对将军们和实力派的拥兵割据和"作乱"行为采取行动，讨伐是为维护蒋介石的元首地位而战。如果一国之君被扣，无一兵一卒拥君平叛，那么蒋介石中央政府威信何存？在军事高压下，张、杨不会孤注一掷，不会放弃和平解决事变的努力。故讨伐是既能争回中央政府应有的声誉，又能救驾回宁的两全其美的方案。因此，在讨伐派的坚持下，会议正式决定对西安进行讨伐。

南京主战派何应钦派飞机轰炸西安。

三天后（12月16日）南京政府公开发布"讨伐令"，任命何应钦为讨逆军总司令；任命顾祝同为讨逆军西路集团军总司令，在兰州集结兵力由西向东；任命刘峙为讨逆军东路集团军总司令，在潼关外集结兵力由东往西。十数个师的大军东西呼应，对西安进行军事威慑。同时，轰炸机开始出动，对西安方面实施轰炸。身为行政院院长、主持行政院工作的孔祥熙反对未果。因为许多亲信将领已去了西安和集结部队，宋美龄只找了中央军官学校教育长张治中等人，进行劝阻也没有结果。直到18日蒋鼎文从西安回宁，带来了蒋介石接受中共代表团和张学良、杨虎城劝告后命令南京方面停止讨伐的手令，何应钦才同意停战三天。

双方争论的另一个问题是，关于宋美龄去西安的问题。

孔祥熙等人主张宋美龄亲自赴西安与张、杨谈判，以利于事变的解决。讨伐派反对，认为宋美龄飞陕只会使西安方面又多掌握一个重要人质，使南京方面更为被动。双方争执不下，互不让步，所以宋美龄飞陕时已是事变发生的第11天即12月23日。

张学良请孔祥熙赴陕谈判，为蒋介石顺利回南京作出安排，事变便有了和平解决的转机。但南京方面坚决反对孔祥熙赴西安。宋美龄则于16日表示，愿同宋子文一起赴陕。同日，张学良电复南京方面，欢迎宋美龄、宋子文前来"洽商一切"，并表示"在陕安全，弟可完全保证。请即早日命驾，无任企盼"。（《西安事变档案史料选编》，档案出版社，1986年版，第73页）

16日，由周恩来率领的中共代表团到达西安，这为和平解决事变提供了政治保证。在这有利于事变向最好结果发展的情况下，主战派依然不赞成政府出面与兵谏领导人谈判，拒绝宋美龄亲赴西安。12月19日，宋子文准备飞西安，谋求事变之解决，何应钦得知后十分生气，极力阻挠，强行命令宋子文取消此行，警告宋子文不要插手此事。

据合众社1936年12月19日南京电，端纳称："……南京并禁止任何人进往该处，初阻宋美龄前往，继复图制止宋子文首途。"

宋子文与蒋介石的关系并不融洽，曾经权倾一时的宋子文，被妹夫蒋介石刚撤去行政院副院长、财政部部长、中央银行总裁职务不久，并没有忘记对蒋介石的不满。但在这关键时刻，他运用自己在南京政府中的影响力只身飞赴西安，除了不忍心看见妹妹一直哭哭啼啼外，还确实有和平解决西安事变的想法。

宋子文此时只是全国经济委员会主席和中国银行董事长，并无行政职务，因此他毫不客气地回敬何应钦道："我是个不担任公职的平民，不是军人！"他还声明说："我之所以单枪匹马先去西安，并不是为了搭救我的私亲妹夫，而是为了民族大业，为了国家前途，为了抗日。"面对宋子文和宋美龄的据理力争，何应钦见无法阻止，只好使出最后一招，即注明

宋子文抵达西安。

宋子文只是以"私人身份"前往联络。最后宋子文才得以成行。

宋子文到达西安后，张学良随即陪同他一起去见蒋介石。蒋看到他带来的宋美龄的信上说："倘子文去后，三日内不能返京，则不得再阻余飞西安"，"与君共生死"（《蒋夫人言论集》（上集），第69页），不禁哭了起来。

宋子文在西安，知道周恩来已先期到达，郭增恺向宋子文转达了周恩来的意见。宋子文喜出望外，对中国共产党的态度十分赞赏。第二天（21日），即飞回南京报告去了。

尽管是以私人身份活动，宋子文还是充当了南京与西安之间的联络员，为解决事变开辟了途径。

宋子文的行动对蒋介石来说至关重要，因为蒋介石不是不想解决事变，也不是完全反对组织抗日，只是"不谈判"的态度一出，再改变更失脸面、身份。宋子文的到来，给蒋介石一个机会和台阶，蒋也默认宋子文和西安代表谈判，打破了"不谈判"的僵局。宋子文的行动对西安东北军、西北军和中共代表来说也是及时、有益的。他的特殊身份造成西安三方和南京政府方面也即和蒋介石间事实上的沟通，为解决事变提供了可能。宋子文一到西安，就接受了西安三方的政治主张：停止内战，一致抗日，逼蒋抗日，拥蒋抗日。

宋子文的行动对南京政府来说至关重要。此时已是蒋介石被扣第九天，宋于次日回宁。他带回南京的消息和他个人来去自由的事实，使得主战派失去了军事解决事变的口实，主战派不得不同意宋美龄飞陕。

233

时任南京国民政府行政院
副院长、财政部部长的孔祥熙。

《宋子文评传》的作者吴景平认为正是宋子文态度的转变，才具备了说服宋美龄同意抗日、然后兄妹俩飞陕西再配合中共代表劝说蒋介石接受中共与张、杨将军提出的"六项口头协议"的前提。

从得知蒋介石被扣西安到亲飞西安的11天间，宋美龄一直坐立不安，在和主战派周旋的过程中，受尽何应钦等人的白眼。她在《西安事变回忆录》中曾详细记下了自己的感受："中央诸要人，于真相未明了之前，遂于数小时内决定张学良之处罚，余殊觉其措置太骤；而军事方面复于此时，以在即动员军队讨伐西安，毫无考虑余地，认为其不容推卸之责任，余更不能不臆断其为非健全之行动。军事上或有取此步骤之必要，委员长或亦悬盼此步骤之实现，然余个人实未敢苟同。因此下决心，愿竭我全力，以求不流血的和平与迅速之解决。""因此反复申述，请各自检束与忍耐，勿使和平绝望；更请于推进讨伐军事之前，先尽力救委员长之出险。盖战争开始之后，委员长即不为其亲自统率之陆空军轰炸所误中而丧生，亦将为怨恨暴戾之叛军所残害。""不料此时余已陷入甲胄森严与战斗意识弥漫之重围中矣。""余乃详告诸人曰：'余虽为妇人，然余发言，绝非为营救丈夫之私意。倘委员长之死，果足为国家造福，则余必首先劝其牺牲。惟目前处置西安叛变，若遂张挞伐之师，径施轰炸，不独使举国所拥戴领袖之生命，陷于危殆，即陕西数千万无辜良民，亦生罹兵燹之灾，且将使为国防而建设之国力，浪作牺牲。故为国家计，不得不吁请诸公觅和平解决之途径。'""诸公今日，一面尽可作阵地之配备，唯须力诫开枪，勿轰炸以启衅；而一面当乘此时机，努力营救委员长出险，倘和平已至万分绝望之时，再开始战争，亦未为晚。"

宋美龄如此表白，其救夫心切，溢于言表。

宋美龄对主战派阻止她飞陕救夫也耿耿于怀。她说：当她宣布要飞西安时，"群议哗然，以为不可，反对之声纷至"。"不曰余此去决无收获，即劝余勿作不必要之牺牲；不曰余去被囚，徒令叛变者多一要挟我夫之借口，即曰最少我投身作质，徒扩大事件之纠纷。""余信念益坚，知避免战争之奋斗，更有努力推进之必要，因此余竭全力求赴西安，孔（祥熙）部长与余之诸姊弟皆愿伴余同往，尤足感人。然主张讨伐者仍竭力阻我成行，余始终未为所动，当激烈辩论、情绪亢张之时，竟无暇计及发言之态度矣。""余始终坚持之信念，故愿决死为和平奋斗，以期其成。因此，余决意力赴西安。""及12月20日晨，停止进攻之期限已至，余力争展限三日，决偕子文同机入陕，神经兴奋，几不能持。行至最后一瞬间，政府中高级长官群集余所，坚请暂留。亦有余若留京，尚可于委员长离西安以前，劝止中央军之进攻者。余乃自动与彼等约，倘子文后，三日内不能返京，则不得再阻余飞西安。""星期一（21日）下午，端纳、宋子文先后到达（南京），各述闻见。余坚持明晨必偕彼等同机返陕。""当时余对西安事变已具一种妄想：譬之造屋，端纳既奠其基，子文已树柱壁，至上梁盖顶完成之工作，实为余无可旁贷之责任矣。"宋美龄飞陕，因为她已在宋子文的劝说下接受西安方面提出的政治主张，所以对解决事变或多或少有所助益。

孔祥熙虽说没能有效阻止何应钦等人的行动，作为行政院代理院长也不能脱离岗位赴西安，但他还是尽力援救他的连襟。他在会后，利用代理院长的身份，分别致电兰州于学忠、北平宋哲元、济南韩复榘、开封商震、青岛沈鸿烈、山西阎锡山以及杨虎城的师长冯钦哉等人，劝告他们放长眼光，一致拥护中央既定国策，完成国家之统一。孔祥熙之举，无非是要孤立张学良、杨虎城，向西安施加压力，同时也是要他们为和平解决事变作出贡献。他的举措，或多或少收到了效果，缩小了何应钦等主战派的影响。

在宋美龄、孔祥熙等人看来，西安事变的任何解决方式，均以蒋介石的安全为前提，武力解决会导致蒋介石丧生甚至内战爆发，事实也是如此。但在如何保证蒋介石生还南京问题上，和平解决派也有局限性。

蒋介石的安全取决于西安方面的态度，张学良、杨虎城对蒋的处置意见则由多方面促成。中国共产党代表团力主和平解决事变。宋美龄等人没有想到这一点。

蒋介石的拒谈立场没有改变，但经过端纳和张学良将军的多次劝说，特别是中共代表团和周恩来到达西安后，他也开始愿意为解决事变出力。他本人不愿出场谈判，但必须让南京方面派代表来谈，因为不谈不能解决问题。所以在17日，蒋鼎文带了蒋介石给何应钦停止军事行动三天的手令赶赴南京，说明蒋介石已经开始转变，已经同意进行谈判，这样使得何应钦等亲日派已经没有理由拒派代表赴陕。

毅然决然　亲赴西安

21日，凭借先进的交通工具，收获很大的宋子文回到南京，向妹妹宋美龄汇报了西安方面的立场，并且认为妹妹有必要亲自到西安走一趟，聆听中共的意见，当面劝说蒋介石同意抗日，以促成事变尽快解决。对一些仍然对西安方面的主张疑惑不解的人，对仍然不放弃讨伐计划的亲日派，宋子文不客气地说，只有周恩来这样了不起的人，具有政治远见，力主和平解决事变、释放蒋介石。南京有谁能承担这样的风险挽救委座？相反，还有人要轰炸呢！

12月21日，端纳也飞往南京。他到南京宋美龄官邸，商量结果，决定22日宋美龄与端纳一起飞往西安。

22日11时，宋美龄、端纳、蒋鼎文、戴笠在宋子文的陪同下，乘机离开南京前往西安。下午2时许，一行人抵达洛阳，宋子文和宋美龄去洛阳军校稍事休息。这时发生了一个小插曲：蒋鼎文突然表示不愿去西安了。只是在宋美龄的压力下，勉强继续同行。

宋美龄直到抵达西安前，认定的主要对手是两个方面：一是南京政府内的讨伐派，二是西安的兵谏者和中共代表团。在对待讨伐派方面，宋美龄对讨伐派给西安施加军事压力，采取轰炸渭南等激化矛盾的措施，极容易带来内战，危及蒋介石生命的做法是反对的。对于兵谏者和中共代表团，宋美龄到陕前，始终不信任，以致产生很大的压力。因此她既想去西安又担心自己不安全。

她在《西安事变回忆录》中说："余启行时，神志清时，镇定坚决，绝无怯意。然冒险而入叛军统治之区域，能了解此危机之巨大者，当时固无人较余更深切也。"

宋美龄在此时的作用，并非像她自己所吹嘘的那么重要，因为如果讨伐派一心坚持乱中夺权，真想借刀杀蒋而代之，也非宋美龄一人之力所能阻止。另外，从西安的情况来看宋美龄的作用，如果西安三方真想杀蒋，远非宋美龄所能劝阻。

事实上，讨伐派在此时态度也已经开始变化。随着事变出现和解的曙光，尤其是通过实施军事讨伐、逼兵谏方面除掉蒋介石的阴谋失效后，亲日派也看到，蒋介石返回南京只是时间问题，由他们主导南京政府的幻想已经破灭。所以何应钦只得因势利导，就阶而下，掩盖除掉蒋介石、组织亲日政权的政治野心，转而全力表白自己的讨伐只是为了勤王救王。

至于宋美龄本人也不相信讨伐派发布讨伐令是谋害蒋介石的阴谋，认为作为硬的一手的讨伐令是她作为软的一手的和平解决方法的补充。如果宋美龄真的认为讨伐令是加速蒋介石的死亡，宋美龄、蒋介石以后也不会和讨伐派的骨干何应钦、戴季陶、吴稚晖等人继续合作下去，特别是当时身为"讨逆军总司令"的何应钦此后又怎么能与蒋家再相处50年？

宋美龄特意让飞机在洛阳停留。在机场，她召集集结在洛阳地区的将领和军官，要他们不要轻举妄动，不要再轰炸陕西方面，以确保蒋介石的安全。宋美龄担任国民政府航空委员会秘书长已有一年，她凭着对航空事业的兴趣，利用自己特殊的权势，从经费、人事上为空军排忧解难不少，对空军有着很大的影响力，当然也在空军中培植了一批亲信。因此，她在洛阳机场的讲话，空军将领和军官不会抗命。

宋美龄在她的《西安事变回忆录》中写道："余于飞机着陆前，出手枪于端纳，坚请彼如遇军队哗噪无法控制时，即以此杀我，万勿迟疑。"

宋美龄的座机到达西安上空后，为引起地面上的注意，特意在空中转了几圈。飞机降落时，张学良前来欢迎。宋美龄表示不让检查行李后，张学良同意放行，但没收了戴笠的一支小手枪。

宋美龄直奔金家巷的高公馆来见蒋介石，在如此状况下见面情景可想而知，两人也是悲喜交加。患难之际见真情，宋美龄于蒋介石危急之时，在南京、西安鼎力相助，确使蒋介石感动。蒋介石在日记中记述了宋美龄到来的情景，其中显示出他对事态的发展一

宋美龄飞抵西安。

无所知，一昧等待着结局。

"12月22日，今日终日盼望飞机声与炮声能早入余耳，以观昨晚张来见时神色仓皇之情状，知叛军必惨败，中央军进展必极速也。不料待至午后，竟寂无所闻；而余妻忽于下午4时乘飞机到西安，乍见惊讶，如在梦寐。余日前切嘱子文，劝妻万不可来西安，不意其竟冒万险而入此虎穴。感动悲咽，不可言状。"

"你为什么要来？"宋美龄走进房间时，蒋介石问道。宋美龄见到蒋介石后，心中的激动几乎使她失声叫喊起来，但她控制住了自己。上学时，她的脾气曾是老师头疼的问题，现在她已经学会了控制自己。

"我来看你！"她轻声地说。

蒋介石把早上读到的《圣经》中的一段拿给宋美龄看："耶和华将会有新作为，将令女子护卫男子。"蒋介石固执地坚持了这么多天，此刻仍激动地坚持说绝不妥协。宋美龄使蒋介石镇静下来，然后转述他被拘禁后舆论方面几乎令人不可置信的反应，并劝他说："此后君不应轻言殉国矣。"

22日宋美龄先见蒋介石，随后与张学良商谈，张学良对宋美龄说："兵谏只是让委员长同意抗日，绝没有伤害他的意思。如果夫人在这里也许不会发生这样的事。委员长自被禁后，一直怒不可遏，拒不谈问题。望夫人劝劝委员长，我们一不要钱，二不要地盘，只希望他同意八项政治主张，一致抗日，签不签文件都可以。"张学良还告诉她，杨虎城与部属对释蒋有顾虑。宋美龄批评张这次太鲁莽，并说她正促使蒋介石悔悟前非，办好善后。（宋美龄《西安事变回忆录》）张学良则建议宋美龄同中共代表周恩来对话。

台湾一些学者撰文评论宋美龄到西安的作用说：

"蒋夫人在西安虽仅数日，确能发生强大之调和作用。一方面以柔济刚，使蒋公心境平静，蒋介石见到宋子文、宋美龄后即表示：改组政府，三个月后开救国会；另一方面也使张学良感受到夫人待彼始终诚信，故终能幡然改图，亲身送蒋公及夫人返南京。事变因而化险为夷，以一场虚惊收场。"

宋美龄能否对蒋、张都起了那么大的作用，笔者不敢苟同，但从当时情况分析，宋氏兄妹的到来，确实改变了蒋介石想以死来威胁张、杨，不肯同张、杨进行谈判的局面。此时，宋氏兄妹对事变还是比较理智的。在他们的劝说下，蒋介石决定授意宋氏兄妹代表他同西安方面谈判。

宋氏兄妹的到来，为双方的谈判提供了基础。周恩来和宋美龄相互都很了解对方，当年宋美龄还在上海时，正在上海主持中共中央机关工作的周恩来曾经见过这位十分活跃、在上层社交圈颇有名气的宋家三小姐。宋美龄成为"第一夫

西安张学良将军公馆内的三座小楼

人"后，在她案桌上放着的敌情通报中，则经常出现周恩来的名字和活动简况。西安事变，这一特定的历史事件，为两人见面提供了机会。

12月23日，事变发生后的第12天，谈判在金家巷的张学良公馆举行。双方代表分别是，西安方面由中共代表周恩来、东北军代表张学良、西北军代表杨虎城担任；南京方面代表则是宋子文。

在第一次会谈中，周恩来提出六项主张：（一）双方停战，中央军撤至潼关以东；（二）改组南京政府，肃清亲日分子，加入抗日分子；（三）释放政治犯，保障人民的民主权利；（四）停止"剿共"，联合红军抗日，共产党公开活动（红军保存独立组织领导，在民主国会前，苏区仍旧，名称可冠以抗日或救国字样）；（五）召开各党、各派、各界、各军的救国会议；（六）与同情中国抗日的国家合作。急于结束事变、争取蒋介石回宁的宋子文，认为周恩来的六项主张并无过分之处，可以考虑。

当天下午继续谈判，宋子文就改组南京政府提出具体方案，由孔祥熙、宋子文负责组阁，驱逐亲日派，并表示先成立过渡政府，三个月后成立正式的国防政府。西安方面认为可以接受，但提出蒋介石回京前，应该先行撤退中央军和释放"七君子"。在过渡时期，先由东北军、西北军和红军共同成立西北抗日联军，由南京政府提供军饷和必要的开支。

宋美龄后来也加入了谈判。这里面宋子文做了一定的工作，他告诉周恩来，宋美龄力主和平与抗日，建议周恩来同宋美龄会谈。周恩来在和宋美龄的谈话

中共参与西安事变谈判的代表：秦邦宪、叶剑英、周恩来（左起）。

中，阐述了中共关于解决西安事变的主张及抗日的各项政策，希望蒋介石从速抗日。

12月24日，三方继续谈判，这天上午，宋美龄加入谈判。三方达成了基本协议。南京基本接受西安方面的主张，不同的是，先让蒋介石回南京，红军由东北军暂时负责接济，到抗战正式开始后中共再公开活动，红军统一改编。并提出蒋介石回南京后，辞去行政院院长职，召开国民党全会，开放政权，召集救国会议，三个月后改组国民党。宋子文和宋美龄坚持，只要蒋介石下令撤兵，就应该放蒋介石回宁。除此之外，宋家兄妹俩还认为，因为中国国力薄弱，抗战只能准备，还没有到开战时刻。西安三方，对"唯武器抗日论"和"抗日准备不足论"进行了批驳，但对宋家兄妹提出的方案表示基本认同。

蒋介石死要面子，事先即提出他不参加谈判，而由宋子文、宋美龄作为代表；谈判如有结果，他不签字，只是以"领袖人格"担保。对于这两点，"三位一体"表示理解和同意。因为，蒋介石身为"元首"，又不是举行最高会晤，作为谈判代表不可能；至于他不签字，毛泽东在给周恩来对此问题请示的回电中讲得非常清楚："要他签字干什么，签与不签一回事嘛！他要推翻的话，签了字也没用。"

总之，两方四派的谈判，进行得较为顺利，分歧并不大。这说明宋氏兄妹有诚意，既有抗日之心，也有解决事变之意。到24日晚，谈判取得了以下共识：

（一）改组国民党与国民政府，驱逐亲日派，容纳抗日分子；

（二）释放上海爱国领袖，释放一切政治犯，保证人民的自由权利；

（三）停止"剿共"政策，联合红军抗日；

（四）召集各党、各派、各界、各军的救国会议，决定救亡方针；

（五）与同情中国抗日国家建立合作关系；

其他具体各项，如命令中央军入陕部队撤出潼关；西北各省军政由张、杨负责。随着这一重要协议的签订，周恩来去见蒋介石的时机已经成熟。24日晚，周恩来在宋子文、宋美龄的陪同下，来到戒备森严的高公馆。这位十年前黄埔军校的政治部主任，见到了当年的校长、总司令。

斗转星移十年间，蒋介石当年的部下周恩来已成为政治对手的最高领导人之一。两人见面时，周恩

蒋介石夫妇在西安起程返回南京时登机前的一瞬间。

来看到当年骑在战马上英姿勃勃、面容冷峻的蒋介石，由于在事变中受惊吓、受风寒又遭跌伤的原因，面色疲倦不堪，腰也直不起来，只能勉强地从床上坐起来。周恩来说的第一句话就是："蒋先生，我们有十年没有见面，你显得苍老多了。"

蒋介石显然对周恩来的印象很深，他还用当年国共合作时的称呼说："恩来，你是我的部下，你应该听我的话。"周恩来非常明确地回答："只要蒋先生能够改变'攘外必先安内'的政策，停止内战，一致抗日，不但我个人可以听蒋先生的话，就连我们红军也可以听蒋先生的指挥。"宋美龄也不失公允地对丈夫说："你们本是同校故交，今日会面，要互相见谅。此次您在西安出事，多亏周先生千里迢迢前来斡旋，实在感激得很！"张学良接过宋美龄的话表示："只要委员长同意抗日，我们仍拥护委员长做领袖。"相隔十年后的这次见面气氛是好的，也是有成效的。蒋介石当即向周恩来表示：停止"剿共"、联红抗日，南京政府的地位不应改变；由宋子文、宋美龄、张学良全权代表他解决一切；回到南京后，周恩来可以直接去谈判。

当谈判接近尾声时，释放蒋介石理所当然提上议事日程，当时张学良是力主放蒋的。东北军和西北军的高级将领联名写信给宋子文，表示如果蒋介石不签字画押，即使张、杨同意放蒋，他们也不同意。

这一情绪的出现，干扰了事件的正常解决程序。宋子文接到信后，立即送给蒋介石、宋美龄。蒋、宋二人立即要宋子文找张学良和杨虎城，转达早日放蒋离陕、蒋一走立即下令中央军撤出潼关的意思。另外，宋氏兄妹缠住张学良要他早

日放蒋，宋美龄说她与蒋都是基督徒，最好能在圣诞节回京。宋子文说："改组政府应打铁趁热，早日进行。"张学良在见到此信后，加之宋氏兄妹的催促，不免着急起来，唯恐出现重大乱子，准备加快步伐送蒋介石离陕。

宋美龄在《西安事变回忆录》中，对于张学良送蒋是这样讲的：张学良曾经提出在事变万一无法和平解决的情况下，"如杨（虎城）部反抗，我等固可与之抗战，然夫人为一女子，则处境极危。或者夫人与端纳先飞洛阳，余再设法潜偕委员长出城，此计如得售，则大佳。余可向彼等托词，请夫人再赴南京交涉罢战言和；一方面暗中将委员长化装载于汽车，混出城门，经赴东北军所在营内，再派车送赴洛阳与夫人会合"。"张告委员长，彼已决心随委员长赴京，委员长反对甚力，称无伴行之必要，彼应留其军队所在地，并以长官资格命其留此。张对余解释：谓彼实有赴京之义务，盖彼已向各将领表示，愿担负此次事变全部之责任；同时彼更证明此次事变，无危害委员长之恶意及争个人权位之野心。余等深知此次事变确与历来不同，可谓空前所未有；张之请求亦有其特殊之意义，足使以后拟以武力攫夺权力者，知所戒惧，而不敢轻易尝试。故余与子文赞成其意，允其同行。"

黄仁霖回忆录中记下了蒋介石和宋美龄在匆忙离开西安时的细节：

"蒋夫人自己走出来，并且告诉我，委员长和她当天下午离去。她要我随后收拾一下，最后命令说：'不要忘记把蔡妈带出来，这是我忠诚的女佣。有一架飞机已经为你们准备好了，你们可以明天出来。'

蒋介石夫妇回南京途经洛阳机场时与迎送人员合影。

"到这时候，我才注意到我自己的生活情形。我多么希望我能有一架照相机随身带着！我看到委员长由夫人与她的哥哥宋子文博士分别搀扶着，慢慢走上了那辆等候着的车子。同时那些叛将杨虎城和张学良则立正站着，对他们的离去，举手敬礼。当委座和夫人在轿车中坐定了，张少帅跳上了车子的前座，和司机并坐着。跟着第二部车子是宋子文博士、端纳与杨虎城。他们驶向军用机场。在机场上，张少帅的座机驶过来，等候着。

"在我收拾好了行李之后，我设法弄到了一辆车，然后，开始把委座和夫人的私人衣服物品，——收拾起来，并把宋的秘书、夫人的蔡妈找到。我心里在想，假如我能离开西安，我情愿在当天下午晚一些走，也比等到明天要好一些。"

1936年圣诞节，也是宋美龄飞赴西安的第三天，两架飞机在暮色中慢慢腾空，张学良护送蒋介石夫妇离开西安抵达洛阳，于第二天中午安然到达南京。

宋美龄事后回忆说，她在圣诞前夜晚做了一次祷告，得到的启示是明天便可回南京，因而就在圣诞节当天，西安事变终于落幕。

通过参与西安事变和平解决，宋美龄在国民党政坛上更增加了政治资本，她写了《西安事变回忆录》，为此惹恼了讨伐派戴季陶。

据知情人的回忆：

戴季陶是蒋介石最亲密的朋友，在蒋朝中是一个幕后的重要人物，诸如"新生活运动"及"党员守则"，以及提倡尊孔等都少不了戴的出谋划策。西安事变发生以后，他在国民党政治会议上力主讨伐张学良杨虎城，何应钦正中下怀。于右任、孙科等也认为应该如此，但不愿先表态。经戴慷慨陈词后，才附和他，讨伐案遂成立，但宋子文认为这么做等于送蒋的命。立即往访戴，戴对宋说："老实说我同介石的关系，不比你们浅，我不会害他的，你们搞你们那一套，我主张我的一套，你们不要管我。"宋听了无言而退。

蒋介石回南京后，宋美龄写了《西安事变回忆录》，文中抨击当时主张讨伐的人，戴季陶看了十分生气，拿鸡毛拂尘把家里的瓶子都打烂了。戴恨的是宋美龄，而蒋介石竟也同意这本书出版，戴是深为痛心的。

宋美龄在回忆录中虽对南京政府中讨伐派大加鞭挞，但对其他重

从西安飞抵南京的蒋介石夫妇。

要事实却是秘而不宣的，正如端纳所指出的：蒋介石的《西安半月记》和宋美龄的《西安事变回忆录》对事实的真相，自然都有所删改。（《端纳传》，第324页。）到底宋美龄有无删节呢？陈公博的《苦笑录》又持另一种说法："西安事变闭幕了，蒋先生和蒋夫人还出了一本《西安半月记》和《西安事变回忆录》的合刊。一天中央政治会议正开会，宣传部长邵力子刚坐在我的旁边，他诚心诚意地拿了一本草稿在看。我问他看的什么？他随手把那本草稿递给我，说：'你看看罢，看有没有毛病，这本书还没有出版呢。'我一看原来就是那本合刊，我花了半个钟头一气读完，会议还没有散。'这本书很有毛病，应该斟酌过才可出版。'我对于力子先生贡献。'我也这么想，你试说那毛病在那里？'力子也虚怀若谷地问我意见。我草草一看，便发现半月记和回忆录很矛盾。你看蒋先生在半月记处处骂张汉卿，而蒋夫人在回忆录则处处替张汉卿辩护；而且蒋先生在半月记里从不说他见过共产党，见过周恩来，蒋夫人在回忆录则叙述张汉卿介绍一个参加西安组织中之有力分子来见，既说他是'参加西安组织中之有力分子'，又说'彼等未参加西安事变'，这都是罅漏，容易露出不实不尽的马脚。我以为既有半月记，就不出回忆录也罢，如果回忆录一定要发刊，非大加改削不可。我对力子贡献着，因他是一个宣传部长，宣传不妥，他也有责任的。'你说得对。'力子很坦怀。这样，这本半月记合刊，印刷好又停止发行，忽发忽停，反复了三次，结果还是出世了。我责任不在宣传，自然不管这些闲事。许久我又碰见力子，我问他为什么还是让他这样矛盾，他说：蒋夫人一定要这样，不肯改，我有什么办法呢！"（见《苦笑录》，第369页）

如果按照陈公博的说法，宋美龄并没有修改她的"大作"。笔者认为，宋美龄的《西安事变回忆录》有一定的参考价值，但不是真实的记录。原因在于，《西安事变回忆录》写于1937年1月，是在"西安事变"和平解决后不久写就的，按理说对刚刚发生的事情应该是记忆犹新的，但在这个小册子中，宋美龄明显地有意回避了许多关键性的问题。其有价值的地方是，她的文中所记"西安事变"发生后，南京方面利

蒋介石、宋美龄返回南京后的合影。

用事件发生的时机进行权力之争，及宋美龄从中斡旋力求和平解决的经过，大致是可信和可靠的，因为宋美龄看穿了亲日派何应钦的计谋，她的丈夫蒋介石可能成为何应钦轰炸西安的牺牲品，所以她竭尽全力阻止实施轰炸西安的计划，表明她是有意和平解决"西安事变"的。但是该书中掺杂有许多歪曲史

1936年12月26日，蒋介石、宋美龄抵达南京机场时与前往迎接人员的合影。

实的记载，特别明显的是有意颂蒋，借此掩世人的耳目。很显然，当年宋美龄写这本回忆录，不仅是吹嘘和宣扬她个人的功劳，而且是为蒋介石辩解和争取声誉进行政治宣传。

据2001年11月6日《东亚经贸新闻》最新消息：将于明年公布的张学良口录将披露什么秘密？张学良的侄女张闾蘅在接受记者专访时说："实际上，关于'西安事变'的大部分史实都已不是秘密，周恩来总理及大陆一些档案馆的史料都有记载。这次伯父的口述，可能披露了蒋夫人当时为了营救蒋介石而答应的条件，但事后蒋介石没有遵守这个承诺，蒋夫人为此深感内疚，正因如此，蒋夫人保住了伯父的性命，不致使其遭遇与杨虎城将军一样的下场。"

读者只能拭目以待，看看宋美龄当年在回忆录中是否有没说出的秘密。

毁约与"杀手锏"之间

蒋介石回到南京，即召来陈布雷为他起草文件、文告，以及对张学良进行军法审判的判词等。这期间，蒋介石的行踪只有陈布雷知道，连宋美龄、宋子文都瞒过了，为的是免得有人为张学良向他说情。

国民党中央要员何应钦、陈果夫、陈立夫、戴季陶等人，唯恐对张学良的处罚不严厉，事前放出口风，坚决要求以暴行胁迫劫持统帅、戕害官员、拘禁将领等罪名，将张学良处以死刑。跟着这股声浪，一些与张学良有宿怨的人，也趁机

245

以姐妹相称的宋美龄、于凤至、宋蔼龄。

鼓噪，直闹得噩讯频频，谁都以为张少帅是凶多吉少了。

蒋介石为什么没有杀害张学良？宋美龄、宋子文兄妹起了很大的抑制作用。一位蒋介石的旧属，在接受台湾作家王丰的访问时，非常肯定地说："蒋介石父子好几次要'解决'张学良，说若不是张学良，怎么会有共产党坐大的机会，多亏宋美龄全力护着张学良，否则张学良早就做了枪下冤魂了！"

另据台湾《联合报》2001年10月25日报道，少帅生前曾说："宋美龄活着一天，我也能活一天。"文中强调：西安事变后，因宋美龄力保，使张学良生命无虞。

该文中还披露许多最新消息。例如，张学良说，西安事变时，他对宋美龄敢入虎穴救蒋介石，大为佩服，曾向宋美龄保证她在西安的安全。事变落幕，少帅临时决定，要亲送蒋介石返南京。蒋对张说："我不能保障你在南京的生命安全。"宋美龄则坚持："回到南京，一定要送汉卿回西安。"

文章中提到少帅1925年率东北军打败孙传芳后，首次进入上海。少帅风流倜傥，第一次和宋美龄见面，宋当时未婚，在上海是知名闺秀，少帅一见宋美龄，立即为她出众气质倾倒，称她"美如天仙"，还与宋美龄约会了几次。少帅对王冀笑说，若不是当时已有太太（于凤至），他会猛追宋美龄。蒋介石也追求宋美龄，追得很凶。最后宋美龄选择嫁给蒋介石。

张学良对宋美龄打从心底钦佩，称她"绝顶聪明"。宋美龄与于凤至是金兰交，情同姊妹，也很爱护赵一荻，对少帅更有保命之恩，同时引导他成为基督教徒，可以说对少帅一生影响深远。

在西安事变中，张学良夫人于凤至有何作为？

这时，张学良的夫人于凤至正在英国伦敦陪伴三个读书的孩子，陡然听到夫君遇险的消息，大惊失色。情急之中，她立即向干姐妹宋美龄求救，连发两道急电，呼请刀下留人。不料，恳请电发出以后，却杳无回音。于凤至愤然之下，使出了最后的一记"杀手锏"。

这一记"杀手锏"要追溯到五年之前。

1931年8月中旬，张学良在北平获悉了一个重要情报，说是日本关东军要在东北搞军事行动。少帅觉得事情重大，马上密电蒋介石，请示对策。蒋介石很快回电，关照张学良说："日本正到处寻衅，找个借口好出兵东三省，希你顾全大局，忍让一时，并严饬官兵，如遇日本人挑衅，不要抵抗，以免事态扩大，造成不可收拾的局面。"

9月18日，日本关东军悍然出兵，侵犯沈阳，炮轰东北军北大营。张学良在北平接到急电，再一次向南京紧急请示。蒋介石的回答仍然是不抵抗。他说："沈阳日军行动，可作为地方事件，望力避冲突，以免事态扩大。一切对日交涉，听任中央处理可也。"当时，张学良对蒋介石迷信至深，奉命如奉旨，毫不含糊地将整装待发的陆空军尽数撤了下来。得寸进尺的日本侵略者又出兵进攻热河，汤玉麟部不战而逃，激起了全国人民的愤慨，甚至在国民党上层人士中，不明内情的人，也将责任归咎于张学良。孙科就公开对记者表示："张学良亦应立即引咎辞职，以谢国人。"

面对全国人民日益高涨的抗日激情，蒋介石感到压力很大。3月9日，他把张学良召到保定，秘密会见于火车之上，意味深长地说："一只小船渡河，如二人俱乘，一定同遭没顶。若一个人下船，让另一个先渡过去，而后再设法渡那个下船的人，结果两人都可渡过。但这样的时候，必须要有一个人先下去，你想是不是呢？"

张学良出于维护"领袖"、顾全大局的义气，慨然应允自己"下船"，代人受过。3月11日，张学良发表通电说："此次蒋公北来，会商之下，盖觉余今日之引咎辞职，即所以效忠党国巩固中央之最善方法，故毅然下野，以谢国人。"随后即下野出洋。据说张

于凤至有无"杀手锏"及"杀手锏"的威力究竟有多大，现在还无明确的结论。这是于凤至见救夫无望，主动投奔幽禁地奉化溪口陪伴张学良的情景。

247

学良趁去西欧考察的机会，把有关蒋介石下令不抵抗的十余份电报函件存入伦敦汇丰银行的保险柜里，以防万一。

于凤至稳拿这个"杀手锏"，给蒋介石打去电报："假如中央为某些当权者所操纵，致使汉卿有不测之时，凤至即将存在伦敦汇丰银行保险柜中有关九一八以来，中央及钧座给汉卿和东北军之指令函电，全部公之于世，诉诸国联，对日不抵抗之罪责，究应谁负？敬乞钧座明察而制之。"

电文拍到南京，蒋介石马上关照宋美龄给于凤至回电，略谓：汉卿之事，仁姐放心，委员长绝对履行诺言，保证汉卿兄之安全。（参见李海生等著《夫人政治》，第92页。）后来，张、杨同遭囚禁，杨虎城死于非命，张学良却得以存活。或许，也正是因为于凤至的"杀手锏"厉害。

西安事变后，据传有蒋介石的文字承诺，由少帅元配夫人于凤至带到美国，作为少帅的"保单"。有记者在张少帅晚年移居美国后，访问时问到此事，张学良听后大笑否认："大姐（于凤至）不懂政治，也不搞政治，没这事。"（台湾《联合报》10月25日报道《76年交情："宋美龄活一天，我也能活一天"》。）至于上面提到的"杀手锏"是否属实，没人问及少帅，读者只好姑且听之。

"我们对不起张汉卿"

由于张学良被扣和中央军重入潼关，西安方面也针锋相对，紧急备战。西安方面表示的强硬态度使蒋介石不敢贸然发动军事进攻，英、美、苏也不赞成中国再有内战。中共方面要求他罢兵释张，实践诺言。保人宋美龄、宋子文、端纳也承担着责任。端纳为此事终于与蒋介石闹翻了。

对于将张学良"严加管束"，反对最激烈的是宋子文。这位脾气倔强、个性率直的"国舅"，是他亲自向张学良、杨虎城、周恩来

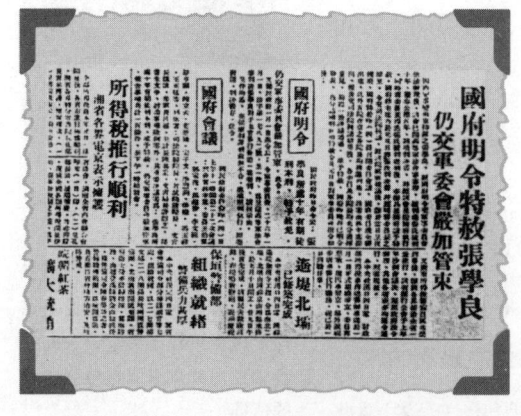

报上登载的关于"严加管束"张学良的消息。

保证事变领导人的人身安全，是他在临行前保证送蒋介石回京的张学良的安全，现今在客观上竟然也成为骗张学良来京的阴谋策划人之一。为此，他冲进蒋介石的办公室里大吵大闹，但没有能够改变蒋介石的决策。宋子文只好警告蒋介石："你不要做人，我是要做人的！你碰汉卿一根毫毛，我非给你拼到底不可！我就把全部内情公布于众，不仅让国内老百姓知晓，而且向全世界发布新闻，让外人也可以了解你！"（《跟随蒋介石十二年》，第137页）二十几年以后他对此仍深感遗憾，20世纪60年代初，宋子文托在香港

1947年10月张治中到井上温泉看望张学良时与张学良的合影。

的郭增恺向周恩来致意，说西安事变时他答应的两件事，一是抗日，已经实现；二是保证张汉卿的安全，由于众所周知的原因，他无能为力，对此深表遗憾。对囚禁张学良，宋美龄又是何态度呢？据张治中回忆说，1947年10月30日，他们一家人专程由台北去探望张学良。这是张治中第三次，也是最后一次探望在囚禁中的张学良。张学良托张治中向蒋介石夫妇提两点要求：一是恢复自由。他说："恢复自由。以后，蒋先生住在哪里，我就住在哪里，没有任何别的请求，也不一定做事，可以先考察一个时期再说。"二是诉说看管员刘乙光的苛虐和骚扰，希望刘搬出去住。他的生活由他自己管理，以保持一定的自由和清静。张治中保证把他的这两点请托向蒋、宋说明。

张治中回到南京，向蒋介石转达了张学良的请求，蒋很不高兴，啊啊了几声，即把话岔开。随后下令非经他的批准，任何人不准去看张学良。

张治中又去找宋美龄，把张学良的要求再提了一遍。宋叹息着说："文白兄，我们对不起张汉卿！"又说："第一点不容易做到，恐怕现在不可能得到许可；第二点我一定想法做到。"

宋美龄之所以说这番话，她心中很明白，当初张学良要亲送蒋介石回南京的时候，宋美龄是赞成的，她要借此向事变发生后企图倒蒋的何应钦等示威。（宋美龄《西安事变回忆录》）她亲口答应要保证张学良的人身安全，结果蒋介石却食言而肥，扣押了张学良，她的保证落空了。对张学良的处分是不公正的，宋子

文知道，宋美龄知道，蒋介石也知道，但是从掩盖西安事变真相的需要出发，从巩固蒋介石的个人权威、削弱东北军和西北军的政治需要出发，只得让张学良从政治舞台上消失。但是，正如宋子文所说，蒋介石后来对杨虎城实行肉体折磨和消灭，但对被软禁起来的张学良确实没有"碰一根毫毛"。对于宋子文在西安事变中不顾和他曾经闹翻、自愿赴陕谈判的行为，蒋介石也没有忘记，在抗战期间和全面内战期间，一直授予高职，直到逃亡前夕才把宋子文赶往美国。

据1986年12月6日北京《团结报》报道，张学良被押解到台湾后，曾通过宋子文帮忙，获一笔巨款。提供这笔巨款的是张的父亲张作霖兴建东三省铁路时聘请的一位美籍技术顾问，此顾问返美时，张大帅送其一大笔钱让他投资经商，数十年后，成为百万富翁，乃思报张家，到处探听张家人下落，卒得宋子文之助，到台湾探望少帅，送少帅一笔巨款。根据郭冠英先生所著《张学良侧写》记载，张学良旧部王铁汉在向郭冠英口述时说："前年（1990年）2月4号，我在圆山饭店8楼见到孔令侃及宋美龄，宋美龄还拉着我手说：'我们对不起汉卿。'……"

可见，蒋介石父子即使到了死前，还是对张学良不肯谅解，而宋美龄却觉得蒋氏父子在这件事情上似乎做得有些过火了，因而说对不起张学良。

宋氏姐妹对张学良是非常敬重的，这乃是源于宋张两家本是世交，除了宋美龄之外，宋蔼龄对张少帅也是存有好感的。

1937年1月3日，宋蔼龄的丈夫孔祥熙，在太太的要求下，向蒋介石领导的国民政府打了一通密电，电文中希望蒋介石网开一面，特赦张学良，因为在西安事变发生之日，张就曾经和孔联系过，保证他会保护蒋介石的安全，因而，孔也向张保证，若是张能将蒋介石放回南京，他可以保证张少帅的安全。宋氏姐妹联保，但还是保不住，张学良硬是被蒋介石的特务机关扣住软禁了几十年，宋美龄当然对张心存亏欠了。

蒋介石的医生熊丸说，少帅被软禁后，宋美龄曾嘱熊丸探望过多次。熊丸说："张少帅看起来就像《孟子》所说：望之不似人君，见之而不知所为也的人。我怎么看他像山东卖布的商人，无论穿着或谈吐，完全看不出军人的威风，也看不出倜傥潇洒的少帅模样……至于赵四小姐后来也病了，整个人也憔悴了，完全没有当年陪少帅软禁时的气概，变成一位非常狼狈的老太太……想起当年'赵四风流朱五狂'之语，真是不堪回首。"

从以上的情况看，经过几十年的风风雨雨，张学良与宋美龄之间是能相互理解和谅解的。所以，宋美龄说"我们对不起张汉卿"也许是她的真实感情流露。"我们对不起张汉卿"，也是对自西安事变以来，蒋介石对张学良采取的政策的一个明确结论。

张学良夫妇在贵州黔灵山麒麟洞与监视他的人员合影。右一、右二为张学良与赵四小姐。

宋美龄 全传

: Biography of Song Meiling

第九章

国难当头

国难当头，宋美龄的态度与二姐宋庆龄一样，立即转向了统一战线。

探望伤兵，路遇车祸，宋美龄摔断了肋骨，昏倒在泥潭中，成了与众不同的"泥美人"。

宋美龄与邓颖超握手，表示要"真诚合作，全力抢救难童"。有她出面，特务、流氓便不敢捣乱。

宋庆龄积极倡导"工合"运动，美龄的眼泪，蔼龄的"河东狮吼"都为之发挥了作用。

宋美龄亲任指导长的"妇女工作指导委员会"的工作是卓有成效的。成千上万的妇女被吸引到了抗日救亡运动当中，成千上万的青年在她们的激励下坚定了抗日的决心。宋美龄在讲台上高声问道："将来谁是胜利者？"四千多名刚刚伤愈准备归队的士兵高声回答："一定是中国，一定是中国胜利！"

在训练妇女救国救亡能力的同时，宋美龄也没有忘记用西方的礼仪培养她们。宋庆龄对刘清扬耳语说："你们指导长要把学生训练成大使夫人啦，其实美国穷人吃饭也用手抓。"

蒋介石送妻送到嘉峪关，然后让夫人单飞新疆迪化执行特殊使命。不久，盛世才就投入了蒋介石的怀抱。

在抗战前线

1937年，宋美龄陪同蒋介石到平汉路北段巡视。

抗战初期，宋美龄一直陪蒋介石在南京，直至南京沦陷前几天才撤离去武汉。蒋介石带领高级将领亲自到前线督战，宋美龄也常随他到前线慰问将士。

这期间蒋氏夫妇住在中山陵园树木深处一个花房里，花房内小屋数间，日寇飞机多次轰炸，有一夜空袭，将相隔数十步的一个同样的

抗战中的宋氏三姐妹

小屋夷为平地。宋蔼龄偕孔令俊亲来劝宋美龄随孔家先去武汉，宋美龄婉言谢绝，坚决不走，说："为了国家大事，我一定要陪他在一起，很多场合里能帮助做些事。于私是给他精神上的安慰和信心，于公则是我们俩都在首都，能安定人心和军心。"

　　抗战是中国妇女团结一致，发挥惊人力量的重要契机。作为第一夫人，宋美龄在南京活动频繁，很少有时间去上海看望她的姐姐们。在淞沪抗战爆发前夕，宋美龄于8月1日在南京主持创立了"中国妇女慰劳自卫抗战将士总会"。成立大会上，面对700余名妇女团体的代表，宋美龄发表演说，慷慨陈词，号召妇女们担负起慰劳抗战将士的责任。她致辞表示："我们的工作并非为了虚荣，乃是为了救援国家的生命，打仗的时候，男子都要上前线去杀敌，后方工作是我们的责任。我们也准备牺牲一切，就是我们的生命也可以牺牲。"她在《告中国妇女》的演讲中是这样说的：我们妇女也是国民一分子，虽然我们的地位能力和各人所能贡献的事项各有不同，但是各人要尽量地贡献她的力量救国；什么地方有适合我们的工作，我们就得争先恐后地担任。又提到：妇女的工作不只局限于生产军火和办医院，而且还应教育大众；这将是一场消耗持久战，大多数人对迫在眉睫的战争规模和意义还不甚清楚。国家领导人在指挥作战的时候，在座的妇女应该教育她们的姐妹们什么是爱国主义的原则以及卫生和耕田的重要性；由于许多农民妇女在地里干活，因此有必要降低农民疾病率以免妨碍粮食的生产。

宋美龄自己担任慰劳总会主任委员，并号召全国各省主席夫人分别在各省设立分会。各地已成立的妇女救亡团体，如上海妇女后援会等组织，也更名为各地慰劳分会，不久便在全国各地成立42个分会及54个支会，在慰劳总会的统一领导下，共同开展慰劳工作，积极展开各种战时服务，一时海内外妇女纷纷响应。许多妇女上前线，在难童保育院、野战医院和难民营服务。这些妇女组织的工作主要包括为抗战将士缝制军衣、救济流亡难胞、募款支援抗战、慰劳前方将士和服务伤患官兵等。

炮火中慰劳前线将士

淞沪抗战爆发后，宋美龄积极投入抗战活动。从淞沪抗战开始到南京陷落

抗战爆发后，宋美龄陪同蒋介石接见各国记者。

前的这段时间里，宋美龄经常奔波于南京、上海之间。最初，她亲自率领慰劳总会人员到前线去慰劳将士。8月23日，宋美龄在南京城里"亲眼看见许多残酷的炸弹，从月色朦胧的天空投掷下来"。空袭后，她视察了被34枚炸弹轰炸过的地方。几天后，她到上海前线慰劳伤兵，写道："那里的天空，充溢着恶魔般的暴怒，地面上喷射着火焰，飞溅着人类的鲜血。"（《蒋夫人言论集》）

10月8日，淞沪前线某中国守军阵地，官兵们正在利用日军飞机轰炸的间隙抢修工事。突然间，阵地上的一切活动都停止了，所有将士的眼睛都惊愕地注视着阵地后方。一辆运输卡车在那里停了下来，车门开处，走下一位妇女。她穿着卡其布的紧身衣和马裤，上身外罩一件纹皮外褂，一头梳理得很整齐的秀发在脑后挽成一个发髻。她就是"中国妇女慰劳总会"会长宋美龄。今天，她代表慰劳总会到前沿阵地来向抗日将士们祝贺国庆节（双十节），并带来了慰劳总会捐送的大批慰劳品。

宋美龄突然出现在战火纷飞的前沿阵地上，使得战地指挥官感到十分惊讶。他急忙将她领到一间作为临时总部的农舍里。这间农舍，除了几条长板凳、一张靠背椅和一张方桌外，别无他物。宋美龄被让到那张唯一有靠背的椅子上坐

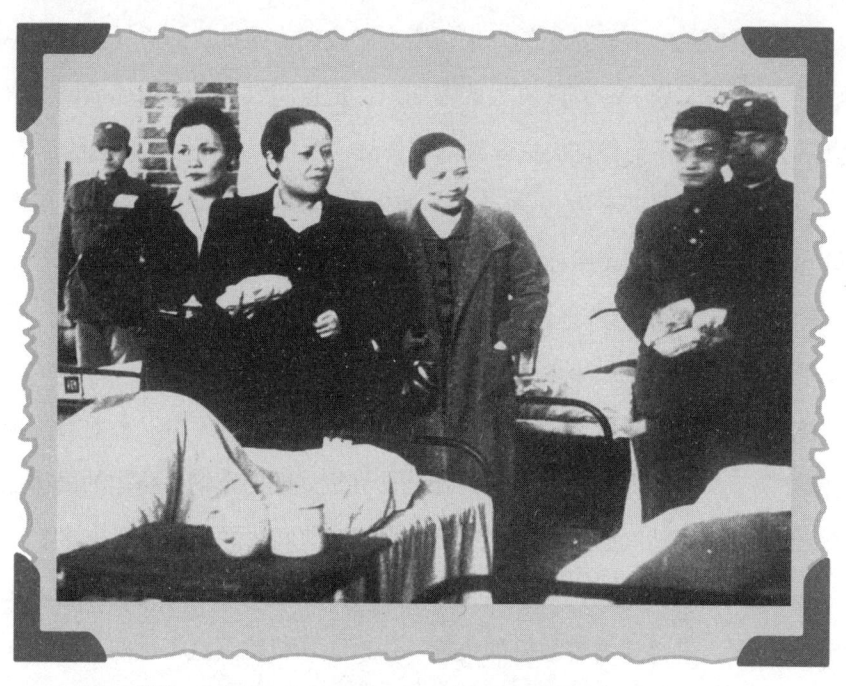

左起：宋美龄、宋蔼龄、宋庆龄在重庆第五医院慰问伤病员。

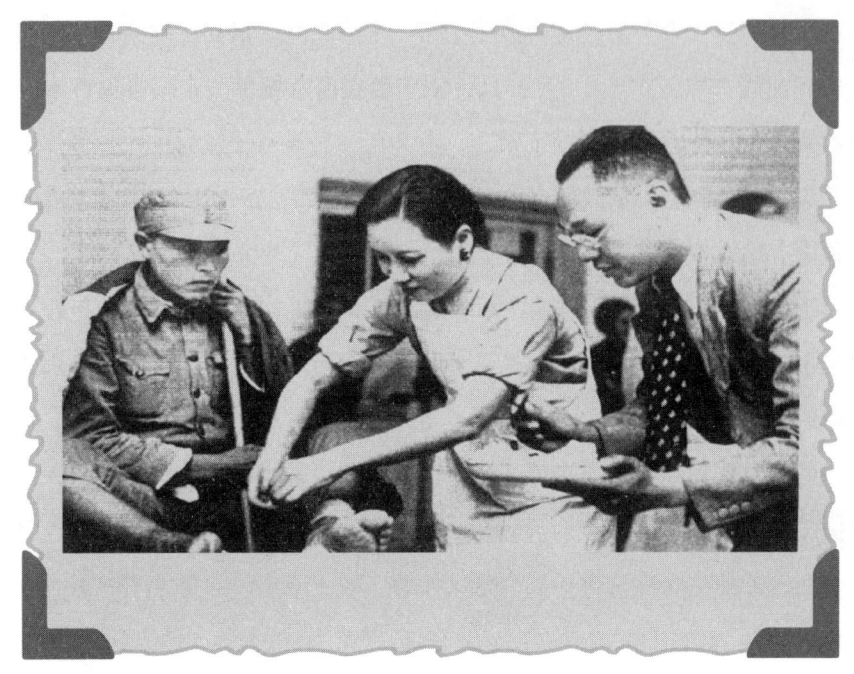

1938年宋美龄在汉口为伤员包扎伤口。

下，军官们则坐在长条凳上。

"夫人，您冒着这么大的危险，把慰劳品送到这儿，我真佩服您的勇气。我代表弟兄们感谢您的盛意。您的到来，增加了我们为国抗战的勇气，我们一定英勇杀敌！"指挥官说。一阵阵巨大的爆炸声，把这间农舍震得摇摇欲倒。宋美龄镇静地说："我们不能像你们这样到前线作战，所以，只好做点慰劳的工作。"

前线将士十分感动，吃过茶，又留她吃饭。饭后，指挥官领着宋美龄参观了该阵地的地下工事。宋美龄连连称赞地下工事修得坚固而整洁。

宋美龄这次来前沿阵地，随车带来"妇女慰劳总会"捐赠的1000件棉衣、500条军毯和2000卷纱布。此外，她还带来了一些可可糖和苹果。

宋美龄和司机、军事向导三个人是当天下午4时从上海出发来前沿阵地的。汽车走在又窄又烂的泥路上，路旁到处是被敌机炸毁的车辆，路边的民房也大部分被炸毁了。途中几次遇到敌机在头顶上盘旋，他们只好下车躲到丛林中。

司机连声称赞宋美龄的勇气。他为她找好了安全的藏身之处，可是，宋美龄却坐着吃苹果，静静地看着敌机的飞旋。一次，司机跳下汽车逃向丛林。宋美龄却把他叫了回来，指着敌机说："它已掉转方向了！"

一次，天空中飞来七架敌机，它们或两架一起，或三架一起，一边投弹，一边扫射。宋美龄根据往日观察敌机投弹所得经验，知道每架敌机轰炸机只能携带四枚炸弹，七架飞机共携带28枚炸弹，弹投完了，敌机就会飞走。于是，数着敌机投弹的个数，数到中途，她被司机逼下车，躲进树丛中，终于没有数清……

归途倒很平安，汽车在荒凉的村道上行驶，几小时后便回到了南京。半个月后，宋美龄可就没有那么幸运了。

摔折肋骨的泥美人

1937年10月23日，宋美龄和她的澳籍顾问端纳以及一名副官前往上海看望伤兵和处理其他一些政务。车子驶入"危险区"后，他们开始留意天空，观察日本的轰炸机。

事情大约发生在下午4点30分。当几架轰炸机飞到上空时，小车陷进了路边的凹地，司机加速，但前轮撞到一个土堆上，车被弹回一大段距离。在一般情况下，小车这时是可以重新掌握方向的，但不巧前轮又撞到一块凸地上，于是整个轿车翻出了公路，车里的人被从后座中甩了出去。端纳感到自己飞了起来，而且看到宋美龄和副官的身体在他眼前飞掠而过。他摔倒在翻倒的小车旁，有些战栗，但却没受伤。

端纳站起身，立即奔到宋美龄身边。只见她躺在一个泥潭里，已经失去了知觉。她脸上满是泥巴，四肢瘫软，面色灰白。端纳把宋美龄拖出泥潭，弯下身听她的呼吸。"虽然她一动不动，但却还活着……"

"夫人！""夫人！"端纳叫道。

一群农民聚拢了。第二辆车上的副官也赶到现场。端纳轻轻地摇着宋美龄瘫软的身体。"喂，醒醒，"端纳粗声地说。"你最好醒一醒，睁开眼看看。"然后他开始唱了起来，"她轻松地飞向天空，秋千上那勇敢的少女……喂，夫人，醒醒！我希望你能现在看一看自己，你绝对是个美人！"

仍旧没有反应，宋美龄还是昏迷着。一种恐惧的疑惑向端纳袭来……"你身上都是泥！"端纳吼叫道。"你的脸上、裤子上……哦，上帝，她没救了。"他

259

行色匆匆的宋美龄和端纳。当宋美龄摔断了肋骨昏迷不醒时，端纳大喊道："你绝对是个美人！"

自言自语道。

这时，宋美龄微微动了动，呻吟了一声。端纳即刻站了起来，把手放在她的腋下，扶她站了起来。"好啦"，他说道，嗓门很大，好像从没想到过她不行了似的。"你没事，你能走。来，咱们去找个农舍。"

宋美龄摇晃着站了起来，似乎摸不清头脑："我恐怕不能走。"她反驳说。但端纳不容她考虑，搀着她朝一家最近的农舍走去。走到时，他还不停地对宋美龄说她如何像一个泥美人。端纳把宋美龄装有衣服的手提包交给她，劝她去换一条裤子。宋美龄单独一个人时，又险些昏过去，多亏端纳使劲地敲门，催她动作快点。

她再次坐到车里考虑下一步计划时，面色显得苍白。"我们现在在这里"，端纳说，手里挥着一张地图。"如果你想回南京，我很高兴，但假如我们继续往前走的话，我们仍可以在进城之前视察一下伤兵的情况，时间很充裕。你看怎么样？"

宋美龄考虑了一下。"继续去上海。"她说道。轿车又起动了，这次开得慢了些。她静静地坐在车子里，听着自己的呼吸，想看看身体什么地方出了毛病。"我不能呼吸"，她突然惊恐地说。"一呼吸就疼。"

"那就别呼吸"，端纳不在乎地说。实际上他在想，可能是肋骨断了。"可不呼吸我就会死……"然而宋美龄活了下来，尽管很痛苦。她当晚10点钟视察了伤兵，第二天一早安全到家。医生发现她确实摔折了肋骨，于是强迫她安静地卧床休养。端纳便是她最同情的看望者。

"车祸发生时你怎么那样冷酷？"她稍有一些好转时，这样问端纳。

"因为"，端纳不无得意地说，"如果让一个女人倒下去，说她受了伤，她就再也爬不起来了。"宋美龄休息了两天后，又于10月25日到上海，写了《日方诬言别有用心》的电讯，向全世界人民介绍上海战况，揭露日军的凶残和在华北建立傀儡组织的阴谋。

在南京遭到日机空袭的日日夜夜里，宋美龄为了躲避敌机空袭，经常调换工作或休息地点。她当时任中国航空委员会秘书长，运筹和指挥中国空军与强大的日本空军作战，费尽心血，每日工作18个小时。尽管如此，她的仪容依然丝毫未变，更没有憔悴和疲倦之色。美国记者尼克白克在1937年9月30日自南京发给纽约国际通讯社的电讯稿中这样描绘宋美龄在战争最紧张时刻的仪容。他写道："一件高领的花绸旗袍，很美观地适合于夫人纤小的身躯。她微露着整齐的牙齿，做灿烂的浅笑，都是她和蔼仪态之一。可是当我问到除军士外，中国的平民，惨遭非命者究竟有多少的时候，她就戚然敛容……"

美国作家项美丽于1941年出版的《宋氏姐妹》一书的封面。

上海失守后，日寇沿沪宁路长驱直入，进攻南京，并加紧了对南京的轰炸。国民党军事当局集中了十多万部队，在唐生智的指挥下守卫南京。12月1日，墨索里尼政府曾建议中国与日本和谈。第二天，德国驻华大使陶德曼从汉口返回南京，求见仍留在那里的蒋氏夫妇。他的到来并未引起任何人的惊奇。之后，项美丽称在当时有一件众所周知的事实：陶德曼先生被引进到宋美龄的办公室时，宋美龄正坐在办公桌后。他们已经相识多年，所以宋美龄向他热情地打招呼，他与美龄寒暄了一阵儿，然后将德国的建议放到美龄的桌上。"这并不是我个人的意见，您要明白，夫人。"他说。美龄从容地将文件推向一边。"我想不是的。"她说道："告诉我，孩子们怎么样？"三天后，陶德曼带着蒋介石不妥协的答复返回汉口：只要日本继续对中国诉诸武力，和平谈判是不可能的。（见埃米莉·哈恩著《宋氏家族》，第278页）这就是德国大使调停（实际是让中国对日妥协）失败的经过。

12月初，南京吃紧。

蒋介石决定将国民政府迁往重庆。政府要员暂时迁往武汉，工厂、政府机构和私人企业则迁往四川重庆，准备将四川建设成为坚持长期抗战的大后方。

宋美龄准备撤离南京了。

德国大使陶德曼

南京这个对于她来说不仅是熟悉亲切的地方，而且还是她婚后10年来的家。就要告别这个被日机轰炸得满目凄凉的城市了，此时此刻，她的心情是十分复杂的。

她站在南京的大街上，看到南京市民逃难的情况："惊恐的人们手推着小车，车上堆着他们可怜的家以及一切为他们所宝贵的物品，后面跟着愁容满面的少妻与鹤发鸡颜的老母，从炸弹与烧夷弹乱投如雨的城中逃亡。"（见《蒋夫人言论集》）

她"看见迷了路的妇女们，怀中抱着婴儿，衣角边拖着疲乏的幼童，在朝着城外的大路上踟蹰前进。妇女的脸上带着倦容，精神现出无可奈何的宿命的悲哀，一面走，一面还在盲目地希望能在大路上蚁集着的人群中找到她们的丈夫"。

她"看见年老的男女精疲力竭地倒在中途，试想觅得一个安静的地点。尽可能地宁静地等待着那最后的一刹那……"

她看见她亲手创建的遗族子弟学校，"在一道黄光与一缕灰烟之中烧毁了"。宋美龄精心培育的一批幼童，在日寇的轰炸中，"变成了满身染了鲜血和污泥的小尸体，四肢扭曲地躺在路中。他们在疯狂的恐怖中原想借着他们的小腿避免钢片的袭来，可是在他们跑着的当儿炸弹片却碰到身上，切断了他们的身体。"

在撤离南京前夕，宋美龄和蒋介石住在中山陵附近的美龄宫里。临行前，她巡视了早已空无一人的革命遗族子弟学校的校舍。在校园外的田野里，宋美龄看见那些还没有被焚毁的茅屋，外墙都还完整，墙上挂着一串串干豆、豌豆和玉米。想到这里的农民都离开了家园，下次收获也许要到若干年以后了，宋美龄愕然自思，怆然泪下："敌方残忍好杀之徒，曾否因其所造成人类之痛苦与蹂躏，不断映入自己眼帘，而一戢其凶暴心理！"（见《蒋夫人言论集》）

美龄的呐喊

从南京撤出来的蒋氏夫妇来到了武汉，以便布置武汉会战，在其再次撤往重庆之前，他们共在这里停留了11个月的时间。

1938年，国民政府出版部门搜集和出版了宋美龄的《战争与和平通讯》一书。由于此书搜集仓促，几乎没有经过编辑加工和适当的校对，宋美龄对此深感失望。该书原稿原样印出后，宋美龄和其他一些作家对其中大多数段落都极为不满意。但正因此书形式不羁，才对学历史和传记文学的学生有着特殊的魅力。书的内容是未经任何润色的广播讲话、信件、报纸和其他文章的摘选，不过在披露宋美龄的性格及其在危难中的表现方面，却胜过最正式的书籍。战争初期她的一系列演说和广播稿，都对西方国家不援助中国的做法表示愤慨，并义正词严地提出了抗议。《日本的烟幕》《战争的进展：来自前线的消息》《令人失望的美国态度》《日本的恐吓战》《对南京的破坏威胁》《长谷川的无理命令》《不宣而战的可能性》——这些标题都原封不动地编进了书里。尽管这些文章没有按年代或内容进行过编排，但却清晰地表露出促使宋美龄发表一篇篇文章的愤怒和激情。她从不擅长于祈求，凡是她认为属于正义的事情，她便提出要求。她常常认为，与其像一个喋喋不休的鼓动家那样使用执拗的字眼，还不如什么也不说。

"我在写此文章的时刻（她在一篇文章中这样写道。该文首次发表在1937年12月的《论坛》上），正坐着等待日本空袭飞机的到来。警报是在15分钟前拉响的。我像往常一样走出防空洞观看空袭，特别是察看一下我们是怎样进行防御的。飞机到来时，我要将我所见到的按顺序记录下来。日本开始在上海攻击我们以来已经有两个月了。这段时间，我们的人民罹难的痛苦是不可言状的。

"在世界大战中，空军基地一般距前线有几百里之远。轰炸机如果没有遭到强大的阻击飞机拦截的话，一天大概可以轰炸两次。但我们在上海现在却没有飞机阻挡日本，所以他们最多只需飞行五里就可以

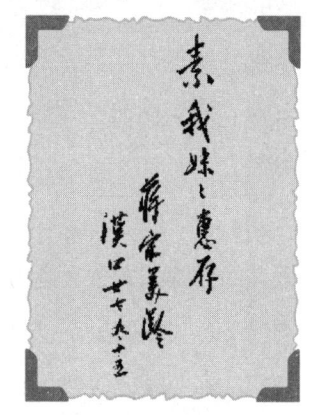

宋美龄将自己宣传抗战的英文版文集赠送给张治中的女儿张素我，并题写了赠言。

返回基地重新载上炸弹……大概你们会奇怪，我们为什么没有空军来对抗日本在上海的400多架飞机（他们的飞机总数是3000架）。你们应当记住，中国空军的历史还不满五年，而在这五年中，由于缺乏掌握这一新式武器的经验，还浪费了许多时间。这使我们在入侵到来时没有适当的空中防御力量，因此我们不得不大量地向美国和其他国家订购，希望他们能尽快为我们提供飞机。我们知道，日本将要怎样做，但我们从最悲观的角度也没料到美国……"

正写到这里，日军的轰炸机飞来了，于是她又开始如实地记述空袭的情景。

这朴实无华而充满激愤的文章，其外文版的意义更为重要：在举世纵容日本侵略的时刻，在中国军民孤军奋战的时刻，她向全世界直观地揭露日军的暴行，坚定地重申中国人民抵抗到底的决心，希冀以此唤起国际社会，特别是美国的正义感而出面制止侵略，援助中国。然而她的呐喊在当时几乎没有回音。直到法西斯国家的侵略野心不断膨胀而将战火烧到了珍珠港，美国人才为了拯救自己而真正地行动起来，给予中国以实质性的援助。

三姐妹联手进"工合"

抗战时期建立的中国"工合"组织是通过发展经济来支援抗战的。它成为国际友人和海外华侨援助中国抗战的重要纽带，成为"世界上最大的生产合作运动的先驱"，一支支持中国抗战的独特的经济力量。在中国人民与日本侵略者浴血奋战的艰苦岁月，它为供应战时的军需民用，支持长期抗战，作出了巨大的贡献。而中国的"工合"运动能取得这样的成就，这里面当然也有宋氏姐妹的功劳。

七七事变以后，日本帝国主义大举进攻，沿海工业区全部沦于敌手，数以千计的熟练工人在社会上到处流浪……在这种情况下，能否动员人力物力在后方重建工业，发展生产，供应战时的军需民用，是关系到能否坚持长期抗战，争取最后胜利的重要问题。同时，千百万流离失所、饥寒交迫的难民、伤兵的劳动就业，安定后方社会秩序，也是亟待解决的问题。对此，国民党政府束手无策。

1937年11月，斯诺夫妇和路易·艾黎目睹上海许多工厂遭到狂轰滥炸，就提出了一个"在非敌占区发起一个建立一连串的小工业合作社的想法"，并将其方案进行宣传，立即得到"星一聚餐会"中爱国人士的拥护。这个"星一聚餐会"是中共地下党领导的救国组织，其中有胡愈之、刘湛恩、郑振铎、王任叔、王芸生、萨空了等人。于是他们组织起了中国工业合作社设计委员会，并且邀请在农产调整委员会工作的卢广绵，上海电力公司工程师吴去非、林福裕等人，共同拟定了在中国发展工业合作社的初步计划，提出建立三万个工业合作社，使千百万人得到新的工作，并使工业生产恢复到战前水平的目标。

路易·艾黎和斯诺把"工合"计划通报给宋庆龄。她对此"百分之百地支持"，并高兴地当了"工合"运动的"保证人"。

在宋庆龄的影响下，宋子文也表示"百分之百"地支持"工合"运动。宋庆龄还把宋子文介绍给斯诺、王安娜等人交朋友。经过同他们商谈后，宋子文以个人身份答应给实施这一计划以财政上的援助。宋子文还给他们出主意说，这项计划"最好取得蒋介石的正式同意"，并说可以通过他的两个姐妹（即宋美龄和宋蔼龄）去做蒋介石的工作。

但蒋介石和孔祥熙对"工合"态度冷淡，孔祥熙甚至表示"不予考虑"。

宋美龄由于受二姐庆龄的影响，对"工合表示赞许"，并保证说服政府支持这一计划。当"工合"运动遭到孔祥熙拒绝之后，"气得蒋夫人哭了一场，旋激起孔夫人之同情，为此，孔夫人当着孔院长阁下，表现了卓著功能的'河东狮吼'，迫使孔院长乖乖地听命，改变主意，全力支持'工合'"。（曹云霞《宋庆龄与宋美龄》，载香港《镜报》杂志1981年第4期）

尽管后来宋美龄只是作为中国工业合作协会名誉理事长，但她对"工合"还是关心支持的。她的支持表现在："工合"成立之后，1939年5月25日，她发表《中国工业合作社运动》的文章，介绍"工合"运动的发生、意义和前途。她

抗战期间行进在重庆街头的宋氏三姐妹，步伐比较一致，共同为抗战奔走。

认为，"中国工业合作社运动，正如新生活运动俱乐部内生产部所设的工业合作社一样，同是日本侵略中国的产物，这些工业社并非是想用来代替其他工业企业，他们只是供给目前的需要的"。

她指出，日本军阀残暴地，有计划、有组织地破坏中国工业和工厂，以为中国民众就会贫困下来、失望下来，使抗战精神颓萎，但他们失望了。中国"工合"产生了，它是来解决这个问题的。不仅它是一种谋生的好方法，同时也是谋利、造福社会的一个媒介。

最后，宋美龄呼吁外界的支持，中国是为正义而抗战，凡是慷慨的人士，或是为人道正义而愿意帮助中国的人们，则中国工合社和新生活运动内的生产部，是接受这种帮助的一个最实际的地方。（详见林家有著《宋美龄传》，河南人民出版社）

就工业合作社而言，宋氏三姐妹似乎是"各取所需"：宋蔼龄因为本身家族拥有庞大企业的关系，她非常赞成企业和劳工之间的结合；宋庆龄的立场，一向是主张团结工农；而宋美龄则是基于希望老百姓能在经济生活上，更加独立，而不依赖政府单方面的帮助。三姐妹难得获得了一致的见解。于是，经过英、美等国驻华大使推荐，国民党政府正式任命艾黎为中国"工合""首席技术顾问"。孔祥熙答应提供行政经费和贷款500万元，作为"工合"的基金。

1938年8月5日，"中国工业合作协会"总会在汉口成立，孔祥熙任理事长，宋美龄任名誉理事长，路易·艾黎为技术顾问。20名理事中有国民党方面的王世杰、邵力子、翁文灏、张治中等人，共产党方面有林祖涵、董必武、邓颖超，还有各界著名人士沈钧儒、黄炎培等。"工合"成立后，宋庆龄就在国际上广泛地为它宣传，呼吁支持。1938年8月15日，即"工合"总会在汉口成立后十天，宋庆龄对在美国纽约召开的世界青年大会作广播演说，向世界人民介绍中国的"工合"运动。参加这次大会的有52个国家的代表。从这次演说中，可以看到，宋庆龄对"工合"产生的时代背景、性质、作用的了解和阐述，是非常透彻的。正是由于宋庆龄这样的大力宣传和呼吁，"工合"很快成为举世瞩目的新生事物，引起国内外人民广泛的同情和支持。

"工合"运动在这样的背景下，取得了较好的成果。生产合作社在广大的

抗战中的三姐妹。

非敌占区，星罗棋布地建立起来，到1942年6月，全国16个省份内，"工合"组织达3000个，社员3万人。生产种类及产品有纺织、服装、鞋帽、日用百货、食品加工、文具、印刷、医药、化工、五金、机器、采矿、交通等50余种。它们大约安置了失业工人、荣誉军人、难民15万人，每月生产总值为2500万元国币。东南、西北两区发展成绩最大。仅军毯一项，从1939年至1945年，"工合"共承制近100万条，其中80％是西北"工合"制造的。"工合"生产了大量军需品和民用品，发挥了安定后方秩序、支援前线作战的作用。

但是，中国"工合"运动的发展，并不是一帆风顺的。它几度面临夭折的危险。国民党中二陈——陈果夫、陈立夫见"工合"获得大量国外捐款，就把"工合"视作"又一个敲诈对象"，一再扬言要改组"工合"总部。

"工合"遭到了国民党顽固派的歧视和压迫。他们怀疑"工合"里有共产党在活动，不少地区"工合"的中共党员、进步青年、工人遭逮捕、残杀。他们还开除了积极为"工合"奔走的路易·艾黎。这些与国民党顽固派在抗战中期一次次掀起反共高潮密不可分。

宋庆龄决心利用二陈与宋美龄及孔祥熙夫妇之间的矛盾，进行斗争，保护"工合"事业。1940年4月，宋庆龄与宋蔼龄、宋美龄一起访问四川时，重点参观、视察重庆和成都的工业合作社，三姐妹表示要共同为"生产自救"作出贡献，显示了工合事业有强大的后盾，阻止了陈氏兄弟的公开破坏。但是二陈并不甘心，他们设立"合作社管制局"，企图"管制"合作社，"慢慢地窒息它"（埃德加·斯诺，《复始之旅》，第272页）。于是，宋庆龄请斯诺从菲律宾回来，帮助艾黎与管制局作斗争。斯诺给在美国的宋子文写了一封信，把情况详详细细告诉他，请他进行调解，理由是一旦"工合"转到了陈氏兄弟手里，我们就会失去美国舆论的同情，失去美国的支持。宋子文很重视这件事，立即给蒋介石和宋美龄打了电报，谈了这方面的意见，使"工合"有一段时间顶住了合作社管制局要合并它的企图。（尚明轩、唐宝林，《宋庆龄传》，第446页）

到抗战胜利前夕，"工合"事业除解放区外，已名存实亡了。

救助难童与遗孤

1937年11月12日，上海沦陷。12月13日，南京沦陷。华北、华东大片国土沦丧，日本侵略军的铁蹄蹂躏着华北、华东大片国土。人民惨遭日寇屠杀，无数家庭、学校毁于炮火，无辜儿童遭受空前的劫难。在敌人屠刀下幸存的儿童，饥寒交迫，无家可归，到处流浪，有的甚至被抓到日本去接受奴化教育。武汉街头，有大批难童沿街乞讨，有的甚至倒毙在沿街墙角……

孩子是国家的未来呀！从上海、南京、北平来到武汉的中共秘密党员和进步人士在商讨着如何抢救难童。

为抢救民族后代，培育流浪儿童，使其成为抗日力量和有用人才，中共长江局妇委邓颖超说："要把力量集中起来，组织各界人士，一起来抢救难童！"邓颖超知道战区难童数量众多，抢救难童需要大量经费、房子、工作人员，必须有一位在社会上有影响而又热心肯干的人来主持这项工作。她想到了冯玉祥夫人李德全，她知道李德全的经历。

李德全比邓颖超大八岁，协和女子大学毕业，曾担任北京基督教女青年会总干事。1924年和冯玉祥结婚。1926年曾随冯玉祥去苏联,见过斯大林。冯玉祥下野后,1932年她曾协助冯玉祥在山东泰山脚下办了十五所学校。1936年,她又在南京成立"首都妇女学术研究会"。邓颖超深知李德全思想进步,又在社会上有广泛影响。她和周恩来商量,周恩来也很赞同。于是周恩来亲自出面,到冯玉祥家中商议,请他的夫人出来主持战时儿童保育工作。李德全慨然应允。

1938年1月24日,邓颖超和李德全、沈钧儒、郭沫若、蔡元培等召开了发起人会议,会上成立了战时儿童保育会筹委会。正式成立战时儿童保育会要得到国民党社会部批准。国民党顽固派一贯仇视共产党和进步人士,企图破坏、阻挠战时儿童保育会成立。邓颖超听到一些流氓、特务准备在保育会成立大会上捣乱的消息,她考虑,只有请一位比李德全地位更高的人来主持大会,抢救难童的事才能办妥。

她找李德全商议,建议李德全邀请宋美龄出面主持战时儿童保育会的成立大会,向宋美龄说明,保育会可作为由宋美龄当会长的中国妇女慰劳自卫抗战将士委员会的直属单位开展活动。

邓颖超委托史良、沈兹九、刘清扬三人去见宋美龄,请她出来主持儿童保育

宋氏三姐妹在重庆视察孤儿院。

工作。李德全和沈兹九等一起去请宋美龄。宋美龄早就想抓过妇女儿童救亡工作的旗帜，况且主持儿童保育工作又是一件颇得人心的善举，便一口答应出席成立大会。她说："我没有保育儿童的经验，但可负责筹措经费。"在许多战时工作当中，救援国民党军的遗孤、为战争难童设立战时儿童保育院特别受到宋美龄的重视。有她出面，那些特务、流氓再也不敢捣乱，国民党社会部也乖乖地批准了战时儿童保育会这个团体的成立。

1938年3月10日，在汉口圣罗易女中，召开了中国战时儿童保育会成立大会。到会的各界知名人士竟有700多人，济济一堂，充分体现了抗日民族统一战线的威力。

身穿黑色丝绒旗袍的宋美龄主持大会。她很客气地和邓颖超握手，说是对邓先生"仰慕已久"，表示要"真诚合作，全力抢救难童"。宋美龄说的也不全是客套话。对于邓颖超这样一位参加过五四运动有着多年革命经历的杰出妇女，她确实早有耳闻，十分尊重。邓颖超也很有礼貌地称她"蒋夫人"，并说，不仅要以抗战精神抢救难童，还要将他们培养成为建设中国的人才。

宋美龄不仅出席了会议，并在会上致开幕词。她在开幕词中说："今天大家所要讨论的儿童保育问题，就是我们妇女界战时最重要工作之一。换一句话说，也是我们义不容辞的责任。"接着，她揭露了日本帝国主义残害中国沦陷区儿童的罪行，指出培育难童的重要性，最后她号召全国妇女要热心从事儿童保育工作："我愿全国的女同胞们，各尽所能，各出其力，贡献于这一件伟大的工作，我更愿妇女慰劳会和儿童保育会的同仁们，以及全国热心妇女运动的先进，一致来扶植这一件伟大的工作。"会上，宋美龄被推选为理事长，李德全为副理事长，并推选出国共两党和无党派的社会知名爱国妇女56人任理事。

战时儿童保育会成立后，聘任了286位名誉理事。国民党方面有蒋介石、林森、冯玉祥、孔祥熙、孙科、宋子文、李宗仁等。共产党方面有毛泽东、周恩来、朱德、彭德怀、叶挺、叶剑英、博古、邓颖超、康克清等。还有各界知名人士蔡元培、郭沫若、沈钧儒、胡适、茅盾、老舍、邹韬奋、晏阳初，华侨界陈嘉庚、胡文虎，国际友人斯诺、史沫特莱、斯特朗、鹿地亘、司徒雷登等，真是极其广泛的阵容。可以说中国战时儿童保育会是第二次国共合作开始后最早成立的

宋庆龄、宋美龄、宋蔼龄（左起）看望难童。

抗日统一战线团体。

在讨论理事会设立的各组织机构人选时，组织委员会主任的候选人原来是邓颖超，副主任是国民党社会部妇女科负责人陈逸云。陈逸云在会上力争要国民党员独占组织、宣传、保育三个委员会的主任职位，宣称她"有几十年组织工作经验"，竭力要把邓颖超和进步人士排挤出去。

邓颖超看穿陈逸云的把戏，国民党顽固派无非想垄断这个刚建立的抗日统一战线团体。她坦然表示："我们是为抗日救国，为了保护儿童而走到一起来的，我不要任何名义。只要工作需要，我一定努力去做。"

宋美龄多少有些西方民主思想，看到陈逸云在会上公然"抢位置"和自我标榜的表演，不觉皱眉。她笑着说："邓先生不计名位、一心为抢救难童服务的精神，令人钦佩。大家还是畅所欲言，充分讨论吧。"

保育会成立后，立即邀请各地知名妇女成立战时儿童保育分会。短短几个月，就有广东、江西、安徽、浙江、广西、贵州、湖南、成都、陕甘宁等地成立分会，连香港和南洋群岛也有分会成立。

据曾经参与这项工作的刘清扬回忆：1938年2月、3月间，在汉口女青年会由宋美龄召集了一次小型座谈会，到会十余人，李德全、杜君慧、安娥、刘清扬都出席了，国民党方面有沈慧莲、唐国桢、陈逸云等，还有女青年会总干事陈纪彝，讨论成立儿童保育会的筹备、募捐、难童如何教养，以及如何派人到战区抢救儿童等问题。宋美龄满口抗日，强调妇女也要尽国民天职，在"委员长"领导下做一份工作，把后方工作做好。刘清扬在会上发言，把平津沦陷以后，不甘心做亡国奴的人们如何在做秘密工作和开展游击战的情况作了介绍；同时说广大华北人民愿意团结全国军民收复失地，沦陷区人民一定不怕牺牲流血，不向敌人屈服。当决定成立儿童保育会，推举理事和常务理事的时候，那些国民党女党棍们想一手包办，有意排挤刘清扬。刘表示，我们来到祖国大后方，只想投身抗敌，不想争名夺利，不论参加不参加理事会，只要能为祖国抢救儿童做一份工作，尽到国民一分子的责任，就是自己的心愿。宋美龄看刘清扬诚恳无私，大义凛然，决定把刘清扬提为常务理事。

宋美龄对此项工作非常认真，正如她所说的："不尚空谈，唯有苦干。"国民政府停留在武汉期间，宋美龄认真解决当时最紧迫的问题——战争孤儿，一直为这些儿童的吃住和衣着奔忙。重庆为他们准备了住房，同时还制定了《收养计划》。根据这一计划，世界上任何感兴趣的人都可以领养抗日战争时期的中国遗孤，数目不限。

战时儿童保育会的经费主要靠募捐方式获得。1938年4月11日，宋美龄写了《谨为难

抗战时期的周恩来与邓颖超

童请命》的文章，慷慨陈词，号召全国各界人士为难童捐助经费。她写道："我们大家倘回想到自己做孩子时候的情景，父母怎样爱护我们，家庭团聚在一起是怎样的安全欢乐，在学校里读书又是得到怎样的智慧和乐趣，现在再看看这群难童，谁不应该抢着去救济他们，救他们跳出水深火热的苦难，帮助他们变成有作为的国民，将来也担负起捍卫国家、复兴国家的一部分责任呢？现在，战时儿童保育会正在进行募款运动……现在我们请求同胞们，每一个人量力认定几个儿童的保育费，我们最初的目标想保育两万个儿童，将来经费扩大，保育儿童的数目当然也就跟着扩大了。"文章明白表示：争取胜利虽是政府与军队的责任，但是必须有民众自身积极参与，眼看在战争中造成了成千上万的难童，这些儿童都是未来中国的壮丁，我们怎么忍心任他们去挨饿受冻，变成目不识丁的流浪儿呢？为了珍惜每一个生命，也为了保全国家民族的实力，宋美龄呼吁国人负起对这些孩子安全、温饱和教育的责任。当时，每个幼童每年的养育费为20美元，收养者可获得一张被认养幼童的照片，以及每年他在学校和孤儿院的情况报告。在全民抗战的热潮中，募捐工作很快得到各界人士的热烈响应。有认捐儿童保育费的，有捐款、捐物的。儿童保育会经济委员会正副主任李德全、郭秀仪积极带头，李德全认捐511名儿童的生活费，郭秀仪认捐442名儿童的生活费。宋美龄和蒋介石夫妇每人也认捐了200名儿童的生活费。邓颖超、史良、刘清扬等共产党人和进步人士也拿出自己的微薄收入帮助难童。文化、教育、金融等各界人士，家庭妇女、老太太、小学生等都踊跃捐款。"伤兵之母"蒋鉴女士拿出全部家产捐给保育院。宋庆龄在香港创办的"保卫中国同盟"，也积极捐募资金、物资支援儿童保育工作。征募工作还得到英、美政府救济机构的支持。不久，便募得70余万元捐款。

抢救难童的工作，动员和组织了许多教师、学生到武汉街头收容难童，在那里最先成立了临时保育院，收容了几千名难童。各地分会也纷纷开始抢救难童。战时儿童保育会派出一批批工作人员到战区去抢救难童。她们到徐州战场抢救难童，适逢徐州被围，便随军突围，抢运出一批难童。浙江分会以金华为中心，广东分会以韶关为中心，组织抢救队到战区和沦陷区附近抢救难童。

邓颖超亲自布置罗叔章到湖北、河南交界的均县抢救难童，交给她一封宋美龄亲笔写的委任状和介绍信。罗叔章赶到均县，带着男女老幼600多人，从均县溯汉水到陕南汉中，再沿嘉陵江到达重庆，辗转行程两千多里，途中遇到许多困难，但终于到达了目的地。在武汉沦陷前，汉口临时保育院共送出28批难童，经宜昌接运站运出难童1.5万名。战火中逃难的儿童，出身不同，生活经历各异，文化程度也不一样，其中多数是文盲。但他们同在战火中流浪，目睹了日寇的凶残，满怀着对敌寇的仇恨和对争取民族独立自由的向往，更具有追求真理的勇气。战时儿童保育会根据难童的特点，根据他们的文化程度将其按"抗战到底争取最后胜利"十个字分成十队，分队开展教育活动。除讲授一般课程外，还从报章杂志上选用一些补充教材，以提高难童的政治水平。有纠正错误、指示做人标准的公民训练，有发扬互助精神的集体劳动课目，还有学习演剧、演讲、游艺歌咏等。著名作家田汉之妻安娥为孩子们写了《战时儿童保育院院歌》：

"我们离开了爸爸，我们离开了妈妈，我们失掉了土地，我们失掉了老家。我们的大敌人，就是日本帝国主义和他的军阀。我们要打倒他，要打倒他！打倒他，才可以回到老家；打倒他，才可以看见爸爸、妈妈；打倒他，才可以建立新中华！"

由于战火遍及全国，战时儿童保育会先后在全国各地成立了20多个分会，抗战八年中先后建立了53所战时儿童保育院，收容保育了3万名难童。它最广泛地动员和团结了国共两党及无党派的妇女界人士共同参加抢救难童工作。保育会工作一直坚持到抗战结束。

在抗战时期的各种妇女活动中，宋美龄都发挥了积极的作用。除了救助难童外，宋美龄1938年在重庆小龙坎覃家岗还办了一所中正中学，自任校长。这所学校和蒋介石老家的武岭学校一样，也是为了培育蒋宋所需要的人员而设立的。校舍按战时规格建设，草顶泥竹墙，但规模很大，占地很广，经费很充足，设备也很齐备。学生一律住宿，生活军事化，童子军课非常严格。宋美龄常去视察，还邀请名人学者参观讲演。有次特请内蒙古锡林郭勒盟的奇俊峰携其五岁男孩来校现身控诉日寇蒙奸的暴行。奇俊峰的丈夫原是锡盟王爷，其弟投靠蒙奸穗王，杀兄篡位。奇俊峰率忠于她的残部辗转战斗，向国民政府求援，携其子来重庆，蒋介石给了她5000人马的武器装备（内蒙古人口不多，这在当时也就不算少了），委任她儿子为少将司令袭父职。那天是宋美龄陪同来学校的，这五岁的小孩就穿少将衔的军服，也算是抗日战争时期的一段佳话。奇俊峰汉语流利，讲话动听，学生们纷纷请她签名，她一签两行，一行是汉文名，一行是蒙文名。

妇女组织训练工作

1938年5月，徐州危急！津浦线上正展开激烈的争夺战，千百万将士在前线浴血抗敌，千百万难胞在向后方流亡，中华民族正经历着血与火的严峻考验。

国民政府西迁武汉后，武汉成为全国的政治中心。随着战争的发展，形势的需要，宋美龄的态度同她的二姐庆龄一样，立即转向了统一战线的方面。南京被包围期间，宋美龄主要从事航空工作。此刻她认识到，应集中精力搞中国妇女的组织工作，同时还要做救济难民和伤员的工作。

此时平、津、京、沪和沿海各大城市的各界知名妇女人士和华北流亡女学生云集武汉，各种妇女抗日救亡团体雨后春笋般地建立起来。"中国妇女慰劳总会"也从南京迁到武汉，暂借汉口黄陂路女青年会的房子办公，继续开展募款和慰劳工作，同时该会为前方将士赶制了大批棉被、棉衣、卫生衣、内衣、手套等物品。

"中国妇女慰劳总会"主要是由国民党的官太太和国民党中央党部妇女运动委员会的成员组成的，是官办色彩很浓的妇女团体，不能代表和团结各界妇女共同开展抗日救亡活动。当时活跃在武汉的还有一大批进步妇女活动家。邓颖超、孟庆树等组成了中国共产党长江局妇女委员会，代表陕甘宁边区各界妇女救国联合会常驻武汉，同时领导武汉及长江局所辖地区的妇女救亡运动。原各地救国会的一些妇女领袖和其他进步妇女界人士如史良、沈兹九、刘清扬、曹孟君等也都到了武汉；此外，汉口基督教女青年会在青年女工和女学生中开展救亡活动，也是当时妇女运动的一支重要力量。

宋美龄发动妇女为前方将士赶制棉衣。

建立一个全国性的妇女团体，这是全国妇女长时期的愿望。史良邀请了几位朋友在她家里交换意见。邓颖超提出这一建议，大家热烈赞同。只是如何着手进行呢？邓颖超说："现在国共合作，我们妇女组织的门也应开得大一些。要成立全国性的妇女团体，要考虑请宋美龄、李德全参加，这才体现妇女界抗日统一战线的广泛性。"为了把各党各派的妇女抗日力量团结起来，集中起来，共同开展抗日救亡活动，邓颖超提出，以《妇女生活》杂志社为中心经常召集有各党各派妇女代表参加的座谈会，讨论如何动员妇女参加抗日救亡活动问题，酝酿建立全国统一的妇女工作领导机构。鉴于当时国共合作的形势及宋美龄的特殊地位和"第一夫人"的身份，有人建议由宋美龄出面负责领导全国统一的妇女组织的工作比较适宜。

抗战中妇女运动初步发挥作用，最先表现在庆祝妇女节的活动中。

1938年1月12日和2月22日，《妇女生活》主编沈兹九召集了两次座谈会。参加座谈会的，有陕甘宁边区妇联代表邓颖超、孟庆树，有救国会和进步文化界代表史良、刘清扬、曹孟君、李文宜、杜君慧、陆慧年、安娥、彭子冈、徐镜平，有基督教女青年会的邓裕志和陈纪彝，还有国民党方面的陈逸云、唐国桢等共三十多人。

座谈会上，"采取实际步骤，组织广大妇女参加抗日斗争"成为大家的一致意见。谈到怎样纪念抗战后第一个"三八"节，不少人建议成立全国性的妇女组织，以更好地领导全国妇女的抗战活动。事先，邓颖超和史良、沈兹九、曹孟君等交换过意见。能言善辩的史良提出，这事可征求蒋夫人宋美龄、冯夫人李德全的意见，邀请她们参加这一工作。这样一来，全体与会人员连陈逸云、唐国桢都热烈鼓掌。

会上，大家商量要好好筹备召开纪念"三八"节的大会。陈逸云、唐国桢当面赞同，背后又指使一些特务、流氓，扬言要破坏"三八"节集会。

邓颖超得到消息后，立即在史良家召开会议。史良一口答应，由她去请宋美龄参加。积极支持抗战的宋美龄果然答应来参加纪念"三八"节的大会。

1938年3月8日，纪念"三八"节大会在国民党湖北省党部召开。宋美龄来了。虽然下着濛濛小雨，还是有一千多名妇女参加了集会，会后还冒雨游行，初步显示了妇女界团结抗战的力量。

庐山谈话会

在当时全民抗战热潮的推动下，蒋介石曾在庐山举行谈话会，邀请中国共产党和其他党派人士共商国是。宋美龄也准备在庐山召开各界知名妇女谈话会，商讨妇女界抗日问题。她先请了教育界的吴贻芳、俞庆棠、雷洁琼，基督教女青年会的总干事蔡葵（陈望道夫人）、张蔼真、陈纪彝，同她们商量邀请名单。她说，谈话会不要有太浓的政治色彩，国民党方面的不要太多，共产党方面必须邀请两个，最好多请学术、文化界人士。邓颖超、孟庆树收到了宋美龄的请帖。

为这个请帖，沈兹九邀请了几位熟朋友交换意见，邓颖超应邀前来。她说：宋美龄召开庐山谈话会，有利于抗战的大局，会上的主题是要通过一个确定抗战时期妇女工作方针、任务的共同纲领，建立一个统一的妇女组织，这是很重要的。她估计："宋美龄在会上很可能提出由她担任指导长的新生活运动总会妇女指导委员会作为全国性的妇女组织。"虽然大家也有过一番争论，但最后还是同意了邓颖超关于国事为重的主张，同意宋美龄主导的妇女指导委员会作为全国性妇女组织。

对此，宋美龄的反应是什么呢？

宋美龄要进一步抓妇女界的领导权，于是召集各方面的妇女代表举行了庐山谈话会。5月，庐山迎来了48位来自汉口、南京、福州、香港、昆明、重庆，以及其他各地的妇女工作者，她们是应宋美龄的邀请，来到庐山牯岭参加妇女谈话会的。她们之中有中国共产党方面的邓颖超、孟庆树；国民党方面的沈慧莲、唐国桢、陈逸云等；救国会方面的史良、沈兹九、刘清扬；基督教女青年会方面的张蔼真、邓裕志、陈纪彝、刘玉霞；还有知名学者、社会名流李德全、吴贻芳、俞庆棠、雷洁琼、曾葆荪、劳君展等。

庐山牯岭是一个山上的市镇，谈话会的会场设在

抗战时期的蒋氏夫妇

牯岭市街的庐山图书馆大礼堂里。20日早晨，48位妇女工作者衣衫整洁地排坐在庐山图书馆大礼堂U字形的会议桌两旁。正中坐着会议的召集者、主席宋美龄，她身边坐着会议副主席金陵女大校长吴贻芳博士。宋美龄穿着一身藏青色的旗袍，在掌声雷动中站了起来，用和蔼的微笑和点头向大家致意，而后沉着而又清晰地讲了起来。她首先说明了召集妇女谈话会的目的："我召集这一次会议的第一个目的，就是要使妇女界的领袖分子能够聚首一堂，大家认识。"她认为许多误会的发生，往往由于大家虽在做着同一的工作，彼此却并不认识；私人的接触和认识，实在足以促成有效的合作。"在许多方面，我们女子可以影响男子，要是我们女子能够表示合作，以团结的精神来感应全国，我敢信全国同胞就更不得不和衷共济，为国家利益共同奋斗了。"第二个目的是，通过谈话会"制定一个全国性的妇女工作纲领，使全国妇女工作的各方面，可以互相联系起来"，"彼此听取报告，共同切磋"，统一步调，共同前进。

接着，宋美龄介绍了谈话会所要讨论的问题，即：1．战时妇女工作问题；2．如何动员妇女民众；3．如何鼓励妇女参加生产事业；4．改善妇女生活问题；5．妇女团体联络问题等等。为了建立全国统一的妇女运动领导机构，宋美龄建议把"新生活运动妇女指导委员会"改组扩大为领导全国妇女救亡运动的统一机构。宋美龄希望这次会议的精神能够真正付诸实施，并且能长久地坚持下去。她说，我们中国人有个大毛病，空言和议论太多，切实的行动太少，妇女尤其如此，以致一切工作，往往不能发生持久的效果，我希望我们这一次就不是如此。她用庐山的云雾风趣地作比喻说："庐山的浓雾，看上去非常凝重，可是飘忽得很，一转眼间会烟消云散，无影无踪。我们今天在这里开会，我希望我们的一切讨论和决议，能够成为一种具体的基础，以制定有价值的工作纲领，而不要像庐山的浓雾一样。"说到这里，企求的热望，清晰地浮现在她的面部表情上。

接着，妇女慰劳总会的代表沈慧莲、战时儿童保育会代表唐国桢向大会介绍了各自的活动情况；徐瑞作了关于战时妇女服务问题的演讲；最后，口若悬河的大演说家刘清扬讲述了如何动员妇女大众问题。她的演说，获得暴风雨般的掌声。

刘清扬回忆说："我在这次会上发言，谈华北人民在敌人压境下如何做宣教工作，如何同仇敌忾，予敌人以打击，敌人征服不了他们的心，他们在租界上成立了华北人民抗日军政委员会，仰望后方同胞支援他们的工作。我准备了三万字的发言稿，但规定发言时间只二十分钟，我只好声明关于游击队的事不说了。宋美龄说：'你说吧，再给你五分钟。'于是我又把游击队的活动情况简要地说了一些，听的人很受感动。"

刘清扬说：我的发言，引起宋美龄的重视，"记得一次会后，我在外面散步，宋美龄跑过来约我一同去找冯夫人。路上，她探问我愿不愿意帮助她的工作。我听得有点不顺耳，什么叫作'我的工作'呢？我们从事的是全国的救亡图存的事业，不是个人的事业。我回答她：'不是这样的问题，蒋夫人，不是我愿不愿帮助你的工作，而是祖国在对日抗战，我作为国民一分子，既然来到大后方，就应该做抗日的妇女工作。'"

会议开幕当天晚上，宋美龄请客。大家唱着歌儿，走进了餐厅。宋美龄已坐在正中的一张桌子的中间，笑迎着每个客人，使满怀国仇家恨的人们，感到了几分舒适。人齐了，菜也上齐了。宋美龄兴奋地站起来说："报告诸位一个好消息！"

"什么消息？"大家问。

"我们的飞机，昨晚飞到了东京。"掌声雷鸣，响彻山谷。

"投了炸弹没有？"有人性急地问。

"我们是去散发对敌民众宣传的传单的，我们的敌人是日本军阀，不是日本的广大民众。我们飞机这次去的目的，在于唤醒被敌军阀麻醉了的日本民众。"宋美龄兴奋地介绍着"她的空军"的成绩，赢来了暴风雨般的掌声。

餐厅里人们兴奋到了极点，说笑声、歌声、口技表演声，接连不断。突然，从左边的一张桌子上飞过一片纸条，上边写着："全国妇女大团结，大团结！团结起来抗战并建国。""大团结，大团结"的歌声也从那张桌子边上飘起。女青年会全国协会劳工部主任邓裕志拿着筷子在用力地指挥。歌声好像极有感染性，不一会儿，全餐厅的人都高声唱起来。这时，宋美龄站起身来，激动地说："团结，永远团结！"

会议经过几天的小组讨论，终于作出了两项重要决定：一是将"新生活运动妇女指导委员会改组、扩大为全国性的动员领导妇女参加抗战建国的总机构"；

二是通过了《动员妇女参加抗战建国工作大纲》作为今后妇女运动遵循的"共同纲领"。大纲中规定以"新生活运动促进总会妇女指导委员会"作为推动一切妇女工作的总机构,宋美龄担任指导长,成为战时妇女工作的最高领袖。当时的工作内容有两个重点:一为"动员妇女",二为"服务社会"。

5月25日,宋美龄在闭幕式上发表了闭幕词。她在闭幕词中对妇女工作作了一个生动的比喻,她说:"我们的工作有如把小石子投到池子里去,我们这时虽只有一小把石子,我们影响国人的力量,也会像投进池子的小石块那样发生效力,石子刚刚投下去时,仅能激动水面上小小的一点,可是波纹渐渐地会荡漾开来,一直展开到整个池子。"她还着重谈了知识妇女的"酵素"作用。她说:"我们中国有两万万女同胞,能得到教育机会的非常之少,我们大部分的女同胞,既多未受教育,那么,受教育妇女的比率,自然是惊人地稀少,力量当然是微弱。但是要请诸位注意,二万万女同胞好像做面包的麦粉,而我们受教育的妇女,正是其中的酵素,为了要使麦粉做成松软适口的面包,酵素需先行糅进在麦粉里,然后能发挥它的作用。我们也是如此,我们无论如何,得深入我们女同胞中间去,我们是各团体或各机关的代表,所以这次大会的成功,将要看我们在自己组织里,怎样影响个别的分子来做比例的。"(沈兹九,《妇女大团结会议回忆》,《妇女生活》第6卷第3期至第6期连载)妇女谈话会在热烈的掌声中闭幕。会后,发表了《告全国女同胞书》。这时,战火已经迫近庐山,大家无心游山玩景,纷纷整理行装,告别名山,回到各自的工作岗位,发挥"酵素"的作用去了。

忙碌的"指导长"

在武汉时期的宋美龄,可以说是为了抗战,全力以赴。她与妇女界领袖频繁来往,与基督教教友频频谈话,回复几千封各方面人士的来信,她还陪同蒋介石到河南前线视察,当然,更主要的是做妇女指导委员会的工作。

1938年7月1日清晨,汉口三教街第五小学大门口的墙上增添了一块长方形的木牌,上面写着"新生活运动促进总会妇女指导委员会"(简称"妇指会")。

这天，根据庐山妇女谈话会决议而改组、扩大了的"妇指会"正式开始在这里办公，仍由宋美龄担任指导长，李德全进入了常委会，委员由原来的7名增加到36名，其中有邓颖超、孟庆树、康克清、曹孟君等。张蔼真、陈纪彝分别担任正、副总干事，负责日常事务。"妇指会"分设总务、训练、文化事业、生产事业、生活指导、慰劳、儿童保育、战地服务八个组和联络委员会，并在各省市设新运妇女工作委员会。总会内部由国民党方面负责的有：慰劳组，组长唐国桢；战地服务组，组长陈逸云；生活指导组，组长黄佩兰。其中唐国桢、陈逸云是国民党中央党部妇女运动委员会的委员。由救国会方面负责的有：联络委员会，主任史良；训练组，组长刘清扬；文化事业组，组长沈兹九。无党派人士俞庆棠担任生产事业组组长。天主教徒纽珉华担任儿童保育组组长（后由陈纪彝接替）。总务组由谢兰郁担任组长。这些人选的安排是庐山妇女谈话会后，各方面代表共同酝酿、协商确定的。中国共产党方面虽然没有担任什么职务，但邓颖超和史良、沈兹九、刘清扬等研究后，选拔了一批有社会声望、有群众基础和斗争经验又有一定学历的妇女领导骨干，将她们分配到联络委员会、训练组、文化事业组中担任股长或训练班教导主任。她们协同史良、刘清扬、沈兹九等为这些主要部门做了大量基础工作。

在干部人选上，宋美龄也下了一番功夫，刘清扬当上训练组长，就从一个侧面反映了她的这种努力。

当时蒋经国正在江西举办政治干部训练班。庐山谈话会后熊式辉便留刘清扬给这个班讲了一星期抗日"宣教工作"。当时熊式辉也在招兵买马，硬要把刘清扬留在江西工作。但宋美龄打电报催刘回武汉。刘清扬到了她在武昌的家中，宋美龄说想让她担任妇女指导委员会训练组组长的工作。刘清扬摇头说："我看不相宜吧。"

"为什么呢？"宋问。

刘清扬冷静地笑着说："我要训练的是真能为群众服务、为祖国赴汤蹈火的干部，那样一来，会有人说我刘清扬是共产党，专门训练出一些共产党。那样，夫人你就不好办了。"

宋美龄忍不住笑起来："啊呀，你说得一点也不错，陈立夫就对我说你是共产党，不能让你来训练干部。可是我相信你不是共产党，只要训练出能为抗日工作的干部就行，陈立夫他们管不了我的事，你做你的好了。"

"好吧，夫人如一定交给我这个任务，我就试试看吧。"这其中还有一段插曲。1937年冬，当刘清扬到达武汉不久，便被国民党军委会政治部部长陈诚聘为该部设计委员。当时正值发展民族统一战线，团结抗日，一致对敌时期，周恩来任该部副部长，郭沫若任第三厅厅长，还聘了一些爱国进步人士为设计委员。在接受宋美龄聘任时，刘清扬便向她声明已受聘为军委会政治部设计委员，工资已从那边领取，不再领妇女指委会的工资。但宋美龄说：不行，你是我这边的负责工作者，必须拿这边的工资，不要他们的工资。可见，宋美龄为了能留住人才，有时也是不惜代价的。

为了统一和协调武汉的妇女工作，宋美龄经常出席"妇指会"联络委员会召集的会议，亲自演讲，指导工作。8月25日，联络委员会召集武汉妇女会、汉口女青年、慰劳总会等十余个妇女团体代表举行座谈会，指导长宋美龄亲自到会讲话，鼓励妇女们努力工作。9月14日，武汉各妇女团体为集中力量保卫大武汉，决定成立武汉各妇女团体联合会，出席会议的有武汉市妇女会、市慰劳分会、难民妇女服务团等16个妇女团体。宋美龄再一次到会致辞，号召妇女充实各团体的力量，尽量发动家庭妇女参加抗战建国工作；号召妇女去掉自私自利心理，尽量吸收人才，并协助各团体推进工作。

"妇指会"把妇女组织起来，进一步动员妇女参加保卫大武汉的工作，创办了"妇女救护训练班"和"武汉妇女流动救护训练队"，经过短期训练的妇女，分头到市民家中去传授救护常识，使得更多的妇女能够参加战时救护工作。

"妇指会"文化事业组以宋美龄的名义筹办了27个"女工识字训练班"，招收1000多名学生；训练组办了"新运武汉妇女干部短期训练班"，该班是大学程度，学员都是招考来的，其中第一批学员50人，于1938年8月25日毕业，当即分别组成战时乡村服务队，分发到黄陂、孝感、应城、云梦四县去工作。随着计划的发展，后来又有了新的训练中心。宋美龄是怎样领导和监督妇女训练工作的呢？当事人刘清扬对此颇有体会：

"在妇女指委会里，宋美龄一向不按民主方式开会讨论工作问题，只以'传

宋美龄与西康藏族代表邓珠娜姆在一起。

见'的方式谈话。这一次我为了谈预算而被传见时，除宋和冯夫人外，还有沈慧莲在座，我和沈是五四运动时在广州认识的。沈说预算太多了。我说：我已精打细算过，一切行政开支连请讲师的费用在内，至少要这个数目，再少我就无能为力了，既然怕花钱，又何必要办训练工作？幸而李德全支持我，她说预算不算多，就这样吧，于是宋美龄才批准照办。李德全事后对我说："你这排机关枪放得好（指我的发言），又取得一次胜利。沈慧莲她们本想破坏你的工作。'其实当时宋美龄也是心中无数，她手下无得力的人，对国民党这批女党棍又看不上眼，才不得不重视我们。当时在宋周围的洋人，有牧恩波顾问（英国人）、戴师母（美国人，嫁给中国牧师，已入中国籍）和端纳。端纳不怎么过问妇女指导委员会的事。张蔼真总干事是美国留学生，曾任女青年会全国协会董事，是宋的亲信。宋美龄对吴贻芳是比较尊敬的，因为吴是留美的博士，金陵女大校长，不过宋不能把吴拉到自己的麾下。

"为期一个月的第一期妇女干部训练班从1938年7月25日开始了。训练计划和聘请讲师全是我们组里决定的，宋美龄没有驳回。抗战初期，还多少有点各党派团结抗战的姿态。授课的教师，有邓颖超讲《鼓励人民服役方法》，戴白桃讲《民众教育方法》，沈兹九讲《宣传技术研究》，王汝琪讲《妇女问题、妇女组训》，阎宝航讲《新运要义》（实际上是政治讲话），郭见恩讲《农村服务方法、地理常识》，陈传钢讲《中国农村社会问题》。当然，也让陈逸云、吕晓道她们讲了一些课。《三民主义》一课是邵力子先生讲的。第一期训练班，还曾特请周恩来同志来讲演，很受同学们欢迎。"

宋美龄在每期训练班中不仅亲自参与授课，这位"指导长"的小汽车几乎每天出现在懿训女中，而且天天亲临课堂指导学生。她的语言炽烈、紧张、热忱、诚恳，使女孩子们激发出一股热情，憧憬着她们的未来。宋美龄讲授的课程是"人格教育"，她常说："国民没有人格，国家就没有国格。一个优良干部最必要的条件就是高尚的人格。"

这种管理原则和教学的结合对宋美龄有一种自然的吸引力，她喜欢理论，也喜欢实际工作。在蒋介石时代，中国所实行的新式教育方法和宋美龄有莫大的关系。因为她对彻底的训练非常感兴趣。她有计划地从各小镇、乡村挑选一些女孩子加以训练后，让她们回到农村去担负起教育农民的工作。整个课程由宋美龄一手策划，她尽可能地每天都来看看这些女孩子，给她们打气，演说。她的表达非常清晰，显然极具教育的天分。她总能针对听众的程度选择适当的语词来表达她的意思，在教学的过程中，她表现了极高的耐性。宋美龄过去从来没有担任过任何的教育工作，因此她的表现，可以归因于某些天分。她纠正学生起、立、行、坐的姿态，教学生洗碗抹桌、收拾房屋，要她们在日常生活中体会到人生与服务的意义。她自己所做的示范是：到伤兵医院去为伤兵换药，缝制战士棉衣，照顾难童。有时师生在屋顶阳台上做游戏，宋美龄也来"与民同乐"。她走到哪里，摄影记者跟到那里，为她的每一桩"高尚的活动"留下纪念。她时而打扮得花枝招展，时而又穿衬衣工裤。宗教宣传也是她忘不了的，上帝耶稣、博爱救世之类的话不离口。她不断对海外也作这样的宣传，说只用政治力量不足以挽救中国，还得用宗教的力量。

第一期训练班结业，临行前宋美龄为她们举行了庄严的宣誓典礼。在宋美龄的监督下，50个女青年，高举右拳朗读誓词："余誓以至诚愿意担任抗战救国工作，在新生活运动促进总会妇女指导委员会领导之下，遵守队员规则，实践新生活信条，为国家尽忠，为人民服务，不辞劳怨，不惜牺牲，如违誓言，愿受最严厉之裁判，谨誓。"

第一期结业后，按说应该马上招第二期，但是宋美龄想考验训练组的干部如刘清扬等，也想看看学员们的实际情况，于是暂停招生，让训练组干部带学员下乡。她们的任务是：到战区前线及后方协助军队，扶助伤兵、难民，从事看护工作；创立妇女救护训练班、妇女救护队，分赴各伤兵医院和战区担任救护伤兵及民众服务；组织宣传队、慰劳队、歌咏队，以激发战区民众的爱国情绪，激励前方将士英勇作战。

宋美龄是个有心计的人。她为了调查学生训练得怎么样和宣传些什么，在学生出发一周后，她悄悄地坐了小汽车到孝感，先不到县城，在城外二三十里的地方就下车调查。群众纷纷反映，说是来了些女学生，自称是蒋夫人的学生，鼓舞大家抗日救国，不做亡国奴，要节约捐款，妇女也要过问国家大事，过新生活，劳动生产，带好孩子，等等；说学生们还演戏给她们看，帮她们打扫卫生，抱孩子，搞家务。宋美龄走了几处，得到了好印象，才到孝感去慰勉服务队的学生们。她从乡下回到汉口，对刘清扬便很满意了，说："刘组长，你训练出来的学生都是很好的。"

这个训练班从第二期开始就受到国民党、三青团甚至蒋介石的干扰。本来计划第二期10月1日开学，可是等训练组的干部从乡下回到武汉，距开学只剩一星期了。这时军事失利，武汉危急，已在加紧疏散人口。原拟训练上百人，宋美龄说："委员长下了手谕，要三民主义青年团的干部人员训练班中的全体女生七十多人来（后实来五十六人）本会继续受训。"当然"手谕"是无人可以驳回的。刘清扬知道这又是何应钦、陈立夫、吴铁城他们在捣乱，他们本就不愿意由她来训练女干部，所以要送三青团的人来填补名额，进行干扰。刘清扬最后还是接受了宋美龄的建议，只招考了25人。

第二期训练期间，三青团有意破坏，不让正常上课，叫同学们上午去伤兵医院和难民服务所服务，下午又往往开会，或是听宋美龄训话和讲故事。这样就完全剥夺了训练组安排的训练时间。他们对请讲师也有干扰，不许再请邓颖超等人，而且硬要训练班请陈文渊牧师来讲宗教教义。宋美龄把干训班学员的实习工作交给了战地服务组的陈逸云和刘清扬共同领导。这样一来，宋美龄还要出面协调处理干训班的内部矛盾。陈逸云是国民党送出的党员留美学生，参加军统特务工作。她对两期学生不一样对待，对三青团学生，尤其是对忠实于国民党的学生就加以收买，让她们监督第一期学生的言行，向她打小报告，使正直爱国、为群众服务的学生常蒙不白之冤。当时训练股长郭见恩带领一部分人由衡山县转到零陵县实习，陈逸云去视察后，竟造谣说郭见恩在对外宣传时领头唱《国际歌》，又说她是共产党。她给宋美龄发了密报。

宋美龄就暗中派了英国顾问牧恩波去调查。牧恩波到了零陵县，向教会的外国人和群众作了解，谁知教会中人对郭见恩吃苦耐劳、脚踏实地的作风很满意，说她和学生们一起宣传抗日爱国的道理，鼓舞群众生产学习，搞好卫生，带好孩子，很受群众欢迎，由此群众对蒋夫人的印象也好起来了；还说从没听到她们唱《国际歌》，抗日救亡的歌曲倒是常听见唱的。因为牧恩波是代表宋美龄来视察的，必然要请他说出了解的问题。牧恩波说学生在群众中博得了好评，为老百姓做了不少事情，使得群众提高了爱国认识，同仇敌忾……他当着陈逸云的面，说有些传闻指责郭股长太左，领了学生唱《国际歌》等，经他进行了解后，很惊讶竟有这种不合乎事实的传闻。他还向刘清扬夸奖郭见恩是一位有能力的干部。陈逸云在旁听了，张口结舌，无以为对。

正面战场的每一次重大失利，都会使宋美龄更加忙碌。10月20日左右，武汉开始紧张地准备撤退，妇女干训班奉命南移。宋美龄表示关心武汉妇孺，要铁路局备专车一列疏散她们，同时在妇女指导委员会自用专轮的底舱准备出700个座位给民众。这时武汉街头警察已撤，黄包车都稀少了，干训班同学在20日、21日全体动员作家庭访问，宣传了舟车消息，结果约有两千人因此及时离开了武汉。

宋蔼龄、宋庆龄、宋美龄视察日机轰炸后的市区。

为了使日本占领南京后所发生

的可怕事情绝不在汉口重演，宋美龄要求工厂的女孩子都接受训练，学会怎样逃避日本人，一切都计划得十分周密，退出汉口时，各项计划都执行得很出色。

同时，宋美龄还要辗转各地视察，鼓励和慰问她的妇女干训班的学员。

11月初，"新生活运动乡村服务队"第二队到达衡山工作地。11月8日，队员们集中在钟鼓楼举行工作会议。突然，钟楼里的钟声急促地响了起来。警报响了！霎时，敌机轰鸣而至。人们拥进了钟鼓楼下的会议室躲避空袭。几声轰隆巨响，钟鼓楼全部倒塌。队长吕纯、队员胡鸣福倒在血泊中，当场死亡。

消息传到长沙，宋美龄召集紧急会议商议派谁去办后事。这本来应该是战地服务组陈逸云的责任，但她说头痛不能去。刘清扬立刻挺身出来说："学生是我训练的，遭难我去料理。"

宋美龄同意了，并派牧恩波等人随刘清扬同去处理。

不久，宋美龄也亲自赶到衡山，怀着一颗悲痛的心，来慰问、凭吊她的"孩子们"。她倾听着队员们悲哀的报告，颗颗闪亮的泪水滴到她那洁白的手帕里。

"她们葬在什么地方？我要去看看！"

"指导长不能去，太远了，离这儿有十几里路，现在已是夜半，那里荒凉得很。"在大家的劝阻下，她才放弃了这个要求。

副队长余海兴失去了一只手。宋美龄安慰她说："你的身体虽然被日本人伤害而残废，但你的精神，你的脑筋，仍旧是健全的，仍旧能为国工作。"余海兴毫无怨言地回答说："我好了之后，仍要继续抗战工作。"几天后，宋美龄把余海兴带回长沙，为她配制了一只假手。1939年，宋美龄到湘北前线视察，再次遇见了余海兴。这位受伤的女队员，仍然在乡村服务队工作，她对宋美龄说："我虽失去了一只手臂，但我另外的一只手，仍可以尽力于获取最后胜利的工作，而且还可以利用我的喉舌呢！"

这几位死难和受伤的乡村服务队员的事迹，给宋美龄留下极深刻的印象。她在以后的几次谈话中都谈到这件事，用她们的英雄事迹去教育和鼓励妇女走上抗日前线。

不久，宋美龄赶到南昌。在南昌她看到许多新兵正在训练，就问他们的长官，新兵会不会逃走？他们说，起初有逃走的，后来有一班女学生去做了政治工作，以后就不逃了，现在不仅新兵不逃，还有壮丁很踊跃地来服兵役。其后，她又到了广东的韶关，因那里轰炸得很厉害，妇女多已离开，没有来得及考察那里的妇女工作。随即她到了桂林，在这里她看见许多妇女在接受军事训练，她们和士兵们一样，过着艰苦的生活，训练好了，便随军队去做军民联络的工作。

使宋美龄异常忙碌的，还有"妇指会"大量的劳军、慰问、募捐活动。

"妇指会"的慰劳组，每隔两星期到后方医院去慰问一次伤病员，代伤员写信，帮助伤兵搞好个人卫生，解决读书和娱乐问题等。"九一八"七周年那天，武汉各民众团体都派人到各伤兵医院去慰劳伤兵。"妇指会"的全体工作人员来到卢沟桥街的第64伤兵医院为伤兵服务。她们穿着整洁的蓝色工人服，肩上挂着救护袋，为伤兵换药、唱歌、写信，并与伤兵谈心。

忽然，病房里走进来一位穿蓝色工人服的中年妇女。躺在走廊里的伤兵没等有人介绍，便认出了这人是蒋介石夫人宋美龄，伤兵们远远地在枕头上举手向她致敬。宋美龄点头微笑，向伤兵们答礼。阳光照耀在她身上，她显得比平日照片上所见的旗袍装束更矫健。她慢慢地走着，在每个床前放下一块毛巾、一个罐头和一包糖，并不时询问着伤兵的生活状况。宋美龄还亲自替六七个轻伤员换药包扎，并嘱咐医院院长改进医疗状况。

按规定，10月10日这一天"扩大慰劳"，宋美龄坐了小汽车到几个医院去慰问，拍了不少床前慰问和换药的照片登在报上。

"妇指会"慰劳组在宋美龄的号召下发起筹募棉衣运动，拨用专款购买衣料，派服务队队员在正金银行组织新生活妇女工作团，集体赶制棉背心一万件。宋美龄对于棉衣运动十分关注，经常到现场视察工作，并亲自裁剪、缝制棉衣。9月16日，宋美龄捐助棉背心2000件。"妇指会"还派人到各家各户

宋美龄缝棉衣赠送前方抗战将士。

去征募棉衣，当征募人员满载而归时，宋美龄召集这些人开了一个慰劳性质的同乐会，她在会上发言说："如果不把我们二万万多妇女动员起来，是我们少数知识妇女的耻辱，我们应该做的事太多了，今天的成绩加强了大家的信心，接着好好干吧！"

因为宋美龄的影响力，有许多外国医药、教会以及慈善机构派来医疗队，附带有流动汽车单位，在这些车辆中配备有外科手术设备、医药品、医师和护士。总计有八辆这样的汽车捐赠给她，由她处理。她称之为"新生医疗队"，并交给新运总会，以供前线工作之需。宋美龄还曾派遣牧师进入军中，做传道工作，同时也组织了军中牧师讲习班。因此，后来国民党军的每一处基地医院内，都有牧师在那里工作。（参见《黄仁霖回忆录》，第62页）

"妇指会"改组后，是宋美龄最忙碌的日子。她不断出入于保育院、妇女干训班、伤兵医院、寒衣缝制所和疏散女工的收容所，指导着武汉及大后方的妇女工作。

从宋美龄当年给英国朋友阿特丽女士写的信中，也可看出她这时的心态和繁忙程度：

"上礼拜五，我对一群富家的妇女演说。我告诉她们，我们单是实行'有钱出钱，有力出力'的口号是不够的，因为兵士是为我们全体和为国家作战的，我们必须把这口号变为，'有力出力，有钱的应该出钱又出力'。而且，我告诉那些妇女我们应该亲自到医院里去看护伤兵，不但只是赠送纪念物和慰劳品，而且要切实地看护他们，用我们自己的手洗濯那些受伤的战士。我要劝告我的新生活运动的职员们到医院去。我要以身作则实行我的言论。我恐怕我的时间都被在目前的种种职责所占去，以致我不能经常地去做这种事体。但是至少我希望我的诚恳愿意'非以役人而役于人'的表示将要有助于医务的改善。"（见［英］弗雷达·阿特丽著《扬子前线》，第六章）

初到重庆的日子

宋美龄于1938年11月底到达重庆。"妇指会"总部也于11月23日迁抵重庆。

蒋介石与宋蔼龄（左二）、宋庆龄（左四）、宋美龄三姐妹1940年在重庆合影。

在重庆市内的曾家岩有一处蒋介石的官邸。为了保密起见，其对外的名称是"国民政府军事委员会委员长侍从室"（简称"侍从室"）。蒋介石进城办公时，住在德安里101号，那是一幢西式小洋房，一楼一底。宋美龄进城时住在德安里103号，是一幢中式小楼房，亦是一楼一底。它位于官邸的后侧，陈设较为简朴，是专门拨给宋美龄办公用的。宋美龄和蒋介石初到重庆时就住在曾家岩委员长官邸中，有人劝说宋美龄搬到黄山别墅去住，但她拒绝了。"我们已经有房子了。"宋美龄这样解释说。可是，经过日机的几次轰炸后，蒋氏夫妇还是搬到黄山乡间别墅去住了。

黄山坐落在长江的南岸，与重庆城区遥遥相望。这里风光秀丽，景色迷人，抗战前就是达官贵人避暑的胜地。抗战爆发后，国民政府自南京迁都重庆，黄山被辟为蒋介石的郊外官邸。这里十分幽静，绿树丛中掩映着一幢幢小巧的别墅；一条条鹅卵石铺成的小径，通往幽深的花圃。蒋介石经常住在黄山官邸云岫楼的起居室内。宋美龄在黄山官邸自有住宅，名叫松厅。松厅在云岫楼后山下的幽谷里，是一幢中式平房，以走廊宽敞为其特色。松厅被松林包围着，夏天在走廊小坐，松影摇曳，凉风扑面，凉气袭人，是消暑的好地方。室内的陈设比较简朴。宋美龄经常在这里召见客人。

12月1日，宋美龄到重庆才几天，便应邀出席了重庆市四个妇女团体联合举办的欢迎大会。欢迎会由沈慧莲主持。宋美龄经过长途奔波，又身患感冒，她仍然坚持出席了欢迎会。她在发言中简单回顾了抗战爆发以来的妇女救亡运动，接着，她向重庆的妇女组织提出六项要求："第一，应该认识我们自己是民众的一分子，是属于民众的，无论做什么事，应以服务民众为目的，要爱护民众，不要忘记民众的痛苦；第二，各妇女团体要有合作精神，不必多组团体，分散力量，应该集中人才共同努力；第三，应有宽宏的度量，不可狭隘；第四，我们要服从

1940年4月5日宋氏三姐妹在重庆视察防空洞。

纪律，有纪律才能使行动敏捷，步骤不乱，才能使工作更有效果；第五，我们必须有忍苦的决心和牺牲的精神；第六，中国人的老毛病是好讲面子，以为我是太太就不肯做粗工作，这种习惯应该打破……"

宋美龄越讲越激动，她兴奋地说："我在广西见到李宗仁先生的母亲，这位73岁的老太太说，日本没什么可怕，中国妇女每人拿一把菜刀就可以解决那些日本军阀！"最后，她号召中国妇女"要做到不要钱，不怕死，不摆架子"。会议在《义勇军进行曲》和《大刀进行曲》的歌声中结束。

为进一步动员重庆市、四川省及国统区全体妇女投入抗日救亡工作，1939年1月14日，宋美龄在重庆新交会堂公开演讲，一时间轰动山城。离开会还有一小时，能容纳一千数百人的会场就被想一睹宋美龄风采、聆听其声音的城乡妇女挤得水泄不通，连门外扶梯上也站满了人。

宋美龄的公开演讲，主要是鼓动重庆各界妇女们动员起来，开展抗日救亡活动。她的号召，感动了重庆市的一些上层妇女，不到一个星期，就组织了抗敌军人家属服务队、民众教育队、救护队、缝制队和宣传队五个妇女团体，并马上开始了救亡活动。

为了更加广泛地发动这些妇女起来做抗日救亡工作，宋美龄与"妇指会"联络委员会商量，决定成立各机关新生活妇女工作队。1939年1月23日，宋美龄设宴招待各机关首长夫人，在这个集会上，她提出了"如何动员各机关女职员及职员眷属"的问题。不久，36个新生活妇女工作队便组织起来了。各队分头从事征募、慰劳、协助征属、救济难童、提倡手工艺、扫除文盲等项工作。

空 难 之 后

1939年5月4日晚上，重庆防空警报系统出了故障，紧急警报信号变成了警报解除信号。由于人们毫无防备，日本轰炸机瞬间就将整座城市变成了人间地狱，数以千计的人在这场劫难中丧生，大火整夜不熄。

5月5日天将破晓时，一队由6000名儿童组成的队伍被送往乡间，要不停行走，一直到逃出死亡的阴影进入安全地带为止。在行进过程中，孩子们只能在不得已的时候到路旁稍事歇息，年纪大的帮助着小的，甚至还要背着他们。虽然疲惫不堪，但是这些孩子没有一个人哭。

头天晚上，宋美龄马不停蹄地四处奔走，监督救难的工作。宋美龄的座车也被用来送伤患，一对老夫妻开始拒绝进入她的座车，直到他们确信这不是冒犯为止；就算如此，他们还是坚持在入车之前向宋美龄叩了三个头。这样宋美龄只好带了几个随从，乘坐卡车办公。在路上他们遇见了那支由孤儿们组成的队伍，直到5月5日中午过后，她才有时间照料那些孤儿。

城外数里的一处地方是孤儿们的暂栖之地。他们在清晨5点到达之后，吃住立刻成为问题。宋美龄下令征用所有用来疏散重庆市民的卡车及私家车。这些车正要空车回到城里去，而宋美龄命令他们转回来载孩子。她站在路中，手中挥舞着旗子，召唤驶来的车子，车内司机一听要载孩子往往立刻调头就走，而不知和他讲话的就是当时的"第一夫人"宋美龄。这也难怪，因为此时的她早已满脸尘垢，全身衣裳也不再整齐，连她的侍从官都被派去为孩子们张罗吃的了。有几辆车被拦了又走，司机们根本就不相信那会是蒋介石夫人。最后，总算勉强征召了足够的车辆，孩子们分别被送往有吃有住的目的地。（李桓编译《宋美龄传》，

第214页）

现任上海文史馆馆员的谢兰郁原为宋美龄的老部属，抗日战争时期曾任中国妇女慰劳自卫抗战将士总会执行委员、新生活妇女指导委员会第一组组长、战时儿童保育会常务理事，与宋美龄过从甚密，宋常亲切地喊她"兰郁"。当回顾她和宋美龄共事的情况时，谢兰郁说：

1939年5月3日蒋介石与宋美龄在日军轰炸重庆后步出防空洞。

人们总认为宋美龄是蒋介石的夫人，做妇女团体的负责人，不过是挂挂名而已。其实不然，许多会，她都是亲自主持，较为重要的事情，她也都亲自处理。在汉口时，我们到伤兵医院去慰问，也经常由她领队。1939年夏天，一次从战地辗转送来了几百名孤儿，已经集中在重庆朝天门码头，准备送交保育会抚养。我和几个同事前往接收，但到了朝天门，找不到汽车。那时，重庆时常遭到空袭，我们急得团团转，便打了个电话给宋美龄。一会儿，她穿着工装裤，带领几辆大卡车来了。她和我们一起，把孤儿送到歌乐山临时保育院。回来时，她同我们一样站立在车上，有说有笑，她对我们说："你们唱唱歌罢！"那时我们都还年轻哩，就唱了几支流行的抗战歌曲，如《工农商学兵》《大路歌》之类，嘹亮的歌声在空中荡漾，她显得很高兴，我们也很高兴。

重庆空难之后，宋美龄又开始组织新的妇女干部培训班。但是这次她不想让刘清扬这样有共产党嫌疑的人负责。所以她对刘清扬的突然到渝十分着恼，认为她不服从指挥。其中的原因在于，她们正要接收陈诚领导的干训班的448名女生，而转交这些学生的先决条件是不要刘清扬这个训练组长负责，所以他们不让她来重庆。但刘清扬既然来了，作为并没有被撤职的训练组长也就不能不叫她参加新的一期训练班的筹备工作。所以宋美龄非常恼火。

在此之前，她们在蒋介石的官邸开会，本来打算找教育家俞庆棠来主持训练，而这时俞仍在上海，去了几次电报，她还是不来。原定这个训练班6月1日开班，训练一个月。结果到了5月25日，还没有确定训练计划和教学内容。而这时，400多人已在途中，计日可达，情急之下，宋美龄才不得不转过头来找刘清

293

扬想办法。

最后，刘清扬据理力争，宋美龄手下无能人，只好按她的训练计划办起第三期干训班。开学后，宋美龄曾在重庆华贵的嘉陵宾馆请第三班学员400多人吃西餐。为了训练她们如何吃西餐，她高站在椅子上，说明使用刀叉汤匙，切面包、吃沙拉子、喝汤的种种规矩。当时宋庆龄也在场，她转过头来对刘清扬耳语说："你们指导长要把学生训练成大使夫人啦，其实美国穷人吃饭也用手抓。"

第三期干训班同学结业后，第一队三十人分发綦江，成绩很好。后又调赴川贵边界的彭水，工作了月余，很受人民欢迎，她们演出的话剧和歌咏，都深入人心。于是分小队再深入下去，江碧波、罗碧兰、郭友兰三个人赴乌江下游的江口服务，由谢道化队长送到该地。四个人乘一叶木舟，谁知竟被乌江的激流吞没了！在当地开追悼会时，百里外的妇孺都来参加，许多人痛哭流涕。

在巴东的一处山上，郭见恩领导的服务队，因国民党地方机构不给找房子，只好住在牛棚里。她们把牛棚清除干净，糊了报纸，露天搭起个小架子，用席子围起来，自己搞伙食和清洁卫生工作。老百姓们看到这些学生的清洁卫生工作搞得很好，也学习模仿起来。她们做了很多抗日的时事宣传工作，很能吃苦。群众后来知道她们是蒋夫人的学生，大为吃惊。

第三期学员表现很好，说明刘清扬的工作是成功的。但是，宋美龄却不想继续办下去了。有一次视察回来，刘清扬忍不住去问宋美龄还办不办训练班了？宋美龄这次说了实话："刘组长，委员长说训练班不能再请以前的教员办了，有人汇报，说训练班宣传共产主义。"刘清扬笑了起来："当初我说什么来？夫人，你当初就不该叫我当训练组组长嘛。不过办高干班的时候，我建议请速记员记录每一位讲师的讲课内容，是你们不请。好在高干班同学水平高，笔记记得好，你可以找学生们的笔记来看，看哪位老师在课堂里宣传了共产主义。再看过去毕业班的学生去各地工作，不论是宣

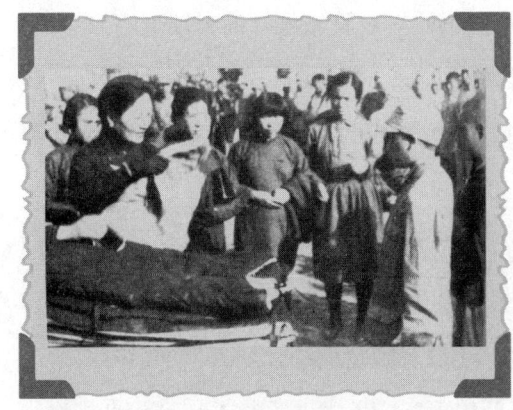
宋美龄在衡阳前线劳军的情景。

传和服务，为群众办了不少好事，群众欢迎她们去，舍不得她们走。就拿巴东的学生来说，生活条件那么差，也没有一点抱怨，工作情绪还是很高的。为什么？她们是为了抗日救国，为了动员群众。我看教师们没有把学生教错呀。"

宋美龄没有回答刘清扬的问题，却说："委员长说，今后要训练干部的话，要让浮图关上的中央训练团的教员来训练了。"

刘清扬听后轻蔑地笑笑说："夫人，你可知道，群众是这样议论中央训练团的：浮图关训练糊涂官，越训练越糊涂。我们能让他们去训练青年吗？"宋美龄有些恼火，淡淡地说："好在目前我们的服务队已不少了，够用了。刘组长，你就经常到各地去视察视察、督导督导吧。"

宋美龄和她领导的妇女指导委员会，抗战时期在后方甚至国外有很好的声誉。其实所做的抗日工作只有两件是主要的：一是从前方抢救了两万多儿童到后方来抚养；另一是训练了上千名女干部，她们以"蒋夫人的学生"为名，深入群众，做了不少艰苦具体的抗日工作。然而，抗战初期刘清扬主导的成效显著的妇女组训工作，因为蒋介石和国民党顽固派的无端猜忌，就不明不白地被迫停止了。

为了留住人才为国民党工作，时隔不久，宋美龄要拉刘清扬和她一块到三青团去工作。她约刘去曾家岩官邸吃午饭，说了一块去三青团训练青年干部的意思。吃惊之余，刘清扬说："这个事我可办不了，三青团的名誉不好，专门做些破坏党派团结的事，不做对抗日建国有益的事，我去了也做不出什么成绩来。群众听了三青团三个字就摇头、害怕，不是去一两个人能把这现象扭转得过来的。不只我不想去，我劝夫人你也别去。"

她听了惘然地笑笑，说："是吗？我倒还不十分清楚。"

此后，宋美龄想拉刘清扬去三青团工作的事，就不再提了。但是她自己还是当了三青团的常务理事。（详见刘清扬的回忆文章，载《文史资料选辑》第85辑）

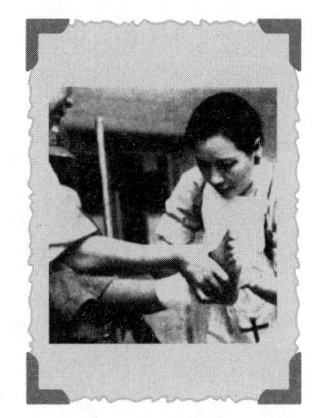

宋美龄在为伤兵包扎伤口。

295

湘　北　劳　军

1939年9月14日，日军进攻长沙，中、日军队展开了第一次长沙会战。9月中旬，日军从赣北、鄂南、湘北三个方向，对长沙发动进攻。中国守军作战十分英勇，在修水一线和湘北正面战场都打得十分激烈，给日军以重大杀伤和消耗。10月4日，日军开始撤退，7日退回原来阵地。

在长沙会战期间，宋美龄与"全国妇女慰劳总会"、"湖南新生活运动妇女工作队"的几位代表一起到湘北前线的伤兵医院去视察工作，慰问受伤将士，检查医院的医疗设施。为了鼓舞士气，宋美龄在湖南、广西各地跑了几十天，视察了各种类型的医院。视察归来后，她写了《湘北归来》一文。文中说，她这次到湘北视察，发现湖南各地医院的医疗条件比前几年有所改善，医务人员的工作态度也大有改善，各处都充满着竭诚爱护与专心工作的空气，"……我从那些伤兵的言语和态度上，都可以看出他们很信任医院的当局，同时并很能了解医院中人对他们服务的精神。真的，我到各处视察的时候，根本就不曾听见一个伤兵对医院有半句抱怨的话。"每当与医生们谈话时，宋美龄都勉励他们，指出他们的工作对抗战的贡献是与到前线的士兵一样的。

宋美龄在医院视察时，遇到不少群众救亡团体派到医院服务的青年人，这些人多数具有高中或大学文化水平，工作充满活力和热情。宋美龄觉得与他们谈话是一件有趣的乐事。这些青年人都希望能够继续回校读书。宋美龄劝导他们说："现在大家应首先顾到国家的需要，个人问题应等到抗战结束以后再说。"她还向这些青年人保证他们将来会有继续求学机会，绝不致长期失学。青年人听后，都非常高兴。

视察中，宋美龄遇见了许多妇女在自愿为伤兵缝补衣服，给伤兵讲故事，有的替伤兵写信，有的为伤兵唱歌、表演节目。她感到十分欣慰。特别使她自豪的是，她还遇见了一些遗族学校的学生在为伤兵服务，而且工作得十分出色。她看到在一些医院里，有十来岁的难童在住院治疗，便嘱咐医院当局，等到这些孩子病好以后，把他们送到湖南的儿童保育会去。一次，宋美龄走进病房去看望伤病员，说明自己是从6000里路以外远道而来，代表全国妇女界来看望他们，伤兵们热烈鼓掌欢呼。当宋美龄谈到海外侨胞热心为他们捐款、捐物时，伤兵们的脸上露出满意的笑容，有人说："可不是吗？就是远在异国，中国人毕竟还是中国人！"

宋美龄还代表菲律宾"中国妇女慰劳分会"，把六面锦旗献给了某前线部队。士兵们都很兴奋，到处都在热烈议论着这件事。

宋美龄到被炸成废墟的重庆市区安慰无家可归的市民。

宋美龄和"全国妇女慰劳总会"赠送给在湖南各医院住院的每个伤兵法币两元，毛巾一条，肥皂一块，牙刷一支，红烧肉一碗，以表示全国妇女界对他们英勇作战的敬意。这些东西都是国内热心救国的同胞捐助的。为了看一看赠送给伤兵的红烧肉做得好不好，宋美龄便在开饭时间亲自到饭厅去看着伤兵们吃肉。伤兵们颇受感动。

湖南是盛产棉花的地方。宋美龄决定动员湖南妇女就地取材，为兵士们做40万件棉大衣和40万双鞋，以供湖南、江西等地军队之用。她本人则捐赠70万元为将士制作寒衣。宋美龄还决定，各省士兵所需棉衣和鞋子由各省妇女组织发动本地妇女去缝制，而由"全国妇女慰劳总会"供应原料。由于宋美龄和"全国妇女慰劳总会"的努力，前线军队缺衣少穿的问题得到某些缓解。

大约在11月初，宋美龄一行来到广西某地慰劳伤兵。一次，她向4000名伤愈后准备归队的士兵讲话。她讲了三点：一是每个国民应对国家尽义务；二是她告诉士兵为什么世界上各国现在都尊敬中国；三是为什么最后胜利是属于我们的。她在讲台上高声问道："将来谁是胜利者？"士兵们齐声回答，"一定是中国，一定是中国胜利！"

宋美龄亲眼看到当地百姓敲锣打鼓，燃放鞭炮，热烈欢送伤愈的士兵重返前线。这种场面使她很受感动。她写道："人民对士兵如此热诚，这是一种新发展的可贵精神，当我在湖南、广西各处巡游的时候，这种普遍的气象，简直随时随地可以发现。"她明白，这种可贵的合作精神的养成，是因为士兵与民众，"人人知道我们所以要抗战的理由，以及别人侵略我们的目标"。

在前线视察的日子里，宋美龄一行经常遇到敌机的扫射和轰炸，她们多次被迫躲进土沟里或山野中去，直到日机远去才从沟中出来。当她看到祖国大好河山惨遭日寇铁蹄的践踏时，心情十分悲痛，她写道："这种淳朴美丽的境地，是我们的祖国，也是我们的家园，多么佳妙啊！对于我们的视觉听觉是多么恬静优美啊！但是当我们回来看见树荫下休息的一队伤兵的时候，那日积月累地堆积在我们记忆中的刻骨沉痛，又蓦然涌上心来了。是的，湖南这种田园的风景是美丽的，正像我中华古国其他各处的风物一样，可是留在我们的印象中的是什么呢？成千累万为炸弹所摧毁的城市与村镇，寄托着无数被杀的同胞的冤魂，败壁焦垣，森然挺立，像纪念碑似的象征着人类蛮性的遗留与正义人道的衰微，这是我巡视战区后深刻的回忆。我愿我四万万五千万同胞，共同奋斗，扫净当前的荆棘，恢复我们和平区域的伟大与光明。"

抗战之中，宋美龄接受了美国女作家项美丽的采访，在作家的笔下，宋美龄有如下的形象：

"蒋夫人的眼睛使她美丽的容貌与众不同。她的眼睛的确很大，细长的眼梢一直延伸到脸颊骨的边缘。她潇洒出众的风度不是做作出来的，而是她本性的体现：她穿任何衣服看起来都显得洒脱漂亮，而且总是很合身。

"由于命运的安排，美龄生性耽于沉思，与其说她是个活泼能干、有进取心的人，不如说她更适合成为一个学者。她真正的热情在于从事文学翻译。平时罕见的闲暇时间她多用于阅读中国古代的历史，一旦迷上把某些历史轶事翻译成英语，她会把一切事情都忘掉。两种语言都吸引了她，她总是企图使它们一致起来。美龄喜欢讲历史故事，而且讲得活灵活现、娓娓动听。有时对一个故事，她的丈夫即使看过上千次了，也总是宁愿再听她讲一遍，而不想去看一篇新东西。她的眼睛，她的姿势，她说话时专注的神态，以及她想从微不足道的故事中引出道德箴言的真诚愿望，使人们对她的故事着迷，宋查理想必也有这种同样的口才。正如有演员和政治家的气质一样，美龄也有教师的气质，这些就是她具有的品质。

"有趣的是，蒋委员长在近来的讲演中，仿效有悠久历史的那种习惯，大谈特谈起英雄们的业绩，并且越来越多地引述伟大人物的生平事迹，然而，美国化了的蒋夫人在讲她的趣闻轶事时，却越来越多地为中国古代人物所迷住。

"她给我留下的最生动印象是在一次空袭中，那时我与蒋夫人和她几名侍从一块藏在她的防空洞里。我们坐在洞口，观看日本人的飞机在军用机场上空盘旋和'下蛋'。蒋夫人对躲在掩蔽物下进行等待的必要性感到不耐烦，因为除了持续不断的恐惧外，就是无尽的烦闷。很快防空洞里的电话铃响了，蒋委员长从城里打来电话，要证实他的妻子是否像个听话的女孩一样待在洞里。他知道她会冒险离开潮湿的防空洞，返回到地面的房屋中去，他不愿冒险听任她这样做。

"解除警报的笛声响了，我们被放出洞口，沿着松树和花丛簇拥的台阶拾级而上，回到屋中。蒋夫人陷入沉思，我很想知道她在想什么，她正在忙于策划对日本人进行报复吗？对这些刚刚飞向汉口的'银色小毒虫'，她正在感到一种发自内心的仇恨吗？突然，她问我：'告诉我，你是怎样看待幸福的？'我无从答起。她说，她的幸福就是在生活中，无人干扰她从事阅读、学习和写作……"

三姐妹在重庆视察防空洞。右起：宋庆龄、宋美龄、宋蔼龄。

"代达"军情和"转达"嘉许

宋美龄在抗战中的慰问、劳军，及不辞劳苦的表现，自然赢得了好的口碑，不仅赢得了妇女界的信赖，也在国民党军队中有了一定的影响。台湾的一位作者记述了这样一件事：

1939年第一次长沙会战时，防守长沙外围上杉市的关麟徵所部第十五集团军，在和日本"华中派遣军"司令官冈村宁次所部的一○六师团、一○一师团、第三师团、第十三师团、第三十三师团激战两昼夜之后，且战且退，已撤退到了汨罗江和捞刀河一线。战区司令长官薛岳，在9月25日的夜晚，打长途电话到重庆黄山官邸，预备向蒋介石报告战况，并请求批准他所作的反攻建议。由于当时已是深夜，电话由宋美龄代接，薛岳声泪俱下，把详情托请宋美龄代达，并说："反攻如果成功，是国家之幸，不成功，个人情愿接受军法裁判。"第二天清晨，宋美龄打电话给薛岳，说："委员长对你的反攻建议很嘉许，希望你好好地做，把它做成功。"

于是第一次长沙会战，就在薛岳得此嘉许之意后，展开了反攻行动。关麟徵所部的第十五集团军，由9月26日起反攻，打到10月2日克复了上杉市。自10月3日起，乘胜追击溃退的日军，到10月8日，湖南方面敌我两方恢复了会战前的原态势。这次会战消灭日军两万余人，是抗战开始以来，中国军队一次性打退日军最多的一次会战，蒋介石为此还颁发奖金15万元。"而战区司令长官薛岳，在这次会战时，敢于把军事最高机密在电话托请蒋夫人'代达'，蒋夫人又在电话中向薛岳'转达'委员长的指示，而使战区司令长官奉命维谨。举此一端，即可以看出，在民国二十八年时，蒋夫人已在高级军事将领心目中，具有绝对影响力。"（见台湾风云书系《孔宋世家》，第95页）台湾报刊作者有吹捧宋美龄的嫌疑，这是显而易见的。但从中我们

1941年的宋美龄和蒋介石。

也确实可以看出，宋美龄在抗战时期所做的大量工作，不仅使她在妇女界有重大影响，而且使国民党军队的将领对她也格外尊重。

"妇指会"在大后方

"妇指会"联络委员会主任是著名的救国会"七君子"之一的史良，她在社会上和妇女界都有相当高的威望，与宋美龄的关系也比较好。联络委员会以"妇指会"的名义发动、组织和统一领导国统区妇女界的抗战活动。它横向联络在重庆的各妇女团体，纵向联络各省新运妇女委员会和国民党党政军各部、院、会的新运妇女工作队，并且以"妇指会"的名义对各项妇女工作进行指导、检查和督促。

"妇指会"迁到重庆不久，联络委员会便给全国各地妇女团体发了一封公开信，号召全国各妇女团体与"妇指会"联络委员会建立联系，协同开展妇女工作；同时，派工作人员到重庆各团体的办公室、工作场所和学校去了解各阶层妇女的活动情况。1939年"三八"节后，联络委员会召集了重庆各妇女团体的谈话会，此后每两星期举行一次，成为例会，不久谈话会发展成为各妇女团体的联席会议。各界妇女团体通过联席会议，交换工作情报和工作经验，规划新的工作，统一协调重庆市的妇女救亡运动。

"妇指会"的慰劳组，于1939年7月，组织了一百多名妇女工作干部成立了九支为荣誉军人服务的队伍，分赴四川各地的休养院和医院服务，后来荣军服务队扩大到二百余人，足迹走遍长寿、涪陵、万县、巴东、宜昌等二十余县的医院或休养院，为伤兵及荣军做护理、特别营养、灭虱、治疗、组织俱乐部、开展文娱活动和慰问等工作。

宋美龄经常与"妇指会"慰劳组的工作人员一起深入各战区医院去慰问伤兵，她还常常发起征募运动，为慰劳组筹集资金。1940年8月，"中国妇女慰劳总会"发起征募药品运动，宋美龄以蒋夫人名义通电海内外同胞，请大家共襄盛举。同月，宋美龄嘱托"妇指会"派遣陈逸云、吕晓道等人带着大批慰劳品前往豫鄂前线慰劳抗战将士。1941年2月，宋美龄派遣"慰劳总会"的上官建烈、巩

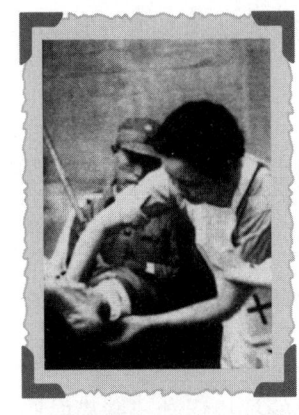

救护训练是妇干班的重要工作。这是宋美龄在为伤员包扎伤口。

开铭两人携款到梅县某兵站医院分赠慰劳金，慰劳负伤和患病的抗战将士。同年10月14日，宋美龄亲率张蔼真、唐国桢、吴祁真等人携带50万元到湖南去慰问第一、二次长沙会战时受伤致残的抗战将士，并决定在湖南建立湖南荣誉新村。1943年10月15日，宋美龄亲自主持了北碚澄江林荣誉军人自治实验区的开幕典礼，并发表演讲说：期望全国各地，广设荣军新村，以安置为国而光荣受伤的将士。她说，此项工作是她15年来的一腔愿望。

宋美龄十分关心乡村服务队的工作，经常接见乡村服务队队员。从1939年秋天到1942年秋天，乡村服务队在四川省开展了56个县的工作，队员发展到400余人。她们的足迹踏遍了四川大半个省，深入四川僻远的乡村，开展宣传工作，动员和训练妇女，扫除妇女中的文盲，为乡民治病，甚至为产妇接生，有的队员还献出了年轻的生命。

生活指导组组织了工厂服务队，深入重庆各大工厂帮助改善女工生活；设立南岸服务处为南岸一带穷苦民众服务；此外还设有妇女咨询处，为普通妇女解决各种困难问题。工厂服务队和实验区服务队的队长、指导员大多数是进步女青年，其中有不少是中共党员。她们分别在几个工厂服务队中办女子识字班，成立救护队、歌咏队、话剧团等，对女工进行抗战宣传工作。

生产事业组在四川创建了蚕丝实验区、松溉纺织实验区、新运纺织厂、新运纺织工艺社等生产事业单位，既能提供一部分军需品又解决了部分抗属和难民的就业问题，先后参加生产的妇女共有七万人，取得了可喜的成绩。

文化事业组先后出版了《妇女新运月刊》《妇女新运周刊》《妇女新运双周刊》《妇女文化》《妇女新运通讯》五种期刊，编辑、出版《妇女新运丛书》五种，大力宣传抗日救国，动员妇女投入抗日救亡运动，交流各地妇女工作经验。文化事业组还开展了战时妇女生活状况的调查工作，如重庆沙磁区女性生活调查、陪都职业妇女调查、妇女咨询处登记表统计、陪都托儿所调查等。

1940年"三八"节，宋美龄为奖励妇女写作及提拔新进妇女作家，责成文化

抗战期间，不仅有献金活动，还有献机报国活动。这是宋氏三姐妹在献机报国的仪式上。

事业组举办了"蒋夫人文学奖金"。征奖资格以30岁以上未曾出版过单行本著作的女性为限，文体规定为有关妇女问题的论文和文艺创作两种，奖金总额为3200元。征文启事发表后，有552名妇女应征，收到征文稿件360份。宋美龄亲自聘请吴贻芳、陈衡哲、陈布雷、郭沫若、朱光潜、谢冰心等知名人士组成"蒋夫人文学奖金评判委员会"进行评选。最后选出16名中奖者，给予奖励。

训练组迁到重庆后，开办了新运妇女干部第3～5期训练班和新运妇女高级干部训练班、指导员训练班、救护人员训练班、工厂服务人员讲习班、乡村服务人员讲习班、荣军服务人员手工艺讲习班等多种培训妇女的训练班。训练组从1938年夏到1940年共培训妇女干部近千人，在组织和训练广大妇女干部方面起了很大作用。

应该说，宋美龄领导了"妇指会"各方面的工作。上述各项工作中，都有她付出的辛勤汗水。当然她这样做并不是没有个人追求和目的的。

"解囊"献金

抗战期间山城重庆经常有"妇指会"甚至宋美龄本人发起的捐献活动或节日、纪念日的纪念活动。1939年2月19日，是"新生活运动"五周年纪念日，"妇指会"号召妇女以节约献金来纪念这个日子，并规定3月5日为节约献金日。在讨论妇女节约献金的会议上，宋美龄动员大家说："这次献金我们要给世界各国看看，更要给敌人看看，中国妇女是多么热忱地爱着她的祖国。"接着，她兴奋地说："请大家不要怕劝献难，你们告诉有钱的太太和公务员，前方忍着饥寒的将士在拼命地作战，如果你们在后方依然过着悠闲的生活，有钱不出钱，怎么能希望壮丁自动入营呢？怎么能使抗战得到最后胜利呢？把战士当作我们的父兄子弟，我们就会为祖国的危难献出一切。"她的话迎来了热烈的掌声。

"妇指会"预备了1000多本捐献册，组织了八个街头宣传队，举着宣传旗，提着献金筒到各主要街道上去宣传。"三五"是轰动山城的妇女献金日。那天，"妇指会"组织的两辆流动献金车，沿着预定路线，缓缓驶向闹市区。车上站着许多化了妆的女孩子，她们高唱《救亡进行曲》，一路宣传，一路演讲，吸引了无数男女老少，人们纷纷向献金台上投放钱币以及值钱的东西，1元、5元、50元……钱像雪片似的飞向献金台。商店的伙计，叫卖的小贩，过路的娘姨，他们把辛苦得来的角票、铜元，一把把地掏出来，打得献金台铮铮作响。仅仅四个小时，便募得捐款2042元。

1938年三八节，宋美龄在妇女抗日献金会上发表演说。

与街头募捐的同时，"妇指会"还于3月5日召集了妇女节约献金大会。会议开始后，礼堂里挤满了人，有女学生、女工、女护士、女职员、抗敌军人家属和许多不经常参加会议的太太和小姐们，会场的气氛热烈而紧张。

献金开始！各工作队队长，各团体代表依次上台献金，钞票、支票、首饰纷纷投入献金箱；掌声和军乐声一阵阵轰鸣。献金结束时，妇女界以献金63万余元的成绩夺得了重庆各界献金的第一名。

宋美龄和蒋介石都出席了献金会，并作了训话。蒋介石说："女同胞的力量如果好好发掘出来是会超过男子的！"宋美龄补充说："妇女是有工作能力的，但必须有组织和团结才能生出力量。"会议在一片欢呼声中结束。

1939年的"三八"节到来了。这是"妇指会"改组、扩大后迎来的第一个妇女节，联络委员会发动了有四五千名妇女群众参加的纪念活动。在"三八"节纪念会的筹备期间，"妇指会"联络委员会根据邓颖超等人的建议，拟定了"三八纪念纲要"，寄发到全国各地去。"纲要"包括纪念办法、宣传大纲、大会秩序、标语口号、纪念歌曲等。

"三八"节那天，在重庆市商会举行了隆重的纪念大会。宋美龄担任大会的主席，并在会上发表了热情洋溢的演说。会后，全市妇女举行了大游行，气氛隆重热烈，盛况空前。那天，重庆市各机关、工厂、学校的妇女一律休假半天，电影院对妇女免费招待。

这次纪念活动，开展得十分成功，不仅重庆举行了声势浩大的纪念活动，而且在四十多个城市中同时举行了纪念活动，就连一些乡镇、沦陷的孤岛上海及港澳地区，也召开了规模不等的纪念会。此后，每年的"三八"节纪念活动都有一个工作中心，如1940年的"三八"节以"扩大宪政运动和反汪肃奸"为中心；1943年的"三八"节以捐献"妇女"号飞机为中心，捐款总数多达1057500余元。

1939年9月17日，宋美龄致电各省主席夫人、各地妇女工作委员会及各妇女团体、海外侨胞，发起了征募寒衣运动，并在报纸上以大字标题《蒋夫人号召妇女界，征募50万件棉衣》登出宋美龄的号召书。"妇指会"发动綦江的六个家庭妇女训练班的学员做手绢、纸花去义卖，用义卖所得的钱买布做棉军衣。训练班的老师和学生全体总动员，三天时间就做好了五百余条绣花手绢和

蒋氏夫妇召开茶话会，招待战时公债劝募委员。

一千多朵漂亮的纸花。

义卖开始了，街头巷尾、旅店机关到处都有"绿衣的女先生"提着红红绿绿的花篮，带着贴满小标语、小漫画的钱筒向人们售卖手绢和纸花。

"先生，多买一条手绢，多捐一点钱吧！""多做一件棉衣，少一个士兵受冻！"

1元，5元，10元……不断地从爱国人士的口袋里流入小小的钱筒里。

这天，身为指导长的宋美龄刚好来视察工作，当看到这些纸花和手绢时，她激动地哭了起来。她对这群乡村妇女再三地表扬鼓励，并慷慨地捐了1000元。

宋美龄对大后方各省的新运妇女工作委员会的工作也给予很大的关切。粤北会战中，广东省新运妇女工作委员会主任吴菊芳率领广东妇女参加抗战工作，成绩显著。1940年3月，宋美龄写信给吴菊芳，对她们的工作给予肯定和表扬。信中说："为国尽筹，抢救被难妇孺，慰劳抗战将士，出财出力，支持前线，巩固后方，此种艰苦英勇之牺牲精神，实予进攻之敌寇以有力的回答，并为我中华妇女支持抗战之表现。特函嘉慰，尚祈努力。"同年4月，宋美龄又写信给吴菊芳奖勉广东的"新运妇女生产工作团"，信中称赞该团生产的毛巾、台布等产品，"品质并美，洵为发展国民经济之一途"，并希望吴菊芳"转勉该团同学勉力研习，不断改进，以臻美善"。

合作与摩擦

从1938年7月"妇指会"改组、扩大到1941年1月"皖南事变"发生前的这段时间里，"妇指会"是国共两党合作共同开展妇女救亡运动的统一战线性质的组织，在国共两党妇女工作者的共同努力下，为宣传、动员、组织广大妇女群众投入抗日运动，做了大量卓有成效的工作。但是，由于国民党顽固派不断制造摩擦，"妇指会"内部也充满了微妙的斗争。

1939年1月，中共南方局在重庆正式成立，2月，南方局成立妇女运动委员会，由邓颖超负责妇女委员会工作。后来，南方局又成立了统一战线工作委员会，下设妇女工作组，邓颖超兼任组长，张晓梅任副组长，负责领导国统区的妇女运动和妇女工作。在"皖南事变"发生前的两年多时间里，中共南方局妇委或妇女组，一直在"妇指会"内与宋美龄等国民党妇女工作者合作，共同开展国统区的妇女救亡运动，做了大量卓有成效的工作。

在庐山妇女谈话会上，虽然制定了妇女界抗日救亡的共同纲领，但"妇指会"内的国民党顽固分子唐国桢、陈逸云等人却不断破坏这个共同纲领，制造摩擦，破坏团结。"妇指会"内部的斗争主要表现在宣传工作和群众工作方面。每年"三八"节，都要为宣传口号问题发生严重争论。例如1939年的"三八"节纪念活动筹备期间，在重庆妇女团体联席会议上，邓颖超发言号召妇女界将抗战动员切实深入到各阶层妇女中去，以打破妇女运动的狭隘范围。根据邓颖超的讲话精神，"妇指会"联络委员会拟定了纪念"三八"节工作纲要。在讨论"纲要"时，陈逸云、唐国桢极力反对，最后以多数代表赞成而获得通过。1940年的"三八"节，国民党方面提出要以发动妇女献金为中心任务；共产党方面则提出以"反汪肃奸"和促进宪政运动为中心任务，但也不反对发动妇女献金，结果是两个口号同时采用。据史良回忆：

"国民党里的人虽然和我们争得很厉害，但宋美龄本人却从不表示态度。"只有一次，为了一个训练班的教育方针问题，有一点红脸。那是一个以各省主席的夫人为主体的训练班。在会上，宋美龄说："你们都将有机会参加接待外国朋友的工作，一定要学会有关的礼节，例如吃西餐，怎样用好刀叉，就要学习。"她讲完以后，宋庆龄就提出异议说：今天中国妇女和中国人民不是会不会用刀叉吃饭的问题，而是有没有饭吃的问题。宋美龄很窘，于是一向与宋美龄站在一起的宋蔼龄就出来打圆场说："今天妇女界的问题，我看还是团结问题。"宋美龄对邓颖超等公开的共产党代表和妇女界爱国知名人士史良、沈兹九、刘清扬等持尊重态度，对"妇指会"所进行的各项抗日宣传工作基本是支持的，有时在客观上还能对进步力量起到某种保护作用。但她的基本立场无疑是要服从蒋介石的总体部署和"四大家族"的根本利益的。

1939年蒋介石发动第一次反共高潮以后，为了削弱妇女界的进步力量，宋美龄曾企图以优厚的待遇为诱饵，使沈兹九停办进步妇女的喉舌《妇女生活》杂志，被沈兹九坚决拒绝。陈逸云送给《妇女新运》编辑部一篇工作报告，其中有一段诬蔑"共产党制造摩擦"的内容，沈兹九在刊登这篇报告时，将这段文字删掉。为此事陈逸云怒气冲冲跑到宋美龄面前告状。宋美龄就此事质问沈兹九。沈兹九理直气壮地申辩说：我们遵循的正是庐山妇女谈话会上通过的《动员妇女参加抗战建国工作大纲》的精神，作为编辑有权对违反共同纲领的言论进行处理。宋美龄听了沈兹九的申辩，无可奈何地摇了摇头。

为了在"妇指会"内发展国民党势力，宋美龄极力拉拢"妇指会"的骨干成员和知名人物加入国民党。一次，"妇指会"收到了一封指认训练组股长郭见恩是"共党分子"的匿名信。郭见恩因此受到怀疑和敌视。宋美龄对埋头苦干的郭见恩十分器重，她在听了郭见恩说自己不是共产党员以后，不仅没有动摇对郭的信任，反而动员她加入国民党。郭见恩不愿加入国民党，便向宋美龄提出，要她加入国民党有条件。宋当即答应了她提出的条件，但还没来得及给郭见恩办理加入国民党的手续，宋美龄便去了美国。等宋美龄从美国回来时，郭见恩早已离开了"妇指会"。1940年，宋美龄曾动员沈兹九参加国民党，沈坚决拒绝。这事引起了宋美龄的不满。沈兹九一怒之下摔了宋美龄给她的聘书，离开了"妇指会"。1940年冬，宋美龄剥夺了刘清扬训练组长的实权，"皖南事变"前夕，刘清扬也离开了"妇指会"。宋美龄还曾企图把史良拉入国民党，据《史良自述》记载："记得有一次，宋美龄请我吃饭，蒋介石也在座，她对我说：国民党需要增加新的血液，你为什么不加入国民党，一道把它进行一番改革呢？对于这种伎俩，我是很清楚的，立刻就加以拒绝了。"1942年，史良在重庆恢复了律师业务。她代表大中华药房，在重庆的《大公报》上对国民党重庆市公安局强占民房事件予以公开谴责，这件事激怒了国民党。蒋介石亲自对"妇指会"进行申斥。史良不得不退出"妇指会"。同年，宋美龄以美国韦尔斯利女子大学校友的名义，写信给住在昆明的谢冰心，想拉冰心到重庆参加"妇指会"的工作。1941年冬，冰心到了重庆。史良和已退出"妇指会"的刘清扬专程拜访了冰心，把"妇指会"的背景和其中的复杂情况通报给冰心。当冰心得知"妇指会"的内幕后，便退回了"妇指会"送给她的薪金和聘书，拒绝参加"妇指会"的工作。"皖南事变"后，进步力量大部分撤离了"妇指会"，各项工作因此实际上陷于半停滞状态。同时，国民党顽固势力通过各种渠道控制"妇指会"。顽固分子刘我英、李曼瑰被派来接替史良、沈兹九等走后空下来的职位。这时，宋美龄直接出面在"妇指会"内发展国民党组织，并亲自担任了"妇指会"内国民党组织的负责人。她曾在一次"妇指会"机关工作人员会议上，公开指责离开"妇指会"的人是"猖獗的共产党分子"，并要挟没有离开"妇指会"的共产党员赶快向她坦白。"会做人"的宋美龄最后还是露出了反共的真面目。

著名女记者子冈在《蒋夫人印象记》中写道，宋美龄"在抗战中接近许多姐妹，她们的工作使她兴奋，她恨不得使这许多姐妹个个成为一部发动机，去推动广大的落后妇女群众来参加抗战工作。她相信群众的力量，她相信我们艰苦的抗战，如果有民众去支持是定会胜利的。"史良在其《自述》中说："如果抛开政治见解，我对宋美龄个人的印象是好的，她能干、大方，说话、做事得体"，而且宋美龄会"做人"，"喜欢笼络人心"。因而，一些进步人士也想通过她的关系向蒋介石施加一些影响。1940年，国民党特务勒封各地生活书店，逮捕生活书店的一些负责人。生活书店的创办人和总负责人邹韬奋曾请史良想办法"走一走门路"。史良立刻想到了宋美龄，想通过她向蒋介石"说情"。邹韬奋同意史良去试一试。于是，史良打电话给宋美龄，约好了时间后，史良就到了宋美龄的住处，蒋介石不在家，到中午时才回来。宋美龄表现得热情大方，留史良和蒋介石共进午餐。在午餐席上，宋美龄向蒋介石提起史良的来意。史良自己也着重向蒋介石陈述了生活书店在抗战中的作用。她说："生活书店是抗战的书店，出了许多宣传抗日的书，为什么反被封闭呢？这太不公平了！"蒋介石听了后，故作惊讶地说："有这样的事么？岂有此理！岂有此理！"他一面这样说，一面表示一定要去查。看那情景好像很有希望的样子。而实际上却完全相反，在这次谈话以后，各地的生活书店继续被封闭，气得邹韬奋终于愤而离开重庆去了香港。

宋美龄是极力维护蒋宋大家族的根本利益的，由于在抗战时期，在日寇的侵略面前，蒋宋大家族的利益与中华民族的利益是一致的，要保卫家族的利益就必须抵抗日寇的侵略，要保卫中华民族也必须抵抗日寇的侵略。所以，宋美龄在抗战中确实努力发动妇女群众参加抗日救国活动，也接触过许多妇女界的姐妹们，对推动妇女界开展抗日救亡活动起过积极的作用。但是，由于宋美龄看不到劳动妇女的伟大力量，因而她所接触的主要是妇女界的上层人物和青年女学生，根本谈不上接触广大劳动妇女，再加上根深蒂固的反共思想，宋美龄做一些进步工作是可能的，包容部分进步人士也是可能的，但要她违背蒋介石的意志和利益，长期支持进步妇女运动，则是不可能的。

怪石的启示——《我将再起》

1940年6月，宋美龄以《我将再起》为题，发表系列论文，辑成一书，由蒋介石作序，予以出版发行。除蒋序之外，计13篇。这组文章，是为抗战而写的，着重在思想建设，动员民众投身到抗日洪流中去。其中两篇长文，是总结"新生活运动"与抗战以来的妇女运动。据宋美龄记述，这些文章，都是在会议、讲演、空袭，甚至陪同其丈夫巡视前线期间，趁公余之暇，潦草撰就的。结集时保留原状，以示"当前苦难的岁月中，我们大部分物质建设草率粗陋的象征"。

为何取名《我将再起》呢？她在《中国的精神》一文中写道：

伦敦圣保罗教堂南门顶上，有一块奇怪的石头，上面雕刻着一个拉丁字"Resurgam"，意为"我将再起"。它的历史是这样的：当教堂的大圆屋顶行将动工时，建筑师克莱斯陶佛棱（Sir Christopher Wren）要求一块石头作为中央的标记，俾工人有所准据。有人便从乱草堆中拿来一块刻着这个拉丁字的墓碑。它的意义如此深刻，使那位建筑师颇为所动，便决定在那个建筑物中给这块石头安放一个永久的位置。自是它便一直保存到如今，成为激励所有看见它的人们的乐观情绪的源泉了。

她认为这句话对中国人民有重大意义："对于目击我国人民惨遭屠戮，我们国家惨遭蹂躏的吾人而言，这个字应该具有一种特殊的启示，使我们永铭五内，并应大书特书于我们的旗帜之上。"（《蒋夫人言论集》上集，第136页）

一个蕴涵着深刻哲理的词，成为激励人们发奋的坚强信念，演绎成多篇文章，以作指导抗日救亡的指针，在作者而言，动机是应该肯定的。蒋介石在他写

《我将再起》的英文版由Harper公司于1940年出版。书名为《中国将再起》。

的序中也指出："一个民族的复兴，若干因素是必需的。其中之一便是这个民族应经历一段考验和艰苦的时期；尤其重要的是这个民族对于他们国家的命运，必须具有充分的信心。具备了这种信心，才会使他们觉悟他们自己的责任，并赋予他们以实践他们的历史使命的力量。"（《蒋夫人言论集》上集，第128页）他引用古训"多难兴邦"以励国人，并认为在此空前的危机之中，我们的民族精神已能振起应变，作战愈久，我们求生存和求胜利的意志便愈为坚决。

蒋介石认为《我将再起》一书作者写此书的态度极为真挚，读者应以同样的热诚去阅读，勿以等闲态度视之。

蒋介石不但为这本书作序，还不惮其烦，将其中若干篇剪辑成册，寄往他认为能收获良好效果的各个地区。可见，他对此书确实重视。宋美龄帮助蒋介石是多方面的，这次蒋介石也该以实际行动来一点回报了。

飞赴新疆的特殊使命

1942年秋，宋美龄为了替蒋介石争取新疆，特乘飞机到迪化。三天的时间里，利用她擅长的"夫人路线"，帮助蒋介石解决了他十分头痛的新疆问题。（据知情人回忆，蒋介石为了宋美龄赴迪，亲自陪飞到嘉峪关；还有一说是本来蒋氏夫妇双飞迪化，后因想起西安事变的教训，蒋只飞到嘉峪关）宋美龄坐在飞机上的藤椅上，面对着大家，没有和任何人交谈，显得非常严肃。因为宋美龄此时被赋予一个重要使命。

蒋介石想除掉盛世才是蓄谋已久的。当年，他趁盛世才根基尚未扎牢之际，曾派参谋次长黄慕松以"宣慰使"名义进入新疆，准备伺机取而代之。盛世才与夫人邱毓芳却突然发动了"六二六政变"，抓住亲蒋的实力派人物陈中、李笑天、陶明樾三人，并很快杀害。同时还把黄慕松软禁起来作为人质。

蒋介石当时正忙着"剿共"和铲除异己，无暇顾及新疆的事，被迫口头上承认了新疆的既成事实。后来，甘肃军阀马仲英联合伊犁屯垦使张培元两面夹击，直打到盛世才的腹地——迪化近郊。盛世才于危急关头，向苏联求救。结果，苏联红军由霍尔果斯与塔城两路进入新疆，帮助盛世才打垮了马、张联军。接着，

反复无常的盛世才

盛世才又请苏联红军派出一个加强团进驻星星峡，以扼住内地入疆的咽喉。自此，新疆与南京分庭抗礼的局面形成。

盛世才摆脱蒋介石之后，采取了对外联苏、对内联共的方针，具体概括为"反帝、亲苏、民平、清廉、和平、建设"的六大政策。据盛世才自己解释，这是以马克思列宁主义原则为根据的，是发展新经济、创造新政治、发展新文化的正确方针。后来，盛氏夫妇去苏联访问，提出了加入苏联共产党并把新疆变为苏联的一个加盟共和国的要求，斯大林没有同意，但给予盛世才的援助和支持却是比较慷慨的。

回到新疆，盛世才雄心勃勃地宣称："六大政策和共产党、国民党为中国三大政治集团"，并自诩为"天才英明伟大领袖"，一时间，斯大林、罗斯福、丘吉尔、蒋介石、毛泽东、盛世才的相片并排挂在全疆的机关学校里，称为"世界反法西斯战线的六大领袖"。抗日战争进入相持阶段，蒋介石又开始打起新疆的主意来了。但是碍于苏联的大国地位，他也不敢动武。结果，还是宋美龄先找到了捷径。

宋美龄发现，盛世才过去在南京参谋本部当科长时，与朱绍良的关系十分密切。当时，盛世才夫人邱毓芳与朱夫人华德芬相处得很好，并且兼做过朱小姐的家庭教师。由此，蒋介石向朱绍良表示，希望他能为拉拢盛世才效力。

朱绍良受宠若惊，他立即开始行动。不久，就由朱绍良夫妇牵线建立起了宋美龄与邱毓芳之间的非常秘密的联系。

面对南京方面的利诱，盛世才心里也很犹豫。他知道跟蒋介石相处不是一件容易的事。他担心一旦与苏联方面闹翻，自己就连退路也没有了。但是，夫人邱毓芳热衷于和宋美龄交好，力劝盛世才接受南京方面的安排。

不久，朱绍良以第八战区司令长官的身份飞抵新疆，同机前往的朱夫人华德芬为邱毓芳带来了宋美龄的亲切问候与若干贵重礼品。相信这对盛世才夫妇转向蒋介石起了一定的作用。朱绍良得到了盛世才的口头承诺。

与此同时，国内发生了"皖南事变"，国际上德寇又发动了对苏联的突然袭击。形势对苏联和中共都很不利。邱毓芳担忧新疆的共产党赢得更多的民心，于是她和盛世才精心策划，炮制了一起所谓的"汪精卫系统的阴谋暴动案"，使大批爱国人士和共产党员受到了牵连，其中包括著名文化人士张仲实、沈雁冰、赵丹等。

蒋介石根据盛世才的请求，迅速把战斗力弱的马步青部队撤出柴达木盆地，代之以由胡宗南指挥的十万中央军，分别进驻武威、张掖、酒泉和敦煌。很快，新疆的政府机关、重要场所开始悬挂青天白日满地红的中华民国国旗与国民党党旗。

为了促使盛世才与苏联、中共彻底反目，1942年8月，蒋介石决定让宋美龄前往新疆，进一步笼络盛世才夫妇。8月30日下午1时左右，宋美龄乘坐的飞机到达迪化，机场上成千上万的人围成一个大圆圈，在摇旗欢呼，表示欢迎，那天盛况，据说在新疆是空前的。盛世才携夫人邱毓芳亲往机场迎接，并把宋美龄安置在督署西大楼自己的家里住。

当晚，盛世才在西大楼设宴为宋美龄洗尘。席间，宋美龄讲了几分钟话，大意是说，这次到新疆，感到得高兴，承蒙盛情接待，十分感谢。新疆在盛督办治理之下，取得了很大成就，非常佩服，"望今后百尺竿头，更进一步"，以三民主义为依归，把新疆建设成一个"民有、民治、民享"的三民主义的新新疆。

宋美龄的讲话虽短，但在盛世才治新历史上，却是个开始转变的征兆。在宋美龄之前，从未有人敢在盛世才面前谈论三民主义。就在宋美龄一行下飞机不久，盛世才还在分送他那自诩用马克思列宁主义观点分析国际形势和中国抗战问题的著作呢！

盛世才看到，国际上德国纳粹到处逞狂，以苏联为首的反法西斯阵营正处于极为艰难的时期，国内蒋介石集团连续发动反共高潮，他已经开始改变对苏联和共产党的态度。宋美龄此行，更坚定了他公开反共的立场。

后来，朱绍良代表蒋介石在新疆与盛世才继续谈判，正式达成了协议：

成立国民党新疆省党部，自上而下地发展国民党组织；新疆遴选干部进国民党中央训练团轮训；在新疆传布三民主义（包括开展国民党文化宣传运动）；对外政策方面，新疆与国民党中央步调一致。

　　宋美龄又一次圆满地完成了她的使命。紧接着，蒋介石正式任命盛世才为国民党新疆省党部主任委员、督办公署党部特派员、中央训练团新疆分团主任、中央军校九分校主任，各种任命状也一一发出，并由宋美龄托交朱绍良送到盛世才的手中。

　　于是，盛世才彻底变脸了，一夜之间，全迪化市所有亲苏联共的标语都被洗刷殆尽，一场所谓"空前的带国际性的错综复杂的暴动案"被"揭发"了出来。不但从陈潭秋、毛泽民、林基路以下，所有在新疆的中国共产党人都被投入监狱，而且连盛世才的胞弟盛世骐也不放过，与大部分共产党人一起惨遭杀害。

　　与此同时，盛世才还照会苏联驻迪化总领事，命其撤退全部在新疆的顾问、专家和驻在哈密的军队。苏联正处在卫国战争的艰难时期，无力顾及新疆发生的事情，只好按照盛世才的照会，撤走了专家和军队。

　　随后，胡宗南的中央军顺顺当当地开进了星星峡，新疆省党部的大权又落入梁寒操之手。盛氏夫妇感到了政治与军事的双重掣肘。正在这时，苏联传来了斯大林格勒保卫战大获全胜的消息，苏军已开始转入反攻。看到国际形势的变化，盛世才又炮制出一起"阴谋暴动案"，把一千多名国民党员及其下属全部投进监狱。然后，再向苏联求援。

　　然而此时，斯大林对盛世才的反复无常早已深恶痛绝，非但不加援手，而且还通过苏联驻华大使暗示蒋介石，苏联不再支持盛世才。

　　蒋介石于是加快了解决盛世才的步伐。得到苏联的暗示后，蒋介石马上命令朱绍良率军开进新疆，胡宗南以后援为继。同时为了减少损失，拿出一纸农林部长的任书书，作为盛世才放弃抵抗的条件。面对蒋介石的软硬兼施，盛世才别无选择，只好像当年的王家烈一样，乖乖地上了飞机，照蒋介石的安排去了重庆。

　　盛世才的悲剧从根本上说是他自己翻云覆雨的性格决定的，而他之所以如此迅速地走向失败，这背后的原因，与其说是他的夫人起了反作用，不如说是宋美龄又一次发挥了她的影响力。

宋美龄 全传

· Biography of Song Meiling

第十章

夫人外交

在抗日战争最艰难的年代里，宋美龄成为中国历史上第一个进行现场直播的人，大量的对外宣传和直接对外广播，使她成为艰苦抗战的中国在国际上的代言人。

在史迪威与蒋介石之间，宋美龄和她的大姐充当了很好的"协调者"。直到被迫离任的时候，史迪威也不知道她们对他做了些什么。

在抗日战争爆发后不久，宋美龄为了推动中国的外交，卸下了空军秘书长的职务，开始进行一连串的外交活动。秘密访问印度，长时间访问美国，所到之处刮起了一阵"宋美龄旋风"。在开罗，丘吉尔对罗斯福说："这位中国女人，可不是弱者！"20世纪40年代，宋美龄获选为"世界十大女性"之一，这是她人生臻于巅峰的一个顶点。

抗战新舞台

宋美龄能有如此大的知名度，当然离不开时代条件，中国的抗战为她提供了充分展示的舞台。抗战爆发以前，在美国，无论政界还是民间，可以说对宋美龄这个名字还是相当陌生的，更谈不上什么世界女杰了。然而，进入30年代初中期以后，随着蒋介石逐步执掌全中国的军政大权，特别是蒋把全部军需（尤其是空军的飞机装备）采购大权，交给宋美龄及她的家族之后，宋美龄和她的哥哥T.V.（宋子文）的名字，便开始在美国家喻户晓。当宋美龄穿梭访问美国各大城市时，她更成为在美国传播媒体曝光次数最多的中国女性，她的曝光次数甚至远高于蒋介石。

宋美龄在外交上和个人知名度上能创下如此业绩，用台湾学者的话说，是因为宋美龄对外交有一个比较正确的认识和了解。学者们对她的外交理念还作了诠释。

宋美龄认为外交是内政的延长，要想外交工作能够办得好，内政的工作是非常重要的，在某种意义上说内部的工作胜于一切，因此她当时从事了很多社会的运动、妇女工作、儿童工作，乃至于劳工的工作等。

她也了解从事外交工作要以实力作为后盾，在强权不断的侵犯之下，要展现其力量，只有内部的一致抗日，使得她有足够的筹码来对外进行交涉谈判。她深切了解沟通谈判的重要性，今天我们都在谈沟通的技巧、谈判的艺术，事实上，当年宋美龄已经运用自如，她已了解到要怎样通过沟通、通过谈判来化敌为友，来减少不必要的误会。

当年蒋介石和史迪威将军之间的摩擦，她就是润滑剂，下了不少功夫，从而使得他们之间的问题在一定程度、一段时间得到缓解。她始终认为在外交工作中沟通协调是最重要的一环。

她还认为文宣重于武力，换句话说，中国想打败日本，固然要靠军事力量，但是文宣方面的工作，有的时候更为重要，因此她认为文宣的工作重于一切。这也是宋美龄在推动外交时非常重视文宣的主要原因。

基于上述认识，宋美龄实实在在做了一些重要的工作，对于中国的外交有着重大的影响。在抗日战争时期及以后相当长的一段时间，宋美龄在争取美国对国民党政府支持的过程当中，其作用非常重要。那时候有人说：她是中国的发言人，她是中国政府政策的宣导员，她是抗战时期苦难中国在国际上的代言人。这是作为第一夫人的宋美龄从事于外交最具体而又为大家所公认的成就。

此外，宋美龄从事外交活动的形式与外交工作者有很大不同。她是以第一夫人的身份出访的，她没有办法长期留在国外，她也没有办法以外交人员的身份来对外接触、交涉和谈判，争取各方面对她的认同和支持。所以她所做的外交工作，主要是通过两种方式进行的，一是接触沟通、见面协调谈判的方式；二是广播、书信、演讲方式。这些方式的成效可以说是有目共睹的。

抗战时期宋美龄参与国际会议，会见各国政要，特别是各国元首与政治领袖；她也出国访问，公开演讲，尤其是她旋风式的到北美访问；她利用一切机会尽量与交涉方见面，只要能够沟通接触，就尽量接触。这就加深了别人对中国的了解。同时在此期间她还留下了大量书面的记录——书信、广播记录、演讲稿，对中国的抗战和国民党政府的政策和立场作了具

美国人所熟知的宋子文

体的阐述，在很大程度上弥补了对外宣传的严重不足。台湾"国史馆"藏有很多宋美龄思想言论集，洋洋洒洒，有几百万言之多。

基于上述认识，于是有台湾学者认为，宋美龄改变了蒋介石上台以后国民党政府的外交方向，其理由是如果蒋介石不跟宋美龄结婚的话，中国当时外交走向不是亲美、英，而可能是亲日、德，因为蒋介石是留日学生，他也非常重视德国人精确的科技精神，还把二公子蒋纬国送去留德，这对于未来外交的发展会有或多或少的影响。但是由于他和留美的宋美龄结婚，且宋有预见地认为美国可以在未来的世界上扮演举足轻重的角色，所以宋美龄自始至终以争取美国对国民党政府的支持作为第一要务。从这个意义上讲，宋美龄改变了中国的外交走向。

无论中国外交的转向是偶然或是必然，宋美龄确实在其中做了不少工作，这是无法否认的事实，也是她作为第一夫人有所作为并引以为豪的政治资本。

"国际播音员"

在第二次世界大战中，日本有一位专门负责对美国作广播宣传的著名播音员，被人称为所谓的"东京玫瑰"，而在抗战时的中国，宋美龄其实也在扮演这一角色。

宋美龄作为当时中国的第一夫人，在抗日战争爆发初期，主动担负起国际播音员的责任，以国民党政府半官方发言人的身份出现在公众面前，利用媒体竭力向美国及世界各国宣传中国的抗战事业，由于她身份特殊，颇具外交和公关天赋，她的这些行为为她赢得了很好的声誉，客观上为中国的抗战作出了贡献。

为了向全世界揭露日军的暴行，批评西方国家对日本的纵容政策，宋美龄可谓是口诛笔伐。她最初的主要做法是：在繁忙之中经常接见西方记者，并通过他们宣传自己的观点。例如，她于1937年8月25日接见上海英文《大美晚报》编辑兼国际通讯社记者福特，向他揭露日本的侵略野心，并从9月6日起开始撰写关于上海战场的新闻电讯。9月初，宋美龄向路透社特派记者专门谈了中国妇女的战时职责。9月16日，日军对上海狂轰滥炸，宋美龄再次到前沿阵地慰问将士。她看到中国守军"据阵抗敌，殊堪庆幸"，精神上得到很大宽慰。这天，她写了

《令人失望之美国态度》的电讯，批评美国政府撤退上海侨民，禁止船舶运输军火来华的错误做法，指出美国"蓄意阻止中国获得自卫武器，则结果不独为中国之悲剧，抑将成世界之大患"。针对美国政府冷淡的对华态度，且还想从中日战争中发战争财，宋美龄搜集了许多日寇暴行的事实，写文章，利用报纸杂志和广播对美国人民进行广泛宣传，并揭露美国政府的恐日病，指责它批准把汽油、轻重武器、军用物资大量卖给日本，支持侵略者屠杀中国人民的恶劣行径。宋美龄在文章中指出，在中国战场上缴获和击毁的日方坦克和飞机上有美国制造的零件，毫不隐讳地指责美国的两面手法。美国各报刊多抢着转载。

从1937年9月12日起，宋美龄在南京通过美国广播网，直接用英语向美国民众发表广播演说，揭露日寇侵华罪行，报道中国艰苦抗战的情况，呼吁美国政府给予援助。欧洲和美国的新闻界频频约她写文章和发表讲话。她警告世界说，中国只不过是第一个遭到法西斯攻击的国家。同盟国由于目光短浅已经使日本在中国东北的第一次失信变成为一种威胁，同盟国也会因"精神近视"而招来可悲的结果。

9月20日晨，宋美龄从上海返回南京，途中遭到43架日机的追击轰炸。9时许，日本飞机在南京城西南角投下大量炸弹，炸毁房屋和车辆无数。9月23日，宋美龄再次到上海前线慰劳将士，并写了《长谷川之无礼命令》的电讯，揭露日寇对南京进行野蛮空袭，炸死炸伤无数无辜平民的罪行。9月29日和10月4日、6日、8日、16日，宋美龄在南京接连发出电讯，向世界各国人民介绍上海战况，揭露日军侵略暴行和日本政府散布的种种为侵略制造借口的谣言，呼吁西方国家，特别是美国政府支援中国的抗日战争。

10月下旬，宋美龄路遇车祸，只休息了两天，又于10月25日到上海，写了《日方诬言别有用心》的电讯，驳斥日寇制造的关于中国军队在战场上使用毒气弹的谣言。10月28日，宋美龄从南京发出电讯，再一次向全世界人民介绍上海战况，揭露日军的凶残和在华北建立傀儡组织的阴谋。11月3日、4日、7日、17日，她又分别以《中国之决心》《战略的移动》等为题发表电讯，向全世界人民揭露日军残酷轰炸中国和平城市和平民的暴行，并赞扬中国守军用简陋的武器抵抗日军猖狂进犯的奋勇精神。指出日本的残暴行为是西方列强采取"默认日本策略，阻挠中国获得抗战所必需之军械军需，间接给予日方以不少助力"的结果。

12月，宋美龄接见瑞典记者李民，揭露日本野心家侵华并进而争霸太平洋的侵略计划，呼吁西方国家放弃"中立"政策，支援中国抗日斗争。

1938年1月3日，美国《时代》杂志专题报道蒋介石对外的发言："……告诉美国，请完全相信我们，战争的形势正在扭转，最后胜利定属我们……"宋美龄把这个发言译成英文广为传播。与此同时，宋美龄和蒋介石成为美国《时代》杂志所认同的"今年国际风云人物"，并作为该杂志的封面人物。

宋美龄在抗日战争初期的一系列演说和广播讲话，对西方民主国家不援助中国的做法表示愤慨。她表示不敢相信自己的眼睛，这些国家曾许下诺言，却又自食其言，最初她不敢相信这是真的，后来事实使她不得不信时，她义正词严地提出了抗议。

可以说，在中日战争危机时刻到来之前，宋美龄一直在为她的理想而努力工作，热衷于中国的改造事业，对于她理想中的美国所存在的"瑕疵"并未加以考虑。多年来，她一直把美国作为衡量中国的标准。她一直以西方民主国家为楷模劝诫中国学生为国家效力。即使在抗战初期相当长一段时间，宋美龄也并没有失去幻想。所以，她一直向这些"异常迟钝"的人们作解释，满以为只要他们一旦知道一点真相，便会认清他们的职责以及等待着中国和他们自身的危险。她说道：

"通过日本在中国的所为，你们便可以看到这是一个邪恶、残忍、武装和组织良好、按着预订计划在行动的国

蒋介石、宋美龄成了《时代》杂志的封面人物。

家。多年来，日本人一直在为企图征服中国而做准备，尽管在征服中国人民之前，他们无法达到此目的。奇怪的是，似乎没有一个国家愿意阻止日本的行径，这是否由于日本每天广播的大量歪曲真相的消息已被人们相信？抑或世界上的政治家被日本施了催眠术？日本似乎只讲了一句简单而富于魔力的话就使世界陷入了沉默：‘这不是战争，而仅仅是一次事件。’日本首相近卫文麿8月28日宣称，日本准备‘彻底击溃中国，使其失去战斗精神’。但甚至这句话似乎也没能唤醒世界认清正在发展中的灾难。""正是为了避免这一灾难的发生，各大强国才签署了九国条约，主要是为了使中国免于遭到日本的侵略。他们还签署了凯洛格和平条约，以防止战争；组织国际联盟，以确保弱小国家免于遭受侵略国家的伤害。但说来奇怪，这些条约似乎已化为灰烬，这在历史上迄今还是罕见的。更有甚者，国际法中那些为制止战争和保护平民所逐步制定的复杂的条款，也似乎与条约一道烟消云散了。所以我们又回到了野蛮时代，强国吞食弱国，不但杀戮它们的斗士，还株连他们的家庭、妇女和儿童。日本正是企图在中国这样做。但真正允许条约失效，以及在20世纪恢复大规模残杀无辜人民的野蛮行径的却是文明国家。1931年日本占领东北时，他们允许这种行径在中国发生。1932年日本在上海闸北轰炸沉睡中的百姓时，他们继续容忍这种行径。现在日本在中国大规模展开侵略时，他们仍保持沉默！……

"我们不禁要问，这是不是意味着文明的衰亡？向四周看看，各地成千上万的中国人在飞机的轰炸下，在停泊在上海港几里长的军舰的炮轰下，在机关枪和步枪射击下遭到杀戮。看看在凶猛的烈火中被焚毁的房屋和企业。看看那到处是堆满尸骨、血迹斑斑的废墟。看看成千上万逃难中的中国人和外国人，呼喊着，在惊恐中逃命。的确，成千上万的中国母亲和儿童在逃亡上海中露宿街头，忍受着饥饿，两手空空，眼看着他们的房屋在大火中化为乌有。看看在他们身上发生的一次悲剧。几天前，数千人在南站等火车时，日本的轰炸机突然出现在天空，向人群投弹，300人被炸成碎片，400多人被炸伤。火车站附近没有士兵，因此这是一场非正义的残酷屠杀。英国在远东的主要报刊《华北每日新闻》的编辑，将这一野蛮行径描绘为‘对人类所犯下的最粗暴的罪行’。几天以后，一辆载有几百名逃亡上海难民的火车，在距离上海几里远的松江车站，也遭到了同样

宋美龄力图使全世界都听到日寇侵犯中国的枪炮声，从而激发他们的正义感，支持中国人民的抗战。这是1937年8月13日日寇轰炸上海的情况。

的轰炸。300人被炸得粉身碎骨，几百人受重伤。火车上没有一个士兵……

"告诉我，面对这样的屠杀，面对房屋和企业的摧毁，西方的沉默是否象征着具有人道主义、行为准则、骑士气概和基督教影响的文明的胜利？世界强国缄默地站成一排，似乎慑于日本的威力而不敢发一声责备，这种奇观是否预示着国际伦理道德和基督教准则以及行为的灭亡？是否已敲响所谓西方道德优越的丧钟？

"你们大概可以从广播中听到炮击声，但你们却听不到（不过我希望你们的心能听到）死亡者的叫喊声，数以万计受伤者的痛苦呻吟声，以及房屋坍塌的巨响。你们也看不到千百万流浪、惊恐、无家可归的无辜人民所遭受的苦难和饥饿，看不到母亲们的眼泪以及她们在燃烧中的房屋所冒出的黑烟和火焰。"

宋美龄对电台发表演说，接受聚集在南京无数记者的采访，还不断地写文章向舆论界呼吁，这对她是不容易的，因为从她的个性来说，她是不愿意乞求别人的，不过为了国人请求援助她也只能这样做。只要她的时间和精力允许，她便想尽一切办法筹集资金。据美国作家项美丽说，宋美龄甚至同意为一家英国报纸撰写连续性的新闻报道，但编辑总是不断地索取耸人听闻的消息，这打击了宋美龄的情绪。她不能恣意地编造恐怖，哪怕是为了宣传的目的。她每天目睹的恐怖早已满足了她的想象力。后来她情愿终止为那家报纸写稿。到重庆后，不仅宋美龄仍然担负着对外宣传中国抗战的任务，而且她的两位姐姐宋蔼龄和宋庆龄，都参加了战时的国际广播，她们一起继续利用报纸、杂志、无线电广播和接见外国记者等方式向美国及全世界宣传中国的抗战大业，促使美国及其他国家各界人士注意中国的困境，并且解囊相助。

在1939年7月7日抗战两周年纪念日，应美国反侵略会的邀请，宋美龄发表对美广播，敦促美国及其他西方国家履行条约义务，实行对日经济制裁，呼吁美国对中国进行物质援助。同年10月26日，宋美龄应美国《纽约前驱论坛报》妇女座谈特刊之约，向美国听众发表广播演说，指出，日寇是在向文明挑战，中国独立抗战已经两年有余，美国应该断绝对日本的物资接济。1940年3月21日，《纽约先驱论坛报》登载了宋美龄的《致美国妇女》一函，她在文中说道："一场不宣而战的战争所带来的恐怖，已经使成千上万的中国妇女沦为牺牲品。如果人们能注意到她们的悲痛、眼泪以及她们被烧毁的房屋所冒出的黑烟，那么美国妇女一定会在震惊之余，立即认识到这场正在威胁文明的灾难所带来的深远后果。……假如过去曾有过远方战鼓震动的威胁，现在……只有通过联合行动，至少从经济上，才有可能阻止自由和正义的民主思想趋于崩溃，才能使美国，特别是弱小和不幸的民主国家免遭所谓'不可预测的危险'。其实，如果对正在中国所犯下的暴行不是有意视而不见，这种危险是完全可以预测的。无论如何，一些国家曾正式同意尊重我国领土与行政区域的完整。如果我们在遇到侵犯时不履行协议，试问协议还有什么作用呢？……据我们的愚见，请允许我这样说，如果某个国家是协议原则的签署国，自然从道义和义务上有责任与其他签署国一道，采取一些措施来制止任何一个敢于侵犯协议原则的国家，当然并非使用武力。中国人还感到迷惑的是，一些国家愿意签署一些似乎颇有内容的文件，但在现实中，在危机到来的时刻，这些文件却又化为乌有……美国已经笼统地阐明了自己的政策，我们表示感谢。但应必须采取具体的措施，迫使日本认识到它对协议的违背，以及在中国所犯下的惊人的非人道的暴行和破坏，将不会得到饶恕和开脱。首先必须毫不含糊地使日本明白，任何以牺牲或侵犯中国的主权和领土完整的代价所换来的所谓和平，都不会得到默认或容忍。……日本的宣传大概已使美国人民相信日本军队已经占领了我国大部分区域。事实并非如此。我们在各地都在抗击他们。凡是肉体和低劣的武器抵挡不住敌人的巨大炮弹时，我们就撤退，但我们并没有被击败。如果能得到武装自己的装备，我们将来也不会被击败。我们正在为保卫国土，为捍卫其他国家亦声称拥护之的原则而战斗牺牲，我们只央求这些国家清楚地表明，侵略者的野蛮入侵和非人道的滔天暴行将不会得逞，对中国和中国人民友好的国家将采取联合经济行动，强使日本放弃其征服中国的邪恶企图。"

宋美龄不仅为传教士写贺词，转达蒋介石对他们的谢意，而且还向捐献者写致谢信。在报纸文章和讲话中，她则以激昂的词句表达她的愤慨、惊讶和渴望。在以后的几年中，宋美龄对改变西方国家的态度已不抱什么幻想了，她对他们纵容日本侵略行径的"惊讶"渐渐被磨钝，她开始认识到隐藏在强国政治家们宣言后面的复杂性。"毕竟还是要自己顾自己。"1940年日机大轰炸重庆后，宋美龄对美国国会议员发表广播："我不知你们国会议员是否想到过，如果中国屈服于日本，那将发生什么样的情况？无疑，日本将利用中国的资源转向美国进军，美国也将受到自食其果的惩罚。支持野蛮的日本军的侵略战争，本身就是不义的。"她严正地谴责美国纵容侵略，对中国的正义自卫战争不及时援助，转达了中国人民对美国政府的愤慨。她以为从全球战略看来，美国是不会坐视日本独吞中国的。

在中国抗战开始以后四年多的时间里，她不断呼吁并促使美国政府改变政策，对美国朝野人士或多或少产生了一定的影响。据说部分议员开始主张派少量战斗机作为"志愿队"支援中国。在1940年6月，中国向海外取得援助的唯一道路——滇缅公路被日机封锁，日寇又占领了越南。于是美国才将现役空军120架飞机包括空、地勤人员和器材，以国民政府聘请名义，组成"航空委员会美籍志愿军总队"（飞虎队）参加中国抗战，其总队长就是美国的陈纳德将军。

当时的国民党军事委员会政治部还将从沦陷区拍来的照片、战地实况、中国军队英勇顽强杀敌、视死如归的记录及一本实录南京大屠杀的《日寇暴行录》的照片集，分发给各国记者。宋美龄亲自将这些真实资料通过各种渠道发向国外。

陈纳德将军（左）在讲述飞虎队摧毁日本飞机和军舰的战果。

尽管美国政府在太平洋战争爆发以前，一直对中日战争采取"坐山观虎斗"的错误态度，但是美国人民却以各种不同形式支持和援助中国的抗日斗争。1940年9月，"美国妇女援华运动委员会"发起

"希望书"签字运动。在"希望书"上签名的美国公民达数百人,她们还捐赠了三万余美元,并在9月26日举行了赠献典礼。典礼上,当时中国驻美大使胡适代表中国妇女界接受了这份捐赠,并把"美国妇女援华会"的盛意转达给宋美龄。宋美龄立即复电向"美国妇女援华会"致谢。美国的民间组织"美国救济中国难民联合委员会",对于救济中国难民作出了积极贡献。为了表示对该委员会的感激之情,宋美龄与宋蔼龄一起赠送给这个委员会一只熊猫。据说,这只熊猫极为名贵,是华西大学博物院院长格莱翰亲率西康猎户在喜马拉雅山捕获的。这大概是"熊猫外交"的起源吧!有人考证,中国大熊猫最早于1937年已被美国私人拥有。但事实上,赠送大熊猫作为外交礼物,宋氏姐妹确实是首开先例的。

1941年4月28日,宋美龄用英语向英国公众播讲中国的救济事业。同年11月10日和12月4日,她再次在无线电广播里向美国呼吁:"我觉得美国这一个国家,决不会因势乘便,以作便利自己的打算的。美国绝不像法西斯国家那样认为牺牲弱小是正当的行为。"宋美龄在文章和讲演中,毫不隐讳地对美国的所谓"中立"立场表示愤慨、惊愕和悲痛。她不理解她心目中的"民主国家"美国为什么竟纵容和在物质上支持日本的侵略行径。她对此感到迷惑和震惊,也感到愤懑和悲凉。

1941年12月8日,日本空袭珍珠港。美国政府才如梦初醒,既惊讶中国人情报之快速准确,也感到以前做了许多"蠢事"。宋美龄及时对美国广播,措辞更加激烈,指出中国独自对付凶残的日本已坚持四年多,中国对世界正义事业作出了巨大贡献,现在要看美国的态度了。与此同时,宋美龄还经常写文章或发表谈话,批评美国及其他西方国家对中国的错误看法,批评美国及西方人的民族优越感。她指出:"过去美国人常自认为较优于中国人,此系因美国人并未能力求认识中国所致,今日美国人士对华人均抱深切之钦慕。"她在《如是我观》一文中写道:"西洋各国对待中国,心中老是抱定了自居优越的宗旨,而且不论时境有没有变迁,总是不肯放弃这种优势之感。"她希望西洋人彻底改变对中国人的这种错误看法,以平等的态度对待中国人民。

随着"二战"形势的变化,宋美龄的抗战宣传,在西方国家特别是在美国有了相当大的影响。《伊克论坛报》1942年4月25日的社评说:宋美龄的一些讲话和文章，"其力量殊不应予以低估"，"此非常而显赫之女性，以动人之坦率态度发言，我人深刻了解我人之友朋，固与了解我人仇敌同样重要"。认为宋美龄的发言是"政治战争的武器"。

以上一段段文字可以充分证明宋美龄在抗战初期，在利用媒体宣传中，已经尽其所能争取一切精神和物质的援助。另外，很少有人知道，宋美龄利用媒体的优势，还开了中国现场直播之先河。

现在的人们，对于广播、电视的现场直播已经司空见惯，但在40年代以前，我国还没有现场直播。在抗日战争最艰难的年代里，一次机遇，使宋美龄成为中国历史上第一个进行现场直播的人。1982年8月21日，资深记者陆铿曾说起40年前他的一段难忘经历：

第一次以新闻记者的身份和宋美龄见面，是在1942年秋冬之间美国共和党总统候选人《天下一家》一书的作者威尔基到中国访问时，由宋美龄约同大姐蔼龄、二姐庆龄在重庆范庄举行的欢迎晚会上。宋美龄致辞前，陆铿以"中国国际广播电台记者"身份，把一个麦克风放在她的座位前面，准备作现场广播。由于那时广播事业还比较落后，一般人根本不懂什么叫"广播记者"，宋美龄的随从

蒋氏夫妇访问印度时与印度总督的合影。

对他这种置麦克风于夫人身前的做法，似乎认为是一种冒犯，正拟干涉，宋美龄听陆铿说是"中国之声"的，马上就说"让他做节目好了"。从而开始了中国广播事业史上第一次现场广播，人民直接听到了宋美龄的声音，自此一炮打响。从那以后，现场广播越来越多，广播记者通过辛勤的工作也逐步为社会接受。1942年中国新闻学会还专门制定《广播记者法》。陆铿认为，追根溯源，宋美龄在这当中至少起了倡导的作用，因为当时她要是阻止了陆铿的行为，现场直播就不会这么快流行开来。

蒋氏夫妇在印度总督府花园漫步。

印 度 之 行

1941年12月7日，日本未经宣战，偷袭美国在太平洋地区的主要海空军基地珍珠港。次日，美国对日宣战，太平洋战争爆发。12月8日，蒋介石正式对日宣战，并建议中、美、英、苏、澳、荷、加拿大等国建立军事同盟。结果，除苏联、荷兰因对德战事紧迫，无暇东顾外，其他几个国家均同意结成军事联盟。

12月23日，中、美、英三国联合军事会议在重庆曾家岩蒋介石官邸举行，宋美龄出席会议并充当翻译。蒋介石与英、美等国重要人物谈话时，大多由宋美龄在场当翻译。每当这种场合，宋美龄实际是以"权威人士"的身份出现的，她的谈话被人们认为是"半官方"的。这天，她又充当了"权威人士"的角色。

会议开始，中、英之间便发生了激烈争执。英国代表驻印度英军总司令韦维尔爵士说，他们对日作战是为了保护自己的殖民地印度。他蛮横地要把美国根据"租借法案"运到缅甸的所有战争物资占为己有。蒋介石为了维护中英的同盟国关系，提出如果英国需要，中国可以派遣八万人入缅作战。韦维尔根本看不起国民党军队，傲慢地说："如由贵国军队解放缅甸，实在是英国人的耻辱。我们只要请贵国能惠允拨借美援助物资就可以了。"面对韦维尔的无理要求，宋美龄发言指出："请注意中国的地位。"蒋介石见状便打圆场说：中英是患难之交，应互助互谅，如英国需要美援物资，不妨与中国方面商洽。弄得独眼将军韦维尔面红耳赤。

为了进一步联合英国和印度共同抗击日寇，蒋介石和宋美龄决定访问当时英国的殖民地印度，劝说英国允许印度自治，同时劝说印度参加反侵略阵线，为其提供人力、物力。

1942年1月，蒋介石、宋美龄托美国总统罗斯福向英首相丘吉尔转达此意，英国政府表示欢迎。

1942年2月9日下午1时半，一辆神秘的专列缓缓驶入印度新德里火车站，停在站台对面。车站上并无热烈的欢迎场面，只有少数印度官员和警察站在站台上，显得十分冷清。车门开处，蒋氏夫妇拾级下车。站台上的印度政府高级官员，急步上前迎接，互道寒暄后，便驱车向总督府邸驶去。原来，蒋介石夫妇是在极端保密的情况下来到新德里的。

当天下午，印度总督林里资哥勋爵在总督府德配大厅内召开欢迎会。驻印英军总司令韦维尔爵士及总督执行委员参加了欢迎会。林里资哥勋爵致欢迎词，蒋介石致答辞。会后，又举行了茶会，并请蒋氏夫妇到总督府花园漫步，在泉喷珠雾、白杨婆娑中摄影留念。

次日，宋美龄陪同蒋介石会见印度各界要人。晚上总督林里资哥勋爵及夫人在宴会厅以国宾礼设宴招待蒋氏夫妇。来宾有英印高级官员及名流多人，中国方面出席的还有国防最高委员会秘书长王宠惠，军事委员会办公厅主任商震，航空委员会主任周至柔，中央政治学校教育长张道藩以及董显光、陈希曾等国民党政府要员。

尼赫鲁的妹妹陪同宋美龄参观名胜古迹。

2月12日，"全印妇女协会"在新德里爱尔文女子大学召开欢迎宋美龄大会。会上，宋美龄发表了长篇答辞。她用流利的英语详细叙说了日军残杀中国男女老幼的暴行，介绍了中国人民英勇抗战的英雄事迹，特别谈到了中国妇女在抗战中的作用和贡献。她最后说："我们是在艰苦中团结起来的，我们努力的结果，一定可以获得胜利。世界上要做任何伟大的事业，必须有人愿意为此而牺牲，中国就有肯牺牲的人……我是指我们的老百姓而言，他们是无名的英雄！"

2月13日，蒋介石飞往印度西北边省开伯尔，宋美龄没有与蒋同行，她在尼赫鲁女士的陪同下前往亚格拉城，参观大哈玛寺炮台和其他名胜古迹。当有记者问她对大哈玛寺的印象时，宋美龄回答说："余以为大哈玛寺实为伟丽之建筑。此伟丽之建筑，象征一种较该建筑本身更形伟丽之精神。此种建筑表示吾人之肉体虽可死灭，但精神长存。"

14日晚，宋美龄会见印度女诗人萨鲁吉尼耐都夫人，与她亲切交谈。会见后，女诗人写了《中国复兴之火焰》一诗，表达她对宋美龄的印象。15日下午，全印学生联合会向宋美龄献上锦旗一面，旗上绣有"英勇之中国学生惠存"字样，请宋美龄将这面旗帜转赠重庆的中国全国学生总会。宋美龄代表中国学生向印度学生致谢，并说她一定将印度学生的深情厚谊转达给他们的

蒋氏夫妇访问印度时与甘地会晤。

中国兄弟。

当天下午，宋美龄陪同蒋介石在行辕内的草场上接见新闻记者，蒋介石发表了简短的谈话后，就由宋美龄回答记者们提出的问题。有记者问宋美龄，这次访印对印度的印象如何？宋美龄回答说，给她印象最深的是"印度妇女，一如中国妇女，在重建祖国之工作中，将负有重任。此次来印，得晤印度妇女领袖多人，深信印度妇女必能完成此目的。余所晤及之诸位女士，其大公无私之精神，感余甚深，彼等倘为印度妇女之代表，则印度之前途，必较过去尤为光明"。

2月17日，宋美龄陪同蒋介石驱车前往加尔各答。在加尔各答，蒋介石夫妇会见了甘地，并与他会谈达四个半小时。会谈后，甘地将一架纺车赠送给宋美龄，并对她说："你们有武器，我也有武器，现将我的武器送一件给你。"意思是希望中国妇女努力从事生产。2月19日，宋美龄陪同蒋介石参观泰戈尔国际大学。在欢迎会上，该校领导人赠给宋美龄丝织印式漂亮女服一套。宋美龄发表了热情洋溢的答辞。她说，当她看到印度青年学生时，不禁想起了国内无数青年学生整日生活在日寇的炸弹坦克大炮之下，过着流离失所的生活。她希望印度学生珍惜和平生活，对生活采取积极态度，"以领导人民争取自由平等"，唤起后世之子孙，以赎救自己之民族。

2月26日，蒋介石、宋美龄一行告别印度归国。临行前由宋美龄代蒋介石宣读了《告别印度国民书》。

1942年2月27日，宋美龄回到昆明。下午，昆明各界妇女代表在训练班礼堂召开欢迎宋美龄归国大会。当地政府官员的太太们、女工和女学生踊跃参加，到会妇女达千余人。欢迎会由云南省主席龙云的夫人主持。宋美龄在会上致答辞，对战时及战后建国历程中，中国妇女所负责任颇有论述，词意恳切，与会听众深为感动。妇女们当场认捐25万元，有的妇女摘下耳环、戒指捐献给国家，并当场决定募捐100万元，用以救济灾

蒋氏夫妇与甘地等人合影。

民。(《蒋夫人访印返昆捐25万元协助妇女工作》,《安徽妇女》1942年3月第2、3期合刊)

回到重庆以后,宋美龄仍然十分繁忙。3月17日,重庆市开会庆祝"印度日",宋美龄向印度人民发表广播演说,对她访印时受到的热情接待表示谢忱,并在广播中再次重申中国抗战的勇气和决心。

宋美龄身穿印度传统服装,额点朱砂,与尼赫鲁等合影。

3月19日下午,重庆各妇女团体在嘉陵宾馆举行茶话会,欢迎并慰劳宋美龄访印归来,各界妇女代表二百余人参加茶话会,会场气氛十分热烈。茶话会主持人吴国桢夫人致辞说:"此次访印,具有三种重大意义:一、站在反侵略阵线的立场上看,说服印度参加到反侵略的民主阵线中来,对反侵略阵线增添了一支力量;二、站在中国立场来说,中国一向被视为次殖民地,这次蒋、宋访印使中国居于老大哥地位,实为历史上最光辉灿烂的一项;三、就妇女的立场来看,蒋夫人对于妇女界之贡献尤大,由于蒋夫人的才干与人格,获得了世界的尊崇。妇女一般被认为仅可从事社会福利等狭小工作,而蒋夫人已进而协助委员长解决军国大事,替中国妇女界争来无上的光荣。"

接着由宋美龄致辞。她说:"印度妇女所欢迎的并不是我个人,而是你们,因为我是你们的代表,一切荣誉应归于你们。目前中国不仅为自身之自由而战,更需协助东方及全世界弱小民族得到自由,否则,在良心、理智与义务上均所不许。罗(斯福)、丘(吉尔)既立大西洋宪章,吾人亦应

蒋氏夫妇与甘地及尼赫鲁会晤。

蒋氏夫妇在印度

有太平洋宪章出现。"说着，宋美龄拿出甘地送给她的那架纺车，指着纺车说："中国深受帝国主义经济侵略，也很需要这种武器来从事生产，妇女应格外注意。"

宋美龄的话音刚落，国民党中央训练团音干班的学员们奏起了欢快有力的乐曲，为茶话会助兴。接着，宋美龄向与会人员介绍了印度的风俗习惯和日常生活情况，大家听得津津有味。

为了进一步促进东西方文化交流，1942年6月，宋美龄在她的母校美国卫斯理安女子学院建立了宋美龄奖学基金。这项基金主要用于卫斯理安女子学院增设有关远东问题研究的课程，如增设有关远东艺术、中国哲学与文学、中国乐器以及中国绘画发展的研究课程等。

此外，还用这笔钱在卫斯理安女子学院图书馆里建立有关东方研究的图书资料中心，搜集有关中国、印度、苏联及日本的著作，尤其注意搜集蒋介石和宋美龄的有关图书、资料。这项基金还用来交换留学生，基金委员会打算在战后派遣美国女学生到东方各国留学，并将东方各国的优秀女学生吸收到卫斯理安女子学院深造。宋美龄指定印度可优先派遣一名女学生到卫斯理安女子学院学习。经基金委员会协商，印度国大党领袖尼赫鲁的女儿潘狄特成为第一名享受宋美龄奖学金而入该学院学习的东方学生。

在蒋介石与史迪威之间

1942年1月3日，美国总统罗斯福提出盟国单独划出中国战区，成立中国战区盟军统帅部，由蒋介石出任最高统帅。对此蒋介石十分高兴，宋美龄也欢欣鼓舞。蒋为了感谢罗斯福，提议请美国委派一位将领来华担任中国战区统帅部的参谋长。美国陆军中将史迪威将军出任了这一职务。不料，蒋介石和史迪威共事期间二人产生了矛盾，时常发生冲突。这就是中国近代史上有名的"史迪威事件"。

宋美龄与史迪威早就相识，史迪威1937年至1939年在美国驻华大使馆任驻华陆军武官参赞时，曾于1938年12月28日到重庆拜会过蒋介石，在蒋介石官邸与蒋氏夫妇会晤了15分钟。据史迪威后来说，会见时气氛"非常融洽"。他对宋美龄印象很好，称她"极有魅力，相当聪慧且有诚意"，尽管她"吹嘘一大堆政府如何照顾老百姓"，但还算做得不错。美国作家巴巴拉·塔克曼说，宋美龄施展的"媚功"从未失败过，尤其是应付一个美国武官。

史、蒋之间的矛盾可以说是由来已久。史迪威长期在中国任职，因为事务关系，多次见过蒋介石并与其有过多次交谈，同时也了解了社会各界对蒋介石的各种批评，所以他用西方人的幽默称蒋介石为"花生米"（蒋介石的光头像花生米），而称蒋介石的一批亲信将领陈诚、何应钦、刘峙、顾祝同等为"一篮子花生米"。从他对蒋介石的戏称上，可以看出其对蒋介石的轻视。早在1938年12月28日，时任美国驻华大使馆武官的史迪威写给美国参谋部军情部的报告中，对中国军队的大溃败一事，就曾毫不客气地指出："在蒋介石的指挥系统中通常存在的混乱状况，在很大程度上是蒋介石本人直接造成的。他首先考虑由他本人控制最精锐的部队和物资，以使自己的地位不受到威

1942年1月出任中国战区盟军最高统帅的蒋介石在就任书上签字。

胁。"史迪威一针见血地指出了中国政治中的弊端。

当时中国军队因为军事物资奇缺，确实无法阻挡具有优良装备和凶猛火力的日军的进攻。中国军队只能以广阔的空间和持久的时间来消耗日寇，以换取最后的胜利。当然，蒋介石的劣根性也确实一而再、再而三地在对日作战中反复表现出来，否则中国军队会打得更好一点，损失会更少一点。

1942年3月6日，史迪威来到重庆向蒋介石报到，具体职务是"美国总统的代表、驻华美军司令官、驻华空军司令官、对华租借物资监理官、滇缅路监理官、中国战区参谋长"。他向蒋介石说明他来华的职责，竟有六项之多。其中主要是美国总统的代表和中国战区参谋长。史迪威在与蒋介石谈话时，傲气十足，强调自己是美国总统的代表，却忽略了他是中国战区的总参谋长，这使蒋介石很不高兴。六项职务中除第二、三项外，都有监督蒋介石的内涵，而且第二、三项职务在行使时，也会起到间接监督蒋介石的作用。因此史迪威所任职务本身就是对蒋介石的挑战。真正的蒋、史矛盾是发生在史迪威就任中国战区参谋长之后。1942年春天，史迪威赴重庆途经缅甸北部的军事要地腊戍，刚巧蒋介石和宋美龄由昆明乘飞机到腊戍视察缅甸战线。史迪威到专门接待外国人的波特酒家拜会了

史迪威与陈纳德矛盾很深，宋美龄贬史，褒陈。

蒋介石夫妇。这时，史迪威与蒋介石的关系还是融洽的。蒋还在现场向中国将领宣布史迪威拥有指挥全权。临走时，宋美龄留下一罐果酱和一封信给史迪威。信中说，罐中的食品代表着生活甘苦，她向史保证："我支持你……摆在你前面的是一项男人的事业，而你是个男子汉，但我要再加一句——你是个出色的男子汉！"对于宋美龄的安抚，塔克曼不无讽刺地说：蒋夫人也许认为和西方人打交道时，不必太拐弯抹角。

此后，为了维护蒋介石与美国的关系，宋美龄和宋蔼龄经常请史迪威共进午餐或一起喝茶，不断对史迪威进行安抚，试图调解他与蒋介石之间的冲突。以至于史迪威有了一种错觉，虽然他从一开始就与蒋介石不睦，但他却敬佩宋美龄，在他的日记中，居然出现挽救国民党军队的办法，也许是让宋美龄出任国防部部长这样的字眼。

1942年6月驻防中国战区的美国第十路轰炸机在未告知统帅部的情况下突然被调往埃及助英作战，引起蒋、史之间第一次正面冲突。

宋美龄也愤怒地对史迪威说："每次英国军事失利，辄夺我军备、或强取拨归我国之器材，如此事不中止，实不知对中国抗战有何裨益。"又说："委员长必须于7月7日中国抗战五周年时演讲，他必须对中国人民报告实情，亲日派现正活跃。委员长必须有一个是与否的答复，盟国对中国战区是否认为必要，愿否对之支持。"对此，蒋介石在1942年6月26日日记中有明确记载：史迪威把美军轰炸机"派赴埃及增援，而置中国于不顾，心殊愤慨，而不愿表示于颜色使之自悟，余妻则不假颜色，亦甚当也"。蒋又说："予深愿详知英美是否尚以中国战区为同盟国之战区……中国为同盟国之利益，已贡献其最大之努力，且以最忠诚之态度，尽其应尽之义务；五年抗战，固为中国求生存，亦为同盟作奋斗，倘英美以中国之实力尚有保持之必要，则绝不应一再无视中国之利益。"

尽管这时史迪威对宋美龄依然如故，而宋美龄却开始大耍手腕，只不过史迪威没有觉察。

事实上，宋美龄对史迪威一直是不满意的，但是她却当面对史说好话，背后不断拆台，最为典型的事情是向罗斯福告状。1942年11月，宋美龄刚飞抵美国，一下飞机，就在从机场驶往医院的路上，迫不及待地向罗斯福总统的代表霍普金斯大批史迪威，盛赞陈纳德。她说史迪威并不了解中国人民，他强逼蒋介石把中国一个非常精锐的师派到缅甸去，结果这个师完全丢了，这是史迪威犯下的一个悲剧性错误。她说，蒋介石是被迫这样做的。很显然，她不喜欢美国方面派来的这个参谋长史迪威。

蒋介石对史迪威的跋扈与不合作表现极不满意，又听说史在华盛顿军事会议上诋毁他，他给在美国的宋美龄的电文中说："史迪威甚难共事，时加诬陷与胁制令人难堪；而且出言无信，随说随变，随时图赖……"并称国民党军将领不愿听其指挥，望她转告罗斯福，以免中美传统友爱之精神受其影响。但是宋美龄为了美援，电告蒋，如照此意思提出，"恐碍联系"，希望深思之后再作批示。此时因反攻缅甸与训练装备30个师之事正赖推进，恐因人事变换发生顿挫，蒋乃电宋美龄："不谈亦可。"

赴美演讲期间，宋美龄不忘相机与罗斯福总统磋商中国战场所遇到的种种问题。由于史在联合参谋团会议上反对蒋的意见，与宋子文展开辩论。宋美龄则在与罗斯福会面时极力解释蒋介石意见。最终罗斯福还是考虑了宋美龄的意见，修改了计划。看来史迪威未能斗过在他背后打冷枪的宋美龄。

1943年3月中旬，中国远征军第一路军出征时，蒋介石批准史迪威同行，并且要罗卓英、杜聿明等服从史迪威的指挥。岂料，在缅甸的英军损人利己，史迪威显然不熟悉中国军队的作战能力和作战方式，在不了解整个缅甸战场的情况下，指挥失误，并且擅离职守提前逃走，结果导致第五军几乎全军覆没的惨局。此事引起了蒋介石对史迪威的严重不满。同时，因为蒋介石同意杜聿明指挥的部分军队直接向中国撤退，打乱了史迪威的把远征军第一路军撤往印度的计划，他对蒋介石也是怒火冲天，凭着西方人的直率，竟公开大骂蒋介石是个"微不足道的小人物！"

客观地说，在这一事件中，史迪威的个人专断作风也严重影响了与蒋介石的关系。史迪威在指挥中国驻印军期间，干涉中国军队内政，上不向蒋介石报告驻印军动向，下不与驻印军指挥官郑洞国、廖耀湘、孙立人等协商，私自决定驻印军的全部事务。他把罗卓英等一大批坚持正确意见的中国军官，以"无法合作"为名排挤回国，扫清障碍；调动中国军队不通过驻印军中国最高指挥机构郑洞国的副总指挥部，越权指挥；不通过军师部直接向团以下机构发放官兵军饷，收买人心。顿时，郑洞国、廖耀湘、孙立人等高级将领，直接向蒋介石告状，揭露史迪威把驻印军当做个人资本的图谋；强烈表示再也不能容忍美国佬的欺负，准备统率军队从西藏回国参战。

"史迪威事件"的主角史迪威与蒋介石

但为了取得美援，蒋介石尽管对史迪威的做法大为不满，也只得忍气吞声，派出何应钦到印度兰姆珈进行安抚。何应钦的意思很明白，要郑洞国、廖耀湘、孙立人以大局为重，把美国装备领到手，再在美国顾问的训练下把军队训练好；自己内部要团结好，只要驻印军内部保持完整的指挥体系，反正美国人不会把发下来的武器再收回去，反正不会把驻印军带走。此事虽然没有闹出大乱子，但蒋介石对史迪威的成见已到了寻机爆发的程度。两人的矛盾进一步激化。

史迪威作为一个西方将领，习惯用西方人的思维方式思考东方复杂的政治问题。在他看来，重庆和国民党到处都是批评蒋介石的人，看来在美国方面支持下停止蒋介石行使职权的时机已经成熟。

1943年2月9日，作为中国战区参谋长的史迪威发出了带有个人看法的电报，请求美国陆军参谋长马歇尔同意在中国执行"排除蒋介石"的"政变方案"。对于史迪威方案，罗斯福总统认为，蒋介石是中国四亿人民的领袖，不能像对待苏丹酋长那样对待他，而且也找不到可以代替蒋介石的有力人物。史迪威的方案因为罗斯福的反对而没有实施。事实上即使实施也不可能成功。

1943年6月底，史迪威从印度来到重庆，在与蒋介石会谈时，蒋介石提醒史迪威，作为中国战区参谋

蒋氏夫妇欢迎中国战区最高统帅部参谋长史迪威来华任职。

长，应该履行职责，向美国争取更多的援助。蒋介石在三天后给史迪威的信中又提出了三条具体要求：美国调三个师来中国作战；在中国建立一支500架飞机的空军；每月向中国空运5000吨军事物资。史迪威对此的看法是，中国军队的战报十有八九是假的，美国不能支持蒋介石的专制政权。蒋介石心中非常清楚，美国对华援助并非是史迪威所能阻止的，因为华盛顿需要中国抗日。

1943年9月，在蒋介石看来，史又犯了一个致命性的错误，他建议蒋撤除西北胡宗南部队对中共的封锁，并起用中共组成的第十八集团军，在晋绥一带牵制日军，以减轻平汉路、陇海路日军对我方的压力。美国驻华大使馆估计，至少有20个师（40万人，还有一说是80万人）的精锐部队，被蒋用来封锁共产党的陕甘宁边区。

这是一个敏感度极高的问题，蒋认为史非但干涉内政，且同情共产党。事实上一直令蒋无法容忍史迪威的原因有两点：

一是史迪威认为，中共武装正在敌后进行着卓有成效的抗日作战，牵制了大部分侵华日军，应该把美国援华物资中的一部分拨给八路军、新四军使用。史迪威认为，中国战场上任何对日作战的成绩，都是直接和间接对美国太平洋战争的支持！任何意识形态方面的争论，不应超越消灭法西斯这一大目标。二是史迪威认为，为集中兵力打击日寇，蒋介石应该把包围中共各根据地的80万大军全部开往抗日正面战场，增加一直未见起色的正面战场的作战力量；同时减轻对中共根据地的军事压力，减少国共军事冲突，八路军、新四军也可以调出更多的军队参加敌后作战。

初次见面的欢笑没有持续多久，蒋介石、史迪威之间就出现了矛盾。

在蒋介石看来，在国共关系问题上，尤其是对中共武装的看法上，史迪威的意见不可取，更不能原谅。蒋介石在接连发起两次反共高潮后没有取得预想的成效，遏制中共的发展已成为其主要目标。欧洲、太平洋战场转入反攻作战后，美国援华物资经过驼峰航线源源不断到达，蒋介石认为日寇必败无疑，在华日军败局已定，国民党军队打与不打都将取得胜利；而中共的力量正在迅速增强，与中共的较量是一场长期的战争。因此，史迪威提出的"援共论"，无异于为虎插翼，蒋介石当然不能容忍，他准备与史迪威决裂。

蒋、史矛盾进一步升级，几乎公开化了。蒋介石开始反击。1943年7月间，他在接待美国总统顾问柯恩时，对史迪威的所作所为进行了全面批评，要求撤换史迪威，并请柯恩把此要求转告罗斯福。在10月16日与东南亚盟军总司令蒙巴顿上将和美国空军补给司令萨摩维尔中将会谈时，再次明确提出辞退史迪威的要求。

宋美龄及孔祥熙、宋蔼龄等人认为此时不宜与美国关系搞僵，因此出面四处活动。她们一面劝说蒋介石保持冷静，一面安抚史迪威。

在"史迪威事件"的前前后后，宋美龄及孔祥熙、宋蔼龄夫妇，从维护蒋介石集团的共同利益出发，对史迪威有拉有压，逼其向蒋介石屈服。宋美龄、宋蔼龄出面斡旋，她们一方面对蒋介石施加压力，不许蒋得罪美国人；一方面向史迪威透露，英国人、东南亚盟军最高司令蒙巴顿将军也反对解除史的职务，蒋介石现在受到各方面的压力，只要史迪威向蒋介石说一句道歉的话，事情也就过去了。

宋氏姐妹是如何劝解史迪威的呢？翻翻史迪威日记就会看到几段有关宋氏两姐妹的生动表演。

1943年9月13日下午3时，史迪威突然接到宋美龄的邀请，请他到新开寺同她和她姐姐宋蔼龄会晤。史迪威在那天的日记上写道："蒋夫人和孔夫人找我到新开寺孔公馆，她们说：'为什么不来看我们？'很显然地，在马歇尔的督促下，宋子文告诉她们最好支持我，与我合作。"

在这次会面中，宋蔼龄、宋美龄告诉史迪威，她们对于战备状况之糟感到震惊，很希望想点办法改变中国无所作为的状态。她们同意史迪威关于何应钦是作梗的主要障碍、必须把他撤换掉的看法，并敦促史迪威施加压力。作为回报，宋蔼龄、宋美龄承诺在蒋介石面前替史迪威说话。史迪威在日记中写道："我们签订了攻守同盟。不论出于什么原因，她们现在很当真，或许我们能获得一些成就。"

9月18日日记："和蒋夫人午餐，她很会表演，说她希望做个男人……痛骂何应钦和他那一伙人。"

仅隔两日，两姐妹又告诉史迪威有人正在策划撤换他，转告了人们抱怨史迪威的那些话：他曾叫俞飞鹏"土匪"，他在备忘录上签名是"美国中将"而不是"委员长的参谋长"；他傲慢，讨厌中国人，说中国人不是好东西。史的日记是这样写的，9月20日："夜晚10时到孔公馆，蒋夫人和孔夫人在。他们一直对花生米（指蒋介石）下功夫，今午向他告状说，那一伙人造我的谣，并解释我为什么签名'美国陆军中将'……蒋夫人说何应钦是个'无足挂齿的人'。"9月25日："到新开寺看孔夫人与蒋夫人……我越来越相信这两位聪明的夫人：（一）得到宋子文的嘱咐支持美国；（二）这个家族比花生米还了解问题的严重性……MAY（指宋美龄）一直说花生米很难应付，必须在适当的时间找他，他常以一些小证据来构筑他的意见，'他们'常告诉他有关我的坏话，也说我'傲慢'、'反华'，以美国军官身份签名以及骂中国人不好、轻视中国人……"9月28日："MAY（指宋美龄）说和花生米一起生活很苦恼，没有人会告诉他真话，所以她常和他起争执……"

的确，史迪威在日记中，在讲话中，常常斥责和谩骂国民党政府与蒋介石本人。史迪威估计，中国军队每天发布的战报，其中至少有90%是假的，他觉得美国"支持这个腐朽政权"和"由盖世太保（指戴笠领导的特务组织）支持的一党制政府"根本是错误的。

史迪威与远征军的将领孙立人。

史在10月17日日记上写道："夜8时MAY叫我去，孔在，他们确是一对斗士。孔说釜底抽薪为时未晚。我不动声色，只说不愿意留在人家不欢迎的地方。他们以'中国'与责任相劝，叫我放大胸襟，贯彻始终。ELLA（宋蔼龄）说要是过了这一关，我的地位会较前强固得多。'你的将星高照。他们叫我去告诉花生米，我只有一个目的，无非想要中国好，如有过失乃无心之错，我将尽全力合作。'我犹豫了很长一段时间，但她们劝说得如此有力，我最后说好吧。

MAY提议我们立刻就去。我去了，装腔作势照说一遍。花生米尽力表现不念旧恶。他提出两点：（一）我要知道指挥官与参谋长职责（之差异），（二）我应避免优越感。这是一派胡言，但我恭敬地听着，花生米说既然如此，我们可以重新和谐地合作。"

史迪威又说："只有一点，孔夫人何以有把握（我见蒋之事）一定会有圆满结局？今日下午她还曾指责花生米。他拂袖而去。这是多大的侮辱，但她等待着，他终于回来。她和MAY都愿为我效劳，或如她们所说，她们已将他改变了。她结婚后，大家都说一年之内她和花生米就会离婚。MAY和ELLA都说她们已把家中珠宝赌在我头上，今后将会继续支持我。"宋氏两姐妹在史迪威身上所下的功夫，和她们调停史、蒋矛盾中高明的表演，真使人有一种请君"入瓮"之感。

蒋介石与史迪威握手言和后，在这天的日记里写道："最后允史迪威悔改留任，重加信用。"史迪威认为这是一次"该诅咒的经历"，"感到不是味道"。他在心中愤愤地想，"一条响尾蛇没有发出响声就咬人了"。（〔美〕巴巴拉·塔奇曼《史迪威与美国在华经验》，第569页）

《"总统"蒋公大事长编初稿》10月17日条说："美军供应部长萨默维尔再次来谒，续谈史迪威去留问题。既出，公嘱蒋夫人约见史迪威，告以此时回美，恐于其个人不无损失。如表示悔改，则公或有宽假之可能。史迪威来谒公自陈，表示其护卫中国原出至诚，如有误会，皆出无心，此后极愿合作。公告以统帅与参谋长之主从关系。史亦矢言，此后绝不再有凌越与专擅之情事云。"

第一波蒋、史冲突，以史迪威占下风而基本结束。

1943年11月，罗斯福邀请蒋介石出席开罗会议。蒋介石十分兴奋，但他又担心按职务必须参加开罗会议的史迪威在会上对中国战区的抗战情况发表意见，或者直接向美国总统罗斯福反映中国战区的真实情况。11月6日，蒋介石请史迪

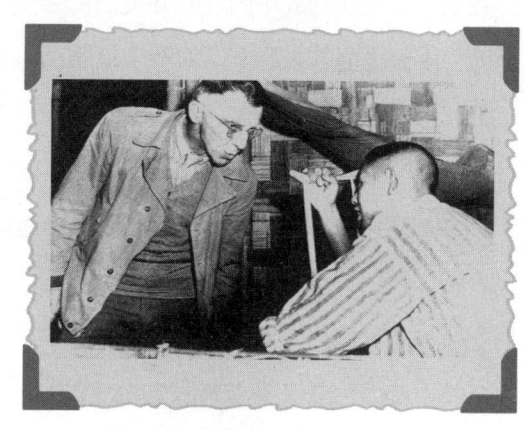

史迪威在慰问中国伤兵。

威到黄山官邸商讨拟定在开罗会议上的提案。当史迪威到达黄山官邸云岫楼时，发现宋美龄、宋蔼龄姐妹也在座。宋美龄谈笑风生，以开玩笑的亲切口吻称史迪威为"乔大叔"，蒋介石也显得出奇的温和。

但是在开罗会议期间，史迪威和罗斯福有了很好的沟通，罗斯福对蒋介石的看法有了很大的改变，这直接影响到罗斯福、丘吉尔在德黑兰会议上对中国的态度，并且在后来史迪威与蒋介石的第二波冲突中明显站在史迪威一方。

导致蒋介石、史迪威矛盾再度激化的是对日作战。1944年初，中国驻印军开始进入缅北向胡康地区发动进攻，日寇急忙调动第二师团支援第十八师团。罗斯福、马歇尔急令蒋介石在滇西发动进攻，蒋介石没有同意。为此美国正式拒绝已经同意的10亿美元贷款。蒋介石以退出对日战场、停止修建美军使用的轰炸机基地相要挟。1月14日，罗斯福致电蒋介石，如果蒋介石再不发动攻缅作战，美援将会停止。4月10日，马歇尔向蒋介石转达了罗斯福于4月3日起草的电报，宣布如果蒋介石还不出兵缅北，美国援助将停止。蒋介石不得不于5月11日强渡怒江，向缅北发动进攻。此外，1944年3月，日军发起"一号作战计划"，准备打通平汉铁路和粤汉铁路，国民党几十万军队闻风而逃，正面战场出现大溃败，罗斯福对中国军队的表现非常不满，来电责问蒋介石：中国军队在哪里？中国军队为什么不同日军打仗？言外之意是，美国提供了那么多的援助，中国军队的败相为什么没有改变！蒋介石竟然借中原失败，趁机提出要把驻印军队撤回中国参战。

在蒋介石看来，美国方面不会放弃中国，因为美国需要中国战场；中国的抗日战争，因为欧洲战场的胜利和美国的参战，法西斯的败局已定，即使没有美国援助，中国也能等来胜利。对待罗斯福的电报，即使准备让步，也应该是在讨价还价后再同意让步。因此，蒋介石决定先顶一下再说。而此时的史迪威却在谋求对全部中国军队的指挥权。蒋介石当然不能容忍。

1944年9月19日，蒋介石邀请他与史迪威中间的联络人、罗斯福总统的私人代表赫尔利到黄山官邸来共度周末。蒋介石正式向赫尔利表示："我已下决心，请罗斯福总统调回史迪威，另派一合作的高级军官来接替参谋长职务。希望罗斯福总统不要因为坚决要求调回史迪威而使中美之间产生隔阂。"意思非常明确，将不惜牺牲美国援助赶走史迪威。赫尔利是一位比较成熟的外交家。9月23日，他在得意忘形的史迪威提交的全盘接收中国军队指挥权的方案上签完"太晚！"两个字，向罗斯福发出了有如下内容的电报：蒋介石的地位无人可以替代，如果支持史迪威将失去蒋介石，失去蒋介石，中国的抗日力量也随之消失；蒋介石能够与美国的任何一位将领合作，但不能与史迪威合作；应该派人取代史迪威。罗斯福对这些问题已经考虑到了，美国需要中国战场的配合，蒋介石并没有侵犯美国的利益，援华物资停止后将会带来毁灭性的后果，蒋介石限制中共的计划从整个世界遏制共产主义势力蔓延的角度出发应该支持。经过一个礼拜的思考，他也觉得原来的逼蒋计划欠妥。

史迪威接受宋庆龄的建议，同意用美国军用飞机帮助保卫中国同盟，将药品及救济物资运往延安和解放区，并从他管辖的军用仓库里拨出一些药品和物资送给八路军和新四军。

9月24日，蒋介石打电报给罗斯福说："史迪威将军不适宜担负新的指挥部将会承担的巨大、复杂而又微妙的任务。"正式提出了撤换史迪威的要求。

10月1日，对史迪威来说是灾难性的一天。赫尔利转告他，将由魏德迈将军来华取代他。远不如蒋介石有修养的史迪威，在听到这一消息时，大骂罗斯福是"老软脚蟹（罗斯福下肢瘫痪——笔者注）"。10月18日，史迪威正式得到召他回国的命令，他在日记中写道："斧子砍下来了！"21日史迪威离开了重庆，接任中国战区参谋长的是魏德迈，接任驻印军总指挥的是索尔登。因为罗斯福正在为第四次连任作竞选准备，唯恐史迪威发表不利于竞选的言论，不允许史迪威在美国公开露面，任命他为中国战区美国地面部队司令。

在整个事件中，宋美龄与蒋介石一样，是不满意史迪威的。但她为了蒋宋王朝的利益，在史、蒋冲突才尽力维护蒋介石与史迪威之间的关系，实际上是维护蒋介石与美国的关系。

宋庆龄与史迪威

蒋氏夫妇与东南亚盟军总司令蒙巴顿合影于重庆。

1944年6月,蒋氏夫妇在重庆欢宴美国副总统华莱士,他来访的目的之一是了解蒋、史纠纷的严重性。

宋美龄很想用自己的手臂将这两个人紧密地团结在一起。

在对中国军队指挥权的争斗中，蒋介石笑到了最后。

"宋美龄旋风"

当年在美国出现了如此大的宋美龄"效应"，台湾研究宋美龄的学者认为，这是因为：宋美龄非常了解，想要推广外交，第一要了解自己，了解我们中国的处境；第二要了解别人，特别是了解西方的国家；第三要了解彼此的关系，中西文明的关系如何；第四要了解目的，从事于外交工作的目的何在？她在中国最苦难的时期，要争取外面对我们的支援，包含了军事的援助、经济的援助以及各方面对我们的声援；第五要了解谈判对象的心态，因为她能够掌握这些正确的资源，所以她能够在很多状况之下应付自如。据统计在抗战时期，宋美龄的对外演讲，对澳洲有1次，对英国有4次，对加拿大有2次，对印度有3次，而最多的是对美国，有26次；有关对群众的广播演讲，对印度有2次，对加拿大国会有1次。

台湾的学者还指出，宋美龄跟美国媒体始终维持密切的关系，尤其是与美国媒体名人、《时代周刊》的创办人卢斯保持着非常良好的关系。当年他对宋美龄访美的支持是不遗余力的，正是他塑造了所谓"蒋夫人旋风"，以致在宋美龄访美之前，美国人对她已颇为熟

蒋介石与接替史迪威职务的魏德迈合影。

悉，认为她是一位非常杰出的了不起的中国女性。所以在她访美时才会出现万人空巷，要去欣赏、去聆听她的演讲的场面。

1942年11月18日至1943年7月4日，宋美龄出访美国和加拿大，历时七个半月，往返旅程五万余英里，足迹遍及美国华盛顿、纽约、芝加哥、旧金山、洛杉矶等地和加拿大的渥太华，一路受到热烈欢迎。在美国掀起了一阵"宋美龄旋风"。

一手促成这次宋美龄访美的是她非常欣赏的美国特使威尔基，而在美国制造了"美龄神话"的则是上面提到的《时代周刊》创办人卢斯。

1940年，美国总统大选，输给罗斯福的共和党人威尔基虽败犹荣。为了安慰威尔基，非常大度的罗斯福于1942年10月派威尔基作为总统特使到中国考察访问，以促进战时外交。威尔基到中国后，受到蒋介石夫妇的热情接待。宋美龄于10月4日以"美国援华会"中国名誉会长的名义在两浮支路外交部官舍举行茶话会，欢迎威尔基。会上，宋美龄披着一件军装斗篷，发表了热情的欢迎词，使得威尔基非常高兴。威尔基在茶话会上邀请宋美龄访问美国，向美国朝野宣传中国军民抗日的决心。

几天后，威尔基对孔祥熙解释邀请宋美龄访美的原因时说："我是多么坚决地相信，让我的同胞了解亚洲的问题和亚洲人民的观点是非常重要的。"因而他认为："必须从这个地区派出一个有智慧、口才和道义力量的人来进行帮助，使我们了解中国和印度以及他们的人民。夫人将是一位十全十美的大使。她的巨大才能——而且我知道她会原谅我说出这番私人的话——她对中国的高度忠诚，在美国是众所周知的。她将会发现她不仅会受到热爱，而且会发挥巨大作用。我们愿意倾听她的话，因为谁都比不上她。她既聪敏，又有魅力，怀有一颗慷慨和理解他人的心，具有优雅端庄的风度和容颜，加上抱有炽烈的信念，她正是我们所需要的那样一种客人。"

对于宋美龄访美，蒋介石的态度开始时是犹豫的。一是民国史上没有夫人外交的先例，后果不可预料；二是当时蒋介石及他的政府还没有准备派夫人这样身份的人去美国进行高层外交；三是蒋介石认为其夫人在抗战中的威力可抵几十个师，国内的抗战和政治斗争需要她。但当时加强中美关系又是如此重要，蒋介石希望有得力之人到美国去进行游说，以争取美援。经过慎重考虑，蒋介石还是同

意了夫人出马赴美进行亲善访问。

与此同时，宋美龄访美的另一目的是到美国治病。宋美龄自1937年10月赴上海前线时因翻车摔断肋骨，至今没有痊愈。由于肋骨骨折、脊骨扭伤，神经受到压迫而使她的后背经常疼痛。而且长期以来慢性荨麻疹一直困扰着她。蒋介石还疑心她是否像她的父母一样患有癌症。因而，赴美做一次全面的体检就非常必要了。

正在与宋美龄握手的美国总统特史威尔基。

1942年11月16日，蒋介石致函罗斯福总统："内子非仅为中（蒋中正）之妻室，且为中过去15年中，共生死，同患难之同志，对中意志甚明瞻，当非他人所能及。故请阁下坦率畅谈，有如对中之面罄者也。余深信内子此行更能增进余两人私交及扩展我两大民国之睦谊也。"（《中华民国重要史料初编——对日抗战时期》第三编：战时外交，第781页）从蒋介石的电文中可以看出，宋美龄实际上是以与威尔基对等的身份，到美国回访的。其主要目的是到美国进行政治游说，扩大中国抗战影响，争取更多的美援。经宋子文接洽，罗斯福总统同意派飞机来华，接宋美龄赴美访问。

1942年11月18日，宋美龄乘坐美方专程派来的一架小型客机由重庆秘密启程。机上只载有宋美龄的一小批随行人员，包括护士、卫士及宋美龄18岁的外甥女孔令伟。宋美龄一路卧榻，飞机在棕榈滩停留一个晚上，于11月27日抵达纽约米切尔机场，受到美国总统代表霍普金斯的欢迎。

阔别美国25年后再度回到她称之为"第二故乡"的地方，由一个名不见经传的小小留学生到以中国第一夫人的身份受到众人瞩目，宋美龄此时的心情必然是复杂的。到纽约后，宋美龄使用假名住进哥伦比亚长老会医疗中心的哈克奈斯大

宋美龄与罗斯福总统夫人埃莉诺在一起。

楼，由罗伯特·洛布博士负责照料。她的外甥女孔令伟和外甥孔令侃（当时正在美国读书）在哈克奈斯大楼陪伴着宋美龄，并组成秘书处，负责处理宋美龄的日常文件电讯事务。

翌日上午，宋美龄就见到了罗斯福总统的夫人埃莉诺·罗斯福，她亲自来到了医院。宋美龄一脸病态，罗斯福夫人在她的回忆录《永志难忘》中说："蒋夫人似乎很紧张、很痛苦的样子，她不能忍受任何东西碰到她的身体。有很长一段时间，医生无法缓解她的痛苦，我认为这大概是她长期紧张、焦虑和中国气候所造成的后果。蒋夫人颇为娇小和纤弱，看到她躺在床上，我心里想，如果她是我的女儿，我一定会帮助她，照顾她。"宋美龄于11月28日致电蒋介石，告之和罗斯福夫人见面经过："今晨罗夫人准时到院，妹表示此次来美尽以私人看病，对美国政府并无任何要求。彼即谓美国朝野人民异口同声对妹极为仰慕，均认妹为全世界女界中第一人物，即彼与罗总统亦素钦慕，此次能有机会相晤，窃心庆幸。"

此后，在宋美龄住院治疗的70余天中，罗斯福夫人经常到医院问候，两位"第一夫人"很谈得来。她们就中美关系和世界局势交换意见，宋美龄在致蒋电报中说："罗夫人遂谓应如何改变美人态度，而使美人感激我抗战对美之贡献。妹即谓中国之抗战，乃为全人类而牺牲，今罗夫人既与余不谋而合，真亦称忠。彼闻后极感动，即自动来亲妹颊，其谓希能做妹私人朋友。"

罗夫人对宋美龄的赞美是由衷的，对她颇为体贴、照顾。但宋美龄仍就她的国家利益向罗夫人发泄了不满与愤怒。谈话间，她们涉及了1943年1月14日美、英两国在北非卡萨布兰卡举行的商讨对德、日战略问题的会议，因斯大林反对，故未邀请蒋介石参加，而斯大林也因苏、德之间的斯大林格勒战役未能出席。蒋介石对此极为不满。罗斯福借宋美龄访美，友好地通过妻子向宋美龄

摄影师为宋美龄和罗斯福夫人在白宫草坪上合影。

转告了他已和丘吉尔取得协议，英国答应帮助改善中国缺乏飞机的问题。宋美龄听后并不领情，滔滔不绝地痛批美、英两国，把中国的不满和愤怒，完全宣泄出来。她说中国是联合国成员之一，有关全球战略问题应由联合国决定，至少也应由四强决定，而不应仅由两个国家决定后再强使其他国家实行，或是

两位第一夫人合影。

以口头通知它们，这不是同心协力的民主之道，如果在战时各国之间不能平等合作，则和平不可能企及。中国遵行大西洋宪章，并为四大自由而战，不是为自己而战。她和蒋委员长曾告诉中国人民，中国在国际上和各国皆平等相对，如今中国却受到不平等待遇，那么中国何必继续作战呢？

住院11周，宋美龄拔掉了智齿，治愈了鼻窦炎，身体逐渐康复。好客的主人在宋美龄出医院后，又邀请她住进了海德公园村的总统别墅中，再事静养。园中环境清幽，宋美龄小住几天后，健康状况进一步好转，她一方面休养，另一方面也在思考未来如何面对美国朝野和新闻媒体，这关系到抗战的前途、国际声望及中美关系。从国民党公布的史料来看，蒋介石对此也极为重视，三番五次拍电报叮嘱宋美龄演讲应涉及的内容。宋美龄于2月26日给蒋的电文说道：所告卓见非常感佩。妹向国会及各地演讲词，当予分别遵照电示，总以维持我国家尊严，宣扬抗战对全世界之贡献，及阐明中、美传统友好关系为原则。私人谈判，当晓谕美国当局以我国抗战之重要性；公开演讲，则避免细节，专从大处着眼，以世界眼光说明战后合作之必要。

宋美龄不仅与罗斯福夫人交换了意见，从下飞机伊始，她还几次与霍普金斯谈了中美关系的许多问题。其要点如下：中国人民和政府感谢主张对日本采

访美时期的宋美龄

宋美龄抵达华盛顿时，美国总统罗斯福将其迎进座车中。

取强硬立场的美国官员；盟国如想战胜德军，必须先尽一切力量打败日本；中国人民的士气曾有两次落入低潮，一在珍珠港事变前夕，一在缅甸之役崩溃时。宋美龄强调维持中国军民继续作战的重要性；批评美军驻华指挥官兼中印缅战区参谋长史迪威不了解中国人民，对"飞虎将军"陈纳德则表示赞扬。

宋美龄就与霍的几次谈话及印象电告蒋介石："妹恐战后英、美、俄又将忙于己身利益，将置我国于不顾。妹意如善为准备，仍可在和议席上争得重要地位也。哀我国家民族徒赤手空拳，亦为兄所怅叹者，唯凭应付得当，或有所成。"对战后的局势能有如此看法，宋美龄也算是有远见的。

为了使她在美国的宣传能有更大的效果，宋美龄向蒋提出把她一向倚重的大姐宋蔼龄尽快送到美国来助她一臂之力。

1943年2月17日，宋美龄一行自海德公园搭火车于下午5点抵达华盛顿联合车站，站内外人头攒动，挤满了欢迎的人群。她所带的一行人在白宫暂作停留，准备次日在众议院的演讲。这一来，她在白宫居住了11天。

罗斯福夫妇在私人小餐厅内举行"家庭晚餐"，宴请宋美龄。席间，罗斯福问她和蒋介石将如何处理战时煤矿工人的罢工。这时，宋美龄安详地用一个涂色的长指甲在自己的脖子上划了一道，做了个"砍头"的手势，这使同桌所有的人惊讶不已。罗斯福假装大笑起来。为了引起埃莉诺的注意，罗斯福问埃莉诺道："你看到了吗？"埃莉诺在私下里说："她对民主制度能够讲得很漂亮，但是她可不知道怎样实行民主制度。"当这段话传出去后，记者们向宋美龄问及此事，她则拒绝发表评论。

其实，对宋美龄的"残忍"，罗斯福夫人还另有记忆：

据《纽约时报》外交专栏作家沙兹柏格透露说，1956年他在英国访问丘吉尔夫妇时，丘夫人说过宋美龄的一段坏话。她说，她永远不会忘记罗斯福夫人告诉她的故事：1943年的一天，宋美龄访问纽约，罗斯福夫人和她一起参加宴会后送她回旅馆，结果发现保护宋美龄的两名联邦调查局干员竟然在宋美龄的套房门外睡着了。第二天，宋美龄问罗斯福夫人，那两名干员如何处置？罗斯福夫人说："可能已被惩戒了。"宋美龄接着说："如果是在中国的话，早就杀

宋美龄右侧的是陪她访美的孔令侃、孔令伟。

头了。"一面说着，一面用手在脖子上划了一下。丘夫人对沙兹柏格说："蒋夫人对她的女主人太过无礼了。"

宋美龄在白宫并没有给总统夫妇留下好的印象。不仅是饭桌上的表演，更让白宫上下议论纷纷的是她的"洁癖"。宋美龄对服饰的讲究是十分有名的，她的个人生活也十分奢侈。这一切引起了一些美国知情人的不满："当她作为罗斯福夫妇的客人住在白宫时，她的某些行为给白宫管理家务的工作人员留下了不良印象。宋美龄要求她的床上铺绸床单，为了清洁，她从中国带来了自己的床单，她的被单每天至少要更换一次。如果她在床上小睡或歇坐，那就换得更勤。据白宫男仆菲尔德说，她的床单每天要换四五次。当她要召唤某个女仆或男仆时，不管她在行政大厦的任何地方，她都不使用现成的蜂音器或电铃，而是使用中国的拍手办法，这使得白宫的工作人员感到奇怪。此外，她还坚持把她的两个护士和孔令伟、孔令侃的三餐送到他们的住房。美国人民踊跃捐款支持中国抗日，然而他们看到宋美龄的穿着太华丽了，有人在报上投书说，中国那么穷苦，她为什么有那么多貂皮大衣？"

宋美龄也使白宫秘书处的工作人员感到厌烦，因为她的讲话稿或文稿每每要改写七八次之多。不仅如此，她的随员孔大公子和孔二小姐的作风也让上自罗斯福夫人下至仆人大摇其头。这对兄妹并没有遵行他们应守的本分，尤其是孔二小姐，一住进白宫就抱怨分配给她的房间不够好，并向国务院抱怨。国务院只好在五月花旅馆为她订了一间套房。孔二小姐的女扮男装，使白宫上下都被弄糊涂

351

了，罗斯福夫妇和仆人皆以为她是男生，仆人帮她打开行李时才发现她是女儿身。罗斯福总统甚至叫她"MY BOY"，孔二小姐还以白眼，机智的总统马上自我解嘲说："我都叫年轻人MY BOY。"

罗斯福夫人表示，孔家兄妹可能认为美国人（包括罗斯福夫妇在内）都把中国人当作是洗衣工人，因此为了要显示他们的不同身份乃故示傲慢、摆摆架子。孔二小姐在一次白宫晚宴中向霍普金斯宣称她是孔夫子第七十六代后裔，霍普金斯听了有点惊讶和怀疑。孔家兄妹对白宫的种种规定感到不满，他们也不照规矩办事。有一次，他们请一位纽约医生专程到白宫为宋美龄看病，但事先未通知门警，以致这位医生在白宫大门等候良久。极不懂事的孔二小姐凡事都去找罗斯福夫人，使她不胜其烦。有一天罗斯福夫人对白宫大总管克林姆说："你去告诉孔小姐，她若需要什么，应该来找你，否则她一天敲十几次我的门。"

宋美龄访美时向英国订购了好几箱英国上好香烟，遭纽约海关扣留。她要白宫门房长打电话给财政部长摩根索电令海关放行。摩根索说："罗斯福总统想把孔家兄妹撵出美国，都快想疯了！"

尽管宋美龄一行的生活做派令许多人不满，美国政府还是为宋美龄安排了一个重要的节目。2月18日，对宋美龄来说，是她有生以来最为重要的日子。她被美国国会邀请，分别向参、众两院发表演说，成为在美国国会发表演说的第一个中国人。

左二是女扮男装而被罗斯福总统称为"我的小男孩"的孔二小姐。

这对宋美龄来说，是一个压力十分大的演讲，因为它只许成功，这个演讲的好坏不仅影响到中美关系的现状和前景，也将左右美国人民对中国的看法。更为要紧的是，她必须把中国人民奋力抗战的情况生动地介绍给美国国会和美国人民，以唤起美国朝野对中国的同情与支持。因此她的表现，不仅关系到她个人的形象与声望，更是代表中国的形象与声望。12时13分，宋美龄走进美国参议院会议厅，会场座无虚席。美国副总统华莱士向全体到会人员作了简单介绍，全场听众起立鼓掌欢迎。

原来宋美龄并没有准备在参议院致辞，只是在临来参议院前华莱士副总统临时表示，希望宋美龄能在参议院"略致数语"。

宋美龄登上讲台，她身穿一件黑色紧身长旗袍，下摆开衩几乎高到膝盖，一头柔和的黑发风雅地盘在颈后。她佩戴着价值连城的宝石，纤指上涂着红指甲油，脚上穿着透明长统袜和轻便高跟鞋。宋美龄一开始即说："余本非善于致辞之演说家，其实余并非演说家；然余亦非绝无勇气。盖数日前，余在海德公园畔，曾参观总统之图书室，其中所见，于余有所鼓励，使余感觉诸君对于余之临时发言，或不至期望过奢。诸君试思余在该处所见者，究为何物？余所见之物颇多，其最令余发生兴趣者，即玻璃窗内有一总统一篇演词之初稿，第二次稿，直至第六次稿。昨日偶与总统提及此事，谓知名而公认为优良之演说家如阁下者，其演说草稿之次数，尚须如此之多，殊使余有以自慰。总统答称，彼演说词草稿有多至十二次者。准此而论，余今日在此临时发言，诸君当能谅我。"这段开场白获得了如雷掌声。

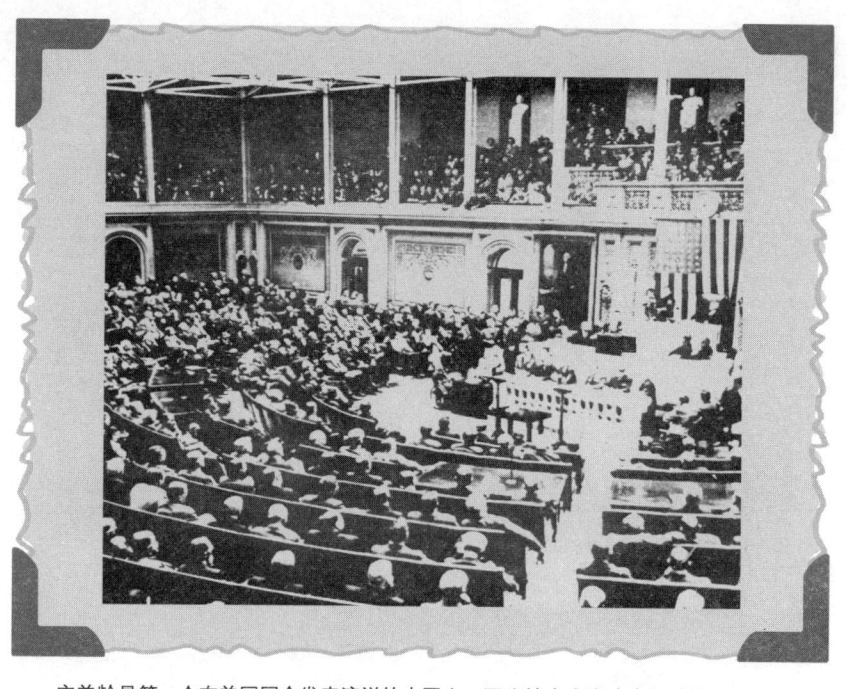

宋美龄是第一个在美国国会发表演说的中国人，图为她在众议院演说时的盛况。

接着，她讲了中美两国之间的友好关系。两国人民虽然语言不同，但具有相同的理想，为同一目的而战；她机敏地用衡山地区流传的磨镜台的传说作比喻，说明不能光说空话，要用实际行动来实现理想。她说：一千余年前，中国衡山地区有一座古庙，庙中一位住持天天在石头上磨一块砖，日复一日，年复一年。一天，一个小和尚问他："住持师父，以砖磨石，究何为乎？"住持答道："余欲磨砖成镜。"小和尚说："住持师父，磨砖成镜，不可能也。"住持说："这与你整日念阿弥陀佛以求福祉是同样不可能的。"

宋美龄讲完这个故事后，说："余今日对贵参议院诸位参议员，以及对旁听席上诸位女士与先生，愿更进一言：吾人之诸领袖，倘无吾人全体积极协助，不能实现此种共同理想。此磨镜台故事之教训，乃诸君与余所宜深切领会者也。"

稍事休息后，宋美龄在众议院议长雷朋的陪同下，走上众议院会议厅的讲坛，又发表了曾轰动一时的演说。她首先赞扬了美国士兵在世界各地奋战的情形，接着引用孙子的话"知彼知己，胜乃不殆"和"看人挑担不吃力"的谚语，说明西方人对日本始则估计过高，视为超人，后又认为击败日本为次要之事。她强调盟军应改变偏重欧洲战场的观点。她认为打败日本比打败德国更为重要。她

美国众议院议长雷朋向议员们介绍宋美龄。

说："吾人慎勿忘日本今日在其占领区内所掌握之资源，较诸德国所掌握者更为丰富；吾人慎勿忘如果听任日本占有此种资源而不争抗，则为时愈久，其力量亦必愈大，多迁延一日，即多牺牲若干美国人与中国人之生命；吾人慎勿忘日本乃一顽强之民族；吾人慎勿忘在全面侵略最初之四年半中，中国孤独无援，抵抗日本之淫虐狂暴。"她希望美国能把注意力转向日本，摧毁日本的武装力量。"日本之武力，必须予以彻底摧毁，使其不复能作战，始可解除日本对于文明之威胁。"

宋美龄向众议员表示："手足"一词，"在中国恒用以表示兄弟间之关系。国际间之相互信赖，今既已如此普遍承认，吾人岂不能亦谓一切国家应成为集合体之分子乎？吾中、美两大民族间一百六十年来之传统友谊，从未染有误会之污痕，世界历史中，诚无出其右者。余亦能确告诸君，吾人渴望并准备与诸君及其他民族合作，共同奠定一种真实与持久之基础，以建设合理而进步之世界社会，使任何骄狂或劫持成性之邻国，不复能使后世之人，再遭流血之惨剧"。

发表过无数次演讲的宋美龄，为了联络同众议员的感情，向众议员赞扬美国军人："余首愿确告诸君，美国人民对于分布全球各地之美国作战壮士实足以

正在演讲的宋美龄。

自豪。"但她又暗示这批"作战壮士"并非每天与敌相斗，她说："贵国若干壮士，必须用临时赶筑之机场，飞行海面，经数百小时之久，以搜寻敌方之潜艇，往往一无所遇，废然而返。贵国此辈健儿，以及其他壮士，均系作单调乏味之守候，日复一日之守候。"

众议员赞同击败日本和打垮希特勒不应有先后之分，宋美龄说："就现时流行之意见而言，则又认为击败日本，为目前比较次要之事，而吾人首应对付者，则为希特勒。但事实证明，并不如此。且即为联合国家整个利益着想，吾人亦不宜继续纵容日本使其不独为一主要之潜伏威胁……"众议员对这段话予以近五分钟之久的热烈掌声。

宋美龄在结束语中的一句话，获得了满堂彩，她斩钉截铁地说："我中国人民根据五年又半之经验，确信光明正大之甘冒失败，较诸卑鄙可耻之接受失败，更为明智。"演说完毕，掌声雷动，达数分钟之久，议员一再起立欢呼，楼上旁听席上的听众也起立欢呼，气氛十分热烈。宋美龄频频含笑致谢，退出会场。

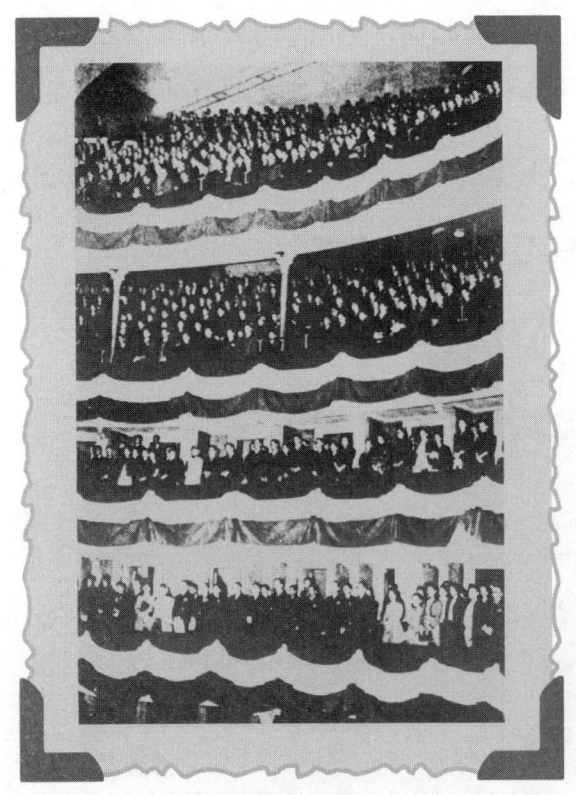
听宋美龄演讲的大厅里座无虚席。

美国总统夫人埃莉诺·罗斯福称赞宋美龄的演说"不仅盛极一时，抑且举世无双"，"当余目击蒋夫人衣中国服装沿甬道步上讲台时，几为四周拱立之人所遮蔽，余不得不对伊之成就极感荣幸，及当伊发言时，已不复为妇女，而为以实力斗争于世界各战场最前线之伟大人物矣！"美众议院外交委员会主席勃罗姆说："蒋夫人演讲时态度之优雅，解释世界局势之透彻，运用英语之流利灵巧，不但使每一听众能了解其意义，且能与其抱取同一见解，莅美外宾之影响美国民众者，从无若蒋夫人之甚！"议员凡登堡被宋美龄的演说感动得流下眼泪，并说："蒋夫人在参议院之即席演讲，为本人列席国会17年以来最佳之演讲词，预料国会必能实际援华，不徒以空言塞责。"美国《新闻周刊》评论说，她"脸色阴沉，身材娇小"，她的演讲"效果是非常惊人的"。

宋美龄陪同罗斯福总统在白宫发表广播演说，左二为总统顾问霍普金斯。

在美国首都，宋美龄风光十足。尤其是在国会演说，慷慨陈词，赢得热烈的掌声。美国女作家狄龙指出，宋美龄的演说是那一届国会最精彩的，不过其精彩处并不在内容，而在于其人之娇小妩媚与女人的魅力，以及为中国求援的真诚。

宋美龄的演讲除了宣传中国抗战的意义，她更大的目的在于希望通过演讲获得美国政府和人民"有形"的援助。她不愧是一流的演说家，也被称为高明的"乞讨者"，她在演讲中丝毫不露乞怜和乞援的痕迹，但是，演讲之后，众议员们和广大听众，众口一词要求美国政府加速援华，而民众也慷慨解囊捐助中国抗战，就连罗斯福总统也不得不公开表示会加快对华军援。

宋美龄在美国国会的演说，通过无线电向全美广播，引起美国听众的强烈反响。美国朝野人士纷纷写信向宋美龄致敬或邀请宋美龄去游历、演讲，每天收到信函多达三四千封。美国各界报纸杂志纷纷发表社论和评论，多达三千余篇，一时间，美国确实掀起了一场赞扬宋美龄的旋风。

记者会上再露锋芒

紧接着，宋美龄在记者会上再露锋芒，充分显示出她的机智与敏锐。2月19日上午10时45分，宋美龄与罗斯福在白宫椭圆形办公室联合举行记者招待会，美国各报著名记者出席者达173人，人数之多，实属空前。这个场合的影响力绝不亚于国会演讲。

这天，宋美龄穿了一套礼服，别出心裁地佩戴了中国空军的双翼徽章。这大概是因为宋美龄想要在美国记者面前显示她同中国空军的特殊关系，说明现在中国需要更多的飞机和弹药，逼迫罗斯福总统更多、更快地援华的缘故。宋美龄看起来很像一个睁大眼睛的孩子，她坐在大转椅的边上，小脚还够不着地板。表情严肃的罗斯福夫人坐在宋美龄的身边，一只手放在宋的手臂上，表示保驾的意思。罗斯福坐在宋美龄的另一边，他轻松自如，显出是一位对付新闻界的能手。

罗斯福总统简单地向报界引荐了宋美龄，当他谈到宋是一位"与众不同的特使"时，竟开怀大笑起来。宋美龄慢慢站起，说："余在中国时曾与蒋委员长亲历前线各处，对于日本人之刀剑从未感觉其可惧，而于今日面对如许之铅笔沙沙挥舞于速记本上时，一时反生恐惧之感，诚如谚语所谓笔锋强于刃剑。但余目睹诸君笑容可掬，复使余感觉如置身于良友之群，则亦无所用其恐惧，且所谓使机巧之问句，余相信不致发生。"接着，记者们开始紧紧追问一些颇为敏感的问题。

记者："夫人来美有何正式使命，抑系私人性质？"

宋："并无正式使命，余来贵国首为健康问题。"

记者："舆论上对于援助中国，确无二致，但曾微闻有人谓中国并未充分利用人力作战，夫人对此有何意见？"

宋："吾人不能徒手作战，有若干配备，即用若干人力，吾人毫无空军掩护，但已抗战五年半，所谓中国未充分利用人力一说，完全不确。"

记者："在华美国空军对于中国军民之影响如何？"

宋："战事初起时，吾人只有飞机数百架，后随战事之紧张与持久而逐渐丧失……迨贵国志愿空军来华，屡创日机，造成辉煌之战绩，日机始不敢任意乱炸城市，至于志愿队在华最大之效果，厥为使中国人民认识已非单独作战，而有

宋美龄由罗斯福夫妇陪同拜谒华盛顿陵墓。

美国共同作战。中国现所需要者为军火，其要点在如何可使得到飞机与汽油，贵国总统已经克服许多困难，余意此一问题，还须请总统解答。"

记者们微笑着，眼看着宋美龄如此巧妙地把难题扔给了罗斯福。罗斯福毫无惧色，他说："现最难解决者为运输问题，吾人不能横渡大洋，亦不能经由俄国，只能从中国西南飞航……吾人正在尽力设法，将来援助必能相当增加，此不仅为情感问题，实为整个战事胜败问题……此乃吾人确定之政策，必当竭力促速实现，上帝许吾人如何快，吾人即如何快。"

记者："夫人有无具体办法，使吾人对华援助可以迅速增加？"

宋："顷间总统曾谓上帝许君等如何快，君等即如何快，余可补一句：上帝助自助者。"

事后记者中有人说："宋美龄笔锋强于刀剑，而她的词锋实更胜于笔锋。"专栏作家雷蒙德·克拉波对宋美龄的机敏回答感到目瞪口呆，他说："总有一天他们可能让海伦·海斯来扮演这个角色，但是她决不会比蒋夫人演得好。"

在华盛顿期间，宋美龄一行还于2月22日到佛能山拜谒了华盛顿夫妇陵墓，并献了花圈，还参观了华盛顿故居。2月24日，宋美龄出席罗斯福夫人举办的女记者招待会，并当场驳斥了某记者提出的挑衅性问题。

当某记者问道"战后多少中国人需要美国供给粮食"时，宋美龄断然回答说："中国无论在战时或战后，均不期望美国供给粮食，所需要者厥为军械……中国人民虽穷，傲骨尚存，绝不受他人施惠，亦不受无偿之物，惟具有友谊性质之赈济，则中国人民自然感激不置……至于军械，美国既为民主国家之兵工厂，自应负接济之责任，盖中国战士以血肉抵抗共同敌人，美国对华之租借援助，在中国观之，乃在尽其友情与盟义。"

中国第一夫人在美国公众媒体面前所展示的魅力和智慧，像一股旋风席卷了华盛顿。她的游说力量使联合参谋首长会议大为紧张，他们担心美国将改变作战方针，但罗斯福总统还是坚持"德国第一"的原则。霍普金斯在备忘录中写道："蒋介石夫人要我在星期六下午去看她，我和她做了一个半小时的谈话。虽然她声称她和总统的对话还不错，并预期明天和总统的会谈亦会让她满意地结束此行，但我察觉到她对这趟访问不是很愉快。她非常坚持提供给新成立的第十五

（第十四）航空队的飞机必须准时送到，并说：'我们不想要那些无从兑现的诺言。总统曾告诉我那批飞机会准时到（中国），他绝不能使我无法向蒋委员长交代。'她又向我详细说明她对战后世界的看法，第一个主旨是我们可以确信中国在和平会议桌上一定会跟我们做伙伴，因中国对罗斯福和他的政策有信心，基于这种信心，中国愿意先做承诺。她告诉我说，她认为应尽快采取一些行动俾使四强讨论战后事务，而罗斯福应为这项会议的主席。"

霍普金斯又说："蒋夫人一直要我去中国访问，她说蒋委员长亦曾打电话给她催她邀我访华。我告诉她如果罗斯福夫人不久要去中国的话，那我就没有必要去了，除非有真正的理由，否则我并不想去；我已了解蒋委员长需要什么，我同情他的观点，我会尽全力做到，因我认为他的看法是对的。她对我的说法似乎不太同意。她看起来疲倦，还有点无精打采。星期天上午我告诉总统有关我和蒋夫人的谈话，以及她渴望把闷在心里的话全部向总统倾吐出来。总统显然认为他过去和蒋夫人的谈话已足够涵盖一切了，但我仍请总统今天下午和蒋夫人见面时，听她说些什么，并让她畅所欲言。星期天下午4时至5时30分，总统和蒋夫人举行会谈。结束后我去见总统，他告诉我谈话毫无新意，但尽量让她陈述，总统似乎很满意她来访的总成绩。她在回中国之前还会再来白宫住一两个晚上。"

"征服美国"的行程

2月28日晚上，宋美龄一行坐火车离开华府，前往纽约，展开她忙碌而紧凑的"征服美国"演说行程。

《时代》杂志创办人卢斯与约翰·洛克菲勒担任"纽约公民欢迎蒋夫人筹备委员会"的主任。这个委员会由270名纽约的有势力的人物组成。

3月1日上午8时40分，宋美龄抵达纽约宾夕法尼亚车站，纽约市市长拉加迪亚和中国驻纽约总领事于俊吉等近百名中、美人士到车站迎接。宋美龄接受了林如斯（林语堂之女）、赵秀澳（侨领赵鼎荣之女）两位少女献花。宋美龄登上装甲车，以摩托车警察队为前导，随从人员分乘16辆汽车跟在后面，浩浩荡荡驶向豪华的华尔道夫大饭店。宋美龄住第四十二层套房，此后在纽约居停期间即以此大饭店为其行宫。

当天上午11点半，宋美龄出席纽约市市长为她举行的欢迎会，登上市政厅外广场上的高台，与纽约一万多市民见面。在市政厅内，宋美龄因体力不济，几乎晕倒，经护士照料后，坚持继续参与预定节目，市长授予宋美龄为纽约市荣誉市民，并致欢迎词。宋美龄当即发表演说，感谢纽约市政当局及市民的欢迎盛意，并赞扬纽约市的建筑和市政组织，最后谈到中、美关系，她说："中国不欲他人偿付代价

宋美龄在纽约华尔道夫大饭店举行记者招待会后的留影。

而本身享受其利，更信友好与正直之美国，亦必不肯由他人偿付自由之代价而本身享受其利益也。"

中午，宋美龄出席纽约华侨团体为她举办的欢迎会，并用汉语对华侨讲话。

卢斯和约翰·洛克菲勒邀请宋美龄出席晚宴，并由美国名流多人及美国东部九州州长作陪，宋美龄因"节劳"没有应邀，乃改为3月2日晚7时许，由卢斯陪同各州长及约翰·洛克菲勒等人到旅邸会见宋美龄。

当晚，在麦迪逊花园举行了有两万余人参加的盛大的市民欢迎会。欢迎会由约翰·洛克菲勒主持，会场布置得庄严而又华丽。8时半，全园灯光转成淡蓝色，中国男女儿童一百余人身着中国服装，手提丝制小灯笼鱼贯入场，作为开幕的先声。接着，美国海、陆军仪仗队，手持旗帜，步向讲台。洛克菲勒宣布欢迎会开始，歌咏团高唱中、美两国国歌。纽约市市长拉加迪亚致欢迎词，接着纽约各界代表、名流纷纷致词。宋美龄因身体不适，9时46分才到会场。此时，全场

宋美龄在纽约向侨胞演讲。

起立致敬，鼓掌声、欢呼声响彻云霄。宋美龄频频点头，向众人致谢。

宋美龄登上讲坛发表演说，这被称为是宋美龄赴美第二次重要演说。开始演讲时，全场灯光全熄，寂静无声。一束银光由屋顶射入讲台，百余中国儿童手提灯笼，分成两排坐在台前，灯笼里发出柔和的光线。宋美龄在演讲词中抨击了轴心国家的野蛮侵略，介绍了中国人民不惜一切牺牲，抗击日寇的英勇斗争。希望战后世界，"一切国家均应有平等发展之机会，不应再有憎恨与报复之存在"。演讲清晰流畅，历时30分钟。

当时在美国当大使的胡适也来捧场。胡适的3月2日日记有这样的一段话：

1943年3月1日出版的美国《时代》周刊以宋美龄为封面人物。上面写着：她和中国知道忍耐意味着什么。

"晚上听蒋夫人的演说，到者约有两万人，同情与热心是有的。但她的演说实在不像样子，不知说些什么！"

胡适说宋美龄的演说不像样子，显然也是从内容来评价的。但是她演说的目的是政治，要博取同情与支持。她娇小妩媚的身材、畅快流利的英语，代表在挣扎中抗日的中国，已足以令美国参众议员们动容了，更何况日本偷袭珍珠港后，美国人对日本人恨之入骨，举国上下打败日本呼声甚高，艰苦抗日的中国能不引起广大美国民众的喝彩吗？更何止"同情与热心"矣。因而不管宋美龄说些什么，都会赢得美国人的心声。所以台湾大名人李敖评价此时胡适对宋美龄的看法未免太头巾气了。

宋美龄回到阔别25年的母校。

3月3日，宋美龄出席纽约3000华侨同胞在卡尼奇大会堂举行的欢迎会，并以国语致辞。3月5日下午她在旅邸举行记者招待会，回答记者提出的问题。当有人问到宋美龄回国路径时，机智的宋美龄回答不能透露，否则会让日本知道，全场大笑。

胡适更讨厌宋美龄的虚骄，说："她一股虚骄之气，使我作恶心。"

3月6日上午，宋美龄一行冒着大雪来到她阔别25年的母校韦尔斯利女子大学，路经波士顿华侨居住区时，受到华侨的热烈欢迎。当汽车行驶到韦尔斯利"十字街"时，宋美龄下车观看她曾经寄居过的房舍，旧地重游，故居如昔，使她感慨万端。宋美龄下榻于"崇阁宫"，这里原是宋美龄在该校读书时最后一年住过的宿舍。不少1917年的同届毕业生从好几百里以外赶到这里来与宋美龄相聚。老同学相会，排除一切客套，促膝杂坐，谈笑风生，闲叙话旧，十分亲热。3月7日下午，宋美龄在校友会向全体学生发表演说，因过度兴奋，以致才讲几句话，竟不能继续发言，略停片刻才恢复正常。她首先讲了自己对母校的怀念及重返母校的快乐心情，接着谈到了这次世界战争，并列举各国妇女运动史，特指出妇运之力量、影响及成就均由小而逐渐扩大。她还谈到了妇女团体的力量，希望妇女界团结合作。3月8日，在校长陪同下，宋美龄"打破校规"身穿便裤，游览校园，参观图书馆和昔日自修过的教室，重温学校生活。

回到纽约稍事休息后，宋美龄一行又踏上了西行的旅程。3月19日上午，宋美龄抵达芝加哥。在这里，宋美龄同样受到了盛大的欢迎。芝加哥市长凯莱将一巨大金钥匙献给宋美龄，并说："此乃本市一切事物之锁钥，芝加哥已属于夫人所有。"宋美龄回答说："敬谢此大钥，用启大心锁。"随后，宋美龄一行驱车来到芝加哥最豪华的特雷克饭店下榻。3月20日下午，宋美龄在旅邸举行记者招待会。次日下午，出席华侨欢迎会，并发表演说。22日，芝加哥市两万余市民在大运动场举行欢迎宋美龄大会。会场气氛隆重而又热烈，电灯照耀全场如同白昼，各色旗帜在五色灯光中飘扬，乐队队员穿着奇装异服，鲜艳夺目。宋美龄发表了热情的演说。

3月25日，宋美龄一行乘总统专列横穿美国大陆来到美国西海岸的旧金山。在旧金山第14号码头，受到热烈欢迎。旧金山是旅美华侨人数最多的城市，当宋美龄的车队通过华侨居住地区时，路侧侨胞男女老幼，万头攒动，争先恐后，以一睹宋美龄的风采为荣。街上彩旗飘扬，鞭炮齐鸣，音乐声、欢呼声、鼓掌声、钟鸣声响成一片。沿街搭有中国式牌楼多座，有个牌楼的柱子上嵌着木刻对联："为国家宣劳推崇女杰，联民族抗战保卫人群。"全华埠辉煌璀璨，朝气蓬勃，学校放假，商店休业。除旧金山市的1.7万余侨胞外，尚有来自美国西部11州的侨胞8000余人参加这次欢迎盛会。宋美龄见此情景，倍感兴奋，回头对前来欢迎的美国各州州长、市长们说："余如归故乡矣！"并频频向侨胞含笑点头致意。

下午3时，宋美龄出席旧金山市政厅的群众欢迎大会，接受该市的市钥，并检阅了群众游行队伍。26日，宋美龄举行记者招待会，同日晚出席旧金山市政府和总商会联合举行的盛大宴会，在皇宫大饭店用金碟进餐。27日晚8时许，宋美龄到旧金山市民大礼堂发表广播演说，并接受该市荣誉市民称号。在旧金山期间，宋美龄还不顾美国地方当局的反对，于3月29日晚带领少数随员出席了旧金山码头工会为她举办的欢迎会，并向码头工人发表演说，劝告美国码头工人不分派别，团结一致，积极工作，增加生产，支援中国抗战。在告别旧金山前，宋美龄在旅邸召见华侨各妇女团体领袖训话，号召她们努力推行新生活运动，并希望她们能学会国语，随时随地表现出大国国民的风度。

宋美龄在美旅行的最后一站是洛杉矶。卢斯在洛杉矶进行的安排是纽约和芝加哥难以比拟的，宋美龄的美国之行在这里达到了高潮。

3月31日上午10时，宋美龄一行驶抵洛杉矶，这是此行最受瞩目的地方。她在洛市市长及各界名流要人的陪同下驱车来到市政厅，出席欢迎会。会上，洛杉矶市市长宣布当日为"蒋夫人日",并将"蒋夫人日"政府通告的原本,装入红木锦盒内,赠给宋美龄留念。宋美龄致答辞后,由市长陪同登上汽车,开始游行,途经洛市最热闹的百老汇路,受到近50万人的夹道欢迎。当天傍晚,宋美龄在旅邸大使饭店举行盛大宴会,洛市市长波伦及著名电影明星等共五百余人出席,盛极一时。

好莱坞广场上欢迎宋美龄的盛况。

4月1日,宋美龄在大使饭店招待美国电影界名流。由好莱坞电影公司负责人,曾导演过《乱世佳人》的戴维·塞尔兹尼克组织安排。下午6时,宋美龄在会客室接见塞尔兹尼克等16位电影公司负责人,并举行茶话会,边饮边谈;6时半在楼下"黄金"厅接见高级导演和编剧数十人;7时在"黄金"厅隔室接见电影明星百余人。4月2日上午,宋美龄在旅邸招待洛杉矶新闻记者,共到一百余人。宋美龄就印度问题、苏联问题以及战后国际问题、妇女问题等回答了记者的提问。

4月2日晚7时,洛城市民"欢迎蒋夫人委员会"在大使饭店举行盛大公宴,欢迎宋美龄。到会来宾一千余人,社会名流,银幕明星,济济一堂。会场布置华丽,座无虚席,餐厅中花团锦簇,人们熙来攘往,喜动眉宇。9时50分宋美龄方才入场,就贵宾席位。席间电影明星客葛尼与茹苏女士登台表演朗读剧,热闹非常。10点钟,宋美龄登台演讲,并通过无线电向全美广播。她没带发言稿,随口而谈,其主题是"中国民族的精神"。她认为,中国民族有两大特点:一为责任心,二为侠义心。她引述中国古今历史事迹,论证了这两种精神的伟大与崇高。

4月4日,洛杉矶市民在好莱坞广场举行盛大欢迎会,这是宋美龄访美以来最后一次,也是听众最多、最为辉煌、最为热烈的一次欢迎会,是美国民众欢迎宋美龄的最高潮。这次盛会仍由塞尔兹尼克设计和监督。好莱坞广场四面群山环抱,形成碗形的会场,外围遍植佳木,浓绿蔽天,风景清幽。北面为音乐厅,厅前是运动场,东西南三面是座位,能容纳三万多人。欢迎会还没开始,会场上早已挤满了人,好莱坞男女明星及一般演员、电影工人,全体到场。3时整,大会开幕,先由市长致欢迎词。接着,影星特莱西登台介绍著名女影星19人

访美期间，宋美龄由美国副总统华莱士夫妇陪同在美以美会教堂礼拜。

入场。著名影星玛丽·皮克福德、丽塔·海沃思、马林·迪特里奇、英格丽·褒曼、金杰·罗杰斯和秀兰·邓波儿都是欢迎蒋夫人委员会的成员。

在一片军乐声中，宋美龄乘坐银灰色敞篷汽车缓缓自右道进场，在座三万余人同时起立，掌声雷动，震荡山谷之间。宋美龄下车后，由女影星玛丽·皮克福德率领众女影星向她献花致敬。宋美龄入座后，洛杉矶管弦乐队300人合奏中、美国歌。

洛杉矶是美国电影艺术中心，因而欢迎节目也别出心裁，以演出名为"中国"的默剧，介绍中国自力更生、英勇抗战的精神来欢迎宋美龄。剧情深刻，表演逼真，观众无不大受感动。

剧终，播音员请宋美龄致辞。宋美龄在讲演中历述中国抗战以来艰苦斗争的事迹，分上海、南京、汉口、重庆四个时期，阐述了中国人民英勇抗击日寇，不怕牺牲和坚强不屈的精神。当宋美龄讲到中国军民所受的苦难情形时，不少听众流下了热泪。宋美龄演讲了50分钟，听众注意力始终不懈。当她演说完毕，退场时，乐队高奏《蒋夫人进行曲》。宋美龄也正式结束了她在美国的官方活动。

访 英 风 波

时至1943年，英国政府对于继续纵容日本为所欲为，将产生什么样的后果，开始清醒起来。他们已经认识到，即使单纯从英国的利害关系考虑，其恶果也是不容忽视的。而且他们也感到了华盛顿"要求它对中国采取更积极的态度和更有助益的政策之压力"。更为重要的是，中国人民英勇顽强的牺牲精神和遭受野蛮侵略的苦难，已经引起了全世界人民包括英国人民的同情和支持。这些因素融会在一起，终于促使英国当局开始对中国采取一种比较友好和积极的态度。英国政府领袖曾一再向顾维钧表示："为了解决战后必定出现的许多问题，两国间的密切合作不仅是双方的愿望，也是十分必要的。"

力邀宋美龄赴英国作国事访问，正是英国政府希望与盟邦中国加强友谊关系的一种姿态和实际行动，同时对于国民党政府而言，它的重要意义在于表明英国愿意和困难重重而英勇不屈的中国加强关系，并借以让法西斯势力知道各盟国之间的团结合作坚如磐石。当时，宋美龄正应罗斯福总统邀请访问美国。美国政府已给了宋美龄非常隆重的接待，而她在各处的演讲更是受到空前热烈的欢迎。可以说，当时的宋美龄正风靡美国。在这种情况下，英国政府认为，不论从中国在同盟国中的地位这一角度考虑，还是从宋美龄在中国的地位来看，宋美龄出访英国，必将有助于增强中国对英国政府和英国人民的友好关系。为打消宋美龄的顾虑，英国外相艾登向顾维钧保证，一定用最庄重堂皇的仪式来接待宋美龄。

但宋美龄对于是否访英，却迟迟未作决定。这有多种原因：

1943年1月，中美、中英分别订立平等新约，取消了英美在华的治外法权及有关特权，从法理上说，中国与盟国是平等伙伴关系了。但是1月的卡萨布兰卡会议与5月的华盛顿会议，都未邀请中国最高领导人与会。同年8月19日至24日，罗斯福与丘吉尔在加拿大魁北克召开军事会议，又未邀请中国与会。对此，外交部部长宋子文不得不提交照会，表示作为抗日中坚力量的中国，要求与会讨论重要军事方案。力争之下，8月22日由他到会申述了中国的意见。

中国远征军当时虽已攻至缅甸仰光附近，但仍没有得到盟国的积极援助，而这一行动对中国来说则益处极少。因此宋美龄在美国访问时曾向蒋介石建议："反攻缅甸可分两步骤，此时无妨暂以5月4日妹与罗协定作为局部反攻缅甸中美合作根据，俟腊戍收复后，再进行全面反攻。届时胜利在握，于心理上构成较有成功希望。"

但自从去年缅甸战场吃过英国人的亏后，蒋介石一直耿耿于怀，他坚决不同意局部反攻，回电说："对反攻缅甸事，在军事上非先占领仰光，决无克复腊戍与曼德勒之可能，如去年，徒然牺牲我军，不仅无益，而且真有灭亡之危险。此事关系太大，切不可谦让。故英、美如无意攻仰光，则我军决不能攻腊戍与缅北，此应坚决说明，不可留有回旋余地。"蒋介石并嘱咐宋美龄在美不可再住，千万速归。

放心不下的蒋介石6月9日又致电宋美龄，认为如果攻缅海军以英国为主力，则恐其届时不能履行计划，甚是可虑，仍希望美国能派有力海军自动发起攻势。

反攻缅甸海陆两栖作战的关键是，英国海军能否从孟加拉湾进行配合，而英国不愿这样做，意图取消缅战计划。就在宋美龄与罗斯福谈判此事时，有关缅战的另一主角丘吉尔到了美国，并且带来了100多位重要将领及官员，其中也包括在印度的陆、海、空军司令长官，这是从来没有过的规模。宋美龄立即告知蒋介石这一消息。

蒋介石主张会见丘吉尔，对宋美龄说："丘吉尔既到华府，如能与英相见面，则于公私均有益。此正吾人政治家应有之风度，不必计较其个人过去之态度，更不必心存意气，但亦必须不失吾人之荣誉与立场。此事或可由顾维钧与哈里法克斯先行接洽，而后由罗总统为之介绍。""如与文兄（注：宋子文）出席会议时，请预商文兄，应请其代表发言，而吾爱（注：蒋对宋美龄的爱称）竭力协助之，如其言有遗漏之处，则再由吾爱代其补充说明之可也。"同时，蒋介石在重庆以国民政府名义召见美国驻华代办，发表声明："此次丘吉尔首相在华府期间，凡与中国有关事项，或与太平洋有关问题，如有会议，请约蒋夫人与宋部长出席参加。"顾维钧也认为这是正式通知，罗斯福、丘吉尔必能重视，请宋美龄及早准备一切。

遵照蒋介石夫妇的指示，顾维钧大使开始积极活动，以安排丘吉尔与宋美龄会面。事实上，顾维钧自从听到丘吉尔到美的消息后，就认为二人会见是个好主意，对中、英关系能有重大影响。但他觉得唯一的问题是：丘吉尔是否打算来纽约，那样对访问宋美龄比较方便（除赴白宫外，在丘吉尔访美期间宋美龄一直在纽约）。如果丘吉尔觉得占用时间太多不来纽约，但又愿意与宋美龄会谈怎么办？与宋美龄同行的孔令伟认为："蒋夫人是一位女士，丘吉尔前去拜访比较合适。"

5月15日，顾维钧找到哈里法克斯说丘吉尔与宋美龄有极好的见面机会。丘吉尔尽管行程紧张，可是他也希望能与宋美龄谈谈，这对于英、中合作和远东局势没有坏处。但丘吉尔在华盛顿发表的一篇广播讲话深深伤害了中国人的自尊和感情，也影响了宋美龄的最后决定。

丘吉尔在1943年3月发表的演说中声称，他认为战争的进程应该是先打败德国，然后尽最后的努力来战胜日本，并说用不着使用对付德国的全部军队去"挽救"中国。在谈到战后秩序时，他说将由英、美、苏"三大战胜国"来商讨世界组织的建立，将中国排除在外。重庆政府对丘吉尔在讲话中将中国排除在战胜大国名单之外，并对中国使用"挽救"一词极度反感，认为这是对中国的"有意轻蔑"。

根据顾维钧的回忆，情况大体是这样的。宋子文首先对此的反应是，对英国在轻视中国方面所表现出的"典型的帝国主义者和现实主义者"的观点，尤其感到难以容忍。在进行中、英平等新约谈判时，宋子文便对英方在香港问题上的立场颇为不满，当时英国外交大臣艾登邀请宋美龄访英，宋子文认为："如果他处于蒋夫人的地位，他就不去，丘吉尔的那篇讲话使访问显得更为不妥。这样做就像中国挨了一记耳光还赔笑脸。看来我们将受到一个被英国挽救的流亡政府的待遇。"但同时，宋子文也表示了另一种观点："反过来，说不定正是为了这篇演说，蒋夫人更应该走一趟。"他告诉顾维钧说，"他刚给蒋夫人写了一封长信，说明他自己的看法，但是访问与否请她自己决定"，请顾维钧"和蒋夫人讨论一下邀请问题，并对他信中提出的看法作些解释"，"无论如何她应及时作出决定，不要总叫英国等待"。经过几番考虑之后，宋美龄最后以身体不适为由，婉言拒绝了英国的邀请。

同年5月，丘吉尔访问华盛顿，就由罗斯福出面，特意安排宋美龄与丘吉尔会晤，以图缓解两国的紧张关系。请宋美龄在5月23日去白宫参加午宴。可是，宋美龄接到罗斯福夫人的电话邀请后，却以身体"不宜远行"为由拒绝了。罗斯福自然明白其中奥妙，这只不过是托词，但他认为不必过分拘泥于礼节，因此，又建议改在5月26日，以便宋美龄能"不误医生约定打针的时间"。宋美龄并不理会罗斯福总统的安排，拒绝赴华盛顿（当时宋在纽约）会见丘吉尔。在这件事情上，宋子文也曾劝其妹妹以大局为重，并为其妹安排了与丘吉尔会晤的时间，但还是被宋美龄拒绝了。在这种情况下，顾维钧、宋子文认为她更应该前去华盛顿，当罗斯福总统有意在微妙的局势中提供解决办法的时候，谢绝邀请是很不礼貌的。可是孔令伟还是认为："作为妇女，应由丘吉尔来拜会，现在中国对日战争不很顺利，蒋夫人不应该显得过分迁就，不然的话，他们会爬到你头上的。因此，蒋夫人一定要比以往更坚定，保持尊严。"

受外甥女的影响，宋美龄再次拒绝了邀请。对于这件事，她在见到顾维钧时作了解释："丘吉尔目中无人，一定要我去华盛顿见他，我谢绝了。因为在国际关系中和个人关系上，礼仪和尊严都至关重要，必不可少。无论如何我在政治上没有外交部部长之类的职务，所以有条件表现坚决一些。"结果，宋美龄因为"尊严"未到华盛顿，丘吉尔因为"事太忙"不能到纽约，双方终未见面。直到两人参加开罗会议才第一次相见。

丘吉尔夫人对此事耿耿于怀，二十几年后，《纽约时报》外交专栏作家沙兹柏格访问丘吉尔夫妇，当话题转到宋美龄时，丘夫人问道："蒋夫人是否美丽如昔？"沙答道："蒋夫人的脸上已出现岁月的痕迹。"丘夫人听了大乐，并马上提起了那段往事：

（1943年）有一天罗斯福总统对丘吉尔说："我想介绍你见见蒋夫人，她是一位漂亮的女人。"罗斯福立即打电话给蒋夫人，邀她第二天到白宫来与丘吉尔一道午餐，但宋美龄拒绝了，她说，丘吉尔要先打电话给蒋夫人，她才会答应，午饭终于没有吃成。

顾维钧分析宋美龄不接受访英邀请与不愿意去华盛顿会晤丘吉尔，可能是因为"妇女往往比较主观，或许蒋夫人在这件事上又比较感情用事"。他认为："无论怎么说，被邀访英和在美国未同丘吉尔会晤这两件事，处理欠妥。"进行官方访问对她来说还是缺乏经验。顾维钧对这两件事都很惋惜，他认为："英王邀请她作国事访问，肯定是一种表示深切友谊的姿态。这是给中国的荣誉，很少给别的国家。"

由于这件事，特别是宋美龄拒绝在华盛顿会见丘吉尔，拒绝去英国访问，使英国很伤面子，故而引起英国政府的反应。宋美龄、丘吉尔未见面，克里浦斯爵士认为这"非常不幸……恐怕即使蒋夫人现在要来英国，英王、英后和首相也不欢迎了"。

另一件事情也使英国人不高兴。1942年2月，蒋介石夫妇访问印度回国后，对解决印度问题仍很关注。后来，由于英、印政府与国大党谈判失败而矛盾激化，甘地准备再发动一次"非暴力不合作运动"时，与尼赫鲁等一道被捕。蒋介石多次呼吁双方和解。由于甘地绝食，生命垂危，2月12日，蒋介石致电宋美龄，要她"面商罗斯福总统，从速设法切劝英国政府立即释放甘地先生，以确保联合国为民主、为人类作战之信念"。宋美龄遂及时告诉罗斯福。罗斯福果然致电美国驻印代表菲利浦斯告诉印度总督："无论如何不能使甘地先生因绝食而亡。"但印督答称："如彼欲死，似无办法。"

宋美龄为促进释放尼赫鲁而继续努力，又发表声明敦促"释放尼赫鲁"。为此，英国政府很是恼火，驻美官员哈里法克斯找到外长宋子文提出抗议。宋子文机智地回答："这件事不足为奇，因为蒋夫人是位妇女，说话时会感情重于理智。此外，这是她个人的发言，英国不必过分认真。我将不把抗议转达，以免把事情弄僵。"相反，宋子文就另一件事提出了抗议：当宋美龄赴美国时飞经印度，英、印当局并不知晓，事后英、印政府致信美国政府，抗议"偷运"宋美龄经过印度。宋子文认为："对蒋夫人这样有身份的人，用这类语言是不可饶恕的，这是英政府的无礼和失态。""已要求薛穆爵士收回那封信，因为不想将这件事报告委员长和蒋夫人而使事态恶化。"现在，宋子文也请哈里法克斯"将这件事向英王陛下大臣艾登汇报"。

自中、英新约签署后，蒋介石对英国的态度有所改变，他曾指示有关部门应尽量保持与英国的良好关系。蒋介石希望宋美龄能够应英国邀请访英，在宋美龄决定不去英国后，他又希望宋美龄能够在美国与丘吉尔会面。为此他曾致电宋子文，"三妹既不访英，则乘丘在美之际，最好与之会晤一次，此乃政治上之常道，不能专尚意见与感情，照现在外交形势似有谋晤之必要也，请与三妹详商之"。但仍为宋美龄拒绝。以后，蒋介石曾多次督促宋子文尽快访问英国，以求改善中、英关系。

其实，宋美龄的做法客观地说也无可厚非。从中国外交史上来看，英国同德、俄、日、法各国一样，均为帝国主义列强，根本不受中国人民欢迎。人们普遍认为中国的落后和困难来自包括英国在内的帝国主义列强对中国实行的殖民政策。尤其是，英国战时在远东的表现令人失望，的确有回击一下的必要，作为反法西斯主力

加拿大总理在国会大厦门前欢迎宋美龄。她是在该国国会发表演说的第一个外国女性。

之一的中国不应该也不能太软弱。宋美龄的拒绝访英，以及在同丘吉尔会面问题上表现出的傲慢态度，引起了英国方面的强烈不满，给中、英关系带来了不良影响。在这种情况下，宋子文出访英国势在必行，并为中、英、美各方所关注。

客观地说，罗斯福对中国的态度是比较友善的，最关键的因素在于美国当时十分需要中国政府坚持抗日，拖住日本，以便他实现"欧洲第一"的反轴心国作战计划。丘吉尔则不然，纯粹是老牌殖民主义者的心态与架势，所以，宋美龄对访英有种种顾虑而终未成行，其中原因必有关系尊严的成分在内。1943年7月、8月间宋子文访问伦敦时，英国外交大臣艾登、外交部常务次官贾德干都没有到火车站迎接，这既是轻慢中国的一种姿态，也是一种报复表示。

相反，中国方面对宋子文此次访英却是十分重视的。宋子文赴英后，《大公报》于1943年7月26日发表社评《宋外长访问英国》，对宋子文此行寄予了极大的期望："……英政府近屡声明打击暴日至其无条件投降的决心，丘吉尔首相与罗斯福总统最近一次会商后，决定在东西两洋以同等力量进攻敌人。我们欣见英国认识东方战场的重要，及其对日作战的决心。现在宋部长抵英访问，对于今后打击东方公敌，深信中、英间将有更进一步的联系。""宋部长访英，除了协议共同作战外，一定要讨论到两国一般关系及战后问题。"鉴于英国政府对于中、英关系的新认识——"英国始终希望强大而统一之中国之存在；非然者，远东即无永久安定之希望。战后之中国，对于任何建立远东永久和平之计划，必须居于领导地位"，文中对中、英未来关系的良好发展充满了信心。

宋美龄虽然没有访问英国，但却访问了英国的自治领地加拿大。

早在1942年3月，加拿大总理麦肯齐·金就邀请宋美龄访问渥太华，并建议4月12日至13日或14日至15日为访问日期。因为加拿大议会4月16日休会，他本人也将出巡。宋美龄由于已经安排了美国西部之行，只得推迟了访问加拿大的时间。

宋美龄回到纽约之后，开始安排加拿大之行。顾维钧认为：既然推迟了访英，英国人和英王、英后可能会对加拿大产生想法。宋美龄说："英国是可以理解的，因为加拿大是英帝国的一部分。"顾维钧则说："英国人在心理上认为自治领地像子女，而英国才是家中的母亲。他们仍然以监护人的态度对待

宋美龄与加拿大总督艾萨隆全家合影。

自治领地的人。"宋美龄说："访问加拿大不过一天，仅仅是跨过边境的一次旅行，这不比飞过大西洋长途跋涉。而且对加拿大的邀请曾书面作答明确接受，不便再作更改了。"顾维钧还是希望她既接受加拿大的邀请，又接受英国的邀请，而且"应该先去伦敦，后去渥太华，因为英国人在涉及英国在英联邦的地位很敏感，如果只去英国而不去加拿大是容易理解的，没有人感到不满。相反，如果接受加拿大的邀请而不去伦敦，届时英王、皇室家族、英国政府和人民，就会受到很大刺激。"究竟如何处理，"当然要由夫人来决定"。

最终，宋美龄还是飞到了与美国一水之隔的加拿大。6月15日，她还在渥太华会见了正在加拿大访问的荷兰女王威廉明娜；出席了加拿大援华基金会等三个团体所举行的献金仪式，接受其献金。

6月16日，宋美龄赴加拿大国会大厦发表演说，她登上了加拿大议会的讲坛，成为在加拿大国会发表演说的第一位外国女性。

她赞扬了加拿大的议会政体，认为它实际上起源于古代盎格鲁撒克逊民族的贤人会议。它不但建立在国家根本法律及人民公意之上，而且实行法治，具有订立法律的最高权力，因此是最近乎完善的政体。与轴心暴政国家相比，民主政体既是有纪律的自治，又容许各种持异见者，而法西斯国家则以强力独裁，剥夺人民公开辩论之权，胁迫诱惑人民，使人民迷信其领袖无错误之可能。

她赞扬了加拿大的两大民族法兰西人与英国人相安协调如同一大民族，对加拿大的进步繁荣都作出了充分贡献，并使加拿大因此成为联合国中的有力分子。

宋美龄回国后第三天参加蒋介石接受美国总统罗斯福赠送的最高统帅勋章仪式。

她呼吁，为联合国家的共同利益计，不应纵容日本安然占有中国与其他地区，因为日本正在利用时间积存广大的资源，加强其地位，以对付整个联合国家。就中国而言，以劣势的武器、血肉和斗志作战，就像一块大磨石紧套在日军的颈上，从而阻止了日本利用数百万军队去侵略其他地区。而加拿大也在为最后胜利作巨大贡献，如加拿大军民"经年累月所积聚作战之英勇；所送往英国之大批军火与粮食；以自己机场训练联合空军"，以人均计算，加拿大所产出的物资比任何其他联合国家都多。

她展望战后的前景，认为"吾人应激于道义，奋勇前进，尝试各种建立一较美满世界之可能途径"，而不能徒然默坐等待。她以1555年西欧宗教改革的成功和1867年英属北美法案的通过为例，说明"只须始终努力，志在必成"。她又以加拿大能融合两大民族于一强大和谐的国家中为例，证明"实现世界大同"，人类可从加拿大效法很多，那就是"合作与协调"，而不是"民族间压迫与榨取"。可以说，宋美龄的上述看法是很有见地的。接着，她参观了图书馆并巡礼阵亡将士纪念碑。她短暂的加拿大之行同样收到了良好效果。

1943年6月29日，大有收获的历时七个月的新大陆之旅接近尾声。宋美龄自美国南部某机场登上美国政府准备的四引擎巨型飞机启程返国，董显光和孔令伟随行。

当飞机航行于巴西一带时，忽遇另一驾飞机迎面飞来，险些相撞，幸而驾驶员机敏，迅即闪过；飞越大西洋上空时，因预防敌机骚扰，灯光全熄，又遇一架飞机迎面而来，分不清是敌机还是友机，驾驶员紧急转变方向，躲过这架飞机；飞经非洲上空时，曾遇暴风雨；飞抵印度时，忽然油箱漏油，又与地面失去了联系，机长准备觅地降落，幸而他一转念又继续飞行，才没有误落缅甸的日军占领区。

　　1943年7月4日下午5时，一路艰难险阻，宋美龄的座机终于安全抵达重庆。7月11日，重庆各民众团体在夫子池新运广场举行了欢迎宋美龄归国大会。

　　宋美龄访美获得极大成功。整个来讲，她的这次访问是相当轰动的。她所受到的接待有许多在美国接待外宾史上是破例的。她得到了许多外国元首都得不到的礼遇和殊荣。对于宋美龄这一路的演讲与宣传，无疑，对于她个人提高知名度确实好处多多，到底对中国抗战起了多大作用，无法找到量化的答案，只能大体上说，她使美国公众进一步了解了中国的抗战事业，促进了美国政府的对华援助。连英国驻美大使哈利法克斯都怕美国受到"蒋夫人旋风"的影响，答应中国一些做不到的事。她此行还接受了美、加各方面人士的大量捐助。美国以民意为重，宋美龄赢得民意，使蒋介石直接受惠。在民意的支持下，罗斯福放手援助中国抗战，还要把蒋介石领导的中国，提高为四强之一。这些对中国的抗战事业都是有益的。"夫人外交"在此时留下的是美名。

　　无怪乎，若干年后某些台湾学者还在为宋美龄大唱赞歌，他们对宋美龄当年访美的评价是：蒋夫人的演讲态度优雅，解释世局透彻，运用英文流利灵巧，不但使每一个听众了解她的意思，而且能够与她采取同一的见解，这就是当时蒋夫人的影响力与魅力。所以蒋夫人在抗战时期，对我们国家、社会，对我们未来的发展都有很重大的成就与影响。

　　宋美龄访美的影响都是正面的吗？其实不然，当年美国的一些人士就提出过这样的疑问：宋美龄到处为贫穷的中国呼吁，为什么她的服饰如此华丽？当她在母校韦尔斯利女子大学与学友话旧时，同学中有人对宋美龄衣服上的珠钿饰物称羡不已。宋美龄却谎称："汝等视余之衣服或有珠光宝气之感，其实此种珠钿，以一元美金之代价，可购十余颗也。"美国传记作家西格雷夫在《宋家王朝》一书中揭露宋美龄的奢侈说："她的鞋子上装饰的一些珍珠，可能是

最高统帅勋章

1928年一些盗墓人打开慈禧太后的坟墓，损毁她的尸体时从她的凤冠上剥下来的。据儿皇帝溥仪说，后来把这些珍珠作为礼物献给了委员长和他的妻子。"

此外，就在宋美龄回国以后，还曾发生了一件也许她本人并不知道但影响极坏的"小事"。据当时在中国为美国陆军情报局工作的格雷厄姆·裴克说："当美龄的行李在阿萨姆的一个机场卸下来，以减轻她的飞机的重量从而进行穿越喜马拉雅山的危险飞行时，行李被装上美国陆军的一架运输机。""从事这项工作的美国军人不小心把一个柳条箱砸坏了。柳条箱裂开后箱里装的东西都滚出来……里面全是化妆品、女睡衣、高贵的百货物品，蒋夫人打算使用这些物品一直到战争结束。美国军人看到这些物品很生气，因为那个时候是一年中喜马拉雅山运输最困难的时刻，许多美国飞行员为了把军用品运进中国而丧失了生命。军人们把他们转运的所有其他柳条箱都砸破。他们把所有的皮大衣和精巧时钟在尘土地上踢来踢去，一直到等在那里的飞机将要起飞时才把这些乱七八糟的东西扔进飞机里。"

为什么美国人那么欢迎宋美龄呢？人们普遍认为有下述原因：第一，因为当时正值太平洋战争爆发将近一年，美国遭受到的创痛还没有完全恢复，因而对中国的艰苦抗战表示敬佩，而把这种敬佩之情集中地表达在对宋美龄的欢迎上。第二，正如卫斯理安女子大学前校长麦克菲女士所说："蒋夫人对东方可以代表西方，对西方可以代表东方，吾人能有蒋夫人其人，深信双方必能如弟兄手足，真诚合作，达到最后胜利。"美国作家西格雷夫也说："对美国人来说，她是中国贫民的公主，在中国的美国女儿。"美国人对宋美龄有一种特殊的感情，因为她是美国培养出的人才，是美国的骄傲，对她表示特殊的欢迎，也就不足为怪了！第三，罗斯福当时的对华政策是联华抗日，欢迎宋美龄是他对华政策的需要。

尼罗河畔谈笑风生

1939年9月欧战爆发后，德国占领了整个欧洲，但面临的军事压力越来越大，每扩大一个侵略地区，就等于自己往脖子套上一道绞索，因为德国法西斯有无限大的侵略野心，但无实现侵略野心所需要的足够多的军队。

　　希特勒成为日本军国主义分子效仿的榜样，日本在战略上也开始像德国那样，以扩大侵略范围、占领更多的国家为首要目标，对付整个中国、朝鲜战场已经力不从心，但它还不自量力，发动太平洋战争，图谋占领整个远东地区和称霸太平洋地区。因此它面临的军事压力越来越大。虽然它可以抢到战争需要的各种物资，可以掠夺中国人民的财富以补充战争经费的不足，但是它的占领区极不稳定，它缺乏维持整个占领区秩序和进攻中国抗日大后方起码的兵力。

　　欧洲战场出现后，外国援华计划发生剧变，苏联逐渐减少对华援助；英、法两国不敢得罪日本，法国在日本的压力下，于1940年6月中断越南至云南的铁路通行，英国关闭了滇缅公路，使中国陷入完全孤立的状态。唯一使中国在外援上还有一点希望的是，1941年3月，罗斯福总统批准租借法案适用于中国。

　　到了1941年12月太平洋战争爆发后，中国战场在世界反法西斯阵营中的地位大为提高，外援情况有了根本变化，美、英等国为了保住在太平洋地区的势力范围，为了保住在东南亚、南太平洋地区的政治影响力，需要制止日寇对这一地区的侵略。战胜日本军国主义的侵略行为，必须借助已经进行多年抗日战争的中国战场。

　　这时中国战场在世界反法西斯战线中的作用，正如罗斯福总统在跟他的儿子谈话时所指出的那样："假如没有中国，假如中国被打垮了，你想一想有多少师团的日本兵可以因此调到其他方面来作战，他们可以马上打下澳洲、印度。他们可以毫不费力地把这些地方拿下来，他们并且可以一直冲到中东。"（伊利奥·罗斯福《罗斯福见闻录》，第49页）

　　美国对中国的支持，不但涵盖军事与经济援助，而且还包括政治地位的提升。中国战场在反法西斯同盟中的政治地位的提升，促使反法西斯同盟增加了对中国的援助。中国政府也派出远征军远征缅甸，协同英国军队作战，蒋介石因此与罗斯福、丘吉尔、斯大林一起，成为世界四巨头之一。

　　顾维钧说过：中国得以四强之一之地位，参加此历史性之高峰会议（开罗会议），实有赖于罗斯福……1946年，予移节美京后，当问赫尔国务卿之疾于华府海军医院，赫尔亦告予：莫斯科会议中，伊为中国争取四强地位之经过。赫氏曰：吾奉罗斯福总统命，向苏俄力陈中国必须列入四强之理由，莫洛托夫不肯赞同；斯大林又不即约晤，乃电总统请示。总统电复谓，中国四强地位，在所必争，倘在电到日之夜，犹未能得苏联同意，则应当夜离苏，以示坚决。吾既奉此密令，遂一面催问斯大林之约见，一面亦明请准备离苏之车位，当晚十二时，斯大林卒予接见，中国四强地位问题，亦遂在此一席谈话中得到决定。由此而观，足见罗斯福对予所作重视中国之谈话，实出至诚。至其后中、美关系之未能圆满，则其中殆由于英国之垄断政策，英、美军事幕僚之暗中梗阻，与驻华美国外交官员之播弄有以致之，非罗斯福之本意也。（参见梁敬焞《开罗会议》）

罗斯福和国务卿赫尔不顾英、苏的反对，决心要使中国成为四强之一，还有旁证。英国外相艾登说他"不喜欢让中国人纵横太平洋"，苏联外长莫洛托夫则表示中国在欧洲无利益可言，但美国坚持要使中国进入四强行列，英、苏终于俯首。1943年10月30日，中国成为《莫斯科宣言》又称《四国普遍安全宣言》或《四国协定》的四个签署国之一，中国签字代表为驻苏大使傅秉常。这项宣言的重点为四强将持续战斗至获得最后胜利，任何一国不能单方面与敌签订和约。

中国外交家顾维钧（此图为1936年任中国驻法大使时所摄）。

中国在当时无疑是一个贫弱的大国，但无视它的作用，显然是不明智之举。由于斯大林与蒋介石不愿"见面"，几经商讨，罗斯福和丘吉尔决定美、英、中三国首脑先在开罗聚会。

开罗会议是第二次世界大战期间的一次重要集会，它的召开具有特定的背景和特殊的任务。进入1943年以后，侵略与反侵略的较量已经出现了向有利于反侵略方面的转化，反侵略一方无论是从实力还是在气势上都开始拥有优势。从夏天起，在欧洲和太平洋战场盟军开始进行局部反攻：欧洲德军大败在斯大林格勒城下，被消灭32万人；美、英联军成功登陆西西里岛，意大利政府宣布投降；在太平洋战场，日本惨败于中途岛，美国转为攻势。在这种情况下，同盟国有必要对如何加快战争进程、结束法西斯侵略进行会商。同样，因为战争即将取得胜利，美、英、苏等大国已经在开始思考战后的世界格局，有必要对世界态势进行有利于各自的规划。

在1943年初，美国总统罗斯福就战后的世界安全和秩序，提出了建立美、英、苏、中四国警察力量的计划。8月间罗斯福和丘吉尔在加拿大魁北克的会议中，着重讨论了战后的世界秩序重建问题。10月间，美、英、苏外交部部长和中国驻苏联大使傅秉常代表各自政府，在莫斯科签署了《普遍安全宣言》，确定了最后消灭法西斯和战后国际安全的普遍原则，提出要"以爱好和平国家主权平等之原则为根据"，成立一普遍性的国际组织，在此基础上，罗斯福建议召开美、中、英三国领袖会议，以统一在亚洲地区的行动。会议为结束第二次世界大战做了必要的准备。

罗斯福在会前曾踌躇满志地对儿子伊利奥谈到对世界局势的看法："美国将不得不出面领导并运用我们的斡旋进行调解，帮助解决其他国家之间必将产生的分歧：俄国和英国在欧洲，英帝国与中国、中国与俄国在远东。我们有能力做到这一点，因为我们是大国，是强国，而且我们不妄求。英国在走下坡路，中国仍在18世纪之中，俄国猜疑我们，而且使得我们也猜疑它。美国是能在世局中缔造和平的唯一大国。这是一项巨大的职责，我们实现它的唯一办法是面对面地与这样的人会谈。"这段话形象地说出了罗斯福想做战后世界"领袖"的得意心情。

与罗斯福相比，丘吉尔不那样踌躇满志，他主要关心欧洲战局，另外是不让日本进入英属印度，以及收复新加坡这块陷落的基地，仍

宋美龄全程参与三巨头会谈。

保持英国在整个亚洲的殖民利益。

蒋介石则是希望通过这次会议，要求英国协助进行缅甸反攻，争取美国更多军援物资和贷款，并收回被日本占领的东北及台湾、澎湖等群岛。

1943年10月27日，罗斯福致函蒋介石，邀请他参加大国首脑会议。1943年11月9日，罗斯福第三次给蒋介石发电报，邀请他于11月22日到开罗参加四强会议。会前，由史迪威和商震等人拟定了在开罗会议上的提案，要求美国为蒋介石装备训练90个师的军队，要求英国在反攻缅甸时大力支持。

11月18日，蒋介石偕宋美龄，率16名随员离开重庆，飞往开罗，21日上午7时抵达开罗，下榻于城郊一所独用住宅。随后不久到达的丘吉尔便住在离蒋氏夫妇居所不远的英国大使馆里。

11月23日上午11时，开罗会议在可以眺望金字塔的米纳饭店里开幕。罗斯福、丘吉尔、蒋介石及这三国的高级幕僚均出席了第一次会议。

会场四周戒备严密，设有高射炮及雷达阵地，并有英军一个旅负责警卫。在五天的会议中，三国巨头高峰会一次，美、中首脑对谈四次，英、中首脑会晤三次。对蒋介石夫妇而言，中、英会谈除讲解缅甸作战计划外，大部分时间属应酬性质。而与罗斯福会谈内容要广泛得多。蒋、罗会议涉及战后国际政治、战时军事经济以及敌国占领处置等等，范围甚广，内容也最丰富。中、美幕僚间的接触以及蒋氏夫妇对美方重要人员的招待与商榷，都比中、英之间更为密切。

这次会议开得很短，议题是有关德黑兰会议的议事日程。在会上，罗斯福让蒙巴顿海军上将将魁北克会议拟定的东南亚战役计划有关在缅甸的行动过程向蒋介石通报，蒋希望会议讨论这个问题，但丘吉尔粗暴地打断了他的发言。

第二天，召开了仅有美、英两方参加的第二次"全体"会议，没让中方参加。两国讨论了在欧洲和地中海的行动问题，包括讨论"霸王"计划。

11月26日，罗斯福、丘吉尔、蒋介石三方举行了第二次会议，拟定了最后宣言。《开罗宣言》规定，把日本从中国掠夺去的领土，诸如东三省、台湾和澎湖列岛，归还中国。从开罗会议过程中看，罗斯福对中国的抗战和蒋介石本人依然表现出较浓的兴趣，对中国在国际事务中应有的地位和作用，表现了热情支持与合作的态度，因而保证了会议能够顺利地进行和取得积极的成果。丘吉尔则与他不同，始终抱着老牌帝国主义心态，把对日最后一战的安排始终定位于能否保证英国在远东地区殖民利益的恢复和保持，因此他在会议筹备时不赞成中国代表与会，会议举行过程中又蛮不讲理，不给蒋介石必要的权力，只要求中国让步，只要求中国为缅甸反攻出力，只要求中国人给英国人尽义务，甚至对

宋美龄与罗斯福谈笑风生，另侧的蒋介石能否听得懂则难说。

中国军队反攻缅甸时英国军队应该在缅甸南部登陆一事也不愿意作出承诺。丘吉尔认为，蒋当时严重地"干扰"了英、美两国参谋部的洽谈，理由是中方企图把"中国问题"提到谈判的首位。他希望蒋氏夫妇在开罗多参观，看看金字塔和其他历史名胜。

这位英国首脑，虽有老牌殖民者的遗风，但已无老牌殖民者的实力，只能靠霸道作风来占上风！丘吉尔的态度和要求，大概罗斯福都会觉得既失体面又不近情理。

全程参与会议以及三巨头会谈的宋美龄，在会议期间扮演了中国方面极为重要的角色。蒋介石夫妇、丘吉尔首相与罗斯福总统相聚在一起时，宋美龄的外交才能又一次得到了展示。见到老朋友罗斯福，她热情迎上去打招呼。与丘吉尔是第一次见面，她对这位高大的英国首相的第一印象是嗜烟如命，一根接一根地吸着黑熊牌大雪茄，噼啪作响。在罗斯福与蒋介石会见时，无疑是宋美龄任翻译，他们谈到结束欧洲殖民主义者在亚洲统治的问题。蒋介

过度劳累使宋美龄的体力不支。这是回国途经印度蓝姆迦时，蒋介石与驻印军将领等的合影：右起郑洞国、蒋纬国、蒋介石、宋美龄、蒙巴顿、黄仁霖。照片中的宋美龄依然一副病容。

石急于在缅甸开辟战场，所以提出了给日本实施决定性打击的要求，这一点显然对罗斯福总统产生了影响，在此后的会议内容中，美国代表团打算在会议上讨论远东的局势，但不为英方接受。

这次会见是蒋首次见到罗斯福、丘吉尔，事后他谈了对这两个大国首脑的看法。他说，他与罗倾谈甚欢，推许其为一具有远略的政治家，风度超脱，一见如故。认为丘吉尔为一现实的英国式的老政治家，实不失为盎格鲁撒克逊民族之典型人物。其深谋远虑，老成持重，于现代政治家中，实所罕见。并称对丘的印象较之平时想象为佳。

可是，罗斯福通过和蒋介石的交谈，感到很失望。据悉开幕当天晚上，罗斯福与蒋介石进行了长时间的秘密会谈，一直谈到午夜12点。宋美龄在场当翻译。罗斯福的秘书萨姆纳·韦尔斯也在场。罗事后曾表示对蒋介石的信心大不如前了。

丘吉尔在回忆录中说："这是我第一次见到蒋介石。我对他的冷静、含蓄和敏捷的性格颇有印象，此刻是他的权力与名望臻至顶峰之际。在美国人的眼中，他是世界最显赫的角色之一。他是'新亚洲'龙头。"对宋美龄，丘吉尔说他与宋美龄曾有颇为愉快的对话，可看出她是一个非常特殊亦极有魅力的人，他告诉她，上次在美国未能晤面，实感遗憾。两位说英语的首脑和一位说英语的夫人，代表着三个国家，自如地交谈起来，用不着任何翻译。

据悉，中国代表团里重要成员都能操英语，如王宠惠、郭斌佳、董显光、朱世明等，但宋美龄嫌他们为蒋介石所做的口译不够好，"无法转述委员长思想的全部意义，常亲自重译蒋的声明和对方的谈话。"蒋罗、蒋丘以及蒋和其他外国高级将领（如美方马歇尔、英方蒙巴顿）的对话，这些全由宋美龄一人挑大梁，口译兼阐释，工作颇为辛苦。蒋介石在会议最后一天的日记上写道："今日夫人自11时往访罗斯福总统商谈经济问题以后，直至霍氏离去，在此十小时内几无一息之暇，且时时皆聚精会神，未能有一语之松弛，故至10时已疲乏不堪，从未见其有如此情状也。"（黄仁宇《从大历史的角度读蒋介石日记》，第343页）

作为蒋介石的翻译，宋美龄也有感到丢脸的时候。在会议期间，蒋介石坚持在缅甸战役的同时，喜马拉雅航线的物资运输量必须保持每月一万吨，并坚持要

535架次飞机。英方的蒙巴顿将军尽力向蒋介石解释，即使能弄到那么多飞机，翻越喜马拉雅山运输那么多的物资也是难以保证的；而且，在缅甸的雨季使用空降袭击也是无法办到的。蒋介石说："罗斯福总统绝不会拒绝我的要求，我要什么他就会给什么。"蒙巴顿感到十分惊讶：雨季是东南亚的自然现象，是战争中应当考虑的重要条件，蒋介石为何置之不顾？这时，宋美龄转过脸来用英语对蒙巴顿说："不管你信不信，他不懂得雨季的事。"

会议期间，无论蒋介石参加全体会议，还是与罗斯福及艾森豪威尔的两次密谈，或是与英国首相丘吉尔及其军事家的讨价还价，宋美龄均作为蒋介石的助手和翻译在场，这样可以增加会议的效果。不仅如此，蒋介石举行茶话会，宋美龄是主人。有时候宋美龄还独自举行茶话会，招待各国代表。记者们写道："在茶话会中，蒋夫人受到了包围"，为出席者所注目。"丘吉尔首相的女公子莎娜小姐和四五位太太把蒋夫人缠住不放。蒙巴顿上将曾和蒋夫人谈了29分钟。"

在开罗会议期间，宋美龄与丘吉尔进行了几个小时的会谈。其中有几段有趣的对话：

丘吉尔：夫人认为我是一个很老的人，不是吗？

宋美龄：我真的不知道，阁下相信殖民主义，我不相信。

经过几个小时的会谈后，丘吉尔又问：现在告诉我，夫人对我的看法如何？

宋美龄：我认为阁下说的时候比做的时候要凶。

丘吉尔这个高傲的英国首相，后来曾不止一次地公开表示，宋美龄是他在世界上最欣赏的少数女性之一，她的骄矜和妩媚，都让人极为心动。

在开罗会议期间，由于劳累过度，宋美龄的身体垮下来了，丘吉尔的医生莫兰为她进行了检查。当晚，莫兰在他的日记中写道："她再也不年轻了。但是她有一种与众不同的神态；她虽然形容憔悴，但是还有某种魅力。"

检查完毕，她问医生："有什么毛病？""没有。"医生回答。"真的没有？"她微笑着问，"你认为我不久就会好吗？""夫人，"莫兰一边站起来一边说，"只有在你的紧张生活放松之后，你才会好转。"

曾有一张开罗会议留给历史的照片：在尼罗河畔，礼宾官员安排了四位著

开罗会议留给历史的照片：宋美龄与蒋介石、罗斯福、丘吉尔比肩而坐，有人风趣地称为"四巨头"会晤。

名领袖并排照相。照片上，左起第一人为蒋介石，他身穿紧身军装，高领上缀着三颗星，戴白手套，手里拿着一顶饰有国民党青天白日圆形徽章的军帽。挨着蒋介石的是身着黑色西装的罗斯福总统，他以高超的技巧侧身面向蒋介石，好像在跟他进行谈话似的。第三位是丘吉尔，他身穿一套白色西装，一双白色皮鞋。最后一人是宋美龄，她穿着她常穿的黑缎旗袍，外面罩一件白色短外套，脚上穿着白鞋子，饰有素雅的蝴蝶结。

在这张合影照片中，从宋美龄的位置和表情上，可以看出她在会议过程中所起的作用。宋美龄在会议中间十分活跃，在早已成为她朋友的罗斯福、丘吉尔不熟悉蒋介石，或者说是对蒋介石印象不佳的情况下，她成为蒋介石和罗、丘之间最好的沟通者。

宋美龄几个月前访美活动的余音还在，所以一到开罗即成为美、英代表团和三国新闻记者注意的中心。按道理蒋介石是代表中方的首脑，可对喜好排场和情绪容易冲动的西方人来说，对猎奇、追求新闻价值的记者来说，宋美龄却成了中心人物。

在开罗会议期间，宋美龄穿梭于各国政界要人之间，出尽风头。后来，丘吉尔对罗斯福说："这位中国女人，可不是弱者！"罗斯福也曾对一名记者说："在开罗，我无法形容对蒋中正的任何看法。后来，我回想起这件事，我才意识到，我所知道的都是蒋夫人向我讲的她丈夫如何如何，以及她是怎样的。她总是在那里回答所有的问题。我可以了解她，但对这位蒋先生，我却根本看不透。"

伊利奥（罗斯福之子）问其父亲对蒋介石印象如何？罗斯福耸耸肩说："我想就和我所预期的差不多。他和蒋夫人昨晚在这用晚餐，待到11时左右，他知道他想要什么，他也知道他不可能全都得到。但我们会想办法解决。"罗又说：

"我昨晚和蒋谈了，知道更多没有打的仗以及为什么没打。蒋的部队根本没打仗，尽管报纸上有战争的报道。他声称他的部队没有训练，缺乏装备，那是很容易理解的。但这无法解释他为什么费那么大力气要阻止史迪威训练中国军队。这也无法解释他为什么要把成千成万的军队摆在西北和中共交界的地方。"

在洋人面前，宋美龄联络感情的本事，时常让人为之咋舌。开罗会议期间，宋美龄为了使罗斯福增加对中国的好感，刻意亲近罗斯福之子之举，却让伊利奥·罗斯福感到这个女人的"可怕"。

蒋氏夫妇有一次在行邸举行鸡尾酒会。伊利奥代父参加，丘吉尔之女也来到此。罗斯福之子伊利奥·罗斯福在《罗斯福见闻录》中记录了这次鸡尾酒会：

蒋夫人走到我的身旁，毫不停留地把我带到两张并排放着的椅子上坐下。我觉得她像一位颇为老练的演员。差不多有半小时之久，女士生动地、风趣地、热心地谈着，而她老是设法把我来作为我们谈话的中心。这种恭维与魅惑的功夫之熟练到家是我多少年难得碰到的。她谈到她的国家，可是所谈的范围只是限于劝我在战后移居到那儿去。她问我是否对畜牧农场发生兴趣。那么中国的西北对我简直是最理想的地方了。她为我描画出一个有能力、有决心的人从中国苦力的劳作中所能集积起的财富的金色画面以后，她把身子靠向前来，闪耀着光彩的眼睛凝视着我，似乎在说：同意我所说的每一句话，她的手轻轻地放在我的膝盖上。在最初的几分钟内，我极力地对自己说：这位夫人只是对我们之间的谈话感到浓厚的兴趣，而在她的心中绝无其他任何动机。

可是在她的神态之中却有一种与绝对的真挚不相融洽的生硬的欢娱的光彩。我绝对不曾相信我是如此重要的一个人物，以致她认为必须将我征服，使我很快地变成她的好友，为了任何将来的其他的目的。不过我却相信蒋夫人多少年来始终是以一种征服人的魅惑与假装对她的谈话对方发生兴趣的方式来

开罗会议期间，蒋氏夫妇忙中偷闲参观开罗清真寺。

应付人们——尤其是男人——以致现在这变成了她的第二性格。而我怕看她的第一性格发作，说实话，那会吓坏了我。

酒会结束后，罗斯福问他的儿子酒会如何，特别是对蒋氏夫妇的观感。他皱着眉头听完伊利奥的描述后说道："我不知道我会不会像你一样，那么强烈。她确实是个机会主义者。我当然不愿在她的国家变成她的敌人。然而，在目前的中国，谁能取代蒋的位子？就是没有新的领导人。尽管他们有那么多缺点，我们还是要依恃蒋氏夫妇。"

1943年11月27日，蒋介石带着获得了大国领袖地位的自豪感与宋美龄乘飞机离开开罗返国。回到重庆，蒋介石兴奋异常，逢人便讲他在开罗得到了美、英两大国的保证，将协同反攻缅甸。客观地说，蒋氏夫妇的开罗之行是成功的。但从另一角度看，蒋氏夫妇能够参加开罗会议，反映了中国近一个世纪以来的风云变迁，从任人宰割的落后国家上升为世界四强之一，最主要是因为中国人民英勇抗战的结果，是人民用生命和鲜血换来的。如果没有全民族拼死抵抗的五年多奋战，就没有他们夫妇活跃在世界政治舞台这个角色。开罗会议既是宋美龄、蒋介石政治生涯的里程碑，也是他们外交生涯的顶峰。然而此后，似乎一切开始走下坡路了，蒋氏夫妇在国际上受到欢迎的历史，永远结束了，夫人外交的效用也到了尽头。

Biography of
Song Meiling

宋美龄
全传（下）

佟静 著

團结出版社

第十一章

兵败大陆的背后

八年抗日战争胜利在即，蒋介石和宋美龄的婚姻却发生了严重的问题。究竟是谁有了"外遇"？

国共谈判过程中，宋美龄又成了蒋介石的好帮手。从此她与马歇尔一家结下了深厚的友谊，她甚至要与马歇尔夫人一起"分享对马歇尔的爱"。

1948年下半年，蒋经国发动了一场轰动一时的"打虎运动"，结果宋美龄从中作梗，放"虎"归山。傅作义气愤地说：蒋介石要美人不要江山，我们还给他干什么？和当年"剿共"时一样，宋美龄不断陪同蒋介石巡视前线，结果却把自己"剿"到了台湾。

是谁另有所爱？

蒋介石在性生活上从来就不是一个很严谨的人。1944年的重庆，人们风言风语，传说蒋介石又有了新的情人。

一时间山城重庆的街头巷尾，人们在盛传：

宋美龄现在谈到委员长时只是用"那个人"；

宋美龄不满蒋介石只是在要会见"那个女人"时才把他的假牙装上；

有一天，宋美龄走进委员长的卧室，发现床下有一双高跟皮鞋，就从窗口丢了出去，打中卫士的头。

蒋介石一度有四天没有会客，因为在同夫人发生的一次争吵中，他的头侧被一只花瓶击伤了。

这些传闻甚至惊动了美国驻华使馆，政治参赞谢伟思给华盛顿国务院打了报告：

"关于蒋家庭发生内部纠葛的消息在重庆真是传说纷纷。几乎每个人都能为已普遍被人接受的消息提供一些新的细节和说法，即委员长找到一个情妇，因此，使他与夫人的关系至少说也是处于紧张状态。传言是如此之多，看来必定是出了问题。

"按通常情况来说，关于政府领导人私生活的这种谣传，不会被认为属于政治报道的范畴。可是，在中国情况不是如此，与事情有关的人是一个独裁者，他与他妻子家族之间的关系，在中国具有超乎一切的重要性。这种关系由于委员长与宋子文之间关系紧张已受到削弱。如果性格傲慢而拘守宗教戒律的夫人与她的丈夫公开决裂，蒋氏王朝就会陷于分裂，在中国和海外产生的影响都可能是严重的。甚至，如果当前的情况逐渐为国外所知——几乎肯定和必然如此，也会使委员长和夫人的威信受到巨大损失。"

消息普遍认为，蒋介石是在夫人逗留美国期间觅得他的新欢的。而且，相当普遍的看法是，这位女士已经身怀六甲，再有两个月左右，蒋介石就要做父亲了。关于这位新欢的身份，其说不一：

一说是陈洁如小姐，是蒋介石与宋美龄结婚前的夫人，一般认为她已得到一笔钱去养老，不再闻人间烟火了。实际上，趁宋美龄访美之机回国与蒋介石团聚。

一说，这位"陈小姐"就是陈布雷的女儿。

一说是一位美丽的福建姑娘，经政学系介绍获得了蒋介石的欢心，政学系企图以此来玩弄其裙带政治。

一说是陈立夫的堂妹（有人说是侄女——笔者注）陈颖，相当年轻美貌。在宋美龄逗留美国期间，由陈立夫介绍给蒋介石，以作为一种并不是很有独创性的努力来巩固他自己和CC集团的地位。

据说宋美龄得知此事后，气得大哭了一场。但蒋介石不是山野村民，而是国民党党国"元首"，如果把这件丑闻张

1943年10月10日，蒋介石出任国民政府主席，理当是宋美龄倍感风光的时刻。然而，在此前后的种种传闻却说明他们的婚姻出了问题。

宋美龄与其大姐宋蔼龄的
关系最好，所以蒋介石对大姨
子也比较恭敬。

扬出去，势必影响到蒋介石和宋美龄本人的威望。为了蒋宋王朝的共同利益和大局，宋美龄不动声色地突然出现在陈颖面前，给了陈颖50万美元，让她秘密离开重庆飞往华盛顿。蒋介石惊闻陈小姐失踪，可是他却无可奈何！

还有一种说法，蒋委员长这时候有两个女人。第一个是上述几人之一，第二个女人——陶小姐、乔小姐或者姚小姐——是委员长的长子经国的朋友，并且多次受委员长的邀请赴他的"行宫"。

关于这个女人的去向，又是众说纷纭。有消息断然说，她被遣送到一个"遥远的地方"生孩子去了。另有消息说，她住在委员长的南岸公馆里。还有一则消息，看来像是有些根据，说她住在离重庆六英里的九龙坡机场附近的一所房子里。

所有这些消息都可能不过是些谣言。这些消息的广泛流传和被人相信，以及在流传过程中添加的一些妙趣横生的补充，至少说明宋美龄和蒋介石的威信已经大大下降。谢伟思参赞说：我从未听到任何人试图否认这些消息，或者拒绝传播这种丑闻。

不管宋美龄和蒋介石的夫妻关系是不是因为婚外情而发生严重障碍，种种迹象表明，宋美龄从美国回来以后，她与蒋介石之间的关系至少出现了较大的问题。

自打从美国回来之后，宋美龄大部分时间都是同她的姐姐——宋蔼龄待在一起。宋美龄回避在社交和公开场合露面。她很少去看蒋介石，偶尔一起露面时，也非常冷漠。宋美龄身体欠佳，她抱怨皮肤发炎，医生诊断认为是神经紧张所致。她回避摄影记者。在近距离内看到她的人说，她脸上皱纹很深，显得神情忧郁、愤懑。毫无疑问，宋美龄受到了很大的压力。

1944年11月11日，伦敦《每日邮报》驻加尔各答记者采访了蒙巴顿勋爵手下的一位不慎重的人士后，报道说：蒋夫人肯定已同丈夫分居，她将在美国长期居住下去。这份报道发表后，蒋介石政府的外交发言人很快予以否认。尽管如此，美国情报机关发自重庆的一份电报仍然说："蒋夫人大概会留在美国，但是他们不会离婚，因为这会产生不良影响，从而可能打击中国人的情绪。"

值得说明的是，对这件事情宋美龄曾坚持让蒋介石公开辟谣。程思远先生曾回忆说："在此时期，蒋介石在重庆也很不好过。8月12日，我忽然接到国府总务局交际科通知，要我于当天下午3时到林园官邸一叙。我以为又要举行官邸党政会议，商量什么军国大事。等我到达以后，发现到来的党政军大员很多，是一个前所罕见的盛会。届时那个身材高大的总务局长陈希曾邀我们入座。在T字形长方桌上，设有茶点招待。我们刚坐定，蒋介石夫妇进来了。蒋介石点头对我们招呼，嗫嚅着说：好！好！宋美龄板着面孔，好似刚才同人吵架似的。下面是蒋在茶会中的发言(大意)：

各位同志：

最近社会上流传着一种谣言，说我瞒着蒋夫人，同一位所谓陈女士在这里秘密同居。实际上并没有这一桩事，那完全是国内敌人对我个人的造谣污蔑，目的在破坏我们国民党的威信，使抗战受到不利的影响。如果我们听信这种谣言，那就为亲者所痛，仇者所快！须知我与蒋夫人是神圣的结合，革命的伴侣，17年来，我们为着革命大业，为着北伐与抗战，并肩战斗，艰苦备尝，屡经险阻，矢志不移。我们的亲密合作是经得起严峻考验的，久而弥笃，天日可表。当前局面非常严重，今年是抗战中最险恶的一年。我与蒋夫人临危不惧，必将淬砺奋起，更紧密地团结在一起，努力奋斗，以争取最后的胜利。

"我听了这一席话，深觉莫名其妙！即使蒋同陈女士有这种暧昧关系，用得着在这种场合公开坦白吗？"

当时担任外交部政务次长的吴国桢的回忆中也有同样的记载：

1944年6月的一个下午，蒋介石决定在重庆歌乐

蒋介石、宋美龄与爱犬　　391

讲话不是蒋介石的长项，何况是解释绯闻。（这是蒋介石早年在演讲）

山官邸举行茶会，吴国桢当天上午临时获得侍从室通知，要他早到数分钟。《吴国桢传》描述说："吴驱车前往，道上见不少车辆奔赴，心中明白此皆赴会之人，但其数目之多，则出意外。到达虽时间尚早，而礼堂座席可容纳二三百人，几已坐满。更可怪者，参加人员，外国新闻记者全被邀请，而本国记者则不见一人。外国使节未被邀请，但外国教会人员则到了不少。吴赴别室见蒋，蒋谓：'我今天说话，你须小心翻译。我说时，你可在旁略作记录，再行译出。'言毕又云：'我就要陪夫人到会，你先去礼堂等候。'吴见其气度非如平日之从容，遂默然辞去。吴回到礼堂，蒋和夫人即行出场，只略向各方点首，即行演讲。说是演讲，实在不是演讲。"

原来，蒋介石是就他的"绯闻"向与会人士澄清，但讲话极为吃力。《吴国桢传》又说蒋"上台开口说话，神色忽现紧张，宁波口音，字字显出，蒋平日并不口吃，而此次则独见，有时冲口而出，有时戛然停顿，微觉结巴，结巴之后更形紧张。"吴国桢翻译得很吃力，宋美龄眉宇间露出不悦之色。蒋介石言词之间，虽未明白指出，但亦含糊示意，谣言产生乃在国外，谓蒋虽戎马倥偬，而未忘情于自娱，前次蒋夫人出国，蒋即与一女护士结缘，并生一私生子等语。蒋介石坚决否认，称自与夫人结婚后，成为忠实基督信徒，从不犯奸淫罪；且终日行动，皆有人在旁随从，并做记录，未有一时一刻完全空闲由其私人单独活动。蒋介石说来说去，重重复复，最少在半小时以上，直说得面红耳赤，口舌迟钝。

可是，人们普遍存在逆反心理，越是解释人们越相信那些谣传的真实性。

多少年来，蒋宋婚变的传闻已成为神秘莫测的谜。直到1992年初，才有人在《民国春秋》杂志上披露了事实真相。原来所谓蒋介石的"新欢"就是他的前妻陈洁如。

陈洁如在美国学习五年后，于1933年回国，改名陈璐，隐居上海，与养女陈瑶光相依为命。一直隐居在上海的陈洁如，怎么会潜去重庆的呢？

1937年七七事变后，抗日战争全面爆发。经过激烈的淞沪会战，上海于11月

13日沦于日本之手，租界成为孤岛。隐居于法租界巴黎新村(今重庆南路169弄8号)的陈洁如，是一个民族意识相当强烈的爱国女性，整日深居简出。1941年12月中旬的一天，她与弟妇庞定贞同去南京路惠罗公司购物，不料竟与汪精卫的妻子陈璧君、诸民谊在电梯中邂逅。陈洁如1924—1926年与蒋介石在广州居住时，与陈璧君这位"国民政府主席"夫人是相识的。但如今的陈璧君，已是卖身投敌的大汉奸了，在日伪统治下的上海炙手可热；诸民谊也是汪伪政权行政院副院

此时的陈洁如显示出成熟女性的魅力。

长兼外交部部长。陈洁如惴惴不安之余强作镇静，虚与委蛇；陈璧君则犹如捕获到一个猎物，当即邀陈洁如同去对面的汇中饭店叙旧共餐，饭后以车送其归寓。陈璧君从此得悉了陈洁如的住址，常来巴黎新村叫门，最后还提出了要陈洁如也跟着她一道"曲线救国"，出任汪伪政权的侨务委员会副主任。以民族大义为重的陈洁如婉言相拒，她为逃脱魔掌，当即毅然只身秘密离开上海，潜去抗战的大后方。她先越过敌人的封锁线辗转到达了江西上饶。当时抗战的第三战区司令长官部设在上饶，司令长官顾祝同是蒋介石的亲信部将。顾在安顿了陈洁如后，立即密电重庆报告蒋介石。在得到了蒋的回电后，顾即派专人护送陈洁如去重庆。

陈洁如抵达重庆后，被秘密安置在山洞(地名)离陆军大学蒋介石官邸不远的吴忠信公馆里。吴忠信是蒋介石二十多年前的拜把兄弟，互相知根知底，如今受此重托，遂将陈藏于密室而重礼厚待。蒋旧情复炽，经常去吴忠信公馆与陈幽会。虽然行踪秘密，但终究逃不过宋美龄的耳目。一时醋海兴波，闹得不可开交。传说蒋介石被宋美龄打了一个耳光，又一说蒋的脸都被宋抓破了，致使蒋无法出场接见外国来宾。素来对宋美龄依顺有余的蒋介石，这次居然我行我素。宋美龄十分气恼，竟于1942年11月出走美国。这一来蒋介石和陈洁如之间的活动也就方便自在多了。

据传有一段日子陆军大学的游泳池常有陈洁如的身影，而蒋则坐在池边观看。当时，蒋演出的这桩风流韵事不胫而走，人言啧啧，盛传"委员长另有新欢"，人皆称之为"陈小姐"，在山城成了人们茶余饭后的热门话题。然而人言

言殊，以讹传讹。有的说蒋宠爱的这位"陈小姐"是陈布雷的女儿，有的又说是陈立夫的侄女，多少年来神秘莫测，殊不知乃是当年的校长夫人鸳梦重温而已。

但是宋美龄毕竟是一位非同寻常的政治家，她在美国住了半年多后，于1943年6月回到重庆，继续与蒋介石并肩出入各种重要场合，还于11月同去开罗出席了中、美、英三国首脑会议，展现了她非凡的风采和魅力，自是陈洁如难以望其项背的。陈洁如只能隐退于吴公馆蛰居而已。

这是谜底吗？近年来，评论蒋介石的中国台湾作家李敖先生又提出另一个解谜思路："蒋氏夫妇感情不睦，宋美龄再度远赴美国，大多数人认为感情不睦，总是男人有了外遇，何况这个男人等同皇帝，传闻就是如此，中国仍是大男人主义的社会，丈夫休妻，时有所闻，妻子休夫，谈何容易！

"我们必须摆脱大男人的思路，不要总以为男人遗弃女人。在古代，皇帝另有所爱，天经地义，然而在现代，皇后未尝不可移情别恋。蒋宋婚姻关系不睦，也应该从宋美龄的性格历程上去着眼。"

其实蒋介石基于利害，是很敬重宋美龄的，不仅是孔、宋家族的实力，更因宋美龄会说一口流利道地的英语。蒋介石曾向侍从室的唐纵说："在现今之世，不善英文，不能立足。"

他能不敬重"颇善英文"的夫人吗？更何况宋美龄二度赴美之前不久，刚陪他风光地出席开罗会议回来。在开罗会议上，他不会不感到不可一日无此妻。再说，他年轻时在上海滩固然是花天酒地，但是自从得了梅毒以及与陈洁如结

婚后，在生活上已戒酒戒嫖，大为收敛。他遗弃陈洁如，娶了宋美龄，主要是政治考虑，并非为美色所惑。在1940年，宋美龄的政治价值，对他来说，到达巅峰，他岂敢在宋后头上动土？

李敖先生认为这一事件缘起于宋美龄移情别恋，而源头是美国特使威尔基访华。

温德尔·威尔基是当时美国政坛上的一位怪杰，1892年出生于印第安纳州，律师出身。他崛起政坛，不循常轨，却得到许多美国人的欣赏与支持。1940

　蒋介石的结拜兄弟吴忠信

年，他成为美国总统共和党的候选人，与竞选第三任的民主党候选人罗斯福大抢总统宝座。当时威尔基声势极大，大到他自己都自信到甚至不必做竞选活动，就可入主白宫的程度。在竞选过程中，他甚至极诚实、极有风度地赞同对手罗斯福的某些改革方案与外交政策，这样增他人声势、减自己威风的干法，可谓千古罕见。最后，他得了2200万票，仅以500万票少数差距，败给罗斯福。

威尔基为人豪侠热诚，他本是民主党员，在1930年中期，改属共和党。早在他做民主党员时，罗斯福就非常喜欢他，说要请他做国务卿。后来虽成了罗斯福政敌，但罗斯福对他的好感不减。罗斯福说他绝不忽视曾有2200多万美国人支持的这位优秀政治家，因此，委请威尔基做他非官方的代表，飞访世界各地。

1942年8月26日，威尔基搭乘四引擎轰炸机起飞，49天后(10月14日)回国，他写了《天下一家》一书，卖了100万册，宣扬他的理想与游程。

在《天下一家》中，威尔基以一连四章的大量篇幅，写他在中国的经历。蒋介石派了两个亲信，新闻局副局长董显光和朱绍良将军，到迪化迎接并陪伴全程。到达重庆前，全城已整修一新。到达时，重庆张灯结彩，万人空巷。他自写被欢迎的盛况如下：

"我是傍晚时分在一个离城几英里远的飞机场到达重庆的。我们的汽车还没有进城，人们早已排列在街道的两边了。在我们到达城中心以前，群众已挤满了店铺前面的人行道。男女成人和儿童，长鬓的绅士，有的戴着呢帽、有的戴瓜皮帽，挑夫、走卒、学生、抱着孩子的母亲，衣着有的讲究、有的褴褛——他们在我们车子缓缓驶向下榻的宾馆途中11英里的道上，挤得人山人海，他们在扬子江的对岸候着。在重庆所有的山坡上——重庆一定是世界上最多山的城市——他们站在那里，笑，欢呼着，挥动着小小的纸制的美国和中国的国旗。

"任何一个参加过美国总统竞选运动的人，对于群众都是习以为常的。但对这样的群众却不如此。我可以暗中依我所愿地减低他们的意义，但没有用处。人民挥动着的纸国旗是大小一律的，暗示出来那位殷勤而富于想象的重庆市长吴国桢博士在这个盛大欢迎的设计中曾参与其事。很明显的，并不是所有这些人民，其中有许多被发跣足的人，对于我是谁或者我为什么到那里，都具有明白观念。我还向我自己说，那每个街头巷尾喧闹不绝的爆竹，竟不过是陈旧的中国人的热

抗战为宋美龄提供了展现其风采和魅力的国际舞台。这是当时美国《生活》杂志的一期封面。

情表现。

"但是，尽管我这样努力减低它的意义，这个景象却深深感动了我。我在我所注视的面孔上，没有一点人为的或虚构的成分。他们看我是美国的一个代表以及友谊和即将到来的援助的一个具体希望的代表。那是一个群众善意的表现，而且它是人民中和情感中的单纯力量的动人表现，这个力量也就是中国民族最伟大的富源。"

威尔基是个长得高大而精力充沛的人，这年正好50岁，来日的政治前途非比寻常。罗斯福已干了三任，下一任总统很可能就是他。他备受欢迎，自然在意料之中。国民党官方更声称，他是上一个世纪退休总统格兰特访华以后，层次最高的美国访客，对他的巴结，使出了浑身的解数。

这个热情有余、警觉不够的傻大个，很容易被迷汤灌住。他一来到中国，就被蒋、宋、孔团团包围。他不住美国使馆，而住在宋子文的豪华住宅里，令美国大使高斯大不以为然。宋家三姊妹，他都见到了，而只在宋家的餐会上，得见周恩来两面。他冷落蒋介石不喜欢的史迪威，而亲近蒋介石所喜欢的陈纳德。在这种情况下，他对蒋氏夫妇特具好感，当然不在话下。他与蒋氏夫妇有许多次单独的早餐、午酌、晚宴，他回忆说：

"有一个黄昏，我们开车到蒋氏在长江悬崖上的别墅，小董(显光)也在。我们坐在木屋前的大凉台上，远眺重庆的山麓，下瞰长江，见到若干小舟在激流中行进，运载中国乡下人及其产品到下游市场。那日重庆酷热，然而在此凉风习习，甚是清爽。当我与委员长谈话时，宋美龄为我们沏茶，并与小董轮流为我们当译员。他特别提到宋美龄的温柔体贴：宋美龄一直为我们翻译，最后她以令人愉快而坚定的女性权威说：'已经十点钟了，你们男人还没有吃些什么，来！我们必须要开车进城，多少找些吃的，你们的话以后再谈！'"威尔基说，他在重庆六天，无时不与蒋介石晤谈，这些晤谈必定有宋美龄在场。他对两人的印象都好极了。

他说他在华府就认识了宋子文，知道他有三个姊妹，接着说：

"有一次孔祥熙在他家的草坪上举行晚宴，我坐在首席，位于宋美龄与宋庆龄之间。我们谈兴甚浓，我至感愉快。两位女士都能说精美的英语，富内容而又具机智。晚饭吃过之后，蒋夫人挽着我的手臂说：'我要你见见我另外一个姐姐，她因神经痛，不能到户外赴宴。'"

于是威尔基与宋氏二姊妹在室内大聊特聊起来，高兴得忘了时间与户外的其他客人。大约到晚上十一点，孔祥熙进来，轻责宋美龄与威尔基宴会散了，都还未回席，然而老孔也坐下来加入龙门阵。威尔基特别指出，他们三人都能聊，而宋美龄的谈锋最健。最后，即将分手之前，宋美龄向孔祥熙夫妇说，昨天吃晚饭时，威尔基建议她应该去美国做亲善访问。孔氏夫妇把眼光移向威尔基，威尔基答称是，是那样建议的。当孔祥熙进一步追问时，威尔基发了一大篇高论，大加赞扬宋美龄。他说美国人亟须了解亚洲与中国，中国方面有头脑、有说服力以及有道德力量的人，应帮助教育美国人。他认为宋美龄将是最完美的大使，她有极大的能力，会在美国产生极有效的影响力。他深信，凭她的"机智、魔力、一颗大度而体贴的心、高雅美丽的举止与外表以及炽烈的信念，她正是我们需要的访客"。

从以上威尔基许多大特写中可知，他对蒋氏夫妇印象好得像爱丽丝的梦境。他对宋美龄的爱慕，更是溢于言表。同时我们也可以看到，宋美龄对他的兴趣也很大，除了政治上的需求外，也有个人的吸引力。宋美龄美媚多姿，威尔基高大热情，两人言语又畅通无阻，心倾相慕，实不足为奇。

比较有说服力的是，李敖先生还找到了另外的证据：

有两个报人陪伴威尔基这一次的游行访问，一个是迈可·考尔斯（是美国出版界大亨、《展望》杂志创办人），另一个是约瑟夫·巴恩斯，是极有经验的外国事务记者与编辑。威尔基认为他们两位是他最佳的游伴。其中迈可·考尔斯在43年以后(1985年)出版了一部书，叫《迈可回顾》，书中写出了威尔基不敢写出的大特写，细腻逼真，值得把这一段别开生面的中美"感情上的密切联系"，登录于下：

我们旅程的下一站是中国。宋子文——蒋介石夫人的哥哥的那栋现代化豪华巨宅，是我们在重庆六天的总部。六天的活动相当紧凑，有威尔基和蒋介石委员长——国民政府领导人之间的数次长谈；有政府官员的拜会活动；还有委员长和夫人每晚的酒宴。其中，夫人的仪态和风度，令我和温德尔两人都感到心神荡漾。

有一晚在重庆，委员长为我们设了个盛大的招待会。在一些欢迎的致辞之后，委员长、夫人和威尔基形成了一个接待组。大约一小时后，正当我与宾客打成一片时，一位中国副官告诉我，温德尔找我。我找到威尔基，他小声告诉我，他和夫人将在几分钟之后消失，我将代替他的地位，尽最大的努力为他们做掩护。当然，十分钟之后，他们离开了。我像站岗似的钉在委员长旁边。每当我感到他的注意力开始游荡时，就立刻慌乱地提出一连串有关中国的问题。如此这般一小时后，他突然拍掌传唤副手，准备离开。我随后也由我的副手送返宋家。

我不知道温德尔和夫人去了哪里，我开始担心。晚餐过后不久，中庭传来一阵巨大的嘈杂声，委员长盛怒狂奔而入。伴随他的三名随身侍卫，每人都带了把自动步枪。委员长压制住愤怒，冷漠地朝我一鞠躬，我回了礼。

"威尔基在哪儿？"礼仪结束后他问。

"我不知道，他不在家。"

"威尔基在哪儿？"他再次询问。

"我向你保证，委员长。他不在这里，我也不知道他可能在哪里。"

1943年宋美龄访问纽约时，威尔基扶其登台在麦迪生广场向数万群众演讲。

委员长转遍了整栋房子，我和侍卫们尾随其后，他检查每个房间，探头床底，遍开橱柜。最后，他对两个人的确不在屋里的事实感到满意后，一个道别的字都没扔下就走了。

我真的害怕了，我见到温德尔站在一排射击手前的幻影。由于无法入眠，我起身独饮，预想着可能发生的最坏的事。清晨四点，出现了一个快活的威尔基，自傲如刚与女友共度一夜美好之后的大学生。一幕幕地叙述完发生在他和夫人之间的事后，他愉快地表示已邀请夫人同返华盛顿。我怒不可遏地说："温德尔，你是个该死的大笨蛋。"

我列举一切的理由来反对他这个疯狂的念头。我完全同意蒋夫人是我们所见过的最美丽、聪明和性感的女人之一，我也了解他们彼此之间巨大的吸引力，但是在重庆的报业圈已经有够多关于他们的流言蜚语了。我说："你在这里代表了美国总统，你还希望1944年能再度被提名，希望竞选下届总统。"我还表示届时他的太太和儿子可能会到机场接他，夫人的出现将造成相当尴尬的场面。威尔基听了气得跺脚离去。当时我已经非常疲倦，于是倒头便睡。

我八点醒来时，威尔基已在用早餐，我们各吃各的，半句话没说。九点钟他有一个演讲。正当他起身准备离开时，他转身对我说："迈可，我要你去见夫人，告诉她她不能和我们一起回华盛顿。"

"哪里可以找到她？"我问。他腼腆地说："在市中心妇幼医院的顶层，她有一个公寓。那是她引以为傲的慈善机构。"

大约十一点，我到医院要求见夫人。当我被引进她的客厅后，我愚钝地告诉她，她不能和威尔基先生一起回华盛顿。

"谁说不能？"她问。

"是我，"我说，"我告诉温德尔不能带你同行，因为从政治上来说，这是非常不智的。"

在我还没搞清楚怎么回事之前，她的长指甲已经朝我的面颊使劲地抓了下来。她是这么的用力，以致在我脸上整整留下了一个星期的疤痕。

威尔基要带宋美龄一起回美之事，已故著名通俗史家塔奇曼女士曾亲自访问当时在重庆美国使馆做事、能通华语的文森特，得到证实。文森特还注意到，蒋介石当面对威尔基甚是殷勤，但当威尔基离开后，要人赶快把窗户打开，说是"让羊骚臭散出去"，难掩厌恶之情。从另一方面看，宋美龄的指甲可以朝老美脸上抓，也可以看出她和他们厮混的关系，已经到了何种程度。那次深夜幽会，

宋美龄回国后的第三天，在招待会上俯身端详最高统帅勋章的姿态，把蒋介石高兴得盘子都快拿不住了。

50岁的孤男和45岁的寡女独处，其严重性也就可想而知了。

凡"男欢女爱"，绝不是单方面的事。美国驻重庆的另一位官员约翰·巴顿·戴维斯，也亲眼看到了宋美龄如何发挥她的魅力：

毫无疑问地，宋家小妹已经轻轻松松地征服了一个人。在她主持的一项救济机构茶会上，她披着一件空军将领的大衣，以令人无法抗拒的女性温柔，娇滴滴地承认威尔基先生是一位非常"撩人绮思"的男人，此种表白使这位罗斯福总统的私人代表浑身舒畅。……有趣的是，这番话对独身的威尔基和未来的政治发展都产生影响了。

威尔基不便带宋美龄一起返美，他的失信，似是情非得已的。但他还是很够意思，他以他对罗斯福的影响力，促成了宋美龄的访问美国。照国民党官方资料，说宋美龄访美，乃在8月22日与9月16日两次受罗斯福之邀，才得成行。但威尔基明明在《天下一家》中透露，由于他的建议，罗斯福邀宋美龄访美，形式上只是客套话，能否成行，还有赖于威尔基的玉成。再从时间上看，威尔基10月8日离开中国后的第二个月(11月17日)，宋美龄就去了美国，这一紧密配合的速度，也正印证了宋美龄的访美，乃得力于威尔基的暗中使劲。

威尔基暗中使劲，帮助蒋介石和宋美龄，也没有逃过触角灵敏的华府记者的眼睛。《华盛顿邮报》一位名叫米勒的专栏作家，指出威尔基对蒋介石夫人的揄扬，将赞美词用到了极致。据美国海军上将莱希说，罗斯福总统与宋美龄私下谈话时，笑责她是一个"荡妇"，否则温德尔·威尔基于近日中国之行怎会如此被她吸引，答应了她任何的要求？宋美龄笑谓："不能说我是荡妇，实因威尔基先生具有一个大孩子所有的情绪反应。"罗斯福对宋美龄评论威尔基也很感兴趣，坚持要她评论一下他。她敷衍不过去，最后说："噢！总统先生，您很老练。"罗斯福内阁的女阁员法兰珊丝·珀金斯说，总统听后大感窝心，在白宫里一再地告诉别人。陪伴威尔基访华的记者巴恩斯，在《威尔基传》里也提到这件事，可见46岁宋美龄的魅力，不仅在头一年迷倒中年人威尔基，而且在这一年迷倒61岁的罗斯福呢。

所以，李敖说：蓬莱恩怨之所以未分明，因未深探宋美龄的感情世界。她与威尔基在重庆一见如故，威尔基热情为她安排风光的访美之行，到美国后又常相陪伴，纽约那次两万人的演讲会又由两人同时登台。旧梦重温，自在意中。说"蒋公别有所爱"，未免冤枉蒋介石矣。实际上是宋美龄另有所爱。

宋美龄离美后，到7月4日飞返重庆。在蒋介石身边的唐纵于当日日记记载了这样的内容："蒋夫人由美载誉归来。下午，蒋夫人由美归国，委座乘机赴新津接她，但夫人直接乘机在白市驿降落，没有往新津换机，所以没有接到。委座回来时，适经国亦由桂林来渝，同时降落，几乎飞机相碰，危险极矣！"

蒋介石兴冲冲地去迎接久别的老婆，不但没接到，而且差一点父子飞机相撞，真是晦气。原来接不到并非偶然，唐纵于8月15日又有日记写道："近来委座与夫人不洽，夫人住在孔公馆不归，委座几次去接，也不归。问其原因，夫人私阅委座日记，有伤及孔家者，又行政院长一席，委座欲由宋子文担任，夫人希望由孔担任，而反对宋，此事至今尚未解决。"

可见宋美龄一回来就不理蒋介石，住在孔祥熙家里负气不归。依常情而言，此次在外交上打了一个大胜仗，载誉归来，又夫妻分别将近九个月，理应欢喜做一团，然而不仅没有相见言欢，反而不洽，已多蹊跷。唐纵听说的那些为孔、宋做官的事而不洽，岂其然哉？岂止此哉？

直至10月初，宋美龄仍住新开市孔公馆，而"委座尝于私人室内做疲劳的吁叹，其生活旷苦矣"。虽然夫妇两人一道于11月18日由重庆起飞，出席开罗会议。回来后，又是一次外交上的胜利，但宋美龄还是没有和蒋介石和好，终于1944年7月5日，"飞车十万程"，又去外国了，直到1945年9月抗战胜利日本投降后才回国。宋美龄说是健康关系，但蒋介石的顾问拉铁摩尔看在眼里，"好像是故意要离开"。虽然在形式上，这对政治夫妻一直都在串假戏，想欺人耳目，但是，若非两人的关系出了问题，宋美龄"健康休养"一养就养到南美洲去，若非志在负气，似乎也不必养那么远。

显然，他们的夫妻感情发生了裂痕，而唐纵的日记从一个侧面显示，问题的实质是老婆对丈夫不好，而非丈夫对老婆不好。由此看来，李敖的观点也许是有一定道理的。

一度闹得沸沸扬扬的山城绯闻，和几十年来各路史家的分析，都不能有个明确结论，只有等宋美龄说出正确答案，但是她永远保持着沉默。

美洲就医

1944年7月5日，就在中国的抗日战争已经进入最后的时刻，全国人民仍在与日本帝国主义进行殊死搏斗的时候，宋美龄却放弃了自己的职责，到遥远的地方养病去了。陪同她去养病的是她的大姐宋蔼龄。她们的第一站是巴西。

在巴西，宋美龄和她的姐姐宋蔼龄一起住在巴西政府供要人玩乐的布罗科约小岛上，她们俩同住在一座诺曼底式的大厦里，在那里隐居了两个月之久，宋美龄就医、休养和娱乐；宋蔼龄则同巴西铁腕人物热图利奥·瓦加斯周旋，转移资金，在富饶的工业城市圣保罗购买财产。

布罗科约岛是个风景优美的休养胜地，对消除精神疲劳，恢复身心健康大为有益，宋氏姐妹俩住在这里静养，很少在里约热内卢露面。可是，这里的幽美环境并没有使宋美龄的皮肤病有所好转。

9月6日，她们乘飞机前往纽约，宋美龄再次进入哈克奈斯大楼，占了这座大楼的整整一层。经诊断，她患有严重神经衰弱症，由罗伯特·洛布和达纳·阿奇利两位医生负责治疗。医生们反复向宋美龄强调，说她需要长时间休息。宋美龄在哈克奈斯疗养了一个月，便于10月9日搬到市郊里弗代尔孔祥熙家的公馆，同宋蔼龄和弟弟宋子良一起隐居在那里，一直不公开露面，也不会见什么人。

宋美龄在美国住了10个月，只公开露过一次面，那是1945年6月

宋美龄读到报上日寇投降的消息，欣喜地笑了。

14日，她参观了纽约州贝德福希尔斯女犯监狱。宋美龄对监狱当局说，她想搜集一些有助于管理中国监狱的资料。

《宋家王朝》的作者西格雷夫写道："从1944年起，除庆龄以外，宋家所有成员花在美国的精力都超过花在中国的精力，他们全力以赴地共同创造了大概是地球上最大的一笔财产，这笔财产大概远远超过20亿美元，也许有30多亿美元。"仅宋美龄自己在纽约大通国民银行或花旗银行就存有1.5亿美元。这些数字也许不十分准确，但宋美龄等人聚敛的财产十分惊人，则是毫无疑问的。

抗战胜利后，1945年9月5日，宋美龄乘飞机回到重庆，在机场上受到蒋介石等人的迎接。她对丈夫的感情是否恢复如初，外人是不得而知的，我们只能从宋美龄的活动中，可以看出她这时更加积极拉拢美国人，目的是帮助她的丈夫对付共产党，准备打内战。后来在台湾的士林官邸，却流传着老一辈侍从人员最常讲的这个时期的笑话：在抗战胜利的那段日子时，蒋介石夫妇回到南京，他们的感情生活时常会出现"各行其是"。宋美龄只要和蒋介石闹了别扭，就索性往上海一躲，住在上海官邸，不去理会蒋中正。有时候蒋介石在南京黄埔路官邸等急了，就打长途电话到上海催驾，无奈宋美龄硬是不买蒋介石的账，怎么劝都不去理睬蒋介石。有时候，蒋介石实在给她逼急了，只好低三下四地低声说道："Darling！无论如何都请赶快回来，你再不回来，佣人们都要造反了，快回来！"就这样三催四请，好说歹说才把宋美龄劝了回来。可是，没过多久，宋美龄又会为了别的事情，和蒋介石意见相悖，拂袖而去。不管是为什么事情，也不管谁是谁非，最后投降的八成仍是蒋介石自己。

由此看来，抗战后期宋美龄和蒋介石的感情应该说与从前有了很大的不同，闹别扭已成了平常事。然而，出于共同利益的需要，宋美龄仍然一如既往地在各个方面帮助蒋介石。归国不久，宋美龄又忙碌起来。9月14日召见"妇指会"总干事张蔼真和各组组长商谈会务，布置工作。她每到"妇指会"时，见到该会职员总是随便称呼"密斯刘""密斯方"，使人感到亲切，这是宋美龄笼络人心的重要手段之一。9月21日下午3时，宋美龄在山洞林园官邸大礼堂设宴招待美国驻华妇女辅助队，陪着该队队长、副队长坐在礼堂上首，并用英语致欢迎词。到会来宾有六十余人。会后，宋美龄还陪同辅助队员参观了魏德迈和赫尔利住过的别墅，极尽拉拢美国人之能事。

抗战胜利以后，中国面临着两种命运、两种前途的大决战。蒋介石的既定方针是：发动全面内战，消灭中国共产党及其领导下的人民武装力量，并吞解放区，"统一"全中国。内战在即，宋美龄做了些什么呢？毫无疑问，她帮助蒋介石积极准备打内战，消灭共产党，坐稳江山。她的努力不外是台前的或幕后的，虽然也有帮倒忙的时候，但是她确实是积极而努力的。

与马歇尔"友谊"的背后

1945年底，中国近代外交上的一件大事就是"马歇尔使华"，宋美龄作为蒋介石政权的外交高手和高级助手马上开始了新一轮外交战，费尽心机去讨好这位在世界上名气甚大的美国客人。为什么呢？

抗日战争胜利后，蒋介石从国、共两党势力范围的划分出发，准备重演1927年4月12日的一幕，公开"反共"。事实上他的"反共"行动计划，也迎合了美国当权者的需要。自第二次世界大战结束后，美、苏两国代表各自的阵营将世界引向新的冷战时期。美国出自于封锁社会主义苏联的需要，积极组织世界性的反苏包围圈，同苏联接壤万里的中国理所当然会成为美国筹组对苏防线中的

在国际政治舞台上大显身手的宋美龄，不知何故没有参与国共最高领导人的谈判。这是重庆谈判时的合影。左起：赫尔利、蒋经国、蒋介石、张群、王世杰、毛泽东。

重要一环。要组织反苏包围圈，当然也就要消灭中国境内的共产主义势力；要消灭中共，当然需要借助蒋介石的力量，这就必须支持蒋介石和南京政府。抗战胜利后，蒋介石马上从山上下来摘桃子，他命令蒋军到处抢占城池。而在他的如意算盘中，马歇尔来华作用之一就是能阻止中共对他摘桃子的反击。对蒋介石来说，要想消灭中共势力，当时也只有寻求美国的支持，这正好与美国的"以扶蒋反共政策为核心"的对华政策是完全吻合的。需要指出的是他的"联美反共"政策，并非完全是因为中共与苏共之间存在的战友关系，他也很清楚，毛泽东和斯大林之间是无法做

到统一步伐、统一行动的。他是要通过"反苏反共"，与美国结成同盟，一方面巩固国民党的执政地位和四大家族的统治地位，另一方面削弱苏联的影响和消灭中共势力。

美国政府援助蒋介石，也有它自己明显的利益要求。但是，美国在中国的活动同日本相比有很大的不同。日本是捞取更多的经济和物质利益，美国则是更看重能争取到的侵略特权；日本是靠武力解决问题，美国是靠谈判签订协议和援助来达到目的；日本是成为直接占领者，美国是寻找代理人。因此无论是目的，或是手段，还是结果，美国均要比日本略胜一筹，其欺骗性也大得多。

第二次世界大战远东地区的战事结束后，因为逼迫日本投降而在亚太地区驻扎有大批军队的美国，把焦点定在中国的内政问题上。干涉中国内政主要从两方面进行，一是调处国共冲突；二是利用各种机会和形式进行侵略。

美国为了实现压制苏联、组织反苏包围圈的战略目标，对南京政府慷慨大方，蒋介石因之获得不少实惠。国民党蒋介石集团当时最大的政治需要，就是为全面内战作准备，美国为此尽了很大的努力，提供军费、武器和物资，出人出钱出装备。面对美式的飞机大炮和蒋介石咄咄逼人的态势，中共在日本投降后，并没有屈服，而是继续有理有利有节地顽强抵抗，在谈判桌上和战场上同时与国民党进行斗争。

根据国共双方的力量对比和战斗力，美国人很快看到蒋介石的军队不可能迅速解决共产党的军队，杜鲁门不得不再度扮演仲裁的角色，回到谈判桌上来。抗战一结束，蒋介石和美国总统杜鲁门联袂合演"调处"骗局。杜鲁门乃特命马歇尔以总统代表赴华调解国共争端。当时，马歇尔在美国的地位仅次于总统杜鲁门，而声望也许是有过之无不及。美国派出这样一位重量级的人物来做调解人，可见对国共问题的重视，以及要维护美国对华政策之心切。

1945年12月21日，蒋介石偕宋美龄在南京接见美国总统特使马歇尔。

蒋氏夫妇参观故宫。

在这样的国际国内背景下，凭着她的政治悟性，宋美龄当然知道马歇尔来华的重要性。1945年12月23日，美国总统特使、第二次世界大战的英雄马歇尔将军应邀飞抵重庆，两天后杜鲁门发表对华政策声明，希望中国停止内战，实现民主和平统一。

马歇尔的中国缘始于20世纪20年代，1924年9月作为美国中校的马歇尔偕夫人首次来华出任美国第十五步兵团团长，任务是保卫天津租界，史迪威是他的部下。马歇尔在华三年，曾借此机会学了一些中国话，自称比他的法语还好。18年后，已在第二次世界大战中出了名的马歇尔再度来华。

马歇尔负有调停中国内战的责任，因此国共两党代表均表示愿意与他合作。有两个因素决定了蒋介石对马的友好态度，即美国的援助和对中共的限制。根据美国《租借法案》，自抗战中后期以来，美国已向蒋介石提供了大量的援助，抗战虽已结束，可美国的援助没有停止，各种剩余战略物资源源不断地运来，马歇尔的态度显然对美援数量的多少和时间的早晚，都会有相当大的作用；其次蒋介石最为担心的是马歇尔是否会"亲共"，当然会竭尽全力拉住这位美国特使，因此在马歇尔留华的时间内，待其为上宾，两人多次进行会谈。马歇尔是个含蓄、低调和寡言的军人绅士，他在南京与蒋介石夫妇见面，会谈的第一天，在态度上就对蒋显得颇为恭敬。宋美龄深深地知道，马歇尔的态度对国民党政权的重要性，因此，她花尽心血、用尽心机讨好马歇尔，试图"动之以情"，帮国民党政府说话。

与宋美龄关系良好的美国知名

蒋氏夫妇摄于北平香山碧云寺的孙中山衣冠冢前

人士，不可胜数，然而以私人情谊而论，显然无人能与马歇尔相提并论。照理说，马歇尔在史迪威事件中曾站到史迪威一方，调处国共冲突无功而返，并且还遭到国民党当权派中右翼势力的抨击；马歇尔本人对蒋介石和国民党政府也有颇深的成见；在这样的背景下，宋美龄似乎不大可能与马歇尔发展友谊。

1946年7月7日，蒋介石偕宋美龄回奉化溪口扫墓，两人中间的后立者为宋子良。

但他们之间的私交不仅超越了政治与外交的鸿沟，而且一直持续到1959年马歇尔去世。

马歇尔与宋美龄最初的接触是在1943年宋访问白宫期间，再度相逢在开罗会议上，马歇尔对蒋氏夫妇有如下的印象：

在开罗会上，马歇尔首次见到蒋介石，以往都是经由史迪威发回华府痛批蒋的报告中"了解"他的。马歇尔对蒋的第一印象是，蒋看起来不太像主宰数亿人民命运的军政强人，反倒像个中国的传统读书人和修道者，其审慎自持的态度和说得一口漂亮英语的夫人，恰成强烈对比。马歇尔认为宋美龄似远较蒋介石更果断，注意每一个步骤，不时纠正译员的翻译并加以阐释，有时怀疑她的"阐释"似乎是在补充蒋的原意。

深受西方文化熏陶的宋美龄与美国要人接触时，知道如何与他们相处，如何把自己最具吸引力的特质展现出来，而使这些显贵之士为她着迷，陈纳德、威尔基和卢斯都曾经是"蒋夫人迷"，尤其是陈纳德和威尔基。在开罗会议中，马歇尔和史迪威都相当不满英国将领刻意贬低中国战区的重要性，在一次激辩中，马歇尔说："希望我们就这个问题再聚在一起讨论。"宋美龄听了这句话，身体向前倾，纤纤玉手放在马歇尔的膝上，柔声说道："将军，你和我随时可以聚在一起。"现在马歇尔又以特使身份使华，宋美龄对他的关照当然更是无微不至。

马歇尔每次和蒋介石单独会谈时，都由宋美龄传译。1945年12月27日，在马歇尔将军的主持下，国共代表开始谈判，并成立了"三人小组"，成员是马

蒋介石与宋美龄。

歇尔和中共中央书记处书记周恩来、国民党中央执行委员张群。三方签署停战令后，自2月28日起，军事三人小组分赴北平、张家口、延安和汉口等地视察停战令执行情况。3月11日至4月17日，马歇尔回国述职。

3月27日，东北停战令生效。

然而，5月19日开始，国民党军队在东北发动攻击，先后攻克四平街与公主岭，又于23日攻占长春。蒋介石原说共军非撤出长春不能继续和谈；马歇尔仍要求蒋下停战令以免战事扩大，而蒋介石以视察东北为名，告诉马歇尔回来再说。蒋介石显然觉得一举夺取长春，证明中共实不堪一击，因此想大打一阵后再停战。

宋美龄陪蒋介石于5月23日抵达沈阳后，致一英文长函给马歇尔，除表示仍将遵守前订停战协定外，提出三项要求：一、中共让中央政府接收东北主权；二、中共不干涉恢复全国交通；三、国共代表意见不一时，美方有最后决定权。马将此函交周恩来。周恩来于26日回信，原则上同意作为谈判的基础，只对所提三项要求略作澄清，并要求停战。1946年3月中旬，马歇尔返美，国共对峙情况陡然升级，要求马歇尔尽速回中国调停的电报像雪片似的涌到华府，其中催驾最力的即是宋美龄。她于4月2日致电马歇尔说，吉伦将军已尽力而为，但情况告急，"我认为我必须坦诚地告诉你，如欲进一步磋商，你的与会乃是关键。我不想说：'我早就告诉过你'这句话，然而即使你短暂地离开此地，已证明我以往常对你说的——中国需要你……早点回到我们身边吧，顺便带马歇尔夫人一道来。"于是。马歇尔夫妇于4月17日飞返中国。

宋美龄不仅对马歇尔照顾备至，对马歇尔夫人亦相当体贴。马

蒋介石给马歇尔的第一印象是像个读书人和修道者，或许与他常常穿长袍马褂有关。

夫人年轻时在英国学过戏剧，亦曾在职业剧团做过演员，与喜爱戏剧的宋美龄很聊得来。马歇尔在写给友人的信中说，宋美龄对凯莎琳"颇为敬慕"。马歇尔大蒋介石7岁，而马夫人则比宋美龄大17岁。1946年5月12日至16日，宋美龄偕马歇尔夫人到上海玩了四天，结果中国报界却大肆报道马歇尔夫妻吵

军事三人小组在延安由毛泽东（左）、朱德（行进者右一）陪同检阅八路军队伍。

架失和，马歇尔夫人由宋美龄陪同"离家出走"；又说马歇尔从南京追到上海，但夫人拒绝见他，躺在医院里，生气又生病。"失和"谣言传得很厉害，以至于马歇尔不得不在6月中写信向陆军参谋长艾森豪威尔抱怨中国媒体的无中生有。他说他和夫人好端端的，根本没有所谓吵架，两位夫人到上海散散心，购物，吃馆子，过了愉快的四天之后，他到上海接她们回南京，如此而已。

　　为了讨好美国特使及夫人，宋美龄细心周到地安排着一切。她要求她的心腹且擅长后勤的黄仁霖到庐山牯岭为马歇尔租赁一幢好别墅；在马歇尔生日时，又特别嘱咐黄仁霖办一个温馨的生日宴会。

　　黄仁霖为此大费周折，他是这样回忆这段往事的：

　　因为南京在夏天非常炎热，所以蒋氏夫妇，在夏天往往要上庐山牯岭去避暑。牯岭是一个避暑地，原来是由教会建设起来的，作为休憩和会议场所。后来，有钱的商贾和富翁亦在那里建造了一些美丽的村庄小屋，作为休假等之用。至于避暑的山谷，它的高度虽只有海拔3500尺，但是却很清凉舒适，且具有壮丽的风景。

　　"蒋夫人早已和马歇尔夫人谈起过到牯岭去避暑的事，马夫人对此亦已很热忱地同意了。在他们要上山之前约一个月光景，蒋夫人便命我去为马歇尔租赁一幢好的别墅，并希望要在她们房屋不远的地方，以便往来。我当时立即觉得这是一个难差使。通常，这是轻而易举的事。但是牯岭曾在抗战时被日本人占领了有八年之久，我们如何才能找到合适的地方，实无把握。幸好新任庐山管理局局长

3月2日军事三人小组到达徐州，与当地国民党军官合影。前排左起：周恩来、马歇尔、张治中。

王作民，是我们励志社以前的老干事。因此立刻去找他，把我的任务转交给他。他说，他也注意到这种情况，所以已经在委员长避暑别墅附近，保留了所有比较好的乡村小宅院了，请我放心。事实上，他已经派遣了工人把他认为适合于马歇尔居住的那幢房屋，加以整理了。为了确实起见，我将这个消息报告了马歇尔，告诉他我即将于明天到牯岭去，为他物色一幢房屋，并询问他是否要派一个人同时前往，察看一下。

"就在第二天，在指定的时间和地点，我和二位美国军官会面之后，一同启程。路途虽然并不十分遥远，但是这却是一种复杂而不安的旅程。我们必须坐一小时的飞机由南京到九江，然后坐四十分钟的汽车到牯岭山脚底下。在那里经常有许多轿子和轿夫，把你抬上这三千五百尺高的陡坡，那需要两个多小时，才能爬上山巅。

"我领着这二位上校去视察那一幢房屋，并由王局长陪同着察看了一遍。那地方看起来是乱糟糟，而又破破烂烂，到处是木匠、油漆匠和园丁们，正在忙碌着，我问王局长估计何时可以整修得像个样子，他的回答是十天以内，一定可以全部完工。我知道王局长是很负责的人，同时依我个人的了解，我们必然办得到。因此，我告诉那二位上校，大约在二个星期之内，就可以准备就绪了。有一位上校笑着说：'你认为二周以内，这房子就可以居住了吗？'我回答道：'是呀！我对王局长所估计的时间，深具信心。'他只是摇摇头，没有作声。

"当时又带着他们去看了附

蒋氏夫妇抵达沈阳。

近两三处房屋，那些房屋当然没有一幢会比得上那幢正在整修的房屋的。急匆匆吃过了一顿饭，我们随即又下山了。回程的路程是很急促而惊险的。一路上大部分都是直落的陡坡，因此，坐轿子的旅客们必须把脚紧紧地踩在轿子的踏板上，以防倾跌下来。在下坡时，那些轿夫大部分时间，都是用急促的步

抗战胜利后，蒋介石巡视卢沟桥。

伐，冲跑下来的姿势。因此，回程只花了一个小时光景，大约下午5点钟就回到了南京。我和二位上校告别时说：我相信你们会把房屋的情形，报告马歇尔将军和夫人的，一有决定，请你们就告诉我。

"因为南京实在太热，蒋夫人就先去了牯岭。在她离开南京之前，曾邀请马歇尔夫人一路同行，马夫人委婉地拒绝了她的邀请，托词马歇尔将军无法离开南京太久，因此她不预备照早先的约定到牯岭去避暑了。但是将来她总有一天会去作一次旅行的。我借此机会向蒋夫人报告了上次那二位上校视察旅行所表现的不热心的反应，可能影响了马夫人的决定。所以在她一到牯岭还来不及把住处安排妥帖，就要我陪同她去看那幢为马歇尔将军预备的房屋。那幢房屋现已重加油漆，焕然一新，家具齐全，窗帘齐备，草坪也已修剪整洁。看来实在不错。蒋夫人看得很满意，因此说，她自己要给马夫人通电话。我不知道她们二位夫人之间，发生的是什么事，但其结果则是三天之后，我便须跑到九江去迎接马夫人上山了。

蒋介石率众游颐和园。

"马歇尔夫人到达的那天，可说真是忙碌的一天。每一个联络站，都必须先行安排妥帖，以免有不必要的等候。幸亏我有一批训练

411

美国《新闻周刊》以蒋氏夫妇与马歇尔为封面故事。

精良的班底，分别指派在每一个联络站上照料。马夫人带了她的一个不可缺少的女佣和一位军士长同行，一路上，我设法为她解释各风景区的种种故事，以便使她不致因惊险而害怕，俨然是一个老练的旅游向导。我们的本钱实在还是靠气候和风景，在我们一步步升高又升高时，立即感到新鲜而清凉的空气扑面而来，壮丽的风景层出不穷。直到抵达山庄，我的太太和二个女儿已和王局长和一个厨师和侍者夹道相迎。我太太和马歇尔夫人在南京已经熟识了，便陪着她巡视房屋。马歇尔夫人看到这一切布置，非常高兴而惊讶地说：'那二位上校真是在胡说八道。我们对于度假的房屋，还能希望些什么呢？我会对将军说，并请他也上山来。'结果，隔不了几天，马歇尔将军便在蒋介石上山之后，于1946年7月18日也到牯岭来了。

"自然，马歇尔将军上山时，又是我忙碌而重要的一天。跟往常一样，我到九江去欢迎他，同时还有几位江西省的官员及警备司令、警察局长、牯岭王局长陪同着，一起去欢迎他，随即坐车到牯岭山脚，换乘轿子登山。就在此时，问题发生了，马歇尔将军说，他喜欢步行上山。我的体重有240磅，对于爬山颇不习惯。虽然在打网球、排球和手球时，我的身手还是很矫捷，但要去爬那些上牯岭的陡坡，则真是兴趣缺缺。我立即想到了很多理由，解释我们应该坐轿上山。最后他同意了，我们一起乘轿上山，马歇尔将军和我，各配备了八名轿夫。

·······

"将军对于住宅面临的美丽风景，亦非常欣赏。在马夫人陪同将军巡视各房间时，他显然感到非常喜欢，所以后来他对马夫人说，他曾对那两位上校切切实实地说了一顿。说一句公平话，将军和夫人都不是习惯于奢侈华丽的生活的人。他们只过着简单的生活。这里的休憩式山庄，正适合他们的胃口。所以，他们向我和王局长道谢，为他们费了很多心力，布置得如此完美。我真有如释重负之感。凡是参加此次工作而使中国第一位贵宾感到舒适的人，一定也都会有此同感。

"那年夏季，马歇尔将军曾六上牯岭。每次他来，都由我到九江机场迎接，并陪同上山。在他下山回南京时，我也恭送如仪，这已成为蒋介石对我的一个固定命令了。虽然这段旅程很累人，但是我却因为他的任务重要，还是乐于亲自处理。将军只六次上下牯岭，而我却需要上山下山共计十二次，再加上迎接马夫人和另外陪伴二位上校的两次，在那年夏天，我为了马歇尔将军总计上下牯岭竟达十四次之多。因为这许多次的旅程，使我与马歇尔的友谊，日益密切。也因此使他对我的信任日益增进，并曾向委员长建议派我到美国去，作一次实地观察旅行，使我有充分的准备能担任后勤军官。"

对于宋美龄在庐山的表现，当时的《中央日报》记者陆铿还有这样的回忆：

"1946年夏，宋美龄陪同蒋老先生上庐山，南京《中央日报》在庐山发行庐山版，我以采访主任兼任庐山版主任，在新闻采访过程中，常和宋美龄碰面。当时，记者都下榻庐山胡金芳饭店，而牯岭只有一条街，活动范围甚小，大家走来走去都会碰着，因此，多数时间是集体出动，记者团和宋美龄短兵相接的有两次，一次比较轻松，一次比较严肃。

"轻松的一次是在牯岭小学相遇，记者帮纷纷就国共和谈之事提出问题，宋美龄表示她不清楚具体情况。记者深追不舍，一定要她对国共两党合作的前景发表看法，宋美龄在记者一再追问之下，说了一句意味深长的话，到现在事隔36年，我还记得她是这样说的：'政治一如爱情，很难捉摸。'一时，记者帮大乐，尽欢而散。

"就在国共和谈紧张进行，马歇尔八上八下庐山之时，笔者在牯岭有一次单独采访宋美龄和蒋介石以及马歇尔将军到含鄱口附近野餐。宋美龄由马歇尔

蒋介石与马歇尔握手寒暄。

自然地挽扶，有说有笑地走在前面，马歇尔夫人则由蒋介石较生硬地端着她的一只左臂紧跟在后，笔者作为记者跟在蒋介石后面，见他左顾右盼，只是频频点头，马歇尔夫人偶然地赞美一下庐山风景，说句：Nice！两人基本上保持沉默，直至到达含鄱口，宋美龄回头张望，忽听蒋介石冒出一句英语，这是我一生中第一次也是唯一的一次听到他来了一个'中西合璧'，'Darling！我们在哪里Picnic？''我们在哪里'五个字纯粹宁波官话，与英文结合起来，另有一种味道。当时，因为年轻，几乎笑了出来，只见宋美龄指着前面一棵大树，建议就在那里。笔者本来想对马歇尔提两个问题，后来一考虑，人家是利用假日轻松一下，如果提出严肃问题岂不大煞风景，于是赶紧举起相机留下一个镜头就和侍卫官们打个招呼匆匆离开了。"

6月5日蒋介石回到南京，马歇尔立即要蒋宣布停战以便和谈，因为中共对宋美龄提出的三项要求多少做了让步。6月5日，根据三人小组的意见，蒋介石和周恩来向各自一方下令在东北停战15天，22日又下令延长8天。但蒋介石又提出新要求，就是苏北地方政权问题。至6月29日休战期满前夕，虽经马歇尔苦心劝说，蒋介石仍不肯接受马氏的解决方案，也不肯暂行保留未有协议部分，不肯签字停战，也不愿宣布谈判破裂，并借此下令开火。蒋介石随即又登上庐山。

马歇尔于7月14日跟上庐山，此后飞来飞去，到9月1日为止，一共九上庐山，（根据黄仁霖回忆是六上庐山）一再向蒋进言停战，仍无效果。周恩来给马歇尔写了一个备忘录，责怪马阴谋助蒋，无意和平。马歇尔辛苦一场，结果是猪八戒照镜子里外不是人。董必武和王炳南告诉梁漱溟，马歇尔大发雷霆，气得发抖。马歇尔声望极高、信心极强，对于调停失败当然耿耿于怀。连亲蒋的国民党学者邵玉铭，在他的《司徒雷登传》里，也不得不指出，马歇尔对蒋一意想用武力解决中国问题感到非常愤怒。马歇尔最大的败笔是，他能大力促成政协完成自由民主的决议，而不能使决议落实。

蒋介石一心要"消灭异己"，本无意要和，然而迫于情势，震于马歇尔的威名，不得不加以敷衍，后来发觉冷战形势已成，美国因战略关系，不会主动放弃蒋政府，也不会断绝军援、经援，更因反共的"麦卡锡主义"抬头，亲蒋的"中国游说团"在华府实力强劲，乃有恃无恐。马歇尔于和谈失败后，

宋美龄与马歇尔在牯岭对弈。

曾于12月1日与蒋介石见面，进行了三小时会谈，由宋美龄翻译，坦白警告蒋介石，内战将导致整个经济崩溃，绝不可忽视中共的力量。而蒋介石不同意马之悲观看法，认为中共在他的攻势下，不可能维持8—10个月。马歇尔很严肃地对宋美龄说："我要告诉你几句话，这些话很不客气，也许你不愿意翻译。如你认为太过火就不用翻。"马歇尔随即对蒋介石说："已经破坏协议，你也会抗拒曾订妥的计划。人家说你是现代乔治·华盛顿，经过这些事情以后，他们不会再如此称呼你了。"宋美龄向马歇尔点点头说："我要他听听这些话。"随即如实地译了出来，蒋介石听了，面无表情，只是晃着腿，这是他不高兴时的特别动作。不过，宋美龄还是经常将她和马歇尔的谈话内容以及马歇尔对他与国民党的不满，告诉蒋介石。

6月25日，全面内战爆发。

蒋介石夫妇游牯岭含鄱口。

8月10日，马歇尔和美国驻中国大使司徒雷登发表声明，宣布调处失败。1947年1月，马歇尔发表离华声明后返回美国。

马歇尔的调处虽未成功，但美国和蒋介石政权都从中捞到了好处。

对蒋介石而言：一是马歇尔使华期间美援大幅度增加，美国给蒋介石的武器、物资和借款已达40亿美元；美国海军陆战队派驻中国的兵力多达4.5万余人；同年6月13日，美国国会专议军事援华法案和授权在华组织军事顾问团；6月28日，美国宣布延长对华租借法案，赠送1071架飞机；7月16日，美国国会同意赠送271艘军舰以扩大蒋介石的海军。从中可以看出，蒋介石之所以敢于发动内战，同美国以上的援助不无关系。

二是助长蒋介石的军事阴谋。马歇尔来华后，中共已分别在上党、津浦路、平汉路和绥远等地，粉碎了国民党方面蓄意制造的大规模的军事进攻。第一次停战令下达的当天，蒋介石就命令各部趁正式生效前的三天时间抢占要地，其中包括承德、赤峰、高邮、泰县等数十座重要城市；在1946年1月13日停战令生效后，国民党军队还在到处抢占城池，可马歇尔却要中共立即停止战斗；东北对国共双方来说都很重要，可马歇尔的方案中却称："为收复东北主权，政府军向东北调动不在此限"，并要中共退出在东北的大城市；军调处的36个小组，在国民党的破坏下，基本上都不能正常工作，且在徐州、济南、新乡等地还发生中共代表被抓被打被暗杀事件；在国民党军队打到松花江边时，马歇尔为阻止中共的反击，再次下达停战令，捆住中共的手脚。蒋介石曾公开对张群说："你管谈，我管打。"从中可以看出，虽然蒋介石和周恩来都对马歇尔将军不满，但两人批评马歇尔的立场和观点是不同的。

马歇尔与中共代表周恩来（右）和国民党代表张群在重庆签署停战协定。

对美国而言：在军事调处的同时，美国就开始用各种办法多渠道地进入中国，这是自鸦片战争以来，美国首次成功领先于其他资本主义国家实施独霸中国的阴谋。

蒋介石向美国出让国家利益和主权。他为了自己的"反共"需要，甘心情愿充当美国在华的代理人，签下一批批屈辱卖国的不平等条约。1946年8月，双方签订了《中美航空协定(草案)》，决定由陈纳德的空中运输公司，担负国民党对东北、华北和华中各战场空运人员与军用物资的运输任务；9月，双方签订《中美三十年船坞秘密协定》；10月1日，签订《中美宪警联合勤务议定书》；11月4日，签订《中美友好通商航海条约》；12月20日，签订《中美空中运输协定》；1947年1月，签订《青岛海军基地秘密协定》；7月15日，签订《中美售让船舶合约》《滇越铁路管理与川滇铁路修筑协定》；11月10日，签订《美国在华教育基地协定》；12月，签订《海军协定》。

通过以上协定，美国掠取了各种在华特权，在签订《中美友好通商航海条约》时，中国现代著名的外交家顾维钧一针见血地指出，这是等于"全中国领土均向美国商人开放"。很多国人更是干脆称之为"新二十一条"。这些协定，使得美国控制了中国的领空、领海、领土，获得了涉及政治、经济、军事诸方面的各种特权。美蒋勾结打内战，这在当时是最不得人心的事情。

蒋介石把崇洋媚外、出卖祖国利益、依靠洋人支助打内战作为外交政策的基点，赢是不可能的，输却可以预料。蒋介石的失败，既是他政治路线的失败，当然也是美国对华政策的失败。美国的失败，主要是表现在它支持了一个没有前途的政权。蒋介石的失败，主要是表现在卖国同反共一体化，最后导致全局性的崩溃，即使能够寻得外援，也无法发挥应有的作用。

人们说宋美龄是蒋介石的得力助手，这话不假。宋美龄无论在外交方面还是在内政方面都为蒋宋王朝出过大力。她是蒋介石与各方势力的调解人。她往往以中间人的姿态，貌似公允地调解蒋与其他人之间的矛盾，实际上是在维护蒋宋王朝的根本利益。抗战胜利后，蒋介石急于发动内战，遭到各方人士的反对，宋美龄又以调解人的姿态，为蒋缓和与各方面的矛盾。内战爆发以后，她还以"第一夫人"的身份到处为蒋介石安抚将领，鼓舞士气。而在蒋介石和美国政

蒋氏夫妇为马歇尔送行。

府签订的出卖国家主权、换取军事援助的一系列协议背后，恐怕更是少不了宋美龄这样一位"贤内助"。

由于调停内战期间，宋美龄对马歇尔细心照顾，他们之间建立了深厚的感情，保持了长久的友谊。

马歇尔于1947年至1949年担任美国国务卿，1950年至1952年出任国防部部长。担任国务卿期间因推出战后欧洲复兴计划(俗称"马歇尔计划")而于1953年荣获诺贝尔和平奖。

1948年12月，马歇尔因肾脏病住进华盛顿的华特·里德医院动手术，全球政要几乎都写信或致电慰问马歇尔，连毛泽东、周恩来也打电报表示关切。可是，马歇尔的部下却发现，蒋介石的慰问电上并没有宋美龄的签名，他们疑心是不是因中国情势的恶化，宋美龄怪罪马歇尔未对国民党伸以援手而不愿签名？马歇尔及其亲信关注中国事态可见一斑，他们对宋美龄态度的关注，也表现得十分密切。

司徒雷登说，1948年感恩节下午，宋美龄兴奋地打电话给他，要他即刻去看她。他到了官邸，宋美龄告诉他刚和马歇尔通了越洋电话，讨论了她即将启程的美国之行。宋美龄此行是为了争取美援。司徒雷登说，他本来很想劝宋美龄取消赴美计划，因为那势必徒劳无功。但是，这位大使不仅未敢开口，反而不得不协助她安排行程，以使她能够尽快动身。后来，蒋介石曾问司徒雷登，夫人是否征求过他的意见，司徒雷登回答说没有。蒋介石说，她应该问问大使的意见，又说他自己对夫人此行也甚不以为然。

1948年11月28日，宋美龄自南京飞美，开始了她的新的美国之行。11月29日，宋美龄抵达旧金山。12月1日，飞至华盛顿，马歇尔夫人凯莎琳亲自到机场接她。一到华盛顿，宋美龄别无他顾，就直

马歇尔出于对中共的了解，对蒋介石提出警告。这是马歇尔1946年3月到延安时的合影，左起：周恩来、马歇尔、朱德、张治中、毛泽东。

接到医院探望马歇尔，并向他告状说司徒大使企图迫使国民党政府与中共和谈。从这里，我们既可看出宋美龄对马歇尔的关心，又可以看到马歇尔对中国事务和宋美龄本人的重要性。

为表示友谊，马歇尔夫人邀宋美龄下榻维吉尼亚州李斯堡马歇尔的住宅多多纳庄园。美国传记作家莫斯里说，宋美龄并没有在马歇尔夫人面前掩饰她对马歇尔将军的"一片情"，她甚至曾经表示过，要和凯莎琳"共享对马歇尔的感情"。当然，这可能是玩笑话，但是，宋美龄和马歇尔夫妇之间确实保持了长时间的深厚友谊。

慰问苏军始末

1945年初，美国总统罗斯福为了促使第二次世界大战早日结束，减少美军的牺牲，约同苏联和英国，在1945年2月举行雅尔塔会议，要求苏联出兵中国，击溃日本关东军，经斯大林承诺，达成《雅尔塔协定》。前此，因苏联与日本缔结有日苏中立条约，所以《雅尔塔协定》是秘密的。会后不久，罗斯福把雅尔塔的决议关于苏联出兵的条件通知蒋介石。蒋介石踌躇、拖延，最后还是遵照履行。1945年8月7日，以宋子文为首，包括作为蒋介石的私人代表蒋经国在内的国民党政府代表团抵达莫斯科，14日签署了《中苏友好同盟条约》。其时，苏联红军已于8月8日对日本宣战，迅速占领了东北全境，关东军全部覆灭。8月15日，日本宣布无条件投降。

根据苏联与国民党政府在莫斯科签订的"友好条约"规定：占领东北的苏军从日本投降后第六周起开始逐步撤退，苏军在三个月内撤完，由中国接收地方主权。为达到顺利地交接，协议规定：中苏双方首先是在现地进行外交交涉，即国民党政府派出代表与在东北的苏联驻军当局谈判苏联的撤军时间和程序。因此，这一阶段的东北局势，以中苏双方的外交交涉居于首位。蒋介石为此委任蒋经国为东北外交特派员，在长春设立外交特派员公署，负责与苏军驻东北最高统帅马林诺夫斯基元帅办理交涉事宜。

众所周知，蒋介石的国民政府一向是"反苏反共"而亲近美英的。蒋经国为了完成他的外交使命，真是煞费苦心，使出了种种策略，企图迷惑对手，以达目的。当时的国民党政府最担心的就是苏联军队不肯撤走。为了保持与苏军的友好关系，促使他们履行诺言，蒋经国推出宋美龄去东北慰劳苏军。为此，宋美龄硬着头皮与她所仇视的苏联军队作了一次"友好交往"。当然与她和美国官兵的交往相比，这是一次纯粹的官样文章。从当时蒋经国身边知情人的回忆文章中，我们也可看出宋美龄的敷衍态度。

1945年12月中旬，蒋经国刚从莫斯科进行高级会谈回来，对东北的军事接收有了转机。有一天，他偕同东北保安司令长官杜聿明、空军副司令王叔铭(曾留学苏联，当时驻在北平，负责华北及东北两地空运指挥)从北平乘专机飞抵长春，来现地进一步商讨军事接收问题。当天他见过苏军驻东北最高统帅马林诺夫斯基后，回到特派员公署共进晚餐，面露兴奋之色。席间他向杜聿明说：根据他在莫斯科的谈判情况以及目前的国际局势推测，苏联在表面上是不会不遵守《中苏友好同盟条约》的。但是要看到苏联绝对不能容忍国民党独占东北而导致美国势力的渗入，这是东北问题复杂化的症结所在。他认为，"'我们'目下决不能刺激苏联"。他在席间批评了国民党一部分人在重庆大搞反苏宣传是愚蠢的。他说，"我们至少在东北不要使苏联怀疑我们，不要计较东北的经济损失(指当时国民党大肆宣传苏军拆运一些东北重工业设备)。这些原本是日本人建设的，我们要在东北实施亲苏政策，使共产党无隙可乘"。他还批评东北行营主任熊式辉"头脑顽固"，"反苏反共太表面化"，说熊缺少"策略观点"。他对杜聿明说，蒋介石同意他的观点，凡到东北的"中央"军政人员一律不得有反苏言行。

按照上述他的所谓"策略观点"，他趁1945年末中苏交涉出现短短一段"小阳春气候"的契机，向蒋介石建议：为了平衡中苏、中美关系，便利国民党政府在东北的接收，主张在苏联红军撤离之前，请夫人(按：蒋经国在公开场合称宋美龄为夫人，只在家庭接触时方叫一声娘)宋美龄也到东北长春对苏军作一次劳军慰问，藉以表示中苏之间的友谊。这一建议为蒋介石夫妇接受了，蒋介石又把宋美龄推上了对苏外交的舞台。

1945年12月3日，应是苏军完全撤退的最后期限。苏军表示因故需要推迟到

1946年1月，宋美龄、蒋经国到长春慰问苏联红军。

1946年2月1日撤军。蒋介石信以为真，便同意派宋美龄作为自己的代表，率领周至柔、董显光、蒋经国等于1月22日飞往长春，向苏军表示慰问。

宋美龄一向以"第一夫人"的身份，表示愿为蒋介石从侧面分担责任。她特别用心笼络蒋经国。1937年春，蒋经国能够从苏联回国，据说是她因为"深明大义"，调和了蒋介石父子间的隔阂，力促其成，才得以实现的。但是对蒋经国的这次请求，就宋美龄来说，要她作长途空中旅行到冰天雪地的长春，向她素所陌生的苏联军队作一次言语隔阂的慰问，这与她惯常周旋于在华美军高级将领之间的酬谢是大异其趣的，实在是一件十分勉强的事。所以，她能接受这项建议，实在是给蒋经国的绝大"面子"。

1946年1月中旬，蒋经国为了亲自陪同宋美龄前来东北，又专程去重庆接她。

1月22日，由空军大队长衣复恩驾驶的"美龄号"专机来到长春。宋美龄身穿褐色皮大衣，头戴貂皮高筒帽，两手袖着貂皮袖筒，由蒋经国搀扶着缓缓走下舷梯，与前来欢迎她的苏联红军总部参谋长等几位高级将领握手后，搭乘苏方提

421

供的黑色防弹大轿车开到"谷公馆"（伪满交通大臣谷次亨的住宅，当时习惯上称"谷公馆"，是蒋经国特意为宋美龄准备的住处）休息。陪同前来的还有黄仁霖等少数随从人员及女仆等。

第二天进行了劳军慰问。当时，长春天寒地冻，宋美龄头戴珍贵的毛皮帽，身穿名贵的毛皮大衣，与蒋经国站在冰天雪地里。由蒋经国陪同她去苏军总部（原关东军司令部）会见苏军高级将领，举行简单仪式，赠送奖旗、勋章、慰劳品清单，由苏军参谋长代表马林诺夫斯基元帅接受后，苏军总部以酒会形式作了招待。会场气氛似乎颇为冷淡、严肃。宋美龄面无表情、言语不多，慰问词由蒋经国代读，另由特派员公署第一科长许培尧翻译。完成了这些例行公事以后，宋美龄即匆匆返回公馆休息。当日晚间宋美龄举行宴会，邀请苏联将领数十人出席，由东北行营经济委员会主任张嘉璈、行营副参谋长董彦平、东北元老刘哲以及东北九省三市在长春等候接收的省主席、市长，如关吉玉、杨绰庵、赵君迈以及外交特派员公署科长以上人员作陪。宋美龄即席致词，表示对苏联军队的感谢和慰问。她祝愿中苏友谊长存、中苏两国和平共处。这些讲话稿出自蒋经国手笔，并由蒋经国译成俄语宣读。苏方派出仪仗队、军乐队，又是献花，又是讲话，颇为热闹。

第三天一早，蒋经国就陪同宋美龄回北平去了。总之，这次的慰问有点流于形式，中苏双方都缺少热忱。苏方的马林诺夫斯基始终没有出席。据说，他因"要事"被召到莫斯科去了。而国民党的东北行营主任熊式辉也避往北平没有参加。

宋美龄此行似乎是为了敷衍蒋经国才冒严寒到长春的。她的住处由苏联红军负责警卫。她一直小心翼翼，除坐汽车参加规定的仪式程序以外，寸步不出门，亦未接见任何人，来去匆匆。所谓劳军慰问，就在这样冷冰冰的气氛中结束了。对此连国民党的报纸也未曾作过多大的宣传。

但是，事情并没有像蒋介石所希望的那样发展。尽管宋美龄冒着冰天雪地的严寒去东北对苏军进行了"亲切的慰问"，然而，七天过去了，却仍不见苏军撤走。苏联的承诺又一次没有兑现。直到1946年5月3日，苏军才撤出东北。（参见1986年11月《华人月刊》张令澳文）

1946 年的"三八"节

1945年8月到1946年6月，蒋介石大打内战还未准备就绪，史称这一段为"过渡时期"。事实上，大打没有，小打不断。为了争取更多的舆论与民心，宋美龄在国统区积极开展各种活动，妇女界是她与共产党争取群众的必然的领地。1945年年底，蒋介石夫妇搬进了林园官邸。这些天，宋美龄抓紧了妇女工作，她要在重庆与共产党争夺妇女群众。

1946年1月9日，她把"妇指会"的全体职员请到林园官邸，设宴款待。席间她们商讨

还都南京后，蒋介石率文武官员前往中山陵举行谒陵大典。

了今年"三八"节如何对付共产党的妇女运动问题。政协会议(旧政协)闭幕后，邓颖超在重庆《现代妇女》社座谈会上报告了政协会议的经过，并提出了不同党派的妇女团体应共同筹备"三八"节纪念活动的主张。

1946年的"三八"节是抗战胜利后，也是政治协商会议闭幕后的第一个"三八"节。在尖锐、复杂的政治斗争形势下，2月11日，重庆28个妇女团体举行联席会议，筹备纪念"三八"节。邓颖超和李德全、刘清扬等出席了会议。会上确定"三八"节的中心口号是争取和平民主，并决定了筹委会机构。

筹委会开了五次，在确定宣传提纲、大会口号和主席团人选方面争论激烈。在筹备会上，邓颖超代表解放区妇女团体，提出了依靠民盟妇女和其他进步妇女力量，通过以巩固世界与中国和平，积极推进民主建设，要求各党派长期合作，加强国际妇女团结，彻底实现政协关于妇女权利的决议等为中心内容的宣传大

纲、宣言草案和口号等。邓颖超亲自出席宣传组会议，经过辩论，通过了"实施政协决议、争取和平民主、合理产生妇女代表"等大会口号，废止了过去的"拥护蒋委员长"等陈旧口号，并规定"三八"节统一由筹委会发布口号。这就在宣传方面先声夺人，取得初步胜利。

国民党方面决不甘心。开第五次筹委会时，突然有许多从来没有做过妇女工作的"代表"前来参加大会主席团的选举。主席团提名20人，入选15人。进步妇女代表老老实实选15人。国民党带来的大批人马有意捣乱。这样，中共和民主同盟的候选人都没有被选进大会主席团。到会的大多数妇女代表极为不满。有人明确提出，中共及民盟代表必须进主席团。主持会议的"新运妇指会"总干事张蔼真也感到不好意思，提出重新选举。

邓颖超坦然声明：这没有关系。我们只要求工作，从来没有想到主席团不主席团的问题。邓颖超顾全大局的政治家风度，赢得到会妇女代表的钦佩和支持。国民党代表也感到不好意思了，假意说，陕甘宁代表只差一票，补进主席团吧。邓颖超说："不必，我们和大家一起做工作，不一定进主席团。"

邓颖超以一定的让步赢得原则方面的胜利。她不斤斤计较主席团名位，看重的是"三八"节大会上将通过的决议和口号。由于她在主席团问题上的让步，国民党代表十分狼狈，不敢再处处捣乱，反而使筹委会顺利通过了她同南方局妇女组和一些民主派妇女事先酝酿的大会宣传提纲和口号，顺利通过宋美龄致开会辞，邓颖超、李德全、刘蘅静代表中国妇女讲话的大会程序。邓颖超实际上取得比进主席团更重要的在大会上发言的位置，发挥了更大的影响力。1946年3月8日，重庆市各界妇女五千多人在川东师范体育场隆重举行抗战胜利后第一个"三八"节纪念大会。到会的妇女团体有五十多个，苏美英法等国的大使夫人也应邀参加

宋美龄手中的报纸刊登着日本投降的消息，她正配合摄影师拍下这历史性镜头。

大会。

　　大会主席宋美龄致了开会辞。会前，她特地把刘蘅静叫去，叮嘱务必维持会场秩序，不许有人捣乱。李德全和刘蘅静讲话后，身穿灰绿色粗呢列宁装的邓颖超讲话了。她号召全国妇女团结起来，不怕困难，巩固和平，为不折不扣地贯彻政协决议、争取妇女权利而斗争。苏美英法的大使夫人也致辞，呼吁全世界妇女团结起来，为保卫世界和平而奋斗。大会通过了"团结全国力量、建设民主新中国"的宣言，内容包括巩固世界及国内和平、参加民主新中国建设、争取妇女权利和各妇女团体切实团结合作，基本符合中共南方局妇女组的设想。

　　重庆地下党为了保证大会顺利进行，保护邓颖超和一些民主大姐的安全，组织了育才中学和其他学校的女学生，靠近主席台，维持会场秩序。虽然也有一些不三不四的人在会场周围走来走去，终因有宋美龄和各国大使夫人在场，他们未敢动手。这次纪念"三八"大会，是在国民党有意破坏政协决议、连续发生"较场口惨案"、"反苏反共游行"、捣毁《新华日报》营业室的恶劣形势下召开的。由于邓颖超巧妙运用斗争策略，善于既团结又斗争，通过斗争达到团结，善于利用合法斗争，善于利用矛盾，依靠进步力量，争取中间人士，分化瓦解了顽固派的攻势，终于成功地进行了一次大规模的纪念活动。邓颖超关于各党派和无党派妇女团结合作，争取建设民主、和平、团结、统一、富强的新中国的演讲，获得与会进步妇女的热烈拥护。

发挥"全方位功能"

　　宋美龄在生活上扮演了"贤妻"的角色，她陪蒋介石还乡省亲，给了他更多的亲情安慰。不仅如此，宋美龄还在两条战线上给蒋介石提供直接的帮助，发挥了多方面的影响。她陪同蒋介石巡视前线，安抚将领和士兵；面对国统区风起云涌的反战示威和群众游行，她则出面安抚受伤的民众代表。

　　1946年5月3日，蒋介石和宋美龄离开抗战时期的陪都重庆，飞抵南京。5月5日，国民政府正式宣布还都南京。1946年5月以前，蒋介石在"和谈"与马歇尔"调停"的掩护下，在美国的帮助下将他的正规军约160万人调集到内战前线，

1946年5月，蒋介石在南京的还都典礼上发表广播讲话。距此仅三年，他就因为自己发动内战再次丢掉了这座都城。

并于5月份攻占了东北军事要地四平、公主岭、长春等城市。5月23日，宋美龄陪同蒋介石飞到沈阳巡视，蒋亲自部署对东北解放区的进攻，并在东北保安司令长官杜聿明等高级将领的陪同下，游览了清太宗皇太极的陵墓。6月3日，蒋介石和宋美龄等人又赶到长春，召集新六军军长廖耀湘等面授机宜。宋美龄以她那"第一夫人"的身份为蒋介石的将领们打气鼓劲。

素有"黄大炮"之称的立法委员黄宇人回忆说：40年代末期因反对陈立夫出任立法院副院长，引起蒋介石的不悦。在官邸召开的一场国民党籍立委座谈会上，蒋要求赞成的立委起立，黄宇人则说："我们今天在这里起立的人根本代表不了其他的立法委员；甚至于就是他自己的一票，将来也不一定投立夫先生。至于我没有起立，也只能代表我自己的一票而已。因此，我认为起立与否，都没有实际的意义。"蒋听了黄宇人的发言，甚为愤怒，但忍着未发，一时全场寂然无声，空气显得有十分紧张，坐在蒋旁边的宋美龄带着微笑向蒋低声说道："今天的聚会已经为时很久，我看大家都很疲倦，可以休息了吧！"蒋即宣布散会。黄宇人说："在当时的情形下，假如宋美龄不提议休息，真难料随后将发生怎样的事。刘健群事后向我说，他很担心蒋校长可能在盛怒之下，顺手将他面前的玻璃杯向我掷来。我对宋美龄用轻描淡写的几句话便将那种极度紧张的气氛结束，第一次由衷地感到她也有可敬之处。"

1946年6月5日，蒋氏夫妇飞返南京。6月26日，蒋介石悍然撕毁停战协定和政协决议，大举围攻中原解放区，内战全面爆发。

就在蒋介石、宋美龄极力策动内战的时候，中国人民掀起了反内战高潮。这时的宋美龄，除了帮助蒋介石安抚将士鼓动士气外，又增添了新的担心。蒋介石的后院里燃起了民主的大火。

　　6月23日，上海53个人民团体推派代表10人到南京向国民党政府请愿，要求和平，反对内战。当请愿代表乘车到达南京下关车站时，遭到国民党特务的殴打。马叙伦、雷洁琼等多数代表及前去车站采访的《新民报》女记者浦熙修等人均被打伤，有的衣服被撕破，这就是震惊中外的"下关惨案"。

抗战胜利后宋美龄陪同蒋介石到各省游历。这是他们在岳武穆陵前合影。

　　受了重伤的雷洁琼躺在医院里。她出席过1938年宋美龄召集的庐山妇女谈话会，会上宋美龄认识了雷洁琼，因而宋美龄去医院接见了负伤的雷洁琼。雷洁琼滔滔不绝地向宋美龄列举内战造成的种种不良后果。她说："内战使工商凋敝，内战使学业受阻，内战使人民家徒四壁，妻离子散，民不聊生，内战使国亡种灭！"

　　宋美龄用耸耸肩膀来答复雷洁琼的沉痛叙说，并说："我不是政府呀，我只能转达给政府。"还说什么蒋介石也有困难，如果断然去处理，人家又会说他独裁。对此，雷洁琼回答说："只要符合人民利益，蒋先生尽可以做，人民将是最强有力的后盾！"

　　雷洁琼用愤慨的语调向宋美龄报告了上海的几家报纸将要被政府封闭的消息。宋美龄听后却说"不会吧？""真的吗？"

　　雷洁琼说："我是这么听大家说的，你最好打电话问问吴国桢市长。"继而沉痛地说道："假使人民连用语言文字来表达他们的意志的自由都没有，他们是会用行动来表示的，那时候，封也封不住，挡也挡不了，对政府没有好处的，目前人民对政府各种措施普遍地表示不满足，人民迫切要求的是改革，如这一点不能达到，流血革命就将不可免！"宋美龄默默地听着，时而耸耸肩膀。

善于替蒋介石缓解矛盾的宋美龄。

　　雷洁琼还向宋美龄详细地诉说了下关事件的经过。宋美龄听后提出两点疑问，一、"如何迟出车站？"雷回答说："是因为有行李，找不到红帽子脚夫。"二、"宪兵如何一个个从他们留在的屋子里离开？"对此，雷洁琼只好苦笑着说："蒋夫人，那我就不知道了。"蒋介石派特务对雷洁琼等大打出手，宋美龄在雷洁琼受伤后对其表示慰问，却并不真心相信她。蒋氏夫妇一个唱白脸，一个唱红脸，演出一场双簧。

　　1947年4月，蒋介石感到自己领导抗战取得了胜利，如今与共产党作战，他的"国军"也占了优势，心里颇感得意。因而，他打算衣锦还乡，回奉化去修家谱。他对陈布雷说："抗战期间，没有回家乡，我很想去拜祭母墓，看看武岭学校，会会父老。你也可以顺便去准备准备修谱大事。"

　　1947年4月2日午后，宋美龄陪同蒋介石由南京飞上海，又转宁波，下午四时十分降落在栎社机场。蒋经国和浙江省主席沈鸿烈，几千名宁波学生、群众列队欢迎，锣鼓喧天。小汽车来到溪口，到达"武岭门"时，门上挂一幅金字红绸标语："欢迎蒋主席锦旋故里！"武岭学校学生列队一旁欢迎，女学生献花，鞭炮齐鸣。

1948年5月，蒋介石偕宋美龄游宜兴，在亭侯墓前留影。

第二天，刚好是宋美龄四十九岁生日，溪口新老祠堂联合演戏，武岭学校学生演出《群仙上寿》古装歌剧；丰镐房内设有寿坛，陈列寿糕，宋美龄十分开心。戏演了三天三夜，一为蒋夫人宋美龄祝寿，二为蒋氏夫妇荣归故里。蒋介石夫妇每晚必亲点一两出戏，看完才走。

宋美龄陪同蒋介石祭扫祖墓，遍访亲朋。一天，武岭学校学生去祭蒋母墓，陈布雷也去蒋母墓前行礼。蒋介石和宋美龄笑容可掬地坐在墓旁；在陈布雷行礼时，蒋氏夫妇站起来说声"谢谢"。等到学生们依次列队行礼时，蒋氏夫妇则坐着说"好，好"。礼毕，丰镐房的账房分给每个学生两个宁波定做的"赵大有"油包。

宋美龄曾多次跟随蒋介石回过溪口老家。蒋介石四十八岁生日那天，宋美龄陪蒋一起回到溪口为他过生日。蒋介石的生日是阴历九月十五，但九月十二日那天宋美龄就派人到宁波"赵大有"字号去订购油包，购买烟花爆竹，召集龙灯队。阴历九月十五这天夜里，溪口镇灯火辉煌，龙灯飞舞，爆竹声声，盛况空前。宋美龄面带微笑，陪着蒋介石坐在文昌阁的台阶上观看，心里十分高兴。等到舞龙灯快结束时，蒋介石叫副官赏给每条龙大洋10元。宋美龄笑着说：

1947年4月，蒋氏夫妇与长子蒋经国一家合影于溪口。

蒋介石极爱家乡的山水，这是他带全家人出游的情景。

蒋介石带着儿孙最后一次拜祭蒋母之墓。

"这些青年人舞龙也够吃力呢!"

"好!每条龙赏20元!"蒋介石高兴地喊道。

一年夏天,宋美龄和蒋介石一起游千丈岩,站在千丈岩飞瀑下的仰止桥上,观看千丈岩瀑布,尽情欣赏,流连忘返。宋美龄也曾跟着蒋介石到文昌阁下边"碧潭"上的"憩水桥"头,垂钓观鱼,怡然自乐。她还记得,石崖上有蒋介石亲自题写的"武岭幽胜"四个字。

1947年4月,宋美龄陪蒋介石在溪口住了九天。就在蒋介石、宋美龄衣锦还乡的前些日子,蒋介石不得不把向解放区全面进攻改为重点进攻陕北和山东,他已经感到兵力严重不足了。等到宋美龄、蒋介石返回南京后,不久便传来山东孟良崮之役第七十四师被解放军全歼的消息。这使蒋介石、宋美龄十分震惊!接着,解放军刘、邓大军强渡黄河,揭开了战略进攻的序幕,蒋家王朝呈江河日下之势。

1947年5月以后,上海、南京各地学生发动了"反饥饿、反内战、反迫害"运动。国民党采取镇压政策,造成了南京"5·20"血案,500多名学生被打伤。5月20日晚上,宋美龄到医院去看望了受伤的学生们,装出一副悲天悯人的样

1947年4月,蒋介石与家人乘筏剡溪。

子，对学生安抚了一番，再一次扮演了"红脸"的角色。

宋美龄对儿童福利事业仍然关注。1947年秋，国民党行政院善后救济总署在上海新亚饭店召开全国儿童福利会议。开幕那天宋美龄、吴贻芳和孔祥熙同车来到会场。宋美龄在开幕式上发表讲话，她说："儿童是国家未来的主人，儿童福利工作做得好不好，关系到国家的命运，人类的前途。"宋美龄讲完话，又和吴贻芳博士一起接见东南各省市部分代表，询问各地儿童福利工作的情况。她们认真听取各省代表的发言，并随时提出问题。但是，当时国民党统治区经济一片混乱，哪里还谈得上儿童的福利呢！

放走大"老虎"

进入1948年，国民党的经济状况，随着"反共"战争形势江河日下，越来越糟，军事上的溃败与经济上的通货膨胀交织在一起，构成了中国社会的一幅混乱图画。为了防止国民经济出现总崩溃，国民党政府经过一番酝酿，准备对经济动大手术。1948年下半年，国民党统治区的经济状况进一步恶化，通货恶性膨胀，经济面临总崩溃的边缘。1937年能买两头牛的钱，到了1947年7月只能买1/3盒火柴。物价上涨了6万倍。而1948年8月的物价与1937年1月至6月的平均物价比较，则上涨了500万倍到1100万倍。

为了挽救经济的总崩溃，维持其摇摇欲坠的反动统治，1948年8月13日，蒋介石在庐山牯岭搞了个"经济紧急处置方案"，决定实行包括发行金圆券、限制物价和收兑金银、外币等内容的"经济改革"。8月19日，国民党中央政治会议颁布了《财政经济紧急处分令》和《金圆券发行办法》等法令，正式宣布实行"币制改革"和"限价政策"以控制疯涨的物价。8月19日，"经济紧急处分令"由国民政府明令公布，主要内容是：自1948年8月19日起发行"金圆券"，以300万法币兑换1元金圆券，相当于美金0.25元，同时限期收兑金、银、法币；限期在10月20日前兑换完毕；限期用金圆券兑换黄金、白银、银币与外汇；限期登记本国人民存放在外国的外汇资产；整理财政，加强管制经济，以稳定物价，平衡国家总预算及国际开支。

金圆券最初发行的40天内，政府以纸易金，兑换到黄金美钞逾三亿美元，这是全国老百姓多年战乱的最后劫余，等于大家掏空腰包，都"爱国"了。

蒋经国认为，"币制改革"乃"挽救目前经济危局的必要办法"。他还认为，能否认真执行是改革成功关键的关键。8月22日，蒋经国被正式任命为上海经济管制副督导员。督导员为中央银行总裁俞鸿钧，不过挂个名而已。为执行财政经济紧急处分令，蒋经国决心在上海使用铁腕。蒋经国认为：上海金融市场混乱，主要是大资本和大商人捣乱，所以要对"坏头"进行"严惩"。当时蒋经国的确想真打"老虎"，以此来挽救经济，扭转时局。他在8月21日对好友贾亦斌说："这次领袖派我去上海负责执行经济管制和推行币制改革、发行金圆券的工作，任务是艰巨的。但我一定要排除任何阻挠，只要是违犯国法者，不论其官职有多高，财力有多厚，我都将坚决依法惩办，不徇私情，相信成功可期。"8月23日，蒋经国在中央银行督导员办公处正式办公，为表明自己的态度，他以《上海向何处去？》为题发表告上海人民书。文中宣称："投机家不打倒，冒险家不赶走，暴发户不消灭，上海人民是永远不得安宁的。""本人此次执行政府法令，决心不折不扣，决不以私人关系而有所动摇变更！"他借用北宋政治家范仲淹的名言："宁使一家哭，不使一路哭"，表明对豪门绝不留情。他称："不惜以人头来平物价！""打祸国的败类，救最苦的同胞"，"打倒豪门资本"。配合他的表态，蒋经国公布了有关的经济管制法令和物价管制办法，规定：

（1）从8月19日起发行金圆券，10月22日前收兑法币。

（2）限于9月30日前，收兑人民持有的黄金、白银、银元和外汇，逾期任何人不得持有，违者严办。

（3）限期登记管理本国人存放外国银行的外汇资产，违者制裁。

（4）一切商品不得超过8月19日的物价水平，以稳定物价，平衡国家总预算和国际开支。

为了执行经济管制法令，蒋经国调集赣南系、青

"打虎"前，蒋介石与蒋经国（左）及上海经济管制督导员俞鸿钧的合影。

由于宋美龄的干扰，蒋经国"打虎"的拳头落空了。

干校和青年军的干部王升、李焕、江海东、江国栋等人组成"大上海青年服务总队"，由王升任总队长，成员有一万余人。蒋经国将这一万余人编成20个大队，在上海设置了11个"人民服务站"，主要职责是负责收集各界人士和平民百姓的举报线索。8月29日，各服务站开始工作，普遍接受民众对奸商的检举。蒋经国还宣布每星期二、星期四会见市民接受告发。

蒋经国接连召见上海经济界的头面人员刘鸿生、荣尔仁、钱新之、李馥荪、周作民、杜月笙等人，软硬兼施，要他们拥护政府措施，交出全部黄金、外汇，否则将勒令停业。他还宣称："你们不要敬酒不吃吃罚酒，谁手里有多少黄金美钞，我们都清楚。谁不交就按军法办理。"

蒋经国干得最起劲的是动用军警和宪兵，用武力抑制物价。蒋经国指挥市警察局、警备司令部稽查处、宪兵及江湾、宁沪铁路、宁杭铁路三个警察局等数千名军警在全市实施两次大检查，检查中还真有不怕"武松"蒋经国的"老虎"。9月1日，蒋经国举行记者招待会，宣布已经传讯的10人中间，有杜月笙次子杜维屏和女婿荣鸿元及商界名流万墨林、张超等。

这样一来使得上海物价低于其他各省，结果造成上海物资大批流往外地，致使上海供应极度紧张，黑市猖獗。为此，蒋经国又严厉打击囤积居奇、投机倒把的商人，并组织人员到外地采购物资，以保障上海的物资供应；同时鼓励民众用匿名信揭发违法者，并公布处理结果。一时间，确实在一定程度上打击了一些奸商污吏、腐恶势力。蒋经国接到南京电话，要他从速处理违犯经济法令的各种案件，并主张严办大的投机商人。根据南京指令，蒋经国决定采取行动。

9月21日，蒋经国进一步实施铁腕行动，枪毙了扰乱金融市场的大商人王寿哲、泄密的财政部秘书陶启民及知法犯法的稽查大队长戚再玉、经济科长张亚民等。督导办公室宣布正式逮捕荣鸿元、詹沛霖(纸业公司理事长)、吴锡龄(棉布巨头)、黄以聪(永泰和香烟公司经理)、杜维屏等。"五虎将"被抓，整个上海震动。由于处理了这些头面人物，蒋经国获得了敢碰"大老虎"的美名。

谁说蒋经国是"只拍苍蝇，不打老虎"？看来，"蒋经国是真的打老虎了"。一时间，蒋经国在上海声名鹊起。对于社会舆论，蒋经国也沾沾自喜，他说："此事成效之大，不在于经济，而在于政治也。"并把他的强行控制物价的办法推广到南京、江苏、浙江和安徽一市三省。

蒋介石每天晚上都要用电话询问上海收兑金银外币的情况。一个月中，仅上海中央银行就收兑黄金、白银、外币共值37300万美元。但这些钱全是普通小百姓的，那些私人银行和有钱的大户则阳奉阴违，暗中向香港转移财产，而拥有巨额金银外汇的四大家族和江浙财团，更是丝毫无损。

抓人、杀人使上海奸商接受了经济管制的事实。这种现实使得被蒙在鼓里的民众，纷纷按规定拿着手头仅有的一点点保值货币去兑换很快一文不值的金圆券。打着为民谋利招牌的蒋经国，最终使南京政府从老百姓手里收兑到价值1.7亿元的黄金，为内战又增添了一笔经费。但是蒋经国在上海创造的"经济奇迹"只维持了40多天，就因南京政府决定对卷烟、洋啤酒、国产酒类、烟叶等七类商品增征税款，使物价再度飞涨，金圆券大幅贬值，经济管制名存实亡。

"打虎"打到最后，蒋经国便发现扰乱经济秩序的最大的"老虎"主要是四大家族和江浙财团，要想"起死回生"挽救危局就得敢于去碰四大家族和江浙财团。于是，蒋经国下令查封了"扬子公司"，逮捕了孔祥熙的大儿子、扬子公司经理孔令侃。这下触犯了蒋、宋、孔三家的利益，蒋经国的"经济改革"碰上了硬钉子，再也推行不下去了。

位于上海和四川路口的迦陵大楼中的"扬子建业股份有限公司"，是由孔令侃在父母的指使下于1946年成立的黑公司。扬子公司孔老板通过小姨妈宋美龄的关系，获得汽车、药品、钢材、染料等重要物资的进口、销售权，经营中更是采用走私、逃税、套取官价外汇及垄断货源等办法。

以下是宋子昂关于扬子公司内幕的回忆：

"我于1946年夏，进扬子公司为工业部副经理，1947年兼任利威汽车公司经理。到1948年秋，与孔令侃发生龃龉后离职。宋闪宝和宋安宝都是我的妹妹，闪宝与孔令仪为南京金陵女大同学，又曾为孔令侃在美时的秘书，因此对他们的家庭情况比较熟悉，她又是我和孔令侃关系的媒介。

"扬子公司的全名为扬子建业股份有限公司，是孔家班的一宗买卖，由孔祥熙的长子孔令侃亲主其事。为什么要由孔令侃亲自出马？其中有很多原因：从狭义的家族来看，宋、孔二族在蒋家王朝中，争权夺利，此起彼落，虽是谊属姻亲，实际充满矛盾，各人有自己的一套打算。宋美龄为了在蒋家宫廷中壮大其实力，一手搀扶一个，在中间作为缓冲。但她并不曾为蒋介石生男育女，而蒋前妻所生二子蒋经国和蒋纬国，则逐渐长大成人，这是她和蒋的矛盾，也是她在宫廷中的心腹之患，急需在下一代中找几个子侄辈来与之抗衡，借以维护她的宝座。但她环顾姻亲中，在宋氏一门几个弟兄，都是晚婚而子嗣稀少，得子最早而财丁两旺的只有孔氏，因此她很早就把孔氏的子女视为己出，而孔令侃则是最适合于她培育条件的对象之一。另一方面，宋蔼龄一向在孔家班中大权独揽。可是自从纱花案、公债案，特别是在重庆的走私案，经《大公报》揭露了他们的家丑，其心腹林世良被枪毙之后，举国舆论哗然，更兼她自己又患了癌症，再不便亲自出乖露丑。但孔祥熙越来越家大业大，仍需要这位'贤内助'坐镇后方，巩固他们的既得利益，于是对外新的'发展'，很自然地就落到了孔令侃身上，成为四大家族下一辈中出道最早的一个公子哥儿。

"孔令侃既有这样的特殊条件，因此在刚出校门不久，即以二十岁的孺子，被任命为中央信托局驻香港负责人，把空军和交通器材等物资向国外订购转口的业务划归其办理。少年得志，从那时起孔令侃就开始其既政亦商的两栖活动。其后，在日本帝国主义的压力下，中国香港政府以孔令侃私设电台为借口，将其驱逐出境，就不得不悄然离港赴美。当其在哈佛大学毕业，寓居美国之际，正好宋美龄由重庆去美，就叫孔令侃当了她的私人秘书，随同她应罗斯福总统之邀，在美参观访问。他们就利用这个政治上的机会，同美国各大家族进行经济上的勾搭，并且聘请了几个和独占资本关系比较密切的美国人，从中穿针引线。其中他们所最倚重的约翰逊上校，乃是美帝金融寡头驻在华盛顿的一个代理人，也是宋美龄、孔令侃在美国的金融代理人；孔令侃回国后还经常和他保持联系，凡是美国对华政治和经济上有什么新的举动，他在事先总能将内幕通知孔令侃。当时在以约翰逊为首总谋其成之下，孔令侃就取得了很多大厂商的在华总经销合同。回国以后，就成立了扬子公司。孔令侃在上海的时候，曾以一册照片专辑给我看，是他随同宋美龄在美国时和经济政治界人物合影的专辑。他还向我指述经过渊源，颇为自得，并且说：'只要我们集中精

宋美龄特别喜爱孔家子女。左起：孔令杰、孔令伟（孔二小姐）、宋美龄、孔令侃。

力，先把扬子公司办好，逐步扩大，有了坚实的经济基础，就不难像华尔街富翁那样，也可在中国政治舞台上一显身手。'那就是他的'抱负'，同时我又想到那一册照片专辑中前因后果的种种事情，无疑是个'胚胎'，其后扬子公司的一切，实即孕育于斯。

"扬子公司做交易有几个原则，即是：只做现货交易，不做订货交易；售货一律以美金计价；收款一律以美钞黄金为限，万不得已而收进法币，则必在当天换成美钞或黄金，然后再以各种方法把这些美钞黄金变成外汇。扬子公司有一个附属机构——利喊汽车公司，是英美汽车托拉斯在中国的代理人，像'奥斯汀'和'雪佛兰'等座车，每辆进口成本约合1800余美元，扬子公司在国内独占的优越条件下，经常保持5000元美钞一辆的高价在市场销售。只从汽车这一项商品上，经常就有大量美钞黄金积聚在手中，以待变成外汇。记得1947年11月间，孔令侃要我把几十万美钞搞成外汇，我是通过英商有利银行由其买办虞鲁伯经手办理，孔令侃只向我交代了把款子送到美国纽约利佛台尔街某号，但并不指明收款人姓名。事后宋闪宝对我讲，她曾到那地址去过，原来是宋美龄在纽约的一所不公开的别墅，收款人是谁，也就不言而喻了。当然，他们搞外汇，定然有比这痛快而简单万倍的方法，然而无疑地这正是他们所采用的各种方法之一。以蒋孔二族外汇的积累而言，这仅是一支细微的支流。可是回过来看，那些支流所形成的总流，却正是扬子公司可以无限制运用的外汇来源所在。"(宋子昂：《扬子公司的一鳞半爪》，载《文史资料》第36辑，第

168页)

官商是蒋经国推行币制改革的最大阻力之一。官商合流是半殖民地半封建的中国存在的一种既普遍又最易引起腐败的因素，商人以官府为靠山，为官的把捞取外快、当官致富的重点放在商界，形成官商合一的局面，官用权换钱获利，商用钱换权获利。这是介乎为官与为商之间的最佳发财之道，在国民党统治时期，论办官商，首屈一指的要数四大家族本身。

上海打"老虎"失败，是蒋经国一生中的重大挫折，也是他和四大家族的第一次公开冲突。蒋经国和四大家族的矛盾主要集中在两点上：

一是对四大家族的敛财问题，蒋经国是看不惯的。对四大家族中宋子文、孔祥熙、宋蔼龄的巨额财产，对他们利用各种特权进行官倒和黑市交易，蒋经国是看不惯的。（据说，当孔、宋两人退出官场时，宋子文已积累了上亿美元的财产，孔祥熙已积累了五亿美元的财产，这在20世纪40年代的中国是非常罕见的，如果不是他们凭借手中的权力发国难财，这肯定是不可能的。）

二是对他们"国"、家不分，不顾"党国"利益赚昧心钱，蒋经国是看不惯的。但看在亲戚和长辈分上，蒋经国一般只采取不理睬的态度，惟有这次不得不为维持国民党政权的统治，拿孔家子弟开刀。

四大家族内部从第二代起，开始走上不同的道路。蒋家的公子是从政，陈系的后代当时还小，宋家的后代则远离政界，孔家的子女则是大发横财。四方壁垒分明，各有所好，只有貌合神离，不见情投意合。在四大家族的第二代中，在商场上留下众多劣迹的是孔家兄妹俩。孔令侃、孔令伟两人作为"前敌总指辉"，孔祥熙、宋蔼龄在幕后，兄妹两人负责出面接洽、交涉、谈判、经营、管理，成为孔家这个商业投机王国公开的君主。他们横行于南京、上海官场和商场，其丑闻成为各上层社交场合议论的主要话题。可这对兄妹深受小姨夫蒋介石、小姨妈宋美龄的喜爱，孔令侃21岁时就由小姨夫蒋介石任命为"中央信托局常务理事"，孔令伟则被没有亲生儿女的宋美龄视为干女儿。他们正是凭着这双重后台，有恃无恐，在商场上、经济圈内无恶不作。

对于蒋经国的严厉措施，孔家大少爷根本不屑一顾，他从不把国民党的律条放在眼里，根本没有进行逃避检查的任何准备。因为长期以来，他的经商畅通无阻，因为没有人愿意去碰孔令侃这个马蜂窝。

公司成立两年间已赚取黄金、美元无数。扬子公司的违法活动，一直是中外新闻界报道的热点。在蒋经国亲自组织的一次大搜查中，孔令侃的仓库中就有近百辆汽车和3000余箱300余种呢绒、西药、钢材、染料和玻璃等市场紧缺物资被查处。蒋经国决心借机整治这个一贯违法乱纪的表弟。他是在接到举报后有意去查禁孔家公司的，他是诚心来捅这个马蜂窝的。

在蒋经国看来，自己为党国进行经济管制、维护南京政府的信誉、惩治奸商和官倒，理应得到作为国家"首脑"的父亲和同样有责任维护政权信誉的母亲的支持；即使在"国"和"（孔）家"发生冲突时，也应重国轻家吧。

在搜查中，扬子公司犯法证据确凿，孔令侃罪责难逃。于是，蒋经国马上下令逮捕孔令侃，查封扬子公司。只可惜年长孔令侃五岁的蒋经国还没有表弟成熟，他低估了这位表弟的能量和势力，当然他也过高估计了父亲和后母的觉悟。

孔令侃马上兵分三路，采取补救行动。

一路是在物资被查处之初，以在美国的父亲的名义，把上海市长吴国桢请到西爱咸斯路51号孔公馆，托市长从中斡旋；吴市长见孔"前财政部长"没有出场，自觉被戏弄，分外气愤，甩手而去。蒋介石也致电吴国桢，要吴劝蒋经国放孔令侃。吴对气焰嚣张、为非作歹的孔令侃本来就有看法，故对蒋介石的电令置之不顾，坐山观虎斗。

一路是从南京搬来宋美龄。9月30日，正在南京主持宴会的宋美龄接到匿名电话，通报孔令侃被押。宋美龄当即和上海警备司令宣铁吾联系，证实孔大公子已成阶下囚。这位"第一夫人"马上给正在北平指挥东北战事的蒋介石去信，叫他来沪，制止蒋经国的"大义灭亲"之举。次日宋美龄飞到上海，召见蒋经国，痛斥捕孔一事，下令

这是1943年宋美龄访美时，中国驻美大使魏道明、郑毓秀夫妇为其举行酒会时所摄。其身后是被蒋经国抓住要当"老虎"打的孔令侃。

立即释放孔令侃。

1948年10月8日，蒋介石正在北平与傅作义商讨北平防守大计，突然接到宋美龄的来信，信中告诉他说蒋经国在上海"打虎"抓了扰乱金融的孔令侃，要蒋火速到上海去救大外甥。蒋介石不顾北平的防务大事，却飞到上海，他对爱子的行为不表示赞成，反而亲切接见了宋美龄接来的孔令侃。后来，傅作义针对这件事说："蒋介石要美人不要江山，我们还给他干什么！这是我对蒋介石思想失了信仰的又一个重要原因。"

周一志的《上海金圆券案之一幕》一文中记录了蒋介石训子的细节：

经过宋美龄一夜的"攻势"，次晨蒋经国进入蒋介石卧室大约半小时出来，即现出垂头丧气的表情。接着蒋介石出来接见文武大员，说："人人都有亲戚，亲戚大大丢脸的事情，请你们各位想一想，谁又能够真正铁面无私呢？我看这个案子打消了吧！"大家一听此言，只得诺诺而退。这次胜利属于宋美龄。蒋经国经过这件事的打击，仰天长叹道："我只有先在家尽孝，尔后对国尽忠了！"

孔家势力还有一路是操纵舆论，他们通过被收买的报社和记者，大量散布消息，称"在扬子公司查获的大批新汽车及呢绒等，并非事实"。上海警察局发言人也称："所抄查均已向社会局登记，所囤大批汽车并非孔令侃所有。"为孔令侃和扬子公司开脱。

三路夹击之下，蒋经国无力反击，失败不算，在宋美龄、孔令侃、孔令伟等人的喧嚣下，还不得不公开发表谈话，称"在法律上讲，扬子公司是站得住的"。自己打自己的耳光，追踪报道扬子案的《大众夜报》《正言报》也在高压下被迫停刊。

在宋美龄的支持下，孔氏占了上风，孔令侃在众目睽睽之下被宋美龄从上海送到美国；蒋经国无可奈何，只有让这只天字第一号的"大老虎"逍遥法外，而且自己在上海弄得一筹莫展，灰头土脸跑回南京。这说明在当时，宋美龄对蒋介石的影响力远远超过了"大公子"蒋经国。

蒋经国的"经济改革"不仅遇到了宋美龄的挑战，还碰到了商人们的软钉子。10月2日，国民党政府为了减少预算赤字，决定提高对烟、酒等货物的征税额，同时允许商人调整这些商品的零售价。一夜之间，各类香烟涨价100％到

120%，把市民们吓了一跳。金圆券更一跌再跌，结果引发了一场抢购风潮，波及了许多生活日用品。搞得死了人买棺材也得由棺材店派伙计去"验明正身"，以免有人囤积棺材。小花园一带的女鞋，连清朝以来几十年最老式的不论大脚小脚穿的各种鞋，都被抢购一空。到10月7日，商店的货架空空荡荡，把上海推入了绝境。

蒋经国似乎没有记恨后母的"放虎归山"，在此后的岁月中，依然恭谨地随侍左右。

对此，蒋经国又采取了一些严厉的措施，但没有收到预期的效果。到10月底，所有的生活必需品都从市面上消失了，商业和工业都陷于彻底瘫痪。

10月27日、28日，国民党政府最高领导层在南京召开会议，重新估计他们的经济政策。大多数与会者严辞痛斥币制改革，蒋经国成了众矢之的。11月1日，国民党政府正式公布停止"经改"，取消"限价"。商品上市了，物价却加倍飞涨起来。从造币机里洪水般地涌出金圆券。可是，物价疯涨，金圆券如同废纸，百姓苦不堪言！蒋介石给儿子发来指示，叫他罢手。

蒋经国悲愤交加，在日记中写道："商人可恨，但是党内的政客更可恨。"

蒋经国刚到上海滩时，雄心勃勃，然而不过70天，他便败下阵来。11月2日，蒋经国发表《告上海人民书》，宣布"70天来的努力，已一笔勾销"，"我将向政府自请处分，并对上海市民表示歉意"，但又宣称"决不放弃自己既定的政治主张"。

11月5日，蒋经国离开督导处办公室时，"心中实有无限的感慨，几欲流泪"。傍晚至黄浦江，"觉得格外凄惨"。

蒋经国为挽救国民党的颓势，有心"改革"，但却在宋美龄故意放跑"大老虎"孔令侃，使这一运动受到致命的一击后，只好在京沪报纸上发表声明"坚决反对开放议价"并愤怒地辞职。

11月29日，国民党中常会发布蒋经国新的职务：台湾省党部主任。

不能说宋美龄的放"虎"归山，是蒋经国在上海失败的根本原因，最主要的原因是政府腐败与错误的财经政策。由于国民党错误地发动反人民的内战，需要大量经费支持，造成通货膨胀，政治腐败与错误地财经政策，加剧了通货膨胀局面，致使币制改革流产。但是，宋美龄的放"虎"归山，在当时所带来的影响无疑是加速了国民党所谓经济改革的破产。据研究蒋氏父子的专家刘红先生分析，宋美龄事后也知此事欠妥，因此到台湾后再也不对蒋经国的事务说三道四。此后，母子关系既不热也不冷，既没冲突也不亲热，相安无事。在蒋介石进行最高权力的传子安排时，她没有反对和破坏，还从蒋家大业出发，对元老们做了不少解释和安抚工作。在蒋经国逝世后，她也为捍卫蒋家的影响和蒋经国路线做过不小的努力。但是，总的说来宋美龄和蒋家之后的关系不如与孔家之后亲密，她更喜欢和孔家后代来往，直到晚年也是和孔家后代住在一起。在与蒋介石后代的关系上，宋美龄和蒋纬国的关系要好于和蒋经国的关系，和第三代的关系要好于和第二代的关系。

"文胆"之死

1948年11月6日，人民解放军华东、中原野战军协同发动了淮海战役，将杜聿明集团军30万人围在淮海战场。到11月22日，歼灭国民党第七兵团，兵团司令黄伯韬负伤自戕。国民党第三绥靖区所属三个半师，在台儿庄、枣庄地区起义，蒋军被歼达17.8万多人。在华北地区，傅作义的60万军队，被解放军分割包围在平、津、保、唐、张家口、承德等几个孤立的据点中，动弹不得。

眼看大势已去，蒋介石、宋美龄忧心如焚。宋美龄旧疾复发。据说，她的皮肤病复发与蒋介石的坏脾气有关，但她这次是失眠症再次发作，一睡下便做噩梦。一波未平一波又起。11月13日，蒋介石的国策顾问、"文胆"陈布雷因看到"蒋家王朝"末日已近，在极度的绝望中吞服大量安眠药自杀了。

陈布雷在国民党中是一位显赫人物，他的显赫不是因为身居高官要职，而是从38岁到59岁，前后21年间，一直担任蒋介石的首席文字秘书，曾有人把他称为蒋介石的"文胆"。

陈布雷对蒋介石可谓是忠心耿耿，百依百顺，为蒋起草过大量文章和文告，蒋介石的作品中，从早期的《告黄埔同学书》《祭告总理文》，到中期的《报国与思亲》《西安半月记》，直至在大陆后期的文告讲稿，都是他的杰作。陈布雷是蒋介石最信得过的人物。

因陈布雷对蒋介石忠贞不贰，使得宋美龄对他十分敬重。抗战期间，宋美龄就十分关心陈布雷的健康状况，经常嘘寒问暖，以示关怀。

蒋介石的国策顾问，有"文胆"之称的陈布雷。

陈布雷之死，其实是有深刻的环境背景的。陈布雷在给蒋介石留下的遗书中说自己"目睹耳闻，饱受刺激"。这些刺激陈布雷的事情，从他秘书蒋君章在《布雷先生的风范》(《伤逝集》)的追忆里，也可见一二：

"先生在逝世之前，情绪非常不宁，影响他的健康极大。当时最大的问题有二：一为军事情势的逐渐逆转；一为发行金圆券而实施后的限价政策，逐渐动摇。

"前者使各方面庞杂的意见，纷然而起，他们很多想经由先生而上达蒋主席。有的用书面陈述，有的当面请见，也有的直接以电话互谈。凡是要见先生的，除一、二具备排闼直入的熟客之外，照例由我代见；书信也向来由我代拆、代复(必须先生核准)。承蒙先生看重我，一切对我信任，所以我有胆量接受各方意见或看到各方建议，把它压下来，以免刺激先生；但是先生也难免听到一些不乐闻的议论，所以居恒郁郁不乐。有的根本瞒不住的，例如当时食品已造成黑市，乡间至城市的粮食、用品等都至城外待售，不复进入城内，城内粮商也吝而不售，再加上不肖分子的捣乱，山西路一带发生抢米风波，先生办公室距山西路不远，呐喊人声，时入先生耳中，先生多次至后窗遥望，表情凝重，无语而退。"

还有令陈布雷"饱受刺激"的事发生在他自己家里。陈布雷共有六子二女。这八个孩子中，陈琏(怜儿)最早加入了共产党（1939年）。1947年，国民党保密局破获了中共北平地下电台，又在保定、西安、兰州发现中共组织和地下电台，大肆搜捕，发现了陈布雷的女儿陈琏竟是共产党。国民党的"文胆"家里却出了共产党，这当然会令陈布雷感到尴尬。

当时国民党以戒严来对付抢米的老百姓，每天枪杀没有饭吃铤而走险的老百姓，朝夕不绝。面对这样的社会现实，这位饱读诗书深谙中国历史的老知识分子当然会感到空前绝望。更令陈布雷绝望的是战场形势。在辽沈战役国民党军队节节败退之际，大量难民随着涌入关内，风餐露宿，无家可归。陈布雷看到整个中国正在遭受这场浩劫的破坏和毁灭，因而显得焦虑不安，叹道："已有二千万百姓流离失所，再打下去真不得了！""国将不国，一片废墟，三民主义还有何希望？"他向同僚表示："我一定要劝劝委员长，这个仗不能再打下去了。""跟共产党谈判，国民党或许还能坐半个江山。"

当锦州战役失利时，蒋介石在北平吐血，回到南京后因伤心过度又连续吐血。陈布雷曾去蒋官邸探望过两次，并密谈良久。因为他知道这种劝和的意见是不宜在蒋介石召集的会议中公开提出的。

有一次，陈布雷同蒋介石密谈至深夜，完了蒋介石送他步出总统府大门，蒋介石对陈布雷说：目前战局确是不利，国民党可能被打败，但不会被消灭，布公不必如此悲观。自古未有分天下而能持久者，谈判也保不住国民党的半壁江山。事到如今，我们只有背水一战，成败在天了。事后陈布雷的脸色很难看，回到寓所还自言自语叹道："成败在天，成败在天！"抑郁不可终日。

半生随陈布雷共患难的副官陶永标，在回忆录《尸谏——蒋介石秘书陈布雷自杀经过》里说："促使陈布雷自杀的最后一个重要因素，外人知道的极少。那就是陈布雷曾经劝告蒋介石罢兵，同共产党举行谈判，两方早日结束内战，让百姓安养生息。但蒋介石不仅没有听从，而且事后表示不满。陈布雷感到彻底失望，百念俱灰，于是以身殉职，示己忠贞，免得蒋介石猜疑。从这一点来说，陈布雷的自杀也可谓尸谏。"

仔细剖析陈布雷给蒋介石遗书中的一段话，也可隐约看出他生前表露过的这种想法。"天佑中国，必能转危为安，唯公善保政躬，颐养天和，以保障三民主义之成功，而庇护我四亿五千万之同胞。"在他给蒋介石的两份遗书中，找不到鼓励蒋与共产党决一雌雄的只语片言。说明陈布雷对蒋介石的"反共"战争持保留态度。

11月8日，蒋介石在中央党部纪念会发表演讲，严厉痛斥主和派是向共产党投降的表现，并声明一切和谣"绝不影响他战斗到底的决心"。蒋介石所斥责的主和派，当然主要不是指陈布雷。然而这客观上无疑是对陈布雷精神上一个巨大打击！像他这样殚精竭虑追随蒋介

陈布雷夫妇及子女。后排左一为陈琏。

石二十多年，自尊心极强而旧式士大夫思想又很重的知识分子，对蒋介石的这番话不会不加以反复思量。

蒋介石的表态决定了陈布雷的最后命运。也许在这一天，陈布雷才决定了自杀的具体措施和日期。

陈布雷自尽了。这使宋美龄那沉痛的心情又增添了几分沉痛。宋美龄穿着黑丝绒旗袍，在陶希圣的陪同下步履沉重地来到陈布雷遗体旁，看见陈布雷那蜡黄干枯的脸，不由得闭上了眼睛。想到他对蒋介石的一片忠心，宋美龄两手颤抖，嘴唇嚅动，眼里流下几滴晶莹的泪珠。她对站在床旁的陈布雷夫人王允默和女儿陈琏说："陈先生不幸逝世，我代表总统向你们表示慰问。"

王允默凄然道："谢谢夫人，谢谢总统。"

"有什么困难，你尽管来找我，我们会帮助解决。这也是总统的意思。"宋美龄用上海话说道。

"谢谢夫人和总统的好意。"王允默向宋美龄叙说了陈布雷生前打算在杭州择地葬身的想法，辞谢了蒋介石要为陈布雷举行国葬和公葬的提议。宋美龄回去向蒋介石讲了王允默的态度，蒋介石感慨万千，若有所失，不禁提笔写了"当代完人"一幅横匾。

陈布雷的太太王允默在陈布雷的《回忆录》前记中说，陈布雷最后感到"徒耗国力，愧对民众，生不如死"。

他终于用一死证明了知识分子跟国民党合作的悲惨下场，他告诉大众他过了

错误一生，他用一死否定了他一生的鞠躬尽瘁。

陈布雷的死，似乎给"蒋家王朝"敲响了丧钟。

但是，蒋介石还要拼命挣扎，于是他又寄希望于"山姆大叔"，寻求美国的援助。宋美龄审时度势，觉得今非昔比，已想到这次访美不会有什么好结果。可是，为了挽救蒋家王朝，她还是勉为其难，硬着头皮决定走一趟美国。

宋美龄 全传

Biography of Song Meiling

第十二章

赴美乞援

宋美龄为帮助蒋介石政府渡过危难，再次来到美国求援。然而这次再也没有了鲜花，没有了下榻白宫，没有了盛大的欢迎酒会。杜鲁门总统正打算放弃蒋介石。

杜鲁门还用挖苦的口吻说："她到美国来，是为了再得到一些施舍的。我不愿意像罗斯福那样让她住在白宫。我认为她也不太喜欢住在白宫，但是，对她喜欢什么或者不喜欢什么，我完全不在意的。"此后，杜鲁门还向他的助手们坦率地谈论中国国民党政府中的"贪官和坏蛋"。他说，今天肯定有10亿美元的美国贷款，在纽约列入中国人的银行户头。

但困难吓不倒宋美龄，她退到马歇尔和她姐夫孔祥熙的家里，重整"院外援华集团"，变换手法，影响美国政府和舆论，成为"院外援华集团"的老板。

一幕"哭秦廷"在美国上演

《史记》中《楚世家》曾有这样的记载：楚国伍员怂恿吴王伐楚，借报家仇。吴王出师后，楚兵大败，楚昭王出走。吴王入楚宫恣意淫掠，伍员掘墓鞭打楚平王尸骨。楚臣申包胥不忍国土沦亡，星夜奔走入秦，求秦王念二国姻谊，借兵复楚。秦王未决，申包胥立秦廷痛哭七日，不进饮食，秦王为之感动，出兵击败吴师，楚国得以恢复。

几千年后的1948年，又有一幕被人称为"哭秦廷"的现代戏在美国上演了。

已过知天命年龄的宋美龄为了夫君，也是为了挽救蒋家王朝在中国大陆覆灭的命运，她亲自出马，到美国朝野呼吁求援。只可惜杜鲁门不是秦王，宋美龄也做不成申包胥。

1947年，中国的政治经济情况迅速恶化，法币在夏季已跌落到三万比一美元。物价飞涨，外汇锐减，交通、运输和工业活动由于通货膨胀和战争的双重打击而陷于混乱，老百姓怨声载道，社会秩序难以维持，在全国各个战场上，国民党军队节节败北。

宋美龄目击时局，心急如焚，不顾蒋介石和外交部部长王世杰的劝阻，执意飞往美国去乞援。她希望能像几年前罗斯福时代那样受到热烈欢迎，并得到紧急的军事和经济援助。

宋美龄如此寄希望于美国是事出有因的。她曾在美国受过大学教育，和美国朝野保持良好关系，抗战期间，她出席美国参政两院联席会议，发表过动人演说，受到罗斯福总统非常隆重的礼遇，获得了"出色的国民外交家美誉"。

在1948年的美国总统大选中，蒋介石夫妇和他们的美国朋友卢斯夫妇认为纽约州州长杜威会在总统选举中获胜，因而把"宝"压在了杜威身上。蒋介石特命驻美大使顾维钧向杜威授以特种"吉星勋章"，已在美国的孔祥熙和孔令杰父子也为杜威的竞选四处奔走。出乎蒋介石的预料，1948年11月7日，杜鲁门蝉联美国总统。蒋介石既尴尬又失望，但又不得不求助于杜鲁门。他表示希望杜鲁门政府发表一篇支持国民党政府的"坚决的宣言"，以帮助蒋介石维持士气和民心。可是，就连这点可怜的要求，也被杜鲁门婉言拒绝了。

在万般无奈的情况下，蒋介石同意让宋美龄再次到美国去乞援。

11月24日，美国国务卿马歇尔通知宋美龄：她访美只能以"私人资格"前去，这给宋美龄访美罩上了不祥的阴影。

11月28日，宋美龄秘密飞往美国。由于美国国会前不久刚刚给蒋介石10亿美元的军援，而且一场激烈的竞选刚刚结束，杜鲁门不想迎合卢斯和"院外援华集团"的对外政策，去支持一个行将崩溃的政权。

宋美龄对美国的冷淡感到很难过，她的一些美国朋友也感到很难堪，看到这位当年才貌出众的蒋夫人，如今处境如此狼狈，心里有些不安。为此，马歇尔于12月3日会晤了宋美龄，并与他的夫人设法把宋美龄安顿在弗吉尼亚自己的家里过夜。

此次赴美，为了蒙骗国内舆论，宋美龄还耍了个小花招。由于国内的绝大多数国民党人不理解美国对国民党政府的意图和看法，往往把她的访问看作是美国政府提议的，因而认为宋的访美是美国的关注和援助大有希望的标志。当时的驻美大使顾维钧就曾写道：蒋夫人可以对国内舆论说，她的仓促赴美是因为华盛顿希望她去访问。她之所以这样说，部分是为了在国内唤起希望，部分是为了说明她出访有理。这纯粹是玩弄权术。顾维钧还说蒋夫人以那种理由解释她的突然访问美国是必然的，因为她的访问绝不能被认为是一件平常的事情。她是一位妇女，在政府中没有正式职位，但是常常在国家危急的时候作为"第一夫人"被赋予重大使命。特别是她一到美国就下榻马歇尔家，这很容易被国内舆论曲解。

中华民国驻美大使在1948年秋得到了如下的口头指示：第一，蒋夫人将以私人身份访美，她将应美国各团体的邀请向美国政府中和美国人民中她的朋友们介绍中国的局势；第二，她不得公开露面；第三，她将是马歇尔将军夫妇的客人；第四，孔家的人，无论长幼，均不得参加她的活动，她的一切活动均须通过驻美大使馆并与之商议安排；第五，她将在华盛顿逗留一周至十天，至多不超过两周。结果她在美国足足待了14个月。

由于通知大使馆宋美龄到达时间的电话来晚了，结果原定的迎接计划被搞得一塌糊涂。

12月1日，宋美龄到达美国首都华盛顿机场。美国方面到机场迎接的，最显要的人物有马歇尔夫人，美国务院礼宾司官员伍德沃德及夫人，巴特沃思夫妇以及代表总统的白宫空军武官兰德里上校。马歇尔将军当时因病住院观察，未能亲到机场相迎。按照预先安排的顺序是，当宋美龄走下飞机舱梯时，首先迎接她的是顾维钧大使，然后是美方各方面代表，最后才轮到孔祥熙。接下来，宋美龄与新闻界代表见面并合影。

然而，飞机一到，孔祥熙一马当先冲上前去问候，结果宋美龄不得不同时伸出两只手，右手握孔祥熙，左手握顾大使，场面非常尴尬。同时，摄影记者一拥而上，抢拍献花的镜头。接着更是一片混乱，马歇尔夫人一面拽着宋美龄的胳臂走向她停在飞机旁的自己的车子，一面问她是否要发表声明，因为后面跟着一大群记者。宋美龄说"不"，马歇尔夫人马上把她推入车内。可这时宋美龄还没有跟美国官方代表正式见过面。

于是，顾维钧赶紧跑过去拦住车子，同时把美官方代表兰德里上校从人丛中拉过来，介绍给已坐在车上的宋美龄。顾维钧一边对宋美龄解释说兰德里上校代表美国总统，一边对兰德里上校表示感谢他到机场来。

由接机一件小事，不由使人有了一种一叶知秋的感觉，又仿佛预示着宋美龄此次访美不会像以前那么美好。

对于宋美龄的到来，美国政府没有表现出丝毫热情。宋美龄下飞机的时候，杜鲁门总统正在举行一个记者招待会。总统讲了不少，但没有提到中国。直到有的在场记者提出问题，他才说他要会见蒋夫人，但尚未安排。杜鲁门对于援华问题未置评论，关于派麦克阿瑟将军去中国的可能性，他断然回答"没有"。同时，白宫的新闻发布官所说的话，给人的清楚印象是他们没有制定接待蒋夫人的任何计划。可见，主人为宋美龄准备的是一条冷板凳。

很快，蒋介石给夫人打来一份电报，电文很长，文中敦促美国政府发表支持中国政府的声明，并表示作为委员长的他愿"引退让贤"。

带着蒋介石的新计划，宋美龄由马歇尔夫人陪同再一次去医院会见了马歇尔将军，并与他共进午餐。宋美龄临走时，一位记者问她是否有收获，她反问道："有谁见到马歇尔将军而不感到有收获呢？"（参见《顾维钧回忆录》第6卷）然而，当时在场的顾维钧却觉得这次访问并不令人鼓舞，因为宋美龄的面部表情就足以说明这一点。

事实上，宋美龄也确实感到沮丧。第二天，她让秘书告诉顾维钧，她打算发表一项声明，尽管声明措辞巧妙，但流露出强烈的情绪而且用意明显。熟谙政治声明的人一眼便可看出，宋美龄对在医院与马歇尔的会谈极为失望。声明草稿说，她来美国未经与中国或美利坚合众国的任何人商量，因为只有尽心报国，心神才得安宁。她还说："我访问的后果由我个人负责，而且只由我一个人负责。"（同上）

后来，宋美龄又让秘书征求大使的意见，顾维钧表示现在发表声明为时过早，因为她和最高级人物的会谈还没有结束，她还没有会见总统，而且这是一个感情冲动的声明。

无论美国政府态度如何，宋美龄依旧按计划忙碌起来。在她看来，马歇尔将军是能影响总统制定中国政策的关键人物，所以她忙于和马歇尔商讨各项事务的计划。为联络感情，她应马歇尔夫人的邀请，一起去马歇尔的庄园小住。随后的几日，两位夫人白天在庄园里的菜地劳动，晚上一起谈论马歇尔将军。

宋美龄在马歇尔家住的这阵子，与马歇尔夫人一起下厨，一起在偌大的花园摘花、剪枝；两位夫人的话题都是以马歇尔为主。马歇尔夫人向宋美龄介绍了自己丈夫的大量生活轶事，她透露说，马歇尔小时候有一撮头发老是盖住前额，因此养成快速甩头的习惯，大家就叫他Flicker。马歇尔于12月7日做手术，宋美龄到医院看了他好几次。有一次，宋美龄写了一封长信给马歇尔，信封上幽默地写着："送呈Flicker将军报告。极机密。阅毕即毁。"在这封长信中，宋美龄尽情撒娇，说她在他家花园做苦力，而他则"躺在丝绸床单上"享受；又说她费了极大的力气种植"荷兰种的大口径水仙花"，并且"除草以防霜敌"；经过这些"令人腰酸背痛"的工作之后，又在厨房"度过悲惨的时刻"，"削马铃薯、煮罐头牛肉、发明了了不起的新沙拉，尝起来味道像泥巴——在密集战斗中肯定可以困扰敌人"。

在信中，宋美龄说她一再以"一介小兵"的身份，向副总司令（马歇尔夫人）要求加薪，却总被当作耳边风；她反而指责"小兵"在此宿营后，两颊晒黑了，肤色好看了，腰围亦显著加大，所以她表示任何有关财务上的要求一概无效。然而，那个"小兵"认为副总司令的答复既不民主，亦欠公正，且有歧视之嫌；所谓肤色好转也许是因结核病而泛红，体重增加可能是患有水肿或是不健康的暴饮暴食症，亦即举世皆知的"大肚子"毛病，这必须加以留意。"到底有无公正可言？"以"小兵"自居的宋美龄向马歇尔喋喋不休："现向总司令提出SOS讯号，赶快撤离丝绸床单！甜蜜的家庭绝不是像这个样子。小兵请求上天对如此非中国式的招待予以作证。我的好友家用调温器经常胡搞一通，忽冷忽热。我要求国会立即按照康纳利参议员的指示关照此事，因有人在清教徒妈妈的土地上做奴工。"

马歇尔看完宋美龄的长信，不禁大笑，并回信给宋美龄说，他绝不会让第三者看到这封信，不然会损害她的"中国皇后"的名声。

有人评价说，从这封看似游戏文章、字里行间却流露真情的信中，可以察觉宋美龄与平时不苟言笑的马歇尔，确实存在超乎一般人想象的交情。常被批评者形容为中国最专横、傲慢的"第一夫人"，竟会写出如此融合情爱与娇嗔的信函，而且对象是国民党当

马歇尔夫妇因在华期间曾得到宋美龄的热情款待而与其成为好朋友。但此时，再好的朋友也帮不了她的忙了。

局视为失去大陆的祸首马歇尔，一方面，固然显示了宋美龄能够把私谊和公事分得一清二楚；另一方面亦突出了在众多近代美国军政要人中，宋美龄独钟情于马歇尔一人。

宋美龄在马宅长住了两次，马宅客厅所悬挂的名贵大壁画，即是她送的。之后，宋美龄还在她的纽约公寓请马歇尔夫妇吃饭，饭后同往百老汇欣赏《南太平洋》舞台剧。（参见林博文著《跨世纪的第一夫人》）

临到珍珠港事件周年纪念日，宋美龄又要抛头露面了，她草拟了一份纪念声明，准备参加12月8日"美国援华联合总会"华盛顿委员会举办的义卖活动。

12月8日，义卖会如期举行。对于宋美龄的出席，亲蒋的美国人都到入口夹道欢迎。让宋美龄未料到的是，主办者竟突然在扩音器前讲话感谢她的光临。因为事前没有答应讲话，所以，虽然宋美龄很感吃惊，但还是很快走到麦克风前即兴讲了几句很得体的答谢词，并赠锦缎一块参与义卖。随后，宋美龄就马上离开了义卖会，因为她对乞援起不了多大作用的美国民间义卖会并无大的兴趣。

此时，宋美龄关注的是刚刚上台的杜鲁门总统及其所领导的美国政府对中国的政策。因为从一踏上这片土地，她就不断得知，白宫的新主人对华态度非常暧昧，尤其是顾维钧告诉她，近期召开的美国内阁会议上，对中国问题没有作出任何决定。原因是在会议上号称中国问题专家的马歇尔说话最多，很显然他对内阁很有影响，特别是杜鲁门总统过于钦佩马歇尔，当然不愿与马歇尔及国务院意见相悖。所以，宋美龄又一次感到华盛顿局面的关键在于马歇尔。

这位美国五星上将出身的国务卿可以称得上是个"中国通"，他之所以能左右总统的对华政策，主要是因为他曾在1945年奉命到华调停国共矛盾，劝说共产党人到国民政府去当官，并由此建立起中国的所谓联合政府。但是，从不轻易认输的将军却没能在中国问题的解决上找到满意的答案。尽管蒋介石对他毕恭毕敬，宋美龄也对他敬爱备至，可是他向中国提出的政府要对政治、财政和军事作重大改革，减轻人民痛苦等许多建议，既未被拒绝也未见实行，使他对蒋介石政府大感失望。

凭着与马歇尔的老关系，宋美龄自信地认为，等到将军身体恢复健康后，与他继续会谈，通过她的努力，会使他了解建议不被采纳的原因，马歇尔一定会改

美国总统杜鲁门不想在中国支持一个行将崩溃的政权，所以对宋美龄的来访只是敷衍了事。

变看法，重新恢复援助蒋介石政府的努力。

宋美龄原来想，她比蒋介石对马歇尔一家人和美国更为熟悉，由她亲自出马把蒋介石和马歇尔之间在中国发生的误会解释开，并向国务卿力陈中国局势的严重性，而中国局势最终会对美国在远东的地位和利益发生重大影响，这样做也许能促使国务卿采取积极的行动。这就好像指望一位美国的国务卿能够如同中国的委员长一样，在美国贯彻其个人决定。但实际上，由于美国政治制度的性质，要作出重大决定必须以广泛的支持为基础，不仅要得到华盛顿和国会的大多数政治领袖的支持，而且要得到舆论的普遍支持。

顾维钧深为蒋夫人的"哭秦廷"所感动。他说："这是中国进行的一项艰巨工作，夫人承担这项工作很有勇气，充满爱国热忱。"宋美龄则说："当我看到我们的士兵为我们的事业而战斗与献身时，我感到承担这个工作是我的责任，不惜任何牺牲。"（参见《顾维钧回忆录》第6卷）此时此刻，为了外援，为了夫君摇摇欲坠的统治，这种任务也只有宋美龄才愿意承担并且能够"胜任"。

为了完成此行的使命，宋美龄可谓是费尽了心机。她在华盛顿等了十天，终于得到了杜鲁门总统的召见消息。

在官方场合，宋美龄的到来，显得非常尴尬。只有共和党人、"院外援华集团"和卢斯等少数同意帮助蒋政权的人，对她的要求表示同情。

白宫这一次接待与五年前的那一次热情欢迎有着天壤之别。没有了白宫过夜，没有了国会演讲，也没有了周游全国。尽管她还是"第一夫人"，可华盛顿对她的态度却来了个180度的大转变。宋美龄有些愤愤不平，其实，她应该明白，战争的性质已经改变，蒋介石政权从中国反法西斯战争的主角变成了发动内战、涂炭生灵的罪魁，必将被人民所唾弃、被历史所唾弃，任何人、任何国家都不可能帮他改变他与他的政权的这种失败结局。

1948年12月10日，杜鲁门夫妇约见了宋美龄及陪同前来的马歇尔夫人。杜鲁门夫妇对她很客气，但也很冷淡。在茶会进行了半小时后，杜鲁门显得不耐烦了。他请宋美龄走进他的书房，再给她半小时为自己的要求进行辩解。宋美龄旧话重提，她认为就稳定中国局势而言，刻不容缓的是美援，她希望美国政府能允诺三件事，即总统发表支持南京政府"反共救国"的政策声明；派遣高级军事代表团来华主持反共战争之战略与供应工作；增加援华军用物资。

杜鲁门总统很客气地听完宋美龄陈述中国的情况，但却没有给她任何让人乐观的许诺。杜鲁门说："美国只能付给已经承诺的援华计划的40亿美元，这种援助可以继续下去，直到耗完为止，美国不能保证无限期地支持一个无法支持的中国。"杜鲁门不仅没有给宋美龄面子，而且事后不客气地向报界发表一篇声明，透露美国向蒋介石政权提供的援助总额已经超过38亿美元。

就这样，宋美龄白宫之行匆匆宣告结束。当记者问她是否有好消息或者她是否将再次会见总统时，这位蒋夫人冷冷一笑，神色严峻地说，这要由总统来回答。很显然，从宋美龄的言谈举止中给人的印象是会谈没有取得任何实质性的进展。

事隔不久，美方就表明了态度。在国务院召开的记者招待会上，当一位记者向杜鲁门总统询问蒋夫人的今后计划以及他是否将再次会见她时，他生气了。总统很不客气地答道：他不知道蒋夫人的计划，而且不准备再见她。可见，杜鲁门总统并不想去支持一个行将崩溃的政权。南京政府的腐败无能，已经使"华府"

的外交政策的制定者相信，蒋介石是个扶不起来的阿斗。基于自身利益的考虑，他们不得不见风使舵了。

在回答记者的提问时，杜鲁门还用挖苦的口吻说："她到美国来，是为了再得到一些施舍。我不愿意像罗斯福那样让她住在白宫。我认为她也不太喜欢住在白宫，但是，对她喜欢什么或者不喜欢什么，我是完全不在意的。"此后，杜鲁门还向他的助手们坦率地谈论中国国民党政府中的"贪官和坏蛋"。他说，今天肯定有10亿美元的美国贷款，在纽约列入中国人的银行户头。

不久，他听说他的估计太保守了。1949年5月，也就是宋美龄访问美国以后的几个月，杜鲁门听银行界人士对国会议员说，宋家和孔家确实有20亿美元存在曼哈顿。杜鲁门立即命令联邦调查局进行调查，以便确切地了解钱数和储存地点。这次调查的结果非常机密，直到1983年即35年以后才销密，而且仍然有所保留。若干年后，杜鲁门在对美国作家默尔·米勒的一次谈话中，骂道："他们全都是贼，他妈的，没有一个不是贼!……他们从我们送给蒋的38亿美元中偷了7.5亿美元。他们偷了这笔钱，把它投资在圣保罗的房地产中，有些就投资在纽约这里……这就是曾经而且仍然在为所谓的院外援华集团使用的钱。"（斯特林·西格雷夫著《宋家王朝》，第626页）

不久，美国政府发表了著名的"白皮书"，指责中国国民党腐败无能。宋美龄愤怒地离开华盛顿，又无颜归国见"江东父老"，便再次隐居到纽约里弗代尔独立大道4904号的孔家别墅里，直到1950年1月返回中国台湾。从此，她再未踏上中国大陆。

宋美龄落魄白宫，痛感世态的炎凉。可更让她沮丧的是：华盛顿正在紧锣密鼓地实施举李代蒋的换马计划。宋到美刚一个多月，蒋介石便被迫下野，副总统李宗仁代行总统职权，中国的第一夫人随之易名。

宋美龄乞援没有丝毫进展，她

1948年5月20日，蒋介石、李宗仁分别就任总统、副总统。1949年1月，蒋介石下野，李宗仁出任代总统。

不找蒋家王朝在大陆的统治被人民所唾弃这个根本原因，反而把"罪过"归于有人泄露了她准备向杜鲁门总统提出的要求。因此，她向顾维钧要求了解消息是怎样泄露的，她要知道是谁把这三点透露出去，使她与总统会谈那样为难和那样尴尬。蒋介石也密令外交部调查中国驻华盛顿大使馆打字员泄露重要情报的情况。

一时间，中华民国驻美使馆兴师动众，又是调查，又是开会。顾维钧还特别召开了一个会议，目的是教育管理机密文件的人员要特别提高警惕。大使馆还提出新的保密措施，特别是关于密码电报的保管、分发与传递，密码与其他保密文件的缮打和向大使馆馆员分发，以及对中外人士的谈话等，都制订了细则，以确保大使馆机密文件的保密。

其实，对于所谓泄密问题，顾维钧早已向外交部作过解释：美国驻华大使馆曾将此消息告诉过《纽约时报》的记者利伯曼，利伯曼当即向他的报社发出报道。时至宋美龄访美，《纽约时报》又旧事重提。此外，这些消息通过其他来源也登载过电讯、传媒，已不是什么新奇的事情。早在宋美龄赴美之前，已为人所知。时至今日，驻美使馆也不想当这个"替罪羊"。

宋美龄的美国之行宣告失败，美国国务院发出声明："美国驻华外交代表与军事代表将最新消息随时向美国政府详细报告。"（参见《顾维钧回忆录》第6卷）这已暗示宋美龄没有继续留在华盛顿的必要。顾维钧也通过秘书转告宋美龄说，某些接近马歇尔家的美国友人劝告蒋夫人搬出利斯堡马家，而不要逗留到不受欢迎的时候。同时，外交部部长王世杰向蒋介石建议，既然夫人已经见到杜鲁门总统，委员长应即嘱她回国。可是蒋介石回答，蒋夫人已打来电报告之马歇尔夫人挽留，在马歇尔住院期间，不能丢下她离去。而且她认为马歇尔可能会有所作为。事实上，这种挽留不过是马歇尔夫人为了给这位夫人不成功的访问留些面子而已。

此时，宋美龄的心情不好，为她的使命和她遭到的冷遇感到烦恼。她把自己局限在她的亲戚和亲信的小圈子里。为了不使这位"第一夫人"空手而归，太丢面子，她的"军师"们又给她出谋划策，另辟蹊径。他们根据军援的情况，讨论了1945年价目表的原来计价，按此计价就可以全部完成七军三师的装备计划，而如按重置成本的现行价格计算则只能完成计划的一半。某人也曾要求按1945

这是蒋氏夫妇在总统就职典礼上的合影，半年之后则人事皆非。

年的价格计算，但显然难以获得马歇尔的允诺。另一个意见是要求提供海军飞机、轰炸机和PB—4Y飞机，换句话说，由于原协定的未支付部分已无货可供，"军师"们出的主意是要求美国政府以现金而不以维修器材付与中国。但顾维钧指出，美国国会不拨款，美国政府是弄不到现款的。最后，"军师"们又建议要求美国为其在中国修筑各飞机场支付8000万美元。顾维钧说，这个关于飞机场的具体建议是行不通的，而只会激怒美国政府。"军师"们回答说，他们急于设法使宋美龄不空手回去，否则她无法"交账"。

在此期间，宋美龄锲而不舍地于12月27日又去拜会了代理国务卿洛维特，目的仍然是"重申以前的援华请求"。但是，美国方面充其量只是表现出一种"同情地倾听"，而没有作任何有实质性的答复。

其实宋美龄访美失败是预料中的必然结局！当她离开南京时，援华的谈判早已在华盛顿、南京和巴黎进行了不短的时间，美国方面对国民党政府的各项要求已经予以详尽讨论。美国的态度和政策显然是坚定不移的，虽然其中一个问题即迅速装运援华物资，在华盛顿和巴黎有些进展，但对其他要求，美国均予以坚决拒绝。在蒋介石夫妇看来，这都是根据马歇尔的意见行事的。所以宋美龄访美的重点是马歇尔而不是杜鲁门。尽管拜会总统以使他了解这些问题并直接向他请示美援是必要的，但无论如何，进一步的敦促也不可能改变美国的立场，因为这个立场事实上奠基于马歇尔作为特使来华的经历。更重要的是因为战局急剧恶化，其恶化的性质远远超出了预料，不仅更令人失望，而且也进一步捆住了华盛顿的手脚，使之难以提供迅速而充分的援助。此外战局的情况还必然使马歇尔感到他是正确的，并使他有理由说："我早就说过是这样。"无论宋美龄作何解释也不可能起作用，美国人必定正视中国的现实，当美国政府特别是马歇尔感到中国局势已发展到美国无能为力的地步，而且在宋美龄访美之前，这种情况已经很明显了，美国人当然不会给她任何许诺。

那么，宋美龄访美的幕后原因到底是什么呢？

美国白宫和国务院人士曾经盛传，宋美龄来美其实是为了个人原因，敦促美援的使命只是借口。这些原因有：其一，宋美龄与蒋介石发生口角，蒋介石从沈阳回到南京，为时局担忧，把美国的态度归咎于宋氏家庭；其二，避免被共产党俘虏的危险，为她个人的安全计；其三，孔家和她在美国总统选举之前曾在美国大做股票投机买卖，指望在共和党获胜后哄抬价格，结果大赔，她来美是为了收拾财务上的烂摊子。

即使排除上述传闻，在当时的情况下，国民党政权通过各方面的渠道与美方联系、会谈与试探，已经十分清楚地了解了美国对华态度。宋美龄还要在最后时刻前来访美，难道她不考虑其得失利弊以及成功的可能性吗？此时，宋美龄为了"党国"确是大有孤注一掷的味道。

然而，中国国内的军事形势恶化之快是宋美龄始料不及的，1948年11月，东北失守，接着共产党的军队开始围困徐州。在国民党内部，主和派逐渐壮大，蒋介石面临政府更迭的强大压力。

尽管如此，宋美龄在已经知道很难获得成功的情况下，为拯救"蒋家王朝"，不计后果地踏上出访之路，又锲而不舍地为"蒋家王朝"在美"哭秦廷"长达14个月，就这位"第一夫人"个人而言，这的确是一种"爱党国"行动。可是，历史证明，这不过是一种螳臂挡车之举。

"院外援华集团"的后台老板

宋美龄访美不成功，她离开了华盛顿，但并未离开美国。宋美龄的命运是与

"蒋家王朝"联系在一起的，保住蒋介石的地位就是保住了自己"第一夫人"的利益，所以她继续为美援奔波着。这一次的手段不是在台前表演她的外交才能，而是在幕后当老板，亲自指挥一批从蒋介石那里领取薪金的代理人所组成的美国"院外援华集团"（又被称为"中国游说团"）。这个集团在长达二十余年的时间里左右着美国对中国海峡两岸的政策，曾经发挥了呼风唤雨、举足轻重的作用。

1946年以明尼苏达州共和党众议员周以德为代表的50名众议员就苏联阻碍国民党政府接收东北一事，在美国发表《东北宣言》，陈述美国立场。"中国游说团"这个字眼首次非正式出现在美国报纸杂志上。（参见《我为中国而生——周以德的一生及其时代》）它是中美关系史上一个特殊产物。

美国的"院外援华集团"实际上由两部分人组成，它的核心是一伙财源充实的中国国民党官员；它的外围是一群美国右翼政界的核心人物。在20世纪40年代到50年代，甚至到60年代这两部分人为了共同支持蒋介石及他的重返大陆的大目标彼此合作着，曾在美国社会形成了一股援蒋的政治势力。他们最初的做法是利用金钱介入美国选举，"助选"的对象，总统锁定在共和党，参众议员不分党派，只要是坚决反共、认同"中华民国"的候选人，皆可获得政治捐款和其他资助。拿了"台湾钱"，当然就要为台湾说话了。

"院外援华集团""内部核心"的形成最早可追溯到1940年夏季，当时宋美龄的哥哥宋子文来到了华盛顿。宋子文的任务是为同日军孤军奋战了三年的中国政府谋求美国的援助。宋子文创办了他自己的公司，重金聘用了一些有影响的美国人。宋子文有一次对一位美国国务院的官员说："事实上，你们政府里发生的任何事情，我在三天以内没有不知道的。"（〔美〕罗斯·Y·凯恩著《美国政治中的"院外援华集团"》，第40—46页）宋子文于1943年才离开美国，相信他与许多政客和政治掮客建立的联系，为后来的"院外援华集团"打下了重要的基础。

在宋子文离开以后的这段时间内，华盛顿已经不需要中国说客了。罗斯福总统坚定地相信可以使中国成为一个大国。此外，他已开始定期把美国高级官员派往重庆，设法使蒋介石相信，他的利益正在得到维护。这期间，宋子文在华盛顿刻意结交的一些"朋友"已陆续进入美国政界的重要岗位。

然而，蒋介石并没有忽视充实他在美国的办事机构。很快他就派他的亲信陈之迈到美国负责宣传工作。而后，陈之迈成为重振"院外援华集团"的关键人物。1948年夏季，孔祥熙夫妇和他们的两个儿子定居在美国，显然也承担了为蒋介石谋求更多援助的使命。宋子文、陈之迈和孔家的工作，为宋美龄建立有影响力的院外势力帮了大忙。

由于美国总统杜鲁门对援助国民党政权态度不够积极，蒋介石派驻在美国的一些代表，亦曾在各方面进行游说努力，希望造成杜鲁门在1948年总统大选时失利。与此同时，蒋介石又派来了亲信陈立夫出访美国，陈交给当时正在再次竞选总统的纽约州州长杜威一封蒋介石的亲笔信，并与之进行了密谈。随后不久，陈立夫回到上海，《新闻天地》发表了下列消息："杜威州长竞选为美国总统，似有操胜券之势……据陈副院长立夫云，如果杜威当选，则将采取特别措施向中国提供军事援助。"杜威在1948年大选中的失败，使蒋介石感到失望，特别是当杜鲁门政府于大选刚刚结束之际，就开始认真地重新估计整个援蒋计划时，蒋介石更感到问题的严重性了。应该说，这些事态的发展成为促使宋美龄于1948年12月1日重返美国的部分原因，同时这些事态也是导致"院外援华集团"在随后几个月中整顿和扩大的原因。

宋美龄亲自领导"院外援华集团"工作，大部分时间是在纽约市里弗代尔区她的姐夫孔祥熙的家里。她同各种团体的中国人举行"每周战略会议"，这些人都能在美国政坛进行有效的活动。这些人有的正在国民党中做官，有的是先前当过官，或是有大量财产的富翁。往往是一个人就具备上述两种优越条件。据知情者说，参加会议的人大致可分为两类：一类人包括孔祥熙和宋子文在内，在纽约市内或者从纽约向外开展活动，其中多数为富豪，却不担任官职。另一类人在华盛顿工作，由蒋介石最信任的代表团领导人组成，这些官员包括中国驻世界银行的代表俞国华、驻美国使馆的武官皮宗敢、国民党空军购料委员会驻美办事处主任毛邦初以及陈之迈等。

1949年1月21日，蒋介石宣布下野，但实际上，仍然是一人独揽军政大权。这时，虽然李宗仁已经"代行"总统职权，但宋美龄、使馆官员和代表团的其他负责人仍然直接向蒋介石汇报。

宋美龄重振"院外援华集团"的工作是积极而有效的。到了1949年年中，也就是宋美龄逗留美国仅仅半年的时间，某些负责争取美援任务的负责人通知蒋介石，在美国的新的"系统"已经建立起来了。

对于宋美龄重整"院外援华集团"，在顾维钧的回忆录中也有佐证：从最近询问陈之迈和皮宗敢得到的回答获知，大约在1949年，宋美龄到达美国后不久，就在华盛顿形成了一个小组，其中包括毛邦初、李惟果、陈之迈、皮宗敢和世界银行的俞国华，把美当局的态度以及关于中国问题的官方和公众舆论，报告给周宏涛转呈蒋介石。这些人经常在毛邦初住处聚会，提出每一个人从报纸上或通过与美国人接触所能收集到的最新情报，汇总拟出电报，这些电报用"公"字押脚（"公"即表示小组），并由毛邦初下令通过自己的译电员拍发出去。显而易见，宋美龄1949年滞留美国后，促使蒋介石对其在美国的游说机构进行了初步的改组和扩大。

网罗美方"人才"

宋美龄除了利用在美的国民党官员四处活动，还雇用美国代理人，其中最重要的人物应该算是威廉·J.古德温，他过去是老"基督教阵线"的一个成员。1944年他成为美国民主党全国委员会的司库，这个委员会曾反对第四次提名罗斯福为总统候选人。1948年4月9日，古德温按照外国代理人登记法，登记为中国全国资源委员会的代理人。他的合同规定他的年薪为3万美元，外加各种经费。以1949年3月31日为期来看，他从1948年以来全年的费用达到22857美元。同年6月，古德温又一次通过中国通讯社登记为中华民国政府的代理人，年薪为2.5万美元，外加经费9776美元。

古德温声称，他的工作是为中国国民党政府获得美国政府的帮助，以建立稳定的秩序。为中国通讯社工作时，他的活动主旨为向美国公众提供国民党的观点，包括反驳共产党人的宣传，同时，在中国政府代表和报界人士以及国会议员之间安排会晤。

知情人提供的1949年7月和8月的两份电报，清楚地表明了蒋介石在美代理人和古德温之间的关系。7月间蒋介石被告知："古德温欲继续以积极方法从事业已开展之工作，共和、民主两党要员趋于支持不承认中共且亦欲研究进一步援我之计划"；十天之后，古德温的工作又得到了评论：民主党诸首领现已恍然大悟其政府政策在对待中共的问题上可能有错，古德温所为，始终在于促进此种省悟，尤其着力于党的诸首领。

古德温还把这种努力用在国会议员中。1950年，在同《圣路易邮报》的爱德华·A.哈里斯的谈话中，古德温估计说，他一年可能要招待大约100名国会议员。他认为他已经促使其中大约50人转向国民党中国的事业。他还声称，他为通讯员约瑟夫·R.麦卡锡关于共产党人已渗透到国务院中这一指控"打下了基础"。

台湾当局驻美"大使"顾维钧对古德温受雇的前前后后以及与宋美龄关系曾有较详细的介绍，以此也可作为见证。

1949年9月18日，星期日，许多晨报上刊载了指责蒋氏集团成员贪污的新消息。《华盛顿邮报》在头版上专门刊载了题为《蒋在国会搞院外活动》的文章。据该报称，由该报工作人员及《圣路易邮报》所作的调查，说明古德温以每年25000美元的代价受雇于中华新闻社，要他向考虑政策的领导人物，包括一些国会领袖们提供共产主义对中国以及对美国的安全有哪些危险性的消息。而且就是这个古德温，在与有关方面接触过程中还要促使他们提高对国民政府的信心，并为国民政府寻求多多益善的物资援助。

许多报纸都援引"大使馆"陈之迈的话说，雇用古德温是因为他善于影响国会的立法工作。由于美国有一项特别法令规定，一切为外国政府工作的美国代理人都必须进行登记，顾维钧便问陈之迈，古德温是否办过登记手续，陈说，古德温的合同是在司法部登记的，而且是他亲手办理的，但是登记的措辞并未经过仔细斟酌，上面确有这样的表述："以期影响美国立法，使之有利于国民政府之大业。"（参见《顾维钧回忆录》第9卷，第547页），当时（1949年7月）中华新闻社倪先生说，他完全不赞成这件事，但是命令来自蒋夫人，而且寄来的聘书上蒋夫人还作了亲笔修改。总之，大使馆对古德温的聘书毫不知情，是由蒋夫人那里起草、修改并批准的，甚至正式负责宣传业务的中华新闻社主任反对也无济于事，反而让他出面充当雇主。这一切都是在幕后进行的。

顾维钧对此颇有微词，认为在此时期有一些负有特殊使命的中国人员，包括宋美龄在内，他们的身份并不明确，他们在做他们认为对中国的局势最有益的事，进行宣传工作，期望使美国人更好地了解中国的局势，以及中国在对共产主义的战斗中迫切需要援助。出于这种热情，他们常常不和"大使馆"联系而独立行动，并且不知不觉地作出一些违反中国的最大利益的行动。诸如雇用古德温的事，蒋夫人并未与"大使馆"商量就决定了。

宋美龄指挥人在美国大肆活动，这些活动是撇开"大使馆"进行的，直接受命于她的人，包括孔氏父子以及她的亲信。其中发挥了重要作用的是孔家二公子。

1952年6月4日，蒋介石在中国台北宴请美国参议员、拨款委员会的重要人物窦克逊及麦格努森，这两人与孔家有交情，所以在孔祥熙的儿子孔令杰及黄仁霖的兄弟黄仁杰陪同下来到中国台湾，蒋介石夫妇与他们谈话时，是由孔、黄二人做翻译。

麦格努森当然盛赞孔、黄二人在美国之游说工作做得好，胜过"大使馆"，但据做过"武官"的皮宗敢说，孔令杰不露面而有权，所以常常引起顾维钧的不满，顾维钧有时发牢骚说美国人不知道究竟是谁在代表"中华民国"。

美国的一些军方人员也是宋美龄拉拢的对象。退休的美国海军上将小查尔斯·M.库克成为美军方与"院外援华集团"的牵线人。库克担任的最后职务是第七舰队的司令官。1949年期间，他写了好几篇文章支持国民党。于是，那一年的下半年，库克作为国际新闻社的记者前往台湾。他到达台湾后，很快找到了一条捷径，即通过蒋介石夫妇安排组织了一个团体，叫作"驻中国政府的美国军事技术顾问团"。蒋介石、宋美龄决定，聘用库克领导这个军事顾问团。在他的领导下，又集合了另外16名（有一篇报道说是30名）退休的美国军事人员和几名文职人员。

这个顾问团的真正重要性在于，它能够影响军事装备采购工作。他们都是具有远东经历的退休美国军官，能够向华盛顿施加压力，把更多的钱给蒋介石。

1951年10月19日，库克特地从中国台湾回到美国，在调查太平洋关系协会的参议院小组委员会面前作证。他的证词的主要内容是猛烈控诉美国政府在援助蒋介石方面的失败，并敦促政府尽快地大量地增加这种援助。他作证的唯一目的看来都是要求提供更多的美元。（〔美〕罗斯·Y·凯恩著《美国政治中的"院外援华集团"》，第40—46页）

在蒋介石夫妇的代理人网罗的"人才"中不能不提到的，是一位名叫古德费洛的上校。1950年3月，顾维钧听取了一次关于古德费洛上校的汇报。汇报说：此人希望帮助其在共产党中国组织地下武装。本月初，古德费洛上校从台湾返美。在台湾的董显光（当时负责处理蒋介石的公共关系事宜）到机场迎接了这位上校，然后古德费洛初次谒见了蒋介石，并进行了长谈，在蒋介石夫妇设宴招待后又进行了第二次会谈。对两次谈话，古德费洛都很满意。他说，蒋介石请他与麦克阿瑟将军及李承晚总统就有关细节进行磋商，并汇报磋商结果。他已照办。古德费洛同麦克阿瑟讨论了对中国大陆开展地下活动计划的意见。由于古德费洛作用不凡，很快，蒋介石就通过他的亲戚俞国华给这位上校送去了支票。

"院外援华"活动中，除了个体行为外，还有专门为促进"对华援助"而成立的组织，最活跃的当推"美国对华政策协会"。这个协会在艾尔弗雷德·科尔伯格的领导下展开活动。它成立不久，对美国对华政策的攻击，不论在规模上和直截了当的程度上，都超过了其他一切组织。

另外，还有两个显然是为了迫使美国向国民党提供更多援助的目的而成立的组织。它们在1949年到1952年间，断断续续开展活动。第一个组织起来的团体是"中国应急委员会"，到了后期，它的活动日趋平淡。"中国应急委员会"垮台以后，麦基帮助组织了"援助'反共'中国以保卫美国委员会"，并担任了这一组织的临时主席。这两个组织的成员写的亲蒋文章，常常刊登在其他许多支持中国国民党组织的出版物上。

海军上将库克和古德温所做的工作表明，"院外援华集团"在执行计划时需要美国人。因为尽管"院外援华集团"的内部核心有效地组织起来了，并且掌握着大量的钱财，但是，没有大规模的美国国内支持，它所追求的目标是不可能达到的。毫无疑问，正是由于蒋氏夫妇意识到了这一点，才促使他们千方百计雇用各方面的"专家"来推动他们的"院外援华事业"。

"业绩"不凡

宋美龄亲自指挥"院外援华集团"四处奔走，美国朝野有了一支为数不少的援蒋队伍。他们对美国政府的对华政策产生了重大影响，其中最热衷于支持蒋介石及其国民党军队的议员在对华问题上起了很大作用。这些议员是：

参议院的欧文·布鲁斯特（缅因州的共和党人）；斯泰尔斯·布里奇斯（新罕布什尔州的共和党人），他在1948年接受了科尔伯格赠送的1000美元竞选捐款；詹姆斯·O.伊斯特兰（密西西比州的民主党人）；威廉·F.诺兰（加利福尼亚州的共和党人）；帕特·麦卡伦（内华达州的民主党人）；约瑟夫·R.麦卡锡（威斯康星州的共和党人）；H.亚历山大·史密斯（新泽西州的共和党人）；哈里·凯恩（华盛顿州的共和党人）；霍默·弗格森（密执安州的共和党人）；伯克·B.希肯卢珀（衣阿华州的共和党人）。

众议院的有：O.K.阿姆斯特朗（密苏里州的共和党人）；周以德（明尼苏达州的共和党人）；小约瑟夫·W.马丁（马萨诸塞州的共和党人）；劳伦斯·H.史密斯（威斯康星州的共和党人）以及约翰·M.沃里斯（俄亥俄州的共和党人）。

为了让这些亲蒋议员发挥更多作用，国民党驻美"大使馆"应议员的要求或为他们的方便，替议员们代笔起草在国会上支持蒋介石的演说讲稿。而且想得极为周到，为了保护朋友的声名，"大使馆"不向"政府"报告这一隐情。因为书信电文在途中难保不被截取，一旦泄露，就会败露国会中这些亲蒋议员们的"事业"。

议员中首当其冲的是麦卡锡，他直接为"院外援华集团"的一个主要论点披挂上阵了。他坚持说，美国的远东政策是由共产党人为共产党人制定的。由于调查后证据不足，大多数人不相信此观点。但是，自宋美龄访美后，显然有越来越多的人很快接受了这个"院外援华集团"苦心炮制的所谓共产党影响的论点。原因就在于，宋美龄不仅亲自指挥亲信们到处奔走，利用已被收买的"院外集团"来促进其"事业"，而且与"友好"的美国议员采取了协调一致的行动。他们强调，中国大陆的丢失，就在于杜鲁门的援华政策有问题。

此时的杜鲁门可谓是"两线"作战，既要承受来自共和党的巨大压力，他们无时无刻不在设法企图自杜鲁门的手中夺回白宫，中国问题就顺理成章地成为贬抑杜鲁门的利器；同时，国会内的"中国游说团"也发现，他们大可以利用援欧计划作为筹码，以压迫杜鲁门政府同样给予蒋介石援助。（参见《顾维钧回忆录》第9卷，第380页、第732页、第717页）

蒋氏夫妇的苦心经营终于有了结果。在顾维钧的回忆录中有如下的记载："3月23日，参院及众院两外交委员会昨日通过议案，将尚未动用的一亿零三百万美元援华拨款期限延长一年，至1951年6月底，参院外委会决议表示希望至少将五千万美元用于援助'中华民国政府'，包括台湾及海南岛；众院外委会决议则表示希望至少将四千万美元用于同一目的。"

当时称为"中国集团"的支持援蒋者已有能力迫使此二委员会通过这项议案，因为他们在国会中具有战略政治地位。有些参与表决者投票赞成并非情愿，然而不管怎么说，反对者退让了，"中国集团"几乎全部由反对政府的共和党人组成，其立场始终坚定不移。（〔美〕罗斯·Y.凯恩著《美国政治中的"院外援华集团"》，第59页）

"院外援华集团"内部，有时也会发生争论。宋美龄到美国后，"美国援华联合总会"的人对于她现在应该做什么，意见分歧。有人主张她既已与马歇尔和杜鲁门正式会晤，应即公开露面，从而以公众舆论来影响他们，因为美国公众对宋美龄个人是极为同情和仰慕的。但是"美国援华联合总会"的执行主席卢斯则认为这样办没有好处，他说：蒋夫人此行是要会见这两个人，而且在美国目前这种情况下，美国民众对于政府的任何对华政策都会予以支持。如果舆论跟不上需要加以激励使其支持政府，那就不一样了。但既然美国政府的对华政策不利，向公众呼吁不仅没有好处，而且会激怒美国政府，这是毫无意义的，或许还有害处。

顾维钧把卢斯的话告诉了宋美龄。她说，关于卢斯的意见，即目前她不应向美国公众呼吁，她完全同意。至于"美国援华联合总会"会员对她的邀请，她向顾维钧表示她很愿意和他们见面。宋美龄要顾维钧转达她对美国友人的款待和诚挚友谊的谢意，并且她用非常认真而肯定的口气说，她一向把卢斯夫妇看作挚友。

美国参众两院的援助议案被通过，可以让宋美龄自慰了，1948年的赴美总算有了一些收获。

宋美龄重新整顿后的"院外援华集团"的主要工作对象之一是国会议员，工作是"有成效的"。而他们的活跃与发展恰恰与"院外援华集团"的"内部核心"，即在宋美龄直接指导下的"复兴"相一致。这是一种巧合吗？不！这一现象，正像美国学者罗斯·Y.凯恩所指出的，在关键时刻，是由宋美龄亲自指挥的结果！

再出高招

宋美龄深知在美国舆论的力量是多么重要。于是，在重整"院外援华集团"的同时，她就开始努力影响美国舆论。在她的领导与指挥下，"院外援华集团"不仅影响了大量的议员，而且逐步促成了舆论的转向。

美国国会既然倾向于接受"院外援华集团"对中国问题的见解，在这种情况下，美国新闻界也相应出现这种趋势就不足为奇。举《纽约时报》态度变化的例子，足以证明美国新闻界采纳"院外援华集团"观点的程度。

早些时候，《纽约时报》的社论曾劝告美国人民不要对共产党中国持偏见。但到了1949年的社论就开始抨击政府发表的对华"白皮书"。之后，又发表社论批评马歇尔将军，说"马歇尔将军担任驻华特使和国务卿的这段经历是美国外交史上黑暗的一页，美国之失去了中国这样一个盟国和朝鲜战争的爆发都归咎于此"。此时的《纽约时报》已清楚表明了它的亲蒋立场。而且《纽约时报》所扮演的角色不仅仅在于报道关于对华政策的争论，它已成为这场争论中的一方。《纽约时报》是全美国大大小小的报纸和期刊变化的典型代表，它的转变，也可以从顾维钧的回忆中找出一点端倪。

1950年4月10日，顾维钧收到电报，"台湾当局"指示他们邀请美国记者、出版商及电台评论员以"中央社"客人的身份去台湾观光，报道当地的情况。并要陈之迈先观光团一周返台，准备接待事宜，参加照顾观光人士。顾维钧又从陈之迈那里获悉，请美国新闻界等方面的人士访台的全盘主意出之于宋美龄。尽管顾维钧不赞成此事，担心会给美国政界的反对派以口实。但他得知，纽约的孔令杰早已直接通过董显光同罗伊·霍华德及其他记者一起进行联系，对这次访台计划作好了安排。（《台湾命运机密档案》，第155页）

5月9日，蒋介石接见了刚到台湾的美国报界、广播界和专栏作家访问团。会上，他向他们发表一项声明，呼吁美国"像苏联帮助中共那样帮助国民党保卫台湾"。这是他第一次公开要求援助。蒋介石提出他的理由是，只有确保台湾，才能避免在亚洲爆发第三次世界大战。对于如何在欧洲避免大战，蒋介石不甚明白，但对亚洲，他却自认为很清楚。

宋美龄这一手可谓是一箭双雕，既用主人的热情款待与美国新闻界联络了感情，又为夫君传播了"反共复国"的思想。

频起波澜

"院外援华集团"活动频繁，引起了美国国会中反对派的关注，参议员麦克马洪和莫尔斯，都是请求调查"中国院外活动集团"的影响的发起人。当时在《华盛顿邮报》上还刊登了德鲁·皮尔逊责难美国对华军援款项被贪污和滥用的几篇文章，而"中国院外活动集团"则被指责使用美援款项来影响国会。

1949年初，美国纽约州的共产党组织报告曾指出：一个强大的"院外援华集团"正在华盛顿活动……设法影响我们的政府当局继续支持反民主和不得人心的国民党分子。这个消息促使众议员迈克尔·曼斯菲尔德建议"院外集团调查委员会……调查目前为了中国国民党政府的利益而在我国进行着厚颜无耻的走廊活动以及与此有关的某些人员"。（［美］罗斯·Y.凯恩著《美国政治中的"院外援华集团"》，第40—46页）曼斯菲尔德的提议没有被国会采纳，但是人们却继续不断地注意着这个"院外援华集团"。

当年的有识之士已看到，同"院外援华集团"这个名称有关的个人和团体，有一个共同的特征，即他们都希望替国民党谋得美国的支持和援助。《国会季刊》在1951年对"院外援华集团"进行研究时发现，"形形色色的利益集团——商业的、军事的、政治的、意识形态的、宗教的——都从不同的方面牵扯进来了"。（同上，第56页）

　　杜鲁门总统也对宋美龄等人的活动极为反感，他曾对他的夫人说，他为他不是和那种女人结婚而感到高兴。他还说，"如果他按照她对美国的要求办理"，那他就"该死"了。根据国内舆论，杜鲁门曾下令对宋氏家族在美财产进行过调查。

　　为了阻止国会调查，蒋介石夫妇又使用起金钱手段。1951年8月，参议员布鲁斯特获悉，前白宫助理克拉克·克利福德和前海军部长约瑟夫·沙利文曾以法律顾问的名义，分别从台湾的"国民政府"得到7.5万美元和5万美元的酬劳。据此，布鲁斯特认为美国政府不会催促国会对"中国院外活动集团"进行调查。

　　但是，调查"中国院外活动集团"的要求并不像参议员布鲁斯特想象的那样一下子就被放弃了，9月，又有几篇文章指责国民党政权企图影响美国政策，揭露魏德迈和卢斯与"院外援华集团"的联系，以及杜威州长的秘书被国民党官员收买的内幕。

　　宋美龄的侄子孔令杰"技"高一筹，他不无炫耀地对顾维钧说，他有效地对付了参议员麦克马洪和泰丁斯把他牵连到"中国院外活动集团"的调查中去的企图。其实，手段不过是他先设法探听到两个议员的一些隐私，然后分别警告他们，如果他们坚持要调查，他将以其人之道还治其人之身，把他了解到的有关他们两人的情况和他们过去的所作所为公之于众。于是乎，孔公子略施小技就有效地阻止了反对派的行动。

　　在这幕后的一场场交易中，宋家和孔家无一例外参与其中，无怪乎有人评论说，台湾每年花数百万元养着一批家伙应变，平时主要是孔家，战时主要是"国舅"宋子文，而到关键时刻则是"第一夫人"宋美龄亲自出马。

　　如果说宋美龄1948年赴美乞援在与美国官方交涉中没有收获，那么，客观地说，她在私下的"交易"中收获是不小的，她指挥着一批人拉拢和收买美国政界、军界、商界、宣传界和宗教界的人士，逐渐形成了美国的"院外援华集团"。这些人奔走于美国政界，游说于议会走廊，大大影响着美国远东政策的制定与实施，从而帮助"蒋家王朝"渡过了难关。

　　台湾学者称宋美龄是"中国游说团"的幕后推动者。在台湾的出版物中是这样评价宋美龄在"院外援华集团"活动中的作用的，他们说"中国游说团"到

20世纪70年代以前可算"十分成功"，有学者称之为"百万人委员会"，其声势之大可想而知。"中国游说团"在70年代后由于各种因素而趋于没落，宋美龄因身体健康原因未能过去一样活跃，应该是主要原因之一。（《蒋夫人与元老派》，第16页）由此可以看出，无论是上面曾提到过的美国学者还是台湾学者都认定宋美龄是"院外援华集团"的领导者或推动者。

历史进入一个新的世纪，人们已不再关注或谈论什么"院外援华集团"，但毋庸讳言的是，在美国政治生活中至今还可以看到"院外援华集团"的影子，但称呼已被美国记者变为"赢得朋友的台湾模式"。应该说今天的台湾当局比宋美龄当年是既有实力又有手腕了，可称为"青出于蓝而胜于蓝"。但是洞察他们的"金钱外交"，其实就是：无孔不入、不择手段地在美国"政治市场"发动金钱攻势，笼络收买政客、传媒和学界人士、学术机构，使其改变美国对台政策。他们称之为"度假外交""实务外交"，就其手段来看，都不过是宋美龄女士当年搞的花样的翻版。所不同的就是，今天的台湾当局更加财大气粗一些，涉及的范围更大一些而已。

告别美利坚

外交是内政的延长。内政已经总崩溃，又有谁能在外交上有所作为呢？但是蒋介石不相信这一套，他是靠外力起家的，所以坚信，美国在华利益和他是分不开的。虽然美援受阻，但他仍然认为那只是美方"亲共分子"的阴谋作梗，只要忍耐等待，终有一天会柳暗花明的。因此，夫人滞美不归，奉命就地游说，寄希望于把华盛顿的弃蒋倾向扭转过来。

一年过去了，不仅美援无望，而且"大使馆"经费也出现了危机。宋美龄安慰顾维钧说："她已电告委员长，要求立即给所有驻外'大使馆'和'领事馆'拨款，她还说，我们正在力图使美国政府和公众深信，中国有决心进行反共斗争，中国的事业需要援助。此时此刻如果在美外交人员中发生叛变事情，那将会使我们受到沉重的打击。"（《顾维钧回忆录》第7卷，第643页）

宋美龄的担心不是没有根据的。1949年9月、10月间，国民党驻巴黎"大使馆"大部分馆员弃蒋而去，其主要借口就是领不到薪水。驻美国的"大使馆"也有同样的薪水问题。顾维钧说："1948年，当时我们正在力争从美国政府取得为数可观的援助，外交部就已经把大使馆的经费预算削减了四分之一，后又进一步把津贴削减了四分之一，同时强迫征收两个月的薪金，作为外交部同仁的福利基金，又从10月份起追减月薪，这一切只能使困难有增无已。"（同上，第654页）

为了不拖欠"大使馆"工作人员的工资，顾维钧有时要动用私人款项来维持局面。其他"大使馆"亦遇到同样问题。"大使们"怨声载道。可见，台湾当局的经济已然山穷水尽，不仅海外各"使领馆"无法维持，就连台湾当局本身也难以支撑下去了。

宋美龄有耐心等待，美国人可没有什么耐心了。华盛顿外交政策的参与者相信，蒋介石是个扶不起的阿斗，也是基于美国自身利益的考虑，不得不见风使舵了。1949年8月，美国政府破例提前发表中美外交文件，史称"白皮书"。

白皮书用了相当长的篇幅严厉指责国民党堕落、腐败与无能，宣称美国即使采取新的对华政策或额外的援助也无法挽回蒋介石行动所造成的损失。同时，也有一些对中国共产党与中国人民的恶毒攻击之辞。

白皮书的作用是双重的：

其一，向美国老百姓作个交代，政府对于调停中国的内战，支持南京的蒋政权已花了大气力，导致蒋介石失败的原因并非杜鲁门政府的过失，而是蒋政权太腐败。

其二，提醒世人，美国已尽其盟国的责任，同时也明示新中国的主人，不要投到苏联人的阵营，与美国为敌，假如威胁到亚洲邻国的安全，美国人是不会袖手旁观的。

应该说，美国政府发表这长达1054页的外交文件，表明自己的立场本身是无可厚非的，但却选择在"蒋家王朝"已面临生死存亡考验的时刻予以公布，对蒋介石及国民党犹如落井下石，使蒋介石如遭五雷轰顶。

当时有人劝蒋介石对美国此举发一抗议声明。蒋介石考虑到国民党兵败大陆退台后还要仰仗美国，故未敢发表个人抗议电，只是令外交部长发一声明，抗议美国政府对国民党的"诬陷"。

白皮书发表时，宋美龄正和马歇尔夫妇在纽约市以北的风景区阿迪朗代克徜徉山水。宋美龄向美国媒体表示，马歇尔夫妇邀她度假，与白皮书无关。

事实上，不是无关，是无奈。从宋美龄的心腹人物黄仁霖的回忆中也许能够找到一些有益的解释，他讲述了与美国发表白皮书有关的事：

1949年4月25日，蒋介石坐上"太康号"军舰，永远离开了故乡奉化。

　　还有一件小事，只有很少几个人知道，那是我奉蒋公的命令，到美国去，仿佛是一次旋风似的旅行。蒋夫人早已于（民国）三十七年11月28日前往美国，要使美国政府能了解并支持我们所做的一切，并做最后一次的努力。7月25日我突然奉召去谒见在高雄的蒋公，见到蒋之后，他说，蒋夫人有信来，要我立即前往纽约，并接受她的指示。这似乎是一次短暂的行程，我不需要做太多的准备，同时亦没有时间去做准备。

　　赶到纽约时，大约是1949年7月26日左右。蒋夫人告诉我，消息传来，国务院所准备的白皮书，要说明他们所以要放弃中国的理由，对他们的这种行为要作一次公开的评议，这项文件马上要发表了。她要我去对这件事加以调查，并设法取得第一手的誊本，因为蒋公在文件正式发表之前，急切需要知道文件的内容。如果我能够经由各方的关系，把这件事拖延些时日，或者予以搁置，停止发表，那自然是更好了。

　　第二天，我就赶到华盛顿，拜访白宫里的一些朋友。当我将来访原因说明之后，他们很直率亦很权威地告诉我说，杜鲁门总统已经批准把这项白皮书发表了。因此，已经无法可以使它拖延或者搁置，这项文件将在下星期中发表。至于文件内容，他亦只看到了一部分，但是他将收到一份校对的样本，可以将这份样本交给我的。大约在29日下午4时，我收到了那份校对的样本，便立即送呈蒋夫人，她命我次日立即返台，并将这份样本送呈蒋公。同时，我亦把这1054页的文件抄本，交回给蒋夫人，让她自己来翻阅。

"外交"困局无法打开，就连一贯亲美的"第一夫人"亲自出马也未见效，蒋介石终于明白了"远水解不了近渴"的古训，只好下决心抓实力保台湾。

同时，宋美龄也受命打道回府。1949年10月的一天，顾维钧仓促地得到宋美龄召见并被告知说，她不久将回国，因为她相信，现在回国会给美国人民以她的"事业"并未见失败的印象，而且"也会长中国民众的志气"。紧接着宋美龄又布置说，发一篇声明，否认美国报纸指责的蒋介石应对白崇禧部队从衡阳撤退，并对广州的撤离负责的宣传报道。尽管蒋介石一直在幕后指挥，但宋美龄同意在声明中把兵败大陆的责任推给李宗仁和白崇禧的建议。

10月30日是蒋介石的诞辰，按原计划宋美龄要及时赶回台湾祝寿。可宋美龄未说明原因又推迟了行期。大概她还在幻想上帝会给她创造出一个奇迹吧！

终于有一天，内外压力全来了，马歇尔夫人用温和而坚定的语气暗示，蒋夫人该回国了。蒋介石又从台湾派他忠实的追随者董显光（董年轻时教过蒋介石英文）捎来了口信，已为夫人准备好一架飞机接她返回台湾。在一切希望已趋于破碎之际，宋美龄才感到应该回家了。

家在哪呢？宋美龄1948年11月底离国赴美，不到一年的光阴，物换星移，人事全非，蒋家王朝在大陆已踪迹皆无，代之而起的是，1949年10月1日，毛泽东在北京向全世界庄严宣布了中华人民共和国的诞生。1948年一别，从此宋美龄再也没能回到大陆她的家。

宋美龄通知顾维钧为她办理返台手续。同时，她也准备好了告别美国的演说词。

1950年1月9日，宋美龄强打精神，故作镇静地在纽约电台向全美发表了"共赴国难"的演说。

她说："我今天对你们讲话，就是要向你们辞行，谢谢你们殷切的款待。希望我下次再到美国来的时候，空气或许比较更为愉悦，敝国并已自异族侵略者的铁蹄下，重新获得自由了。

"每次离开美国，我总不免意绪茫然。我不仅是一个前来访问的旅客，而且我曾在这里度过多年的少女生活，我在这里接受了我的全部教育，也获得了使我能为本国人民服务的许多启示。

蒋介石到机场迎接乞援归来的宋美龄。

"几天之后，我就要回到中国去了。我不是回到南京、重庆、上海或广州，我不是回到我们的大陆上去，我要回到我的人民所在地的台湾岛去，台湾是我们一切希望的堡垒，是反抗一个异族蹂躏我国的基地。

"不论有无援助，我们一定打下去。我们没有失败，我们数百万同胞正在致力于长期斗争。只要我们一息尚存，只要我们对上帝存有信心，我们就要继续奋斗，无一日无一时不用来为争取自由而奋斗。

"我不能再向美国人民要求什么。我在贵国停留的这几个月中，没有发表演说，也没有作过呼吁。我的国家虽然极需你们的援助，但我从未参加求援的竞争。

"我要告诉你们我为什么这样缄默。一个国家采取一个正义行动的时候，就和一个人行善一样，必须是出于他的良知，而不是出诸他人的请求或要求。行动有出于仁慈，有出于怜恤，有出于正义。而正义是善，因为它本身是善。

"也许你们觉得我骄傲吧？我们的朋友们！我的国家受了屈辱，我的政府现在孤悬海外的岛上，苏格兰的布鲁斯（Bruce）曾由山洞出来和他的人民站在一起，我们也要从岛上出来和我们的人民站在一起。"（转引自李桓编著《宋美龄传》，第257页）

宋美龄于1950年1月10日飞离纽约，次日下午抵达檀香山，她又对新闻媒介表达了如下意愿："准备付出任何代价。"并对绘图家声称："你们也许要用红墨水标志中国部分，但我们必定要把这些颜色，滴滴点点，一步一步抹去的。"（李达编著《宋美龄与台湾》，第87页）

宋美龄上述的表白，给人以无可奈何的感觉。尽管她故作镇静，但现实是无情的，历史也是无情的。

宋美龄于危难中复归，为当时纷纷找个人退路想离开台湾的那些高官富贾们，树立了一个反面榜样。所以，蒋介石的儿子蒋经国奉父命专程前往菲律宾首都迎接继母的归来。于是，有人评论说，接驾这一姿态，与其说是表明蒋氏家族的亲和力，不如说更含着高度的政治技巧。此话不无道理。

到台北之前，蒋介石为夫人安排在一个较小的机场降落，希望能安静地与夫人相会。宋美龄说："却料不到在小机场中，除了朋友之外，还有数不清的人，我们的同胞来接我，要安慰我、祝福我，心中受到极大的感动。"在他们要上车离开时，两人仿佛有默契一般，停步望着远方的地平线。越过地平线，就是故国，就是他们两人再也回不去了的地方。

第十三章

"同舟共济"

抵台之初，宋美龄最关心的是国民党军队的士气。因为毛泽东发出命令，一定要解放台湾。美国国务院与中央情报局断言：在美国不出兵的情况下，台湾将在1950年陷落。

蒋介石在台北发表"复职"广播文告。宋美龄开始了与蒋介石"同舟共济"的"新生活"。

宋美龄急于想替夫君分担一些压力，不论前线后方，不论军营眷区，都留下了她的足迹。她每天都到"妇联会"办公，带头制作慰劳品；每到逢年过节时，她会带着"妇联会"的人深入军营、幼稚园、学校等地方进行慰问。

蒋介石宣布了国民党"改造方案"，决定对国民党动大手术。陈立夫成了承担国民党失败责任的替罪羊，在他离台赴美之前，宋美龄送给他一本《圣经》说："你在政治上负这么大的责任，你带到美国去念念，你会在心灵上得到不少慰藉。"陈立夫神情颓丧地指着墙上蒋介石的肖像说："夫人，那活着的上帝都不信任我，我还希望得到耶稣的信任吗？"

这一时期，宋美龄的"外交"才华更进一步得到了发挥。蒋介石身边有不少"外交"才干，但似乎都比不上宋美龄实用，她既是夫人，又是能干的助手，于公于私都是蒋介石不可缺少的人。台湾后来流行的"度假外交"，就是宋美龄的"发明"。

重整旗鼓

宋美龄抵台之后，最为关切的是当时国民党军队的士气。因为毛泽东发出命令一定要解放台湾。而宋美龄一向仰仗的美国朋友却隔着大洋看热闹，不仅美援搁浅而且撤走兵马。

美国对台政策是服从于美国国家利益，并根据其国力盛衰、全球战略需要、国际力量对比和中国国力的变化不断调整的。20世纪40年代末期，美国对台具体政策可谓举棋不定。从1949年8月，美国国务院发表《中美关系白皮书》，至1950年6月朝鲜战争爆发前的十个月内，美国一方面认为台湾对美有着"重大战略价值"，不愿让它落入共产党之手；另一方面又对国民党当局深感失望，对其能否在台湾立足缺乏信心，担心美国采取援台措施激起中国人民的仇美情绪，"要付出相当大的政治代价"。因此采取观望态度，表面上似乎"放手"不管台湾。

1950年1月5日杜鲁门总统发表"关于台湾的声明"，表示三个"不拟"，即美国"不拟使用武装部队干预"台湾"现在的局势"；"不拟遵循任何足以把美国卷入中国内争中的途径"；"不拟对台湾的中国军队供给军事援助或提供意见"。几天后，国务卿艾奇逊在演说中亦公开把台湾"摈除在美国岛屿防线之外"。（《美国研究》第12卷第1期，第19页）政策上的举棋不定必然表现为行动上的矛盾。一方面美国中止了对国民党的军事援助，驻华大使司徒雷登在南京与中共代表接触，并逗留上海数月，不随国民党迁台；另一方面美国国家安全委员会、国务院、三军参谋长联席会议又在秘密筹划各种情况下的援台方案。总之，在此时期，美国政府对采取何种方式保住台湾对美有利，显得捉摸不定……没有美国人的保护伞，国民党要偏安自保，实属万难之举，因为人民解放军已集结福建沿海一带，时刻准备渡海作战；而蒋军士气低下，军心涣散，失败情绪笼罩着台湾。

1960年10月31日，蒋介石偕宋美龄巡视"心理战"的部署。

1949年10月17日，厦门等岛屿已在人民解放军的控制之下。

解放军对金门岛构成了包围态势。控制金门岛既可封锁福建厦门的出海口，又可屏障台湾岛。由于金门占有重要的战略地位，故蒋介石令其嫡系将领汤恩伯固守。

10月24日，解放军发起了对金门岛的进攻。在国民党海、空军的立体阻击下，准备不足的解放军由于缺乏后续部队支援，登岛部队大部壮烈牺牲，小部被俘。

金门战役后，蒋介石大吹大擂，并派儿子蒋经国从台北飞抵金门慰问。

但是金门之战并未影响解放军渡海作战的士气，1950年4月16日，解放军一举攻占了中国第二大岛海南岛。5月19日，人民解放军一鼓作气，又攻占了舟山群岛。至此，东南沿海除台湾、澎湖、金门、马祖之外，已全部被人民解放军占领。很显然，解放军下一个攻击目标将是蒋家小朝廷所占据的台湾本岛了。

20世纪50年代初，美国国务院与中央情报局在研究台湾的现状与前途时，曾断言：在美国不出兵的情况下，台湾将在1950年陷落。所言极是，如果没有朝鲜战争爆发与美国介入，众叛亲离的蒋家小朝廷无论如何也抵挡不住人民解放军的凌厉攻势。人民解放军攻占台湾仅是个时间问题。

一时间整个台岛人心惶惶，许多追随蒋介石多年的"党国"要员竞相逃往海外。宋美龄的大姐夫孔祥熙一家人早就于1948年到美国过起寓公生活；蒋介石的大舅子、中国富豪宋子文于1949年1月24日辞去广东省主席职务，偕夫人以治病为由去了巴黎，之后，又为"家庭事务"抵达美国，从此在美定居；孙中山长子、前行政院长孙科辞去职务，举家逃往国外；做过东北方面大员的熊式辉和后任台湾当局驻美"大使"沈剑虹滞留香港；更有许多要员逃得不知去向。

宋美龄这时的表现，对蒋介石来说是极佳的，她不像孔家和宋家的至亲们远远地逃开，而是从美国返回台湾。

宋美龄急于替夫君分担一些压力，回到台湾之后，她马上积极性颇高地开展了环岛劳军的工作。不论前线后方，不论军营眷区，都有宋美龄的足迹。除环岛劳军外，她还飞往金门和澎湖，给守军打气。

1950年7月29日上午，宋美龄顶着酷暑，在台北市慰问金门"防卫司令部"

的军眷，并赠送大量饼干、糖果给该部军眷的小孩。宋美龄表现得非常和蔼可亲，所以，每当她下车抵达一处时，该部军属及小孩，即一拥上前，献花致敬。宋美龄则对欢迎人群说："不敢当，谢谢，我今天是特别来慰问你们的!"

1952年2月28日，宋美龄又冒着前线炮火和风沙，飞往金门劳军。在战地指挥官胡琏陪同下赴伤患医院及部队驻地巡视慰问，长达六小时之久。在这种场合，宋美龄又发挥了她的演讲口才。她说："我知道你们寒冷，知道你们辛苦，我时刻都在记挂你们，所以我一定要来看看。送给你们的棉背心，收到了吗？""收到了!"

宋美龄在劳军中，目睹伤残官兵的痛苦，决定号召推行"残而不废"运动，为所谓"荣军"装配假肢，使许多在战争中负伤致残的士兵生活有了保障。

为了鼓励军人子女勤奋学习，宋美龄还曾在1958年指示"妇联会"拨出专款20万元设置奖学金，协助当局发挥教育的功能。

1950年3月1日，蒋介石在台北发表"复职"文告，宣称要"扫除共匪"，"光复大陆"，"重建三民主义中国"。3月13日，他又发表题为"复职的目的与使命"的讲话，提出"把去年'一年反攻、三年成功'的计划，改为'一年整

1950年3月，蒋介石"复职"后与宋美龄一起在"总统府"广场上。

训，二年反攻，扫荡'共匪'，三年成功'。就是说：从现在起，少则三年，多至五年，要达到……复兴'中华民国'的目的。"（《蒋介石年谱》，第400页）

蒋介石此时心情十分复杂，既悲又喜：悲的是被赶到了小岛上，喜的则是从下野到再次"登基"，他偕夫人宋美龄退台后第一次登上"总统府"，并与夫人愉快地阅读各方拍来的贺电。

为协助蒋介石鼓吹"反共""复国"，宋美龄在1950年3月8日"三八妇女节"这一天，发表了《妇女节致词》，提出"应以美国妇女工作和奋斗的精神为借鉴"，号召妇女"应为前线的伤患兵员服务"。会上宋美龄还提出组织一个"中华妇女反共抗俄大会"，公开在妇女界打出"反共"旗帜。

4月3日，宋美龄在"中华妇女反共抗俄联合会"第一次全体委员会上发表了《今日中华妇女的重要使命》，又一次强调"反共复国"这一主张。

4月17日，台湾"中华妇女反共抗俄联合会"宣布正式成立，宋美龄主持成立大会，并致开幕词。蒋介石在会上作了讲演，他要求妇女应当与家人共同努力"反共抗俄"，检举"共谍"，节约消费，增加生产。

宋美龄在成立宣言中，号召妇女一起奋斗，同时发表演说："在宣传、组训和慰劳三项工作之中，希望每一个妇女都要选择一项工作。"她又说："慰劳工作要深入家庭，要灌输基督精神。"

据台湾报载，成立大会的同一天，国民党当局在特权支配下，为宋美龄在台北特建的"孺慕堂"也于同日开幕。

宋美龄被推为负责人后，为积极全面开展工作，她每天都到"妇联会"办公，带头制作慰劳品。妇联会下设有缝衣工厂，每天都有一百多位妇女义务为军人缝军衣，宋美龄也亲自参与缝制军衣的工作。有记载，台湾各界妇女缝制的棉背心，三周内达到了60万件。

每到逢年过节时，宋美龄会带着"妇联会"的人深入军营、幼稚园、学校等地方进行慰问。台湾各机关、学校、社团和海外侨胞，在宋美龄的鼓动下，相继成立"妇女反共抗俄分会"。

5月26日，台湾国民党军队的政治部也建立了"妇联会"的分会，宋美龄又到会致辞。

11月，经过一系列准备，台湾省妇女代表大会开会，宋美龄在会上讲了话。

不到一年时间，宋美龄多次演说、致辞，频频登台亮相，活跃在台湾政治舞台上。其目的就是一个，动员台湾妇女投入"反共复国"的工作中去。真可谓是夫唱妇随。

宋美龄领导的"妇联会"工作可分组训、慰劳、宣传三大项目，对此，"妇联会"的十年总结是这样记述的：

一、组训工作：以组织加强团结，于各地区、各机关、学校先后设立分支会，迄今计有分会48个，直属工作队28个，支会338个，工作队151个，纳各阶层妇女于一体，从事"反共抗俄"工作。复以训练工作增加妇女技术知识，本会及各分支会曾先后开设救护、国语、缝纫、烹饪训练班，训练部分学识不够的军眷各种手工工艺、打字、会计等，使她们有一技之长，能在家中做手工艺赚钱以补贴家用。前后毕业者十余万人。

二、慰劳工作：慰劳工作可分两大项目，即社会救济工作及劳军工作，本会经常举办各项救济工作，如对贫苦困难者之济助，对老弱疾病之安抚，其救济方法或施以衣物，或赠予现金，并配合社会各种慈善及救济运动开展工作。至劳军工作，则最为重要。

三、宣传工作：本会自成立以来，曾以文字、艺术、口头各种宣传方式促进妇女了解世界局势、"反共"理论及妇女运动之重要性。文字宣传如出版定期刊物《中华妇女》及《妇联通讯》各种丛书，纪念性报道刊物、壁报，印发各种文告及举办征文比赛，艺术宣传如出版"反共"书集，举办军中及民间电影欣赏会及歌咏队、话剧队，并于国内外举办照片展览，口头宣传如举办各种讲座、广播座谈会等，其中尤以对大陆广播一项颇受各界重视。

从当年的台湾年鉴中的具体数据也可以看出，该组织确实在国民党退台之初发挥了不小的作用。特摘录如下：

一、慰劳工作方面：（1）发动捐募50万套衣裤运动，已由该会捐到布足

7569疋28码5丈，经专设妇女工厂，发动妇女3628人，在宋美龄亲临缝制及指导下，每日轮流到会或自领制成短袖衬衣裤67万套，长袖衬衣裤125500套，绑腿200000副，麻鞋5800双，此等制成品或由该会自行送达防地劳军，或送联勤总部统筹分发三军士兵应用。现该会共有缝纫机113架，均系各界捐助（其中菲律宾华侨、黑白篮球队捐助30架，巴拿马"公使"芝兰夫妇、美武官斐力浦各捐助一架）。（2）收受各方捐助大批毛巾、肥皂、牙刷、牙膏、牛奶、香烟等转赠战友。（3）慰劳空军将士。（4）救济"荣军"。（5）欢迎舟山撤回的军队。（6）参加各种慰劳团，携带大批物品，慰劳驻地三军士兵。

二、宣传工作方面：（1）出版《中华妇女》月刊。（2）举办征文及壁报竞赛。（3）编印成立大会纪念特刊。（4）搜集宣传资料数十种。（5）分赠劳军书报9000余册。（6）印发"告英勇将士书"两万余份。（7）举办妇女讲座。（8）举办广播及巡回讲演。（9）举办妇女时事座谈会。（10）摄制妇女"反共抗俄"活动新闻片八万公尺。（11）放映"反共抗俄"电影及幻灯宣传片。（12）成立歌咏队。（《"中华民国"年鉴》，第331页）

此时期还应为宋美龄的"贡献"补充一点的是：国民党退踞台湾后，一时无法安置那些随国民党到台湾的军人家属，造成严重问题。宋美龄首先提出筹建军属住宅，她呼吁企业家捐款兴建军人家属宿舍，先是兴建官兵宿舍，后改为军职务官舍。她还曾仔细浏览各种设计图样，然后不厌其烦地指示和修正。在她的号召下，一年内完成4000幢，分赠军属进住。截至1996年第十八期已建造了五万多户。

国民党退到台湾之初，内部的权力交替开始，实力派崭露头角。宋美龄也逐渐培植起"夫人系"。许多追随宋美龄的人，到台湾后看到蒋介石整肃派系的决心，主动配合蒋经国、陈诚等实力派，为蒋经国接班护航出力，所以黄仁霖、周应龙、曹圣芬、沈昌焕、沈剑虹等人长期走红于官场，成为台湾"夫人系"官员的代表。

宋美龄对妇女工作一直是非常重视的。她常说，妇女是社会基本，社会要改进必须靠妇女，所以妇运的工作特别重要，在家里父母能够把小孩教好的话，这个社会就没有问题了。宋美龄对自己手下做具体工作的人提出了非常明确而具体

的要求:

第一,妇女在哪里,你们就到哪里;换句话说也就是要多和妇女在一起,要经常结合妇女的要求开展各种活动。

第二,要重视妇女的福利。宋美龄认为要达到男女平等并不容易,所以她要求做妇女工作的人一方面要积极地推动两性平等,要从法律、政治、教育、文化、社会各方面来进行;另一方面她非常重视新闻点,因为有卖点的,才有效果。所以"妇联会"编写的《妇友月刊》改变形式,不断地充实内容,每月出有简讯,将各地各阶层妇女活动结合起来,利用各种重要节日,如和妇女有关的儿童节、母亲节,举办各种活动,既为妇女工作造成一种氛围,而且也有新闻价值。

在宋美龄的直接指挥下,部下们十分卖力地工作着。在"妇联会"门口有候车站,她们在墙上开辟了妇女园地,透过简讯和墙壁的字画、文章报道,让人们对妇女工作有所了解。她们还通过举办很多活动,如国际妇女会议和定期相关的学术研讨会,对妇女有关的权益——财产权、子女监护权、离婚后妇女第二春的开创及银发族的问题,都一一探讨,请专家学者参与,通过这些渠道让"妇联会"的活动不断增多。

第三,宋美龄最重视的是服务观念。因此她请了很多学者专家到各地巡回演讲,希望妇女能参加到服务的行列中来。

"妇联会"成立之初,主要是慰劳军队和解除军人的后顾之忧。发展到后来,凡残疾、孤苦无依、贫穷者,都是"妇联会"服务对象。

宋美龄不仅亲临主持"妇联会",她还让两个继子的夫人蒋方良、石静宜参加"妇联会"的工作。正如台湾作家江南所说:"蒋氏一家,实行总动员,力挽狂澜。"

"妇联会"名曰人民团体,不能由政府拨款,经费从何而来?

当局为了讨好宋美龄,最初时

宋美龄赴码头迎接从舟山群岛溃退到台湾的国民党军队。

在电影院、戏院门票收入上动起脑筋，于是就在电影戏剧入场券上面出现了随票附征一元的花样，然后，假借"大陆救灾捐"名目来分配。当时电影门票采取限价政策，台北的门票一张两元，随票附征一元，变成一张三元，即戏院或片商卖出一张门票，收入三元，先扣去一元为"大陆救灾捐"，而"大陆救灾捐"的分配，则由"大陆救灾总会""救国团""妇联会"各按三分之一瓜分。于是，经费有了着落。

现在，台湾电影门票一张已涨到百元，附征的"大陆救灾捐"每张仍为一元，所以"妇联会"早已不把这笔收入看在眼里了。但是当年（1956年以前）在一张门票上各个刮去三角三分三厘，实是一笔大数目。因片商和戏院余下的二元，尚需负担娱乐税和印花税八角钱，之后，片商和戏院各分一半，每家只得六角，仍需负担各自的营业税以及广告费、本身用人的开支等。如此结算之后，片商和戏院在卖出一张门票之后能得到的收入分别只有三角三分三厘左右。而片商和戏院所收的，只有自己发行的影片的收入，戏院也只有自家售出的门票的收入。而"妇联会"等，却是在全省三四百家戏院，每一天、每一部片、售出的每一张门票上都各个获得与戏院、片商相同的收入。以此而论，在蒋氏父子说了算的时代，宋美龄开创的"事业"，经费来源是不成问题的。

后来"妇联会"经费来源大多是台湾商人的"捐助"，即在结汇美金外汇上，每元美金附加一元台币，被商人们称之"雁过拔毛"。台湾一年结汇的外汇，何止美金百亿元。换言之，"妇联会"所做的大量善事，应该说是与台商的"贡献"分不开的。难怪台湾作家指出："这个人民团体，对这个时代、国家、社会，纵使有其正面的作用与意义，但是负面的作用也是不可轻视的。"（《蒋经国的死后生前》，第110页）

"妇联会"是宋美龄一手创办的，所以，一直为宋美龄所把持，凡是"妇联会"的大小事情，都会一一请示宋美龄。但是到了后来，宋美龄逐渐把权力转交给了她的外甥女孔令伟，有时，对"妇联会"的事情，宋美龄倒要听从孔二小姐的意见。

尽管孔二小姐在"妇联会"中没有什么职务，但她依仗着宋美龄的关系，对会中的一切都要事必躬亲，"妇联会"的实际负责人倒成了摆设，没有多大的实权。

有一次，"妇联会"的员工们要求增加工资，负责人就写了个报告呈递给宋美龄批准。宋美龄在看完报告后，考虑"妇联会"的员工确实已有几年未加薪了，于是马上就同意了。但是，消息传到孔二小姐那里，她立刻叫来有关人士要回了那份加薪报告，并训斥道：她们凭什么要求增加工资？她们做了什么事情？

闹到最后，孔二小姐硬是把宋美龄已批准的这份加薪报告给"枪毙"了，弄得"妇联会"上上下下对孔二小姐都是敢怒不敢言。居然连宋美龄"恩准"的事情也会被她推翻，可见，那孔二小姐在宋美龄心中的地位有多重要了。

当然，"妇联会"的职员们对孔二小姐也有心存好感的方面。在"妇联会"为军人家属建宿舍的时候，孔二小姐就受到人们的称赞。

"妇联会"在宋美龄全权负责的时期，有一项主要的工作，就是为那些自大陆去台的国民党军人家属造宿舍。孔令伟接手后，"妇联会"仍旧要为那些眷属们改善生活条件，据说，孔二小姐对此项工作十分积极。她不仅每天跑到建筑工地监督建筑进度，而且还事事过问，包括用料、进料情况等。她除了天天检查工程进度外，还监视每一个人的行为，在她的心目中，每一个人都可能随时随地占工地的便宜，对任何人都不信任，这也是孔二小姐一生最为典型的作风。

由孔二小姐经手新建了十多期家属宿舍，每一期的用料她都希望能到国外进口，以便使工程质量得到保证。除此之外，由于孔二小姐爱好广泛，加上她对建筑也特别感兴趣，她有时还会直接参与工程的设计工作。虽然许多人对孔二小姐的"管理"方法受不了，但还是有不少人对她的认真负责态度赞赏不已。在他们看来，若站在孔二小姐角度，她的出发点也并不坏，她只是希望工程质量和进展情况都能顺利罢了。

1986年，宋美龄从美返台后，曾有几次前往"妇联会"。后来，由于她行走困难，很少离开她的官邸，也就不能再去"妇联会"了，而改由"妇联会"总干事每隔一两天到士林官邸去汇报一次。直到1988年7月，国民党"十三大"召开时，她的亲信钱剑秋因"形象不佳"被赶出"妇联会"，宋美龄才最后交出权柄。

1990年12月20日，"妇联会"完成了新旧任总干事的交接仪式，原任总干事王亚权卸下长达16年的总干事职务，由国民党中常委辜振甫夫人辜严倬云接棒。

据说，辜严倬云曾是宋美龄在"妇联会"中十分信得过的人，与孔二小姐的关系也不一般，由她接管"妇联会"就是孔二小姐向宋美龄推荐的。由此看来，宋美龄又有了交职未交权之嫌。但是，无论上述人选与宋美龄有无干系，都不影响人们这样一种共识——宋美龄的时代已经过去了。（参见台湾《近代中国》1997年第8期）

协助"改造"

蒋介石重登"总统"宝座后，除了高喊"反共复国"外，立即着手国民党改造与重建工作。1950年7月，他宣布了改造方案，决定对国民党动大手术，想来一番彻底的改造与重建。

蒋介石认为，国民党退台之后，其组织虽然极其涣散，但派系斗争犹存，如果让派系争斗的局面继续下去，"则党必归于毁灭，永无复兴的希望"。蒋介石这句话从表面上看很有道理，他要清除内耗现象。但在讲这句话的时候，是含有私心的。因为他要借国民党改造之机，清除异己，使台湾真正成为清一色的蒋家天下。

蒋介石急于改造、重建国民党，还在于他欲寻找替罪羔羊。国民党在大陆的惨败，使国民党统治集团内部纷纷起来追究失败的责任。美国民主党与共和党之间也在20世纪50年代初期展开了"谁丢失了中国"的争论。蒋介石说，在大陆的失败首先是党的失败，自然党务失败的责任应由

承担了失败的责任，到美国湖林镇养鸡的陈立夫。

国民党总裁蒋介石来负。问题是无人敢指责蒋介石。蒋介石为了开脱失败的罪责，欲将党务失败的责任推到国民党中主管党务的陈果夫、陈立夫兄弟头上。

于是，"改造"工作首先拿陈氏兄弟开刀了。

在大张旗鼓"改造"开始之时，蒋介石先召见陈立夫，问及对"改造"有何想法，陈立夫察言观色后，主动提出，大陆失败应由陈氏兄弟负责，故不宜参加党的"改造"，这一点可从日后陈立夫的一次谈话中得到证实。

"到台湾后，有一次在日月潭陪侍总裁检讨国是与党事，我对总裁说大陆失败是国民党历史上的一个大失败，这个失败要有人负责，果夫先生与我本人，应当负其全责。我当时建议党的改造，应当把我兄弟二人除去，郑重建议应由蒋经国同志主持此事。"（李松林著《蒋介石晚年》，第86页）

7月26日，蒋介石宣布由他个人指定的"中央改造委员会"及"中央评议委员名单"，除谷正纲和张道藩外，包括陈立夫在内的相当一批C.C.要员靠边站。陈果夫则只挂名为安慰性的"中央评议委员"，此时他已是缠绵于病榻之上的垂危之人，于翌年8月25日病逝于台北。

陈立夫则借1950年8月出席"世界道德重整会议"之机，被迫经瑞士流亡美国。行前，宋美龄想替蒋介石做些安抚工作，在陈立夫辞行之时，送给他一本《圣经》并说："你在政治上负这么大的责任，你带到美国去念念，你会在心灵上得到不少慰藉。"陈立夫神情颓丧地指着墙上蒋介石的肖像说："夫人，那活着的上帝都不信任我，我还希望得到耶稣的信任吗？"（同上，第87页）宋美龄无言以对。

就这样，蒋介石在"清除派系观念"的口号下，把陈氏兄弟赶出了国民党的权力中心。

蒋介石给宋美龄的头衔是国民党中央评议委员（台湾一些杂志称其担任的是中央评议委员会荣誉主席，并对其颁发了中山奖章）。但这个头衔却不是什么官职，和她原

宋美龄真是做到了与丈夫"同舟共济"。

来担任的六届执委是不可同日而语的。

原来，蒋介石为了改造国民党，为了在党的系统中削弱一批国民党元老的权力，把这些人改任为"评议委员"，这样，他们就既非中央委员，又非中央常委了。

"评议委员"，据台北有关文献解释，相当于外国的"元老院"元老。"评议委员"的成员是由国民党的总裁圈定，不是由什么党的代表大会选举。换言之，如果哪位元老失去了蒋介石的信任与好感，那么就会被排挤出下一届的评议委员会。

而蒋介石把宋美龄列为"评议委员"的第一名，正是为了堵住下台元老们的嘴，如果在他们中谁对蒋介石的做法有微词，那么，蒋介石就会说，你们看，连宋美龄也是评议委员！所以，国民党退到台湾几十年，元老们顶着这个徒有其名的头衔，只能老老实实地吃蒋家的"皇粮"，领蒋家的长俸。而且，到蒋介石咽气为止，宋美龄仍然只是个"评委"，在党内没有发言权，对外也只是蒋介石妻室的身份。

为了丈夫的利益，以丈夫的"大局"为重，真够难为如此看重权势的宋美龄了。由此可以看出，宋美龄真是做到了与丈夫"同舟共济"。

蒋介石的改造达到了预期效果。1952年10月，国民党在台北召开第七次代表大会。"七大"除产生了32名中央委员外，还按照"改造"时的模式，设立了中央评议委员会，该会纯属"照顾"性质，仅供中央委员会咨询。落选者中有许多是国民党内的失势元老派，特别是C.C.派，几乎是全军覆没，像陈立夫这样的C.C.派顶尖人物，不但"中央委员"没有捞到，就是"中央评议委员"也榜上无名。

通过这次"改造"，蒋介石顺利地完成了权力的再分配，将C.C.派势力逐出党务系统，让儿子蒋经国和陈诚取而代之，这为后来蒋介石"传子"打下了基础。

"度假外交"的创始人

1950年前后，杜鲁门总统的情报系统对台湾当局前途的预测是：它会在1950年夏天，因为中共的进攻及内部瓦解而全面崩溃。这对杜鲁门政府似乎不完全是个坏事，起码这种结果可以使得政府免除来自亲蒋介石游说团的压力。

正当蒋家小朝廷垂死挣扎之时，朝鲜战争爆发了，用江南先生的话来说："蒋先生意外地得到一张人寿保险单。蓝钦被任命为驻台'公使'代办'台湾外交'的职位，军经援助恢复，往昔阮囊羞涩的日子，一去不复返矣。"（江南著《蒋经国传》，第263页）

远东局势突然发生的这种变化，使蒋介石政权奇迹似的自濒临垮台的边缘起死回生，额外地为台、美带来了几十年之久的密切关系。

由朝战起，美国的亚洲政策立即作了彻底的调整。

6月25日，美国操纵联合国大会判定北朝鲜为"侵略者"。6月27日，美国操纵联合国大会通过议案，要求联合国成员国"出兵援助"南朝鲜。同日，杜鲁门下令美国第七舰队"阻止对台湾的任何进攻"，从而推翻了他本人六个月前所作的声明。

6月29日，美国第七舰队的六艘驱逐舰、两艘巡洋舰和一艘运输舰，侵入台湾海峡，并开始游弋。7月以后，美蒋关系迅速热乎起来。美军侵入台湾海峡，为"蒋家小王朝"撑起了保护伞，这正是蒋介石梦寐以求的。但是，美国在撑起了保护伞的同时，连带提出了两个附加条件，使台湾当局颇感不快。第一个条件，是提出"台澎地位未定论"；第二个条件，是要求台湾当局承认"台海中立化"，即美国一方面用优势海军力量遏阻中国大陆在中国台湾海峡用武，但另一方面也要求台湾当局停止对大陆的军事袭击。无奈，因急需托庇于美国的保护，蒋介石还是被迫吞下了这两颗苦果。至1950年底，台湾当局总算获得了暂时的"安全"。

从此以后，大量的美国军队进驻台澎和金马地区，美国的军事、经济、文化、政治和情报势力，大量、广泛地渗入台湾的生活。对此，台湾作家陈映真用了一句贴切的比喻，即"台湾已是吃美国奶粉长大的孩子"。（《台湾命运机密档案》，第250页）

蒋介石利用朝鲜战争带来的一段喘息时间改组了国民党和行政机构，渡过了他一生中的又一个难关，但仍要倚夫人为重要辅佐。宋美龄在蒋氏"外交"上占了极重要的地位。

蒋介石身边有不少"外交"干才，但似乎都比不上宋美龄实用，她既是夫

麦克阿瑟与宋美龄会晤。

人，又是能干的助手，于公于私都是蒋介石不可缺少的人。

20世纪50年代初，有关台湾形势的报道表明，各方面情况大为好转。美、台合作的进展也令双方颇为满意，有许多美国文武官员前往台湾访问，同时，台湾当局的官员也应各种邀请到美国旅行。宋美龄又有了施展才华的机会，当然也会有出纰漏的时候。

最先秘密来访的是美方大人物麦克阿瑟将军。之所以说是密访，原因在于杜鲁门总统在获悉麦克阿瑟飞往台湾时，竟至勃然大怒，发了一通脾气。这表明麦克阿瑟赴台湾事先并未得到华盛顿的同意，而且这次访问使得杜鲁门大为不满。

而过早泄露秘密的，恰恰是宋美龄。因为她到台后一年多来，一直与马歇尔通信。曾经有报载："蒋委员长的这位夫人，在1948年访美期间，同马歇尔夫妇过从甚密，建立了热烈友好的感情。当时，她曾企图劝使杜鲁门总统向正在土崩瓦解的国军提供大规模援助，但徒劳而无功。蒋夫人曾在弗吉尼亚州的马歇尔公馆小住了几个星期。由于蒋夫人写信毫无拘束，马歇尔将军对中国问题的各个方面，特别是麦克阿瑟将军的所作所为，就都一清二楚，如何对付，自然成竹在胸。"

宋美龄没有想到的是，马歇尔和麦克阿瑟之间的关系并不那么美妙，而且马歇尔将军，作为一名军人，自然而然地赞同总统对麦克阿瑟的态度。

1950年7月31日，朝鲜战争中的联合国军统帅麦克阿瑟在危急时刻访问台北，商讨台湾出兵的可能性，蒋介石夫妇极为兴奋。五个月前，麦克阿瑟曾邀孙立人访问东京，并勉励孙负起防卫台湾之责。麦克阿瑟在松山机场以他的特殊方式向蒋介石致意，一面用右手与蒋握手，一面用左手拍蒋的肩膀，两位"反共"老将首次见面，格外热乎。风度翩翩的麦克阿瑟也对宋美龄行吻手礼。蒋介石为麦克阿瑟召开台湾的军事首长会议，宋美龄全程参与。麦克阿瑟返回东京总部以后，向参谋首长联席会议发了一份简略的报告。顾维钧引述《纽约邮报》的报道说，麦克阿瑟私下联络台北，而国务院和五角大厦犹被蒙在鼓里时，宋美龄已告知了马歇尔；后来又把麦克阿瑟在台北与蒋介石的谈话内容报告马歇尔。邮报说，蒋夫人写给马歇尔的信"长达三页，单行打字，把麦克阿瑟和蒋介石的会议重点，一五一十和盘托出。如此大事，麦克阿瑟竟然不向华府报告，殊不知马歇尔已知晓一切，而且消息来源于蒋夫人这等权威人士"。宋美龄不但向马歇尔详述麦克阿瑟的随员到北投洗温泉，并把军事会议的细节禀告马歇尔，这些细节对即将到五角大楼上任的马歇尔而言，颇有价值。

宋美龄在信中说，蒋介石告诉麦克阿瑟来自各地（包括"中国大陆游击队"）的消息，建议由宋美龄"领导大陆游击运动"，蒋介石问麦克阿瑟有何看法，麦克阿瑟说，"不错"，理由是领导地下游击工作的人最好是敌人不会怀疑的人，"而我（指宋美龄自己）是最不会被敌人怀疑的人"。不过，麦克阿瑟离台时在松山机场对宋美龄说，从事游击运动的人一旦被捕将会被拷打致死，"我不希望看到你身历险境"。马歇尔回信给宋美龄："你告诉我有关麦克阿瑟将军访台一事，我自然很感兴趣，但我更关心的是你要领导大陆游击运动一事。这是一桩很危险的任务，就你不稳定的身体状况来看，领导游击队的艰苦生活，将会使你的健康严重受损。"（参见林博文著《跨世纪的"第一夫人"》，第302页）

除了麦克阿瑟访台外，美官方人士访台官阶较高的是纽约州的杜威州长，他受到了蒋介石夫妇热情款待，并由宋美龄亲自做翻译。

蒋介石通过宋美龄向杜威表达了对美国未邀请中国出席旧金山会议、把中国排除在对日和约之外的不满，蒋介石认为美国在这个问题上所持的态度是对他的侮辱。

宋美龄也探身过来以极严肃而诚恳的态度向这位美国官员表达了与蒋介石同样的情绪。

令蒋介石夫妇气愤的"旧金山

宋美龄宴请访台的雷德福上将。

493

会议"的起因是，朝鲜战争的爆发，使美国急于把日本变成东亚"反共"包围圈的中心堡垒。为此，美国于1950年10月开始积极活动，准备在旧金山聚集各对日作战国签订对日和约，继而解除对日本的军事管制，使日本重归国际社会。1951年6月15日，美方通知台湾当局，其要点为中国大陆和中国台湾都不参加此次签约，另由日本自主决定与中国签约。

中国毕竟是第一个抵抗日本侵略的国家，作战时间长达14年，中国军民不但受尽了伤亡之苦，而且财产等各方面的损失也在各参战国之首。这是全世界所共知的事实。因而要举行和会以缔结对日和约，排除中国是极不正常的。美国这一提案，不仅把中国排除在对日和约之外，甚至让战败国日本来选择媾和对手，这是对中华民族的粗暴侮辱，因此遭到海峡两岸炎黄子孙的共同声讨。

但是，蒋介石夫妇所表达的这种不满，美国人根本不予理睬。

在危机四伏的情况下，蒋介石依然需要美国的保护伞，更需要美国的军事援助。因此，蒋介石没有，也不可能再用更强硬的方式表示抗议。

蒋氏夫妇对赴台访问的美国人安排得很是周到，让他们在很短促的时间内看到台湾的方方面面，以便他们回国后敦促本国政府向"台湾"提供更多的全面援助。

然而，这种努力并没有在每一个来访者那里都取得预期的效果。

杜威曾私下说，他对在台湾的所见所闻并不满意。他认为，台湾人民本应比在日本人统治下生活得更好些；但是他看到军队吃得太差，怎么能指望这些士兵好好作战呢！

杜威的评价还包括对台湾高级人士的看法。他曾表示对蒋介石没有好印象，但对孙立人将军、吴国桢和陈诚印象深刻。

尽管如此，碍于他在竞选时曾经得到过蒋介石的金钱支持，到了台湾又受到殷勤接待，所以这位州长只是在背地里讲点真心话而已，却没有在公开场合对台湾讲过一个不字！

当然，美国官员被邀请访台的人中，为蒋氏夫妇及台湾大唱赞歌的也不乏其人。

美国前驻俄大使蒲立德就是一个。他兴高采烈地对友人讲起他的访台和在台旅居小憩，"他从来没有在任何地方得到过比这更愉快的休息。真希望能多待几天。他很想在下一个冬天去多住些日子"。（《顾维钧回忆录》第9卷，第502页）蒲立德还得意地拿出宋美龄画的一幅中国山水画给顾维钧看，上面有蒋介石为他题的词和宋美龄的亲笔签名。

还有一个就是在中国待了25年的基督教长老会传教士詹姆斯·格雷厄姆博士。自从蒋介石退至台湾后，他就不断讲台湾的好话。由于他对蒋介石和宋美龄表示出极大的仰慕之情，所以他多次发表谈话，主张美国全力援助蒋介石，帮助其实现"反攻大陆"的计划，他甚至还表示过反对美国政府促使台湾"中立化"的政策。

美国军方的蔡斯将军在访台返美后，马上表示："要敦促当局加速运交对台湾的军援。因为蒋介石使他在台期间，看到了美国运往台湾有相当数量的装备供应，包括轻武器和一些大炮的弹药业已运到，虽不是新型的，但比没有要强。他说，仍急需飞机和重炮。一个雷达系统已经建立起来，虽也不是最新式的，但正在该岛西岸有效地发挥作用。"（同上，第513页）同时，他对台湾和所有其他国民党管辖下各岛军队装备质量的改善颇为赞许。

在一次宴会上，五角大楼军事援助计划负责人奥姆斯特德将军曾经非常友好地告诉顾维钧，运交台湾的军援比例在所有受援者中是最高的，而且他们这些亲蒋的军方人士还将继续催促装运。正是由于这位将军的这番表态，所以当台湾方面得知这位将军即将访问远东的消息时，马上有人向蒋介石夫妇建议：给这位将军夫妇发出访台邀请。

对蒋介石赞不绝口的还有美国太平洋舰队的雷德福海军上将。在1952年上半年，应蒋氏夫妇的邀请，他访问了台湾，并受到了当局的热烈欢迎，在与蒋介石夫妇会谈后，他获得了极好的印象，同时也非常钦佩蒋介石"领导有方"，并相信台湾的利益也就是美国的利益。

随着艾森豪威尔将军的上台执政，美、台关系日见亲密。据台湾出版的1954年年鉴统计：1954年，访台的美朝野人士和军政官员共计几十人次，其中国会议员、知名人士大有人在。

受到高度礼遇或度过一个美好的"假期"，当然可以使一些人与蒋介石建立起深厚的"友谊",也自然会使美蒋关系的改善得到"物质"保证。得了人家给的好处,自然要为人家讲些好话,这大概是个一般规律!

邀请美国名流访台,通过他们在美朝野为其呼吁,并以此来加强台美合作。这一精心安排的始作俑者是宋美龄。面对大批被邀请的美国客人,宋美龄以最惊人的恭维使客人们倾倒,也使客人们满意而归。她手头总备有贵重的小礼品:银盒子、银盘子、镶嵌珠宝的微型柚木箱子。在一支人数众多但又不让外人见到的工作人员队伍的帮助下,把这些纪念品事先刻上所送人的名字和简短奥秘的题词。仅此即足以打动西方人,因为在美国客人的普通生活中绝不会遇到如此讨人喜爱的东方式的微妙礼遇。

早在几年前,为争取美援,宋美龄已有了这个得意之举,而且通过几年的实践,这一举措愈发显示出它对台湾各方面发展的重要作用,并成为日后台湾掌权者效法的"外交"法宝。台湾当局推出的"度假外交"就是由宋美龄的这一创举中演变而来的。

1953年,美国共和党的艾森豪威尔、尼克松担任了美国正、副总统。特别是尼克松这位老朋友上台更让台湾当局兴奋不已。不久,尼克松就踏上了访台的行程。

尼克松是这样回忆当年的情景的:

> 1953年暮春,艾森豪威尔要我到亚洲和远东作一次重要的旅行。由于他战争时期的经历,艾森豪威尔几乎比任何一个非欧洲人都更了解欧洲及其领导人。但是他不了解亚洲和中东,而他又是从来不过高估计自己的经验和知识的。而且他感到杜鲁门严重忽略了这两个重要地区,因此他准备在他的任期内弥补这个缺陷。(《尼克松回忆录》,第157页)

在台湾,蒋介石为尼克松夫妇举行了盛大的欢迎酒会,并且请尼克松到台北蒋介石华丽的官邸会见。他们谈了七个小时,始终是由宋美龄给他们做翻译。

尼克松谈道:"当我们谈到'中国'时,蒋两手一挥,清楚地表明他指的不仅是这个目前他的权力所及的小岛,而是地平线那边的整个国家。蒋介石和蒋夫人还在做着美梦,拟定着把共产党赶出大陆的计划。我不能直率地告诉蒋,他想在他的统治之下重新统一中国的可能性，实际上是不存在的。但我仍明确指出，美国军事力量绝不会投入支持他可能发动的任何进攻。虽然我觉得他重返大陆的计划是完全不现实的，但我对他很高的智慧和他决定尽全力要把中国人民从共产主义统治下解放出来的那种精神仍给我留下了深刻的印象。"

在他们密谈之后，尼克松对蒋氏夫妇可以说是赞不绝口。于是，就有了他在那本《改变亚洲历史的人物》一书中，对蒋氏夫妇，特别是对宋美龄所作的介绍：

> 蒋中正和蒋夫人时常欢迎我到台北。通常是蒋夫人担任我们的译员，有时她亦会参加我们的讨论。受过卫斯理安大学教育的她，是一位极优秀的译员。除了具有极流利的华语与英语外，她还能完全了解她丈夫的思想，所以她能正确地翻译出彼此的谈话。
>
> 蒋夫人除了担任她丈夫的译员外，还具有其他的意义。一般人认为：一位领袖的妻子，系因夫而贵，与个人在历史上的表现无关紧要。这种看法，不但忽视一位领袖妻子在幕后所担任的任务，且玷污了领袖妻子所具有的特质与性格。我相信蒋夫人的智慧、说服力与道德力量，已使她自己成为一位重要的领袖。（尼克松著《改变亚洲历史的人物》，第60页）

最后，尼克松对宋美龄下了结论："蒋夫人是一位极文明、美丽整洁、极女性化及极坚强的女人。"（同上）

蒋氏夫妇特别是宋美龄为欢迎尼克松访台投入了极大的热情，所以才有了尼克松对蒋氏夫妇如此高的评价，也才有了日后他在美国名流中六度访台的最高纪录。

应该说，尼克松对蒋氏夫妇的好感是事出有因的。以往他与宋氏家族的来往暂且不论，只是这次顺路访问，就让台湾当局和台湾驻美"大使"大费了一番脑筋。

在顾维钧回忆录中提到，1953年10月，孔令杰说，他已接到通知尽快返台，陈之迈也将和他一同回去，完全是为尼克松副总统和夫人访台做准备。于是，顾维钧转达了尼克松曾反复提出过的要求：希望访台时尽量少为他举行宴会。顾维

蒋介石与接替史迪威职务的魏德迈合影。

钧说，原因在于尼克松自就任副总统的高位之日起，在接见人员和发表谈话方面，一直十分小心谨慎。特别是他在同中国人会见方面格外慎重，因为他过去亲台的举动已在竞选中被他的政敌所利用。顾维钧建议："在台湾同尼克松会谈时，应小心谨慎，尊重他在此事上的感情。我们当然了解，他在内心中极为同情我们的事业；我们可以坦率地向他提出我们的要求，但不要强迫他在任何具体问题上做出任何答复。"

11月11日，顾维钧又见到了曾陪同孔令杰和李骏尧返台协助安排尼克松访台事宜的陈之迈，陈说："尽管他和孔令杰是应召返台专为尼克松的访问进行安排的，但他感到，在尼克松访台期间，他和孔最好不在台湾。因为《报道者》杂志曾发表文章，把他俩与'中国院外活动集团'联在一起，所以他和孔令杰在6日，刚好在尼克松副总统抵达'台湾'的前两天去了日本。"陈还说到，顾维钧发往台北的电报建议将招待副总统的宴会从简，特别是建议为避免使尼克松回想起《报道者》杂志发表的有关"中国院外活动集团"的文章，在讲话和行动上必须小心谨慎（例如在招待宴会上被文章点名的人不要出席作陪）。这一建议使台湾当局决定，通知陈之迈和孔令杰在尼克松到来之前离开台湾。

由此可见，蒋氏夫妇对老朋友确实是非常"关照"的。

在尼克松访台前后，还有许多美国的政界、军界、商界的名流访台。美国国务卿杜勒斯几度访问，宋美龄也都是重要的参与者。

从以上史实来看，在蒋介石撤到台湾后，宋美龄虽然没有什么实职，但她确是蒋介石的左膀右臂。凡与重要外宾会晤，宋美龄必随侍在蒋介石身边。通过她的翻译，双方能够更好地互相理解和沟通。在这些会晤过程中，宋美龄理所当然地参与了一些不为一般人所知的机密。无怪乎，台湾有人评论说：宋美龄是"一部活的中美外交史！"

第十四章

"就医"背后

宋美龄期望已久的与艾森豪威尔总统的会见，不到一小时就匆匆过去了。白宫新主人仅仅礼节性地应酬了一下她这位"第一夫人"。看来，想作为蒋介石代言人的打算只是宋美龄的一厢情愿。

但在这之后，各种形式的招待会、宴会和集会却令她心满意足。因为她总是集会的中心，更加令她高兴的是，会见到了这么多的美方重要人物。

在第七届联合国大会上，苏联代表的提议把大会注意力转向中国在联合国的代表权问题。在宋美龄一行的活动下，美国政府敌视新中国的态度没有改变，他们反对中国政府进入联合国的政策也没有改弦更张。

台湾的席位暂时保住了，宋美龄的病也好了，她容光焕发地走下了飞机。

再返美利坚

对于蒋介石来说，宋美龄是个不可多得的助手。蒋介石当然不希望夫人经常离他左右。可是这位"第一夫人"没在台湾待两年却又要去美利坚走动走动。宋美龄确实有相当强的权力欲，她不甘心只在幕后导演，常常希望主动地走到台前代夫宣传。

1952年宋美龄又一次踏上了美利坚的国土。而这次访美，名曰赴美就医，治疗顽疾，实则是去观察一下美国在大选年的风向，了解白宫新主人是否能对台湾继续友好，当然也免不了探亲访友。因为她的大部分亲属都在美国各地发展自己的实业。

尽管蒋介石是非常殷切地希望夫人不要离开台湾，但宋美龄还是通过部下办好了赴美的护照和入境签证。

8月的一天，宋美龄一行人到达美国的檀香山。之后不久，台湾驻美"大使馆"和纽约唐人街中华公所接到通知，准备到纽约机场迎接宋美龄。

这位夫君已被赶到一个小海岛上的女人，仍不忘摆一摆"第一夫人"的架子。在纽约"领事馆"安排下，到机场上迎接她的有近百个中国人。当她下飞机时，纽约的"总领事"高声宣布只有少数几个人准许接近飞机。欢迎人群被挡在绳栏之外，飞机舷梯口有一位警官宣布只有霍华德夫妇可以登上飞机。然后宋美龄和霍华德夫妇一同下机，走向孔祥熙为她准备好的汽车。这时有一百来个人拥上去和她握手，其中有许多人被警察撑开了。唐人街的代表们列队夹道欢迎，宋美龄没有和他们一一握手，甚至都没有顾得上向他们致意感谢，就坐进了汽车。这时纽约"总领事"赶上前来打开车门，请她出来向在场恭候多时的代表们讲几句话。他说代表们未得机会向她致敬，甚至宋美龄都不知道他们来欢迎她，很感失望扫兴。（这些代表那天早上起得很早，又因飞机误点，很多人已经等了很长时间。）宋美龄显然不高兴地下了汽车，"总领事"鼓掌请大家注意，说蒋夫人要向他们讲话，结果宋美龄叫"总领事"代讲几句了事。事毕，她的汽车就直奔长岛孔家为她举办的午宴欢迎会去了。

仅仅是几个小时前，为了欢迎她也曾有过这样"一片壮丽的喧哗"，只不过地点是在芝加哥而已。

台湾驻芝加哥的"总领事"是这样描述当时的情景的："联合航空公司打电话通知他，蒋夫人乘坐的班机要在芝加哥机场降落，他们把航班号告诉了他，并说飞机约在清晨六时到达。他就行动起来，动员华人社会派出一个人数可观的代表团去机场迎候，并组织华人妇女俱乐部的主席、干事等届时向她献花。可是他们却没有见到蒋夫人。"（《顾维钧回忆录》第9卷，第610页）原因很简单！飞机到时，宋美龄的秘书告诉他们，蒋夫人正在睡觉，不便惊动。那么多人，大清早来到机场干等一场，真是万分扫兴，怨声载道。

可见，宋美龄"第一夫人"的架子端得足足的！而为讨其欢心，台湾当局驻外机构的人员也是费尽了苦心。

宋美龄不愧有外交手腕，为了平息侨领们的怨气，她在一家中国餐厅邀请唐人街的华人领袖们开了个茶会，来表示她的谢意。但结果并不圆满。因为按惯例开茶会要请来宾入座。而这个会却是自始至终让人们站着，使侨领们感到，这种弥补方式没有诚意。

到了纽约，宋美龄先忙于与亲人团聚。休整之后，就召台驻美"大使"到纽约茶叙，以了解美国政局以及美国竞选活动中的中国问题等等。同时，宋美龄更不会忘记打开她的社交圈。一会儿，她宴请美军驻华司令魏德迈一家；一会儿，又与菲律宾驻美大使夫妇相见……她急于多结交一些有用的朋友，以便尽快打开台湾在国际交往中的局面。

11月4日，美国大选揭晓，不仅共和党候选人艾森豪威尔赢得总统职位，而且共和党还取得国会参众两院的控制权。这标志着民主党当政20年的结束，而共和党则自1932年下台以后，又回到了执政地位。就美国两党来说共和党更具反共倾向，这对台湾当局来说，无疑是一大喜事。

1953年1月，二十多年后的第一次共和党总统就职典礼在华盛顿举行。这是一次盛大的活动，全美国约有75万人从各地前来观礼。

宋美龄也计划访问华盛顿，参加这一盛典。她命人打电话给顾维钧，说一接到请帖，她就将赴华盛顿，并在台湾驻美"大使馆"双橡园小住几日。宋美龄认为，她本人正好在美国，邀请她是顺理成章的事。但事情并非如她所愿，是否邀请这位来自台湾的"第一夫人"参加就职典礼，成为当时美国国会委员会总部争论的难题，也成了"大使馆"官员接待的难题。

共和党中一些人强烈反对向宋美龄发出邀请；一些亲台的议员们又极力主张发出邀请。按美国的传统，新总统的就职典礼纯属国内活动，过去一向不邀请外国贵宾参加庆典，从而难以为宋美龄安排席位。最后，安排总统就职典礼的国会委员会总部想出一个巧妙方法，他们只是向住在纽约的宋美龄发电报询问，她是否有空参加就职典礼，而不是主动邀请其出席。顾维钧认为这是美方以此来暗示由于种种复杂原因不便邀请宋美龄出席庆典。

美政府想出了办法对付宋美龄，可"大使馆"却感到无所适从了。

接到宋美龄要来小住的电话，顾维钧立即着手为她安排一次宴会和招待会，并通知双橡园的人员为她准备好住处。主要的困难是，通知来得如此仓促，而要为这样一位高贵而不好伺候的夫人把住处布置好，需要做大量的工作。

翌日，顾维钧获悉，由于无法解释的某种原因，请帖仍未收到。据说是国务院反对向宋美龄发出邀请，因为过去没有先例，很难为她安排适当座席。所以，宋美龄是否能来又成了问题。当晚，顾维钧与纽约孔祥熙私邸联络，孔答复说，宋美龄已被邀请，但尚未接到请帖。

离盛典还有几天了，"大使馆"又接到孔祥熙电话通知，宋美龄还没有决定是否前来华盛顿。"大使馆"只好按她来做准备，购置了新沙发和一些新窗帘，想博取"第一夫人"的好感。

1月16日，顾维钧终于接到了电话，宋美龄决定不来华盛顿，并特别申明是夫人感冒了，不是因没有收到请帖，所以决定不出席华府盛典。

宋美龄没有来成华盛顿，但是那些亲台的州长、议员们却不断在典礼上向顾维钧打听、询问着。

杜威州长问：蒋夫人收到请帖了吗？我已尽了最大的努力！

众议院议长马丁说：我赞成向蒋夫人发出请帖，这样可使国民党觉得好些……

宋美龄虽没有如愿参加艾森豪威尔的就职典礼，但有这么多朋友的关心，她也应感到欣慰了。

艾森豪威尔在就职典礼之后，马上决定修改杜鲁门时期台湾中立化政策，以便使国民党的武装部队进入大陆。同时决定第七舰队将继续在台湾海峡巡逻，以防止共产党方面对台湾的进攻。

蒋介石马上作出反应，盛赞艾森豪威尔新政策的明智与正确。他还向"我们海外的朋友"保证，"中国决不要求友邦以在缅部队协助我作战"。（《顾维钧回忆录》第10卷，第22页）

这一唱一和，使美、台关系从此进入了蜜月时期。还留在美国观察风向的宋美龄又开始了新一轮的"外交"攻势，她亲自写信给美国新总统，希望他能约定个时间，给她一次拜会的机会。于是顾维钧第一次真正收到了宋美龄将访问华盛顿的消息。

宋美龄的随从人员通知顾维钧"大使"：已经收到艾森豪威尔的一份请帖，是邀请宋美龄于3月9日去白宫参加午宴，孔令杰正为她未来日程的所有各项活动进行安排。

顾维钧表示要为宋美龄安排一系列宴会和招待会，以便使尽可能多的重要人物有机会与她见面交谈。同时，他还召集工作人员开会讨论接待方案。

经核实，白宫只是邀请宋美龄3月9日去参加一个茶会而不是什么午宴，因为这仅是宋美龄提出对总统的拜会而已。

为了能使这位贵夫人满意，顾维钧特从华盛顿赶往纽约面见宋美龄，和她讨论这次访问计划。顾维钧为她准备了三次宴会和一次招待会，并征询宋美龄最希望和哪些人会见与交流，宋美龄提出了副总统尼克松和国防部长威尔逊等人的名字。

宋美龄此行目的很明确，就是希望了解美国对台湾的援助政策，美国新政府关于朝鲜战争的意图，以及"自由中国"为"自由事业"共同斗争可能作出的贡献。

"大使"把任务一下达，"大使馆"从上到下一阵忙碌。

来华盛顿的路途中，为了使宋美龄这一行"贵宾"满意，有人精心布置了供他们仅住一夜的公寓。据说，选购的窗帘布都是当地最昂贵的，而且据说价格无所谓，购买人唯一关心的是料子必须是最好的。

3月8日，宋美龄一行人如期到达了双橡园。她一住进这里就同顾维钧谈起她所关心的话题——美国对台湾的政策，包括军事援助问题和英国在台问题上对美国政府的影响等等。顾维钧谈到，美副国务卿强烈要求尽一切可能说服台北接受从缅甸遣返的李弥部队，仰光方面也强烈要求遣返，这位副国务卿还说，如果台湾拒绝，就把此事提交联合国。宋美龄完全同意顾维钧的意见，即为了与美合作，特别是由于美方答应对遣返给予财政援助，并协助台湾当局把从缅甸及随后从印度支那遣返的部队改编为两个新的师并予以重新装备，台湾当局应该同意与美国合作，把实施细则交给他们去和缅甸政府谈判，不过要有这样的理解，即：虽然当局愿尽最大努力予以推动和实现，但由于不能有效控制李弥部队，因而不能保证遣返命令的执行。

接着他们又细致地商讨了在白宫茶会上宋美龄应该对总统说些什么。宋美龄要求顾维钧在谈话中尽力协助她，以便使总统透露一些消息，从而了解他在对"自由中国"的政策方面的态度和意图，以及他希望宋美龄在有关朝鲜冲突和远东的总形势方面做些什么。

翌日，宋美龄仍不放心，又让她的外甥孔令杰向顾维钧布置"任务"。孔令杰说，他对蒋夫人和艾森豪威尔的会见有点担心，唯恐没有机会对艾森豪威尔谈一些重要的事情，特别是有关蒋介石成立"中美联合参谋部"的强烈愿望。成立这个机构是为了制订抵抗中国共产党进攻台湾的计划，以及在必要时达到其他目的。所以特意来要求顾维钧在会见时务必"全力以赴"协助他的姨妈。

尽管宋美龄和"大使馆"方面作了精心安排，但是白宫的新主人却认为这是一次非正式活动。总统夫妇非常和蔼可亲地迎接着客人，桌上放着精美的食品和饮料，总统很周到地安排着宾主的座次，以求完美无缺。

宾主落座之后，很快就进入了很轻松但远非宋美龄所渴望谈的话题。他们先是闲谈了美式中国菜，接下来就提起了绘画。这是总统作为业余爱好者颇为擅长的。艾森豪威尔派人拿来两幅他的得意之作，一幅是从他办公室的书桌上拿来的，另一幅是从楼上他的卧室拿来的。这两幅作品确实喜人，大家都很赞赏。顾维钧告诉总统说，蒋夫人本人是一位中国风景画家，在不到两年的时间里，取得了惊人的成就。

席间，顾维钧为使宋美龄有机会同总统单独谈一会儿，几次去同总统夫人交谈。当总统的两幅作品拿进来的时候，顾维钧又借机重新调换座位，以帮助宋美龄实现她事前的打算。

一个小时在闲谈中很快就过去了，宋美龄只好起身告辞，顾维钧又一次机智地为宋美龄创造了条件，使她能与总统谈论她想谈的事情。只可惜他费尽心机，并没有达到预期的目的。总统领着宋美龄一路往外走，根本不打算谈什么公务，而是不断请宋美龄欣赏着白宫走廊中展示的历任总统的画像。

这场宋美龄期望已久的会见，就这样过去了。白宫仅仅为了礼节而略作应酬。看来，想作为蒋介石代言人的打算只是宋美龄的一厢情愿。白宫之行宋美龄没什么收获，但在这之后，"大使馆"为她举行的各种形式的招待会、宴会却令她心满意足。

为宋美龄举行的第一次宴会进行得很顺利，许多美国的知名人士出席，例如，众议院议长马丁，新任国防部长威尔逊夫妇，新任司法部部长赫伯特·布劳内尔夫妇，新任邮政管理局局长阿瑟·萨默菲尔德夫妇，参议员麦卡伦·弗格森、史密斯·约翰逊和他们的夫人，众议员萧特·富尔顿和他的夫人，女众议员凯瑟琳·圣乔治等。席间，宋美龄大部分时间里同新任国防部部长威尔逊谈话，而且谈得兴致勃勃。

回到客厅后，宋美龄再次请威尔逊同她坐在一起。很显然，她对他们之间的谈话十分感兴趣。原因在于,这位美国国防部部长认为,蒋介石提出的建立"中美联合参谋部"以事先制定出应付突然事变的计划的意见是正确的,而且应该予以实现。他还很客气地征求宋美龄对即将任命雷德福上将为参谋长联席会议主席的意见。宋美龄赞扬了雷德福,并肯定雷德福能够合作。威尔逊对此十分高兴。

顾维钧认为,宋美龄不愧是一流的"外交家",她在宴会中和会客室里与国防部长谈得非常投机,同时又不时地关照着坐在身边的众议院议长,尽力使这位首席客人不感到受了冷落。

第二天,宋美龄应邀出席了众议院议长马丁为她举行的午宴。这次午宴请的都是美国政界名流,其中包括参议院议长,副总统尼克松,佐治亚州参议员乔治,加利福尼亚州参议员诺兰,科罗拉多州参议员米利金,衣阿华州参议员希肯卢珀,纽约州参议员莱曼,以及众议员周以德、玛格丽特·丘奇、弗朗西丝·博尔顿和凯瑟琳·圣乔治,参议员和众议员的夫人们未被邀请,宴会厅已经座无虚席了。

主人还把曾在卫斯理安学院教过宋美龄英语的丘奇夫人也请到了。尽管她是宋美龄的老师,可她的发言却说:她从蒋夫人那里学到的东西比蒋夫人从她那里学到的东西多。顾维钧也借机极力向与会者宣传这位来自台湾的"第一夫人"。他说,蒋夫人是台湾无可匹敌的女代言人。他不仅赞扬了她的精神和才能,还提到她是"中美合作事业"的忠实朋友。

宴会的气氛与发言使宋美龄心情十分舒畅,尽管她事前没有准备讲稿,但她仍即席作了一个被人称为中肯而得体的发言。

在"大使馆"与宋美龄精心安排下,很快又举行的一次答谢宴会也非常圆满。宴会气氛很活跃,许多来宾自愿发言,副总统尼克松也祝酒答谢。宋美龄再一次显示了她的语言能力,她以非常动人的即席发言,表达了她的谢意,以此结束了这次令她十分满意的晚宴。

宋美龄余兴未尽。3月12日,顾维钧又为她提供了一次机会——冷餐午宴,为的是使宋美龄能够见到她希望见到,但由于宴会座位已满而未能列入邀请名单的那些朋友,或由于另有约会而未能接受宴会邀请的那些朋友。这一次安排又让宋美龄感到十分的满足,因为午宴来宾中包括她的许多老朋友和亲台的"友好人士"。

一次次的宴会，宋美龄都是中心人物。最让她高兴的是，通过这些活动，她能见到这么多的美方重要人物，而且这些人都是她这次访美希望晤谈的。从这一点上说，她的"外交"攻势颇有收获。

五天的忙乱匆匆而过，"大使馆"又恢复了往日的宁静。宋美龄也带着满意的心情离开了双橡园。为此，顾维钧得到了蒋介石个人的来电嘉奖。这令他松了一口气，因为能让这位贵夫人在她丈夫那里说上两句好话，实在太不容易了。

20世纪50年代初期，孔家二公子孔令杰，经常穿梭于台北与美国之间，并不断在"大使馆"的舞台上崭露头角，上上下下都知道他可以"通天"。

这一时期，台湾当局在美的军事采购业务和争取美援工作，可谓是多头并举，乱成一团，有空军采购组，也有装甲兵采购组，数十个采购单位，各买各的，贪污、浪费、浮报、回扣等黑幕层出不穷。后来终于爆发"空军副总司令"兼采购团团长毛邦初中将（蒋介石的亲戚）卷款千万美元逃亡墨西哥的大丑闻。毛邦初偕原为纽约夜总会表演女郎的女秘书凯莉潜逃墨西哥，台湾当局越洋大打官司，毛邦初在墨西哥入狱。官司缠讼多年，最后和解。据说台湾当局仅追回300万美元现款和200万美国国库券。毛邦初于1985年病逝美国，葬于洛杉矶好莱坞山庄森林草地纪念公园。（详情见《顾维钧回忆录》第8卷，第436页）蒋介石为整顿采购工作，特派遣为官清廉并讲求效率的前兵工署长、"交通部长"俞大维以"钦差大臣"身份，前往台湾驻美"大使馆"，清理当时令出多门、杂乱无章的军购业务。他的公开职务是"大使特别助理"，实际上负责统筹军购与美援业务，直接对蒋介石负责。

孔令杰觊觎俞大维的职务，为了取而代之，他主要采取了两种方式：一是拉拢顾维钧以孤立俞大维；一是伙同相关人员向蒋介石打小报告，告俞大维的状。

孔令杰讨好顾维钧的手法是有意泄露士林官邸内部有关他的机密资料。其中最重要的是，有人向蒋介石打报告称顾维钧经常不在华府而在纽约，以致去双橡园办事的人常找不到他。孔令杰说，蒋介石非常不悦，但经过蒋夫人和他一再解释后，老先生方始释怀。据孔令杰介绍，宋美龄曾以阳明山和台北两地来比喻华盛顿和纽约的距离，以说明华盛顿和纽约之间两头跑，并不花多少时间，宋美龄对蒋介石说："只需一小时车程。"（实际车程约四小时）而且电话联系又方便。蒋介石听了宋美龄的"比喻"，乃打消撤换顾维钧的念头。

孔令杰对付俞大维的另一方式则是直接向蒋介石告状，声称俞工作不力，争取美援不尽力，不让顾维钧等人了解军购与军援详情，与美方关系不洽等等。孔令杰不但亲自告状，还怂恿他人告状。蒋介石因此对俞大维颇为不满，打算以孔令杰取而代之。在台北只有陈诚一个人力保俞大维。蒋介石最终还是亲自找俞大维谈话，了解了真实情况，重新信任了俞大维。孔二公子的计划暂时落空。

载"利"而归

1953年末1954年初宋美龄生病了，据说是老毛病皮疹又犯了。不久她决定赴美就医。治病只是赴美的一方面原因，另一方面，在这岁末年初之时美、台关系又受到了新的考验——苏联等国提出了恢复中华人民共和国在联合国席位的提案。这个问题引起了台湾当局密切的关注。

1953年9月，在第七届联合国大会上，由于苏联代表的提议，大会把注意力转向中国在联合国的代表权问题。在美国代表的阻挠下，大会经过长时间的辩论和多次表决，最后通过了把代表权问题至少延期到年终再讨论的决议案。尽管如此，事情的结果对台湾当局来说仍然有着巨大的压力，这只不过是一次延期而已，远不是问题的解决。

不久台湾驻美"大使馆"就收到情报说，有人正在准备新年后发起一个主张接纳新中国加入联合国的运动。美国前众议员阿姆斯特朗对顾维钧建议说，必须警惕，并预谋对策。

当然台湾在美国参众两院的那些"朋友们"此时要发挥作用了。参议员斯帕克曼就表示出他反对接纳新中国加入联合国的坚定立场。这位参议员告诉台湾方面，朝鲜战火既已停止，如果停战协定导致朝鲜问题的和平解决，各方面将向美国施加巨大压力使之同意接纳新中国加入联合国，而他正在支持的向艾森豪威尔总统请愿的活动就是为了对付这种压力。他不知道能有多少人签名或能在何时把请愿书递交总统。

此时，宋美龄赴美当然希望借此机会鼓动反对恢复新中国在联合国席位的提案，而且她认为以自己的身份要首当其冲站在反对者的前列。

1954年4月17日是"中华妇女反共抗俄联合会"成立四周年纪念日，这一天，宋美龄致函纪念大会，告知与会者："余因旧疾复发，无法照常工作，故今日匆匆出国，飞美就医，不克参加本年度本会四周年成立纪念大会，与诸姐妹工作同志话别，心中无限遗憾。"（《蒋夫人言论集》下册，第805页）

顾维钧是在4月15日前后通过自动收报机得到宋美龄即将赴美通报的。4月22日，孔令杰到双橡园告知，宋美龄因神经性皮炎症复发，苦不堪言，决定来美就医。他自己将到西海岸去迎接，暂住旧金山；如果需要向他了解情况，他将提供确切消息。

4月28日下午，美国空军方面通知衣复恩，说有一架由台湾机组人员驾驶的C—54型飞机，有六位显要人物，正由台北向美国航进。美方询问有无所闻。顾维钧便将他所了解的情况告诉衣复恩，并表示怀疑所传六位显要人物是她的随行人员。

衣复恩这位"空军武官"对比不免感到惶惑。责任所在，台湾有航机发出到美国，而他竟一无所知，所以听了顾维钧的话以后，颇为激动。

29日，顾维钧在会晤美国国务院官员（助理国务卿帮办）庄莱德时，也谈到宋美龄来美之事。庄莱德一开口便说，他要请顾注意来自台北的一条消息，该消息宣称，宋美龄已离台赴美，这是由自动收报机收到的。又说据他所知，这次宋美龄来美之事本不打算公开报道，但现在居然公布了。顾维钧说，他也是由自动收报机上收到的，也看到这条消息来自台北，但不知道美国新闻界是如何得到这个消息的。显然，美国方面也不是从正常的途径得到这个消息的，并对此事流露出不满的情绪。

4月30日，台湾方面给衣复恩来电话，通知宋美龄即将来美，并说此事要保密。衣复恩表示，此事报上早已登出来了。听者非常惊诧，随后又谈到宋美龄赴美乘坐的C—54型座机（"美龄号"）要修理，至于所传飞机上有六位显要人物一节，是不准确的。随后衣复恩便去了旧金山，并带去顾维钧的欢迎信。此后，宋美龄在旧金山治病，一住就是两个月之久。

6月4日，台北方面通知顾维钧，蒋介石请他去担任"考试院长"。顾维钧认为，可能是吴国桢已经出走，王世杰又已被解职，宋美龄此时不在台北，正好让他在蒋身边提供协助。在26日顾维钧出席宋子安在纽约圣里吉斯饭店的晚宴时（他们兄弟宋子文、宋子良、宋子安三人均在，并每人主持一席），他把自己将赴台担任"考试院长"一事说了。宋子文劝他不要去接受，并打算请子安转请宋美龄把他（子文）的想法转告蒋介石。顾维钧知道，宋子安和他姐姐宋美龄的关系远胜宋子文。顾维钧本意也不愿担任此职务，此议正中下怀。7月5日，顾维钧在纽约出席一个晚宴，与子文、子安兄弟交谈，他们告诉顾维钧，宋美龄将在第二天早上前来纽约，除子安外，别无他人前去迎接。因为在此之前顾维钧曾对宋子安说过，希望在他赴台北之前会晤宋美龄，所以这次宋子文告诉他，将为他安排在7月11日到长岛宋蔼龄住所与宋美龄会晤。

当时美国参议院国内安全小组委员会内有一些人，准备提出撤销对苏联承认的决议案，为了获得公众的支持，很想请宋美龄这样一位"有力人物"到该委员会作证表示支持。他们甚至向顾维钧表示，不妨事先准备好一份材料，其中包括要向她提出的各项问题和她该作出的答复；这样，可以免得她过于紧张。

宋美龄在"反共抗俄"的言论与活动组织方面，对西方冷战专家来说，颇有可供采择之处。就她个人而言，进行这种作证，应是轻车熟路。不过由这些洋大人为她准备材料出场表演，顾维钧认为未必妥当，但又不敢硬顶，便作了一些委婉的答复。他说：宋美龄来美国完全是为了就医治病，现在病情虽然有所好转，但她的健康状况仍然不宜于公开露面，甚至也还不能接待宾客访问。他又表示，将设法探明她的态度，两星期内给予答复。（《顾维钧回忆录》第11卷，第162页）

7月11日下午四时，顾维钧如约前往长岛蝗虫谷孔祥熙公馆拜访宋美龄。迎面一看，她给人的印象是风采如昔，身体不差，看来治疗效果良好。宋美龄对顾维钧谈了此行的经过。她说，因为在旧金山给她治疗的那位医生外出度假两周，所以她就来到了纽约。直到动身的那天晚上，她才决定来东海岸，但是订不到卧铺。她不愿意让人知道她的行踪，航空公司保证无论如何想法给她安排一个卧铺，但是必须用她自己的真姓名。结果她还是用了一个别名和她的护士一块儿坐了一夜。

这天会晤中，宋美龄还问到宜伟上尉事件（一位在美受训后不愿返台的国民党军官因此引起的交涉）怎么样了。顾维钧答复了她。她又问吴国桢事件怎么样？她对吴国桢事件没有说什么，对有关宜伟事件的各种应对措施，表示同意，也认为应该把他遣回台湾。

他们谈到史密斯参议员想与她谈吴国桢一事，又谈到麦卡伦想请她去参议院国内安全小组委员会作证的事，顾维钧谈了他推却的经过，认为这样做与她的身份是不相称的。宋美龄完全同意，并说即使她的健康许可也不会去为他们作证。

宋美龄好像已知道她丈夫邀请顾维钧返台任"考试院院长"之事。在这方面，她也完全同意他留在华盛顿。她说，华盛顿这个"岗位"非常重要，现在不能换人，他已经和美国国会、政府及全国的所有头面人物互相熟识，并因此得益不少，如果换一个人，那就又要经过许多年才能和这些人物熟稔起来。而现在时间是最宝贵的，不应该中途换马。她甚至认为，未来十个月到两年的时间对台湾是关键时期，只有他在华盛顿工作，才能起到最大的作用。宋美龄强调说蒋介石是了解她对这事的看法的。

事实上，蒋介石可能怀疑顾维钧是否受到她的观点的影响。因为当7月21日顾维钧在台北对蒋介石谈过他大半辈子在国外从事外交工作之后，蒋介石在顾维钧起身告辞前，突然问起他是何时见到宋美龄的。据顾维钧分析，也许他认为顾可能和宋美龄商谈过关于出任"考试院院长"一事。顾维钧说他是在离开华盛顿前一星期见到她的。从蒋的表情看这个回答似乎立即解除了他的疑团。显然，他是回忆起他曾将此事告诉过宋美龄，她极力反对，并提出了她的理由。（同上，第227页）

在台湾，人称宋美龄与顾维钧是比较地道的知美派。他们对美国有较为深刻的了解并在官方与民间有广泛的交往。所以顾维钧敢说，如果摸清了美国人的脾性，和他们打交道并不难。宋美龄表示，当她还是一个少女的时候就已经熟悉美国人了，而要理解美国人则需经过很多年。一个新来的人，如果不先用一段较长的时间设法培养他们的友谊和信任，就不能指望和他们卓有成效地来往。她认为现在时间十分宝贵，不能等待一个新来者（即新"大使"）旷日持久地从头做起了。

他们正谈着，孔祥熙出来和顾维钧见面。当顾维钧告辞出来时，孔祥熙也出来送到车旁。上车后，顾的司机托马斯告诉他，宋子文夫妇，他们的女儿、女婿和外孙都已到来，正等着接待。（同上，第168页）

在这次会见后一星期，顾维钧回台湾去了。

8月24日，顾维钧回到华盛顿。翌晨，他便乘飞机去纽约，抵达之后，即赴孔祥熙公馆，向宋美龄递交蒋介石的私函。他发现宋美龄气色不坏，比六周前见面时更好。他们还谈了她即将在8月30日赴美国退役军人协会发表讲话的事。她还想住在双橡园并会见几个朋友。因为天热，国会又休会，许多高官离开了华府，不便举行大规模的招待会，所以顾维钧建议举行一次午宴和一次晚宴，招待会的参加者可偕夫人，可以不太拘形式并随便一些。她同意在29日到达双橡园，在那里进晚餐。谈到饮食，因她目前正在进特定饮食，医生有允许她食用的禽类、蔬菜、谷类、奶制品及水果的单子，凡是刺激性或兴奋性的东西，如胡椒或各种香料，一概忌用。

在这次会晤中，他们还谈到台湾与美国的关系。宋美龄指出，出言以谨慎为宜。她说，不宜一味抱怨或要求增加援助，就当前地位而言，我们没有谈判实力，求诸他们的东西无以回报。她问到台北方面曾否提过需要伞兵部队。顾维钧回答说，据悉至少需要一个伞兵师以及两个装甲师，而美国人认为这并非将来"收复大陆"的战争之所需；关于陆军师的编制及其确切数目也有分歧意见。宋美龄认为，没有足够多的经过训练的人员来照管这些增添的装备和驱逐机。她倾向于数量少、效率高、随时投入战斗的军队胜过数量多、效率低的军队。顾维钧认为她言之成理，完全赞同她的意见，并且说，他在台北就曾竭力这样主张。（同上，第487页）

顾维钧认为，她对美国人的心理和美国的政治形势十分清楚，而在台湾人们却难以理解。美国人根据台湾对抵制共产主义的作用来考

宋美龄与美国海外作战退役军人协会总会会长门哈夫妇会晤。

虑它的要求，在1954年8月26日，由国会通过了《共同安全法》，批准拨款总数32.52868亿美元，绝大部分用作军援。这样，美国便将台北完全置于其"保护"之下，台湾的"安全"得到了保障。

8月27日，顾维钧和他的同事开始为宋美龄来访开会加速准备，一切都需要在短期内准备就绪。她在美国退役军人协会上发表演说，是由孔令杰代表她去联系的。28日晚，游建文告知顾维钧，宋美龄决定30日在国民警卫队（总部）训练中心的退役军人协会会议开幕式上露面，接受他们的欢迎。她说鉴于协会将派三位前司令来双橡园陪同她到会，才决定出席上午的开幕式。

宋美龄于29日夜间到达华盛顿，孔令杰随后赶到，顾维钧在私下里通知他，蒋介石决定，由于俞大维回台湾任"国防部长"，由他继任其早已觊觎多时的职务。

30日上午，在顾维钧陪同下，宋美龄前往国民警卫队训练中心出席美国退役军人协会会议，听艾森豪威尔总统的演说。协会的三位前司令来双橡园迎接，一同前往。其中一位柯林斯上校，第二次世界大战期间驻黄金海岸，曾接待过顾维钧及宋美龄，可谓老相识，不免回忆起昔日西非开罗会议逗留时的情景。

出席这个会议的有12000人。艾森豪威尔在11时55分到达会场。他向宋美龄及顾维钧致意、握手略事寒暄，随后在主席建议下，宋美龄被引到讲台前与总统照相。30分钟讲演完毕，宋美龄等返回双橡园。

中午1时，"大使馆"举行招待宋美龄的午餐会，出席者有麦卡伦参议员夫妇等人。

晚上，在顾维钧与上午那三位先生的陪同下，宋美龄前往斯塔特勒饭店出席宴会。10时过后，主席邀请宋美龄发言。在讲演前半小时，蒋荫恩告诉顾维钧，说新闻记者们感到失望，认为演说词内容平淡，毫无力量，在远东尤其是在共产党正在"进攻"沿海岛屿，令人不安消息频传的情况下，他们本指望听到她一些重要宣告。顾维钧说，这正是她不愿多讲的原因；因为，在国会即将选举和任何话都能被一些人或另一方误解的时候，什么话都不好讲。（同上，第494页）

在题为《中国将重获自由》的不太长的演说词中，宋美龄回顾了这个协会的会员在第二次世界大战期间的贡献。她谈到当今世界任何一个国家都没有安全感。她主张："我们应以果敢面对情势，并把临近的危险视为一个对我们的文明的生存的一个挑战来对付它，在历史的长途上，道德与精神的勇气常常获得成功，这是文明得以存续的缘故。"她叙述了中国的邻人"实际上侵占了我们整个国家"，除了台湾和一些岛屿。她一方面在诉说大陆是如何"失陷"的；但另一方面又说"现在争辩谁犯了招致苏俄侵占中国的错误是没有好处的"。她大谈她丈夫蒋介石的"抗俄反共"历史，大谈台湾是一个"自由的庇护地"。她的最后一句话是："上帝的方法是不可测的。也许我们需要张大眼睛看看反基督的野蛮行为，我们的力量，对抗邪恶的意志，才可以重新获得。有上帝的帮助，我们不会失败，中国将重获自由，世界也将如是。"（《蒋夫人言论集》下册，第1158页）

其实，无论宋美龄到美国做什么姿态，白宫的主人从来都是从本国的全球战略出发决定取舍的。早在杜鲁门时期恢复中华人民共和国在联合国席位的问题一直受着美国的阻挠。在顾维钧回忆录中有如下的记载：

> 近两年来（指1952至1953年）大约召开过一百多次国际性会议，在每次会议上美国都支持我们保有代表权。不仅如此美国还联络并促使其他代表团支持我们，这已经成为美国的既定方针。（《顾维钧回忆录》第9卷，第608页）

无论台湾当局怎样保持与议员"朋友"的密切联系，令蒋氏夫妇担心的问题还是发生了。

1953年11月8日，尼克松代时任总统的艾森豪威尔将其照片赠给蒋介石。

1953年11月美国国务卿杜勒斯在记者招待会上表示：接纳一个政府加入联合国不同于接纳一个国家为新会员国。接纳新会员国不仅需经联合国大会表决，而且须经可行使否决权的安理会表决。接纳一个政府则没有否决权可使，因而联合国大会即可以决定接纳红色中国。同时杜勒斯在回答记者问题时还说，美国政府从未说过它永远拒绝承认共产党中国。

几天后，当时正在台北进行访问的副总统尼克松，就杜勒斯的讲话向报界发表了声明，目的是要平息因杜勒斯关于承认中国问题及代表权问题的讲话所产生的不安情绪。这位副总统说：报刊所载杜勒斯国务卿的谈话就美国政策而言，并无新的内容。

关于承认问题，尼克松说除非中国放弃执行共产党政策，"放弃听命于莫斯科"，否则美国就不考虑承认问题。

尼克松说，至于接纳新中国进入联合国的问题，国务卿只是申述了联合国的有关规章，并未宣布美国对接纳中国加入联合国问题的立场有任何改变。美国的立场是继续强烈反对接纳一个曾同联合国作战的政府进入联合国。

尼克松的评论显然旨在不使人把杜勒斯的讲话解释为美国对新中国将采取比较温和的新政策。但是他的论点说服力不强，并没有解除台湾当局的后顾之忧！

此时蒋介石不仅担心美国的态度，他还认为，使新中国占有联合国席位和给予承认的压力来自苏联，还来自欧洲盟国，自然以英国的压力最大。蒋介石对尼克松说："英国匆忙地承认北平，认为这样就能保住它在中国的投资和其他利益，并能防止香港落入共产党政权手中。"但在实际上，英国几乎丧失了它在大陆上的全部财产和投资。为了使盟友减轻压力蒋介石甚至向尼克松转达了这样的信息："一旦国民党返回到大陆，将承认和保护英国在大陆的合法利益，也不打算收回香港。"（《顾维钧回忆录》第10卷，第324页）可见蒋介石为了他的小朝廷，已到了置国家利益、民族利益于不顾的地步。

当初1945年8月15日日本天皇在东京宣布日本无条件投降，中国战区盟军最高司令是蒋介石，他完全可以派出军队赴港接受投降，但是蒋介石在战后把如何消灭共产党放在首位，对战后香港的主权问题漠然视之，没有将其列入重要的议事日程。当日本宣布投降后蒋介石忙于派出军队赴南京、上海等大城市受降，为打内战做准备。直到8月21日蒋介石才想起中国南方和香港的接收问题，于是指派军队赴香港受降。但为时已晚，因为在蒋介石发出命令的前一天，英国太平洋舰队司令已经抢先一步，率领舰队在香港登陆并命令日军向英国投降。

蒋介石出于面子上的考虑向英国提出以中国战区盟军最高司令的名义受降，

但被英国拒绝。于是，蒋介石被迫放弃了收回香港主权的要求。本该早就回到中国人民手中的香港就这样重又落入英国手中。

在中华人民共和国政府的力争下，香港终于在1997年7月1日重新回到了祖国怀抱，结束了百年的屈辱。这是后话。

应该说，杜勒斯表达了美方一种新的态度，而美方这种态度并非一时的权宜之计。早在1951年共和党未上台前，共和党领导人首次集会制定今后工作规划，讨论对待新中国态度问题时，艾森豪威尔和杜勒斯都表示可能最终不得不使中国大陆和台湾当局都参加联合国或许是个解决办法。所以，随着时局的发展和来自各方压力的增大，白宫的当政者便按照既定的设想去尝试这种新格局。

蒋介石不愿接受这种事实。当部下向他报告关于接纳新中国进入联合国问题，指出情况不妙，存在危险时，蒋介石勃然大怒，称不能容忍。他吩咐部下转告台湾"驻联合国代表"蒋廷黻向联合国声明，如果红色中国被接纳，台湾当局就退出，而且还危言耸听地说什么，联合国如接纳红色中国，必将铸成大错，危害整个"自由世界"。

亲台的美国国会议员们也行动起来了，一马当先的就是参议员诺兰。他发表了一篇十分强硬的演说，不指名地抨击了杜勒斯关于承认中国的模棱两可的讲话。这位参议员当时是多数派领袖。他说，美国人民不会赞成这种承认，他本人将竭尽全力加以阻止，因为它在其所产生的一系列后果中，最严重的将意味着中国共产党要求占有台湾，而台湾的丧失将使共产党的"威胁"直逼美国西海岸。

参议员凯恩向台湾方面建议，需要经常使国会的领袖们理解台湾当局的事业。他建议举行一些便宴，每次六至八位议员参加，以讨论这种问题，使他们不断给予关心；否则他们专心于国会的大量日常事务，就不会熟悉中国的一些问题，诸如接纳新中国进入联合国的危险等。

身在美国的宋美龄自然而然加入到这个反对者的行列。她指挥着一些人千方百计游说于美国朝野和一些国家驻美使节，拼命扩大台湾的"外交"关系，以争取增加联合国中支持台湾席位的票数。

拉美集团在联合国和其他国际组织中占有20票至21票，因而居于十分重要的地位。顾维钧获悉，美国代表团为了使美国的观点在联合国或其他国际组织中占

优势或赢得多数支持，要花很大气力争取拉美集团的支持，而且发现这一工作并不总是轻而易举的。因此，台湾方面首先争取的是哥伦比亚。因为尽管哥伦比亚是个小国，但它能为台湾的地位争取其他拉美国家的支持。

宋美龄身着艳丽华服摄于台北士林官邸。

哥伦比亚大使表示：今后要有效地"对付共产党向拉美国家的渗透"；同时因国际风云变幻莫测，万一台湾需要他们的帮助，他随时乐于尽力而为。顾维钧对其表示感激之情。

1954年1月，宋美龄的爱侄孔令杰从台湾小住归来，向顾维钧提出，蒋介石有意帮助埃及改善同美国国会和公众的关系，主要是担心埃及可能改变其继续承认"台湾"的政策。顾维钧表示，以适当方式协助可以，但不能透露台湾同美国国会中坚决支持台湾的朋友之间的联系渠道和联系人，即使是笼统地透露也不行。协商结果，顾维钧还是把在国会各重要委员会担任主席或委员的有影响的参议员和众议员开列了一份名单，送交埃及驻美大使，以便使他可以设法和他们结识交往，并以此来笼络埃及不改变其对台政策。

在宋美龄一行人的活动下，在美国亲台议员们强大压力下，白宫当权者排斥新中国的政策得以继续。杜勒斯转而表示，美国政府不仅无意承认共产党中国，甚至也无意考虑这个问题，至于接纳北京进入联合国问题，美国政府同样予以反对。艾森豪威尔也在1954年国情咨文中表态：继续在经济、军事上援助台湾当局。

台湾出版的《蒋夫人与元老派》称："一般相信，蒋夫人在历次联合国会议中国代表权的保卫战中出过大力。联合国自秘书长哈玛绍，赖依以来即倾向主张中共入会。……能抵挡这股国际逆流达十数年之久确属不易。"（该书，第18页）。

在美国住了六个月的宋美龄要凯旋了，因为她保住了美国对蒋政策不变。

10月6日，宋美龄离开美国回台北。她要悄悄地回去，不事声张，不要人们去送行。当然，她也感谢顾维钧的礼仪周到，她在美国治病和社交活动都是有成效的，但还是得回台北去。为的是赶回台湾参加蒋介石的六十七岁寿辰庆祝活动，她不能放弃自己的责任和地位。

台湾的席位暂时保住了，宋美龄的病也好了，皆大欢喜的她容光焕发地走下了飞机。

宋美龄 全传

· Biography of Song Meiling

第十五章

"贴身"秘书

只要有蒋介石出场的外事活动和外出视察，总有宋美龄陪伴。在蒋介石接见外宾时，她是夫人，是助手，同时又是翻译。

蒋介石著作的英文版，都是宋美龄亲自校译的。宋美龄觉得有必要时，会毫不犹豫地打断翻译人员的叙述而加以更改，初任译员的人在这种时候往往会被吓住。

张学良曾很得意地向蒋介石夫妇介绍自己对佛教的研究。宋美龄却说："汉卿你又走错路了！"

宋美龄对陈纳德影响至深。陈香梅这样评论道："对于他深具权威影响力的是蒋夫人。将军对夫人之敬仰与尊重，远超乎他所见过的任何女人。他认为她远胜世界上最显赫、最有成就以及最坚决的女人。她是他的'公主'。直到他生命的末日，他却一直是她的'上校'。"

宋美龄没有生过孩子，但是称她"妈妈"的人很多，每年她过生日的时候，这些遗孤的代表都会来看她。

夫人、助手、翻译

宋美龄又从大洋彼岸飞回了台湾的家，协助自己的丈夫管理"朝政"。在这个小海岛上，国民党的政治环境变得单纯了，只剩下蒋氏"一家独秀"，而且蒋介石开始全力为儿子蒋经国的接班做准备。

在这个小海岛上，只剩下蒋氏"一家独秀"。

宋美龄接受西方教育，习惯西方人的生活，蒋介石接受传统东方教育，过的是地道东方人的生活。他们的生活起居习惯各不相同，但宋美龄能力求与夫君配合，而不产生干扰，不仅亲自照顾蒋介石的生活，且在对外交往中，提供咨询与服务，可以说是真正的贤内助。

20世纪50年代前期，蒋介石

身体健康，又特别重视台湾的"国际关系"。因此，一有外宾来访，上自政府官员，下至新闻记者及传教士，他都愿接见，有时来访者不过是二、三流人物，他也必见无疑。蒋介石自己也知道，台湾在那种时候，真正重要的外宾，是很少会到这里来的。

宋美龄的英文派上了大用场，蒋介石在官邸接见重要外宾时，宋美龄都亲自做翻译，但一般情况下她很少主动与他们直接交谈，以避免干扰蒋介石。

不仅外语有了用武之地，宋美龄还帮蒋介石做了大量"联络感情"的工作。例如：曾任过美国参谋长联席会议主席的雷德福夫妇每次访台，宋美龄都会请官邸裁缝为雷德福夫人做几件漂亮的旗袍，送上一幅自己的得意画作。事后证明，雷德福是历任主席中与台湾关系最为密切的。

只要有蒋介石出场的外事活动和外出视察，总有宋美龄陪伴。在蒋介石接见外宾时，她是夫人，是助手，同时又是翻译。在蒋介石的浙江官话和英语之间，她是最合适的翻译；在蒋介石向外宾发表见解时，她是蒋介石思想和观点的最好解释者；在蒋介石宴请外宾时，她精通西方礼节，并注意和东方文化相结合，是名实相符的女主人。

但据蒋介石的秘书说：宋美龄的中文底子还是较差的。1952年4月，美国的国际新闻社曾几次派记者想单独采访蒋介石，因被认为重要性不高被挡驾，结果记者透过宋美龄的门路，获得蒋介石的接见。

该社驻日记者与宋美龄见面，提出若干问题，请蒋介石答复，这些问题需要译成中文，秘书忙不过来，宋美龄过来帮忙，结果由于中文底子较差，有时误会了蒋介石的原意。当时，秘书一是碍于"第一夫人"的面子，二是错误之处并非大事，所以没有给宋美龄提出来。

但总的来说，宋美龄在这一时期和蒋介石的秘书配合默契，帮助做了许多翻译工作。1953年尼克松

雷德福夫人（中）穿的是宋美龄送给她的旗袍。

访台后，有大量谈话记录需要翻译和核对，为了保证翻译能准确表达蒋介石的原意，宋美龄做了不少工作。蒋介石当年的秘书说：

> 夫人叫去，要我帮她校对蒋、尼谈话记录，先是她念我看，她倦了则改由我念她看。弄到三点钟，她上山去参加三中全会，我则又从头到尾，把改过的再看了一遍。

> 11月17日，蒋公要我将蒋、尼谈话记录抄两份，分送陈诚及周至柔，我忽然想起其中一段曾为雪公（王世杰，字雪艇，时任"总统府"秘书长，但此时已不为蒋信任）改过，却未向蒋公报告，但向夫人说过，又恐夫人不记得。乃即刻请见夫人求助，夫人很爽快，一口答允，但嘱我切不可提雪公之名，以后不能欺蒙长官，必须实情实报。她也了解忙中有错，亦以为蒋公已经看过，这一次她可以负起修改的责任。事实上，如果这一次雪公不出事，我也不会看得如此严重的，幸亏夫人对我的工作，印象极佳，才愿为我解围，我后来又上去谢了她一次。

> 11月22日，中午蒋公找我，要我将蒋、尼谈话记录装订成册，依夫人所改的全部修正。下午又为李承晚来时可能与蒋公发布的联合声明，忙了一阵。蒋公在中文稿上改了，我译成英文。夫人看过后，用英文改了，我译成中文，呈蒋公核阅。如此反复数次，跑得不亦乐乎。夫人比较细心，亦懂外国人心理，但如遇到中文，还是要我向蒋公报核。几次反复之后，夫人还是对联合声明中的改动不大赞成。

用宋美龄这样的夫人做翻译有两大好处，其一，内容可以高度保密；其二，使对方有宾至如归的感受，能促进彼此之间的融洽。

这个"翻译"是无处不在的，据秘书说，蒋介石看电影，遇到外国片子，只要夫人在场，多半是由

宋美龄为蒋经国的生日作画，并由蒋介石题字。

她任翻译。

除了在重要场合做翻译，宋美龄每天的安排中有一项非常重要的工作，即阅读书报和外来的英文报纸。她同时和一些外交学识深厚、知识广博的专家，不断为蒋介石研阅外国新闻报道评论和特殊资料以提供参考。在蒋介石的医生熊丸的文章中对宋美龄有这样的描述："她常在房间里读书，一读连续五六小时，一直催吃饭才肯停下来。一本书一下子便看完，每天还看多种报纸杂志，迅速而广泛地掌握国内外的大事和动向。"（台湾《中央日报》1997年3月20日）

宋美龄的这项工作主要是源于蒋介石的读报习惯。蒋介石每天至少看十份以上的报纸，无论寒暑，蒋介石每天早上总在六点左右起床，秘书人员最迟也要在七点一刻把整理好的报纸呈送到他的书桌上。就是在离开台北的日子，当地的报纸出得早，蒋介石也一定会让秘书先送当地报纸给他看，而且，哪一份摆第一位，哪一份摆第二位，哪一份摆第三位都有一定秩序。

蒋介石的秘书整理报纸一般是先用红、蓝铅笔画出当天重要新闻，待到蒋介石早餐时间，由口齿清晰的武官读报。早餐读报30到40分钟，如果下午没有重要公事，蒋介石还会把读报人员找来，继续朗读。

蒋介石的秘书说，宋美龄每天都要看外来的英文报纸，并把那些对台湾不利的消息告知蒋介石，以保证蒋介石的信息来源非常充分。蒋介石对外发表文告时，都是先和宋美龄再三琢磨才定稿的。

在蒋介石的机要秘书眼里，宋美龄辅政还有一大特点，即从不干政。秘书人员说，以她的身份，要看什么文件都是可以的，但她从来不单独要秘书拿公文给她看。

国民党退台后，很快搞了党务方面的"改造"，实施党员党籍总检查，对于历届"中央委员"，由一个专家小组审查，结果有二十多位前中委未再发给党证，这其中就有宋子文和孔祥熙。一天，蒋介石对审查小组的人说："夫人带回孔、宋两位的旧党证，提起他们说还没有收到新党证。"于是，经过小组研究后，认为他们在党内的历史，是不宜被取消党籍的，所以补发了党证。但是后来在孔、宋两人有生之年的几次代表大会，蒋介石都没有提名他们为"中央评议委员"，宋美龄并未为他们说话，或表示不快。

　　说是不干政，其实也不尽然。据有关人士分析说，宋美龄到台湾以后，公开的职务是"妇联会"会长，但是在高层商讨台湾对外关系时，她常常要发表政见，而且她也在台湾的高层人事安排上有重要影响。在20世纪50年代初期，她与蒋经国等站到了一起，主张通过孔、宋拉拢一批积极援台的美国议员，以争取大量美援，而反对王世杰、张群等人直接与美国国务院打交道的主张。到了1953年，宋美龄干脆又与蒋经国一道将王世杰排挤下台。

关照老友新朋

　　从蒋介石撤到台湾以后，宋美龄不仅广交国际间的新朋友，也替蒋介石关照着那些往日帮助过他们的老朋友。这其中首先值得一提的应该是蒋氏夫妇与陈纳德将军在台湾的交往。陈纳德的遗孀陈香梅女士所著的《春水东流》一书中曾有多处地方再现这段"友情"。

　　蒋介石退台以后，陈纳德为忠实于朋友，也把他的民航公司搬到了台北。陈香梅写道：蒋介石"对于我们的孩子颇感兴趣。我们卜居台北后不久，他问到我孩子的中国名字。我承认她们还没有取时，他当即为她们取两个名字。中国名字都深具意义，听来悦耳，并且含有赞颂的意思。蒋先生代克奈尔·安娜取名美华，他为雪狄雅·露蕙丝命名美丽。两个名字含义颇为接近，表示美丽与娴雅的意义"，也是"承袭美龄的'美'字而来的。另外，还送了两枚图章给美华和美丽"。

　　"蒋夫人是我们两个孩子的教母。依据中国的传统习俗，孩子们在本质上等于获得一种慈祥的爱护，她曾送她们生日礼物，对她们各方面的福祉予以仁慈的关注。"

　　蒋氏夫妇与陈纳德的友谊可追溯到中国的抗战以前。1936年陈纳德接到蒋氏夫妇的邀请书，请他到中国视察中国空军。根据陈纳德的日记，他第一次见到宋美龄的印象是：一口美国南方口音的英语，美丽大方，与他一见如故。他对蒋介石的印象是"严肃"，问到中国空军的情况时蒋介石非常震怒。因为蒋介石花了不少钱把英、法、德、俄、意所谓的空军专家找来，但他们大多是投机

20世纪50年代，蒋介石夫妇在士林官邸招待外宾。

者，希望把旧飞机转卖给中国赚钱……陈氏参观中国的空军装备后，把了解到的上述情况向蒋介石做了报告，蒋介石立即下令整顿空军，同时请那些投机者走开，这其中也包括一些美国的投机商人。这样一来，陈纳德便间接地和那些想浑水摸鱼的人结了怨，与此同时他也赢得了蒋氏夫妇特别是宋美龄的信任，赢得了与宋美龄之间保持了一生的友谊。

宋美龄给陈纳德升了级，任命他为"中国空军上校"，并嘱他马上开始考虑如何促进"中国空军"的成长。于是陈纳德到杭州笕桥、汉口及其他许多空军单位视察——他得出的结论是：中国的空军真要大大调整，他们有的是旺盛的空军精神，但没有飞机，缺乏支援。这是亟待解决的迫切问题。这些，陈纳德都亲自向宋美龄报告。工作了不到一个月，陈纳德对蒋介石与夫人宋美龄已经产生了崇敬，同时他对中国的抗战也表示了极大的热情。

宋美龄对陈纳德影响至深。陈香梅这样评论道："对于他深具权威影响力的是蒋夫人。将军对夫人之敬仰与尊重，远超乎他所见过的任何女人。他认为她远胜世界上最显赫、最有成就以及最坚决的女人。她是他的'公主'，直到他生命的末日，他却一直是她的'上校'。"（陈香梅著《春水东流》，第74页）

1960年4月，宋美龄在台北新公园主持陈纳德铜像落成典礼。中为陈香梅。

据蒋介石秘书沈锜回忆，陈纳德曾经走宋美龄后门。1953年底，陈纳德来见宋美龄，要求民航空运队在年底合同期满后，能够继续营业，他明知道见不到蒋介石，他也多半不会批准，所以只好走后门了。在宋美龄的关照下，他的民航空运队当然得到了续约。无怪乎陈纳德夫妇没有像大多数美国飞行员和公司董事那样选择以香港或东京为家，而是在台北一住就是十个年头。

陈纳德确实"够朋友"，甚至回到美国以后，仍替蒋氏夫妇谋划着。他对顾维钧说，他赞成使用国民党军队，在中国大陆而不是在朝鲜，在200万游击队员的协助下袭击中共后方，这样需要武器补给不那么多，且不需要动用美国军队。顾维钧问他，万一有需要，他能否帮助游击队空运人员和物资。他说这很容易，因为他有一支一百多名飞行员和领航员的队伍，正在日本和马尼拉之间飞行，眼下又在驾驶C—47型运输机为驻朝美军运送军需品。

难怪宋美龄忘不了这位老朋友！以至于在陈纳德死后七年，在台北又为他竖起了铜像，而且是宋美龄亲自到场剪彩。

宋美龄关照的"老朋友"还包括前美驻华大使司徒雷登。蒋介石的亲信董显光赴美，宋美龄没有忘记请他去看望司徒雷登并转达蒋介石夫妇的祝愿。董照办了，司徒雷登颇为高兴。所以当1958年宋美龄访美时，在"大使馆"为她举行的盛大欢迎会上，特别引人注目的就是这位前美国驻中国大使司徒雷登老先生。因为司徒雷登自从七年前身体欠佳以来，一直没有冒险参加过任何集会。为了表示他对宋美龄欢迎的诚意，这次他冒着牺牲健康的风险第一次来到台湾"大使馆"的官邸。

宋美龄关照的对象还包括一些社会名流。著名国画大师张大千到台湾定居，就是宋美龄促成的。

新中国成立以后，张大千滞留海外多年。章士钊曾赴港劝他回去担任北京艺术学院院长，被他谢绝。而台湾方面又因他"涉嫌亲共"，不许他到台湾。蒋介石甚至特别指示台湾"驻日机构"的负责人："在东京不应与亲北京的张大千往来。"

在毛泽东的办公室中，悬挂有张大千先生赠送的一幅画，上面有他亲笔所题"润之先生"的字样。那是1937年国共合作抗日时，何香凝女士向他索要的。画成之后，又让他题写"润之先生"字样。据说当时张大千根本不知这是毛泽东的字。但是，这件事却给台湾当局留下了张大千"亲共"的印象。

司徒雷登像。

而张大千曾经珍藏过名画《李龙眠夜宴图》。在张大千去印度办画展时，由于旅费紧张，不得不将这幅名画变卖筹款。据说掮客徐北郊卖画得到33000元，而张大千却只得到17000元。后来此画辗转到了陈毅手中，并载入大陆出版的画册。消息传到台湾，又进一步落下口实。有人认为凭此二点，即可拒绝张大千至台。

后来，宋美龄从张大千的一个朋友那儿了解到了实情，便打电话给"警备总司令"黄达云，要他以宋美龄的名义致函张大千，邀请他到台湾定居。

张大千到台北，先租住仁爱路云和大厦，后搬至自建的"摩耶精舍"，再也没有离开台湾。晚年张大千因梅花乃中国"国花"，爱梅成痴。张大千逝世后，下葬于后花园的"梅丘"。他留下遗嘱将自己的精美房舍捐赠台湾。张大千故居现由台北"故宫博物院"掌理，作为艺人聚会之所。

在台湾曾受到宋美龄关照的还有一位中国现代史上的名人张学良。

1951年初，张学良以前的秘书和拥护者埃尔德到台湾驻美"大使馆"见了顾维钧，因为张夫人于凤至为了使她的丈夫获释赴美，等得越来越不耐烦了。埃尔德说，好几位美国朋友经常问他，为什么张学良仍然被监禁。他们想了解如果让美国政府中和张有友谊的人与蒋介石联系释放他是否可行。

顾维钧解释说，释放只是时间问题，而且张少帅的物质享受并不缺乏。原因是埃尔德和少帅夫人送给少帅的东西都由宋美龄转交给了少帅，其中包括照相机。埃尔德也已收到了少帅拍摄的照片，表明少帅健康状况良好。所以，顾维钧说，再耐心一点等待是明智的。

几个月后，埃尔德到了台湾，并在那里逗留了三个月。在宋美龄的帮助下，他见到了张学良。埃尔德说，他发现少帅在体力上和精神上都大为好转。张学良的英语水平通过和赵四小姐练习，大为提高；赵四小姐在张学良被禁闭时，和他住在一起。张学良情绪很好，有各种报刊可读。

张学良在台湾几十年中，关于他的新闻报道，最轰动的大概就是1964年7月4日，他和赵四小姐补行婚礼的消息。他们之所以在同居三十多年后还要补办一次正式结婚手续，除了要在法律上取得夫妻的地位以外，主要还是受了宋美龄的影响，作为虔诚的基督徒，受洗之前，与赵四小姐需有正式婚姻关系。

蒋氏夫妇的亲信黄仁霖在回忆录中也提到，张学良皈依了耶稣基督，"而且愿意奉献一生来传播上帝的意旨"。张学良夫妇"是士林私人教堂的会员"。

既然张学良决定献身传播福音的事业，而这一决定又和宋美龄有直接的关系，那么理所当然，当他和妻子于凤至离婚手续办妥，与赵四小姐正式结婚的婚礼上，"在少数几位观礼者之中，蒋夫人亦赫然在座"。

宋美龄在生活方面对张学良是比较关照的。张学良曾对访谈者说过，蒋介石当年是想杀他的，而宋美龄则是保护他的。这大概是她觉得愧对张学良而应有所补偿的缘故吧。

宋美龄着意笼络人心之举，也有落空的时候，下面就是一例：

在杜聿明当年被俘的日子里，他的太太曹秀清正困居上海，首先传来的消息是丈夫已被共产党所杀，她半信半疑。不久，上海解放前夜，当时明明已非"总统"而自称是"国民一分子"的蒋介石，居然派人送来手谕，下令曹秀清务必带着子女和婆婆，乘最后一班飞机去台湾，并保证负责他们全家的生活费和子女的学费。蒋介石的目的，显然是要扣住人质，使杜聿明心存恐惧。曹秀清遵命到台湾后，发现一切都是蒋介石的骗局，房子没有、衣食无着，全家只有一点点生活费。但是，上有婆婆，下有五个儿女，七口之家，又何以维生？无奈之下，她只好找宋美龄，找杜聿明的老朋友、老部下，找张群等等，奔走求职。结果，宋美龄不仅没有帮她，甚至假装不认识她。

最后，曹秀清总算在台北烟酒公卖局制品厂找到一个管内部收发的差事，月薪100斤米、3000元台币。她每天八点钟上班前，给全家做好饭；十点钟人家

宋
美
龄
全
传

528

休息时，匆匆忙忙跑回家照顾婆婆，再匆匆忙忙赶回工厂。就这样年复一年，可又不时有不幸降临：婆婆由于念子心切，终告不治；长子杜致仁也自杀了。杜致仁在美国上学，白天读书，晚上打工。后来生病，无法再打工了，他求妈妈想办法。曹秀清向蒋介石申请补助，蒋介石批了1000元，还规定分两年给付。但学费一年就是3000元，当然相差甚远。杜致仁非常气愤，认为爸爸为蒋介石卖命，蒋介石承诺的子女学费，原来如此！气愤之下，吃安眠药自杀了。

一件姻缘，意外地改变了曹秀清的处境。她的大女儿杜致礼，1949年嫁给了物理学家杨振宁。杨振宁在婚后第八年（1957年）得了诺贝尔奖。这下子，一切都有了微妙的改变。1958年的一天，忽然宋美龄又认识起曹秀清来了，突然派车子去接她，要见见面。见面以后，宋美龄满脸堆笑地握住曹秀清的手，说：“啊！杜夫人，你胖了！上次见你，你是很瘦的。”曹秀清心中不免冷笑，想起宋美龄口中的“上次”，正是这位贵夫人佯装不认识她的那一次啊！宋美龄又说：“杜夫人，恭喜你的女婿杨振宁博士荣获诺贝尔奖，你应该去美国看看他呀！”

曹秀清答道：“我是很想见女儿女婿的。”

宋美龄问：“你去美国怎么和杨振宁说？”

曹秀清回答：“我不知道。”

宋美龄说：“杜夫人，希望你从美国回来时把杨振宁也带回台湾，让他协助蒋公反攻大陆。”

这时候，蒋介石居然穿着长袍，悄然而至。几年前，曹秀清求见蒋介石，他拒不接见，如今却不期而遇，曹秀清真别有一番滋味在心头了。

曹秀清假意表示愿意劝说杨振宁回台湾，宋美龄喜不自胜，她亲自为曹秀清点烟。就这样，曹秀清获准离台赴美。当然，曹秀清并没有去劝说杨振宁回台湾，连她自己也定居美国，不肯再回台湾了。（参见李敖《蒋介石研究》第2集，第140页）

有骨气的曹秀清至死也未回台湾。后来，她毅然回到祖国大陆，与1959年获释的杜聿明团聚。这种结果，想必是宋美龄始料不及的。

在台湾，宋美龄除了以女人特有的方式替蒋介石做了大量不可替代的联谊、善后工作外，她还一直参与社会福利工作，特别是孤儿院工作。她用"美国朋友"的资金赞助了一所遗孤学校和一个教会。

宋美龄对儿童福利事业的兴趣早在抗战时期就已开始了。那时候宋氏三姐妹抛开政治上的分歧，全力以赴照顾伤员、鳏寡和无家可归的人，尤其关心孤儿。宋美龄曾是战时孤儿收容会的领导人，该会抚养的儿童约有25000名。由宋庆龄帮助建立的一些托儿所和医院，设在延安地区，宋美龄的一个战时孤儿院也设在那里。

1955年，宋美龄在台湾创办了华兴育幼院、华兴中学。前者是慈善事业，后者是教育事业。

从1955年创办到1973年这19年间，宋美龄几乎与"华兴"形影不离，三天两头来，有时一人来，有时是陪客人来，有时陪蒋介石来。她关心"华兴"的方方面面，大至院校设施、设备，教育内涵，小到学生生活，衣、食、住、行、育、乐，为人处世，行为举止，健康状况，甚至衣着颜色、合身与否，发型……可谓无一不在其关心之列。

当她一人来学校时，总是喜欢到处走走看看，有时要工作人员把学生集合

蒋氏夫妇与获奖的少年棒球队合影。

起来，在她特别喜爱的介寿堂前的草坪上，教育孩子们要听话，要专心学习。她经常摸摸孩子们的头，端详每一张面孔，检查衣裤，问寒问暖。宋美龄特别喜欢到幼稚园，和孩子们一起上课，一同坐在小椅上，逗着孩子，或欣赏他们唱歌游戏。有时候她会巡视教室，检查作业本，打开抽屉看看是否整齐清洁。她也喜欢到餐厅察看餐具是否整洁，菜品如何，偶尔浅尝饭菜或教导学生用餐礼仪、姿态、残余处理……

宋美龄每逢看到报纸刊登孤儿难童消息，就会立即交代"华兴"派人调查访问，安排入校。有的学生入学当天，她就来院接见，有的隔日召见。对有病的孩子，她会亲自嘱托送医院治疗。

20世纪六七十年代，几乎每年春节，宋美龄年初五前后必选定一天中午，把留校生叫到士林官邸招待一顿丰盛年饭。她亲自陪同用餐，将最小孩子安排在她身旁，以便照顾他们进餐。

"华兴"初中第一届毕业典礼，宋美龄亲自主持训话、颁奖。1961年，宋美龄还亲自到"国立"艺术馆，为"华兴"学生美术作品展揭幕。

1967年圣诞节后第三天，她召集历届毕业生训话，勉励他们注意学习为人处世道理。

1969年秋棒球队入学之次日，她召集学生训话说："球要打得好，书也要读得好，才算真正好！"并勉励他们注意运动精神和运动道德。

1972年，"华兴"高中第一届毕业典礼前夕，她又一次到校召集毕业生训话和祝贺。

为鼓舞女生和女教职员，宋美龄曾多次召集勉励，对品学优良、列前三名女生，另再发奖。宋美龄还曾多次在官邸招待工作成绩特优人员。第二任校长黄若瑛女士患病，宋美龄资助她赴美医治，次年复发后，又资送日本就医。第五任校长陈纪彝女士退休之后，在患病期间，宋美龄两次亲自到其寓所探视。

宋美龄在这方面确实有一点超前意识。她不仅懂得，要想使下属为你效力，你就必须保证他的子女的

在台湾时的宋美龄

福利，而且她在教育方面的主张也获得了令她欣慰的成果。据报载，早年由宋美龄创建的"国民革命军遗族学校"的学生，有三百余人，而今，他们当中已出了三十多名博士、五十多名硕士。"华兴"学校创办四十余年，教养了数以千计的孩子，至1995年统计，得到博士学位的十五人，硕士四十人，大专毕业六百余人，棒球好手二百余人。

宋美龄还为台湾社会福利做了一件好事，即1964年开始筹建振兴医院。成立这个医院的初衷并非是为解决老百姓的就医问题，而是为解决台湾地区出现的小儿麻痹及后遗症问题。

台湾曾出现过小儿麻痹大流行的情形，后因预防疫苗的普遍使用，至20世纪80年代中期，该疾病始被有效控制，不再产生新的病例。在此之前，小儿麻痹症是许多家长的梦魇，1955年至1966年间，每年约计有500人罹患小儿麻痹症，1958年的罹病者曾多达760人，1959年为748人。这段时间，患病者不是死亡便是成残，后者所带来的伤害更是无穷，由于绝大多数患者是年幼无知的儿童，家长除必须花费较多的心力照顾他们、引导他们成长外，更得协助他们在成长过程中学习如何站立，行走，乃至独立生活。然而在伤残康复工作尚不普遍的50年代，患童的家长多半因得不到资助而陷于束手无策的境地。

鉴于小儿麻痹后遗症患者康复工作的重要，1959年屏东基督教医院首开其端，不仅聘请外籍医师为小儿麻痹患者进行免费矫正和物理治疗等工

宋美龄于圣诞节前夕来到华兴小学为同学们送来节日祝福。

作，且设置支架工厂，自制支架、拐杖供患者使用，甚至协助教友举办麻痹儿童之家，作为出院患童住宿和教养的场所。屏东基督教医院这一连串治疗工作引起宋美龄的重视，1964年3月，亲至该院视察。

同时，蒋经国也向宋美龄建议于华兴育幼院设置专设班以收容失学的患童，但基于该院的设备不适于患童，又唯恐患童无法和正常儿童共处，宋美龄仍决定为患童设置医疗机构。这年冬季，宋美龄为小儿麻痹患者筹设康复医疗机构，即振兴复健医学中心（简称"振兴医院"）。

成立这样一家康复医院并非易事，从成立筹备委员会、勘定院址、训练医护人员，再到医院正式收治患童，这期间的筹备时间约计两年半。

振兴医院的主要特点是医疗康复与人文关怀相结合。当小儿麻痹症盛行期间，为小儿麻痹患者进行康复的医院不仅仅是振兴医院，但该院是惟一采用多元化治疗的医疗机构。多数医院只提供患者外科手术，而振兴医院在矫治手术之外，又设置假肢支架室以及物理治疗与作业治疗部门，为患童做进一步的矫治训练，并派心理康复员从事心理测验和心理辅导，甚至成立教育组教育患童、组织运动委员会激励患者运动、办理职前训练班指导患者就

宋美龄是蒋介石无法缺少的夫人、助手、翻译。

业。虽然这些部门是逐渐增设的，然而为协助小儿麻痹患者自力更生、残而不废，提供适当治疗、恢复体能，并施以科学教育及职业技能训练，是该院的一贯宗旨。

后来随着小儿麻痹患者的日趋减少，该院已由专门治疗小儿麻痹患者的康复机构转型为一般医疗机构，振兴医院在台湾医疗史上的重要性是不容忽视的。

无论振兴医院的成就如何，该院宏观的医疗理念主要来自创办人宋美龄的构思。宋美龄秉持着个人的宗教信仰与社会关怀，为小儿麻痹患者造福，反映了她充满爱心的一面。值得注意的是，宋美龄对振兴医院的成立不是仅仅指示，凡医院的规划、设备添置、人员聘用或经费筹措均事必躬亲，由于伤残康复的工作以国外为先进，宋美龄通过个人的关系，于筹备期间曾多次与国外专家讨论建院事宜，并在经费与技术上取得外国医疗组织与海外侨胞的协助。

协助夫君著书

20世纪50年代中期，蒋介石开始撰写他的回忆录，书名为《苏俄在中国——蒋中正七十概述》。他在书中写道："如其（本书）能唤起我全国同胞以及自由世界爱护自由和民主的人士的警惕，以及使中立主义者认识到他们正愚昧地为共产党所利用……那就是我民族历史上这一最大牺牲的代价获得了补偿，而我对于世界反共斗争，亦恪尽其应尽的责任了。"

为了扩大宣传蒋介石的思想，这本书要译成英文，在美国发行。于是宋美龄又担起了"重任"。在蒋介石遴选英文秘书时，由于宋美龄的英文造诣很好，蒋介石往往就以夫人的意见作为决定。由此而推论，宋美龄在参与台湾的"外交"决策，特别是在台湾对美"外交"人选的决定上都有不可低估的影响力。

1956年，经人介绍，蒋介石挑选了一位英文秘书，负责两项工作，第一是协助把他的回忆录英文本定稿，第二是在他接见外宾时担任翻译工作。这个职务非常重要，理所当然一定要由宋美龄来把关。

这次被选中的沈剑虹在回忆这段往事时，对有关宋美龄参与蒋介石决策内幕的描述十分细致，也十分逼真。特别是宋美龄初次约见这位新秘书的情形，令沈剑虹终生难忘。

他说："蒋夫人在台北市郊的士林官邸召见我,夫人并且要我把蒋公的回忆录英文译本随身带去。在我被引导至她面前时,她直截了当地问我,这一本回忆录的英文本是谁翻译的?我回答说是我翻译的。然后她问道,她怎么能够确定我的译文都是很正确。我说,我下笔时已极为谨慎,但当然我不敢保证我对中文原文的每一字句都了解正确,也不敢保证我的英文翻译用字造句都很恰当。蒋夫人于是叫我在她对面的一张椅子上坐下,她说,'先生'要她来核对我的译文,因为她有很多其他的事情要做,她如何找得出时间来详细核对我的译文?即使她放下其他的事不做,专心来从事这一工作,也要花好几个星期的时间。她翻阅了一下我的英译稿本,有六七百张大页打字纸那么厚。她显然对这么重的工作量感到吃惊,然后,她匆匆上楼去了。她似乎有些不太高兴!是否我的言谈举止令她不悦?我不由得暗自猜疑。"

"几天以后,我去见当时的'外交部长'叶公超,把那一天的情形告诉他。他叫我不要担心。他说,事实上蒋夫人已向他查问过我的来历背景。她获知我曾在董显光(董先生当时担任驻美'大使')手下工作后,似乎解除了她原先可能对我的忠诚及工作能力存有的疑虑。后来我才知道,以前蒋公的英文秘书人选一向是由她先审核的,这次指派我为英文秘书,事先她并不知道。我不能责怪她对我持任何保留态度。毕竟对她而言,我是一个来历不明的人。任何人担任'总统'的英文翻译暨秘书,必然会获知许多机密性消息和资料,她只是在维护'领袖'及国家的利益。不久之后,叶公超告诉我,蒋夫人对我的翻译相当满意,他并且叫我不要再有任何猜疑了。"(《使美八年纪要——沈剑虹回忆录》,第24—25页)

有了得力的英文助手,宋美龄更加忙碌起来。为了能使《苏俄在中国——蒋中正七十概述》英文版在当年年底之前出版,宋美龄要叶

蒋介石为广播讲话先行录音,宋美龄在旁静听。

夫妇同台，蒋介石讲着浙江官话，宋美龄翻译成英文。

公超也参加审核工作，繁重的审核工作开始了。最初这一工作是在士林官邸宋美龄的书房内进行。他们每天下午都碰面，把秘书的英文译本和中文原文相对照，查对译文是否正确，用词是否恰当。他们逐句逐段核对，有时候他们会遇到一两句话，宋美龄认为原文过于直率，不够委婉，逢到这时候就要请示蒋介石准许，把语句修改一下。宋美龄的工作是细致而认真的。

宋美龄除了协助蒋介石著书立说之外，在蒋介石与外宾举行重要会谈时，她往往都在场。沈剑虹说，宋美龄觉得有必要时，会毫不犹豫地打断翻译人员的叙述而加以更改，初任译员的人在这种时候往往会被吓住。

虽然蒋介石不说英语，他显然对英语的语调颇有概念。一次，宋美龄告诉沈剑虹，蒋介石不喜欢他翻译时那种抑扬顿挫的语调。蒋介石还特意找了一位曾在英国受教育的海军少将来担任翻译，叫沈剑虹坐在一旁静听。沈剑虹以为他担任蒋介石秘书的工作至此就要结束了。他再度把疑惑透露给叶公超。几天以后，宋美龄告诉沈剑虹，她已说服蒋介石不要更换译员，因为她告诉蒋介石，沈剑虹是多年以来蒋介石所用的最称职的英文秘书兼翻译。

宋美龄对心腹颇为关心，赢得了部下的好感。沈剑虹承认，由于受到了蒋夫人的青睐，在以后的日子里，仕途颇为顺利。1961年夏天，台湾"新闻局长"沈锜被派驻刚果任"大使"，"局长"一职出了空缺。沈剑虹向宋美龄表示，由于他受过新闻教育，并且有从事新闻工作的经验，所以对该职很有兴趣。于是几周之后，本来已属别人担任的要职落到沈剑虹头上。

1965年，"外交部长"沈昌焕想要派沈剑虹出任台湾驻哥伦比亚"大使"，而且已获得蒋介石和当时任"行政院长"的严家淦同意。但沈剑虹不愿意去，故此他又前去请示宋美龄，问她是否听说此事。宋美龄说，她没听说，但她会打听一下。很快，宋美龄告诉沈剑虹，这不是蒋介石的意思，而是"外交部"的主张。她认为沈剑虹不懂西班牙文，在哥伦比亚不可能有大作为。于是，蒋介石不赞成此事的消息在紧要关头转达给沈昌焕。沈剑虹当然如愿以偿了。

由此几件小事，也说明宋美龄虽没有什么官职，但却不时地干政并发挥着重要的作用。

宋美龄不仅为宣传蒋介石的主张做了大量工作，而且亲自著书立说为夫君开脱罪责。

退台之初的蒋介石曾经反省过国民党在大陆失败的原因，其内容涉及政治、经济、军事、外交和党务诸方面，他为自己在大陆失败找了八条理由：

第一，主要是由于国民党军事的崩溃；

第二，"戡乱"失败最后一步就是党的失败；

第三，政治上的失败；

第四，组织不严是在大陆失败的重要因素；

第五，经济上的失败导致了政治、军事与社会的瓦解；

第六，国际外交上的失败是：苏俄对华的侵略政策和美国的妥协主义分不开；

第七，国民党在大陆最大失败就是在教育和文化；

第八，他的下野亦是国民党在大陆迅速崩溃的原因之一。

宋美龄也对国民党政权在大陆上的失败进行反省。1956年9月，她公开发表了她的见解——《三十年来中国史略》。

在这篇著述中，宋美龄借回顾30年来的历史，为其夫君蒋介石大唱颂歌，同时也为他开脱历史罪责；当然，对共产党是极尽攻击之能事。

宋美龄亲自著书立说，为勋章已挂到了腰间的蒋介石"歌功颂德"。

对20世纪20年代的历史，她是这样歪曲的："1926年亦转折之关键。蒋中正将军出任国民革命军总司令，着手进行著名之北伐，以谋统一全国。是举不仅欲肃清半割据之军阀，且欲夺回列强所攫取之主权——后者于竞事掠夺权利期中，因固有意于瓜分中国也。数年之前，孙中山先生尝向西方列强呼吁，求其扶助羽毛未丰之中华民国。苏俄独表好意，伪装为同情被压迫人民之友人，向中国滥开无数花言巧语之空头支票，并派遣若干职业革命家，如鲍罗廷及加伦之辈，来华服务于当时设立在广州之国民政府……正当北伐节节顺利成功，列强开始敬重此一青年共和国之际，已于1927年攻克南京之革命军中'共党'分子，将在华外人（苏俄除外）均称之为帝国主义者；并将若干教士劫掠杀害，以使国军遭遇纠纷，而损及领袖在西方世界人士心目中之盛誉；又运用挑拨手段，颠覆阴谋，促使国民党分裂。结果另一分化政府，建立于武汉，由中共及国民党左翼分子支配……国民党中央执行委员会召开紧急会议，拥护蒋总司令之元老均出席；决定于南京设立反共政府，肃清所有'共党'分子，并与苏俄断绝外交关系。旋因苏俄企图赤化中国之证据，日渐昭彰，甚至武汉政府亦明了，蒋总司令怀疑苏俄表面友谊之卓见，将苏俄顾问全行辞退。俄人既去，武汉政府不久即告瓦解，终与南京之国民政府合并。"

宋美龄接着又吹捧蒋介石，认为他是认识"赤祸"最早的洞察者。她说："不论在中国或海外，能深刻了解当时此数事之重要意义者极少。一般人士将此等大事误认为内部纷争之一幕。实则此种事件在中国现代史之中，真伪固判然也。蒋总司令及其若干僚属深知苏俄政治阴谋之真正性质，故其反对赤色帝国主义之坚定立场，始终不变。直至第二次世界大战结束后，欧洲许多国家陆续为共方渗透、颠覆，或公然为其军事侵略所征服，至是，西方国家始了解早在1927年即为中国诸政要所洞悉之阴谋。"

在对震惊中外的西安事变评述中，宋美龄也没忘记吹嘘蒋介石："1936年12月在西安发生之政变，几危及蒋委员长生命，但事后全国对其恢宏度量之反应极佳，显示彼时之前，国人固未尽知其伟大也。当其生命安全受威胁时，人民始知倚之深，不仅视为全国团结之象征，且为大众之真正领袖。故其安然脱险之消息，于1936年圣诞迅速传遍四面八方后，全国莫不为之欢欣鼓舞不已。"

长期以来，蒋介石一直坚持"攘外必先安内"的政策。宋美龄却把蒋介石说成"深信日本军阀之侵略毫无止境，中国应尽以备与万一。彼乃拟定国防方面之广泛方案，决定集中政治、军事、经济与文化各方面之力量，以便全面抗战"。宋美龄认为正是因为蒋介石的抗战，才使日本军阀骇异，均觉进攻之举刻不容缓。

中国共产党人以民族利益为重，早在1935年就高举起抗日民族统一战线的大旗。对此段历史，宋美龄则歪曲为："中日战争启幕后，甚至中共亦表团结之意，此何以故？实非彼辈和克里姆林宫人物真有丝毫同情于国民政府或人民，只因困守延安一隅之中共，认清（联合战线）系其唯一生路。"

抗日战争即将胜利，中国共产党人首先提出建立"联合政府"的主张。宋美龄则认定"经历多年战争后，全国正欲着手复兴重建之际，中共竟以苏俄为后盾，乘国家元气大伤、民众流离失所、经济状况紊乱、通货贬值奇速之际，争夺政权"。

蒋介石为了发动内战，以和谈为幌子，争取时间占领各个军事要地。宋美龄在书中把这段史实变成了："国共和谈期中，每当'共军'于某地情势紧急时，即利用和谈以解其围，实令人痛心。盖政府与中共举行商谈时，甚使在战场上与彼辈周旋之士气消沉也。故商谈延宕之日一久，有利于政府方面之战略上良机均告错过。"

解放战争时期，蒋介石依仗有美国做靠山，并以美式飞机大炮对付共产党人的小米加步枪，但结果却是屡战屡败。宋美龄在这点上还不如蒋介石诚实，她一点都不提蒋介石曾总结的八条教训，也不顾众人皆知的国民党军的武器装备占很大优势这一事实，完全把失败原因归于："中共于武器及军火方面之占优势，使之一再战胜。彼时对'共党'方面之妥协心理，使国际政坛满布阴影，亦自使中国民气，遭受不佳之影响。"

在对丢失大陆的反省中，宋美龄写道："对于中共进展之解释甚多。丧失拥有众多人口之中国大陆，实自由世界之大祸。余固无意于论及责任轻重谁属之问题，但若干因素不容吾人忽视：第一，中国之八年长期抗日（如追溯至1931年日本对东北之侵略，实已14年矣），元气业已大伤。第二，长期战事结果，造成极多复杂难题；复因中共之破坏，与夫苏俄诽谤我政府及其领袖之宣传，加深困难。此为中国饱受共方处心积虑，按部就班，多方施行其颠倒是非宣传之最痛苦经验。第三，中共听命于莫斯科，而得俄人之资助。彼辈由军事征服夺取大陆，而非出于民意之选择。然此层非谓人民全未受彼辈乌托邦之类空头诺言所迷惑；尤其若干知识分子与青年，颇有错误之认识。第四，与中共尝试建立联合政府之企图，已于今日被公认为极不幸之谬误。"

为了挽回蒋介石丢失大陆这个面子，也为了鼓舞台湾的"士气"，宋美龄把经济刚刚起步的台湾吹成"正如1926年，广州出现之一线曙光，今日之台湾，实似照耀各处忠心耿耿仍抱厚望于爱好自由中国人之灯塔。解放大陆必出自自由中国之努力。自由中国利用自大陆撤出之陆海空军部队，在过去六年来，三军士气之提高，兵力之加强，具有卓越之成效。今日其防御之潜势力已为亚洲各方所公认。自由中国各阶层人民皆以决心与勇气，尽心竭力从事于解放苦难中同胞之准备工作；同时建立一模范省，以作复兴全国时之改革典型"。（高惠敏编著《中国"第一夫人"》，第123—137页）

宋美龄随蒋介石退台之后的十几年间，前前后后发表了大量的文章、演讲、论著。有人作了统计，她的论著有38篇，演讲65篇，谈话62篇，函电8篇，其中主要内容都离不开颂蒋和"反共"。从这些著述中让后人感受最多的，不仅是她的夫唱妇随，而且还有她这种刻骨铭心的"反共"情结。

然而无论是歪曲历史，还是妄测未来，都无法改变历史发展的客观事实。宋美龄只是不愿意正视这一点罢了。

第十六章

"亲善大使"

宋美龄仿佛又回到了罗斯福时代。从踏上美国国土时起，一路笑脸，一路鲜花。华盛顿的各家报纸均以大量篇幅并配有照片竞相报道宋美龄的行踪。她在美国各地所受到的接待犹如众星拱月，白宫午宴上更是手持金餐具宾主尽欢。但是宋美龄心中也十分清楚山姆大叔的意图，因为台湾可以成为美国在太平洋上一艘不沉的航空母舰！

宋美龄心满意足地回到了台湾。但是很快，她刚刚放下的心，又被提了起来。第二次台海危机爆发。从此，海峡两岸开始了一场不以胜负为目标的特殊战争。宋美龄不仅反对美国人搞的"两个中国"，同时也在十分努力地配合蒋介石的"反共复国大计"。

艾森豪威尔的来访，使蒋介石和宋美龄感到莫大的荣幸和安慰，只可惜，好景不长。他回国后不久，美台蜜月也就宣告结束了。

成功的游说

1958初夏，宋美龄又要赴美了。这次她充当了一位"亲善大使"的角色，实际上也还是带有乞援意味，希望继续得到美国各方面的援助。尽管她此行是以非官方名义来访的，但还是受到了美国朝野的热烈欢迎。

在这次访美过程中，宋美龄异常活跃，她对美国社会各方做了十二次演说，有时一个月讲四次，有时一个月讲三次。宋美龄此行的主要目的是向美国朝野游说，劝说美国人支持蒋介石"反攻大陆"计划。

当宋美龄在6月从台北飞抵纽约后不久，美国国务院即通知台湾驻美"大使馆"，表示任何时候当宋美龄莅临华盛顿时，艾森豪威尔总统及夫人都希望于白宫设午宴或晚宴款待她，以示欢迎之忱。同时美国国务院提出了六个日期，任由宋美龄从其中选定一个，该六个日期是：6月25日、27日、29日与7月2日、5日、7日；除了7月5日的白宫午宴早已为英国首相麦克米伦预先排定，而只能以晚宴招待外，其余请宋美龄自行择定。由此可见，白宫主人对宋美龄的这次来访是相当重视的。结果因宋美龄必须先赴密歇根州，然后才能转道华盛顿，所以美国国务院提出的六个日子，她都来不及选定，她正式访问华盛顿开始于7月15日，当天，白宫为她举行了盛大欢迎午宴。

宋美龄7月9日由纽约抵达密歇根州安阿堡后，被安排在密歇根大学贵宾招待所。当晚该校的新闻学教授就陪着四个台籍学生来见宋美龄，他们向宋美龄询问她对于远东问题的看法。宋美龄对这几位未来的"新闻界人物"非常热情，有问必答。有人称宋美龄回答上述问题既简洁又明了，且对于学生所提出的问题，都作了一个确切的分析与结论。学生们在报告中也吹嘘宋美龄"能使人留有一种智慧与诚恳的深切印象。从其答复我们的问题时之从容态度中，已使我们知道其对于本国台湾以及世界各国任何问题了解力之强为如何！"（高惠敏编著《中国"第一夫人"》，第143页）

紧接着，宋美龄参观了该大学的电视室，并被邀请到直播间，答复中国现代史的问题。随即又有安阿堡职业妇女会社所推选的四人代表团来向宋美龄呈献纪念品。

7月11日，宋美龄前往该校校园观光。她先参观了该校的附属医院（这是密歇根州最古老的一所医院），接着又参观了原子试验所，并由该校有关的专家学者陪同参观和解说。最后，宋美龄参观图书馆。

当晚，在密歇根大学勒卡姆会堂的一个隆重典礼中，宋美龄成为该大学的名誉法学博士。她登台发表了题为《生存与容忍》的演说。据说，在她演讲时，整个会堂拥挤不堪，连走廊上也站得水泄不通，无法插足。结果有很多人，只好在会堂外徘徊。不然，该建筑可能会因此而发生危险。

"反共"，一直是台湾当局用以牵动美国政府的一根政治杠杆。宋美龄每次到美国，必定要处处利用这个杠杆。这一次她也不忘这一使命——提醒人们不要忘记"反共"。她说："由于若干知识分子对于现代战争的恐怖过分忧虑，以致使我们自幼受教育时所珍视逾恒的自由和人性尊严的价值，反而退

宋美龄在底特律城举行记者招待会。

居其次，不如个体生存为重要！……一些颇具智力人士，竟然让他们自己纠缠在诸如缓和紧张局势、绥靖姑息以至奴役胜似毁灭这些论调之中，而无法自解！只知幻想着如何苟延生命，这实在太不幸！这些知识分子……将需要和平与不惜任何代价的生存混为一谈！他们抹杀了和平也许会不自觉地污辱一向是反抗专制原动力的人性尊严的原则！他们不知道倘若整个世界竟完全为黑暗所笼罩的话，这将是因为他们摧毁了战斗的意志，才使'共党'得以征服世界！"

宋美龄演说完毕，得到了听众热烈而持久的欢呼，竟使主持人无法控制这一场面。据该校校监说，在密歇根大学近50年的历史中，还没有任何一个演说者受到如此热烈的欢迎。

典礼之后，密歇根大学校长海契尔在自己的寓所宴请了宋美龄，并特邀了该大学台籍学生、职员、教授等二十多人作陪。学生们当场送给宋美龄一打签名纸与校印的书签。宋美龄作了一个简短的致辞，向主人和来宾表示谢意。她以极愉快的口吻回忆着当年："密歇根大学是第一个施行男女合校与接受中学毕业证书为入学条件的最高学府，我还记得当年密歇根的校长曾对一位出色的外国访问者说过：少女们并不觉得课程过于紧张，而感到受不了。我现在看着在座的学生们的健康容貌，愈相信以前校长的见解和判断果然不虚……我这次参观了密歇根大学的种种优越设备，并知道有着这么多卓越的教授与讲师，我希望有如此良好机会能就读于此的台籍学生，应该认清自己所肩负的使命。"宋美龄鼓励学生们：要负起为母校争取光荣的责任，同时更应具有把台湾建设为真正自由富强而康乐的地区的抱负。

宋美龄到底不愧是台湾的"第一夫人"，无论她走到哪里，都要号召人们为台湾贡献力量。

宋美龄的密歇根之行受到了各方面的热烈欢迎，令她十分满意。但宋美龄仍没有赶赴华盛顿的迹象。

宋美龄不急于去华盛顿是事出有因的。她的老朋友陈纳德将军此时已是生命垂危。7月13日宋美龄赶往新奥尔良，去探望她那位具有相似见解的忠实老友。

宋美龄飞抵时，路易斯安那州的前任州长夫妇、新奥尔良市市长、路易斯安那州的防卫军司令、陈纳德将军的夫人陈香梅女士以及台籍学生等团体的代表，均赴机场迎接。宋美龄一下飞机，与欢迎的人们稍作寒暄之后，就直奔医院探望她一直关心着的老朋友。陈纳德深为感动与欣愉，因为他的"公主"不辞长途跋涉，前来看望他。

宋美龄不但亲自探望陈纳德，同时也带来了蒋介石致陈纳德的手书，要他安心静养，若西医无法医治，可以到台北试试中医。陈纳德对老友的热情非常感动，但当时他的癌细胞已蔓延到了喉部，不能说话，只能笔谈。宋美龄倒很风趣，她说："你平时话说得太多了，今天你不要说，让我来说。"

陪同宋美龄来的有董显光夫妇、路易斯安那州的众议员和前任州长等，他们对宋美龄不远万里，前来向老友话别都极为感动。陈纳德虽然后来升为三星中将，但宋美龄二十年如一日一直称他为"上校"，因为他领导飞虎队时，军阶是上校。

宋美龄在询问了陈纳德的病状并多方安慰后，对他说了一句适用于他们俩的话："你有奇妙的战斗精神，你从来未被打败过——的确未被日本击败！"宋美龄这一措辞，使陈纳德露出了笑容。

宋美龄探视之后，先后出席了前任州长和现任州长等人为她准备的宴会。新奥尔良市长赠送宋美龄新奥尔良市金钥匙一把和名誉公民证书一张。翌日早晨，宋美龄在上飞机前，再度赴医院探望了陈将军。但她没有料到的是这次晤见，竟是最后一别。十天之后，67岁的陈纳德去世了，宋美龄和许多美国军政要人一同参加了他的葬礼，素车白马，极尽哀荣。

宋美龄仿佛又回到了罗斯福时代。从踏上美国国土时起，一路笑脸，一路鲜花。华盛顿的各家报纸均以大量篇幅并配有照片竞相报道宋美龄的行踪，例如：《华盛顿明星报》于其妇女栏内刊载宋美龄头戴博士帽，身着博士服，微笑着接受密歇根大学校长所颁发的荣誉学位证书的照片。《华盛顿邮报》也在妇女栏中刊出宋美龄抵达底特律机场接受密歇根大学台籍女生吴丽雅献花的照片。该报同日又刊出宋美龄在密歇根大学特别典礼中的演说词。《巴尔摩尔太阳报》也以显著篇幅转载美联社播发的宋美龄的演说词。

7月12日，各报又纷纷刊载了宋美龄探望病中的陈纳德的照片与消息。《华盛顿明星报》以第一版三直行的地位，刊登美联社发出的宋美龄在奥克斯勒基地医院探望飞虎将军的照片。在照片中，她与陈纳德均无笑容。《巴尔摩尔太阳报》与《菲列得尔菲亚报》均以三直行的尺寸登着同样的照片，《华盛顿每日新闻》则刊出了陈纳德夫人欢迎宋美龄抵达新奥尔良的照片。

纽约最有影响力的一份天主教周刊于7月19日登出宋美龄的演讲词以及如下的社评："我们很高兴地刊出上星期蒋夫人于接受密歇根大学荣誉学位的特别典礼中的演说词……她发出了一篇针对现实的适时讲话，最使我们感动的就是她坚定地明辨是非，她谨遵着人性尊严的箴言，以及她对于今日流行于国际关系间的妥协主义的厌恶。这位雄辩滔滔的中国杰出的女性，贡献出很多善意和有益的忠告，很多合乎逻辑的理论，以及值得研究并遵从的原则。"

当宋美龄到达华盛顿之时，《华盛顿明星报》马上进行了报道。

7月15日，艾森豪威尔总统及其夫人首先于白宫设午宴款待宋美龄，并邀请19位显要人物作陪。宾客中有：美国国务卿杜勒斯夫妇，卫生、教育、福利部长福尔森，参谋长联席会议主席雷德福上将夫妇，纽约城魏尔契主教，宋美龄的母校卫斯理安学院的院长等，并请了美国海军乐队在午宴前与午宴后奏乐曲助兴。午宴使用了金餐具，而且所有这些金餐具都是门罗总统任内所购置的。据说，在艾森豪威尔总统任职期内，使用金餐具的隆重宴会只有两次，这是第二次。午宴结束后，艾森豪威尔夫妇亲自把宋美龄送出白宫大门。

接着，台湾驻美国"大使"董显光夫妇又为宋美龄举行了一个盛大的欢迎会。宋美龄来到欢迎会上，站在迎接她的人群之中，周旋了两个小时，号称与1500人握过手，并与较亲近的友人们分别作了简短的谈话。她的大姐夫孔祥熙也在欢迎会上露面。此次来宾包括：白宫官员、内阁成员、最高法院法官、大部分的驻美使节、参议员、众议员、美政府各部局高级官员、国防部军事领袖和官员、社会名流、报界人士以及台湾当局与华侨团体的代表。

在出席此次酒会的宾客中，有一个特别引人注目的女宾——马歇尔夫人，由于马歇尔将军健康欠佳，所以派来夫人做代表。马歇尔夫人特别从弗吉尼亚的里士满赶来会晤宋美龄，亲自邀请她到其住所做客，并会晤马歇尔将军。

正当宋美龄在美国积极活动之际，台湾海峡形势急剧紧张起来。8月6日，台湾"国防部"宣布，台湾海峡情况高度紧张，命令部队进入紧急戒备状态。8月

17日，中共中央在北戴河会议上，决定炮击金门，攻而不取，粉碎美国"划峡而治"制造"两个中国"的阴谋。炮击从23日下午六时开始，一直延续到10月25日，共发炮47万余发，金门国民党军队遭受重大伤亡。

蒋经国陪宋美龄到金门。

宋美龄在美国加紧了她的"反共"宣传，从金门炮战开始到1958年底，她公开演说达七次。

在这一系列演说中，宋美龄不厌其烦地攻击斯大林、赫鲁晓夫所执行的政策，也讲金门炮战和台海关系，宣称绝不放弃金门、马祖。对于中国大陆推行的"大跃进""人民公社化"运动，她更是不遗余力地予以攻击。与此同时，她还介绍了台湾"解决土地问题及改善农村的状况"。所有这一切，都是为了争取岛内外"反共"势力的支持，帮助蒋介石"反攻大陆"做舆论准备。

1959年6月14日，在返台途中，宋美龄接受了夏威夷大学的荣誉法学博士学位。在仪式上，她作了题为《思想模拟之害》的讲演，主题仍然是"反共"。

宋美龄这次赴美，前后住了14个月，可谓是出足了风头。尽管她来自一个小海岛，可她在美国各地所受到的接待犹如众星拱月，白宫午宴上更是手持金餐具宾主尽欢。但是宋美龄心中也十分清楚，没有美国人的保护和捧场，她背后既没有可以安身立命的家园，在台前也不可能有这次精彩的表演。当然，美国人也不会有什么无私的奉献，宋美龄十分了解山姆大叔的意图，因为台湾可以成为美国在太平洋上一艘不沉的航空母舰！

特殊战争

访美的成功，让宋美龄心满意足地回到了台湾。但是很快，宋美龄刚刚放下的心，又被提了起来。她的担心不是没有道理的，因为第二次台海危机又使美台关系面临着新的考验。

朝鲜战争爆发后，美军第七舰队侵入台湾海峡，阻止了解放军解放台湾的步伐。后来美国的"保台"政策有两方面的内容：一是无理要求中国人民停止解放台湾的行动，二是要求台湾方面放弃金门、马祖。二者实质都是妄图使中国分裂永久化，制造"两个中国"或"一中一台"。

从20世纪50年代初中期开始，美国就企图强迫蒋介石从金门、马祖撤军，美国国务卿杜勒斯曾多次以削减美援相要挟。美国一些人的意图是很明显的，避免由于这两个小岛的战端被蒋介石拖入中国内战，从而根除美国卷入远东战争的"祸患"；更主要的是阴谋割断台湾同中国大陆在政治上、地理上的联系，孤立台湾，进而把台湾从中国分离出去，最终达到"划峡而治"的目的。

朝鲜战争结束后，中国共产党再次将解放台湾问题提上日程。

1954年，中共中央专门成立了对台三人小组。同年8月1日在中国人民解放军建军节纪念大会上，朱德总司令向全国军民发出号召，"为解放台湾，使台湾人民重回祖国怀抱，为祖国的完全统一和人民解放事业的彻底胜利而奋斗"。与此同时，人民解放军采取军事行动，于9月3日炮击金门。虽然作战规模不大，但在国际上引起较大震动，被当时西方称之为"台海危机"。这就是所谓的第一次"台海危机"。

这场危机不仅使蒋介石大为恐慌，而且也使美国当权者重新开始认真考虑美台关系。于是就有了1954年12月2日台美订立的"中美共同防御条约"。条约虽然签订了，蒋介石并不放心，因为美国政府一直在强调"'台湾'地位未定论"，而从条约的内容看，美国并未放弃"台湾""中立化"、由中立国"代管"的图谋。

1955年1月，中国人民解放军向浙江一江山岛发动进攻，陆海空军联合作战，全歼国民党守军千余人（击毙五百余，其余为俘虏），

1955年4月12日蒋介石夫妇到金门视察。

该岛解放。一江山岛的解放，使大陈岛失去屏障，蒋军胁迫大陈民众撤往台湾，造成"大陈浩劫"。美国国会作出强烈反应，通过了"美台共同防御条约"，并加强在台湾海峡的兵力。美国的意图，是给蒋介石提供保护，并不是帮他进攻大陆，企图迫使蒋介石安于现状，接受"两个中国"或"阶段性两个中国"。对此，蒋介石表示坚决反对。他发表谈话，表示"只有伸张正义，才能克服侵略危机，大陆、台湾都是中国领土"，"曲解台湾的地位是别有用心的，'两个中国'的主张荒谬绝伦"。这个言论，反映出美蒋之间的严重分歧，是蒋介石第一次表示反对"两个中国"。

1955年4月14日，蒋介石携宋美龄到马祖视察，既是为鼓舞官兵士气，也是向美国表示金门、马祖是他"反攻大陆"的前沿阵地，显示其不放弃台湾外岛的决心。

1955年4月下旬，蒋介石向美国驻台湾"大使"蓝钦表明，希望美国帮助加强台湾的防务，并重申台湾坚守金马的决心。他说：台湾是人身，金马是灵魂，两者不可分。

对于国际上一些邪恶势力企图制造"两个中国"的图谋，宋美龄也深恶痛绝。2月26日，宋美龄在台北接见了美国《克利夫兰新闻报》记者福亨女士，她说："两个'中国'政策很像是信奉两个上帝。"（《蒋夫人言论集》下册，第1534页）

1955年的头几个月里，台湾海峡的局势十分紧张，蒋介石用三分之一的兵力守卫金门、马祖。同年4月，亚非会议在万隆召开，周恩来代表中国政府在会上表示：反对美国干涉中国内政、割裂中国领土，要求美军撤出台湾及台湾海峡。同时，他又将海峡两岸的关系与中美关系区分开来，强调海峡两岸关系是中国内政。5月13日，周恩来又在中国全国人大常委会议上提出，解放台湾可能有战争与和平两种方式，中国人民在可能条件下愿以和平方式解放台湾。这是中共方面第一次提出可能用和平方式处理台湾问题。

同时，中国政府对美国也有新的举措，同年8月，中美大使级会谈在华沙开始。虽然美国政府迫于国内外形势与中国政府进行大使级谈判，但却提出了以中国政府放弃武力解放台湾、承认美国在台湾地区有"单独和集体的自卫的固有权利"，作为改善中美关系的前提的无理要求。这是美国自朝鲜战争爆发以来制造"两个中国"阴谋的一部分，其实质是要求中国政府放弃武力，承认其侵占台湾的现状和国民党在台湾统治的合法性。这当然要遭到中国人民的坚决拒绝。

尽管如此，中国政府与美国之间开始举行正式谈判，这对互相间存在不信任感的美蒋关系来说，仍然是一个严重的问题。

美国方面为了它的亚洲战略，也为了安抚台湾，呼应蒋介石的军事反攻行动，又开始向中国大陆施加军事压力，不断充实台湾军事实力。

自中国人民解放军解放大陈岛到1958年8月初，包括陆军部部长史蒂文森、副总统尼克松、远东空军总司令廉特上将、第七舰队司令毕克莱、太平洋区总司令兼太平洋舰队总司令史敦普、国务卿杜勒斯等在内的美国军政要员频频赴台活动，与蒋介石策划对付中国大陆的计划。

美国向台湾提供大量的军事经济援助，同时还派遣大批军事人员进驻台湾。1955年美台"共同防御条约"生效后，美国不断增加驻台美军兵力，其中军事顾问最多时达2600名，美国海军在台湾海峡设立了"永久性"的海上基地，部署了以中国大陆腹地为目标的、可携带核弹头的地对地"斗牛士"导弹。1955年4月20日美国总统艾森豪威尔又宣布，要进一步加强对台湾的军事援助，并于1956年1月决定在台湾成立九个预备役师，由美国提供装备加以训练。

面对着如此微妙的局势，宋美龄更是利用其所处地位和影响，积极活动。她多次发表演说、讲话。在"妇女干训班"、"妇女工作研究会"、"妇工会干部会"、"基层党务工作研究会"、留美同学会等组织的会议上，在各种场合，她都号召人们要有牺牲精神，与共产党斗争。她十分强调人格的价值与力量，要求以宗教来"净化人们的心灵"。从这一时期宋美龄所做的大量宣传中可以看出，她不仅反对美国人搞的"两个中国"谬论，同时也十分努力地配合蒋介石的"反共复国大计"。

1955年1月29日，在《致美国妇女国家安全问题座谈会电》中，宋美龄说，一个讨论国家安全的人，应该能领悟并有勇气实行一项原则，"即任何国家在求其自身生存之际，必须同时能为其他坚守公平、正直与人道原则之国家觅取生存"。（同上，第661页）在这里，宋美龄实际上强调了美国人不应该做分裂中国之事。这应该算是宋美龄具有民族精神的一个表现。

为了使美国人相信她的希望是真诚的，11月29日，宋美龄在《美国以外》的电视节目中，重弹"光复"中国大陆的老调，"我们曾经努力，并正继续努力，为我们的未来建立力量，我们在这样做的时候，深知此项战斗是长期的，而且必须不惜牺牲的"。（同上，第1537页）

1958年8月23日，国共两党军队在台湾海峡发生了国民党退台以来规模最大的一次炮战，第二次台海危机爆发。从此，海峡两岸开始了一场不以胜负为目标的特殊战争。

关于这场炮战的经过，《蒋介石晚年》的作者李松林先生是这样记述的：

"第一次'台海危机'之后，尽管中美之间仍在谈判之中，但美国始终没有放弃插手台湾事务、干涉中国内政的立场。1956年，美国对台'经援'1.01亿美元，翌年又增加700万美元。同时将顾问团扩编至2500人。1957年5月，美国又派遣'斗牛士'战术导弹部队进驻台湾。当中东事件发生后，美国于1958年7月15日宣布其远东地区陆海空军进入戒备状态。蒋介石乘机造势，于17日宣布其军队进入'特别戒备状态'。8月4日，蒋介石在台北阳明山召开党政联席会议，讨论金、马作战问题。次日，'国防部长'俞大维向美国提出三项要求：就外岛之立场发表声明；美在台海进行武力示威；向台湾运交响尾蛇导弹。同日，美国援台的第一批F—100型战斗机运抵台湾。6日，美国第七舰队开始进行武力示威。蒋的'参谋总长'王叔铭以美国做靠山，宣称：'准备迎战。'同日，'国防部'宣布：'台澎金马地区进入紧急备战状态。'"

面对美、蒋的一唱一和，毛泽东希冀通过有限的军事行动来摸清美国对新中国的战略意图，特别是美台"共同防御条约"的底牌如何。

在人民解放军一切准备就绪之后，毛泽东亲自决定并指挥这场炮战。随着毛泽东的一声令下，人民解放军福建沿海炮兵阵地万炮齐发，约两小时即落弹5.75万发，火力的猛烈和密集"与攻击柏林的炮火势头差不多，甚至有过之而无不及，金门岛立即陷入火

1955年4月14日宋美龄陪蒋介石视察马祖。

551

海之中"。

另据台湾资料记载："炮弹爆炸声，震耳欲聋，弹片四处横飞，天崩地裂，俞部长立即趴在地上。胡琏看他血流满面，扶着他走。一阵混乱中，两人很快又走散。闻到炮声向外冲的'空军副司令官'章杰、'海军副司令官'赵家骧，都在西边桥上中弹身亡，参谋长刘明奎也重伤倒地。副司令长官吉星文从外面视察回来，全身暴露在炮火下，被密集弹片所重创，三天后不治身亡。"

关于这场炮战还有不同说法。1996年4月，纪明在《人物》杂志中是这样评论和描述的：

8月23日，在毛泽东领导下，周恩来亲自组织了中国人民解放军炮击金门的战略行动，目的是通过有限的军事行动，用炮火与台、澎、金、马保持"联系"，维持中国内战的态势，并利用美蒋矛盾，打击美蒋的嚣张气焰，粉碎美国企图霸占台湾，让蒋介石集团把台湾同大陆分开、划峡而治的阴谋。这是一场政治仗。

在美蒋矛盾面前，中共中央实行"联蒋抵美"政策。道理很简单，与其台湾被美国占领，不如让蒋介石看管。炮击金门时，毛泽东请章士钊写信给蒋介石，并把"联蒋抵美"的方针事先告知了台湾。

毛泽东说，我们同台湾，谁也离不开谁，就像《长恨歌》中所说："在天愿作比翼鸟，在地愿为连理枝。"蒋介石把枝连到美国，而美国却连根都会挖掉。

8月的一天，毛泽东接见了国民党派来了解情况的记者曹聚仁，并谈了话。关于炮击金门的行动让曹聚仁转告台湾。曹在《南洋商报》上透露此事。

笔者以为，炮战当即使金门岛处于一片混乱之中，国民党高级将领多人阵亡，事后国民党方面承认中将以下官军伤亡六百余人，该岛的机场、弹药库、油库、炮兵阵地，均受到重创。由此可见，蒋介石与金门守军指挥系统并未料到"八二三炮战"的发生，毛泽东曾事先向蒋介石通气的说法，还有待进一步证实。但是两岸对美国制造"两个中国"的企图都是反对的，这一点应是确定无疑的。炮战再起说明中国内战"并没有结束",因此"两个中国"绝无可能,应该说这一点倒是双方都可意会的一种默契。

8月24日以后,国共双方军队海、空、炮战不断。国防部长彭德怀奉毛泽东之命,令前线部队全面封锁金门岛,至9月初,金门海、空运输线完全被人民解放军切断,陷入弹尽粮绝的极端困境之中。

"八二三炮战"首先震惊了整个台湾岛。蒋介石在极度惊恐中命令俞大维向美军协防台湾司令部司令史慕德提出两项要求:美军尽一切力量协助增强外岛的防御,美军协助加强外岛之运输补给能力;并建议美方派海军顾问与台湾"海军总司令"梁序昭协商金门运输问题。8月27日和9月4日,蒋介石两次致函美国总统艾森豪威尔,要求:

(1)美台联合显示武力以遏制中国;

(2)同意台湾轰炸中共海空基地和金门对岸的炮兵阵地;

(3)艾森豪威尔发表声明表示对金门的攻击即构成对台湾的攻击,美国将使用武力来反击这种行动;

(4)第七舰队对金、马运输补给提供护航;

(5)授权美军驻台司令有权不请示白宫直接采取必要的措施。

蒋介石一方面要求西方世界主要是美国"采取具体有效行动",一方面宣称国民党保卫"台湾"有绝对的信心与把握,相信美国不会妨碍国民党军队对中共采取"有效的报复行动"。

蒋介石为死守金门真可谓不遗余力。在金门炮战期间,蒋偕宋美龄亲临金门地下战壕巡视,令部下不惜一切代价"与阵地共存亡","不成功,便成仁"。蒋介石还令儿子、儿媳上金门、马祖慰劳守军。在炮战期间仅蒋经国就登岛五次,可见蒋介石防守金门的决心之大。

"八二三炮战"也震动了白宫的主人,国务卿杜勒斯认为:

(1)如果中国炮击造成局势危险,可能需要第三国,亦即美国进行干预。

(2)台湾对大陆的"反攻"活动,有利于提高国民党军士气,但对大局恐难有巨大的影响,因为要改变中共或东欧,决定的因素在于内部自然的力量,它比外部刺激更为有效。

（3）可能的话应把台湾局势交给安理会讨论。

在杜勒斯观点的影响下，艾森豪威尔亲自主持8月25日会议，决定准备承担台湾空防，提供护航，做好对中国大陆目标实施核打击的准备。两天后，艾森豪威尔在记者招待会上宣布美国将介入"台海危机"。

面对美国的战争讹诈政策，中国共产党人既表现出坚持原则的坚定性，又表现了政策的灵活性。9月6日，周恩来代表中国政府强烈谴责美国的战争挑衅，同时宣布：

"现在美国政府又表示愿意通过和平谈判来解决中美两国在中国台湾地区的争端。为了再一次进行维护和平的努力，中国政府准备恢复两国大使级会谈。"

美国迅速作出了反应。9月9日，杜勒斯在记者招待会上明确表示，准备随时同中华人民共和国恢复大使级会谈。

美国之所以同意恢复中美大使级会谈，出于以下几个方面的考虑：

第一，防止中美之战与第三次世界大战的发生。

第二，为了平息国内的反对之声。

第三，争取他国的同情。

因此，美国人想在台湾海峡问题上对中国政府让一步，由"战争边缘"政策转为"脱身"政策，即企图用让出金门、马祖，换取中国同意不对台、澎使用武力，以实现美国搞"两个中国"的阴谋。9月30日，杜勒斯在记者招待会上公开表示：

如果在台湾海峡地区获得相当可靠的停火，国民党军队继续驻在金门、马祖等岛屿就是不明智、不慎重的。美国赞成国民党军队从金、马撤出。

美国政府对台政策首先引起了蒋介石的激烈反对。当日，蒋介石对美联社记者发表谈话，宣称："假定杜勒斯先生真的说了那句话，那亦只是片面的声明，我国政府并无接受的义务。"（张其昀《先"总统"蒋公全集》，第3946页）

很显然，美、蒋在金、马问题上的分歧已达顶点，极端愤怒的蒋介石不惜公开点名道姓批评他的"好朋友"杜勒斯，重申反对削减驻沿海岛屿的武装部队，确保金、马。

10月6日，毛泽东以国防部部长彭德怀的名义发表了《告台湾同胞书》，向国民党当局提出："我们都是中国人。三十六计，和为上计。"并"建议举行谈判，实行和平解决"。25日，指出："中国人的事只能由我们中国人自己解决。一时难以解决，可以从长商议。""世界上只有一个中国，没有两个'中国'。这一点我们是一致的。美国人强迫制造两个'中国'的伎俩，全中国人民，包括你们和海外侨胞在内，是绝不容许其实现的。现在这个时代，是一个充满希望的时代。一切爱国者都有出路，不要怕什么帝国主义。"

随后，章士钊从北京到香港，通过关系向台湾当局转送中共的和谈条件：一种是暂不谈，双方先作有限度的接触，如互访、通邮通电，然后相机通航；另一种是台湾可以拥有自己的地方政府、军队、党组织，经费由内地负担，只要求台湾承认是中华人民共和国的一部分。但是，台湾当局对此和谈条件没有作出积极响应。

由于蒋介石不愿放弃对金门、马祖的固有立场，导致美、蒋之间分歧日甚。在此情形下，艾森豪威尔决定派杜勒斯赴台，以协调台美关系。杜勒斯尚在赴台途中，中国政府就有意识地恢复了对金、马的炮击，两小时内共发1.1万余发炮弹。恢复炮击的目的，就是警告美国不要插手台湾事务。

1958年10月20日，杜勒斯在主管东亚及太平洋事务的助理国务卿饶伯森陪同

1960年6月18日，艾森豪威尔在欢迎会上致辞。

下抵达台北,立即前往士林官邸和蒋介石举行会谈。最后一个回合的会谈在10月23日下午举行,会谈地点起先是在"总统"官邸楼下,后来移到二楼蒋介石的书房。会谈人员美方只有杜勒斯及助手饶伯森,蒋介石方面也只有宋美龄和"外交部长"叶公超陪同,其他人员一律排除在外。

蒋介石既不愿意在停火前从金、马撤退,更不愿放弃武力"反攻"大陆的计划。但在美国的强大压力下,被迫作出让步,不得不放弃"武力反攻大陆"的口号。美国方面也作了一定的让步,同意在会谈草案上删去"中华民国不发动战争在大陆重建主权及中华民国不为攻击大陆的武装基地,它的基地早已在大陆及中国人民的内心"的内容,同时加上金、马与台、澎在防卫上"有密切的关联"的字样。(林正义《1958年台海危机期间美国对华政策》,第137页)也就是说,尽管蒋介石接受上述观点非常勉强,但也无可奈何。

最后的公报使美蒋双方都松了一口气,但并没有给双方带来完全的满足。

与此同时,国防部长彭德怀奉毛泽东之命,于10月25日再度发布《再告台湾同胞书》,宣布逢单日打炮,双日不打炮。此后打打停停,停停打打,便成为中国战争史上一种奇特的斗争方式。

金门危机总算过去了,宋美龄悬着的心也放了下来。从参与密谈和发表公报的过程中,她十分明白,台湾比过去更加"安全"了,但也更受制约了。

迎接美国贵宾

当台海危机过去之后,艾森豪威尔为了安抚蒋介石,又给台湾以"外交"礼仪上的补偿。其中最令蒋介石满意的一次发生在1960年6月18日。那天,蒋介石与宋美龄夫妇兴高采烈地迎来了应邀来访的美国总统艾森豪威尔。美国在任总统访台,尚属首次。

蒋介石退台以后,最怕变得孤立无援。所以一旦有外国元首来台访问,他必定会大动干戈,把上上下下搞得天翻地覆。据统计,当艾森豪威尔抵达台北之日,台湾当局组织群众夹道欢迎的人数超过30万人。据台北报纸报道,当日还有若干自台湾各地及金门、马祖兼程赶来参加欢迎的群众,可谓是盛况空前!

蒋氏夫妇的士林官邸更是一片繁忙。为了接待好美国总统，蒋介石早早就把这一来访看作是他最重要的一项工作安排。侍从们也明白，蒋介石对艾森豪威尔的访台寄予厚望，希望和美国保持更密切的关系，因为只有这样才可以实现他"反攻大陆"的梦想。蒋介石非常清楚，以台湾本身的力量，想要独立"反攻"几乎是不可能的，除非艾森豪威尔领导的美国政府能够支持他的"反攻计划"，否则，蒋介石心中的梦想将永远只是空中楼阁。

此外，如此大张旗鼓地接待艾森豪威尔，蒋介石的意图还在于借美国总统访台，让中共明白，不要再起攻台的任何念头，否则，他背后的"美国朋友"是不会坐视不管的。

在访台期间，艾森豪威尔两度与蒋介石会谈，在大谈长期友好之后，就时局以及加强台美共同防卫合作等项，交换意见。席间，宋美龄扮演的是一个重要的沟通者的角色。

对于艾森豪威尔的来访，蒋介石和宋美龄感到莫大的荣幸，只可惜，好景不长，已连任两届美国总统的艾森豪威尔回国后不久，就告老返乡，写回忆录去了。由此，美台蜜月也就宣告结束了。

第十七章

"妇科"代表

台湾的仕途路线，被人按医院方式分成了四科，即内科、外科、妇科、儿科。内科是能治百病的首席大科，走内科路线无疑是指要千方百计接近蒋介石；外科是指走外国路线；儿科则是指去巴结蒋经国；而走妇科路线的毫无疑问是说依靠宋美龄寻求升迁。在四科当中，唯有宋美龄的妇科不掌握党政实权。

进入晚年的宋美龄对上帝愈发虔诚，她最喜爱的祷文是：

"主啊！请接受我的全部自由、我的记忆、我的了解和我整个的意志。所有的存在，我所有的一切，都是你赐予我的。现在我愿将它还给你，凭你的意志处置。只要将你的爱和你的仁慈赐给我，有了这些，我便足够富有，我不再奢求其他。"

台北圆山之前，有一座雄伟得连山都变小了的大饭店——"圆山大饭店"，被人称作台北的"紫禁城"。这是宋美龄的又一个"杰作"。

嫡系人马

国民党退台初期的几年，对台湾来说，无论内政"外交"都是一个多事年代。但对蒋介石来说，不能不说是一个好兆头。

先是朝鲜战争爆发，杜鲁门下令美国第七舰队进驻台湾海峡；美国派遣蓝钦在台北恢复美国驻台"大使馆"；又有美国国务院派遣蔡斯少将到台设立"美军军事援华顾问团"，其目的一方面限制国民党军"反攻大陆"，另一方面也监视中共对台军事行动。在美国人的保护下，台湾由此获得了喘息之机。

最重要的变化是1950年3月1日，蒋介石宣布"恢复"行使"总统"职权。此后，又赶上三四年"西线无战事"，从而使台湾政局日趋稳定。

随着时局的稳定，蒋介石、宋美龄、蒋经国都在扩充个人势力。从大陆逃到香港、海外，以及来台那些隐姓埋名的各路人马，纷纷出来寻找一展身手的机会。他们根据以往身处国民党政治斗争之中得来的经验，认为终南捷径就是投奔草山（后改为阳明山），即蒋家门下。因为其他三大家族，孔宋家族不见了，陈氏家族，只在"立法院"剩下一批多年不改选的C.C.系残余势力。政学系的银行和企业也荡然无存了，他们在台湾只能寄居蒋家篱下，靠技术为蒋家服务。于是，有人打了一个非常巧妙而生动的比喻，即把台湾的仕途路线，按医院方式分成四科，即内科、外科、妇科、儿科。若想过官瘾，舍此四科则无门。

内科领域十分广泛，是能治百病的首席大科，走内科路线无疑是指要千方百计接近蒋介石；外科是指走外国路线（其实就指美国）的人而言；儿科则是指去巴结蒋经国的那些门下客；而走妇科路线的毫无疑问是说想依靠着宋美龄往上升的人们了。

从上述四科来看，唯有宋美龄没握有党政实权。但是台湾有人评论，几十年来，宋美龄都一直维持着"中国最有政治实力的女人"的地位。在大陆期间且不论，只看国民党退台以后，她在蒋介石、蒋经国时代，虽没有什么职权名分，但始终都拥有顶峰实权人物才拥有的影响力。这种影响力最主要的因素在于她是蒋介石的夫人。事实上，从20世纪20年代蒋、宋联姻开始，就已为宋美龄的这种政治实力铺上了红地毯。蒋介石生前，她的这种作用显而不彰，但蒋介石死后，这个影响力不仅存在，而且进逼到权力核心。所以，引得许多人仍然要走妇科路线，且对她一直忠心耿耿。

1952年5月1日，蒋氏夫妇举行茶会招待美军"顾问团"蔡斯（左一）等人。

也有人把追随宋美龄的人们又叫作"夫人派"。我们可举几人为例。

首先要介绍的重要人物就是在台湾政坛素有"常青树"之称的沈昌焕。此人曾任台湾"总统府"秘书长。自1952年国民党中央改造委员会成立以来，沈昌焕就始终活跃于台湾政坛。当年，他是16位改造委员中的一位，后来，他又是国民党12人小组中的一员，似乎，岁月无法改变他在国民党权力核心中的重要地位。由38岁干到70多岁，沈昌焕始终是权力变局中的要角。其实，他的雅号已形象地道出了沈昌焕与蒋氏家族及宋美龄之间的关系，能在台湾权力核心稳坐几十年，可见他与蒋家关系非同一般。

沈昌焕是江苏吴县人，1933年毕业于上海光华大学政治系，1934年考入燕京大学研究院，攻读国际政治。在此期间，沈昌焕练就了一口漂亮的英语，为他以后从事外交，打下了基础。1936年，沈昌焕赴美国留学，就读于密歇根大学，翌年学成，获政治学硕士学位。1938年至1940年在广州中山大学任教期间，正式加入国民党。他二十几岁即担任中国远征军参议，后任宋美龄的英文秘书，为宋美龄所重用提拔。1940年秋，他在重庆进入外交部任礼宾司交际科专员，开始了外交官生涯。

1945年后，沈昌焕开始担任蒋介石的私人英文秘书。在那段时间里，美国驻华特使马歇尔每次同蒋介石会谈，都由沈昌焕担任翻译。由于他口才好，反应快，所以这位年轻的翻译官深得蒋介石夫妇的赏识，由此奠定了他与蒋家非同寻常的亲密关系。

有人说，沈昌焕因任英文秘书而官运亨通。因为不论是蒋介石时期，还是蒋经国时期，英文秘书一直是有着相当重要地位的。众所周知，国民党退台以后，在国际上的处境可以说是越来越困难，争取美国的支持便成为优先处理的课题之一。

蒋介石鉴于大陆时期，他的私人代表或驻美使节（如宋子文等人）经常不能将其意见忠实地传达给美国政府，因此，他不得不不厌其烦地亲自和美驻台"大使"或来访人士交换意见，在这种情况下，英文秘书不仅担任翻译工作，往往要在重要决策上提供意见。

国民党从大陆退台以后，沈昌焕的仕途更加一帆风顺。1952年国民党成立

"中央改造委员会"，沈昌焕成为16位委员中最年轻的一位，并当选为国民党中央委员。

沈昌焕之所以受到蒋氏夫妇的重用，也因为他确有不凡的表现。沈曾两度出任"外交部长"，均是台湾"外交"史上最为艰难的时期。

第一次是接替叶公超，从1960年至1966年，当时苏联正在联合国代表大会上疾呼"接纳中华人民共和国为联大的合法代表，取消台湾当局在联大的席位"，沈昌焕数度出席联合国代表大会，与苏联代表辩论，同时巡回访问欧美日韩各国。在沈昌焕的努力下，台湾当局在联大的地位继续维系了十余年。基于他在联大的表现，蒋经国日后对他更加倚重。也由于他"建树"良多，1964年，沈昌焕当选为国民党中常委。

1972年，蒋经国奉命"组阁"，时值中国台湾对日关系出现了逆转和在联大安理会的席位出现空前明显的危机，沈昌焕再度出任"外交部长"一职。他竭尽全力去挽救台湾"外交"颓势，又发动了所谓的"整体外交"。但最终也未能改变台湾的困局。

1984年，俞国华"组阁"，沈昌焕出任最高幕僚长——"总统府"秘书长，成为蒋经国身边重要的智囊之一。

沈昌焕无论是侍奉"先公"还是辅弼"少主"，都颇得要领。他与宋美龄的关系更是非同寻常。几十年来，宋美龄一直十分欣赏沈昌焕，早年不仅推荐他做蒋介石的贴身秘书，而且多次举荐他出任要职。在蒋介石去世后，宋美龄较长时间住在美国长岛，她有什么大事要向台北传达，多是通过沈昌焕，而不是直接向蒋经国说。1986年的7月初，宋美龄把要返台的打算先通知沈昌焕再转告蒋经国，于是，蒋经国迅即以父亲百年诞辰纪念名义，恳请宋美龄回台主持。为此，许多人认为，沈昌焕是台湾"夫人派"的重要代表，只要宋美龄的影响在，沈昌焕就永远是棵"常青树"。

以上评价是台湾公开发行刊物的一种看法，近年来，随着许多新的历史资料被披露，对沈昌焕与宋美龄的关系又有不同的认识出现。曾于20世纪50年代初期任蒋介石侍从秘书的沈锜回忆说："在官邸中，蒋公与夫人虽然恩爱逾恒，但在许多问题上，意见并不完全相同，两人身边工作的人，亦泾渭分明，沈昌焕受蒋公重用，但因他常批评孔宋豪门，不为夫人所喜。"

"有一次，周宏涛（'总统府'机要室主任）告诉董显光，夫人以为我是沈昌焕的人，对我不利，所以在4月18日董先生特别带我去见夫人解释一番，说明我进官邸实在是由他推荐的，我亲自听见夫人两次对董先生说：'I'm glad he is your man！'（我很高兴他是你的人！）"

时至今日，人们一般都认为沈昌焕是"夫人派"的重要人物。这位秘书的回忆只能作为一家之言，供读者参考吧。

要说"夫人派"的代表，不能不提到秦孝仪。秦某人曾任过蒋介石的机要秘书，古文有相当不错的功底。当年他在阳明山"革命实践研究院"受训时的一篇古朴简练的自传，就为当时兼任院长的蒋介石所赏识，一下子被提拔为"总统府"机要秘书，专门掌管蒋介石的文案。其后不到两年即升任为国民党中央的副秘书长，仍兼管蒋介石的中文文书业务。当年任何达官显贵要晋见蒋介石，不通过秦孝仪这一关是见不到人的。有人把这称作"一夫当关，万夫莫开"。由于蒋介石的器重和知遇，秦孝仪也同时获得了宋美龄的欢心，所有有关宋美龄的中文文稿，也都经过秦孝仪之手。可以想象，在蒋介石伉俪双双欣赏的情况下，秦孝仪的"气焰"该是多么嚣张！

蒋介石去世之后，蒋经国在尊重上一代的情况下，仍然任用着秦孝仪，所以他风光依旧。他也依然极得宋美龄的倚重，自然仍是不可一世。据台湾传媒报道：满朝文武，除了宋美龄和蒋经国之外，秦孝仪是不把任何人放在眼里的。

可以说秦孝仪依蒋家王朝为生，他对蒋家忠心耿耿，也为蒋家做了不少事情。但是，也有人说，蒋家从他身上所得到的，可能是个负数，因为他帮了不少倒忙。

在蒋介石去世后，秦孝仪急于在大丧之中表现自己，从而招致了一场风波。由秦孝仪记录的"'总统'蒋公遗嘱"，在遗嘱的最后带上了一笔："秦孝仪受命承记"，一并发到台湾的各级部门和新闻媒介去宣读。很快就有人提出质疑："秦孝仪的名字为什么会和遗嘱在一起，成为遗嘱的一部分？"此外，秦孝仪卖弄他的"学问"，指定各传播媒体把蒋介石的遗体一律称为"遗蜕"。于是，有人又提出，"遗蜕"一说出于道家学说，是指得道的人在他们成神仙之时，灵魂出窍后，所遗下的躯壳。而蒋介石为虔诚基督徒，秦孝仪竟以道家的典故来比喻，已经不伦不类，况且"蜕"是一种废弃物，他拿废弃物来比喻蒋介石的遗体，更是对蒋介石的不敬。各方面强烈的反应，使秦孝仪丢了乌纱帽，他被解除了国民党中央委员会第一副秘书长的职务。"秦孝仪受命承记"从此成了他的注册商标，"遗蜕"一词也一度成为台湾人茶余饭后的笑谈。

最糟糕的还要算是《宋氏王朝》一书出版后，秦孝仪忙不迭地宴请一批台湾的"历史研究所"所长，席上他拿出一份文件，要他们一一签名，在美国《纽约时报》刊登巨幅广告驳斥该书内容。结果适得其反，等于花钱为《宋氏王朝》做了广告宣传，致使该书大大畅销，且经久不衰，成为《纽约时报》畅销书排行榜上的第一名。

但是蒋介石逝世后较长一段时间内，秦孝仪仍然是国民党内部的一位实力派人物，因为他并没有在宋美龄那里失宠。由于宋美龄十分信任秦孝仪，所以在她离台至1986年的十几年中，中文方面的文件仍旧从美国电告秦孝仪代笔。1982年和1984年宋美龄先后发表的《致廖承志贤侄》和《致邓颖超先生》公开信，也是经宋美龄提示要点后，由秦孝仪执笔的。

追随宋美龄的还有黄仁霖。当年他是宋美龄创办的"励志社"总干事，确为宋美龄手下的一员大将。宋美龄对外的联系，长时间由黄仁霖负责。据说，当年张学良要见蒋介石，需要先通过张群安排，而张学良要见宋美龄，则必须请黄仁霖先行联络。由此可见黄仁霖在宋美龄面前的分量之重。

在大部分时间，蒋介石称黄仁霖为总干事，因为他是"励志社"总干事。宋美龄则常以英文叫他"上校"。后他已升到"中将"，宋美龄对她的称呼依旧如此。黄仁霖非常喜欢这一称呼，他认为这样才能表示出与"第一夫人"之间的密切关系。黄仁霖对蒋介石夫妇绝对忠诚，只要是蒋氏夫妇的命令，即使冒生命危险，他也会坚决执行。所以，在黄仁霖结束他长达25年"励志社"职务时，蒋介石亲书"忠诚精勤"四字横幅，以资鼓励。

1980年，黄仁霖坐着轮椅在美国演讲，题目是《60年来中美关系》。他在演讲中大声疾呼，指责美国背弃"忠实盟友，与中共勾搭，如同与虎谋皮"。他引证历史，企图以舆论影响美国政府改变其对台政策。此演讲在美国亲台的各团体辗转介绍、重复发表三十余次，故得到了宋美龄的口头嘉奖并赐赠黄仁霖一点冰糖核桃。黄仁霖受宠若惊，随即拿出这些核桃待客，以炫耀自己又得到了宋美龄的垂青。1981年，黄仁霖受到宋美龄的接见，并得到了最高嘉许："如此忠诚于领袖，老而弥坚者，生平所见，以君为第一人。"

对黄仁霖本人来说，最值得骄傲的就是他在1943年开罗会议上的表现。当时他陪同蒋介石夫妇到了开罗，在开罗会议的协定即将签字时，黄仁霖发现文件中对于澎湖列岛的战后归属问题竟只字未提，显然是一重大疏漏，马上建议予以补正。这是黄仁霖为中国领土的完整做的一件好事，也是他最引以为豪的事情。

受到宋美龄看重的，还有国民党妇工会、妇联会中的某些人物，在此不再一一列举。

随着台湾政局的发展，外科和妇科势力终究敌不过内科和儿科，宋美龄为了表示支持蒋介石传子"大计"，渐渐地退出了台湾的权力核心。

祈祷的力量

宋美龄渐渐淡出决策圈子，又在另一个领域里集合起一支队伍，并日益发挥她"妇科"的影响力。

宋美龄是信奉基督的，对现实的困难，她除了向美国求助外，也向上帝求助。特别是到了台湾，生活环境相对稳定后，进入晚年的宋美龄愈发对上帝虔诚起来，她愈发相信祈祷的力量。

1949年，远在美国的宋美龄听说国民党从大陆败退到台湾，这让她感到痛苦不堪。

1950年1月13日，在离开美国的飞机上，她还在自问："我个人做错了什么，或是做得不够？为什么共产党会居优势，我现在能做什么？"答案非常简单。宋美龄说：过去，"我按照自己的心意与方式做事，并求上帝协助，但未曾顺服在他的旨意中成为他的器皿。我用神，未曾容神用我，未曾专为他而服事。"因此她考虑成立一个祈祷会。

20世纪50年代初，宋美龄在台湾她的小圈子内发起了一个规模不大的祈祷会，把恢复昔日荣华富贵的希望寄托与上帝。她深信："一条绕遍全球的，由各地祈祷会所组成的锁链必能有助于世界和平的建立。这种锁链比任何宣传还要有力量。"

蒋氏夫妇共同研读《圣经》。

宋美龄常常在自己感到非常困难的时候产生上述想法，首先这与她出生后的家庭环境是分不开的。她的父母都是虔诚的基督徒，在他们的熏陶下，她自幼便去主日学校和教堂，每日举行家庭祈祷。她有时因为必须坐着听冗长无味的讲道而有所反抗，但也在不自觉中吸收了基督教的思想。

但是，宋美龄承认在很长时间，甚至与蒋介石结婚后，她自己仅是一个名义上的基督徒。尽管有时她把这一信仰当成社交手段，不论她走到哪里，都对外国传教士和妇女俱乐部演讲。教会人士看到他们自己在蒋家宫廷的影响力不断增加，自然感激不尽。他们开始把宋美龄看成是基督教的守护神。可在实际上她遇事是凭理智的判断，而不去求教于上帝。因为她确信基督是神，耶稣来到世间是为了要替人赎罪，但是这对她并没有多少意义。他虽为她而死，也为人人而死，这件事没有个人的关系。就像在炎热的夏日享受一院凉风，凡能感觉到它的人都能享受。至于罪恶，每个人都是罪人；她的罪绝不比一般人更重。

宋美龄知道她母亲的看法与自己不同，她母亲与上帝非常接近。她用许多时间祈祷，与上帝交流。宋氏兄妹都相信母亲与上帝更接近，每当他们遇到困难，必去母亲面前，请她为他们祈祷。在她母亲看来，祷告上帝不仅是请求他祝福她的子女，更是等候他的旨意。对于宋美龄的母亲，宗教不是单行道。她按照上帝的箴言生活，公正行事，爱慈悲，谦卑地与他同行。她的母亲常常向她强调的一点是：她不应当要求上帝做任何能伤害别人的事。

协助夫君蒋介石"统一中国"的"理想"破灭了，自己又被赶到一个小海岛

阅读《圣经》的蒋介石。

上，而此时她的母亲已不能再帮她祷告，于是她只好自己去求助于上帝了。

有一天，当她读到《约翰福音》第19章叙述耶稣被钉在十字架上，兵士用枪刺他的肋旁，有水和血流出来那一节。这一节她已读过许多遍，从来没有特别受感动，这一次，她却哭泣不已。虽然作为"第一夫人"的她行过千山万水，也有坚强的人生历练，但是圣灵在心中激起的感动，使她体认到基督在十字架上为世人承担的一切。心灵里感受到一种极大的忧伤，却混合着一种极大的解脱，她觉得自己的罪已在泪水中冲刷净尽。

宋美龄甚至以为，这是她亲身体会到的一次圣灵"重生"的经验。四年之后（1955年），她亲笔记下了那份感动："我难得哭泣，因为我们自幼便学习不让感情流露，但这是一阵急流，是洪水，我无法自制。"从此她不但理智上相信她的"主"，而且与"主"建立了亲切的个人关系。她曾引用《圣经》说明自己的新感受："若有人在基督里，他就是新造的人，旧事已过，都变成新的了。"

找到了新的感觉，宋美龄相信自己与上帝之间的距离大大拉近了，她觉得自己的祈祷会像母亲的祈祷一样有力量。她不仅希望上帝帮助自己，也希望他能帮助自己的夫君蒋介石。初到台湾时，蒋介石身体健康，他一大早起来第一件事情，就是读《圣经》、祈祷、唱圣歌，即使在病中，也从未中辍。这方面，他完全履行了结婚时向宋美龄母亲作出的承诺。蒋介石的恒心是远超过宋美龄的。虽然宋美龄的书房桌上，也摆着《圣经》、教义之类的灵修书籍，但她却没有像蒋介石那样勤快，更没有像蒋介石那样沉迷于灵修书籍的研读。

蒋介石的书房里，挂了三张照片，右边进门的地方是耶稣基督的画像，对面是他的母亲王太夫人的遗照，书桌的正上方，则是国父孙中山先生的遗像。每天早上做完宗教仪式后，他就进自己的房间，先后到国父、王太夫人、耶稣像前脱帽——行礼致敬。宋美龄则不像他那样重形式，但是，宋美龄还是有她自己的一套宗教观，她曾说过："按天性，我不是宗教家，至少不是一般人所谓的宗教家。我的个性不喜欢玄虚，而爱好实际，我很重视世间事物，有时或许重视得有些过度了……"

宋美龄见蒋介石如此艰苦努力诵读《圣经》，她认为应该像母亲帮助自己那样帮助他。

"我就把我所知道的精神园地，引导丈夫进去。同时我因生活纷乱，陷于悲愁的深

宋美龄说，她把蒋介石引进了上帝的精神园地。此刻纤指所向，则不知是在指引或指点着什么。

渊，也想找一自拔的途径，于是不知不觉地重又回到了母亲信仰的上帝那里。我知道宇宙间有一种力量，它的伟大绝不是人们所可企及的，那就是上帝的力量，母亲鼓励委员长精神生活的任务，既由我担负了起来，我也日渐和上帝接近了。"

宋美龄说："用我的旧笔记与课本，我们即开始每日的课程，至今这还是我们日常生活的一部分。每日清晨六时半我们一同祈祷，一同读经与讨论。每晚临睡前，我们也一同祈祷。我自己的信仰和心得的了解同时滋长。一种更深刻的意义浸润了我们的婚姻。我已走上我灵性发展的初步高原。"

为了证明上帝的存在，宋美龄在她的文章中又提起1936年发生在西安事变中上帝派来女人关照蒋介石的那件事。通过这件事，宋美龄认为，既然曾接到过上帝的指示，那么，她与蒋介石坚信上帝，做个忠实的基督徒就也不足为奇了。

宋美龄请了五位笃信基督教的朋友到他们的新家来。当时"总统府"秘书

宋美龄接见于斌枢机主教。

长张群、台湾"财经两部部长"李国鼎，都是虔诚的基督教徒，宋美龄与他们的夫人同属"基督教妇女祈祷会"的核心人物，交往比较密切。

宋美龄告诉会友们："从现在开始，我希望能有一个祈祷会。我重述基督的允诺，若有两三个人奉他的名聚会，他就在那里。假如他们同意，我们将一同为中国的命运及全世界祈祷。"（高惠敏编著《中国"第一夫人"》，第167页）

她们的祈祷会在每星期三下午举行，坚持了五年，从未间断。之初，宋美龄感到必须要克服一种不自然的感觉。因为刚开始时，每个人都感到局促不安。她们中间有许多人从来没有大声祈祷过。平日相知极深的人在上帝面前会忽然变成陌生人。但据说后来有了一刹那间圣灵真与她们同在的感觉，有时还充满了全室，她们之间就再也没有陌生感了。

她们通常先默祷两分钟，然后唱几首大家喜欢的赞美诗。主持人读一段经句，叙述她本人灵性的作证与经句的关系。然后全体讨论。随后各位会友请求大家为某事或某人祈祷。大家都虔诚地跪下，在受圣灵感动之下依次祷告。每次做三四个祈祷。没有严格的程序。她们认为自然变化能促进热心。但在结束时她们必定为"中国的将来及世界和平"祈祷，愿上帝的旨意实现。

蒋介石的"御医"对宋美龄信教的虔诚很有感触。他介绍说，宋美龄的化妆室里挂了一幅英文字，大意是：上帝要我到地球上来只有一次，所以我要能够帮助别人，我能够帮助人类做的事情，我一定要做完，绝不推辞。这幅字是正正中

于"凯歌堂"中证道的蒋介石。

中地挂在她的化妆室中，每次她化妆一定会将这幅字看一遍。

为了让更多的人相信基督和参加祈祷会，宋美龄不仅亲力亲为，有时候还要费心费力地劝人入教。

自幼生活在佛教影响下的杜月笙太太杜姚谷香女士和张学良，以及张夫人赵一荻都是在宋美龄的影响下信了上帝。宋美龄还专门为张学良聘请教师：曾约农先生教授国学，董显光先生教授英文，周联华先生教授《圣经》。杜姚谷香生长于戏剧世家，信了基督教后，常在宋美龄的祈祷聚会中唱诗，她那卓越的嗓音为祈祷会生色不少。

此时的宋美龄真够虔诚的！她相信祈祷的力量，她想感动上帝来拯救在台湾的蒋家小朝廷。

对于宋美龄创办这个祈祷会的社会作用，陈香梅女士却另有一番评论。她说："我是天主教徒，早年住台北时，星期日只到天主堂做弥撒，从来没有参加过蒋介石夫妇在士林的礼拜，但当年有不少朋友虽非教徒却以被邀参加高官的祈祷会为荣。宗教该是无我、不沾人间烟火的，如果也染了深浓的政治与金钱色彩是相当可悲的。"（陈香梅著《春水东流》，第303页）

蒋氏夫妇与宋蔼龄参加梨山耶稣堂奠基典礼后，听周联华牧师证道。

不仅陈香梅有这种感觉，就是台湾报刊也有同样的评论：当年蒋氏夫妇做礼拜可谓是盛大聚会，劳师动众。

由于蒋介石夫妇都非常虔诚地信奉基督，台湾当局专门在他们居住的士林官邸内修建了一个教堂，命名为"凯歌堂"（源自抗日战争胜利还都南京时，为纪念凯旋而归，便有此命名）。据说，修建了礼拜堂后，蒋介石夫妇做礼拜可谓是风雨无阻。

凯歌堂盖好后，星期天的礼拜活动是一件很慎重的事情，要发通行证，并且布置严密的警卫系统，犹如盛会。凡是党政要员都在应邀之列，在当时台湾那种人治色彩浓厚的社会中，大家都清楚，如果要生存，就要紧跟"领袖"，"领袖"信教，大家也必定紧跟潮流一起信教。

由做礼拜一事来看，国民党退台以后，官员们真是辛苦，平日里要应付各种会议、政务，星期天还要到士林官邸和蒋介石一起做礼拜。不仅精神身体要奉献给蒋介石，连灵魂也要奉献给蒋氏夫妇。官太太们为了丈夫的宦途，更是得奉陪到底。

因为宋美龄在退台早期，对宗教活动很热衷，所以，下面的一些官太太们，也不得不跟着乐此不疲。可是，若每个礼拜这样做，对宗教不是那么热情的人，当然会暗自叫苦。不要说有的太太受不了，就是宋美龄的随从也有受不了的传闻，有的侍卫人员，最怕礼拜天上凯歌堂做礼拜，尤其是奉派在凯歌堂里面做内卫工作的人，更是叫苦连天。因为，侍卫人员多半是不信教的，如果被安排在礼拜堂的前排，那更是"麻烦"，别人喊"阿门"，你也要意思意思跟着做样子喊"阿门"，别人在听牧师证道，你也要跟着听证道。做礼拜少说也要一个多钟头，所以坐在前面的随从人员，难免视做礼拜为畏途。

宋美龄本人，除了士林凯歌堂的礼拜活动外，还有"妇联会"每周一次小型祈祷会。在"妇联会"活动频繁的时期，宋美龄每个礼拜都不会错过。"妇联会"中一些喜欢搞关系的夫人，也积极参加，很少缺席。可是，等到20世纪60年代初期，蒋介石以下的官员比较少喊"反攻"口号以后，妇联会活动也开始清淡，宋美龄不再积极地参加这类小型祈祷会，"妇联会"内部的祈祷会也就变成了三天打鱼两天晒网的情景。

1974年端阳节蒋氏大家族的合影。其家族成员在宗教信仰方面是自由的。

　　20世纪60年代末期，阳明山的车祸使宋美龄身体受了严重外伤，后来调养了好一阵子。大概从这个时候开始，宋美龄比较疏于礼拜活动，特别是像凯歌堂的礼拜。有时候，比如她前一天睡晚了，第二天起来没什么精神，便嘱咐属下说："告诉先生，说我身体不舒服，礼拜我不去了。"

　　宋美龄因为身体的缘故，减少了去做礼拜的次数。有些官太太见宋美龄不去做礼拜了，也慢慢减少来的次数，最后留下来的，只有那些对宗教真正有兴趣的人，所以凯歌堂做礼拜时，看起来难免有点冷冷清清的样子，愈到后来愈是如此。

　　为了蒋氏夫妇的信仰，台湾花费大量公款为这个"第一家庭"盖教堂。20世纪50年代，凯歌堂的礼拜活动，未曾中断，不但在官邸宗教活动正常进行，就是蒋介石出门度假，有些重要的度假据点，蒋介石也叫人盖了专用的礼拜堂。像日月潭，便是一个明显的例子。

　　1962年，宋美龄的大姐宋蔼龄和姐夫孔祥熙回到了台湾。台湾舆论说，孔祥熙在台湾的梨山修建了一所教堂。破土动工那一天，蒋介石、宋美龄与孔祥熙夫人宋蔼龄全到齐了，由牧师周联华负责在梨山筹备破土动工典礼。当时梨山还很荒僻，找不到人来帮忙。在无可奈何的情形之下，只好找当地的山胞。山胞对唱

蒋氏夫妇接见天主教纽约区史培尔曼枢机主教。

歌是有天分的，周牧师就请梨山教会的牧师临时帮忙组织一个唱诗班。唱诗班组成后却提出一个条件："我们可以为你们唱诗，你可不可以请'总统'证道。"这下子可叫周联华十分为难。没想到的是，在典礼快要结束时，蒋介石竟真的走到山胞面前开始证道、训话和鼓励。可是，等日月潭的那座教堂建好之后，蒋介石的身体状况却一天不如一天，他已经没体力再到各地度假，当然更不可能再到各地的度假地点做礼拜了。

宋美龄的宗教信仰，是源于家族传统，所以，宗教精神自然表现在她的身上。其他蒋家成员，特别是蒋介石的孙子们，在宗教信仰方面受到宋美龄的直接影响。当然，他们对宗教的感受和表现方式，就不是十分一致了。

蒋孝勇从小就随着祖父母上教堂，10岁时就应他们的要求，在凯歌堂受了洗礼。然而，起初他对于基督信仰并不十分坚定。18岁生日时，父亲送他一本《圣经》，里面写着"望日习之"。他说："我曾经把《圣经》整个读过三遍，以后就有好长一段时间不碰《圣经》。"

蒋介石辞世不久，有一天晚上蒋孝勇陪着祖母。窗外，徐风之下，枝叶摇曳起伏。宋美龄说："上帝就像这风一样，你看不见风，你只能看到风所造成的影响。"蒋孝勇有所领悟。他一直觉得神是存在的，而且就在他的身边。然而过去他并未很仔细地思考他的信仰与他的人生有何关联。

蒋经国到晚年时，就不再去教堂了。蒋方良是跟着丈夫的，丈夫不再去教堂，她也跟着不去。但蒋方良一直保持着祷告习惯。到美国以后，蒋孝勇还曾很费心地帮她找了两本俄文《圣经》。

蒋介石的孙辈并非全部信仰基督教。蒋家这方面其实也是有自由的。大哥蒋孝文终其一生没有宗教信仰，大嫂徐乃锦则是天主教徒；二哥蒋孝武虽然小时候和蒋孝勇同时受洗，长大之后却皈依佛教；蒋孝勇的姐姐蒋孝章，是很虔诚的基督徒。

蒋介石去世后，宋美龄到美国一住就是近11年。在这期间，她的生活是很寂寞、平淡的。据有关报道说，除了在第五大道和孔令侃、孔令仪等几家人接触外，只是偶尔到得克萨斯州孔令杰的庄园里走走。每年会客不过十次。多数时间是待在长岛别墅的家中，足见生活恬淡。所以，有人说，在这漫长的十余年间，幸而宋美龄是个虔诚的基督教徒，有耶稣可以为她做伴，否则将何以堪？

20世纪80年代中期回到台湾的宋美龄更是保有一个虔诚的基督徒的本分，基督徒生活有四柱，即读经、祷告、聚会、见证，她对这四件事从来没有间断过。据台湾的有关报道说：除一星期中在官邸小型教堂祈祷或阅读《圣经》占了两小时，周联华牧师每天不间断地主持教堂圣事，并分别以中、英文讲解教义。而每周三和周日，蒋纬国以及"孝"字辈的家人们，都会齐集在官邸教堂做礼拜并聆听讲道，而每周两次与家人聚会，也是宋美龄最开心的时刻。

宋美龄最喜爱的祷文是罗育拉（1491—1556，西班牙耶稣会创始人）所作，她常常反复祷诵。祷文为："主啊！请接受我的全部自由、我的记忆、我的了解和我整个的意志。所有的存在，我所有的一切，都是你赐予我的。现在我愿将它还给你，凭你的意志处置。只要将你的爱和你的仁慈赐给我，有了这些，

1943年宋美龄访美期间，孔令侃、孔令杰、孔二小姐一直陪伴其左右（宋美龄身后依次是孔氏三兄妹）。

我便足够富有，我不再奢求其他。"（辛慕轩《宋美龄写真》，第124页）

1991年，宋美龄再次前往纽约长住，生活更为单纯，信仰更加虔敬，每天早晚仍然读《圣经》，每日依旧祷告。这期间，宋美龄连续遭逢多位至亲去世的人间至痛。白发送黑发，在最悲伤之际，她所赖以面对人生巨大不幸的，仍然是神的恩典和上帝启示。她坚信，一切都是上帝的旨意，任何时候，都有上帝与她同在。她曾撰文指出，基督徒的灵性与悟性是不得停在某一点的，确实需要不断更新成长，不然就会退缩而跌倒；而不断热诚祈祷追求上帝光亮的人，信心会像鲜花般不断绽放，内心会体会到更宽广、更深切、从未体验的喜悦。

担任士林官邸凯歌堂牧师三十多年的周联华说："我从未感觉我是'宫廷牧师'。"（李达编著《宋美龄与台湾》，第27页）这位牧师自从在1975年蒋介石死后的"奉厝大典"上主持追思礼之后，就成为人们议论的人物。谈起在蒋介石筹建的凯歌堂担任牧师一职的经历，周表示，1954年，他刚从美国南部浸信会神学院获神学博士回台湾，并在台湾浸信会神学院任教，不久，就有人找他去凯歌堂领崇拜，以后每隔一星期去凯歌堂讲道一次。直到1966年，他才担任"凯歌堂"的专任牧师和祈祷会监督。

几十年来，周联华自称完全以平常心面对在凯歌堂礼拜的国民党权贵人物，包括蒋介石、宋美龄和他们的家属、袍泽或部属。他说：他们都是上帝的子民，我从未想要为他们准备"贵族"信息。1988年他又主持了蒋经国"奉厝大典"中的追思礼拜。

圆山大饭店的掌门人

台北圆山山麓，有一座雄伟得连山都变小了的大饭店——"圆山大饭店"。它建造在台北市郊的圆山山坡上，傍基隆河和剑潭，主体楼高14层。饭店的整体设计都是模仿明清时期的宫廷式建筑，与普通饭店的设计在风格上有明显不同，被人称作台北的"紫禁城"。它的特殊还在于：它是一个既不是公营也非个体的奇特的经济实体。应该说，它非公非私的性质是宋美龄的又一个"杰作"。

当初，圆山大饭店是由蒋介石的士林官邸出面向台北市银行借贷两亿台币建立的。后来，它的实际控制者则成了宋美龄视同己出的"孔二小姐"孔令伟。

圆山大饭店早在20世纪50年代初已具雏形，蒋介石建造圆山大饭店的政治动机主要有两个：一是由于当时台湾有许多美国人，为了善待这些长住的美国人，让他们在台湾能够吃得好、玩得高兴，以示美

圆山大饭店

台关系的密切程度；二是当年国民党撤退到台湾，经朝鲜战争后，台湾局势日趋稳定，当局为了打开台湾的"外交"局面，也需要建造一个像样的饭店，接待外国宾客。据悉，当时士林官邸与银行商议借款之事，出面人就是宋美龄的亲信黄仁霖。

后来担任饭店董事长的熊丸说：修建台北圆山大饭店，一开始是蒋介石的意思，因为当时外宾很多，但却没一个像样的地方能招待他们。蒋介石指明要孔二小姐负责筹办。二小姐在接到命令后，几乎全部时间全心投入，所以圆山兴建的蓝图，等于二小姐作最后决定，圆山整个建设构想、发包、建筑监工等，二小姐都事必躬亲。

还有一种说法是，圆山大饭店的前身为圆山俱乐部。起初，蒋介石令手下先借用台湾旅社成立俱乐部，用以接待外宾，后来邀请尹仲容、董显光、俞国华及周宏涛等几位共同捐款50万台币，成立财团法人，经营具有国际标准的旅馆来接待"国宾"，发展观光事业，促进所谓"国民外交"。

无论何种提法都说明，这家大饭店是台湾最早的国际观光饭店之一，在国民党"外交"迎宾史上扮演着重要的角色。它与台湾的政治、经济、历史密切相关。

圆山大饭店有关人等借款2亿台币后，据说一直未曾归还。"台银"由于是债权银行，因而特地组成了一个"圆山大饭店管理委员会"，由台湾省府主席担任主任委员。不过，明眼人都知道，圆山后台强硬，这个管理委员会是不可能发挥什么作用的。于是，这个畸形的经济实体、形态特异的观光大饭店就这样长期以非正常的状态维持着。不过因为大饭店有对外营业的身份，尽管它从未向台湾

577

"经济部"作过公司登记，但是在台湾财政统计资料上却也可以查出它的经营"业绩"。

当初这个由2亿台币起家的圆山大饭店，而今已是雇用员工600人、资产总额23.16亿台币的财团了。1986年其营业额为15.82亿台币。但是公是私，仍是一笔糊涂账。

圆山大饭店开始时的真正掌门人是宋美龄。经过几期改建的圆山大饭店，为台湾的对外形象争了不少面子。对此宋美龄的确花了一番心血。

1960年，刚刚经过修整的圆山大饭店十分引人注目，宋美龄突然看到饭店飞檐上的琉璃瓦颜色不对，下令全部换掉，一下子花掉台币2000万元。尽管圆山大饭店的建成为当年的台湾争光不少，但事实上从建造之初就风波不断。

圆山大饭店刚建造时，第一个提反对意见的就是台湾的"安全局"，因为"安全局"的大本营就在圆山山脚下的剑潭旁，如若站在建好后的圆山大饭店新大楼往西侧望去，就可把"安全局"的一切尽收眼底。站在"安全局"的角度，理所当然要反对。而当时主管"安全局"的正是蒋介石的儿子蒋经国，于是有人就想通过蒋经国向上提意见。其结果可想而知，蒋经国也无奈，因为圆山大饭店的一切是宋美龄一手操办的，最后只好以"安全局"搬家了事。

另一个问题是圆山大饭店的建筑高度。由于饭店处在飞机飞行的航道上，尽管它只有14层楼，但其高度还是超过了台湾"民航"的有关规定，可能会对飞行安全造成影响。据说当初台湾"民航局长"毛瀛初就坚决反对把圆山大饭店造得那么高。但结果是飞机飞行让位于饭店建筑，因为这是宋美龄和孔二小姐的杰作，所以，"民航局长"的意见只能是说了也白说，圆山大饭店照旧按原设计建造，最后只剩下让飞机改航道这一种选择。

到了1972年8月，由于蒋介石病重住进了台北的"荣民总医院"，宋美龄为了尽心照顾蒋介石，于是，她就把圆山大饭店的大权交给了她最信任的外甥女孔二小姐。从此这里又成了孔二小姐的天下。有宋美龄的撑腰，孔二小姐在圆山大饭店更是说一不二、无法无天。

于公于私问题先暂且不论，圆山大饭店确实当过一段蒋介石的出气筒。那是1973年，圆山大饭店的主楼竣工之后，正赶上日本与台湾"断交"而与中华人民共和国建交，这一事件使蒋介石异常气愤，为表示对日本政府的强烈不满，蒋介石下令，不准日本人住圆山大饭店。蒋介石的这口恶气，一直出到了1975年4月5日他去世以后，此项规定才算不了了之。

据台北的"立法委员"调查，圆山大饭店的设备和建筑都归宋美龄所有，但下面的地皮则归"政府"所有。这在蒋介石父子掌权的时代，没人敢对此有什么不满。随着蒋家势力在台湾日渐衰落，圆山大饭店就成了台湾各界的众矢之的。1992年9月，更有台湾省"议员"对圆山大饭店的产权问题公开提出质询，要求圆山大饭店尽早走出特权的阴影，将其产权一元化。

孔二小姐可不管什么"产权"问题，对圆山大饭店依然是我行我素，一手遮天。自她接手以来，圆山大饭店的经营和管理状况时常成为台湾公众议论的焦点。原因就在于，孔二小姐怕吵，所以她不希望有太多的人来住饭店，再加上她独断专行的经营方式，致使圆山大饭店连年亏损。

虽连年亏损，圆山大饭店却没有关门，孔二小姐靠什么来维持饭店的正常运转？她的"绝招"就是靠存在银行的20多亿台币的滚存利息维持着这个大饭店的一切开销。

蒋介石去世后，孔二小姐陪宋美龄在美住了很长时间，虽身在海外，但圆山大饭店仍像是其私家财产，为了满足孔二小姐的要求，一次次地把她喜爱的圆山大饭店所做的食品空运到美国。尤其是逢年过节，孔二小姐会让饭店替她准备好多食品运往美国，以便她拿去送人。据知情人透露，每年春节，圆山大饭店为了赶制孔二小姐所要的食物，至少要忙上一个月的时间。

从以上事实就不难理解，圆山大饭店为什么时常成为台湾民众所抨击的对象；也不难理解今天许多台湾人所指出的，圆山大饭店是特权的象征，而且迄今仍受着特权保护的结论是符合实际的。

"空军之母"与"华航"

宋美龄与空军有浓厚的渊源，国民党退台以后，她依然对空军的发展最为重视和关注。所以，宋美龄在台湾的"中华航空公司"中扮演过重要角色。

"中华航空公司"成立于1959年。初建时投资总额为20.7亿元台币，均由国民党官方垫付。当时人员的配备，主要是国民党空军官兵以退役或停役的方式调用的。因此，长期以来尽管历任台湾"交通部部长"都信誓旦旦地表示："'华航'百分之百的是民营。"（李达编著《宋美龄与台湾》，第125页）但却是从来没有人相信的。因为，大家都知道，"中华航空公司"的性质也和圆山大饭店相当近似，实际上乃是"百分之百的'公营'"特权的象征。

就体制而言，"华航"既然是公司，按规定就应有公司登记，而且董事、监事名单必须公开。但是在台湾，"华航"的这些资料均属机密。更与公司体制不同的是，在台湾官方，还有一个高层的"华航小组"存在。据悉，它最早的召集人是台湾第六届"行政院长"俞国华，后改为国民党中常委，曾任过国民党"交通部长"、"行政院副院长"的连战担任。但是这个"华航小组"似乎也不负责监督"华航"，它的职责只是负责帮助"华航"解决财务问题而已。

截至1985年的统计资料表明，"华航"的资产总值已达到11.47亿美元，但其负债总额也达10.6亿美元。一般公司，这样高的负债比例早已接近破产的边缘。但是"华航"却安然无恙，因为它有国民党高层的"华航小组"为它解决财务问题，还有"交通部"和"民航局"编列预算为它维持运营。毫无疑问，"华航"是个特权公司，也可算是国民党经营的公司。

从财务上来看，"华航"应属于官营的性质。因为在国民党"交通部"下辖有一"民航局"，"民航局"又设有一个民航事业作业基金项目，这个基金的最主要任务就是协助"华航"。例如，"华航"需要更新民航机队，出面向外国飞机制造公司购买飞机的资金，则由"民航局"从国库拨款而设立的民航事业作业基金先垫付，然后，再以低廉的价格租给"华航"使用。这等于是台湾当局出资本，而由"华航"做生意，而且即使亏损也无妨，因为有官方可以依赖。这种不计盈亏的特权生意，人人都可以做老板。又如，由于"华航"经营无方，亏损累增，"民航局"就用基金收购"华航"的飞机修护栅，但是仍然租给"华航"使用。截至1987年，"华航"已连续亏损十年。据估计，仅"民航局"的民航事业作业基金，为了"华航"已经亏损了100亿元台币以上。这种超级的"保护"，不是特权又是什么呢？

据台湾媒体披露，"华航"之所以能够具有这种特权，也是得益于"空军之母"宋美龄。几十年来，宋美龄视国民党空军为己出，因此，自"华航"出世以来，宋美龄即介入甚深。有人评论说，她形同实际上的董事长。

"华航"董事长与总经理的任命均出自蒋介石夫妇的士林官邸。直到20世纪80年代后期，"华航"人事权仍属这个"最高当局"。例如，前台湾"空军总司令"、后任"华航"董事长的乌钺，因宋美龄一句话，便可以消灾解难免罢官。事情的起因是这样的：

1986年5月3日，台湾"中华航空公司"的驾驶员王锡爵驾驶着波音747F200型飞机投奔大陆，在广州白云机场降落。这件事在台北造成了极大的震动。在蒋经国的"弹性"政策下，海峡两岸打开僵局，40年来第一次在香港展开了面对面的历史性谈判，大陆方面顺利地把飞机送回，除王锡爵外，两位机员也返回台北。

王锡爵是四川遂宁人，1943年入灌县国民党空军少年军校，1949年随校迁往台湾。1963年作为第二批队员进入"黑猫中队"，退役后进入"中华航空公司"当驾驶员。在"黑猫中队"服役期间，他曾多次飞入大陆上空侦察，1964年他的队友李南屏被击中那天，他也正在大陆上空活动，差点丧失性命。当时他是在福建上空侦察，曾一度接近了福建漳州的导弹阵地，谁知就在导弹接电准备的紧要关头，他的飞机改变航向飞走了。22年后，他重新飞进大陆的蓝天，投入到祖国的怀抱时，迎接他的不是导弹，而是人民群众的热烈欢迎。

提到"黑猫中队"，这里需要介绍一下。

中国大陆的老百姓都知道，20世纪60年代人民空军地空导弹部队痛击国民党空军U2型侦察机的故事。可是，却很少有人了解国民党空军的"黑猫中队"。其实，U2与"黑猫"是紧紧联系在一起的。

台湾"黑猫中队"是国民党当局及美国政府执行敌视中国大陆政策的产物。

第二次世界大战结束后，美国长期在西太平洋地区推行"遏制"中国的政策，它向国民党空军提供RB—57和P—2—V侦察机，用于刺探中国大陆军事政治情报。无奈这些飞机均在中国人民解放军空军飞机和导弹的打击高度之内，接二连三被击落。美蒋双方为扭转此种局面，决定用美方出钱出物、蒋方出人出地的方式，启用美国生产最新型的U2高空战略侦察机保持对中国大陆的侦察。1959

年，蒋介石批准了这套方案，很快国民党方面在蒋经国的直接主持下将此计划付诸实施。

挑选飞行员的条件是非常严格的：必须有3000至4000小时的飞行经历，军衔在上尉与上校之间，性格沉稳，飞行理论扎实。由于工作压力大，保密性强，美蒋合作协议中还规定："黑猫中队"成员在出满十次任务后就"转业"调到其他部队，其理由是避免飞行员长期过度疲劳，同时也是防止他们一旦被中共俘虏泄露过多的机密。

"黑猫中队"确实为美国中央情报局和"台湾当局"立下了"汗马功劳"。从1961年组队到1972年之间，"黑猫中队"共完成122次高空侦察中国大陆的任务，前后入队27人，10名队员死于执行任务和训练过程中。事隔多年后，当年美方的牵线人克莱恩曾给予"黑猫中队"以充分的肯定：在人造卫星的摄影足以涵盖中国大陆之前，有段时间，我们有关中共精良武器的情报，大都来自这些飞行员所摄取的照片。这些照片当时对美国而言，价值亿万美元。

由于中美关系的变化，1975年，美国把U2飞机撤回美国，"黑猫中队"也就此宣告解散。

在台湾处理王锡爵投奔大陆的事件中，有许多人受到牵连，（总经理刘德敏等都被罢了官）唯有乌钺单独获得留任，其原因在于，乌钺曾经为宋美龄开过飞机并备受赏识。据悉宋美龄干预此事时说：如果没有绝对的过失，不必要他去职。还问了一句：乌钺犯了什么事？为什么责任要他承担！在宋美龄的插手下，乌钺得以照坐"华航"董事长的宝座。由此，人们可以清楚地看出，当时远居美国的宋美龄还在照旧插手台湾的某些人事安排，而且，人们也可清楚地感受到"华航"的性质。

从这个意义上说，"华航"既不是"国营"，也不是"民办"，而是真正的蒋家的"私营"企业。

台湾有识之士评论说："上述情况，一经深入检讨即可发现，它仍是那个国民党'党''国''家'三者不分的时代的产物，由于三者不分，他们办了一个公司，当然不需要去'登记'，反正在她（他）们看来，整个国家都是他们的！任何公司有了亏损，他们自然视为当然的用国库去补贴。圆山大饭店是个例子，

'华航'也是个例子。事实上，这种例子还多得很。"（李达编著《宋美龄与台湾》，第127页）

由于"蒋氏家族"有这样一些财力巨大的"特权企业"，所以，在1983年美国《财星杂志》有关"亚洲富豪"的专号中，评选出的台湾亿万富豪，上榜的只有三家：一是"蒋氏家族"，二是"台塑集团"，三是"台泥集团"。《财星杂志》估计"蒋氏家族"的资产大约有5亿美元。当年1美元合40台币，计为200亿台币。而蒋家财富的掌权人又以蒋介石的孙子蒋孝勇为首。

宋美龄对国民党空军、台湾的"民航"既然有如此大的特权，当然用起飞机来也如同自家的一样。

1991年9月，宋美龄乘专机赴美一事，曾经在台湾引起轩然大波。有人指责宋美龄只是蒋介石夫人而已，在台湾政界没有任何公职，凭什么坐专机？"总统府"一位副秘书长也引经据典地表示，根据卸任"总统"优待条件，也没有要照顾遗孀这一说。台湾教师权益促进会秘书长石文杰等各社会运动团体负责人，更是向台北地检署控告宋美龄可能涉嫌侵占公家资源，而"华航"涉嫌图利他人。对包括李登辉在内的官员利用上班时间擅离职守至机场送行，有关人士也要求予以追究。石文杰等人的理由是：宋美龄虽然是蒋介石的遗孀，但却只是一位未具公职身份的"平民"，至多只是人民团体中国民党的评议委员，与当政者外出访问不能相提并论，不宜也不应由官方派遣"华航"专机护送赴美疗养，因此有关单位应追查专机及随行人员的一切花费，究竟是私人支付还是公家支付。石文杰还举了个现实的例子说，美国现任总统夫人虽然贵为第一夫人，也不能单独使用总统座机或座车，何况目前的宋美龄什么身份也没有？他接着说，不久前美国一位部长因搭乘政府专机从事私人联谊活动，即在美国上下引起一场轩然大波，以此事为据，宋美龄坐专机也该追究！至于台湾当局官员齐聚送行之事，其花费也应向民众交代清楚。

一时间，宋美龄离台乘专机一事在台湾被新闻媒介炒得沸沸扬扬。

第十八章

感受"无情"

约翰逊不是艾森豪威尔，台美关系江河日下，蒋介石不得不又一次舞起夫人"外交"这一"尚方宝剑"。约翰逊政府以"元首夫人"礼节接待了宋美龄，白宫的红地毯终于再次为她铺开。"大使馆"为她举行了有1500名重要的政客和说客参加的招待会。宋美龄成了招待会的主宾。这是宋美龄最后一次以"第一夫人"的身份出现在华盛顿。

然而，还是那个宋美龄，还是那套美丽的言辞，但是时代变了，听众已经对东方幻想不感兴趣了。再也没有那么多的掌声和喝彩，记者们也只是草草写了一点报道，犹如昙花一现，再也没有什么轰动效应了。宋美龄的名字已经从头版转到了社会新闻版上，后来竟又转到了食物版上。

周书楷"大使"曾得到宋美龄结结实实的一记耳光和气势汹汹的一句话："我就是'中华民国'！"

尼克松曾是宋美龄十分欣赏和信赖的"朋友"，但他访问北京却连招呼都不打。宋美龄再一次深深感受到国际政治的"无情"，她的心情是既气愤又无奈。

台湾海峡平静了相当长一段时间，进入20世纪60年代之后，蒋介石又开始到处散布他的"反攻"神话。

为什么蒋介石在此时又重提"反攻"战呢？笔者认为最主要的因素在于：白宫新主人肯尼迪在重新考虑对华政策，他上台前曾说过：他坚信美国必须"保卫台湾"，但应划一条清楚的防线，他一直认为金门、马祖对防守台湾并非必不可缺，美国防线应仅仅划在台湾本岛周围。肯尼迪的主张，遭到了台湾当局不点名的批评。肯尼迪上台后，虽然在改变对华政策方面仅仅迈出了一小步，但也令蒋介石忧心忡忡。

所以，蒋介石想再度点燃海峡战火，牢牢拖住美国。对于蒋介石来说，获得美国的支持是至关重要的。

黔驴之技

　1962年，肯尼迪遇刺身亡，约翰逊接任美国总统，宋美龄的美国情结，又使她兴起了访美的念头，她需要及时打探美方的对台意向。而且她始终认为，她在美国是有一定的影响力的，所以想去美国为夫君活动一番。恰恰遇到约翰逊接替肯尼迪的机会，宋美龄决定乘庆贺就职礼之便，提出访美请求。几经斡旋，安排好了比较满意的日程。但令宋美龄感到意外的是，约翰逊突然以"不欲铺张，一切从简"为由，谢绝了宋美龄的前往道贺，访问只好取消。宋美龄未曾料到，"亲美派"竟被拒之门外。

宋美龄正不知道怎么出这口气时，台湾一家报馆做了她的出气筒。

台北《大华晚报》的一个名叫徐隆德的青年记者，很偶然的情况下，在当年蒋介石秘书秦孝仪的办公室里看到了一张字条：蒋夫人即将于某月某日某时，乘"中美号"飞机，先飞夏威夷，然后改搭美国飞机赴华盛顿访问。除参加约翰逊因肯尼迪被刺而继任总统的就职礼外，还列有到联合国演说等项日程。

上述消息对于一个新闻记者自然是意外收获，于是他很快写成新闻，赶回报馆向总编辑报告。台湾的新闻媒介历来对蒋介石夫妇的行踪最敏感也最谨慎，当总编问清消息来自秦孝仪办公室之后，则予以发表。

岂料消息一经刊出，立刻就惹来了大麻烦，首先是宋美龄大为震怒，认为这是故意出她的"洋相"，有意让她下不了台。接着就是蒋介石表示要封闭报馆，并下令严查。

结果是消息出自"秦办"，最后只好以逮捕报馆的总编和当事记者、关闭报馆了事。据说，后来还是国民党元老张群向蒋介石进言："如果只为夫人不能访美的事而关一家报社的门，岂不有损夫人的清誉。"

由此报社才得以保住，只是象征性地停刊一两天以示惩罚。从这件事也说明当年宋美龄与美国之间的关系是一个极为敏感的问题，无论是她的赴美还是离美，对台湾的政治生活都能掀起一些浪花。

1962年访美被拒，宋美龄只好暂时打消了访美的念头。

约翰逊不是艾森豪威尔，台美关系江河日下，蒋介石对此心急如焚，他不得不又舞起夫人"外交"这一"尚方宝剑"。

为了讨好美国领导人，在接受美联社亚洲区总经理尤恩森专访时，宋美龄大肆称赞约翰逊总统对越南的"立场坚定"。1965年4月15日，宋美龄的讲话被公开发表。

1965年8月，蒋介石派宋美龄到美国进行长期访问。这是蒋介石对美的"黔驴之技"，也是宋美龄最后一次以"第一夫人"的身份出现在华盛顿。

当时，台北驻美"大使"周书楷接台湾密电，为答谢美国副总统约翰逊1961年5月14日、15日赴台与蒋介石三度聚谈之行，以及1963年11月约翰逊继任美国总统后对台湾的支持，宋美龄即将赴美访问。

宋美龄再度出山了。

宋美龄于1965年8月22日自台北赴美。9月7日，她乘专列从纽约来到华盛顿，受到国务卿腊斯克夫人的欢迎。宋美龄乘高级轿车来到专门为她租用的时髦而漂亮的大厦。几乎同时，蒋经国也应邀访美。

当日，她在周书楷陪同下在"大使馆"接见了台湾驻华盛顿所有官员及眷属，而且时间很长。此时的宋美龄，被人形容成："彬彬有礼、态度亲切，毫无炫耀第一夫人的官态，像是一位和蔼可亲的学者与人交谈。"（周谷《中外杂志》1994年第7期，第93页）但是，在住处问题上，宋美龄却仍要摆"第一夫人"的架子，她在华盛顿租用了豪华公寓，租金是24000美元，只仅仅住了一个多月的时间。

约翰逊政府以"元首夫人"礼节接待了宋美龄，白宫的红地毯终于再次为她铺开。随后台湾"大使馆"为她举行了有1500名重要的政客和"院外援华集团"说客们参加的招待会。宋美龄成了招待会当然的主宾。

在华盛顿期间，宋美龄与美国各方要人频繁接触，她与J.埃德加·胡佛、最高法院法官拜伦·怀特、参议员托马斯·多德等人多次密谈；在白宫，她与伯德夫人一起喝茶，与林顿·B.约翰逊促膝交谈。约翰逊总统夫人亲自用茶点招待宋美龄，约翰逊还特地步行至其夫人办公室与宋美龄密谈了20分钟。

宋美龄在一场接一场的谈话中断言，只要美国向国民党提供武器，国民党就能"独自收复"中国大陆。蒋介石在会见美联社的记者时也强调："我们可以利用自己的力量反攻大陆，没有必要求助美国的军队。我们不想让美国卷入任何战争。在中国大陆，它是我们和中共之间的事。一旦我们回到大陆，我们就有了足够的力量。"（〔美〕布赖恩·克罗泽著《蒋介石》，第291页）

但是这回美国盟友仍然没有答应蒋介石的要求。令蒋介石不解的是，中共已有了原子弹，一旦让其发展壮大，对美台都会构成一种威胁，美国人为什么看不到这一点呢？

不管蒋介石的努力是否徒劳，对宋美龄来说，这次访美已是她外交生涯的回光返照了。只有一件事还令她自豪，即在访美期间，她应邀到她的母校韦尔斯利学院，向学生们发表纪念珍珠港事件的演说。她像当年一样侃侃而谈。克莱普女士称赞说："夫人的影响力，促成了本世纪许多重要事件。"

还是那个宋美龄，还是那套美丽的言辞，但是时代变了，美国的当政者变了，听众已经对东方幻想不感兴趣了。听众们再也没有那么多的掌声和喝彩，记者们对宋美龄的访美只是草草写了一点报道，犹如昙花一现，再也没有什么轰动效应了。宋美龄最后一次风头瞬间即逝。于是，她跑到曼哈顿的一套豪华公寓里住了下来，这套公寓是她的外甥孔令杰给她买的。

1966年，已经69岁的宋美龄，健康状况不断出现问题，从那以后，她的所有美国之行，大多是为了治疗疾病。她患胆结石多年，动过取石手术；之后，又因患了癌症，飞往美国，做了乳腺切除手术；其后不久，她再次匆匆赶往纽约，做了第二次乳腺切除手术。

宋美龄养病之时还曾掀起过一场风波。

1968年深秋，宋美龄看到《纽约时报》刊登了一条有关中国的消息，报纸似乎是顺便在资料上提到，蒋介石一生曾有三妻一妾，宋美龄名列正妻第三。

宋美龄看后，自然非常恼怒。当周书楷以驻美"大使"身份前来探病问安时，宋美龄命令他代表她前往该报社要求更正。周书楷一听便知道这是个困难的差事，但因为这是夫人之命，又不能不去。于是硬着头皮去报社交涉一番。

本没有什么可以更正的。但如果对方是台湾报纸，叫它更正，当然没有问题！不幸对方却是连美国总统都不买账的《纽约时报》。周书楷去交涉的结果，自然是没有结果。

这个结果，自是在周书楷的意料之中。他同时预料到，在回去交差之际，挨一顿臭骂是免不了的。但是，不曾料到的是，后来发生的事令他难堪得多。

第二天的早上，一位台湾"驻联合国代表团"的高级官员上早班。当他匆匆走向办公室之际，竟发现周书楷兀自坐在代表团门前的一条石凳上发呆。这位官员赶紧上前打招呼，周这时才似乎如梦初醒般地恢复过来。

究竟出了什么事呢？

原来，昨夜周书楷汇报了与《纽约时报》交涉的结果，宋美龄当然甚为不满。遭到责骂之后，周书楷在情急之中抢白了一句。

他说："我是'大使'，代表的是'中华民国'。"意思是说我代表"国家"，并不代表阁下。

谁知这句话换来的，竟是宋美龄结结实实的一记耳光和气势汹汹的一句话："我就是'中华民国'！"

后来，这位"驻美大使"从宋美龄在第五大道的住处出来，便在马路上浑浑噩噩地漫步，没有方向，没有目标，好像一个灵魂出窍的空空躯体，一直走了七八个小时。最后，来到这条石凳上坐下，直到天亮。

从这则传闻中，我们可以看出，宋美龄当年的作风是何等的霸道！同时我们也可以看出她是何等地希望在美国民众的心目中，永远树立她那"第一夫人"的形象！只可惜，无论何人都无法改变她是蒋介石第三任妻子的事实；只可惜，时光不能倒转，无法重现她1943年时访美的风采。

几十年间，宋美龄一直被妇女界列为世界十大女名人之一。但是在1967年，一向吹捧她的美国人亨利·卢斯在浴室里死于冠心病后，宋美龄的名流地位也就此告终。尽管她还不时地在传媒上亮亮相，可在美国报纸上，宋美龄的名字已经从头版转到了社会新闻版，后来竟又转到了食物版上。

尽管如此，宋美龄在退台以后的二三十年里，借各种机会访问美国，为保证台湾当局的"利益"作出了很大的努力。据统计，1952年8月、1953年3月、1958年7月、1965年8月、1966年5月、1974年10月、1975年3月，她多次赴美。宋美龄访美的目的，不仅是到美国各地去争取各界对台湾当局的肯定和支持，还有一个同样重要的"使命"是阻止联合国恢复中华人民共和国的合法席位。尽管宋美龄在美国所受到的欢迎规格越来越低，对美国各界的影响也越来越小，但她在阻止联合国恢复中国的合法席位方面，确实在一定程度上起到了拖延时间的作用。

尼克松震撼

时光进入20世纪60年代之后，台美"蜜月"关系结束了。当美国民主党人肯尼迪入主白宫以后，虽然他仍宣称坚持艾森豪威尔对华政策的三条原则，即：（1）承认台湾为中国的"合法政府"；（2）拒绝承认中华人民共和国；（3）拒绝中华人民共和国进入联合国。但在具体做法上表现出极大的灵活性，特别是在中国大陆沿海岛屿与"反攻大陆"问题上，表现出明显的差异，并一直暗示蒋介石不要轻举妄动。

与肯尼迪相比，约翰逊继任美国总统后，对华政策又有了明显的改变。约翰逊之所以如此，是基于国际局势与国内形势的变化所致。1964年，国际上发生两件爆炸性的新闻：一是中国第一颗原子弹试爆成功，使中国国际地位大大提高；二是法国同中国建交。美国国内受国际局势变化的影响，批评政府对华政策的人日益增多。形势迫使美国政府扩展与中国大陆的关系，台、美关系逐渐变冷。

正在这个时刻，曾担任十二年美国国会议员、八年副总统的理查德·米尔豪斯·尼克松上台当上了美国总统。这个在近十年间六次访问过台湾的美国共和党人，曾给予蒋介石夫妇以很高的评价。毫无疑问，蒋氏夫妇对他也寄予了很大的期望。

然而，一直让蒋介石夫妇提心吊胆的事情终于发生了，使中美关系发生重大转折的恰恰是这个"老朋友"。

尼克松入主白宫之后，重新调整了美国对华政策，结束了美国对新中国二十几年的敌对关系，拉拢中国抵制苏联。尼克松一向坚决"反共"，他当总统后看到世界形势的新变化和美国的不利地位，承认美国过去孤立中国的做法反而使自己被孤立起来，决定改变对华政策。尼克松并没有放弃自己的"反共"立场，他之所以这样做，是从美国的利益出发的，或者说这一重大变化主要是从美国的全球战略，特别是从对苏战略考虑的。

尼克松改变对华政策基于三点考虑：

（1）对抗苏联要有实力。为了对抗苏联，他主张开展"三角外交"，打开同中国大陆的关系，结束中美对抗，以便利用中苏矛盾，造成对苏施加压力和进·

行牵制的杠杆，迫使苏联对美国让步。

（2）出于结束越南战争的考虑。要结束越南战争，必须同中国政府取得谅解，否则很难从越南战场抽身。

（3）鉴于中国力量与影响的增长，中美对立的时间越长，美国付出的代价就越大，不利于美国稳定亚太地区的形势，更难集中力量对付主要对手苏联。"从长远来说，如果没有拥有七亿多人民的国家出力，要建立稳定和持久的国际秩序是不易设想的。"

同年10月，尼克松在接见美国《时代》周刊记者时称："如果说我在死以前有什么事情想做的话，那就是到中国去。如果我去不了，我要我的孩子们去。"

尼克松的上述言论表明，他力图在任内结束中美隔绝二十多年的不正常状态。就此点而论，尼克松不失为一个具有战略眼光的政治家。

正是这位扛了三十多年"反共"大旗的美国总统，却替西方世界迈出了大胆的第一步，打开了与中国交往的大门。尼克松当年为什么会有如此震撼世界的"大手笔"，事后有人是这样评论的：

"狡猾的迪克"（尼克松的外号）到底不离本色，扛了多年反共大旗却到北京去拜访毛泽东主席，岂不是自相矛盾？现在冷静看来，与其说是尼克松彻底改变立场，不如说是他的清教徒和中产家庭背景驱使他立志要做伟大的总统，为美国的强大和世界和平带来能使他个人出人头地的成就，反共的背景使他不怕政敌指控他亲共，清教徒的教义使他事事求全而永不退缩，而中产家庭的背景又驱使他不断地追求成就。跟随艾森豪威尔总统的八年期间，他曾经有机会访问过56个国家。这些访问无疑加深和丰富了他对外交的兴趣和经验。很自然的，他的成就也多半集中于外交方面，应该说，其中最具特色的就是1972年2月的中国之行。

无论怎样评价尼克松访华的动机，但此事件却永远确立了他是中国人民"老朋友"的身份。

尼克松曾是宋美龄十分欣赏和信赖的美国朋友，但从这一次尼克松所作的重大决定中，宋美龄再一次深深感受到国际政治的"无情"，当年差一点被杜鲁门抛弃，现在又被"老朋友"打入另册，却又无力采取任何报复性行动。此时，无论是宋美龄还是蒋介石的心情都是既气愤又无奈的。

为了改变同中国大陆的关系，尼克松在他访华之前，采取了一连串的实际行动。

为他打前站的是基辛格神秘的北京之行。

尼克松曾对基辛格说：在很机密的基础上，我想请你让你的助理人员起草一份研究材料，对我们在联合国接纳中国问题上将采取什么方针提出建议——不要告诉任何可能会泄密的人。我认为，我们没有足够的票数去阻挡。接纳的时间比我们预料的要来得快。我们确实需要解决的问题是，我们怎样才能逐步造成一种形势，使我们既能保持对台湾的义务，而又不致遭到赞成接纳赤色中国的人的抨击。

对于尼克松的举措，蒋介石非常不满意，当然对于尼克松准备访问北京一事，蒋介石当时是一无所知的，直到1971年7月15日尼克松宣布基辛格北京之行决定的前20分钟，台湾当局驻美国"大使"沈剑虹才从国务卿罗杰斯给他的电话中得知。这个消息使沈剑虹有几分钟时间震惊得说不出话来。他简直不能相信方才听到的话是真的。台北方面对此消息最初的反应同他一样，也觉得难以置信。

当1972年2月21日尼克松访问北京之际，正值台湾召开"国大"一届五次会议，会议对尼克松北京之行发表声明称："戡乱反共国策"绝不改变，不承认中美间任何协议，大陆中共是"叛乱"集团，"无权代表中国"。

令蒋介石最害怕的事情还是发生了，《中美上海公报》有如下一段表述："美国认识到，在台湾海峡两边所有中国人都认为只有一个中国，台湾是中国的一部分。美国政府对这一立场不提出异议。"

美国此一立场否定了多年来的"台湾地位未定论"，同时《上海公报》还提出中美应实现"两国关系正常化"。

蒋介石电令沈剑虹会晤尼克松，当面澄清《上海公报》未提台美"共同防御条约"所引起的不安。尼克松对沈剑虹保证，"美国决心遵守对'中华民国'的承诺"。翌日，沈剑虹返台向蒋介石汇报会晤尼克松情形，蒋介石听后感慨地说：从此以后，我们要比以前更依靠自己。

其实，除尼克松调整对台政策的打击之外，其他令蒋介石夫妇和台湾当局难堪的事情也早就露有征兆了。

据有关报道披露：从20世纪50年代开始，联合国中一年一度的中国代表权之争，美国一直站在支持台湾的立场，乃天下皆知之事。因此，联合国大会讨论这个问题时，表面上是台北代表在艰苦奋战，实际上却是美国国务院在幕后指挥。由于美国的支持，一年一年地拖了下来，一直拖了二十多年。到了70年代，联合国新会员国一天比一天多起来，美国渐渐地控制不住局面；而且，有了尼克松改变对华政策一事，且他又要访问北京。所以，也就有了美国国务院开始劝说台北接受"两个中国"的安排。

还有报道介绍说：进入60年代以来，联合国中多数国家一般认为应该容纳中华人民共和国政府，但也不愿把台湾排除出联合国。如果由美国出面或指使一些较为独立的国家出面提案"纳共而不排台"，一定会得到绝大多数会员国的赞同。

其实，对于"纳共而不排台"的方案，早在叶公超任台湾"外长"时就有此设想，而且台北"外交部"的人，没有一人不赞成的；特别是由台湾派出的那些"大使""公使"，以及低级职员们更是一致拥护，因为对他们说来，这种结局总比降旗返台要好。

据悉，当美国人的这个建议在台北的最高决策层提出时，一向在台湾被视为亲美派首领的宋美龄却是第一个站出来反对，她严正地说："宁为玉碎，不为瓦全！"

随之而来的是保守派群起附和。宋美龄直言不讳地反对，蒋介石却是保持着"沉默不语"。据在场的人说，蒋介石的表情是很苍凉的。

时至20世纪80年代后，台湾人对当年"蒋夫人一言定江山"之事仍感到不胜惋惜！他们认为：时机，时机，机一失去，时岂能再来？

无论宋美龄的态度多么强硬，在60年代末70年代初，蒋介石夫妇和台湾当局长期担心也是最怕发生的事情还是发生了，他们只好面对这一事实：

1971年10月25日，联合国第26届大会就中国代表权案进行表决，会议以76票赞成、35票反对、17票弃权、3票缺席通过了阿尔巴尼亚等23国提案，恢复中华人民共和国在联合国的一切合法权利，并立即将蒋介石集团的"代表"从联合国的一切机构中驱逐出去。

在26届联大表决阿尔巴尼亚等国的提案之前，蒋介石为避免尴尬局面的出现，遂令"外交部长"周书楷率台湾当局出席联大会议代表团悄悄退出联合国大会会场。

10月27日，蒋介石发表了《为联合国通过非法决议告全国同胞书》，书中云：

"本届联合国大会，竟自毁宪章的宗旨与原则，置公理、正义于不顾，可耻地向邪恶低头，卑怯地向暴力屈膝，则当年我国所参与艰辛缔造的联合国，今天业已成为罪恶的渊薮。""对于本届大会所通过此项违反宪章规定的非法决议"，"绝不承认其有任何效力"。"我们国家的命运不操

联大驱蒋案通过后，台湾"外交部长"周书楷的沮丧神情。

在联合国，而操在我们自己手中"。我们"对主权的行使，绝不受任何外来的干扰；无论国际形势发生任何变化，我们将不惜任何牺牲，从事不屈不挠的奋斗，绝对不动摇、不妥协"。

对台湾当局来说，事情不仅仅如此，继联大驱蒋案之后，"不幸"的事件接二连三地发生，几乎是在一夜之间，也像是有什么默契，有二十多个国家与"台湾当局"断了"交"，转而承认中华人民共和国。截止到1973年2月，仅有39个国家与地区同"台湾当局"保持"外交"关系（1991年统计，只有30个国家与地区与"台湾当局"保持"外交"关系，这30个国家与地区多是一些落后的小国与地区）。这个多米诺骨牌效应，使台湾的"外交部长"周书楷不得不惊呼：已有了无"外"可"交"之兆。此刻蒋介石也不得不承认，这是国民党"迁台以来的最大挫折"。

为了给他的部属们打气，同时也为了安抚因驱蒋案所造成的台湾动荡的民

心，蒋介石大声疾呼："庄敬自强""处变不惊"。

宋美龄也附和蒋介石言论，于1975年3月，发表了《不要说它，但是我们要说》的文章，文中宣称：

"联合国一批会员国，乃可以听任感情驱使……采取集体行动，再度嘲弄联合国。我们不得不承认，我们极为成功地敲响了这个国际和平组织的丧钟。"

从蒋介石、宋美龄的上述宣泄中，可以看到联大驱蒋之举及以后的一系列事件，使得他们夫妇已愤怒到了极点，因而在较长的时期内对联合国不断进行攻击、指责。同时，也借机表达对美国不再顾及、关照老朋友的不满。

第十九章

官邸春秋

从搬进士林官邸的第一天起，蒋氏夫妇就计划将这个官邸"要塞化"。

宋美龄是当年台北官场有名的"夜猫子"。在清晨起床时，蒋介石总是在黑暗中拿着一支钢笔手电筒，蹑手蹑脚地摸进盥洗室。他不想吵醒才入睡两三个小时的宋美龄。

蒋介石夫妇的饮食口味也是南辕北辙，蒋介石见到夫人吃生菜沙拉，就开玩笑说："你真是前世羊投胎的，怎么这么爱吃草呢？"

宋美龄超大型衣橱里的旗袍堪称世界之最。因为她有一位"超级"勤奋的裁缝师。但几乎每件新旗袍做好之后，宋美龄都只是大略地看一眼。

当蒋介石、严家淦来到"总统府"阳台上接受20万人的欢呼，电视上由"总统"接受欢呼的画面转到"副总统"的特写时，居然出现了这样的字幕："大哥不好了……"

蒋介石的身体已是越来越差了，为了让人以为他身体"健康"，孔二小姐出了个"高招"，宋美龄更是付出了心血。

蒋介石大殓时，媳妇蒋方良突然以宁波话向宋美龄要求："我可不可以亲阿爹一下？"

孔令侃从美国回来，策划拥立宋美龄继任国民党总裁。不久宋美龄远赴美国，"蒋夫人"三个字成了宋美龄的专有名称。

唯夫人是从

"士林官邸"在台湾是赫赫有名的，蒋介石在这里度过了他最后的岁月。夫妇二人可以说相依为命，用宋美龄的话说是两个人的感情"老而弥笃"。蒋介石虽为当局的首领，但在官邸的家政方面，却是多年以来相当尊重宋美龄的。所以，官邸上下各类工作人员都知道必须听从宋美龄的指挥调遣。

既然内务人员全归宋美龄指挥，那么自然很多人就围着她团团转，认为只要伺候好宋美龄一个人就算尽职了，于是有人千方百计地讨好她。

宋美龄是当年台北官场有名的"夜猫子"。所以，在清晨起床时，蒋介石总是在黑暗中拿着一支钢笔手电筒，蹑手蹑脚地摸进盥洗室。他之所以这样，就是不想吵醒才入睡两三个小时的宋美龄。长期以来，他们之间的生活作息有如天壤之别。但是他们彼此间从来互不干扰，尊重对方的生活习惯。

在就餐时，蒋介石夫妇的口味也是南辕北辙，一点共同语言也没有。蒋介石吃的东西基本上是中国传统式的，而宋美龄则是全盘西式口味。蒋介石见到夫人吃生菜沙拉，就开玩笑说："你真是前世羊投胎的，怎么这么爱吃草呢？"宋美龄也不示弱，反唇相讥道："你把咸笋蘸上黑黑的芝麻酱又有什么好吃的呢？"好在各有各的厨师，不会有什么饮食冲突。

在餐具方面，宋美龄十分讲究，当然也花费惊人。有幸在阳明山中山楼用过餐的人都知道，那里的刀叉的尾端都镶着"蒋"的字样，据说这是宋美龄特别订做的，以讨好蒋介石。

士林官邸的侍卫们承认，宋美龄是一个很注意生活情趣的女性。过去在大陆时，蒋氏夫妇的夜生活是丰富多彩的。到了台湾以后，他们年纪大了，已经没有年轻时代那样旺盛的精力了，但是，有宋美龄在的官邸夜晚，依然让人感到不同寻常。

蒋氏夫妇在官邸欢度圣诞。

宋美龄尤其喜爱看电影，在士林官邸可以看到各式各样的电影片，只要是在台湾可以找到的片子，专职人员都会设法搞到。

当年专门帮宋美龄搞电影片的，就是以前美军御用单位"励志社"的电影股股长袁道生，一些未上映的电影，只要听说是宋美龄有兴趣，袁道生就会立刻到出品这部电影的公立、私立电影公司，伸手向人家要电影拷贝。正常情况下，大家只要见到是袁道生出马要片了，都知道是蒋介石夫妇要看电影了，即使是电影公司不愿意，碍于士林官邸的大招牌，谁又敢自找"麻烦"呢！

宋美龄可以为了一部片子，看到废寝忘食的地步。可是蒋介石却是起居有时，非常刻板。他从不为好片子所诱惑，到了该睡觉的时间，他一定叫住暂停，做下记号，下次再看。不管电影剧情如何发展，他都会毫不犹豫地回房休息。在侍从的印象中，蒋介石很少一次看完一整部电影，总要分成好几次才能看完一部电影。

除了作息时间方面，蒋介石要照顾夫人的要求，在官邸内的总管人选方面，蒋介石也要对夫人让步。

20世纪60年代前后，士林官邸老内务科长蒋孝镇年龄大了，准备退休。于是，在官邸的内务科长继任人选问题上，蒋介石夫妇间发生了一次小摩擦。

蒋孝镇是一个从基层干起的侍从。可以说，他对蒋介石真称得上是忠心耿耿。跟随蒋家大半辈子，从来没有听到他有任何抱怨。退台以后，在士林官邸做事，他对蒋介石夫妇忠诚依旧，一切都依蒋介石和宋美龄的旨意办事，从来不会自作主张，越雷池半步。蒋介石夫妇对他非常满意。但是这时因年岁大了不得已，只好另外物色一个合适的人来代替他。

其实宋美龄已有了一个名叫陈杏奎的内定人选。早在大陆时期，陈杏奎就是宋美龄身边最得宠的厨师。此人长得仪表堂堂，因常着西装，曾闹出误会。当年蒋介石从溪口撤退到广州时，一天，陈杏奎身穿西服，走进黄埔军校大门，门口的卫兵不知道他是何许人也，以为他是某位大官，朝他毕恭毕敬地敬礼，让认识的人看在眼里，不禁哑然失笑。其实他不过是到菜市场买菜回营区。而当另外一位真正的"大官"——俞济时欲进黄埔军校时，门口卫兵见他穿件旧中山装，人又长得矮小干瘦，连正眼都不瞧一眼。这在当时还曾一度引为笑谈。

陈杏奎陪着宋美龄撤退到台湾后，成为宋美龄身边资格最老的侍从之一。宋美龄也把他视为最忠实的下人。每当用餐时间，宋美龄挂在嘴边的一句话就是："哪一样菜是陈杏奎烧的啊？"而且只要有人说某种菜是陈杏奎的手艺，那么，这样菜必定会得到宋美龄的赞扬。事实上，被宋美龄所夸奖的"好菜"，有不少是另外一厨师的杰作。至于为什么陈杏奎能得到宋美龄的特别关照，大概是因为长久相处的缘故吧。所以，当科长一职出现空缺，宋美龄首先力荐的就是陈杏奎。

尽管蒋介石当年很少插手去管士林官邸的家务事，可还是对夫人的这项建议很不以为然。他认为：大厨师怎么可以直接升任内务科科长呢？但是，宋美龄却执意要提拔陈杏奎。有夫人的百般坚持，其结果是可想而知的，陈杏奎终于在蒋介石写下升任其为科长的条子后，坐上了内务科长的"宝座"。

新科长上任后，因为有宋美龄做后台，自然是风光一时。但是，好景不长，因为比他更得宋美龄欢心的孔二小姐回到了台湾，住进了士林官邸。

孔二当政

1962年10月23日，孔祥熙夫妇带着心爱的二小姐，从美国来到了台湾。

孔氏夫妇来到台湾后，在博爱宾馆住了相当长的一段时间。后来他们又离开台湾回到美国，而他们的二小姐则继续留在台北给宋美龄做伴。士林官邸特别为她在官邸对面整理出一间招待所居住。

孔二小姐的到来，正是陈杏奎做内务科长得意的时期，由于他仰仗人势的作风，得罪了一些手下之人，对他不满的人都希望搞垮他，很快他们看到了孔二小姐的作用，于是纷纷去找她告状。

随着告状的人越来越多，在孔二小姐的转告下，宋美龄对陈杏奎的信任程度，也就从此大大降低。而孔二小姐恰恰对士林官邸内务的各种事情都表现出十分的兴趣。在陈杏奎逐渐失宠之后，自然而然，孔二小姐便有取而代之的趋势。

20世纪60年代初，士林官邸的侍从们经常可以看到孔二小姐在官邸的大厨房出出进进。她给侍从们的印象是什么都管，又什么都不管。说她什么都不管是在于，有时，有人向她请示一些事情，她会十分轻松地回答："我怎么知道你说的那件事情，那与我何干？"（参见翁元口述《我在蒋介石父子身边的日子》，第89页）说到她什么都管是指，官邸内的事情无论大小，她都不断要向宋美龄去反映，士林官邸的上上下下都不能不尊重她，谁都知道她的背后是宋美龄，得罪了她就等于得罪了宋美龄。而宋美龄正是通过孔二小姐把士林官邸的事情了解得一清二楚。

孔二小姐不但在士林官邸大小事情都要插手，甚至连宋美龄在台湾挂名的几个机关团体，像妇联会、振兴复健医院、华兴育幼院等等她都要管一管。

20世纪60年代后期，有人称：孔二小姐是宋美龄和士林官邸名副其实的大总管。但是，除此角色之外，她每日最重要的活动内容之一，是把搜集来的有关士林官邸的各种消息向宋美龄详细汇报。难怪有人给她封了个业余官衔"情报局长"。

据在台湾跟随孔二小姐多年的侍从小姐披露：自从孔二小姐成为士林官邸的真正总管之后，整个官邸的动态，不论是个人隐私、私人丑闻，还是贪赃枉法，都瞒不过孔二小姐。而她也会将所见所闻全盘向宋美龄汇报。所以，士林官邸的任何风吹草动，根本不用劳宋美龄大驾，都会由孔二小姐及时地传达到她的耳中。因而官邸的侍从们如果犯了什么过错，最怕让孔二小姐知道，因为无论怎么隐瞒和保密，都逃不过她的细密调查。再加上孔二小姐和宋美龄的特殊关系，她每天至少要见一次这个对她视同己出的姨妈，所以，大凡她知道了的事情，宋美龄也一定会在极短的时间里得知。

另据士林官邸的人员透露，如果宋美龄想了解某件事情，且又不便出面，必会让孔二小姐去打听。由于宋美龄对她的钟爱和信任有加，即使她把得到的信息根据自己的好恶予以转述，宋美龄也都是深信不疑的，并会留下深刻的印象；同时凡是孔二小姐认定并转告宋美

着男装、叼烟斗的孔二小姐（摄于台北）

龄的事情，不管谁来说情也改变不了宋美龄的决定。

在蒋介石掌权的时代，宋美龄的话对蒋介石十分有分量，而孔二小姐又在宋美龄心目中十分有分量，所以在士林官邸就出现了一个奇特的现象，侍从们只要把孔二小姐这一关打通，宋美龄那里也就八九不离十了，因而蒋介石那里基本上也就不会有什么问题。士林官邸的人甚至认为：在宋美龄的晚年，孔二小姐简直就是她的灵魂，如果没有了孔二小姐，宋美龄势必会失魂落魄。这话可能有夸张成分，但有一点必须承认，孔二小姐在宋美龄心中的位置无人能取代。

"不怕一万，只怕万一"

对于出行的方面，蒋氏夫妇是颇为讲究的。每次走出士林官邸，必有一小型车队随行，以防不测。

从士林官邸到"总统府"，沿途要经过圆山，中山桥，中山北路一、二段，中山南路，介寿路等路段，全程约四公里。为保证他们的安全与一路上畅行无阻，每次在车队未出发前，都要在沿线布置许多便衣岗哨，车队必经的路口，一律绿灯放行。

但是在中山路北段，有一处通往基隆、宜兰、苏澳的铁路平行道，且每天火车来往频繁。在火车经过平行道时，就要将护栏放下，以保证公路车辆安全。即使蒋介石的车队抵达时，也要停车等候。为了保证蒋介石的安全，严家淦下令兴建一座公路天桥。桥建好后命名为"复兴桥"。很多人认为桥下可设摊营业，但也有人认为设摊营业会影响蒋介石的安全。后来有人将此问题提交"政府委员会"讨论，经争论之后，严家淦作出结论，认为兴建"复兴桥"的目的，原就是顾虑蒋介石安全问题，乃不准桥下安置任何摊贩。蒋介石此时也顾不得"平等"和"民生"了，他曾忧心忡忡地说："不怕一万，只怕万一。"

士林官邸的人回忆说，蒋介石夫妇出巡时，侍从们总是忙得团团转。

早年宋美龄坐的汽车当然就是最现代化的防弹轿车。她有许多辆轿车。1945年日本投降后，何应钦在接收得来的轿车中，挑选最好的，一次就送给宋美龄达十辆之多。

玉泉观鱼。

有时，蒋介石夫妇出门坐专机，随行的只能是少数人员，多数侍从只好先期到达目的地，把一切必须处理好的事情先做好。然后，在原地等候蒋介石夫妇的到来。即便是坐专机，下来后，蒋介石仍要坐他的专车。所以侍从们又必须提早把蒋介石夫妇乘坐的豪华"坐骑"，先用火车运达目的地，以备他们夫妇使用。而在没有公路的地方，侍从们还要想到把蒋介石夫妇的"专轿"准备好，好让他们夫妇可以舒适地去游山玩水。难怪副官翁元会发出"蒋中正下江南，侍卫人仰马翻"的感叹！

早在20世纪60年代，蒋介石夫妇的"坐骑"已经换成各种型号的美国豪华型凯迪拉克轿车。他们的车队规模称得上是十分庞大的。出行时，通常第一辆是先导车，是一辆凯迪拉克五人座的豪华轿车；第二辆是蒋介石夫妇的座车，是七人座的凯迪拉克，前右座是侍卫官，负责为蒋介石夫妇开车门；第三辆是蒋氏夫妇随行人员的座车，一般是宋美龄的侍卫官、蒋介石的侍卫长等人；第四辆也是七人座的卡迪拉克，乘坐人员主要是蒋介石的内卫组组长等人；第五辆供武官、秘书及一些警卫人员乘坐。除上述人员外，至少还要出动上百人的警卫队，如果再加上临时动员的人力，更让人难以估计，确实是相当大的一个车队。

此外，蒋氏夫妇常备一个现代宫廷轿夫班。还在大陆时期，蒋介石为适应重庆自然环境的需求，成立了一个官邸轿夫班，来解决交通工具问题。通常，蒋介石夫妇坐的轿子，是由两人抬着，出于安全考虑，在左右两边还各有一名轿夫，在一旁跟着，只要发生有轿子不很安稳的情况，两边的轿夫就可立即上前扶持，以防意外的发生。到了台湾，蒋介石官邸仍有两顶从大陆带来的轿子，供蒋介石夫妇出游时使用。

从退台以后到20世纪70年代，蒋介石夫妇在台湾各个偏远山区游玩，经常乘坐的是轿子。蒋介石夫妇的轿子与中国西南地区使用的"滑竿"差不

蒋氏夫妇在横贯公路九曲洞小坐。

多，但坐起来要舒适得多。它的椅子是藤制的，轿椅的上方还有折叠式遮篷，可以遮阳避雨。像桃园复兴乡的角板山、日月潭等地，都是舒舒服服坐在轿子里观光的。由于他们出行时，带的东西总是数目多，且种类庞杂，所以侍从们不但要徒步紧跟，还要用推车运送他们的行李，个个暗自叫苦。蒋介石的侍从翁元事后评论此事时说："从这里也可以想见，老先生夫妇当年是过着什么样的生活，所谓'仁者乐山，智者乐水'，实际上是轿夫们，凭借着原始的人力，把二位老人抬到山水之滨的。"（参见翁元口述《我在蒋介石父子身边的日子》）

20世纪70年代后，蒋介石身体日渐衰弱。从此，他们夫妇再也没有一同出门旅游的机会。但是轿夫班的建制还是存在的。蒋介石去世后，因宋美龄脚伤旧病复发，轿夫班又曾发挥过一段时间的作用，即负责把宋美龄在士林官邸楼内抬上抬下。

孔二小姐来到台湾后，对一个姓刘的轿夫印象不错。于是，她就向宋美龄要人，在当时她的要求一定会得到满足，因为宋美龄向来对这位晚辈言听计从。很快，这个轿夫就调到孔二小姐身边做了她的贴身副官。从此，孔二小姐也成了除蒋氏家族成员之外，少数几个有贴身副官的特殊人物。

蒋氏夫妇出游

孔二小姐和宋美龄一样，喜欢在早上起床后，做全身按摩。宋美龄是请一位女副官来做，而孔二小姐则是由这个男性副官来为她做全身按摩，足见这个刘副官对孔二小姐来说是非常重要的。

美容瘦身秘诀

到了台湾的宋美龄风范依旧。无论是夜生活，还是吃喝打扮，从生活的任何一个方面看，她都还是那个非常洋化、非常好享受、爱权力的贵夫人。

首先宋美龄的驻颜有术就可作为明证。

士林官邸的工作人员在回忆往事时，对宋美龄的私生活感触颇多，也描述得十分逼真。他们说："宋美龄和许多当年在十里洋场待过的人一样，都是过惯夜生活的人。因为，习惯了通宵达旦、歌台舞榭年轻时代的生活，到了老年，老夫人的习惯还没有什么大的改变，依旧保持晚睡晚起的作息。早上，大概老先生都已经起床五六个钟头了，宋美龄才从梦中醒来，她在醒来后，是不直接起床的，大概总是要躺在床榻上一阵子，先让她的女副官郭素梅为她做腿部按摩，她才慢条斯理地起床，穿上晨袍，在书房的盥洗室盥洗，然后再自己化化妆。"

谈到化妆，宋美龄在她百余岁的生命中，几乎每天都在化妆。大凡见过她的人都说她真是驻颜有术。确实，宋美龄一生都非常重视自己的形象。化妆对于宋美龄来说犹如空气和水一样是须臾不能离开的东西。同时她的这一习惯也给手下人留下极深的印象。翁元回忆说：

"宋美龄一向是不假手他人的，即使是副官也不麻烦她们，最主要的原因是宋美龄大概不太希望别人见到她的庐山真面目。在老先生身边这许多年来，照顾老先生私人生活那么久，却没见过卸下妆的宋美龄几次，可见她善于掩护自己的真面目。

"记得有一晚，在老先生的房里，照顾他老人家，这时，我不经意地回头一瞥，一个像是鬼魅般的人影，吓了我一大跳，仔细定睛一瞧，才知道是卸下妆的宋美龄。但是，卸下妆的她，不但脸色泛黄，皮肤粗糙，还把发髻放下来，拖着长长的头发在脑后，乍看之下，真会让人误以为是在夜

宋美龄既驻颜有术，又化妆得体。图中的妆扮精致得让人几乎分不清是画像还是照片。

晚碰上鬼了，因为，没化妆的宋美龄，真和化了妆的她，相差十万八千里。我们当然不会想到一个平日雍容华贵的贵夫人，在她没有化妆品的烘托时，竟会完全判若两人。"

宋美龄一生都非常重视身材和容貌的保养，到了晚年她更是精心呵护，这在士林官邸又是一个公开的秘密。

很可惜宋美龄却患有皮肤过敏症这一顽疾，所以，有时仅仅因吃了一点海鲜或沾了一些花粉，就会旧疾复发，非常难受，也很影响她的"美观"。因此，手下人在服侍

宋美龄对身材的保养是成功的，古稀之年依然匀称如初。

她时，方方面面都必须小心翼翼。

宋美龄的皮肤病在美国人那里都出了名，当年罗斯福任总统时，宋美龄曾到白宫做客，由于她的皮肤过敏，每天都要换几次床单，可不知真情的白宫侍从们对宋美龄这一"习惯"却是抱怨不已。而且当时就有美国人评论说：这位东方的"白雪公主"比美国"第一夫人"要阔绰得多。

据悉，她的女副官还有一项任务，就是帮宋美龄拔白头发。宋美龄十分讨厌有白发，只要自己化妆时，发现头上有白发，就一定要将它除去才罢休。所以，侍从们经常可以看见的一景，就是郭副官在帮她拔头发。

吃对宋美龄来说，既讲究又不讲究，说她讲究在于她的食谱原则是随着体重的增减而不停地变动，说她不讲究在于她很少吃大鱼大肉。

对于容貌上的先天不足和日渐衰老，宋美龄只有依赖化妆品来弥补和遮盖，但是对体重她不用这么费心，她一生都控制得格外好。奥妙是什么呢？据知情人介绍：

宋美龄饮食习惯是幼年受父亲爱吃西餐的习惯和她自己在美国长达十年的留学生活的影响。结婚后，受蒋介石的影响，逐渐改吃中餐，爱吃烤鸡和猪排。她很少吃大鱼大肉，为的是保持苗条的身材。

由于她对自己身材的保养格外重视，她几乎每天都会用磅秤量自己的体重，只要稍微发觉自己的体重重了些，她的菜单马上随之作更改，立刻改吃一些青菜沙拉，不吃任何荤的食物。假如体重恢复到她的标准以内的话，她有时会吃一块牛排。据侍从们讲，宋美龄有一样非常喜欢吃的东西，就是爱吃有骨头的食物，也不吃肉多的部分，单单喜欢啃骨头，比如鸡翅膀、鸡爪子之类的东西。

宋美龄天天要吃水果，她是南方人，据说最喜欢吃新鲜的荔枝和菠萝，好在现代运输方便，否则真要像古代为杨贵妃的喜好，而"一骑红尘妃子笑"，出动大队人马了。

在食谱方面，宋美龄讲求的是精致。所以，在宋美龄的厨房里没有过多的酒肉，都是按少量、新鲜原则配置的食物。即便是这样，宋美龄为了保持美好的身材，仍旧吃得很少。但是对于她的客人，在餐桌上，她却热情款待，唯恐人家吃不饱。侍从们说，在士林官邸做客吃饭，大概没有人不怕宋美龄奉菜的，尤其是蒋纬国最怕这种家宴。

通常士林官邸有宋美龄在的场合，无论是家宴或是对外宴客，餐具都比较讲究，每位面前放一个大盘子，进餐时，宋美龄自己吃得很少，大概怕慢待了客人，所以常常不断地夹菜给别人。蒋纬国就时常有这种"痛苦"经历。有时，他明明已经吃饱了，但是宋美龄还是不停地给他拣菜，蒋纬国肠胃饱胀，再也吃不下了，但是依他一向的习惯是绝不浪费，所以对已

宋美龄的旗袍典雅考究

经夹在面前的菜肴非把它吃完不可。蒋纬国时常开玩笑说，在士林官邸吃饭，总是吃撑肚皮。

宋美龄为保持身材的苗条，还有许多的趣闻。据一些报道说，早年，她为了控制体重，曾经常吸烟，她喜欢吸薄荷香烟，后来到了一支接一支的程度，非美国烈烟"骆驼"牌不过瘾，后改抽Kent。但在公开场合，则从不吸烟。蒋介石是不喜欢闻到烟味的人，更不允许人们在他面前吸烟。所以，常常是宋美龄为了尊重夫君，如果吸烟的话，一定在自己书房里边吸，不会到房外去吸。这个为身材而吸烟的习惯大概只维持了几年。也许，宋美龄觉得这个方法确有些舍本取末，就放弃了这个减肥办法，不再吸烟了。

喝咖啡，抽香烟，这些习惯，蒋介石都没有，相反，他倒像个苦行僧，每天喝白开水，极少饮茶，只是晚上要洗一个热水澡。

尽管宋美龄在餐桌上显得十分大方，但侍从们却对她的"小气"记忆犹新。他们提到：官邸外面想讨好宋美龄的大有人在，由于外边传说宋美龄自幼喜欢吃巧克力糖，而且这个习惯即使到了老年，还是不改。所以为了投"第一夫人"所好，给宋美龄的礼品中总是得送些台湾当时还不多见的外国进口的巧克力。以至于士林官邸的特大号冰箱，经常装满了各式各样的巧克力。偶尔半夜心血来潮，宋美龄就会让当班的侍卫人员帮她拿两块巧克力来吃。

巧克力摆满了整个冰箱，宋美龄根本吃不完，常常是放在冰箱内几年都没动过。那她也从未把吃不掉的新鲜巧克力"施舍"下人，往往是等到发现有些巧克力都黏成一团时，她才像是对手下人给了多少恩宠似的发话了：这些糖你们拿去

鲜亮的旗袍使宋美龄显得年轻而充满活力。

吃吧。试问，此时谁还会吃她那些发了霉的、看了都让人恶心的巧克力呢？

　　侍从们还记得，有几次过圣诞节的时候，宋美龄吩咐手下人从官邸送一些水果蛋糕去给华兴育幼院的小孩子们吃。其实，侍从们都清楚地知道，这些蛋糕都已经放在冰箱里边好久了。有时，她也让送些糖果给院童们，但侍从们也清楚地知道，通常她总是把最精致的东西留给自己，她看不上的东西才给育幼院的孩子们吃。

　　宋美龄手下的人常在私下议论她，都这么一大把年纪了，实在是太小气了。

　　宋美龄花了大气力来保持身材，自然对服装、服饰也十分考究。从照片上看，宋美龄着装特色主要在于旗袍，她最喜欢的衣服式样大概应算是旗袍了。她的超大型衣橱里的旗袍堪称世界之最。

　　宋美龄有一位"超级"勤奋的裁缝师，这个裁缝师叫张瑞香。早在大陆时期，张瑞香就跟着宋美龄走南闯北，寸步不离。有几次宋美龄到美国去，都带上了这个裁缝师，可见宋美龄对这个侍从是宠爱有加的。

　　宋美龄看重这个裁缝师是事出有因的，他不仅手工精巧，而且非常"勤奋"，工作起来十分卖力。有几次，他人已经重病在身，躺在床上，还是不顾自己的身体，继续为宋美龄赶做着旗袍。

　　士林官邸内务科的人都清楚，除了过年除夕那天休息一天之外，364天，张瑞香几乎每天都在不停地为宋美龄制作旗袍，而且他只为宋美龄一个人做。由于一些官太太投宋美龄所好，送礼之中多半有衣料，长年不断的绫罗绸缎，足够张瑞香一年忙到头的。凭他一个熟练的裁缝师，每两三天就可以做好一件旗袍。每做好一件，他就喜滋滋地把新旗袍捧到宋美龄面前邀功请赏。

　　可是在侍从们的眼里，宋美龄的旗袍穿来穿去，总是那么几套，从来没有太多的更换，令手下人不解：不知道是宋美龄不喜欢穿新衣服，还是她只喜欢用纯欣赏的方式，去满足自己的虚荣心。几乎每件新旗袍做好之后，宋美龄都只是大略地看一眼，就命人拿到自己的衣橱里妥为保管，从没见她穿过一遍。这大概只有用"旗袍癖"来解释了。

侍从们说，大小官员太太们送的布料越多，张瑞香就做得越多，而宋美龄的衣柜，也就越成为名副其实的世界最大的旗袍储藏室。这大概能与近代中国的慈禧的"御衣库"，现代菲律宾前总统马科斯夫人的衣柜、衣箱相比高低了。

张瑞香兢兢业业为宋美龄做了大半辈子的旗袍。然而在他死前，口中还不停地说对不起老夫人，因为还有旗袍没有做完哩！

宋美龄在嫁给蒋介石后，一改留学刚刚回来时的西服打扮，改穿中装，主要是旗袍。因为她曾经一度担任过航空委员会秘书长，自称为"中国空军之母"，所以有时也穿空军军服。1942年7月24日，为了庆祝美军第十四航空队的成立，国民党在重庆举行酒会。当时宋美龄身披黑色斗篷，佩戴空军中将肩章，手挽航空队队长陈纳德，徐徐步入会场。宋美龄用英语对陈纳德开玩笑说："你混到现在，军阶在我之下。"据考证，当时蒋介石是陆军特级上将，空军则自封是中将。但无人知晓宋美龄何时被授为空军中将的。

"第一夫人"的生活内幕还有值得一提的趣闻是她的忠实狗"警卫"。宋美龄在台湾时，曾养有一条爱犬。据说，它能担任警卫工作，有一次，宋美龄和蒋介石开玩笑说："你假装着打我，看看它帮助谁？"结果出现的场面是：那条狗总是挡在蒋介石面前，不让蒋介石打宋美龄。

台湾时期的蒋介石也喜欢养狗，他每天快用完午餐时，一条中型的白狗就会被放进他用餐的餐厅里。接着一个侍卫人员拿着盘子，等待着蒋介石调拌狗食。据台湾资料称：蒋介石非常喜欢这条白狗，自然这条白狗对蒋介石也非常亲热。

常与蒋介石相处的牧师周联华，猜想蒋介石这么喜欢这条狗，这狗一定是一条名犬。好奇心驱使周联华问蒋，他的爱犬是什么种。蒋介石听后笑而不答。宋美龄一听便知周联华是个外行，于是问他：你猜猜

当年穿着黑斗篷，佩戴着飞鹰徽章的宋美龄。

看是什么种呢？这一问真把周联华难住了，因为周在这方面的确是个外行。他整日只会读《圣经》、布道。搜寻记忆，他想起在士林官邸的庭院里，看到侍卫官训练警犬，它们受命寻找失物，不消片刻就把一方手帕找到了。所以，周联华认为蒋介石的这条白狗一定是千中选一、万中选一的名犬了。另外，周联华还猜想，既然宋美龄的那条狗都如此乖巧，那么蒋介石的这条狗一定比宋美龄的那条狗还要灵通。可是他搜尽枯肠，也想不出一个适当的、有名的品种来说出那条狗的出身。蒋介石见周联华回答不出，越发高兴。最后，还是由宋美龄来解了这个围，她对周联华说："我告诉你吧，你就是对狗很内行，也说不出它的品种，它是土生土长，台湾生的土狗。"

生活内幕

在几十年的官邸生活中，宋美龄最喜欢的"业余"爱好，莫过于习画。

刚到台湾时，宋美龄言谈之间经常"咬牙切齿"，既自怜逃到台湾这个弹丸之地，失去了大陆的大好河山；又怪罪美国帮忙不帮到底。后来宋美龄的情绪渐渐好转，于是学习绘画，以描绘四季风情来自我消遣。她昔日的画室和寝室，如今仍然幽雅别致；盥洗浴室所用的材料，全都是美国名牌。据宋美龄身边的人介绍，20世纪五六十年代，业余消遣中宋美龄最喜欢的，也是她最下工夫的应该说是学画画，主要以国画为主。为了使她能学好，士林官邸还特地聘请了当时台湾最知名的黄君璧和郑曼青两位国画名家，作宋美龄的教师。

蒋介石在欣赏宋美龄的山水画。

有一段时间，几乎每天下午，士林官邸都要派车去接两位大师。而这两位画师对宋美龄学画可以说是竭尽全力去教授。最初，宋美龄的功夫还不行时，所有由宋美龄署名的画作，实际上大都出自这两位名家之手，只是先由宋美龄自己画一些比较简单的线条，主要的结构，则是由教师们去完成。直到后来，宋美龄署名的画，才是真正名副其实的。

宋美龄用均匀的笔触描绘优雅的花卉，有人说她画的淡墨山水，细致得像布鲁塞尔的花边。宋美龄曾说过：我晚上未能入眠时，就画画。

据宋美龄手下人说，宋美龄确有些绘画天赋，学的时间不算太长，就已卓然有成了，而且有人评论说，她的画风颇有大家气势。

宋美龄学画不久，曾有一件事让她颇为得意。蒋介石的秘书沈锜说：1953年12月4日下午，"蒋夫人要我陪蒲立德（美国前驻苏联大使），到'总统'府去看她的巨幅山水画，4时许回到官邸，夫人问我蒲氏看了画的意见，我说蒲氏以为它们比黄君璧的还要好，夫人大乐，因为黄君璧是她的老师"。

一度，人们都不太相信宋美龄绘画的水平有那么高，多认为那是郑曼青代笔。为了改变这一看法，宋美龄采纳了老师郑曼青所出的一个主意，由她出面请台湾有名的画家一起到士林官邸吃饭，而后郑曼青先生提议大家一起作画。先从宋美龄这里开笔画松树。于是，在众目睽睽之下，宋美龄从容作画，在场的人都惊叹她画得如此之好。从此，没有人再怀疑宋美龄画的真伪了。

在蒋介石的住室内，往往挂着两幅肖像，一幅是孙中山像，一幅是耶稣像，而室外的客厅往往挂着一幅夫人宋美龄的亲笔画。

经常是宋美龄作画，蒋介石题诗。一次，蒋介石为宋美龄的画题写了这样的一首五言诗：

> 风雨重阳日，同舟共济时。
> 青松开霁色，尤马纵云旗。

士林官邸内挂了许多画。有名画，也有宋美龄自己的画作。在宋美龄的画作中有一幅最特别的，它不是宋美龄经常爱画的泼墨山水，而是带有毕加索抽象风格的一头猪。这幅画的来历是这样的：有一次，蒋介石见宋美龄又在作画，觉

蒋介石在观赏宋美龄作画。

蒋介石为宋美龄的兰册作跋。

得她总是画山水，就有意试探她是不是能画一些新的题材。正好那一年是中国农历的猪年，所以他就问她能否画一头猪，结果宋美龄毫不含糊，没用几下就把一头猪给勾画了出来。宋美龄当然颇为得意，从此，士林官邸也就多了这么一幅"名画"。

宋美龄的国画创作，大致可分成兰、竹、山水、花卉四门。为此，蒋介石专门为宋美龄的画册作跋，也分四种，特录如下。

跋写兰册：

辛亥春，夫人写兰都二十有四页，辑刊成册，皆为其得心应手之作，诚大涤子有所未及。盖写兰之难，在乎气韵温穆，笔墨浑厚，前贤能兼擅此长者，未易多得。余乃以此而怡悦其清芬。并以此为夫人寿。

跋写竹册：

壬子岁首，夫人写竹，继去春刊出之兰册，皆二十有四页，其清妙相同。夫竹性直节高，而凤且非竹不食。今纤手成集竹册，正特有凤来仪尔。

跋山水册：

癸丑春，夫人继兰竹二册之后，辑刊其所写山水二十有四页。虽清逸处落笔草草，而灵气浮动，沉厚处，则笔墨苍浑，气象宏阔，是乃取径山水，发其内蕴，故机抒独运，走造化于毫端也。

跋花卉册：

近三年来，夫人所写兰竹山水，相继成册，甲寅春，再选印花卉二十四页。所喜笔墨沉酣，敷色古艳，质象浑朴自然，此犹之璞玉浑金，光华内敛，神韵自高，非尽力学所可至也。

这四则跋语，已包含了蒋介石对宋美龄所有题材的国画的高度评价。同时这些跋语也体现了蒋介石作为丈夫对妻子及其画作的关注与爱意。

绘画之外，宋美龄还有许多鲜为人知的趣闻。宋美龄的国画画册是在日本印制的。而宋美龄之所以选择在日本印制，是由于看到了在日本印制的精美的张大千画册。

1956年，宋美龄的画作选集首次在日本印制。由于当时台湾的印刷技术尚很落后，宋美龄一直在寻找更好的厂家。正赶上当时台湾派往日本的蔡孟坚回台述职。在士林官邸，等蔡孟坚汇报完工作，宋美龄当即请他吃茶，随后又带他去画室，参观自己挂满四壁的画作。宋美龄问他，听说日本印制画册，水准一流，能否找来样本一阅？当时，蔡孟坚正好

宋美龄笔下的兰花

有一本张大千大师的画册，是日本京都便利堂印制的。由于张大千被怀疑"亲共"，蔡孟坚开始没敢贸然拿出来，只好含糊其辞，虚以应付。在宋美龄一再追问下，蔡孟坚才将国画大师张大千的那本画册拿了出来，请宋美龄过目。宋美龄看到画册精美逼真，就决定在日本印制自己的画册。于是她派秘书携带画稿三十余幅，和蔡孟坚一起前往日本京都便利堂洽谈有关事宜。

这批画作的题词中，蒋介石亲笔题的不多。多数题词出自宋美龄绘画老师之一郑曼青之手。宋美龄的这个画册，1956年出了第一版，共计5000册；1962年又出了第二版，共3000册。后来，该画册成为蒋介石夫妇赠送国际来访官员的"珍品"。宋美龄更是非常喜欢以画册赠人，凡是教会人士拜访她，都能获赠一册。

后来，经宋美龄热情相邀，国画大师张大千到台定居。抵台次日，宋美龄就邀请他饮茶叙话，畅谈画艺。蒋介石也出面接见，并请张大千当场表演画艺。蒋介石见他银须飘拂，非常恭敬，亲自为他端椅让座。张大千非常惶恐，忙说：

宋美龄的山水画

"我年纪还不到80岁，不敢不敢！"实际上，他比蒋介石还小七岁。

张大千看过宋美龄的画册以后，非常赞赏。

1966年秋，宋美龄要把自己的两幅山水画，分别赠送严家淦和蔡孟坚。宋美龄说："画中题字我只写美龄二字，旁边留有空白，可请大千先生代题数语。"蔡孟坚请张大千看过后，他提笔写上了题词："峰峦浑厚，草木华滋；大而能秀，细而不纤，写生妙手也。孟坚兄以'总统'夫人法绘见示，因题。"

对于宋美龄的业余爱好，顾维钧也有深刻印象，1954年，他在美国时曾如约前往长岛孔祥熙公馆去拜访宋美龄，他说：在客厅的墙上，挂着四五幅画，这都是宋美龄的作品。客人欣赏之余，认为落笔精到，腕力雄健，书法也很高超，作者虽是女子，但作品何逊须眉，不让名家，令人钦佩不已。宋美龄告诉他，她的老师也是个女子，所以作品总脱不了脂粉气息。她谈到，张大千曾称赞她在绘画中发挥了某种技巧的成就。她自己评论自己的绘画特征：运用想象力，因而能够在作品中成功地表现出她的气概和理想。每次画成以后，总要反复端详，凡是不满意的就全部撕掉。她还谈到，她的作品多半是在中夜不寐时挥毫绘成的。因为皮肤病往往痒得她不能安睡，那时她就下地略事消遣，借以解脱这种不适之感。但这样也会妨碍她丈夫。蒋要求她和自己一样按时就寝，主要是为她的健康着想。当他半夜醒来发现她不在床上时，就亲自下地照看她。

宋美龄从事绘画，确也有其心得与理论。1970年6月18日，她在台北主持中国古画讨论会开幕式，谈到中国画与诗融为一体使中国文化更为丰富的命题，主张继承传统，攀登更新境界。以石涛为例，认为应将其作品与他的时代，他的身世，以及他的人生观，密切结合起来加以仔细的研究，这样就更能领会他所以能在画中表现出其独到的风格。

在谈到中国画时，她颇有心得，认为："在全世界的艺术中，中国画是独一无二的，因为画与诗融为一体，两者使中国文化更为丰富。对中国画有素养的人们，都能涵泳于画

宋美龄笔下的牡丹

中所传达的一种幽美沉静的音韵，与蕴藏着的无比的智慧。中国画的特色，由于深涵诗意与灵感，更含有高度的文学性，并具有深刻的和谐性，且又能使人们感受宁静的吸引力，此即中国画之能超国界的特质。"（《蒋夫人言论集》下册，第934页）

作为"第一夫人"的内幕还有留在照片上的秘密。

1987年，已有九十岁高龄的宋美龄已经好久没有正式照过相了。忽然有一天，她和孔二小姐心血来潮，把台湾著名的摄影师董敏请到了台北士林官邸，要他为她们拍一批照片。

董敏原以为是为宋美龄拍什么全家福之类的照片，就带上相机乘坐派来接他的专车进入士林官邸。宋美龄的副官出来打招呼说，夫人有30年没正式拍什么照片了。由于没带拍人物照片的专用镜头，董敏很有些紧张，忐忑不安地等待着宋美龄的到来。

很快，宋美龄由副官和护士扶着走下楼来。据说，因为1969年阳明山车祸，

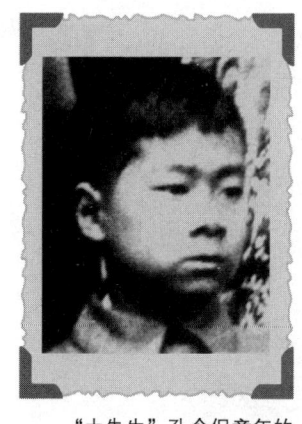

"大先生"孔令侃童年的照片。

给宋美龄留下了严重的后遗症，导致腿部旧伤经常复发，所以，她行走尚需要随从和护士协助。为了拍照，宋美龄这天穿了件黑丝绒旗袍，看上去非常精神，不像是一个九旬老人。在她的身后，紧跟着两个人，一个是在士林官邸人称"大先生"的孔令侃，据说他的文采风流、学问渊博，是当时台湾官场上无人不知、无人不晓的人物；另一个是孔二小姐，她与往常一样的打扮，穿了一套笔挺整洁的西装，皮鞋锃亮，像个绅士一般。

宋美龄尽管天生丽质，雍容华贵，但是毕竟岁月不饶人。在董敏为宋美龄拍个人照之前，孔二小姐十分担心宋美龄脸部肌肉被拍得太松弛，所以再三向摄影师交代，要拍得好看一点。董敏认为，宋美龄已是90岁的老人，有如此的精神和气色已经相当不容易，所以董敏也很有些压力，生怕为宋美龄拍不好这张照片。

摄影师在为宋美龄调整相机焦距时，他从镜头里面无意中发现宋美龄的口红抹到嘴唇外边去了，画的眉毛似乎也把眉线画断了，大概是宋美龄自己化的妆，老年人四肢不灵活，很容易发抖，所以化妆的时候就把口红和眉线画得不整齐。当时，摄影师差点说出来，但转念一想，反正拍完照片，回去还要花点工夫修整底片，于是，硬是把到了嘴边的话又咽了回去。

在为宋美龄和孔令侃、孔二小姐三个人拍合影的时候，董敏看到他们都是一

左起：孔令伟、宋美龄、孔令侃严肃的合影。

副严肃的样子，就故意扮了一个动作很小的笑脸，想逗他们发笑。可是，不管董敏的笑脸持续多久，都没有什么结果，他们三人就是不笑，摄影师只好就此样子给他们拍了照。

董敏回去之后，花费了很大的工夫，把宋美龄照片上口红不整齐、眉线断的地方以及脸部肌肉松弛明显的部位作了修整，最后，终于不负宋美龄和孔二小姐所托，圆满地完成了任务。

这次宋美龄拍照的事情，一直到1994年宋美龄从

美国专程探望病重在台湾的孔二小姐时，才被摄影师董敏讲述出来，并把当时宋美龄和孔家兄妹的照片公布于众。这次未经过宋美龄的同意，真是够胆大了，因为当年国民党的"宫廷摄影师"叫胡崇贤，每次为蒋介石夫妇照完相，都必须经过宋美龄的挑选后才可公布。

生活离不开衣食住行，提到宋美龄的生活内幕不能不提到她对住的讲究。

蒋介石刚刚退台之时，住在阳明山的后草山，那里原有一个属台糖公司的招待所。因为台湾比大陆湿热，蒋介石初来时极不适应这里的气候。他在阳明山这个招待所住下来后，感觉此处不但清静，而且夏天也比较凉爽，所以养成了一个习惯，即每年的6月间，只要没有特殊的事情，蒋介石夫妇必到阳明山避暑，待到10月再下山，住回他们的士林官邸。

既然蒋介石喜欢到此地避暑，下边的人为让蒋氏夫妇欢心，就选择了阳明山的一块地方，给他们盖别墅。1970年"中兴宾馆"正式落成。很快蒋介石夫妇就搬进"夏宫"消暑。

可是，没住多久，怪事接二连三。于是，中兴宾馆风水不佳的流言四起。中兴宾馆地处后草山的山顶，大门面对七星山，背对台北市区，进入宾馆之前，要经过蒋介石爱将胡宗南的墓地。是不是墓地作祟，就不得而知了。等到1971年，宋美龄身边的人更加窃窃私语，认为蒋介石夫妇会在1969年遇一车祸，必定是因为中兴宾馆的风水不佳所致，因为以往无论是住在士林官邸还是住在后草山，从未发生过什么不幸之事，自从中兴宾馆开始兴建，蒋介石的身体就每况愈下，并且连续发生几次意外事故。蒋介石对风水之说深信不疑，也使手下迷信的人增多。

其实，在台湾的日子里，留给宋美龄记忆最深的，也是她最花心血的莫过于士林官邸了。

1950年3月1日，蒋介石宣布"复行视事"，重新坐上了"总统"宝座之后，他们夫妇二人就堂

蒋介石为宋美龄的画题字。

而皇之地住进了"总统"士林官邸，在那里开始了他们在台湾舒适、安逸的晚年岁月。

据蒋介石的侍从介绍：

士林官邸在日本占领的年代是一个园艺试验所。1945年收复之后，是由东南长官公署盖的一处款待外宾的招待所，经过几次修建，才有了后来的规模。

在建筑形式上，士林官邸是一栋二层楼的钢筋混凝土建筑，但是，它的梁、柱等主要结构部分，则用了当时台湾还比较罕见的RC钢骨结构。

为了达到防空隐蔽的目的，官邸外表全部油漆成和附近山色同一色调的灰绿色，不但兼顾了建筑安全，还顾及了官邸隐秘性的要求。

在地形上，士林官邸被福山山系整个环抱着，但是，它的腹地却又十分空旷。在军事地形学上来说，这是个易攻难守的地方。所以，"总统府"方面为了顾及蒋介石及其家族的安全，从蒋介石夫妇搬进士林官邸住的第一天起，就计划将这个官邸"要塞化"。

经过以后几十年的改造，士林官邸已变成台湾士林区"一片树林"中十分隐秘的住所。据台湾有关人士说，除非在空中鸟瞰，若在地面根本不可能看到它的建筑，因为官邸四周树木成荫，枝叶茂盛，充其量只能看到紧紧被裹住的外围林木而已。

至于空中鸟瞰，连"门"都没有，官邸附近马路虽然未受到军警管制，但空中却一直被列为禁区。尽管松山机场近在咫尺，可是航道不经过士林上空。所以，这里不可能听到飞机引擎运转而发出的噪音，故此台湾省士林区居民长久以来，一直感受到空中特有的"宁静"。松山机场每一架起降的军用飞机或民用客机，都不能逾越雷池一步，必须沿着林口与松山机场间的固定航道"直线"飞行，管制塔台更是"一个口令、一个动作"地控制飞机行踪不得有误。因为稍稍偏离航道，就有可能"鸟瞰"士林官邸全貌。这条航线多少年来一直受特权管制，甚至在宋美龄到美国后长达11年的那段时间也不例外。

在充满噪声和混杂的台北市区，士林官邸实在可以说是一处世外桃源。松山机场与士林官邸相距很近，为什么听不到机场的噪声？其原因就在于，松山机场与士林官邸之间有一座山丘作为间隔，另外，如搭乘飞机在台湾松山机场有过起降经验的人都会知道，飞机起飞时固然噪声很大，但起飞方向是由北而东，就是背向士林官邸的方向急速而去，噪音只有对行进方向产生影响，而反方向的士林区几乎完全没有感觉，况且松山机场面积广阔，达62万坪（一坪折合3.3平方米），所以使噪声的分散十分迅速，这样，反方向的士林区自然显得格外"安静"了。此外，飞机降落时，因必须大幅度减速而使噪声大大降低，并且还规定飞行员必须"小心翼翼"驾驶，对于官邸来说，机场噪声也就微不足道了。

士林官邸原为日式建筑，宋美龄不喜欢日式卫生设备，刚搬进去时，她命人把卫生设备改建成西式卫浴设备。由于去台湾之初，当地一般工人修建西式卫浴设备尚缺乏丰富的经验，以至于修建完成时不甚合格，因而又拆除重建，一直到符合标准才算完工。

士林官邸四周活动空间则相当宽阔，地上种着密集的高丽草，十分柔软，如同铺上一块绿色的地毯，衬托着周围大自然的景观，令人心旷神怡。此外，还有丘陵假山、健行步道、游泳池、篮球及高尔夫球练习场，以及酷似蒋介石故乡——浙江省奉化溪口镇的小桥流水等。

据悉，蒋介石夫妇到台湾后，到处建行宫，劳民伤财。除了在草山即阳明山

蒋介石在观赏夫人的画作。

修建的中兴宾馆之外，还有多处行宫。台北住腻了，就到这些山清水秀之地散散心。这些行宫主要有：

慈湖官邸，位于台北桃园县大溪镇东北角。因此地有一个较大的水面，经人工改造后，蒋介石为纪念母亲王太夫人，就改称为"慈湖"。在湖畔四周栽种了许多花草树木，并仿浙江奉化故乡房屋式样，兴建了一排排平房。蒋介石和宋美龄每月都要来此小住几天。蒋介石死后，其灵柩曾暂厝此地。

角板山官邸，位于台北桃园县境内，距慈湖约十公里处。该地风景秀丽，古木参天，景色宜人。官邸就在角板山公园旁边。

涵碧楼官邸，位于台中著名的日月潭风景区。早在日本统治时代，因至此游览的人多，日本人在那里修建了许多招待所，涵碧楼就是其中之一。蒋介石夫妇来这里小住时，往往是有重大事情需要考虑决策。每逢国民党召开"中央全会"、代表大会及"行政院"和台湾省政府改组，各"部、会"人事变动等，蒋介石夫妇总是来此住上几天。国际上发生与台湾有关联的重大变故，他们也时常到此来考虑应对之策。

西子湖官邸：位于高雄市内。高雄市政府为了讨得蒋介石夫妇的欢心，特在西子湾地区种植花木，修建道路，改善卫生，以便蒋介石夫妇到台南视察时休息住宿。

作为一个家庭主妇，总想把自己的家庭安排得宽敞舒适，宋美龄也不例外，只不过比普通人更为讲究罢了。士林官邸除了宽敞舒适以外，最突出的是内部摆设十分典雅，有许多精美的古董，以及很多木头镶嵌的中式家具，会客厅还有一个挺西化的壁炉。据常出入士林官邸的人士透露：官邸内的每件家具看来都非常值钱。

和以往的住宅相比，士林官邸还有一大特色就是现代化的通信设备。据悉，士林官邸工作人员的"办公室"里应有尽有，基于官邸

置身花丛，笑得也像花一样。

的"特殊性质"，这里的电信设施比一般电信局的设备更齐全、更先进。如收发报、高速传真、数位式交换机等设备样样俱全。这里或许比不上美国白宫那样现代化，但是据说比起过去韩国总统居住的汉城青瓦台官邸的通信设施来，则要齐备得多。

宋美龄在蒋介石死后，去美十一载，士林官邸的编制，从秘书到侍卫班，依然如旧，上班照常，而且士林官邸办公室的电信设备一切操作如常，宋美龄可以通过这里的电信设备，随时与岛内有关人士保持密切联系，而且对岛内的有关事务了如指掌。同时，宋美龄在台湾的亲信秦孝仪经常向她汇报台岛内情况，秦孝仪无论是利用家中或办公室电话，还是用阳明书屋之电信设施，均可轻易地与远在美国的宋美龄保持联系，至于"总统府"秘书长沈昌焕有事或奉命与宋美龄联系时，更是拥有"总统府"特设的电信设备，往来迅速，毫无困难可言。

1975年至1986年的11年间，由于宋美龄在美国居住，士林官邸一直闲置未用。为此，台湾一些人士曾多次提出应把士林官邸交出公用的要求。甚至在1989年下半年，台湾前民进党籍人士尚洁梅扛着标语到士林官邸附近示威，要求把该地加以改建供公众使用；还有人主张开放这个戒备森严的地区，供民众观赏。但是一些人有不同意见，他们以"蒋公遗物"为借口，主张予以保留。

1986年，宋美龄离台11年后，又要返台，士林官邸因此大大修整一番。因为宋美龄是一个极注重生活情趣的人，所以她对个人的起居环境极为重视，士林官邸的修葺整理，既需要符合她的原则，又得保持过去的情调，真叫整理人员颇费了一番匠心。

宋美龄生活内幕中还必须提到的是她的年龄这一"最高机密"。在蒋介石死前，宋美龄的年龄，一直被列为"最高机密"。到台以后，宋美龄把持的"妇联总会"虽然每年都有为"会长华诞"而举行祝寿活动，但都没有触及她的禁忌——公开她的真实年龄。多年来，她本人不提自己的年纪，也不愿意别人知道她的年龄。

宋美龄的年龄，在大多数书中，同时也包括蒋邸的人在内，大多都认可"她比蒋介石小一轮"之说，即小十二岁。

近年出版的《千山独行》一书，依然坚持上述说法。该书出自蒋介石次子蒋纬国之口，他的根据是宋美龄那幅以猪为题的得意之作。根据此画蒋纬国确认宋美龄是属猪的。他说：

> 老夫人应是民国前十三年出生，和父亲一样，都属猪，两人相差十二岁。我父亲是民国前二十五年出生；宋氏妈妈则是民国前十三年，这是在各种猜测中比较可采信的。因为，民国前十五年就不可能属猪！我们当然从来没有谁敢问她是哪年出生，不过在父亲过世之前，有次我在官邸看到夫人画的一张画挂在墙上，这是一幅极生动的花卉彩绘，可是走远了一看，就看出在花丛里有两只猪，这是花草的阴影搭配之下出现的。哥哥正好就在旁边，我就说："哥哥，你看这幅画里有两只猪，看到没有？"哥哥一看也觉得奇怪。这时老夫人经过，我就指着画说："画里有两只猪呢！"她笑着回答："像不像啊？"老夫人对这幅画是很得意的，然后告诉我们，这幅画她很喜欢，已经送给父亲了。从这幅画可以证明，她是属猪的。

据台湾官方公布的资料，她的真正的出生年月日是：公元1897年3月20日。

桃园慈湖

如果按照中国传统纪年的方式，她出生于清朝光绪二十一年阴历二月十二日。也就是说，她只比蒋介石小十岁，而不是过去所传说的小十二岁。

　　1991年，宋美龄离台赴美定居。有关她所带的行李数目的消息传出后，"台湾朝野"上下一片哗然。一时间人们议论的话题是：香港有九七大限，宋美龄有九七大件，宋美龄究竟从士林官邸带走了多少金钱珠宝去美国？

　　据士林官邸的侍从们推测，宋美龄带走的远远不止97

游山小憩

箱宝贝，她至少带走了100多箱的东西。当然这里面也有部分是随员们的行李。正因为她和随员一行带走了那么多的物品，所以才引起外界的极度关切和舆论的众说纷纭。

　　宋美龄到美国后，台北《中央日报》还有一则追踪报道：宋美龄于美国东部时间9月21日下午抵达肯尼迪机场，据"华航"人员说，行李共有90件，记者在部分行李上看到中文书写的"夫人自用衣料、旗袍""物器""洗脸杂物"等，并有一箱燕窝及月饼。

　　对此，近年来有了一种最新说法，是为宋美龄澄清九七大件之说。蒋纬国对父兄生前一位副官的口述感到不满，因为他暗示宋美龄赴美时带了100多箱"宝贝"离开台湾。蒋纬国认为这是在不了解实情的情况下，估计过了头。蒋纬国为宋美龄大喊其冤，在他的口述中有如下解释：

　　"这100多箱东西，是连随员的行李一起算在内的；何况老夫人等于是搬家，因为父亲过世了，她认为在感情上所需要的东西就带走。我自己到士林官邸去帮忙装箱，都是一些书籍。她有许多书，也看了很多书，这些书凡是她有签名、画线或折角的，我全部装箱。另外，所谓装箱，其实就是瓦楞纸箱，而且书很重，纸箱也就不能太大，否则就搬不动的。照我估计，光是书，就有几十箱。"

至于宋美龄的财产，蒋纬国强调："她在美国没有财产。我印象里，她也没什么存款，因为我从来没见到她开过支票之类。她在纽约长岛，住在孔祥熙夫人宋霭龄女士的家里；在纽约城里，则住在曼哈顿孔令侃家里，孔令侃在纽约有栋楼中楼的公寓，她住在楼上。生活上的花用，是由孔令侃家供应。由于是借住，所以从台湾运去的许多箱子直接收进储藏室里，到现在还没打开。"

蒋纬国的上述说法，有令人信服的地方，也有值得怀疑的地方，财产、存款问题且不去论，只从国民党在世界上早已闻名的"送礼文化"中，就不难分析宋美龄之所以有这么多可带的东西，大概与这种官场文化是分不开的。宋美龄的侍卫说，在国民党众多官员当中，以送礼向上爬的是不乏其人的。尤其在早年蒋家"一统天下"的年代，更是如此。宋美龄既然是台湾"第一夫人"，巴结谄媚者自然比比皆是，而讨人欢心的最直接的方式莫过于大送其礼。

据悉，在宋美龄的书房旁边，有一间储藏室，专门存放一些大小官员"孝敬"她的宝物，大凡宋美龄认为比较值钱的东西全部储存在这个房间里，稍微次一点的礼物或是过时的礼品，宋美龄就会差人把它们搬到士林官邸隔壁的一栋平房式建筑的仓库里面去。

蒋氏夫妇在阳明山公园散步。

谈到生活内幕还不能不说到蒋介石与宋美龄的夫妻感情问题。很久以来，社会上就有一种流行的说法，认为蒋介石与宋美龄之间的婚姻关系，不过是一种政治结合，彼此本来就是基于政治和经济上的利益考虑而结合的。但据在蒋介石夫妇身边的工作人员多年观察，认为至少蒋介石对夫人绝对是真心真意的。孔宋两大家族在抗战胜利后，受到当时国内许多人士的指责，可是，宋美龄依旧是蒋介石除了蒋经国以外，最倚重的亲人。台湾时期的宋美龄，昔日的风华不再，但蒋介石对她仍然是一如既往。如果说大陆时期宋美龄对蒋介石感情有多深，还不是很好说的话，那么退台以后，应该承认宋美龄对蒋介石的"事业"是夫唱妇随、鼎力相助的，他们之间的感情也是比较稳定和充满温情的。

退到台湾后，对蒋介石来说，无论是在"事业"上还是在生活上，宋美龄的作用都是不可缺少的。

每天下午约4点，宋美龄必亲自送甜点及饮料至蒋介石书房；只要时间允许，每天下午5点左右，宋美龄要陪同蒋介石至台北近郊坐车散心；只要不宴请宾客，每晚8点左右，宋美龄必陪伴蒋介石用餐；每个周日，宋美龄必陪同蒋介石到官邸近旁凯歌堂做礼拜；蒋介石晚年生病之后，宋美龄摒弃了一切嗜好和交际，全心全意地为蒋介石的身体竭智尽虑，陪着他一起住院就医，长年如此。

当然，在知情人的眼里，蒋介石对宋美龄也时常流露出常人心、常人情的一面。熊丸说：每年秋末，蒋介石都喜欢到复兴乡角板山摘花，但因角板山的路很弯，宋美龄不喜欢去，蒋介石只好单独上角板山。到了角板山后，因为他很喜欢梅花，常会到梅花底下转来转去，找到几枝好花后，便吩咐侍卫官把花剪下。大家遵从他的吩咐把梅花剪下后，都认为他回去必把花插在自己书房里，没想到他回去之后，总是把那些梅花送到宋美龄房间，"可见他对夫人还是十分柔情，一点都不像军人，而这些都是很自然的动作，一点也不矫情"。（《熊丸先生访问记录》，第92页）

多事之秋

20世纪60年代末到70年代初期，对晚年的宋美龄来说，是一个"多事之秋"。许多事都是她未曾料到，甚至也是她无能为力的。她深深感到了命运的多舛和岁月的无情。

1969年7月间，蒋介石夫妇与往常一样，到了夏天，就从士林官邸搬到阳明山别墅避暑。但他们未曾料到这次会遇到飞来"横祸"。这是他们晚年中最感痛苦的一次避暑之行。

那天，蒋介石的车队，从士林官邸方向要回到草山官邸，当车队以快速经过仰德大道岭头附近的弯道时，前导车司机发现前面有一部要下山的"公路局"班车，停靠在前面的站牌前下客，前导车因为刚转弯，所以没有看清楚这部"公路局"班车的后方有没有来车。这时，突然有一部吉普车从"公路局"班车的后面，猛然超车，并且没有减速，便直接往下冲。前导车发现情况紧急，假如不马上煞车，就必然会和那部吉普车撞个正着，于是，它立刻紧急刹车。

前导车这样的处置是别无选择的，否则就会和那辆军用吉普车迎面相撞。可是，就在那关键性的一秒钟时间里，后面的蒋介石座车却来不及反应，座车司机根本来不及踩刹车，就猛力撞上了前面的前导车的车尾。幸好紧跟在后面的"随一车"没有跟着撞上来，蒋介石的座车才没有受到"前后夹击"，否则后果更不堪设想。可是，蒋介石的座车已经发生了不可挽回的后果。

在撞击的那一刹那，冲击力非常剧烈，蒋介石当时手上还握着拐杖，他的身体猛然往前冲去，整个人撞到前面的玻璃隔板，胸部当场受到严重撞伤，巨大的冲击力连他的阴囊都撞肿了，假牙也在撞击的刹那间，从口中掉了出来。

宋美龄坐在蒋介石的左侧，受到同样程度的撞击，在她往前冲的那一瞬间，双腿撞到前面的玻璃隔板，宋美龄当场痛得厉声尖叫起来。

车祸发生时，现场一片混乱，侍卫人员慌忙把蒋介石夫妇送到医院急救。副侍卫长立刻报告了蒋经国，并且立即下令查找那辆肇事后逃之夭夭的吉普车。阳明山乃至整个台北都笼罩在一片不安的情绪之中。

车祸事件，整整追查了好几个月，最后才发现闯祸的车子是一名陆军师长的专用吉普车。"国防部"得知后，立刻作出了对该师长予以撤职的处理决定。这位少将师长因为知情不报，被当局以"伤害最高领袖"的罪名，撤职查办，就这样断送了自己的前程，当天开车的吉普车司机也按军法判刑。

判刑归判刑，但对蒋介石夫妇的身体伤害已经造成，且无法弥补。事后，蒋介石在接见一位老将领时承认："自从这次阳明山车祸事件之后，我的身体受到很大的影响，不但腿不行了，身体也不行了。"宋美龄的腿部也受到了相当严重的创伤，每逢冬天，她的双腿都会感到不适。很显然，这是阳明山车祸留给她的后遗症。

车祸还让蒋介石夫妇心有余悸，副官的疏忽，又让蒋介石的身体犹如雪上

蒋氏夫妇在官邸欢度圣诞。

加霜。

1971年11月的一天，蒋介石突然想要如厕，由于出现便秘，于是他命令当班的钱副官拿甘油球为他润一下肛门以软化大便。不知是钱副官没睡好觉，还是心不在焉，一连插了两个甘油球，蒋介石仍是解不出来。钱副官只好求蒋介石的贴身副官翁元帮忙。结果翁元发现，两个甘油球根本没有塞到肛门里去，而是插进肛门旁边的肌肉里去了。大便未解出来，反而造成流血不止。最后，经过医官的急救，总算止住流血，又经过一个多月的治疗，伤口才算痊愈。

为此事件，宋美龄不止一次地责骂钱副官："就是你这个钱副官，老先生的身体就是给你拖垮的！你是罪魁祸首！"

为了此事，蒋介石当然十分震怒，当即交代侍卫长：把他给我关起来！

侍卫长还是相当理智，他向蒋介石报告：在士林官邸有个不错的禁闭室，可以暂时把他关在那里，如此，这件事才可以不致外泄。这样既达到了处分的目的，而且又不会泄密，不是一举两得吗？蒋介石觉得有道理，立刻下命令把钱副官关押在禁闭室。钱副官从此开始了他为期将近五年的牢狱生涯。一直到蒋介石死后，经过多方的求情，宋美龄才同意释放，还他以人身自由。

后来，蒋介石又遇到了一次不成功的手术，并且从此病魔缠身。

1972年3月，蒋介石因前列腺肥大做了手术。据台湾报载：为此手术在蒋氏家中还有一次争论，宋美龄曾提出要蒋介石到美国去做手术，她认为美国医生的医术高明。蒋介石也认为美国医生医术的确比台北医生高明，但又认为美国有人要把他赶下台，这些人必要时可能对他实施暗杀计划，因此他表示不愿去美国求医。

蒋经国从来是惟父命是从的，所以他也不同意继母宋美龄的提议，认为宁可花钱延聘美国名医来台北，也不能前往美国。最后，蒋介石还是在台北"荣民"总院做了手术。因年龄不饶人，身体机能已减退，蒋介石的这次手术很不成功，术后转为前列腺宿疾。从此，蒋介石的健康状况一蹶不振。

肛门事件之后，蒋介石的保健医生熊丸发现蒋介石已有血管硬化的迹象。后来，侍卫人员又发现蒋介石的四肢呈现越来越退化的现象。于是，医官要求加强护理，可未料到的是，在蒋介石身上很快又发生了一件护理不当的事故，侍卫们再次遭到了宋美龄的责骂。

1972年的春天，蒋介石和宋美龄到日月潭度假，住在涵碧楼招待所。蒋介石住的房间和宋美龄的房间是紧挨在一起的。

出发前，侍卫们已得到指示：因蒋介石身体已有老化现象，故只要他起身活动，一定要有一个贴身副官紧跟其后，以防他有意外发生。

一天，蒋介石正要穿过宋美龄的书房走向屋外，侍卫远远看见他走过来，就立刻要过去随侍。可是，因为宋美龄的卧房就在一旁，侍卫为了不惊扰宋美龄，只好绕过一个回廊，快步向蒋介石跑去。没想到的是，侍卫人员还没来得及跑到他的面前，蒋介石忽然一个踉跄，跌倒在地上。这下子立刻惊动了宋美龄，她大惊失色地走出房门，大声叫道：

接过"国书"的蒋介石

"是怎么搞的！怎么可以让老先生摔倒呢？副官在干什么？"

在宋美龄的严词责问下，没有一个副官敢搭腔。这时，被侍卫们扶起来的蒋介石却一面喘着气，一面说："这不是他们的错，是我自己不小心，没事！没事！"但宋美龄余怒未消地说："以后不要管我是不是在房里，只要先生一出房门，你们就给我直接过来扶先生！"

从此，侍卫们的工作就更难了，除了医生的要求外，还要遵守宋美龄的指示："和先生寸步不离！"

孔二小姐的"高招"

1972年5月20日，是台湾第五任"总统"就职典礼的日子。宋美龄认为这样重要的场合是不能没有蒋介石本人参加的。而蒋介石这时的身体已是越来越差了。是否能在公开场合露面而又不露出身体欠安这一"破绽"，给宋美龄出了一道很大的难题。

侍卫们说，孔二小姐在此关键时刻又发挥了重要作用，她想出一个既可参加就职典礼，又可掩饰蒋介石病情的万全之策。这个方法说来也非常简单，即在"总统府"大客厅里，道贺时，蒋介石可以紧挨着那排沙发站立。这个"高招"的目的就是为了预防蒋介石支撑不住时，后面的沙发可以发挥出作用，一方面，蒋介石跌倒时，不会发生什么危险；另一方面，即使在一切正常的情况下，这排沙发也可以给蒋介石做身体的倚靠和扶手，以免因较长时间的站立而感到吃力。

宋美龄马上采纳了孔二小姐提出的这个建议。同时，为了防止蒋介石临时体力不支，蒋介石医疗小组还在大客厅后方安放了一个氧气瓶，以备意外发生时可以立刻派上用场。

经过宋美龄这样周密细致的安排，蒋介石总算没露"马脚"地参加了"总统"就职典礼仪式。

蒋介石在出席了"总统"就职仪式后，又参加了新任"大使"呈递"国书"的仪式，依然还是用的孔二小姐那个"瞒天过海"的方法，在"总统府"的会客室，顺利举行了递交"国书"的仪式。

然而，再高明的招术也解决不了蒋介石的健康问题。在完成上述仪式的第二天，蒋介石就心脏病复发。从此，孔二小姐这个"高招"再也没有派上用场。

有关这次"总统"就职典礼仪式还有一个小插曲。

5月20日这天，台湾电视台照例转播了"就职典礼"，当时，蒋介石、严家淦"当选"连任"总统"、副"总统"，当他们宣誓就任完毕，接着来到"总统府"阳台上接受20万人的欢呼，台湾电视台副控室的职员，不知是无意还是有意，竟在"总统"接受欢呼的画面由"总统"转到"副总统"的特写时，居然屏幕下端叠印闽南语连续剧的对白字幕："大哥不好了……"好像是严家淦在诅咒蒋介石的话，这样一种场面，真是大煞风景，又好像在预言着什么，耐人寻味却又十分好笑。

台湾"中华文化复兴委员会"的大员们，把此话与清帝宣统登基时，摄政王所说的"快了！快了！快完了！"这句话相比，认为这个字幕的性质更为严重。事后，他们还怂恿蒋介石的孙子蒋孝武带了有关人员到台湾电视台进行彻底清查，而追查的结果，只查出是副控室值班人员的个人疏忽。

不祥之兆

1972年6月间，士林官邸的医生为蒋介石做了一次全面的身体检查。结果出来后，蒋介石的医官们大为紧张。一个陈姓医生便直接面见蒋介石，很直率地把检查结果告诉了他，并建议蒋介石立刻停止一切对外活动半年，且须在一个完全封闭的环境下，作最清静的休息和疗养。

蒋介石听到这个医生的休息建议后，也大为紧张，马上去把这个情况告知了宋美龄，同时征询夫人的意见。宋美龄对直言相告的陈医生大为恼火，她不假思索地对蒋介石说："不要听他夸大其词，你的身体还好得很，为什么要休息半年，这简直是岂有此理！这个陈医生太不识大局了！"

侍卫翁元说，宋美龄的答复，很显然是和医生们的考虑大相径庭的。她的主要着眼点是蒋介石一旦不在其位，那么大权岂不旁落？蒋家荣耀谁来赓续？她自己崇高的地位是不是也会受到损失呢?

宋美龄的想法不是没有道理的。那时台湾还处在强人掌权的年代,如果蒋介石身体不行,不能履行他的职务,很可能会引起政局不稳、人心动荡。这对蒋家或者对台湾都不能说是件好事。所以,宋美龄怒气冲冲地把陈医生叫到房间里,毫不客气地数落了他一顿。

"你应该对事情有个轻重的观念,你这样跑去和先生乱讲一通,会影响他的情绪的,这个责任谁负担得起啊?你这样只会让他心里感受到更大的压力,你知道吗?何况他刚刚就任'总统',他怎么可以就这样休息半年,我们的老百姓会怎么想啊?先生是绝对不能在这个时机上,休息半年的,这对'国家'会有很大的不利影响的,你知不知道?"(参见翁元口述《我在蒋介石父子身边的日子》)从此,只要有任何有关蒋介石病情的报告,都要经过宋美龄的允许,才可以对蒋介石讲。宋美龄还振振有词地说:这样做完全是为了蒋介石的心理着想。

对于蒋介石的病情,医生们是从医学的角度来考虑的,而宋美龄的思考方式则是掺杂了不少政治的因素。但是,有哪位医生敢不听"第一夫人"的指令呢?

医生的预言很快应验了,蒋介石的病况确实不断在加重。但是因为有了陈医生被宋美龄当面指责的事情发生,所有的医生都再也不敢直接向蒋介石汇报病情,而是在先向宋美龄报告之后,再会商如何向蒋介石解释他目前的状况。透露给蒋介石的消息,不外是"没关系""多休息"之类的安慰话,或是与病情没有太直接关系的话题。宋美龄始终都没有答应让蒋介石休养半年,蒋介石自己也坚持继续处理一些比较重要的公务。

蒋介石的健康不断恶化,医生们也在不断给宋美龄提出一次比一次严重的体检报告,迫使宋美龄不得不考虑一些应急的准备。

几经说服,宋美龄已意识到问题的严重性,假如不立即给蒋介石更周密的医学处理,他的病情是相当悲观的。于是,宋美龄又下了命令,在蒋介石的医疗小组中再增加两位台湾当时最权威的心脏病方面的专家,一个是姜必宁,另一个是李有柄。从这两位权威医师加入医疗班子,就可以看出蒋介石病况的严重性和复杂程度。

7月前后,蒋介石的病况继续发展,甚至到了随时都有可能恶化的地步。医生们几经讨论，决定邀请当时在心脏病治疗方面颇负盛名的国际一流权威专家余南庚博士，到台湾为蒋介石看病。

士林官邸的医生们之所以要搬"救兵"，说好听的，是因蒋介石病情越来越重的压力，其实，更大的压力是来自宋美龄那儿急迫的心情。侍卫们都看得出，此时的宋美龄在几经治疗却仍无起色的情况下，对蒋介石身体的康复已经渐渐失去了耐心。

余南庚，是台湾早年留学美国的优秀医学人才，曾经担任过美国的心脏医学学会会长，在台湾留美医学人才中，称得上是心脏医学的顶尖专家。他也是士林官邸医生一致公认的当时最优秀的心脏医学权威，如果能够把他请回台湾，蒋介石的病情或许还存有康复的一线希望。经过宋美龄的批准，医生们马上派人急赴美国请余南庚博士回台，以解蒋介石心脏病的燃眉之急。然而就在"援兵"未到之时，蒋介石却突然进入昏迷状态，士林官邸上下立刻笼罩在一片焦虑和绝望之中。

宋美龄此刻发挥了临危不乱的镇定精神。她指挥着所有在场人员，从蒋介石昏迷之时起，停止一切休假，而且，所有的服务人员，一律不准和家人联络，如果有任何工作人员的家人打电话过来询问工作人员的去处，一律回答出差数天才会回台北。所以，在那段时间，有不少士林官邸的工作人员的夫人都以为丈夫失踪了。

士林官邸的侍卫们形容：宋美龄就像一个战场上的指挥官，指挥所有的官邸人员应变急救，而医生不仅要在蒋介石病榻前忙前忙后监测蒋介石的病情，随时为抢救做好准备，同时还要不断向宋美龄报告最新的病情发展。

"救兵"终于搬到，经过余南庚的处理，虽然蒋介石没有马上苏醒过来，但病情有了相当程度的起色，这使宋美龄对余博士信心倍增。

在余博士的建议下，蒋介石住进了台湾最好的医院——"荣民"总医院。孔二小姐陪伴宋美龄也跟着搬进了医院。此时，孔二小姐不愧是宋美龄的贴心人，在蒋介石的昏迷时期，她为照顾好蒋介石的问题，动了不少脑筋，想出了不少好的方法，当然也为宋美龄排了忧解了难。

蒋介石在昏迷时期，工作人员怕他久卧病床会长褥疮，需要每隔两个小时为

宋美龄精心安排的新闻画面，两边是蒋孝勇新婚夫妇。

他翻一次身体，并且做全身按摩，以活络血脉。可是，每次侍卫们为他翻身时，蒋介石的小便就会因膀胱失禁而不自觉地流出来，所以侍卫们除为他按摩之外，还要及时为他更换床单和衣裤，每天都要这样换上好几次。

除了小便失禁问题之外，帮助蒋介石解大便更是令工作人员头痛的一件事。当时，大概每隔一两天，就要由医生为其排便一次，此项工作被侍卫们称为"掏粪"。具体操作是，由医务人员戴上手套，然后用手指直接伸到蒋介石的直肠内，将已经结成颗粒状的粪便，一粒一粒地抠出来，只有这样，才能让他的身体维持正常的排泄循环。但是，每次的"掏粪"工作，总要忙得医生满头大汗。而且，这项工作一直干到了蒋介石苏醒以后很长时间，原因是医生们考虑到蒋介石心脏负荷问题，即便是他已经醒来，医生们也不敢让他自己解大便，仍然由一名医院院长负责带领侍卫们继续为蒋介石"掏粪"。

孔二小姐动了一番脑筋之后，终于想出一个妙法，她叫士林官邸内务科的木匠，把蒋介石病床的床板改成活动的，这样在侍卫们为蒋介石更换床单和衣裤时，把床板抽出来呈一个"L"形，就可以既方便又省力地完成工作。孔二小姐还去订做了一个海绵制的床垫，她命人在床垫中间，也就是蒋介石躺卧时臀部的地方，挖了一个碗口大的洞，每当医生和副官要为蒋介石"掏粪"时，就可以直接透过这个床垫的洞口，进行这个一向被医师视为畏途的工作。针对蒋介石翻身时常见的小便失禁情况，孔二小姐想出的办法是，使用长条型的塑胶袋，套在他的裤子里，这样就大致解决了小便失禁所造成的麻烦。

在医生、士林官邸工作人员的精心护理下，蒋介石终于在1973年1月间苏醒过来。昏迷半年，他的记忆力基本上未受到大的影响，体力也日渐恢复，士林官邸的人都十分兴奋。对蒋介石的苏醒，宋美龄却有另一种想法——她急切地希望蒋介石能够很快恢复往日的活力，并且马上就和正常人一样，能够回"总统府"上班。

宋美龄的焦急是可以理解的，蒋介石重病期间，在许多应出席的场合，他都是踪迹皆无。外界已经根据种种迹象，猜测蒋介石已罹染重病，甚至免不了对他的病情有各种各样的传说。

为了证明蒋介石尚健在人世，宋美龄和她的心腹们真是绞尽了脑汁，特别是在蒋介石真正清醒过来之后，宋美龄采用参加家族重要活动的办法，以蒋介石公开露面来辟谣。

从1973年苏醒过来之后，蒋介石一共对外露了四次面。而这四次的公开露面，都是宋美龄亲自设计和安排的。

蒋介石病后第一次在新闻媒体中曝光，是在1973年7月，台湾报刊登载了一张蒋介石与其孙蒋孝勇新婚夫妇的合影照片。

这次婚礼是在士林官邸的礼拜堂凯歌堂举行的。当时，蒋介石仍在医院调养，不宜走动，所以蒋孝勇夫妇在举行完仪式后，按照奉化家乡的习俗，再到医院给蒋介石这位家族的长者奉茶。

那天，蒋介石身着长袍马褂，

手被"绑"在扶手上见客的蒋介石。

坐在病房客厅的椅子上，由宋美龄代表他接受蒋孝勇夫妇的奉茶仪式。

宋美龄特别决定选这个主题，作为对外发布的一条新闻，是想告诉舆论，蒋介石能为孙子主持婚礼，证明他的身体是健康如昔的。宋美龄力求这次新闻曝光显得非常自然，不仅对画面要求很高，而且在对外发布的解说词上，都要求必须考虑到外界可能的反应和联想，要字斟句酌、小心谨慎，以求不出一点纰漏。

事实上，蒋介石毕竟是一个大病初愈的老人，从他的神色上清楚地显露出他刚刚经历过和疾病搏斗的痕迹，他的双眼眼眶严重下陷，而且脸庞消瘦，所以让人很容易猜出他的病情。

蒋介石第二次公开露面，是1973年11月间。国民党的"十届四中全会"结束后，参加全会的10位"主席团"成员，来到医院会客室晋见他们的"总裁"。

当时，蒋介石的右手肌肉萎缩已经十分严重，即使坐着的时候右手也会因无法控制而不自觉地垂下来。如何能在荧屏画面上不暴露出右手上的"缺陷"，这一点很让宋美龄伤脑筋。终于有个"聪明"的手下人想出了一个好办法：用透明胶布将蒋介石已萎缩的右手手腕"绑"在椅子的扶手上，加之他穿的是长袍马褂，人们就看不出来他的右手有什么问题了。最后，宋美龄采纳了这个建议。

在蒋介石接见代表的这一天，侍卫们先为他穿好长袍马褂，然后再把他用轮椅推到医院会客室的沙发上坐定，立刻用透明胶布在蒋介石右手手腕上方粘上一圈，直接粘在沙发的右边扶手上，等到把他的右手处理完毕，侍卫才通知主席团前来晋见的人员一一登场。

蒋介石的第三次曝光又是一次家族的活动。蒋介石的重孙蒋友松刚刚周岁，当时有传言说蒋介石已不在人世。蒋孝武夫妇带着蒋友松到士林官邸探望蒋介石夫妇。经过宋美龄批准，发布了一张蒋介石的全家福照，昭告世人蒋介石还好好地活在人间。那张照片显示，蒋介石手上抱着他的重孙蒋友松，好一副享受天伦之乐的样子。

而事实上，蒋友松只是在拍照的时候，才象征性地被放在蒋介石的手腕上，时间最多不超过几分钟。而在外界看来，蒋介石无疑是健康的。其实，在宋美龄看来，只要能左右舆论，耍这点小手腕又算得了什么呢？

蒋介石的第四次曝光，是为时势所迫，是别无选择的一次纯政治性的曝光。

637

这同样是宋美龄一手导演的。

1975年初，美国驻台湾"大使"马康卫即将离职回国，求见蒋介石。其实，早在一两年前，他就已经几次向台湾"外交部"提出晋见蒋介石的请求。但是，当时不是蒋介石正处在昏迷状态，就是病情尚未恢复，不便接见，故都被拒绝。面对"大使"离职返美的最后一次晋见请求，宋美龄真是左右为难。她反复权衡了是否接见的得失利弊，又和她的心腹反复商量，认为见比不见为好，只有见，才可免去那些误解和猜测，所以决定接见。

如何让马康卫在见蒋介石时，看不出什么"破绽"，着实让宋美龄花费了许多心思。

宋美龄对接见计划胸有成竹。因为她有很好的英语语言基础，而且她的外交能力和她与美国外交圈里的老关系，足以应付这一会见，所以，宋美龄没有要求台湾官方任何一位"外交"人员作陪。

唯一让宋美龄不放心的还是蒋介石的身体，他是不是能够支撑这么长的一段时间？因为接见马康卫，不可能像见国民党中央"主席团成员"那样，见个十几分钟，敷衍一下就行。这些主席团成员毕竟都是蒋介石的部下，即便不见也没有什么了不起；可是，若是对美国"大使"也这样应付十几分钟，恐怕这种见比不见会更显得失礼。

尽管宋美龄为此做了充分准备，很有信心，可医疗小组却有不同的意见，因接见时间较长，他们强调蒋介石不宜离开心电图的监视太久，否则没人可以保证蒋介石不会发生那种令人措手不及的意外。况且蒋介石在前一阶段，已出现过几次心跳突然停止的情况。尤其令医生们担心的是，他的每次心跳停止间隔时间已有日渐缩短的迹象，假如情况进一步恶化，谁能有把握蒋介石不会因为一时兴奋或是冲动，而使心脏受到致命的刺激？

宋美龄没有改变接见马康卫的决心，还是按照计划进行了。马康卫准时如约前来。蒋介石早在他到来之前，就已端坐在士林官邸的客厅里等候。医生们则在客厅的隐秘处严阵以待；侍卫们也在客厅的后方随时听候派遣。

侍卫回忆说，在蒋介石夫妇与马康卫的谈话过程中，他们由于不懂英语，所以，听不清交谈的内容，可是对交谈的状况，却是一目了然。

　　蒋介石那天的表情有一点僵硬，不太自然，偶尔会讲几句中文，任何人都可以发现，蒋介石的舌头出了一些问题，不仅有硬化的感觉，而且在谈话时还会不时喘着大气，这说明蒋介石的病情已到了相当严重的程度。幸好有宋美龄在一旁协助，才能使马康卫比较清楚地"了解"蒋介石的意思，并且还可适时地掩饰蒋介石口齿不清和词不达意的窘态。

抱着重孙拍照的蒋介石，导演是宋美龄。

　　1973年，蒋介石尚在重病期间，台北政坛爆发了一件重大的官员贪污渎职案件，引起海内外一致关注。当事人王正谊不仅是"行政院人事局"局长，而且兼任"中央公务人员购置住宅辅助委员会"主任委员。官职大小在其次，关键在于此人是蒋经国祖母王太夫人的侄孙，是蒋家的至亲，论辈分，他与蒋经国是表兄弟。他利用与蒋家的这种特殊关系，在士林外双溪中央社区工程中营私舞弊，竟贪污公款合美金13.75万元。此案不啻当年"毛邦初案"再现。

　　蒋经国毕竟不是蒋介石，当王正谊案披露于报端后，为表明铁面无私与革除贪污的决心，他立即命令沈之岳将王正谊关押查办。因为王正谊是蒋家至亲，与宋家无瓜葛，故此宋美龄没有像上海时期对孔家大少爷那样出面保释。王正谊没有出逃，因此此案也没有像毛邦初案那样有始无终。经过三次庭审，最后王正谊被判处无期徒刑。

事实上，对于王正谊贪污丑闻，宋美龄尽管没有像对孔家事那么关心，但也不是完全没有干预。王正谊毕竟是与蒋家有血缘关系的人，这个案件毕竟是"家"中丑闻。

宋美龄曾问蒋介石的医生熊丸："你相不相信正谊会做那样的事？"

熊丸回答："要我说真话，我不相信。"熊丸说他跟王正谊很熟，出差时都与他住同一房间，对他了解很深。

宋美龄又说："我想也是，他不应该会这样才对。可是我跟经国讲，经国却说他事实俱在，铁证如山，所以我也没法子讲。你看要怎样才能帮正谊一点忙呢？"

熊丸说："我也不晓得要怎么办。"

宋美龄的干预显然没有起到什么直接的作用。但是后来，宋美龄通过熊丸帮王正谊脱离了监牢。王正谊坐牢时两度心脏病发作，熊丸时任"省立台北医院院长"，为他开具住院证明，在医院一直住到蒋经国去世后刑满释放。

为康复"加速"

蒋介石已是快90岁的人了，却不想退出政治舞台。为了让蒋介石尽快康复，宋美龄和她的亲信伤透了脑筋。

他们在照顾蒋介石的工作上下了很大的工夫，孔二小姐对此贡献最大。

侍卫人员在那段日子里，最怕的就是孔二小姐夜间查勤。

台湾的天气正值比较炎热的季节，而蒋介石有一种特别的习惯，不管天气多么炎热，他都不喜欢吹电扇，更不喜欢放冷气。因此护理人员多了一项"非常工作"，为他日夜不停地扇扇子。用这种原始而且累人的方法来解热，在生活设施现代化程度那样高的士林官邸，也算一道风景。

因天气炎热，护理人员在夜间很容易打瞌睡，所以孔二小姐亲自担负起"查勤"工作。侍卫人员白天已忙了一整天，晚间再值班时，难免会打起瞌睡来。孔二小姐可不管这些。她经常着一身暗色的西装，到夜深人静的时候，身轻如燕地从外面走进蒋介石的病房，先探个头看看，到底有没有人在打瞌睡，要是有人敢打瞌睡被她看见，她会毫不留情面地给那个睡觉的人一顿臭骂。

其实，侍卫人员都是对蒋介石忠心耿耿的，他们何尝不知道本职工作的重要性呢？只不过由于他们多半都是四十岁以上的中年人了，体力大不如年轻时代。况且，因人手有限，他们有时是24小时地工作，所以值班打一点瞌睡是人的生理自然反应，是没有办法的事情。可是孔二小姐是从不替别人着想的。

1974年，宋美龄听从了孔二小姐的建议，从振兴复健医院又请了一位外国复健医生，每天专门为蒋介石做各种复健运动，并且按摩全身的肌肉，但是成效却十分有限。

到了年末，蒋介石的心脏仍然没有显著改善的迹象，宋美龄已表现出十分的无奈和烦躁，她不顾医疗小组的阻拦，硬要从医院搬回士林官邸。她对医疗小组的医生吼叫：

"我不管！他（指蒋介石）如果不搬，我还是要回士林官邸过Christmas（圣诞节）！我搬回去！"（参见翁元口述《我在蒋介石父子身边的日子》）

对于宋美龄的要求，蒋介石也没有反对的意思。医疗小组只好从命，连同蒋介石一起搬回士林官邸。为了蒋介石回士林官邸休养，差点没把整座病房的所有医疗设备都搬过去。所以，侍卫们当时就戏称士林官邸几乎成了一座小型"荣民"总医院。各种医疗器材应有尽有，连可以搬动的X光摄影机也移到了官邸，尽管它体积过于庞大，但还是整机搬到了士林。

宋美龄如愿了，他们夫妇回到自己家中过了1974年的圣诞节，但是，宋美龄大概没有料到，这是他们两人一起过的最后一个圣诞节。

为了蒋介石的康复，宋美龄始终在不停地想办法，在1975年3月间，她听从一个友人的建议，请了一位美国胸腔专家来为蒋介石治疗。这个美国医生看了蒋介石的病历和各种检验报告以后，马上提出了他的看法：他认为蒋介石的病情之所以没有显著的起色，是因为蒋介石的肺脏有三分之二浸泡在"水"里。所以，他建议蒋介石最好能够立即进行"肺脏穿刺手术"，只有把肺脏里边的积水抽掉，才可以使他的心脏病好起来。蒋介石的医疗小组的医生则坚决反对采取这样的治疗方式。

蒋介石喜欢慈湖，因为这里的景象与他的故乡溪口相似。

他们的理由很简单，因为蒋介石已经是八十九岁高龄的老人了，这样的岁数，从临床来看，是根本不适合做这种穿刺手术的，一旦发生术后并发症，后果是会致命的。而且当时，蒋介石的心脏已经有几次停跳的情况，这足以让医生们提心吊胆了，如果加上这种手术，万一发生不可预料的事情，到底责任如何归属？

这样一件大事，当然必须由宋美龄拍板定案。据士林官邸的人披露：当时，医疗小组的负责人王师揆主任，向宋美龄力陈了进行背部穿刺肺脏手术的高度危险性，并再三劝诫千万不可进行这项手术。宋美龄听取了双方的各种意见，还是坚持主张立即进行穿刺手术，她很坚定地说："专家提出的意见很好，我们为什么不能试试看再说，就这样决定了，我负全权责任！"（同上，第151页）

宋美龄固执己见，医生们也毫无办法。第一，宋美龄是蒋介石的配偶，她在法律上有充分的权利作这样的决定；第二，她还贵为"第一夫人"，在官邸的大小事情上，她从来都是一言九鼎的，谁也不能违背她的意思。最后的结果当然是宋美龄同意美国医生的建议，马上准备做这个手术。

王师揆事后说，他始终认为蒋介石不应该接受这个手术，他的理由是：蒋介石的肺脏虽说有三分之二泡在积水里，但是，这就好比一个土匪窝，我们的目的是把土匪包围在土匪窝里，不让他有机会往外边扩散。可是，如果施行了背穿手术，就等于把土匪的窠巢打破了，土匪全部倾巢而出，结果连同其他健康的肺部

también受到感染，这就无法控制局面了！特别是医疗小组用盘尼西林这类消炎药品，控制蒋介石肺部病灶已有两三年时间。虽说是一种十分消极的手段，但已证明这是最稳妥的一种治疗方法，而且是一种别无选择的选择。只可惜一心一意希望丈夫尽快好起来的宋美龄对这一方案，已经开始产生怀疑和动摇了。

手术如期进行，结果果真叫士林官邸的医生们不幸言中，并发症接踵而来，术后的当晚，蒋介石就开始高烧不退，接着又加上小便大出血，心脏停止跳动的频率不但越来越高，而且间隔也越来越短。一个医生很无奈地私下里向侍卫翁元说："老先生这次大概很难熬过去了，唉！快油尽灯枯了！"

4月5日下午，宋美龄像往常一样，坐在蒋介石的身边，蒋介石躺在床上，闭目养神，突然又睁开了双眼，伸出右手触摸宋美龄，请她不要离开。然后再度闭上眼睛。宋美龄事后回忆说："从前每天下午，他都会叫我离开，自己去休息一下，而那天却一反平日的习惯。"宋美龄相信，她的夫君蒋介石大概知道，他快要不久人世了。

1975年4月5日晚上近九点的时候，蒋介石已沉睡多时，突然，心电图上的心搏曲线变成了一条白色直线，当班的医护人员立刻进行急救，可是连续做了几次电击，蒋介石的心脏一点反应都没有。医疗小组知道事态非常严重，于是赶紧向宋美龄和蒋经国报告了这个最新的不幸消息。

就这样，久病了两年零八个月的蒋介石再也没有抢救过来。

消息一传出，蒋介石的屋内很快人声鼎沸，宋美龄在病榻边面色忧伤显得非常难过，蒋经国则在房间角落的壁炉边低声啜泣。医生开始为蒋介石戴上假牙，工作人员忙着通知"副总统"严家淦等要员们速来士林官邸见蒋介石最后一面。

这位统治中国大陆22年，又在台湾偏安26年的独裁者终于走完了他一生的道路，也永远地离开了他的亲人。

葬礼的前前后后

蒋介石病逝后，台湾当局的党政要员在接到通知后，于当夜赶到士林官邸，并在此举行了在蒋介石遗嘱上签字的仪式，首先是由宋美龄签，继而由"副总统"严家淦签，当"行政院长"、蒋的长子蒋经国在其父的遗嘱上签字时，他"双手发抖，已不成书"。其后，其他要员们也都一一签了字。

当晚，蒋经国以长子身份同宋美龄商量治丧的有关事宜。经他们商定：暂厝蒋介石灵柩于台北市南60公里处的慈湖湖畔（因慈湖背依草苓山，湖水终年碧绿清澈，风景秀美，宛如蒋介石的故乡浙江奉化县的溪口镇。20世纪60年代初，蒋介石途经此地时，看中了这块风水宝地，在这里修建了一座中国四合院式的"行宫"，起名"慈湖"。蒋介石生前常来此小住，并嘱咐在他死后灵柩暂厝此地），"以待来日光复大陆，再安于南京紫金山"，以此来实现蒋介石的"心愿"。

蒋介石病逝后的两小时，台湾"行政院"发布经主治医师签字的医疗报告及蒋介石遗嘱。其遗嘱内容如下：

> 余自束发以来，即追随总理革命，无时不以耶稣基督与总理信徒自居。无日不为扫除三民主义之障碍，建设民主宪政之国家，艰苦奋斗。近二十年来，自由基地日益精实壮大……"反共"复国大业，方期日新月盛；全国军民、全党同志，绝不可因余之不起，而怀忧丧志！务望一致精诚团结，服膺本党与政府领导，奉主义为无形之总理，以复国为共同之目标，而中正之精神自必与我同志、同胞长相左右。实践三民主义，"光复大陆"国土，复兴民族文化，坚守民主阵容，为余毕生之志事，实亦即海内外军民同胞一致之革命职责与战斗决心。唯愿愈益坚此百忍，奋励自强，非达成国民革命之责任，绝不中止！矢勤矢勇，毋怠毋忽。（台湾中央日报社编："领袖精神万古常新"，1976年5月版）

蒋介石的遗嘱发表后，海外很快就有人写出这样的评论：

以"总统"身份向国民党发表遗嘱，竟然把耶稣基督放在第一位，不明了台湾情况的人，还以为基督教是国民党的"国教"呢。

其实，在遗嘱中写上基督教的内容，恐怕既不是蒋介石本人所为，也不符合他的愿望。蒋介石的私人医生熊丸透露，遗嘱写好后，宋美龄表示要看看内容，她看完后对秦孝仪说："你加几句进去，说明他是信基督的。"可见，遗嘱上把耶稣基督放在第一位的，不是蒋介石而是宋美龄。

老蒋走了，小蒋还在，所以台湾为蒋介石举行了空前的"国葬"。

4月6日，蒋介石的遗体由士林官邸移至"荣民总院"，为的是翌日开始允许民众瞻仰蒋介石的遗容。在蒋介石灵堂四周插了88根白蜡烛，正中供奉着蒋介石的巨幅遗像及遗嘱。灵前有五个用素菊缀成的十字架，正中一个是宋美龄的，上款书"介兄夫君安息"，下款是"美龄敬挽"。

宋美龄为蒋介石灵前安放的十字架。

据说，在棺木中放何物，还有一番争论，最后还是依宋美龄的主张，并由她亲手放入了蒋介石生前喜欢的书籍：《三民主义》《圣经》《荒漠甘泉》和《唐诗》，另有蒋介石随身的帽子、手杖等物品。

4月16日是蒋介石的大殓日，宋美龄在蒋经国、蒋纬国的陪侍下参加了"奉厝大典"。

8点5分仪式开始。先是把蒋介石灵柩的棺盖放在七尺铜棺之上，之后，由张群、何应钦、陈立夫等八位中国国民党中央评议委员、中央常务委员一起将一面青天白日党旗覆盖在灵柩之上。接着，又由国民党要员们为灵柩覆盖了青天白日满地红的"国旗"，然后，严家淦恭读祭文。

礼毕，台湾当局还怕蒋介石不能升入"天堂"，又在蒋介石的大殓日，以基督教仪式行之。牧师周联华为蒋介石主持了追思礼拜与安灵礼。周在证道中引述了蒋介石的所谓"嘉言"：

"忍受试练越深，赞美的歌声越高。属灵的奥秘祝福即在试练之中。丰盛的

宋美龄、蒋经国、蒋纬国
在为蒋介石送灵。

生命必须经过在狂风暴雨之中生长的。以信为本的人必定有一千次顶大的试练等在前面。"（同上）

其后，周牧师领导读经文，诗篇第23篇，读启应文。追思礼拜结束，响起圣乐，纪念馆外鸣礼炮21响。

这中间还有小插曲，媳妇蒋方良突以宁波话要求："我可不可以亲阿爹一下？"于是这位在50岁生日时，曾获蒋介石亲笔题赠"贤良慈孝"的长媳俯身以自己的方式向她的公公郑重告别。

接着，蒋介石的灵柩在执绋人员的护送下，停放在灵车上。

灵车前身用20万朵深黄色的菊花装饰，两边各有几条白绋，车前挂一"国徽"及鲜花十字架。灵车队99辆由宪兵队开道车领前，包括"国旗"车、党旗车、"统帅旗"车、奉行蒋介石遗嘱令车、捧勋车、遗像车。车队后面是宋美龄挽蒋介石的大型黄菊十字架，家属随其后。两千多名执绋人员的车队缓缓驶向蒋介石灵柩的暂厝地——慈湖。

人去床空，蒋介石的病逝，令宋美龄哀痛不已。

宋美龄的菊花十字架陪伴着蒋介石的灵柩。

据台港报载：在蒋介石灵柩通往慈湖的路上，当局发动了成千上万的学生在灵车所经的途中跪地"迎灵"。绝大多数行业停止营业，鲜艳的建筑上一律奉命改漆素色，不合丧悼气氛的广告，也一律从改，交通路口则搭牌楼，各家都要挂挽额，平常失修的马路和未铺柏油的路面一律要整修，害得沿途各商家和修路工人日夜赶工，满肚子的怨言无处申诉。当日，治丧委员会的大员们还想出了"路祭"这个名堂，沿路分配各机构行号另设供桌，同时规定灵车经过时不许迎灵的人们抬头正视。此外还要求全体民众在大典鸣炮之时，在原地悼念三分钟。

此次蒋介石丧事排场之大，实为古今中外所少有。

蒋介石去世之后，处理好与蒋经国的关系对宋美龄来说就变得格外重要了。1975年4月29日，是蒋经国66岁生日。午饭后，蒋经国接到宋美龄一封手书："经国：今天又届你的生辰，往年我都为你设席与家人共聚，一享天伦之乐，此次自父撒手离你我之后，我们再也无此兴致作任何怡宴之举。今晨我特别起得早，为你祷告，祈求上帝给你智慧、健康和毅力，并特别赐福予你，这是我今年以此为寿。母字。"（蒋经国：《守父灵一月记》，载《蒋"总统"经国先生言

蒋经国搀扶着刚刚接受中山奖章的宋美龄。

论著述汇编》第9辑，第637页）

蒋经国手捧后母手书阅读再三，"感动无已，涕泣甚久"。

此事不禁使人想起，1974年10月24日，国民党十届五中全会上，蒋介石因故未能出席，代父主持会议的蒋经国让后母宋美龄坐上了老"总统"蒋介石的位置，会上宋美龄第一个获得国民党最高奖——中山奖章。

从某种意义上说，宋美龄获此殊荣，是当之无愧的。因为在台湾政坛的复杂关系中，蒋氏父子在一定程度上需要通过宋美龄来维系元老派和美国方面的关系。当然，每到必要之时，蒋介石和蒋经国就要抬高宋美龄的地位。

尽管蒋经国还要借助于后母的力量来发展自己，以便能够更加顺利地"接班"掌权，但此时宋美龄在国民党中的地位已经多少有些尴尬了。

"大典"之后不久，宋美龄在中山楼召见国民党中常委谈话，此后就很少露面。在蒋介石去世后的第165天，她就称病赴美就医。台湾人士称，这是极高明的政治决定，因为如果继续留在台湾，她的身份、地位、角色都将会十分尴尬。

蒋介石死去不久，台北曾有这样的传言：

1975年蒋介石逝世时，宋美龄身边的智囊孔令侃从美国回来，企图策划拥立宋美龄继任国民党总裁。由于当时的国民党秘书长张宝树采取闪电接触的做法，促成国民党决定举行临时"中常会"，会议决定修改党章保留"总裁"，使国民党领导人名义转为"主席"，并由蒋经国先行担任，待日后由国民党"全国"代表大会追认。这样就使孔令侃等人的企图落空了。

另一种大同小异的说法是为了党内的团结，宋美龄可能被推举继任国民党的总裁，作为元老们与少壮派之间的桥梁。按国民党的章程和传统，身为"评议委员"的宋美龄有没有资格升为总裁，本来就是存在很大疑问的。可是，就在蒋介石尸骨未寒时，蒋经国即以迅雷不及掩耳的措施，由国民党"中常委员会"举行临时全体会议（有评议委员出席），拥护他为一党之首。这样宋美龄出任总裁的可能性就没有了。此后，她只好以"蒋夫人"的身份接见中外来宾，再也没有了蒋介石在世时那份荣耀和风头。甚至已到了无事可做，无话可讲，欲求做一个严家淦一样的傀儡亦不可能的地步。如此尴尬，一走了之，为最上策。

客观地说，宋美龄本人可能并没有与蒋经国争夺最高权力的愿望和心情。宋美龄欲任国民党总裁的说法，一方面来自舆论的猜测，另一方面恐怕是孔令侃等人的一厢情愿。宋美龄虽然感情上偏爱孔家子弟，理智上却未必会认可他们的行政能力和政治智慧。而且，孔家子弟长期居住美国，与台湾岛内主流派政治势力比较疏远，而蒋经国一直居于国民党权力核心位置，因此，相信宋美龄也不会愿意依靠孔令侃等人去和蒋经国争夺最高权力。

即使宋美龄是以就医为名离台，台湾人也是从政治方面去做文章。他们评论说，如果她此去只是为了治病，那就用不着这样万里奔波了。以蒋宋之富，不要说她可以用钱把美国任何名牌医生请到台北来出诊，就是搬来一座全科医院也不会有什么困难。因为当年陈诚在台北患癌症时，即曾有一座医院与药房搬到他的官邸，连同医生、护士一应俱全，昼夜轮班。当年蒋介石有病时，香港大学的某教授也曾在台港之间飞来飞去，甚是方便。如今宋美龄非到美国去割乳、治癌，她这样舍近求远，而且又恰是蒋介石死后不久，难道仅仅是迷信洋大夫的医术？其中内情，不言而喻。

9月17日，宋美龄行前发表了《书勉全体国人》。通过这个四千字的告别词，我们可以粗略地看到一些她远走的理由。

文章前半部分是诉说她在近年来所遭遇的一系列变故：

近数年来，余迭遭家人丧故，先是姐夫庸之兄去世，子安弟、子文兄相继溘逝，前年蔼龄大姐在美病笃，其时"总统"方感不适，致迟迟未行，迨赶往则姐已弥留，无从诀别，手足之情，无可补赎，遗憾良深，国艰家忧，接踵而至，二年前，余亦积渐染疾，但不遑自顾，盖因"总统"身体违和，医护唯恐稍有怠忽，衷心时刻不宁。"总统"一身系国家安危，三民主义之赓替，"中华民国"之前途，全担在其一人肩上。余日夕侍疾，祷望"总统"恢复健康，掌理大事，能多一年领导，国家即多一年扎实根基，如是几近二年，不意终于舍我而去，而余本身在长期强撑坚忍，勉抑悲痛之余，及今顿感身心俱乏，憬觉确已罹疾，亟需医理。

接着她又回顾了蒋介石去世后一些令自己感动的场面：

回溯"国丧"期间，我同胞对"元首"之肃穆哀悼，出于赤诚之爱戴表露，见诸国父纪念馆之感人景象，使余永世难忘，难觅恰当词汇，予以描述。千千万万之人身历其境，不分你我，融协随和，静默无声，神态严肃，循序排队，耐心伫候，昼日漏夜，忘其累苦，只求一瞻"总统"遗容，致最后之敬礼。纪念馆前一排居民，有自动开放门户24小时予人方便，亦有自动供应茶水者。由中南部各处前来吊祭之同胞，有一路须经七八个小时行程始达台北市，原先排列在前之致敬之同胞已伫立六七小时，竟自动退让，使远来者得先入灵堂，毫无骚扰纷乱，充分表现礼让精神。灵堂外走廊中三军仪仗队同志双手擎枪，虽立正如木人，亦有涕泪难抑者，但仍肃立不稍改变其庄严仪态，令余感动伤心。

当灵榇奉厝慈湖，沿途民众跪祭泣拜，如波浪之此起彼伏。"总统"遗爱在民，无怪其真情流露，一皆发自心底。

丧期中市廛静穆，极少穿花绿色衣着者，有之则受民众路上之瞪目制裁；宵小敛迹，闾阎不惊。种种空前情景，不一而足，可谓历史所仅有，亦为举世所罕见。

国外早年同窗、政坛人物及民间团体，函电纷来，恳切慰唁，其中亦有来自机会主义国家，却不因现在政策立场之不同或无国格者，仍表达其深切悼念旧友之忱，公义不存，私谊犹在，仍明晰称许"总统"对信仰原则无可摇撼，凛不可犯之嶙峋风骨，其私衷对其过往国策，可能神明内疚，隐含惭悔意味耶。

尤使余感动者，乃来自世界各城市乡里，甚至未曾相识之人士与家庭主妇，致函向余表达钦敬"总统"不屈不挠、坚毅奋斗之精神，同时对本国政府之摇摆态度，备感惭愧。此种超越国界种族，坦率布露其纯洁等之心声，何难能而可贵，足见公道仍存在人们心坎深处，真理与正义决非任何诡鄙邪说所能长久一手掩盖。想起"火凤凰"一说，炼火的焚炼，只有使它更加增加进光采，故真理决不怕大时代政治的考验，而且必然能经历这样的淬炼。

在告别词中，宋美龄还回顾了她与蒋介石的夫妻之情：

算来将近半个世纪——业已48个春秋——余与"总统"相守相勉，每日早晚"总统"偕余并肩一起作祷告、读经、默思；现在独对一帧笑容满面之遗照，闭目作静祷，室中沉寂，耳际如闻謦欬，余感觉伊乃健在，并觉随时在我身边。

宋美龄最后介绍了蒋介石生前喜爱的"圣咏"诗句第一首：

长乐惟君子，为善百祥集，莫偕无道行，耻与群小立，避彼轻慢徒，不屑与同席，优游圣道中，涵咏彻朝夕，譬如溪边树，及时结嘉实，岁寒叶不枯，条郁靡有极。

宋美龄认为：这首诗，句句是蒋介石精神生活的写照。

台湾人士在评论宋美龄的"告别词"时认为它有四点"新意"：

第一，没有再提"反攻大陆"，这是不是她已认识到"反攻大陆"云云等于梦呓，提出来等于废话？

第二，没有一句提到蒋介石死后，蒋家朝廷已"寄托有人"，可以起死回生之类的话语。

第三，没有只字提到严家淦、蒋经国……没有指出他们在未来的时日中可以有所作为。当然也没有提到时任"国安会"秘书长的蒋介石另一个儿子蒋纬国。

第四，没有提到美蒋关系有什么"光明"前途，也没有提到她将来一定要回到台湾。

1975年9月17日，宋美龄登上"中美号"专机赴美就医。

宋美龄离台的内幕外人是不得而知的。

亲蒋的刊物称之为"夫人深明大义"，有意"回避"，以便蒋经国放手大干；或是宋美龄由于悼亡心切，老地方容易触景生情，故换个环境，减少点悲伤。而另一些刊物则不以为然，揣测说，这是蒋经国的亲信向宋美龄施加了压力，请她离去。因为宋美龄发表的书面讲话中引了"圣咏"诗一首，称"莫偕无道行，耻与群小立，避彼轻慢徒，不屑与同席"，流露出她是受到排挤后含恨而走的。

无论别人如何说长道短，宋美龄去意已定。9月17日上午，她乘坐"中美号"专机前往美国，到机场送行的有"总统"严家淦伉俪、"行政院长"蒋经国夫妇和家人、"总统府资政"张群等以及驻台湾的各国"使节"一百多人，蒋经国亲自扶持宋美龄进入机舱内，随同宋美龄赴美的有十多名侍从人员和护士。经过12个小时的飞行，当晚9点35分，"中美号"抵达美国肯尼迪机场，台湾驻美"大使"沈剑虹夫妇及美国政府代表在机场迎接，随即由六辆汽车组成的车队护送宋美龄去了纽约的长岛。

蒋家办完丧事，宋美龄也离开了权力的是非之地，但有关蒋介石身后的一些事情却未曾了结。只说有关蒋家人的称谓就够叫人啼笑皆非的。特别是在蒋经国当上台湾"总统"之后，"蒋总统"和"蒋夫人"两个称呼就成了严重的问题。

蒋介石在世时，"总统"就是蒋介石，谁也不敢妄存非分之想。任何人在台湾境内，只要说"总统"，就知道所指的是谁。到了严家淦担任"继任总统"的时候，为了有所区别，就在"总统"前面加一严字，称为"严总统"，一般也不会发生混淆，同时，严家淦又很自谦，处处以"过渡总统"自居，每提到"总统"二字时，他先带头称"总统蒋公"，以示自己没有当"总统"的野心。好在当时的"继任总统"是严家淦，蒋经国是"蒋院长"，在称呼上也不会发生什么误会。

蒋经国当选第六任"总统"之后，称呼的问题就发生了。不论是称"总统蒋公"还是称"蒋总统"，都会发生所指对象不明确的问题。为了指代分明，不知是哪位"高人"提出这样的规定：

称蒋介石为"先'总统'蒋公"，在形于文字时，一定要在"蒋"字上面空一格，以示"崇敬之意"。称唤宋美龄仍为"蒋夫人"，不得称"先'总统'夫人"或"先'总统'蒋公夫人"之类不适当的名称。

称呼蒋经国须用"蒋'总统'经国先生"，形于文字时，"经"字前面不用空格，以体现蒋经国"崇尚民主之意"。称呼蒋方良则必须为"'蒋总统'经国先生夫人"，不得称"蒋夫人"或"'蒋总统'夫人"。

这个通知传达到了台湾所有机关、团体、学校、部队。许多人为这些新改订的名称暗自叫苦，特别是那些吃公事饭的主官、主管、办理公文的人们，为这些新称呼记得好累好累。他们说，尤其"蒋'总统'经国先生夫人"的名称长达九个字，有点像清时代的徽号，讲起来也像绕口令一样别扭。幸好那个俄国人"蒋'总统'经国先生夫人"平时不大出门，算是减少了文武官员趋奉的麻烦。如果她也像"蒋夫人"宋美龄一样，经常出现在公共场合，单在称呼上麻烦可就大了。

从此，"蒋夫人"三个字就成了宋美龄的专有名称。

第二十章

似水流年

宋美龄在美国这一住就是十多年。只是在蒋介石逝世一周年时，返回台北一次。就连出席蒋经国的"总统"就职典礼都被她婉拒。

这期间，宋美龄给自己每天安排的时间表大致是读报、看电视，还利用大部分空闲时间选择自己喜爱的书籍阅读。除此之外，她还喜欢练练书法和绘画，比较多的时间是画她擅长的兰花和山水。

她在美国投资开采石油，被台湾的报刊称为："如此高龄自食其力值得'国人'引以为荣。"

蒋介石百年诞辰纪念大会当日，宋美龄发表了《我将再起》的专文。宋美龄除了召见元老派恳谈外，还特别召见参谋总长郝柏村及三个军种的总司令，以她那特殊的地位，为赢得军方对于蒋经国政治革新的支持打下了基础。

为了让人们对她去美十年有一个大致的了解，宋美龄又搞出一个多层次的"拼图"。

国民党"十三大"选举的结果，使宋美龄把持了三十多年的国民党妇工会"全军覆没"。一叶知秋，夫人派大势已去。宋美龄也只好偃旗息鼓，打道回府了。

宋美龄曾被视为"蒋家最后一位精神象征"，她的再次去美，等于为蒋氏家族在台湾政坛的影响力画上了句号。

寂寞晚景

到美国以后，宋美龄住在纽约长岛的一栋豪华别墅中，她在美国这一住就是十多年。只是在1976年4月2日，为了追念蒋介石逝世一周年，特别搭乘"中美号"专机返回台北。待追思礼一过，宋美龄再度返回美国。像蒋经国就任"总统"，国民党"双十节"的七十大庆，国民党的"十一大"、"十二大"等重大活动，都曾请宋美龄回台捧场，均被她婉拒。

这栋古老的住宅占地15顷，距纽约大约一个半小时的车程，房子原是孔祥熙的，后为孔令侃所有，现又作为宋美龄的客邸。

这十余年中，宋美龄在美国固然亲朋好友不少，但毕竟每人都有自己的事业和生活圈子，不时走动一下可以做到，整日陪伴在宋美龄的左右则不可能。再加上蒋介石已去世，她以往"第一夫人"的风光，和那种前呼后拥、门庭若市的情景也随之逐渐逝去。尽管在宋美龄身边还有一批随侍人员（约30人）在她周围侍候，可这些人毕竟不是家人可以谈话，尤其是谈贴心话的人几乎没

1976年4月，宋美龄从纽约回到中国台湾，参加蒋介石逝世周年纪念。

有，所以，她晚景的寂寞是可想而知的。

应该说，宋美龄虽然在美国长大，并在美国受教育，但此时留居美国，对她来说也犹如生活在陌生人的圈子里。因为宋美龄赴美已是80岁高龄的老人，那些经历过第二次世界大战，并跟她有过多面之缘的美国友人，已是寥若晨星、屈指可数了，即便还活在人间的也多半风烛残年，所以这些人不大可能与宋美龄有什么太多来往。

此外，蛰居在美国的十年，宋美龄已从老年迈向迟暮时光，故旧、亲友们不断逝去，所以她的日常生活日趋平静、恬淡，基本上是深居简出。

宋美龄给自己每天安排的时间表大致是读报、看电视，还利用大部分空闲时间选择自己喜爱的书籍阅读。据知情人说，美国经常有畅销书出版，但是宋美龄对一般的畅销书根本看不上眼，她喜欢读历史、传记之类的作品，而且就她的岁数来说，其阅读的速度相当快，几天就可以读完一厚本。除此之外，宋美龄还喜欢练练书法和绘画，比较多的时间是画她擅长的兰花和山水。

在美期间，拒绝接见记者的宋美龄偶尔也会露面。1978年，美国驻台北"大使"安克志在纽约为他女儿的中华文化中心开画展，发了一个请帖给宋美龄。在孔家几个年轻后辈的陪侍下，宋美龄满有兴致地去观赏了一次安小姐的画。台北"新闻局"驻纽约办事处主任陆以正扶着她上了楼，然后她坐在椅子上观画，每看完一张就由一个小姑娘代她挪动一次椅子，这样看了约一个小时才离开。这时的宋美龄虽稍现老态，但神情依旧。

1978年，蒋经国就任第六任"总统"前，台湾某些人士曾认为宋美龄可能返台参加就职大典，并祭悼蒋介石，但宋美龄并未成行。从礼貌出发，她在这一年4月1日致函蒋经国说：

三月廿七日、廿九日来电均悉。父亲去世三年之期将届，在此三年中，余每倏而悲从中来，上年返回士林，陈设依旧，令我有紧紧人去楼空之感，以往惯常之言音足声皆冥冥肃然，不禁唏嘘。余与父亲除数次负任去美，其他时日相伴近半百年岁，尤以诸多问题，有细有巨均不惮有商有量，使彼此精神上有所寄托，二人相勉，所得安慰非可形诸笔墨。自忖余对我之生父，相处总共仅短短九年余，因我八岁即离家来美求学。返国后年余彼即弃养；与余母相与总共只十七年，即与父亲结缡，可谓自龆龄启蒙，最亲近最长久伴侣，兼相依为命者，乃父亲耳。此种扣心萦怀情性，只有如汝与方媳结合四十余年者，可能体会之。余幼承庭训，均授以对大悲伤、大灾祸以坚强镇静为鹄的，余虽不能谓事事做到，但时以之自律自勉。忝在母子之份，又汝廿九日电深为关切，能体会余三年之情绪，乃罄心言之。母。（辛慕轩等著《宋美龄写真》，第128页）

从此电文中可得知，宋美龄在1978年未能返台的主要理由是"深恐睹物生情，哀思蒋公不能自已"。

据知情人说，这十余年中，宋美龄对蒋介石的思念确是多年未减，在她美国的寓邸里到处是蒋介石的照片，而且她要求奉祭蒋介石的鲜花长年保持新鲜。还有报道说，宋美龄对衣着及色泽的选择，多年不变，使人感到她依旧有着当年的高雅气质。

在美的十余年中，宋美龄的活动都不是公开性质的，可还是有不少与她熟悉的人说，仍经常可以见到宋美龄，例如每年她的生日一到，全美遗族学校的毕业生都会从各地赶到长岛为她过生日，而且，每次的聚会，至少要花上两三个小时的时间。可是宋美龄仍旧欢迎他们来折腾，因为这样就可以在她寂寞、平淡的日子里有一点小的波澜。

据悉，在美国期间，宋美龄的主要"工作"是处理有关文件，准备着手写她的回忆录。鉴于她在年龄和精力以及中文写作水平上的困难，宋美龄自己是很难完成这个任务的。好在她曾有多位侍从秘书，大部分是由台湾派来的，其中有不少是蒋纬国的亲信。这些人除了为她安排生活琐事之外，主要任务就

这是宋美龄于20世纪70年代至90年代初在美国的寓所，原为孔家拥有的长岛蝗虫谷豪宅。

是替她整理文件、起草文稿。宋美龄每年给辅仁大学毕业典礼的贺词，全部是由秘书代劳并送回台湾的。当然对以往的文件、信函和资料的处理，也均出自秘书之手。

到了美国以后，对宋美龄来说已是远离台湾的政治圈子，但像她这样一个一生都在与政治打交道的人，是不会轻易超脱的。

身居海外，她对台湾的情况，尤其政治事务方面的发展，甚为关注。每每有来访的台湾人士，她必探询岛内外的政局。而且，她在台湾有几位当局的重要人物做耳目，所以，她虽在美，但与台湾的联络一直畅通无阻。例如，当局在处理"外交"或涉及宋美龄把持的某些领域的人事安排问题上，如必须征求她的意见时，她均会很迅速地获知并表达她的看法。应该承认，宋美龄本人在美近11年，对岛内政情的发展，以及有关政治经济方面的事情一点也不陌生。而且在私下里，宋美龄对台湾政局的变化，还表示出颇为担心。可见，她不能也不想远离台湾的政治现实。

当然，除此之外，宋美龄对台湾的其他方面也是颇为关注的。例如，遇有灾难，她会予以资助；历年辅仁大学毕业典礼，她会从美国寄来致勉贺词；而台湾的"国民大会"也经常与宋美龄驰电往还。

宋美龄与台岛的来往并不是经过她的继子们，而是她在台湾时培植的那批亲信，又被人称作"夫人派"的代表，如当年任台湾"总统府秘书长"的沈昌焕、"北美事务协调会"主任钱复（人称台湾驻美"地下大使"），还有台湾"故宫

博物院院长"秦孝仪、台湾驻纽约"总领事"邓权昌以及"妇联会"方面的钱剑秋等人。

他们当中的一些人会经常到宋美龄的别墅中走动，如台湾驻美国的"北美事务协调会"主任钱复常常抽空到纽约一行，探望并代表当局向宋美龄问安；还有深受宋美龄信任的邓权昌，宋美龄旅居美国十余年间，邓氏一直奉命照顾宋美龄的一切，宋美龄凡有所需，基本上均由邓氏包办。尽管宋美龄身边有女秘书及其他随从，但若干对外事务，仍由其秘书通知邓权昌来办理。

在这里，笔者还要录入一个曾经通过台湾媒介传出的不是笑话的笑话：

宋美龄长居美国时，时任台湾"总统府"秘书长的沈昌焕，适逢他的朋友祝贺他身负重任，沈却说：我主要是在这里接电话的。原来，宋美龄因关注台湾，常常在美国和蒋经国通电话，有时想到一个什么问题，或在报上看到一件有关台湾的事情，她都会拨电话到台北。但是老太太到底老了，常常忘记纽约与台北时差12—13个小时，她下午3点拨电话，而蒋经国却在"午夜梦回中"，当然受不了。而原来的"总统府"秘书长马纪壮本是北方人，又出身军旅，对于这个接电话的差使，常常是穷于应付。有时不便说"蒋经国"睡了，就搪塞说："不在。"宋美龄则想，你作为"秘书长"，连"总统"在哪里都不知道，干什么吃的？在这种情况下换上沈昌焕就"灵活多了"，他不但有丰富的"外交辞令"，而且熟知宋美龄的脾性，你讲上海话，他答上海话；你说英文，他答英文，总之，几下"太极拳"一打，宋美龄既感满意，蒋经国亦少受干扰。这个接电话的差使真正是一流的！

台湾一些官员与妇女界人士赴美时，多半都要到纽约宋美龄的寓邸"问安"，但不是每个人都有这个被接见的"殊荣"，如妇女界能够见到宋美龄的已经不多，只有像钱剑秋、王亚权、赵筱梅等人。像赵筱梅这位昔日曾为宋美龄负责过育幼院工作的心腹人物，每次专程来访，均能获得一晤。

宋美龄还是比较念及旧情的，一直被宋美龄扶助的，主持国民党"妇工委"的钱剑秋因年事已高，很少访美，但一旦到美必能受到宋美龄的"幸见"。王亚权也是宋美龄愿意接见的妇女代表之一，其原因在于，王亚权近年来执掌台湾"妇联会"事务的大权，而"妇联会"又是宋美龄到台湾后一手创办和一直把持的群众团体。

1985年5月，国民党"妇工会"主任钱剑秋赴美，给台湾传播媒介带来了有关宋美龄的近况消息。特别是钱剑秋一行人拍回了不少与宋美龄合影的照片登载在台湾鲜有报道宋美龄消息的报刊上。一时间，宋美龄又成了人们议论的话题。有人评论说，从照片上看，宋美龄较十余年前离台时稍呈老态，但精神不差。以她已到了坐八望九之龄，能在此神态中依稀透出当年之丰采，诚属不易。

在蒋氏家族后人中，最得宋美龄宠爱的是蒋经国的三儿子蒋孝勇。据说，当年他是个可以坐在蒋介石"总统府"办公桌上撒尿的小孩。这个昔日深为蒋介石夫妇喜爱的孙子，目前在宋美龄心中仍然一如从前。蒋氏家族如果有什么信息需要转达给宋美龄时，蒋孝勇是唯一的最佳信使。而且蒋孝勇几乎每年都要前往纽约拜见祖母宋美龄一次。

另一个受到宋美龄关切的蒋家人就是蒋介石的二公子蒋纬国。所以，蒋纬国十余年来，也曾若干次赴美向这位继母问安，回报宋美龄对他的关怀。其他蒋家方面的晚辈中，以居住在旧金山的蒋孝章一家人，探望宋美龄的次数最多。蒋经国对这位继母也算是恭敬有加了，十余年间，他对宋美龄在美的生活状况颇为关切，不时关照手下亲信赴美探视。

其实，宋美龄晚年移居美国之后，也并不是完全无所事事的。1985年她在美国投资开采石油，被台湾的《雷声》杂志称为："如此高龄自食其力值得'国人'引以为荣。"

1985年2月9日发自合众国际社的一则电讯说，宋美龄女士与美国菲律浦斯石油公司投资500万美元，在新墨西哥州安东尼附近钻探一个天然油井。位于俄克拉荷马州巴特尔斯维尔市的菲律浦斯石油公司的发言人史蒂夫·米尔本还透露：目前宋美龄仍在经营位于得克萨斯州休斯顿的韦斯特兰石油公司。

台湾报刊评论说，宋美龄经营石油公司，显见其生机的旺盛，并充满了活力；据说，这次与人投资探钻天然气，工程格外浩大，必须深入地下两万两千五百英尺才能探知结果，因此风险特高；宋美龄在晚年仍有此种胆识，参与投资风险性相当之高的事业，足以证明其眼光与魄力均不逊当年。

1985年又让宋美龄过了一段十分烦心的日子。年初，美国作家斯特林·西格雷夫撰写的《宋家王朝》出版了，很快便成了美国、中国香港及东南亚一带的畅销书。并且美国一些刊物把该书当作封面故事来处理，更提高了它的知名度。西格雷夫的父亲曾是史迪威将军的医生，所以他对蒋、宋家族的看法颇为引人注目。

作者称：曾经有过关于孙中山和蒋介石的传记，其中几处对他们有温和的批评。对宋家姐妹有两本极尽阿谀美化之能事的传记，和一本由赛珍珠的妹妹写的关于宋家姐妹的儿童读物。但是这些书全都避而不谈宋氏家史的黑暗面。本书是第一部宋氏家族的传记，它第一次全面考证了宋家的积极贡献和被长期隐瞒的阴暗面。把宋家成员集中起来作为单一主题来研究，不难看出，他们在取得权力的道路上是如何互相提携和互相倾轧的。

这位作家还披露说：这样的传记不能更早问世的原因，就在于宋家不愿意。在20世纪70年代美国对中国政策改变以前，任何对宋家"不健康"的兴趣，尤其是对蒋家不够虔诚的态度，都足以危及一切记者的生命。

作者以一个旁观者的眼光，用大量的史料向世人展示了这个赫赫有名的"宋氏家族"的兴衰史。同时，也道出了许多鲜为人知的史实。因此，作品一问世，就备受瞩目。

1985年3月17日，《纽约时报书评》刊出了耶鲁大学中国史讲座教授史景迁的书评。史教授表示，这本书刺激许多学者致力于蒋宋家族的研究，这种研究工作将有助于世人对过去半个世纪中、美政治的了解。

宋美龄认为：该书诬蔑丑化了蒋介石及孔宋家族。这对既是宋氏家族的主要成员又是蒋介石夫人的宋美龄来说，简直是无法容忍的事情。她必须想办法加以反击。

先是遥控台湾岛内外的若干名大学历史教授联名在美国各家报纸登载启事，驳斥西格雷夫取材不当与见解偏颇。由于这些文章没有提供恰当的反证，所以自然未能达到预期的效果，反而为西格雷夫的新作大做了广告。

尔后，宋美龄又在一篇驳斥《宋氏王朝》的作品上大做文章，该作品的作者名字叫黎东方。据悉，黎东方的作品在写好之后，曾通过秦孝仪送到宋美龄处，作了删改并增补了若干关键内容。所以，这个作品问世后，颇受蒋、宋、孔家人的重视和好评。孔家大公子孔令侃也在《世界日报》发表三篇声明启事，反驳西格雷夫的观点。

尽管宋美龄做了上述种种努力，但这本书在美国畅销数月不衰，她最终还是很难挽回什么影响。

两封公开信

1982年7月24日，中华人民共和国全国人大常委会副委员长廖承志，为了祖国的统一大业，在《人民日报》公开发表了致台湾国民党负责人蒋经国的一封信。廖信真切感人，大致讲了以下几方面的问题：

第一，"祖国统一乃千秋功业，台湾终必归回祖国，早日解决对各方有利"。

第二，"应以天下为公，以国家民族利益为最高准则……依时顺势，负起历史责任，毅然和谈，达成国家统一"。

第三，"当今国际风云变幻莫测，台湾上下众议纷纭，岁月不居，来日苦短，夜长梦多，时不我与，盼弟善为抉择，未雨绸缪"。

第四，欢迎蒋经国在统一之后，即把蒋介石的遗体"迁安故土，或奉化，或南京，或庐山，以了吾弟孝心"。

第五，"人到高年，愈加怀旧，如弟方便，余当束装就道，前往台北探望……'度尽劫波兄弟在，相逢一笑泯恩仇'"。

廖承志的这封希望国民党"依时顺势，负起历史责任，毅然和谈，达成国家统一"的公开信，既回顾了过去，展望未来，又对祖国统一的大业晓以利害，而且通篇的语言充满感情，动人心弦，在海内外引起了炎黄子孙极大的反响。

对此公开信，台湾方面和蒋经国没有任何反应，而宋美龄却发话了。同年8月17日，她发表了致廖承志函，作为对廖承志致函蒋经国的复信。笔者认为：本来是致蒋经国的信，自然应由蒋经国来回。但蒋介石时期开始实行的"不接触"政策由来已久。廖承志的信能有回音已属不易，但从其复信中一目了然的政治观点来说，却多少给人一种风马牛不相及的感觉。

宋美龄信的开头就为台湾当局默不作声以及之所以由她来回复作了解释：

"经国主政，负有对我'中华民国'赓续之职责，故一再声言'不接触、不谈判、不妥协'，乃是表达我'中华民国'、中华民族及中国国民党浩然正气使之然也。"（李桓编译《宋美龄传》，第300页）

接着，她回顾起历史上她与廖承志父母的相识以及她对他们的看法。宋美龄说："余与令尊仲恺先生及令堂廖夫人，曩昔在广州大元帅府，得曾相识。嗣后，我总理在平病危，乃与大姐孔夫人赴平，予二家姐孙夫人精神上奥援，于此时期中，在铁狮子胡同，与令堂朝夕相接，其足令余钦佩者，乃令堂对总理之三民主义，救国宏图，娓娓道来，令余惊讶不已。盖我国民党党人，固知推翻满清，改革腐陈，大不乏人，但一位从未浸受西方教育之中国女子而能了解西方传来之民主意识，在五十余年前实罕见。余认其为一位真不可多得之三民主义信徒也。"

宋美龄又说及廖仲恺先生乃是黄埔军校之党代表，并回忆起当年北伐出军前夕，她与孙夫人宋庆龄、长兄宋子文等参加黄埔阅兵典礼，蒋介石向学生训话时，称许廖党代表对国民党之勋猷（此时廖先生已遭暗杀故去）。在此，宋美龄特别强调说，蒋介石"热泪盈眶，其真挚恸心，形于词色，闻之者莫不动容"。（参见李桓编译《宋美龄传》，第300—305页）宋美龄认为仲恺先生始终是总理之忠实信徒。她借用廖承志为人应"忠孝两全"的这句话来提醒说："倘谓仲恺先生乃乔装为三民主义及总理之信徒，而实际上乃为潜伏国民党内者，则岂非有亏忠贞；若仲恺先生矢心忠贞，则岂非廖承志有亏孝道耶？若忠贞皆无，则廖氏父子二代历史岂非茫然自失，将如何作交代耶？此意尚望三思。"

在此，宋美龄还借章太炎之口来大骂共产党，她说："国学大师章太炎为陈炯明撰墓志，谓我总理联俄容共铸成大错，中国共产党曲解国父世界上以平等待我民族之要旨，断章取义，以国父容共一词为护身符。"同时，她又再次提醒廖承志："世侄在万籁俱寂时，谅亦曾自忖一生，波劫重重，在抗战前后，若非先总统怀仁念旧，则世侄何能脱图圄之厄，生命之忧，致尚希冀三次合作，岂非梦呓？又岂不明黄台之瓜不堪三摘至理耶？"（同上）

宋美龄又把话锋转到了中国大陆"文化大革命"的失误上面，这部分占了该信三分之一的篇幅。她把道听途说来的消息、从西方报纸上看来的有关"文革"

的统计数字，无论真实不真实一股脑地全搬到复信中作为攻击共产党人的证据。她这样大肆地渲染"文革"的错误，并不想去总结什么经验教训，目的就是一个，即借否定"文化大革命"来否定中国共产党领导新中国几十年的成就。

最后，宋美龄又搬出蒋介石"反攻大陆"的那番老调子规劝廖承志，要他"敝帚自珍，幡然来归，以承父志，澹泊改观，颐养天年，或能予以参加建国工作之机会。倘执迷不醒，他日'光复大陆'，则诸君仍可冉冉超生，若愿欣赏雪窦风光，亦决不必削发，以净余劫，回头是岸，愿扪心自问"。（同上）

从以上的介绍来看，宋美龄通篇都在回避廖承志信中反复强调的主题即祖国统一问题，而且千方百计绕到她那个"反共"的调子上，借机要出一出被中国共产党赶到小海岛憋了几十年的这口恶气。

据知情人说，此信乃出自宋美龄的"红人"秦孝仪的手笔。

宋美龄的复函，在海内外受到舆论的广泛批评。香港《中报》发表评论说："'廖函'有一个明确而又严肃的目的，就是吁求国共和谈，以实现中国和平统一。为达此目的，中共不惜矫枉过正，对国民党作出种种优厚的承诺。对照之下，'宋函'除了引述外国报章做反共宣传，并板起'长者'面孔教训晚辈廖承志，以为蒋经国出气外，实在看不出什么严肃的目的。"（香港《中报》1982年8月24日）

时隔不久，秦孝仪这位笔杆子为宋美龄撰写的另一封公开信又问世了。

1924年1月，孙中山在广州主持召开了中国国民党第一次全国代表大会。60年后的1984年1月，在北京召开了国民党"一大"60周年学术讨论会暨孙中山研究学会成立大会。在这个学术研讨会上，中国人民政治协商会议全国委员会主席邓颖超作了一次讲话。

邓颖超主席回顾了国民党"一大"的历史内容和历史地位，颂扬了孙中山先生的历史功绩。同时指出："在1927年，由于国民党内一部分人背弃了孙中山先生《遗嘱》中的谆谆嘱咐，背弃了国民党第一次全国代表大会宣言中规定的道路，使第一次国共合作遭到了破坏，中国一时又回到黑暗和分裂的局面中去。"

回顾历史，展望未来，邓颖超在此还特别论述祖国统一是"历史的主流，分裂只是短暂的插曲"。借此机会，她向台湾当局强调："孤悬海外，受制于人，这种局面终究是很难长期维持下去的。是非利害，何等分明。孰去孰从，不难立决。"并提出建议："只要大家都以祖国统一作为共同的前提，以诚相见，多商量，多交换意见，问题总是不难得到合情合理的妥善解决的。"

在美国公寓里无所事事、消磨时间的宋美龄，看到邓颖超的讲话又坐不住了，很快就遥控在台湾的秦孝仪为她准备好反击信。同年2月16日，宋美龄致函邓颖超说："近阅报载，先生在我中国国民党第一次全国代表大会60周年纪念会中曾做一次演说，追念在我总理中山先生主持下，召开第一次全国代表大会'确定'了'联俄''容共'（非如所言'联共'）及'扶助农工'三大革命政策。兹将当时决策之来源为先生道之。"（参见李桓编译《宋美龄传》，第305页）

于是，宋美龄就按她的理解来演绎出60年前的历史：

第一，苏联的援华是为了"名利双收"。宋美龄说："按当时国家处境危殆，外则有世界列强企图恣意瓜分中国。加之各帝国主义借用不平等条约之各种特权，不断榨取我人力、物力、资源，以填其欲壑，国内则有大小军阀猖獗，生灵涂炭，民生凋敝。我总理深于此，乃为中国在国际享有平等待遇，呼吁世界助我自助，亦即是求取消束缚我国之不平等条约。"但世界列强不加理会，此时仅新起之苏俄政权，给予孙中山以支持，对此，宋美龄却攻击为"别具心裁，予我革命基地广东以极有限之械弹，得一箭双雕之收获"。而且，她还认为："当时，苏俄政权被各国歧视，世界地位极为孤立，其予我一臂之助，既可博得全世界受压迫众生之好感，并又可以之炫耀于列强之前，显示苏俄政权乃是有正义之政权。且在广大之中国，顺理成章，树立一将来征服世界不绝之兵源，亦即充当其炮灰之资源，假此机会肆意吸收训练基干分子，以贯彻由苏俄所控制之全世界苏维埃帝国蓝图之推行与实施。名利双收，莫过于此。"（同上）

第二，国民党乃共产党的"保姆"。宋美龄对此是这样解释的：

"当时大会所通过之'容共'政策，旨在联合国内一切反军阀反帝国主义之力量，其实，共产党之力量，证之于当时所谓共产党全国代表大会到会者仅十二人耳。其首脑人物为陈公博、周佛海、张国焘、董必武及毛泽东等，事实上，中国国民党乃是中国共产党之保姆。""盖若非仰赖当时国民党之掩护、育养，其便能成为后日之党耶？"宋美龄又进一步强调："何以谓国民党为共产党之保姆耶？须知，当时共产党员参加我党政军者，事先均宣誓效忠国民党，永矢勿渝，总理及党中央无分彼此，允其依个人志趣选择参加，凭其资历，委以权位。"

（同上，第306页）

宋美龄再次重弹"共产主义不适合于中国国情"老调，并攻击说，共产党人"锐意阴谋成立'共党'细胞于我各单位之中，扩张潜力，并进一步攫取武力"。

然而，历史真相是，第一次国共合作前，正是孙中山在几乎走投无路的情况下，年轻的中国共产党帮助他改组了当时散沙一盘的中国国民党，在孙中山的"联共"政策下，国民党增添了新鲜血液，端正了革命方向，也由此迎来了中国革命的高潮。

既然是给老相识写信，宋美龄必然免不了那套从吹捧开始叙旧，然后再到规劝的路数。

她说："回忆前在重庆抗战时期，曾与大姐孔夫人数度与先生聚首交谈，征询先生对当时抗战问题及国家前途之展望，余二人均认为先生识解超群，娓娓道来，理解精透，所谈及之问题均无过于偏颇之处，实我当时女界有数人才……犹记尝告家姐：若邓颖超能为国民效一己之力，必脱颖而出，甚至超颖而出也。又何必沉湎于被泰半理智之犹太人所不齿之德国犹太马克思的理论所蛊惑耶？"

（同上，第307页）

由于宋美龄认为邓颖超是沉湎于马克思主义的"邪说"，故边解释边谩骂地回忆起历史："1920年马列理论曾在俄国得手，凭借许多因素侥幸成功，此实由于当时一般知识分子沉醉于'时髦心理'，令马列'邪说'弥漫于知识阶层，大多自认为马列信徒或马列崇拜者。尤其在法国，几乎造成倘任何人不能诵说几句马列教条，则必目为白痴或非知识分子之风气，只要是马列教条，即不求甚解，'囫囵吞枣'犹如天诏，加之，法国左派理论家沙特不时以辩证法及逻辑语撰写似是而非之文字诱言惑众。周先生正在此种热潮中留法，接受马列理论熏陶。"

（同上，第309页）

接着，她用挑拨的口气提到："待李立三路线失败后……遵义会议前夕，周先生已得有领导地位。但卒被毛泽东所夺取。论资格、人望、能力、见解，周先生均凌驾于毛泽东之上，本当续任'共党'军委会主席，但在遵义不知系感于前途荆棘满地，事不可为耶？抑被毛泽东以小小'三面红旗'打法使之望陷阱而却步耶？此在龄思考中，始终为一费解之疑窦。"（同上）

其实，用不着宋美龄费什么脑子，历史早已下了公正的结论：中国共产党人的领袖不是自封的，更不是人为树立的，而是经过实际斗争检验和锻炼出来，并得到全党认可的。中国共产党人在中国大陆的领导地位，也是经过中国革命斗争实践的检验，得到全中国人民认可的。

对于邓颖超讲话中谈到的祖国统一问题，这次宋美龄没有回避，但是她认为："近三十余年来，共产党政权已早知无法再可侵蚀金马台澎之复兴基地，乃重袭统战故伎，以恶言毁谤为张本，或以蜜语骗诈为武器，企图成'三度合作'。"同时，宋美龄又借机对两次国共合作的历史作了篡改。她说："第一次我总理宽大容共，遂使原不过五十余人之共产党徒，经中国国民党襁褓鞠育后造成骚扰动乱，凡十四年。及再次容共，乃当中日战争国家存亡关头，先总裁不咎既往，诚恕相待，原望其回心转意，以抵御外侮为重，岂知'共党'以怨报德，趁火打劫，铸成大陆的沉沦，二次惨痛，殷鉴昭昭，一而再之为已甚，其可三乎？"

到底是谁"以怨报德"？这个问题并不难回答。众所周知，在民族危亡的关头，蒋介石"攘外必先安内"的政策，不仅遭到全国人民的反对，也激起了国民党内部的反对，于是，逼出一个"西安事变"，中国共产党人从大局出发，

蒋孝章（左）、宋美龄、蒋方良的合影。

尽力使事变得以和平解决，迎来了第二次国共合作。然而，蒋介石不顾民族的危亡，在抗战八年中，却用了五年半时间与中共搞摩擦，发动了三次"反共"高潮。宋美龄是过来人了，她心里最清楚不过，她也应该明白：国共两党孰是孰非，人民自有公论！历史自有公论！

宋美龄的这次回函确实没有回避、没有反对统一问题，然而，她要的"统一"是什么呢？在信中她非常明确提出要"信服三民主义统一中国"。这种不顾

当今世界历史潮流和海峡两岸几十年发展的现实，泛泛空谈"三民主义统一中国"，对真正实现祖国统一又有什么意义呢？

宋美龄明明知道国民党不可能"反攻大陆"，明明知道台湾不是也不能代表全中国，而咬定要按照国民党的要求来"统一中国"，并坚持说只有台湾的"国民政府"才是代表全中国的，让人感到的只能是自欺欺人和色厉内荏。

应该承认，国民党在台湾确实创造了一些发展经济的条件，积累了一些经济建设的经验，其中一些经济方面的成就是可供中国大陆借鉴的。但这绝不意味着谈统一问题，就是用台湾经济模式来统一中国。

"我将再起"

在美国待久了，宋美龄不免又有了思乡之情。于是她又想回到台湾。1986年8月13日台湾《自立晚报》的一条消息率先报道了宋美龄要返台的信息：旅居美国多年的宋美龄，有意在今年底返回台湾探访亲友，目前正透过有关人士筹划安排中，如果一切顺利，9月、10月间可成行。

其实，据权威人士透露，1986年的7月初，宋美龄的秘书将她要返台的打算告知台湾在美国的"北美事务协调会"主任钱复，要他由适当的渠道"转致"台湾当局。所谓"适当渠道"就是指宋美龄在台湾高层中的亲信，例如沈昌焕等人。

消息告知了蒋经国后，蒋经国迅即以父亲百年诞辰纪念名义，恳请蒋老夫人回台主持。于是，宋美龄返台就有了名正言顺、水到渠成之势。

有关人士分析说，关于宋美龄回台有三种说法：其一是宋美龄为了解决台湾接班的问题而自动要求回去的；其二是蒋经国因实行解除"戒严"、开放"党禁"而邀请她回去以安抚顽固保守的元老派的；其三是台湾的保守派邀请她回去对抗蒋经国的。

但也有人分析：上述三种理由都不成立。因为，第一，台湾接班的格局，蒋经国早已心中有数，不需要等待宋美龄来参与定夺；第二，解除"戒严"、开放"党禁"，这已是台湾政治形势发展的必然趋势，无论何人都是无法阻止的。

实际上，宋美龄此时返台既有在纽约生活太寂寞的因素，也有刚好遇上蒋介石百年冥诞、儿子奉请母亲返台这一事实，所以她就很快欣然就道了，并无太多的政治背景。至于以后出现的宋美龄"干政"现象，则应另当别论。

1986年10月25日，在蒋经国三公子蒋孝勇前往纽约恭迎并沿途陪侍下，年近九旬的宋美龄，乘着"中华航空公司"的珍宝号专机，从她在美国纽约长岛别墅的隐居地，返抵台北。

在松山军用机场欢迎她的有蒋经国及其夫人蒋方良，其他家庭成员和十二位高级的党政军官员。这些高级官员包括：台湾"副总统"李登辉、严家淦夫人（代表其患病中风的丈夫）、台湾"立法院长"倪文亚、"司法院长"黄少谷、"考试院长"孔德成、"监察院长"余俊贤、台湾"总统府"秘书长沈昌焕、国民党中央秘书长马树礼、"参谋总长"郝柏村。除了蒋经国和李登辉外，都是元老派中的保守人物。

台湾的"中央社"报道说，宋美龄虽然已属高龄，但她的精神健康看来还算不错。虽然经过长途旅程，但宋美龄看上去"容光焕发，很高兴见到亲人及老朋友"。还有一些人评论说，宋美龄这次回台可以看出她驻颜有术，比起十年前并未有任何明显的改变。不像台湾某些政治杂志的封面把宋美龄画成垂垂老矣的模样。

台湾的《雷声》杂志曾撰文介绍宋美龄刚刚归来时的状况。

该刊称：宋美龄归来后，住在以前的士林官邸内。经过彻底修葺整理后的旧官邸，均循早先居住时的样式。蒋孝武、蒋孝勇的孩子们均前往官邸陪伴；远在美国的唯一孙女蒋孝章，也专程回台陪伴祖母。"孙子女及曾孙绕膝，使得夫人又恢复了1975年以前老'总统'仍在场的情景，据说心情极为愉快。"

此外，该刊还提到，宋美龄的两个儿媳妇也是礼貌周到，令她十分满意。蒋纬国的夫人邱爱伦更是整日陪在婆婆身边，照料饮食起居；而一口宁波话说得极为地道的蒋经国夫人方良女士，也每天都到官邸请安。"面对蒋氏家属中这么多的人，好久没有饱饮过如此浓密的天伦之乐的蒋夫人，自然分外开心了！"

此时，宋美龄回到台湾又一次显示了她的余威尚在。

就政治心理学而言，年龄越大，权力欲望也越大。20世纪80年代的台湾政坛正好使这一结论得到应验。台湾的国民党内，所有年事已高的政治人物，非万不得已，都不愿意轻言退休。

美国哥伦比亚大学政治学博士温格勒在美国出版的《中国季刊》上发表了一篇论文——《台湾政治》。他指出：台湾政治权力多操控在少数元老派手中。此言不谬，在宋美龄返台的前后，台湾政坛就年龄结构来看，确实偏高。特别是在"尊老敬贤"的文化背景下，台湾政治更是无法摆脱"老人政治"的阴影。

就当时的台湾状况而言，台湾人对此评论说：在蒋经国接掌权力之后，尽管"老臣"们多已退隐山林，悠游岁月。然而，他们的影响力还在，因为中国政治本身就是有"家族政治"的倾向，再加上"亲随关系""派系联盟"等非正式组织，使元老派在关键时刻仍然能发生强大的影响力。所以，研究台湾未来政治发展，绝不能忽视元老派的地位。他们还举例加以说明，例如"总统府"资政张群、何应钦与谷正纲等人，他们所具有的政治影响力，绝对在"部""会"首长之上。

综观20世纪80年代中期台湾政局的结构，平均年龄偏高确是不争之事实。试看台湾"五院院长"（以1987年公布的资料为据）："行政院长"俞国华74岁；"立法院长"倪文亚84岁；"司法院长"黄少谷86岁；"考试院长"孔德成67岁；"监察院长"余俊贤86岁。

再看看国民党党务系统：国民党最高权力圈——中央常务委员会委员的平均年龄超过70岁，而"中央委员会"秘书长马树礼的年龄则近80岁。

因此，台湾整个决策层被视为"元老政治"，人称元老派一言九鼎并不为过。

宋美龄离台近11年，但仍然在国民党内占有举足轻重的地位，归结起来有几个因素在起着作用，其中最有利的条件应该说就是来自国民党内那些不言退休的元老们的支持。

在元老们看来，台湾的天下是蒋家打出来的，蒋家主宰国民党也已半个世纪，而且，蒋家又长期确保其政治地位只升不降。因此，即使蒋介石不在了，宋美龄也依然尚有余威。

宋美龄的影响力在蒋介石死后依然非比寻常。台北政治圈长久以来，即对所谓"夫人派"究竟是否存在，势力如何，对政局影响程度如何，一直抱着相当大的兴趣与关注度。《雷声》周刊甚至认为"蒋夫人才是台湾未来政局稳定与否的关键所在"。

那么，宋美龄的"余威"又是如何起作用的呢?

1986年，蒋经国大刀阔斧地进行政治改革，令岛内外注目。台湾人评论：其最大的阻力就来自元老派。特别是开放"党禁"，解除"戒严"，调整"中央民意代表机关"等改革方案，这些都与元老派的政治观念有极大的差距。

面对元老派的阻力，宋美龄的回台就成为这关键时期不可测的变数，还有人预测这是元老派阻止蒋经国改革的"王牌"。

但是，宋美龄的动向并非如上述所言。美国《纽约时报》在1986年底刊载的专文指出，宋美龄对于蒋经国提出的开放"党禁"、解除"戒严"等政治路线不表反对，并且表示支持政治民主化路线。

《雷声》报道说，蒋经国直到去世前，"更是晨昏定省。早晨上班之前，必至士林官邸打一转，晚间回家之后又去一趟，后来蒋夫人告诉经国先生：你事情太忙，不必每天均来。但是经国先生仍旧抽空前往。"

该刊披露：当时宋美龄与蒋经国经过几度长谈，"对岛内外若干重大的政治以及人事上的部署，均已获得肯定的共识"。"经国先生的政治上革新计划，闻更获得蒋夫人的全力支持，使得经国先生更为宽心"。

另据台湾《纵横》周刊披露，在宋美龄返台之前的近半年中，蒋经国与宋美龄间的联络相当频繁，除了专人专使的报告，不断从台北直奔纽约的长岛外，宋美龄还经常在每周三上午，国民党"中常会"例会散会的时候，直接打电话给蒋经国，垂询台北的近况。

来自士林官邸内部的消息也透露说，自宋美龄返台之后，蒋经国的心情甚为愉快，家族之间来往非常频繁。

此外，还有消息报道说，在10月底的最后一次"中央常会"上，蒋经国责成推动"政治革新"方案的12人小组加速完成革新的草案。

以此迹象推断，蒋经国的"革新"决策，"蒋夫人不但事先有所了解，返国之行，实更有为是项决策'背书'的意味"。所以，宋美龄此次返台并非传言中所说的是改革的阻力。甚至《纵横》周刊一篇文章还认为，宋美龄支持蒋经国的决策，以她"望九高龄兼蒋公夫人的身份，做出这等几同跨刀的'背书'，无疑将使国民党内的保守派再一次遭到挫折"。

宋美龄回到台湾后的作为还表现在，不仅在台湾岛内的报刊上发表她近年来的见闻和感想，起到提醒世人警觉的作用，而且她陆续召见了台湾各界高层人士，听取他们对政局变化的意见，并予以嘉勉劝慰，其作用在于安抚元老派。因为当时反对蒋经国改革的势力，在辈分上是高出蒋经国一代的，所以，蒋经国对那些蒋介石时代的"老功臣"不得不退让三分。而此时，由宋美龄

蒋孝勇（右）陪宋美龄在台北参观蒋介石百年诞辰特展。

出面做工作，碍于蒋老夫人的面子，必能减少一些改革的阻力。

应该说，宋美龄此时的活动，对加强国民党领导层的团结、和谐和稳定台湾政局是有积极意义的。

有人把当年具有实力的元老派与蒋家和宋美龄的深厚渊源罗列如下：

严家淦——先担任过士林官邸秘书主任、蒋介石的"副总统"，后为国民党中央常委兼12人小组召集人。

张群——曾担任蒋介石的"总统府"秘书长，后任"总统府"资政。

黄少谷——先担任蒋介石的侍从室主任秘书，后任"司法院长"、国民党中央常委兼12人小组成员。

谷正纲——曾担任"国民大会"主席团主席，后任国民党中央常委兼12人小组成员。

袁守谦——曾担任"革命实践研究院"主任，后任国民党中央常委兼12人小组成员。

李国鼎——曾先后担任"财经两部部长",后任国民党中央常委,"行政院"政务委员。

沈昌焕——曾两度担任"外交部长",后任"总统府"秘书长,国民党中央常委兼12人小组成员。

秦孝仪——曾担任"文化工作会"主任,后为"党史会"主委。

以上具有政治实权的元老派们与宋美龄都有着密切关系,例如,张群和李国鼎都是虔诚的基督徒,他们的夫人又与宋美龄同属"基督教妇女祈祷会"的核心,其交往程度绝非一般;严家淦、黄少谷、沈昌焕、秦孝仪都是官邸出身,与蒋介石夫妇朝夕相处,其关系自然也是一般官员无法相比的。

还有知情人说,宋美龄此次回台,除了召见元老派恳谈,并抚慰他们外,还特别召见"参谋总长"郝柏村及三个军种的总司令。郝氏曾担任蒋介石的士林官邸侍卫长,深得宋美龄的欣赏。当时台湾军方没有人列入领导改革的12人小组,这对于军方首长们多少会产生一些负面影响。为此,宋美龄特别召见军方领袖们予以嘉勉,以她那特殊的地位,无形中肯定了军方的作用,这就为抚平军方的不满,赢得他们对于蒋经国"政治革新"的支持打下了基础。

应该承认:60年来,宋美龄一直维持着国民党内"最有政治实力的女人"的地位。晚年到了台湾,国民党的全代会、中全会开会时,宋美龄都坐在会场最中间,排在张群、何应钦等国民党元老之前。即使年近九旬,回到台湾,她仍是国民党中央评议委员会荣誉主席。无论在哪里出现,都是前呼后拥,气派非凡。

难怪台湾媒体评论她时说,在蒋家掌权时,她的影响力显而不彰,蒋经国死后,她的力量仍透过文胆近臣近逼权力的核心人物。

宋美龄回到台湾后,扮演着一个微妙的角色。

1986年10月25日,宋美龄刚刚从美国返回台湾,10月31日,台北就举行了历时40分钟的蒋介石百年诞辰纪念大会。尽管宋美龄大部分时间都是坐在轮椅上,但并没有影响她成为纪念会瞩目的主角。特别引人注意的是在当日,她发表了《我将再起》的专文。由于题目涵义十分暧昧,更是引起人们对她发表这一文章的动机的各种揣测和不同的评说。

有人说，它像一声闷雷，充满着诡异的气氛，对台湾民心士气是一大打击。人们认为这时的"我"所指与46年前不同。在抗战最艰苦的1940年，宋美龄写的那本《我将再起》，书中的"我"是指苦难抗战中的中国，现在所指的则是宋美龄本人，舆论认为宋美龄是由于看不惯世事变幻，因此要东山再起。

晚年往返于美国和台北之间的宋美龄。

　　另一些人则认为：不必对蒋老夫人未来的政治权力，作太多的预测，她毕竟已经是年近90岁的老人了。在历经半世纪的权力波澜后，宋美龄早已看透政治的本质，彻悟了人类权力的险恶。在《我将再起》一文中，她只是洋溢基督教的博爱宽忍精神，表达对蒋介石的追思。从中可以看出这位仅存的宋家姐妹，晚年回归基督的心境。所以只以平常心看待即可。

　　宋美龄真的是要回归基督，不问世事吗？据笔者掌握的资料来看，此时的宋美龄并不甘心轻易地退出政治舞台。从她日后的所作所为可以看出，她还想过问台湾的政治。只要看一看宋美龄返台后的行踪和言论，就不难得出上述结论。

　　回台之初，宋美龄重温昔年旧梦，曾有几次前往"妇联总会"。一时间，造成"妇联会"门前岗哨林立、警卫森严。后由于行走困难，很少离开士林官邸，改由"妇联会"总干事王亚权每隔一两天就来士林官邸向宋美龄汇报一次工作。

　　由于外界重视宋美龄在岛内政坛可能发生的影响力，外国传播机构在宋美龄返台之初，曾特别训令其驻台记者密切注意宋美龄的新闻。没有想到他们真的得到了宋美龄的"最新动态"。

1975年12月18日，宋美龄应台湾留美同学会和美侨商会之邀，在圆山大饭店公开发表演讲。

宋美龄过60岁生日时夫妇合照。

在人们的想象中，宋美龄当然是最大的亲美派，但斗转星移，形势发展，亲美派在某种情况下也会变成"反美派"，当然在仰人鼻息的台湾也只能是情绪上的反感而已。

宋美龄也有反感美国的时候。12月8日她应台湾留美同学会和美侨商会之邀在圆山大饭店公开发表演讲，在畅谈国际新闻媒介对时局的影响时，她对于美国传播界就流露出严重的不满情绪，几乎是从演讲开始就点了《纽约时报》的名。

接着，借美国武器管制暨裁军总署署长阿德曼的文章，控诉了美国的电视报道。宋美龄说："应该是诚实与正直典范的人，为了自身的成见和目的，竟以不正确的话和彻底的谬言，扭曲事实来操纵大众——我们这些可怜的大众！"（《蒋夫人与元老派》，第31页）

报道还说，宋美龄对20世纪40年代美国自由派人士亦无情予以挞伐，指出"自由派人士彻底折断了自由世界的羽翼，而丝毫不感到懊悔或愧疚，更无承担责任感。"（同上）从而提醒人们："历史确实在重演。"她警告大家："将无意中撞入第三次世界大战。"这使人很容易联想起她的外甥孔令杰在得克萨斯州用一千多万美元修建的一个大防空洞，据说其建造动机之一——到必要时请他的姨妈前去避核难。

宋美龄在这篇演讲的结尾，引用了《圣经》马太福音27章24节的一段记载："当彼拉多（审判耶稣的巡抚）见到他无法控制局面，反而造成大骚动之时，他当众拿水洗手，并向众人说：流这义人的血，罪不在我，你们承当吧！"（同上）因而她的这篇演讲以"结果你们来承当"为题，狠狠批评了所谓"政治家风范"。

对于宋美龄的这个演讲,台湾人评论说:宋美龄从雅尔塔会议以来对美国政客憋着一口气,40多年来一直耿耿于怀。

除了公开表态,宋美龄回台后一年多的时间里曾多次接见台湾各界高层人士。另外,这些高层人士中接到宋美龄的孙子蒋孝勇电话的人也不在少数,这些电话中往往有着"夫人的意思"这样的字句。由于她对当局的实力派人物具有深远的影响力,所以在台湾的政治运行中,自然难免要流露出她发挥作用的轨迹。有人曾举过一个最明显的例子:

国民党中央"妇工会"主任钱剑秋,当时已是近80岁的人,在整个国民党中央党部的各个部门领导中,恐怕找不出几个如此高龄的负责人了。但钱剑秋仍不为领导人年轻化的潮流所动,依然固守在"妇工会"的领导岗位上,"除非有蒋夫人一句话",否则谁也不能动她。1987年,"太平洋文化基金会"执行长李钟桂(国民党中常委、"法务部长"施启扬的夫人)想当"妇工会"主任多年了,只因她缺少宋美龄那句关键的话而未能如愿,最终出任了台湾"救国团"主任。而从另一角度看,正好可以证明:如果没有宋美龄的认可,钱剑秋岿然不动的局面是根本不可能改变的。

宋美龄自1986年返台至蒋经国去世,大约一年多的时间里,开始时常见诸报端。例如,报上时常有关于宋美龄接见要人,频频捐款救灾、建设的消息。后来,因她已年愈九旬,出入要坐轮椅,故人们除在报上得悉她偶有接见国民党党政军"首长"和参与追悼蒋经国的活动外,便很少有她生活起居和参政情况的消息了。事实上,宋美龄在这段时间里虽然深居简出,但对内外政局依然十分关注。

据士林官邸透露:通过电讯传真机立即传送的几份美国当天报纸,亦属宋美龄每天"必读"课程,著名的英国维氏新闻社(VIS)通过人造卫星传送给台湾三家电视台播出的国外重大新闻,宋美龄也是每日必看。此外,台湾电视新闻,她则是利用晚餐过后的时

宋美龄伏案书写。

间观看。对于台湾岛内的各家报纸，宋美龄一般只是看"剪报"而已。另外，英文版的《新闻周刊》和《时代论坛周刊》，皆为宋美龄的心爱读物。人们不禁会问，年迈的她，为什么仍这样密切注意时局的发展呢？

宋美龄关注台湾政局也可从另一方面去理解。因为她一生活跃在政坛上，曾经风云一时，影响力遍及台湾岛内外，因此，在20世纪80年代后期，台湾政坛上几派明争暗斗之中，宋美龄对台湾未来势力的均衡和政治运作确可扮演一个微妙的角色。

在当时台湾不易化解的权力内斗中，宋美龄虽已难一一干预，但是对某一极不易解的政治情结却可能因她的三言两语而加以化解。所以，宋美龄的政治智慧运用得好不仅可显示其威望，而且可发挥稳定台湾、平衡各方的独特作用。

但是，她真能起到这种作用吗？

蒋经国病逝前，宋美龄频频约见各界高级人士，造成台北政界相当大的震撼。此举既未得到蒋经国的认同，也不合台湾政治体制。所以，很快就遭到了媒体的抨击，《雷声》周刊就曾对此评论称：宋美龄这种"不知自我节制的行为，实在有失进退之道，而且假若蒋夫人的动机是出之企图展示政治实力，则又令人对政局发展感到忧心"。

宋美龄回到了阔别十余年的台湾，为了让台湾民众对她出国十余年有一个大致的了解，自称为历史研究者的宋美龄把她滞留美国期间，对以往二三十年来她所经历的若干事件的回顾和感受整理出来，发表在台湾的报纸上。

为了让读者对宋美龄在20世纪80年代的政治观点有一大概了解，笔者特将她的这篇《我将再起》主要内容摘录如下：

美尚能推行民主理念

由于我的观察形成于美国，我将从对美国有利的角度谈起。毫无疑问的，美国有太多值得称誉的事。杰弗逊的民主理念，大体上在这个国度里推行，可说是顺利的，然而我们必须着眼于整个北美大陆，即使在法国与英国殖民时期，先由一些具有更独立和更冒险精神的男女们所移植；许多来到这个新世界的人，是以他们认为敬拜上帝的合适方式，他们或摒弃、或培育、或采纳、或创立的传统、社会规范和文化，使能更适应他们当地环境的需要。

换言之，美国的伟大，源自不为过去的泥泞子子似的寄生虫所覆盖，凡此将阻挡想象力，并阻挠足以勃发的成长。新大陆的立国先民，享受到不曾为传统中败坏的因素所压制和发展；美国这个国家能够自主地选择，采纳她所需求而挣脱羁绊。因此，纵放个人的创意及动力，而促成许多发明创造的机会。

几乎可以说，对每个人而言，提到亚美利坚这个名字即会联想到她是一个年轻勇毅且是充满活力而又美丽的一个国家，由具有崇高理想的男女们所工作和生活的住所；他们充满真善美的人性光辉，具有广博的胸襟气度，并对自由全力奉献投入。而他们的子孙则都被教导公民和政治自由的责任，而自稚子开始训导使确知这是全部美国人与生俱来的权利。

美错误政策影响严重

我相信，我已为你们，就美国立国先民的渊源，与新世界壮观的茁长的主要成因，就我的想象做了一个阐释。

但是我也要告诉各位黑暗、腐化的一面，特别是在过去45年间，一种逐渐扩大的阴影在地平线上显现出来，那是卡特总统曾经很适当地称之为美国的病态，在美国本土上已更加显明可见。他已成为20世纪70年代衰退的继承人。不幸令其越发使美国的威望与形象更加纠缠淆混，也更加被贬损。诸如对中国大陆上"赤色政权"之承认，这项政治包袱将更使后任的总统们和国会的任务变得更复杂。我特别向你们说到这种在美国病态的重要性，是因为美国造成的错误政策，将在整个自由世界和其成员中绵延不断地、不时重现地发生甚至得到更严重影响的结果。

身为一个历史的研究者，我毋庸告诉你们我已经领悟到因与果以及其繁复的后果之无穷尽的变数，因此浏览国务院最近解密后出版的档案第二卷"1955—1957年美国对外关系——中国"，对其中内容具有启发性的领悟。书中有一些不仅是颇饶兴味，而且对于在许多长期危机期间使得美国对台湾澎湖及其外岛的既定政策，变得蜕化性可与否的讨论中扮演重要角色的人物，其所揭露的特质与独特的性格也是极富启发性的文献。其中一些政策记录是关于在台湾防御中金门与马祖的重要性的众说纷纭的探讨。

当年美政要推卸责任

但是我必须说参谋首长联席会议主席雷德福上将以及太平洋区总司令史敦普上将不但胆敢表达坚强的战略见解，而且就金门对厦门、马祖在闽江口对福州、在台澎防卫上有其士气与心理战略上价值，用铿锵有力的言词向他的同僚、长官以及往昔的盟友——如当时英国首相艾登表明战略意见，并强调国务卿杜勒斯宣布的美国外交政策。

我也必须明白地赞颂负责西太平洋地区助理国务卿华特·罗宾森先生，因为他在始终坚持美国政策，不论在国会听证或忠实地实践既定的对外政策，尽管这些政策，似乎受到国内外起伏不定的风暴而制造不同的解释。

我决不能不缅怀杜勒斯国务卿。美国国内的所谓自由分子、共产党和左倾国家，在那些顷刻就可以转变的风势之中，均图以暂时妥协而欲放弃其所宣誓信守的原则之雄辩来取悦并献媚中共。杜勒斯在这些极不平常的压力下，提供了不寻常的支助，以忠实地推行艾森豪威尔总统所宣布的政策。

感谢国会中的忠诚朋友

让我幽默一句，引用艾森豪威尔总统新闻发言人哈格特先生的一段详细日记。但是在引用之前，我必须对艾森豪威尔总统的风度、宽大和友善致谢。他曾派霍华德把令人鼓舞的信息送给蒋"总统"和我，并向我们殷殷致意。霍华德先生是斯克里普斯—霍华德报系的执行委员会主席，也是我们多年来的忠实好友。这信息是强调坚守台湾和澎湖群岛对自由世界之重要性，但是确守台澎不必与金马诸岛相提并论。其次，艾森豪威尔总统相信，中共将会很快地攻击韩国或迟早会攻击中南半岛，这将是"中华民国""反攻和猛攻心脏地带"

的"良机"。因此，艾森豪威尔央请霍氏对我们表示，法国政府曾不接受美国政府的建议，而尝试防守不可守的奠边府之错误。艾森豪威尔总统更进一步地特别提到诺曼底登陆，当时他身为联军总指挥。他的策略是让盟军在法国大陆海岸登陆，而不在如布勒斯特（Brest）或勒阿法（Le Havre）的海港登陆。这种以攻击欧陆海滩的策略与金马相比拟，乃真是艾森豪威尔总统某种天真的魅力，他把金马和盟军登陆的奥玛哈与内布拉斯加海滩相提并论，同视为"反攻大陆"的据点。1955年2月14日下午3点48分，参谋首长联席会议主席雷德福自华盛顿给夏威夷美国太平洋区总司令史敦普的电报里言简意赅地描述了当时的情况。他说："金门和马祖的重要性是在心理—军事上的考虑。它们是蒋'总统'（原文为Gimo，此属中外对我'总统'私下的尊称）'防卫台湾'的一部分。它们是他的前哨与警视站，它们阻绝两个关键性港口地区，而且是中共'侵台'时极可能希望攫取的地方。'中华民国'之保有金门马祖，使中共极难为了'侵犯'台澎地区而秘密集结大军。"

艾森豪威尔盼自金马撤退

一件事让我觉得有趣的是，艾森豪威尔总统虽是位军人，也是一位足智多谋的外交家。首先，他知道霍氏和我们的友谊，仅以他特意请这一位既非外交官又非美国政府官员的人物，来代他传达信息给我们。艾森豪威尔总统利用一个好朋友鼓励我们自金马撤退，并且希望播下此一想法之后很快地变成我们"总统"自己的想法。而且，艾森豪威尔总统完全忽视在"天神计划"中（指第二次世界大战诺曼底登陆），他拥有一千多艘载重吨位船只、炮舰、运输舰和补给舰的配合，它们全部积极地参加攻击而且全都在他的指挥之下径达海滩，事实上侵入法国攻击部队，上船下船，岂非是上下若多更小的金马岛屿吗？这如何可比拟我"反攻"时，亦可由台直接攻进大陆呢？

我们"总统"向艾森豪威尔总统的好几位特使，包括霍华德先生在内，很明确地指出，无论有无美国协助，他都会坚决固守这两个外岛。从我们许多漫长的人生过程中，谂悉具有广泛经验与机智精神的老练的人们可领略和认识高尚的意志之不可侮。

先"总统"具特定敏锐力

假使没有先"总统"在大原则上不屈服、不妥协的领导，坚守金门马祖，谁也不难想象到，如果金马陷落，难道台湾不会像这两个外岛一样沦亡？若不是因为他的坚定不移，谁能说，会因此而造成什么样的后果？虽然用科学无法实际而确切地证明，但是，时间已一再地显示，只有慧眼独具才能体认出来伟大的特质，即使伟大的特质是随手就可以触及的。"中华民国"在面临生死存亡关头的困苦时机，同样幸运地，我们的"国家"有一位不胆怯、不动摇、亦不屈服于不可胜数的压力的领导。

宁为玉碎而不愿瓦全

我必须承认，当我读到艾森豪威尔总统，经由当时美国驻伦敦大使而密送给丘吉尔首相的电报时，我非常感动。（虽然，我自小即被教导要压抑自己的情绪，尤其是悲伤时）我引述部分电文如下："我们相信，如果我们企图强迫蒋氏放弃这些岛屿，他宁可独立行动，同归于尽。"艾森豪威尔总统的观察深湛，他全然地能透视到先"总统"之坚强，而衷心感佩，甚至引用于着重对英国的行文之中，忠告丘吉尔首相和艾登外相，若再使用压力，亦必徒然，实可谓之罕见。

在这么多年来我与先"总统"共处的日子里，几次听他平静又坚定地告诉我，他的目的乃是将自己奉献给国家和党。读到上面的话，我情不自禁的泪眼模糊了，并不因为我对于先"总统"精神之了解——他这种精神，一再地被许多世界领袖，诸如艾森豪威尔总统，和其他领袖们所肯定，也不是他们曾向丘吉尔以及艾登提到的这种精神——而是在我内心那份油然涌出的骄傲感。我所骄傲的是在这艰难的时代，我们有这么一位不平凡的领袖，使世界人们确认中国永远是一个民族、一个国家，我们将不再被蔑视为历时约三世纪之久的

"东亚病夫"。

台湾创造20世纪奇迹

有一天我读了《中国——发现与发明之地》一书中的一段，作者是谭普先生，资料来源于一位杰出的汉学家李约瑟博士。书中提及中国有一百多种惊人的"第一"（发明），其中部分早在一千五百年以前已发明。尽管一般所熟知的中国很早就发明了火药、丝织品、纸张以及面条。谭普先生的书会令你们——我的同胞们为之振奋，而且也为我们中国文化而感到骄傲。我们民族的智慧和勤勉工作的传统，使我们不至于被看成劣等民族，和许多东方国家及西方国家相形之下，我们的台湾更是20世纪下半叶以来的一个奇迹。最近几次在教育方面的调查，显示了我们中国学生在美国许多学校的班级中名列前茅，近30年来，中国学人前后已有四位获得诺贝尔奖，而且我们大家都知道最近一位李远哲博士又赢得了诺贝尔奖。

未来有值得关切的事

说了那么多过去的事，让我们来展望将来。我所关切的是一些对未来不祥的征兆。很明显的由种族偏见造成的盲目的爱国主义再度在日本昂扬起其丑陋的头颅，因为潜伏的军国主义先锋正又在日本崛起。让我为大家举出一些事实来，当艾奎诺（即阿基诺——笔者注）总统最近到日本做官方访问时，日本裕仁天皇为第二次世界大战中日本军人所给予菲律宾人民的残害，向艾奎诺总统再三道歉，我认为这是很有君子的风度，但日本天皇的这份应有的表示，不久，即遭受到一些日本顽固人士的激动訾议。由这里我想到了蒋作宾将军，他是一个老国民党党员，毕业于早期日本军校，于20世纪30年代，曾由我政府派任驻日使节。（1937年卢沟桥事件爆发时，我国和日本断绝了外交关系。）当蒋将军以"特命全权公使"身份，向日本天皇呈递国书时，裕仁天皇为日本军事暴行向"我国"蒋"公使"致歉，担任礼宾官的宫内大臣陪同我"公使"晋见。当蒋氏向天皇告辞后，宫内大臣却恳求蒋"公使"不要公开透露天皇的道歉，否则他（指宫内大臣）将毫无选择余地，只有切腹自杀。我们的"公使"及"政府"，本着与人为善的胸怀，一直没有将此事公之于世。我们或许可以就此了解日本军国主义自世纪初就一直很盛行，事实上，有好几次发生对日本将级军官、大臣级的文官的暗杀行为，还有在皇宫前发生的不少的暴动事件，都为的是军人恐吓及威胁日本人民，使其对军阀就范。

日篡改侵略屠杀史实

但是面对1986年的今天，在日本战败与盟国占领下，并历经四十余年的民主化和国民大批出外观光的结果，应可使日本人更意识到外在世界的存在。日本民族不应再有褊狭观念，否则仍会预兆着黑暗与不祥，对于日本天皇正当的向艾奎诺总统表示了他的遗憾与难过，仍然有人大表反对，真是令人不可置信。我们也应注意数年前东条已获得平反，他的纪念牌又再放进了"靖国神社"，"靖国神社"供奉的全是日本国家的伟人、功臣以及烈士的牌位，供正式祭奠，定时祭拜。有一些日本政党党员曾反对将东条英机的牌位放在神社里，但这项意见被神社的供奉僧侣拒绝而作罢。早在1982年7月24日，路透社曾自东京报道说，日本文部省决定要删除在学校教科书上任何有关日本在1937年到1945年间对中国发动战争的"批评性文字"。这个篡改侵略及大屠杀的种种行为，文部省竟然狂言说是"一项审定政策"，而且是"既客观又公正的"。忽视事实真相的教育是为了实现这句讥诮讽刺的格言："无知便是福。"日本内阁在世界舆论的压力之下，已有幡然之意，而不再赞成这种做法，那位大臣因而说被迫辞职了，封建时期武士道的英雄事迹确实是一种令人赞佩对部落民族的忠诚，适合做青少年或成人茶余饭后消遣时光的，但是在20世纪的现在，此种像发生在17、18、19世纪的野蛮行为，颂扬暴力与大屠杀的英雄式崇拜，已经不再符合现代文明人的信念。更进一步说，让日本的后代子孙了解可耻的真相，而不对他们隐瞒事实而欺骗，让他们由其祖父辈、父执辈的命运——不光荣的在异国领土上杀人或被杀——此等错误与悲剧中进益学习，这不是对他们更有可贵的好处吗？否则，他们将无法从真相中去学习，更遑论从挫败的悲剧中获得可贵的教训？日本民族世世代代子孙应由过去掠夺的罪行所得到的教训中成长，而不应再次为追求东条及他的徒众过去虚假辉煌的事迹而再沦入悲惨的情境。

应阻止军国主义复活

大家都知道，广岛和平纪念碑显然就是一座反战纪念碑。只要世界存在一天，它也应与世界同时存在，日本军国主义者难道还要蛊惑于民族优越感的口号，而再一次回到尚武传统，令血气方刚的青年误入歧途？除非日本政党的领袖们为了日本民主政治的将来着想能洞察先机，并具有魄力，及时阻止正在萌芽复生的军国主义，否则就太迟了；最后，当危险的仇外情绪爆发时，谁会是真正的受害者呢？当然是日本人民，因为核子战争是没有前线和后方之分的，任何地方都是前线。

知识分子缺乏实际经验

前美国驻联合国大使寇克派屈瑞克（Jean Kirkpatrick）在他的《政治新兴阶级》一文中，提到我所景仰的第一次世界大战后奥国财政部长休姆·彼德（Joseph Schum Peter）的话（他在经济方面写过许多渊博著作）。休氏虽不客气，但却中肯地道出，知识分子之不同于一般人的许多事实之一，在于他们缺乏直接的责任，或是没有第一手知识，或是缺少实际经验。但是在从事批评时，他们十分苛刻，却又提不出方案与解决办法，最重要的是没有责任。这是一个有力的批评，而又无法反驳的论证。

口喊民主而制造暴乱

大家也该牢记，欧洲的民主以及在英国那种无可伦比兴盛的范例，却是经由艰苦而无数次的尝试逐渐发展出来的。人们常说"国会之母"（指英国）是由大宪章所发展而成的民主式的政府。事实上，大宪章不是英王与英国人民之间的协定，只是英王以君主的身份与其臣子和贵族之间的协定。不过，在需要时大家便端出大宪章，而盛誉其可贵，仿佛民主的整个过程，可于一瞬息间就几近于尽善尽美。很少人了解个人的自由与政治自由的观念，是经由曲折迂回而又痛苦的过程所取得。它是来自约翰·弥尔敦（John Milton）的著作，在英国唤起了自由意识——思想自由、出版自由、个人生活与行为自由，进而导致教会与国家的自由。经历了近百年才有自由主义的精神，理性主义及整个17世纪的乐观主义，从约翰·洛克、汤姆斯·赫克、汤姆·彭及卢梭和一大伙其他学者的著作，最后经由他们的后继者到汤姆斯·杰弗逊才在美国实现了民主共和国。然而我若说在欧洲、南美洲，尤其在非洲，所有大大小小民主形式的政府，与我们所了解的英国或美国，都享有同等的民主模式与精神，那将是我昧着良心说瞎话。英国为获致真正民主的精神与真谛，费了近一世纪的时间，不计失败与挫折，最后才发展到较高可行的成熟度。时下有"即溶咖啡"或"即饮茶"，然而只有蒙骗才能提供立即的民主。狂暴野心分子想要的是从混乱中图利而不遵循法律与秩序。说来可耻，那些口喊民主口号而鼓励流氓在各处滋事的人为的是推展其竞选活动。这些候选人在选举前凡事承诺，而在他们赢得选举之后，就至少一部分食言而肥。

中外警察有霄壤之别

由于以上关系，我要提一提在美丽岛事件时，我们的警员与安全人员的可敬行为。警察们遭被收买的流氓谩骂与投石击伤，以及这些流氓恶棍乘机破坏社会繁荣与安全。我建议各位好国民不妨看看民主的法国机动警察与民主的美国城镇警察，是如何在以催泪瓦斯、震伤弹、警棍与夜勤棍处理暴动与暴民的影片，那些和我们警察的打不还手、骂不还口相比对，真不啻霄壤之别。

如果说在美国各州与全国性竞选活动中没有使用诈术，谰言攻人，或散布谣言毁谤的做法，那未免近于浮夸。但这是否表示，所有的民主选举都应仿效村夫的粗俗，或未开化民族的缺乏礼貌？换句话说，美国国会与总统制的民主政治显然并不适用于英国……民主政治不应对外国的方式照单全收。对我们来说，民主政治实应植基于国父孙中山先生的三民主义。

几个星期以前，布克曼荣获1986年诺贝尔经济学奖，其突出的贡献在于发明"公众选择"的学说，这是一个经济学和政治学的融合物，以清晰的文字提出以自我为中心的自私，是候选人竞选的旨趣。他也发明"程序病态"的学说，即联邦议会及州议会在选举后便将诺言忘记得一干二净，不顾选前的允诺，只做一些微不足道的事情，而且又习惯玩膺选者彼此"复兴互惠"的把戏。

此外，在宋美龄的这篇"拼图"中，还曾恶毒攻击共产党藐视民主概念，特别是她还用了十分尖刻的语言攻击中国共产党的领袖毛泽东。

从以上引文不难看出，宋美龄1986年的这篇"所思所感"，仍不过是一些陈词滥调，其主要内容除了对中国共产党人的攻击，就是宣称先"总统"如何如何正确。当然，客观地说该文也并非没有可取之处。例如，她抨击"日篡改侵略屠杀史实"，提出"应阻止军国主义复活"。就这点来说，她还是有爱国之心的。

无力挽狂澜

20世纪80年代后期，正当蒋经国雄心勃勃全力大展宏图之际，疾病把他打倒了。1988年1月13日，蒋经国突感身体不适，大量吐血，迅速引发心脏功能衰竭，终告不治，终年七十九岁。

据说，宋美龄得知后不顾当时众人正在流泪、呜咽的情况，就发号施令：大家该商量善后的事宜。并说："办这种事秦孝仪有经验，让他多用点心。"然后，她看了由王家骅记录的蒋经国遗嘱，认为满意后，对在场的人说：李"副总统""五院院长"都要签名再发布。她前后大约在大直官邸停留了20分钟。

宋美龄的到来，虽然时间很短，但却决定了两件大事：一是治丧以及权力承转的"灵前会议"，由她派下的秦孝仪来主持。在秦孝仪的主持下，决定了当天晚上由国民党召开紧急中常会来宣布蒋经国的死讯。紧急中常会的主席人选，李登辉是不便担任的。因为如果李登辉主持，那么，原定在下午8时继任"总统"宣誓就职时，他无法执行自己宣布自己就职这一程序。最后商定由俞国华来担任这次紧急中常会的临时主席。二是"1月5日的遗嘱"，在宋美龄的"指导"之下，由李登辉、俞国华、倪文亚、林洋港、孔德成、黄尊秋以及蒋孝勇依序补签了名字，完成了"法律"手续。

蒋经国突然去世后，台湾政坛表面平静，实则暗流汹涌。

在国民党主席人选上，各派政治势力展开了激烈的角逐。

1月13日的"灵前会议"由宋美龄定下秦孝仪主控方针，足见宋美龄在一年多前就宣称"我将再起"，并非什么基督精神，而是含有多么高深的禅机妙谛！特别是在这十分敏感的时刻，曾作为宋美龄智囊的孔令侃和宋家晚辈宋仲虎又翩然而至。来台后，他们既未前去向蒋经国拜灵，也不露面，更使人感到时局的微妙与复杂。有人形容说，当时的各种猜测与传言，犹如坠地的马蜂窝一样，声震耳鼓。

对于有人推举李登辉任国民党代理主席一事，宋美龄虽已年迈，但却不糊涂，她很快就表示了不同意见。她心里十分明白：此举的动机，和当时台湾岛内外、台前幕后的各种复杂因素有关。匆忙推出李登辉当国民党代主席，是想借李登辉阻挡俞国华、沈昌焕、王惕吾，以期"先下手为强"。

以宋美龄为首的夫人派及官邸派频频集会研商对策。据传夫人派一度打算由宋美龄亲自披挂上阵，但她已年过九旬，如果出马，恐怕阻力太大，而且也不易获得党内一致支持。于是退而求其次，按宋美龄的意思提出拥立俞国华出任党主席。所以，蒋经国一死，他们便把俞国华放在电视面前，要人们都看见是谁主持国民党临时中常会，宣布蒋经国的逝世，以便注入前置印象，造成俞氏将继任国民党主席的理所当然性。但俞国华不是李登辉的对手，在舆论的压力下，节节败退，李登辉渐渐形成优势，占了上风。宋美龄之所以急急地出马，就是为了使台湾党"政"分立、互相牵制，避免出现台湾籍"总统"同时兼任国民党主席的局面。

事实上，在这场权力之争中，关键性人物是国民党中央党部的秘书长李焕。就政治上的恩怨及个人政治关系而言，李焕毫无疑问是支持李登辉的。因为俞国华自就任"行政院长"以来，一直对李焕怀有心病，唯恐李焕会取他而代之。后来，李焕继任国民党的秘书长以后，奉命拟定《加强中常会功能办法》，先后遭到了沈昌焕和俞国华的联手反击。因此，在政治上李焕不可能拥护俞国华为国民党主席而做他自己的顶头上司。尤其是在蒋经国逝世后，李焕更不愿见这种情况发生，他愿李登辉做国民党主席。于是，经李焕与高层人士密商之后，李登辉被推举为国民党代主席。

经过李登辉在台前、李焕在幕后的这番操作，促使并不糊涂的宋美龄立即在1月26日下午，拿出了一封历史性的亲笔信函，叫她的孙子蒋孝勇亲自送给国民党中央秘书长李焕。信中表达了她的意愿，即她认为此时选举国民党代主席时机不当，理应缓议，应该在国民党"十三大"时决定才比较合适。

但李焕等人经过紧急磋商，决定不等代表大会召开立即进行。翌日，国民党中常会按照李焕的既定方针如期召开，会议由与李焕关系密切的余纪忠（国民党中常委兼《中国时报》老板）主持。由于事前布置周密，俞国华在会上被人奚落，大势已去，李登辉于是顺利荣登国民党代主席的宝座。

蒋孝勇回忆这段往事时，并未证实他当年扮演何种角色。此事以后，有人甚至认为他不识大体，但他不愿意为自己辩护。蒋孝勇在他的《最后的告白》中，说明了宋美龄的态度："这事实上是很单纯的事，我祖母并没有反对李登辉来代理主席，而是一直强调要完成应有的法定程序，这不是中常会就能决定的。当时也的确有封信给李焕，最后把我也卷在里面了。"

在台湾传媒中，关于李登辉当选的关键原因还有另一种说法：

俞国华在众意难违的情况下，劝阻了"宫廷派"人士的活动，而主动由他自己亲自领衔提案：建议以李登辉为党的代理主席。27日上午通过的提案，就是根据俞国华领衔联署的书面提案所形成的结果。因此，也可以说：俞国华拥立李登辉，再度造成了"党政一体"的效果！

是李焕指挥有方，或是俞国华顺水推舟，无论是

孔家兄妹常伴宋美龄左右。这是1943年孔令侃（右）、孔二小姐（左）陪同宋美龄访美时所摄。

哪一种说法，被人称作未完成的"宫廷复辟政变"，都使得"太皇太后"宋美龄"满面全豆花"（台湾的一句俗语）！就连执丧在身的蒋孝勇，也因为在这一回合中担任急先锋的角色，而弄得里外不是人。

尽管事后，国民党力图掩饰上述分歧，然而，纸还是包不住火。该党中常会的两大报，也私下刊出不少这一方面的信息。至于政论性的新闻杂志（包括《时报新闻周刊》），更是绘声绘色全盘托出，以致连外国的外文报刊，也有许多加入这一"扬恶"行列。一时间，舆论哗然，九旬老太宋美龄和已到不"惑"之年的蒋孝勇，成为一些人指责的对象。

从若干迹象判断，似乎国民党上下，都有意无意让这一件丑闻曝光。第一，不论国民党党内、党外以及外国传媒的事件报道，虽有繁简的不同及言论角度的差异，但所揭露出来的要点均无歧误。很显然，消息的"来源"都是出于统一的源头。第二，《公论时代》杂志1月28日即被台北市政府新闻处"行政处分"停刊一年"，该刊1月30日继续出版了第209期，"新闻处"会同"警察局"到市上收书，却网开一面，多数情况下是装作没有看见，他们甚至对重庆南路书摊的摊贩说："你放隐蔽一点吧！"该期的封面主题为：《宋楚瑜阵前倒戈，宋美龄圣旨失灵》《俞国华干在心里口难开》等，以上现象似乎均表明国民党"允许"甚至纵容内部消息的扩散。

国民党主席推举事件之后，也有许多人为宋美龄辩护，认为她已逾90高龄，不可能对权力有所恋栈，干政之事应属于过去蒋介石手下的"文胆"秦孝仪与蒋孝勇、孔令侃等人居间操纵，乃是挟太后以令诸侯的权谋。

蒋经国死后，1月27日，国民党中常会经过事前激烈的斗争，急急忙忙通过了由李登辉代理国民党主席的决定。

无论是哪种传闻或是评论，都说明此时的宋美龄确实"失威"了。李登辉的上台，既然标志着蒋家王朝的路走到了尽头，宋美龄的余威又何以为继呢？

台湾人不无讥讽地说道：由此引申，宋美龄苦心安排老官邸人马在台湾"党政部门"之中，在她的想法里，那些人自会饮水思源，知恩报答！必然都会做她的股肱心腹之臣。以1月27日的中常会而言，俞国华、沈昌焕、郝柏村、曹圣芬、王惕吾等等，本来都是她的棋子，但她怎么也未想到，在紧要的时候，竟无一人能够体念"主母"的苦心。例如，老官邸出身的曹圣芬、王惕吾在国民党中常会上也发言支持应当尽早确定党主席的主张；俞国华显然并不愿抵挡中常会的大趋势；郝柏村也与大家一同起立支持李登辉出任国民党主席，有哪一个大员去与士林官邸唱和呢？宋美龄的故旧们投靠新主人的比比皆是，岂能不使她感到失望、伤心！

来自士林官邸的消息说，宋美龄"致函李焕"事件后，多月以来心情上相当不平静。91岁高龄的宋美龄认为，这次要求推迟选举国民党主席的事件，是她个人参政60多年以来，在政治生涯中所经历的最大挫败。

宋美龄的建议未被采纳，无疑是个不争的事实。但是从台湾目前政局的困境来看，如果当年采用"党政分立"的做法，是否就不会有李登辉甚嚣尘上大搞"台独"的今天了呢？

面对政治上的失势，宋美龄将何以忍受？

蒋孝勇在《最后的告白》中谈到过宋美龄在蒋氏父子去世后的际遇和政治态度。他认为，宋美龄有着坚定的立场。蒋介石于1975年辞世，严家淦继任后，同样遇到谁来接任"总裁"的问题。蒋孝勇没有否认，当年"孔家"曾有拥立宋美龄接任党领导之意。他回忆说："祖父刚过世，'孔家'天天坐在床旁边磨着她，不断地劝进，但是祖母坚决反对。当然了，能够在她身边提建议的，没有几个。那时是没有两个礼拜，起码也有十天；但祖母从头NO到底！"当时宋美龄房间里面"孔家"在劝进，他及其他人待在房间外面则是紧张到以"打颤"形容，"然而祖母真是位难得的女士，她那时候身体很好，头脑也很清楚，她就是坚持不肯"。

在蒋经国逝世后，蒋孝勇说："一方面'孔家'也的确想要重施故技，但我祖母也是不肯。另一方面，祖母唯一的立场是，推举党主席，应该要有党的应有秩序，这是她的一贯立场。"

蒋孝勇所谓"孔家"指的是谁，外界普遍猜测是孔令侃，因为蒋介石辞世后，孔令侃人在台北；蒋经国过世之后没多久他也抵达台北。但是蒋孝勇在书中并未言及。对于孔家，蒋孝勇似乎是保持了距离。

若干年之后，又发生了一些更令宋美龄和蒋家后人感到气愤和失落的事。

凝视着蒋经国雕像的蒋方良。

例如李登辉先是把一直保留旧貌的蒋介石办公室搬到中正纪念堂，后又把蒋经国的办公室搬到奉厝的桃园大溪头寮宾馆去了，这是李登辉的出尔反尔。蒋经国过世后，李登辉曾答应宋美龄，《大溪档案》暂不公布，然而就在1996年9月，国民党把整个《大溪档案》交给"国史馆"，准备于当年底公布。蒋孝勇很气愤地说："这是对祖母的毁约！"

尽管台湾高层决策者中无人公开支持宋美龄的"高见"，但是她仍是蒋家的"太上家长"。有人认为蒋氏家族在台湾是否还将扮演重要角色，依然要看宋美龄的决定了。因为另一个"蒋夫人"像是局外人。

蒋经国的夫人蒋方良在台湾没有亲戚，她在苏联也是孤女，没有亲友可以联络。尽管她应该是此时最重要的未亡人，但在整个治丧过程中，她由于过分悲伤，处在"荣总"医生的特别照料之中，几次到灵堂都要以轮椅代步，所以，政治上她似乎成了一个可有可无的人。更令她委屈的是，她的一生，与蒋经国承受过很多苦难，但却因宋美龄尚健在，她连"蒋夫人"这个称呼，也不敢用，足见婆母的威严和她的委曲求全。因而，在蒋经国死后，有关蒋介石夫人宋美龄的动向要比蒋经国夫人蒋方良更加惹人注目，也就不足为怪了。

在台湾电视转播的葬礼上，91岁的宋美龄，坐着轮椅从侧门进入灵堂，这位备受国民党大老们尊崇、仍有一定影响力的前"第一夫人"，看来哀戚满面。母亲为儿子送终，从古至今，都是人生的一大不幸。更令宋美龄悲哀的是，她的夫君蒋介石创下的这份"家业"，从此显然很难再姓"蒋"了。

蒋经国去世后，"治丧会"曾有将他灵柩并厝慈湖之议。理由是：（1）父子同葬一地，自古即有此制。况乎只是"暂厝"，更无不可之理；（2）慈湖建制已定，被视为效忠宣誓的"精神堡垒"，合厝一起谒陵方便，不致顾此失彼；（3）慈湖一切现成，不必再费周章，随时可以奉厝。从词意上讲，"厝"是暂时停放灵柩之意，与"奉安山陵"不同，这一构想自有其可行的道理。但最后未被采纳，据闻又系因宋美龄的反对而作罢。最后，改为觅"头寮宾馆"为蒋经国厝枢之地。

宋美龄为什么要反对蒋经国合厝慈湖？是她要把它留下来作为自己日后使用之需，还是另有考虑，就不得而知了。

最后的冲刺

第一场权力之争暂告落幕。令宋美龄难堪的事还在后面。

1988年在国民党"十三大"前，宋美龄主持召开了国民党"中央妇女工作会议"，要他们做好"妇工会"的工作，统化"妇工会"的"功能"。有舆论称：宋美龄的目的是想让她属下的"妇工会"人员在新的权力机关中拥有席位，但年近八旬被提名为"中委"候选人的国民党"妇工会"主任的钱剑秋，却在"十三大"的选举中落选了。这不但令钱剑秋难堪，也使宋美龄感到震惊，并面临必须"交棒"之苦。港报评论这一局面时说：这次选举的结果，使宋美龄把持了三十多年的国民党"妇工会""全军覆没"，也是宋美龄的"彻底垮台"。

宋美龄不甘心大势已去，她还要作最后的拼搏。于是，就有了她在国民党"十三大"上发表的震惊一时的《老干新枝》的演说。

1988年7月7日，中国国民党召开了第十三次"全国代表大会"，这成为宋美龄发挥其政治影响力的最后冲刺阶段。

7月8日，宋美龄亲自莅临"十三大"会场，因身体健康的原因，她请李焕代为宣读谈话，讲词称：

> 眼前正值紧要关头，老成引退，新血继之，譬比大树虽新叶丛生，而卓然置基于地者，则赖老根老干。如今党内白发苍苍，步履蹒跚者，不乏当年驰骋疆场之斗士或为劳苦功高之重臣，其对党国之贡献，丝毫不容抹杀，当思前人种树，后人乘凉。夫国之强，党之壮，赖有一定之原则，连续生存之轨迹，创新而不忘旧，前进而不忘本，当年国父如不建党立国则无今日之中华，台澎依旧日本殖民地，饮水思源发人深省。（1988年7月9日台北《中央日报》）

693

1988年7月，宋美龄在国民党召开的"十三大"上，发表了震惊一时的"老干新枝"的演说。

宋美龄的讲话对台湾政局并没有造成什么有轰动效应的改变。更令她不痛快的事实是，国民党元老派们开始分崩离析。

据悉，曾为宋美龄"心腹"的秦孝仪，在1988年以后，多次公开表态，否认他是官邸派或夫人派的一员。一叶知秋，官邸派大势已去。身为官邸派重臣的俞国华，目睹一切，特别是当他受到也曾为宋美龄心腹的宋楚瑜在1988年1月27日中常会上无情的抨击与指责后，这位重量级元老曾多次对友人表示寒心。在大势所趋下，他也从现实利益出发，在1988年3月以后，不时对李登辉的心意加以揣摸，以便能使其言行与李登辉保持一致，进而保住这个"行政院长"的位子，平平安安地度过所剩下的两年多任期。

面对这一局面，宋美龄只好偃旗息鼓，打道回府了。

自从她发表那篇《老干新枝》的演说之后，将近一年的时间没有公开露面。社会上对她的健康状况传闻颇多，一说病得不轻，一说她将赴美定居，以跟岛内政治环境隔离。

台湾《新新闻》周刊1989年2月19日刊文说：1989年1月31日，宋美龄接受卵巢瘤切除手术，此次手术极端秘密。"荣总"罗光瑞院长曾和"行政院"首脑研究是否可以公布宋美龄住院情况，但最后仍未透露。据知情人透露：宋美龄住院长达三个半月，期间，一次曾出现过呼吸停止，但她的生命力十分坚韧，求生意志也很强，虽然肿瘤切片可能是恶性，而且也有其他最坏的可能性。然而92岁高龄的宋美龄已知道并接受一切，经过手术后，宋美龄健康状况良好。

台北1989年2月6日出版的《新新闻》上有一篇杨贵美的《老夫人这一回病得不轻！》，对宋美龄的手术介绍更为详细：

> 此次手术在台湾医界掀起了一场风波，依台湾《医师法》和"卫生署"颁布的行政命令规定，外籍医师只能在手术上扮演指导角色而不能亲自主刀，如有违反，可处该医师一年以上、三年以下有期徒刑，得并扣一万元以上、五万元以下罚金，其所用之器材没收，医院亦将受罚。据"荣总"高阶主管透露，为宋美龄主刀的外籍医师，年逾七旬，是美国哥伦比亚大学外科教授，亦曾任外科代理主任，符合来台讲学及示范的资格规定，但亲自主刀部分却于法不合。另外，这名医师系由蒋夫人家属亲邀，非由医院出面，除了不符邀请单位必须是教学医院层次的医疗机构外，也未向地方卫生机关报备（见1989年2月12日纽约《世界日报》）。2月15日该报又报道，"卫生署"医政处副处长杨汉泉于2月13日电询"荣总"院长罗光瑞及副院长郑德龄，他们表示，蒋夫人最近在"荣总"动卵巢囊状肿瘤手术时，确有美籍医师哈比夫（以前曾为蒋夫人动过手术）在场，但他只是提供意见，并未操刀，蒋夫人的肿瘤摘除手术是由"荣总"妇产科医师主刀的。不过，"卫生署"及"荣总"并未说明主刀医师的姓名。"卫生署"医政处初步认定蒋夫人此次手术"程序不完整，但尚未构成违法"。（见美洲《时报周刊》第211期，1989年3月11日出版）

另据台报载：1989年4月间，为蒋介石病逝14周年忌日而专程返台的孔令仪兄妹，曾向宋美龄进言，让她回纽约去住，以避免岛内对蒋氏家族翻旧账的批评性指责与攻讦。据了解，孔令侃、孔令仪兄妹的建议未发生效力，宋美龄依旧留在士林官邸，丝毫不为所动，而且根本没有在适当时间赴美的计划。

宋美龄为什么不愿意赴美定居呢？据接近她的人称，主要有两方面的原因：一是她的身体的原因，实在不利远行。一位官邸人士披露：宋美龄1987年秋天在士林官邸走动时，不慎摔了一跤。且这一跤摔得不轻，使她长时间不良于行，时时依赖轮椅代步，行动不便，自不宜远行。另一个是事务上的原因，即指飞往美国去的专机及侍从人员的跟进，以及她在官邸内费用的拨付等等。如果有一天要回来的话，松山机场更不可能冠盖云集，甚至可能会发生"归不得"的情况。因此，宋美龄的智囊们考虑的结果，仍以不走为宜。

根据以上情况分析，宋美龄当时离台赴美暂不会成行。所以，当年曾有人询问宋美龄为何不赴美散散心时，宋美龄颇为不快地表示，难道有人想赶我走不成？这是我的家，我高兴留下来，就可以留下来。

1989年6月国民党十三届二中全会召开时，有舆论预测宋美龄在近一年未露面的情形下，有可能以国民党中央评议委员会主席团主席的身份露面，给李登辉一点面子。但结果未如预测者所愿。闭幕时，二中全会反向宋美龄发了致敬电文，令人意想不到。

宋美龄虽未出席国民党的十三届二中全会，但却在二中全会后的半个月时间内，先后两次公开露面。虽因行动不便而必须坐在轮椅上出现，但健康尚称良好。

1989年6月13日台湾《联合报》报道："宋美龄女士昨天接受美国波士顿大学校长史约翰所赠代表博士学位的披肩。"美国东海岸的波士顿大学决定授予宋美龄荣誉博士学位，考虑到宋美龄的健康问题，又决定在台北举行荣誉博士颁赠典礼。是日，"妇联会"贵宾如云，党政界高层人士三百余人到场。李登辉夫人曾文惠女士只身前往，李登辉、宋楚瑜二人均未露面。据台报称：李、宋二人没到场的原因不是因为公务繁忙，而是他们根本没有受到邀请。果真如此，说明宋美龄对李登辉尚存不满。但是，宋美龄在接受荣誉博士学位的演讲中，也没有再说"我将再起"。

宋美龄为什么对国民党二中全会这么重要的会议不参加，而坚持要参加两个完全属于私人事项的集会？据了解宋美龄心情的人士指出：这完全是私人心态的调适问题。其实，这是她的一种"示威"和表示内心不满的无声的抗议。

　　台湾舆论界有一种说法：宋美龄一直对蒋经国病逝后推举李登辉当"主席"一事耿耿于怀。宋美龄认为她当时并不反对推举李登辉当"主席"，只是蒋经国病逝就立刻改选别人，未免太不适宜，因此主张暂缓。没有想到宋楚瑜在中常会上因宋美龄的建议而愤然退席，使得情势逆转，也使宋美龄背上干政的黑锅。因此，宋美龄仍对李登辉心存芥蒂，也不愿邀请他们参加这个典礼。再者，她不愿参加十三届二中全会是因为蒋介石在世时她在会中所拥有的地位，与现在她所能具有的地位相比，无法同日而语，故此心中无法很快适应，所以不愿再露面。

　　说起宋美龄的头衔、勋章，可以说多得数不完。

　　据统计，中国自有洋博士以来，拥有最多名誉博士学位的人，一个是胡适，另一个是宋美龄。他们都是美国留学生出身的，而送博士给他们的大学，又几乎全是美国的。宋美龄共有博士学位12个，比胡适少一半多。她在韦尔斯利大学念书，未得博士，然而自1939年后，她的名誉博士学位源源而来，列之如下：

　　文学博士：陆格士大学（1939年）、高奢尔大学（1942年）、韦尔斯利大学（1942年）、哈曼宁大学（1943年）、罗高拿大学（1943年）、罗素沙治大学（1943年）、密歇根大学（1958年）、夏威夷大学（1959年）。

　　法学博士：勃里扬大学（1942年）、史提生大学（1942年）、荷伯特威廉士密史大学（1943年）、乌斯扬大学（1943年）。

　　宋美龄所参与的社团活动，也多得令人咋舌。细数她曾担任的职务就有：美国乔治亚州梅肯市议会聘任的童工委员会委员，"励志社"创办人，南京国民革命军遗族学校创办人，"立法委员"，"航空委员会"首任秘书长，新生活运动会妇女指导委员会主席，妇女评议委员会主席，"国家流亡儿童协会"创办人兼主席，"中国妇女战乱救济会"创办人兼主席，盲人福利促进会荣誉主席，"英美援华基金会荣誉主席"，伤患友好协会荣誉主席；加拿大红十字会赞助人，印度饥荒救济会董事，国际红十字会赞助人，金山世界乡村妇女记者俱乐部终身会员，"人权法案纪念会"荣誉会员，"巴丹菲律宾游击队协会"荣誉会员等。

　　即使是到了90岁高龄，宋美龄的头衔依然洋洋洒洒，十分可观："中华妇女反共联合会"创办人兼主席，中国国民党中央评议委员会主席团主席，辅仁大学董事会主席，华兴育幼院、振兴复健中心董事会主席，中国国民党"妇女工作会"指导长，台北市"国际妇女俱乐部"荣誉主席，"中国护士协会"、"中国女童军协会"、"中国妇女救灾总会"纽约分会及美国医药援华会荣誉主席，"国立故宫博物院"管理委员会常务委员；在海外，她也十分活跃，担任Catherine Lorillard Woife艺术俱乐部，及Tau Zeta Epsilon 理事会理事，Phi Beta Kappa，Eta Chapter，Phi Delta Gmma及纽约动物学会荣誉会员，她甚至还是美国海军陆战队的荣誉中将。（参见台湾《新新闻周刊》1990年12月10日黄美娟文）

再度远行

蒋经国突逝与李登辉继"统"，使台湾政治进入了一个新的阶段。在李登辉上台三年多的时间里，台湾政局发生了剧烈的变化：国民党内派系争斗激烈；"台独"势力猖獗，"统""独"之争已呈白热化状态；"重返国际舞台"，要求国际势力予以"双重承认"之说更是甚嚣尘上。

就在这样一种政治气候下，1991年9月21日，宋美龄再度离开中国台湾到达美国纽约。本来宋美龄是不愿赴美的，为什么又再度远行呢？据台报分析，有以下几个原因：

第一，宋美龄在台湾的亲族凋零，生活寂寞。在宋美龄返台的五年时间里，蒋家遭逢三次大的变故：第一次是蒋经国的去世；第二次是长孙蒋孝文的去世；第三次是她非常能干的孙子蒋孝武突然去世。"老干"犹存，"新枝"却已一个个凋零。尤其是蒋孝武的去世，间接向人们宣告："掌控台湾政局长达40年的蒋氏家族，正式退出政治舞台了。"虽然宋美龄在蒋孝武病逝后表现得"相当坚强"，但蒋家第三代重要人物的死，对于她来说，从利益到感情都不能不是一个沉重的打击。

第二，与"台独"的嚣张有密切关系。台湾解除"戒严"以来，要求民主的呼声日见强烈，同时"台独"势力也愈益嚣张。台湾报刊认为：宋美龄"看尽这个国家的兴衰分合"，她"不愿意将来遗骨在一个不叫'中华民国'的土地之上"。许多接近宋美龄的人士认为，宋这时赴美，是一次"痛苦心情的抉择"，此时已到了"不能再留在台湾的时候了"。在蒋经国去世后的三年时间里，几乎看不出台湾未来的发展有多大的"光明前景"，反之，"一个独立台湾"的现象却似乎愈来愈近。因此，对宋美龄而言，"眼不见为净"，"未来就算去美不归而埋骨他乡也算不了什么了"。

第三，与宋美龄的身体健康状况有关。据悉，宋美龄自1978年以来，视力、听力、记忆力等均严重衰退，数次住进"荣总"治疗。医生认为宋长期患有皮肤过敏症，不仅对气候、食物过敏，甚至连"抗过敏的药物都引起过敏"。此外，台湾的气候与她不相适宜，医生认为"纽约天气对她较适合"。

宋美龄曾被视为"蒋家最后一位精神象征"，她的这次去美，等于为蒋氏家族在台湾政坛的影响力画上了句号。

宋美龄 全传

· Biography of Song Meiling

第二十一章

长岛岁月

宋美龄得以长寿，不仅仅靠着宗教信仰，很重要的原因是养生有方。

宋美龄又一次成了美国的新闻人物。已度过98岁生日的宋美龄在家人簇拥下，顶着华盛顿盛夏的骄阳，进行了她人生旅程上的另一次"历史性华府之旅"。这一天，应美国国会之邀，宋美龄前往国会山庄，出席了为庆祝第二次世界大战结束50周年而为她举行的敬酒会。采访酒会的新闻记者人数众多，他们分别来自美国、欧洲、日本、韩国等许多国家以及中国台湾，共有一百余人。

宋美龄的纽约旧居要出卖。一向幽静恬寂的长岛蝗虫谷小镇，突然热闹非凡，涌来的数百名华人是想一睹宋美龄在美国的"士林官邸"。一时间，川流不息的车队，惊扰了小镇上的白人居民，他们向镇长、警察局告状，警局出动大批警员维持秩序，甚至封闭高速路口，并请华人代写中文警告牌"同胞们，路已封，请回吧！"据说，这是开镇三百多年来前所未有的"盛况"。

年近103岁的宋美龄在纽约举行了个人画展，把她自己珍藏多年的画作，展现于爱好艺术的中外人士面前。她坐着轮椅亲自出席了开幕式。

读书·作画·祈祷

在蒋介石去世后的二十多年中，宋美龄的大部分时间是在美国度过的。特别是她20世纪90年代初旅居美国，给人们的印象是要永远退出中国台湾的政治舞台，到她最喜欢的国家去过隐居的生活。尽管偶尔也会成为新闻人物，但大多数时间是无声无息的。那么她又是如何打发余生的呢？

阅读书刊应是宋美龄在纽约家中最主要的消遣之一。蒋纬国夫人邱如雪（爱伦）经常到纽约陪伴宋美龄，婆媳之间相处得很好。宋美龄平日喜欢阅读，每天除了要读好几份报之外，也常买书看书。邱如雪也喜欢看书，常常和婆婆相互推荐。这是宋美龄初到美国时打发日子的主要方式。

宋美龄很少看电视，而阅读则是她保持了几十年的习惯。她每天必翻阅的报纸有《纽约时报》《每日新闻报》《纽约邮报》，同时她还订阅《时代杂志》《新闻周刊》《美国新闻与世界报道》三份美国主要的新闻性杂志。宋美龄对台北的风土人情、社会动态也十分关心，故每天对桌上为她准备的台湾的《中央日报》也很喜欢翻阅。自从在台报版面上看见有人呼吁要把她从寄居数十年的士林区福林路的官邸扫地出门的消息后，虽然当时的表情只是微微一笑，并未表示出任何不快，但从此她对台北送去的报纸，就不再多加翻动了。

她不翻阅也无妨，因为在台北的士林官邸的秘书，会定期将台湾报纸上的重要内容，寄到纽约给她参考。

宋美龄在蝗虫谷闲居时，居然请到了美国最有名的肖像油画家伊丽莎白·萧玛特芙女士为她画像。据《纽约客》杂志说，萧玛特芙作画一次的代价至少在五万美元以上。萧玛特芙为宋美龄作的画像，直到被售出以前一直高悬在蝗虫谷宋宅大客厅的墙上。

空闲时，宋美龄就画画国画、写写毛笔字。据知情人说，在她的客厅、卧室里的布置，没有古董和名画，挂的都是她自己的旧作，有的作品上还有蒋介石的亲笔题词。这些题词，字里行间，都蕴藏着蒋介石对她的无限情意，当宋美龄看到这些题词时，怀旧之情油然而生，当然也多少会带些惆怅逸然而过。

宋美龄有兴致时，会向侍卫人员解说自己的画风，教一些欣赏国画的常识，有人把这场面描述成"宋美龄真像个老教授在启发学童，她既细心又耐心"。

这期间，最常相处的美国友人之一是她在麻州韦尔斯利学院的同学艾玛·米尔丝女士。曾做过末代皇帝溥仪英文老师的米尔丝女士，是宋美龄在美国住地蝗虫谷的常客。她陪老同学聊天，回忆过去在韦尔斯利的学校生活，以疏解心头的寂寞。

与宋美龄经常来往的另一个美国人，是颇有名气的作家项美丽。项美丽已年近九十，由于她在1941年出版了《宋家姊妹》一书，使宋氏三姊妹成为美国家喻户晓的人物。项美丽为宋氏三姊妹说了许多好话，使美国读者对她们留下良好的印象，因而宋美龄把她看作最"感激"的一个朋友。

1991年，宋美龄流寓美国时，已是90多岁高龄的老人，身体状况自然不比当年，而且在以往的岁月里还因乳癌和卵巢囊肿曾几度接受过手术治疗。但是给她检查过身体的医生却都认为，宋美龄的健康、精神，比她的实际年龄要年轻得多。她没有高血压、心脏病或其他老年病。除偶尔因小感冒不适外，比较困扰她的仍是那个皮肤过敏症，一年总会犯上几次，经过涂药、服药后就会好起来。

1986年，宋美龄打算返台时，不慎在曼哈顿家中摔了一跤，腿部、臀部都受了伤，并动了手术，很长一段时间，她都需要以轮椅代步。但是出人意料的是，1991年再度赴美后，在纽约，经过调养、复健，情况逐渐好转，可以不用轮椅，自己走路的时间越来越多。这大概与她喜欢亲近大自然有关。她的秘书说，天气好时，宋美龄会在家中的庭院、附近的公园散散心，欣赏一下自然风景，有时她也会到海边走走，如果路远一点，护士们希望她坐轮椅代步，这样可以节省体力，但看得出宋美龄不大喜欢这个建议。

尽管宋美龄在中国台湾的威望受挫，以致抱着"眼不见心不烦"的态度离开了台湾，但她仍对中国台湾的各方面情况十分关注（特别是政治问题）。只不过此时的关心也仅止于关心，对政治她是再也不表示什么意见了。用她的亲信的话来说，这种关心完全出自于她对台湾的情感。

除了台湾的亲人来访外，台北一些高层人士访美，经过纽约时，也多要求拜见宋美龄，表达敬意。但是她的亲信说，很多时候常因这些人士行程太紧凑，与宋美龄的作息时间配合不上，同时，宋美龄也不愿意在纽约有太多不必要的活动，因此大多被婉谢了。

或许因感情的因素在起作用，最让宋美龄挂在心上的，就是台北的华兴小学、华兴中学及振兴复健医学中心。这些她早年一手创立的学校和医院，原先是以军眷的孩子为主要对象，随后提供给社会大众。目前，宋美龄仍是台湾华兴中学、小学和振兴医院的董事长。所以，在台北的董事会，会定期将有关现况、师资等报告通过传真送到纽约来给她看，并征询其意见。

据她身边的人称，将华兴、振兴、妇联会等慈善、教育事业做好，就是宋美龄现在的生活目标。

由于宋美龄出身于基督家庭，几十年来，读《圣经》、祈祷成为

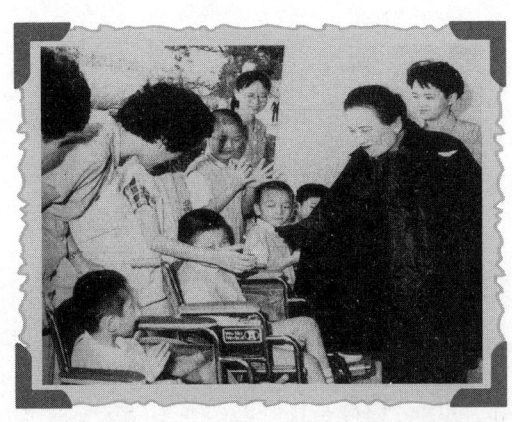

1989年10月10日，宋美龄参加振兴医院落成典礼，看望复健中心的小朋友。

她这个基督徒的必修课。在纽约，在她身边待久了的工作人员都知道，宋美龄最喜爱的生活就是灵修。她每天常常要用一到两个小时虔诚地研读基督教的《圣经》。只要她把《圣经》翻开，护士小姐们就可以自由活动去了。在这时刻，她将心灵交给了上帝，将自己融化在上帝的旨意之中，她所想的就全都是基督的话语："我在世为客旅，我家乃在天国。"

到美国后，别墅里不可能为她建教堂了。所以，她常到曼哈顿或长岛住宅附近的教堂做礼拜。可以说，她从小对宗教的信仰，已成为现在精神上的重要支柱。几十年来，宋美龄虽屡经至亲故去和意想不到的各种事件的伤害，但她都未受到致命的打击。究其原因，她的一位亲信是这样总结的：她是十分坚强的人，这么多年，她经历了多少事？亲人该走的都会走，她明白这一点，而宗教在这个时候给她很大的慰藉。

养生有方

宋美龄得以长寿，除宗教信仰之外，很重要的一点是养生有方。

已近百岁的宋美龄，仍显得神采奕奕，长葆雍容气质，这与她一生都十分注意养生之道不无关系。据说，平日特别喜欢吃水果、生菜，而且是什么水果都吃，对油腻的食品完全忌口。过去喜欢吃的甜食也尽量少吃，这些都是她的养生之道。对于正餐的口味，她却是吃了数十年也未改变。到了美国，厨师依然是那个官邸出身并追随多年的王厨师，口味依然还是江浙风味的菜肴。

工作人员说，偶尔，宋美龄兴致来了，也会亲自下厨房，叫来厨师，把她早年在上海时学会的包馄饨、调馅子、配料、搅拌等手艺都传授给厨师。工作人员们也会因此跟着饱餐一顿宋美龄亲自做的点心。

还有传闻说：宋美龄年过百岁，且还无大恙，这的确令世人羡慕不已。有人曾多方打听她的养生秘诀。经美国《华盛顿邮报》的记者亚当·斯密坚持不懈地反复追问，终于得知了一条宋美龄的养生妙方——常饮中国出产的一种"回春乐富酒"。

除了上述的养生之道外，还应给宋美龄加上一条，这就是：一有不适，立即就医，这应是维护她健康的关键之一。

此外，宋美龄格外注意仪表，也是她不显衰老的重要因素。据她身边的人说，已到暮年的宋美龄对容貌和外表的修饰仍然是从不假他人之手的。她每天都要细心地打扮自己，配上适合各个时节的服饰，不到满意时绝不下楼，手下人跟在她的前后，常常会不由自主地赞叹这位永远雍容华贵的"第一夫人"不衰之风采。

此外，宋美龄喜欢走动。蒋纬国曾说：她在媳妇的陪伴下，除了参观各种展览之外，有时去看马戏团表演，也会逛逛百货公司。

不失童心，大概应算是宋美龄又一条长寿的秘诀吧。在纽约，她的侍从们说，宋美龄喜爱热闹，某次她与孙媳妇商量，想到街上走走，看看外面的风光，最后决定去超级市场转转。她们先是步行，走了一段后，要侍卫官就近招呼一辆出租车代步。

宋美龄上了计程车后，感到十分新奇，饶有趣味。活了90多岁，长期生活在大都会，又周游过世界，却是在这种情形下生平第一次搭乘出租车，这使她又有了童心复活的感觉。这份感觉，大概她自己也觉得好笑。

早年宋美龄赠送住院者《圣经》。

在美国，宋美龄的心境平和多了，脱离了"第一夫人"的生活氛围，宋美龄也能善待属下。或许是因为不再像过去时常需要端着高贵夫人的架子，或许是因为她做人的修养提高了，亦或许是为略施小计，以便下人更忠心地为她服务，也不排除是作者刻意地吹捧，总之，就目前所见的宋美龄赴美状况的资料来看，她在纽约寓所的表现颇得手下人的好评。在她身边的工作人员多是比她晚出生几十年的小字辈。所以，宋美龄更显得有一些长者之风。

特别是陪伴她的护士们，多是未婚的女孩子，她们通常是到美国侍奉半年就要返台探亲或结婚。对这样经常不断的人员流动，宋美龄时常感到不习惯。因为人是有感情的，相处久了必会建立起来一定的感情。然而，这又是她必须接受的现实。据知情者称：宋美龄把这些护士视同孙女一般，到了轮换时，护士们的离开，对宋美龄来说，都要难过好几天，可想到不能误了年轻人的佳期、前程，她又不再提她的想法了。每个"孙女"离开时，她们都是挥泪告别。如今已有数十位护士小姐调动了，每人都带走她的一份情感和挂念。据称，这些女孩子的影子时常出现在宋美龄的心中，她也常为她们祈祷、祝福。

一天晚上，宋美龄感到在楼上坐得太久了，想起来走动一下，恰巧护士下楼

宋美龄于1943年重返卫斯理安母校。

去了，可是没想到，刚一起步，由于站立不稳跌了一跤，并且因腰部受伤住进了医院，当班的护士感到非常的不安，难过地流下了眼泪。宋美龄却大度地安慰护士小姐说："没什么，是我自己不注意没叫你们，我毕竟是上了年纪的人，跌跤是难免的。"她还特别交代护士长别难为这个护士。

宋美龄对待侍卫们的宗教引导和精神生活极为关注，但她对每个人的信仰自由又是最为尊重的，从不传教。她曾问她的侍卫官信何种宗教，答以佛教，宋美龄郑重地说，任何宗教都是好的，只要虔诚，存心向善，信佛、信基督都好。

每当侍卫官退休，前来向她辞行时，宋美龄总是会叮咛，这次回到台北后，可带着家人到各地走走，甚至也可回大陆老家去看看，祭祖、扫墓，尽人子的心意。

宋美龄在美国，不像在台湾士林官邸时那样小气了。侍卫们说，每当夜深人静，宋美龄看完《圣经》准备休息时，她从不忘记亲自打开冰箱，拿些糖果给值班的侍卫官，还道声"辛苦了，晚安！"室内灯光才慢慢减弱下来。

侍卫们还记得有一次，宋美龄偶然去了一趟超市，也没忘记买些糖果带回来分给工作人员。

90多岁的宋美龄，听力已不行了，但是记忆力却仍然很强。兴致一来，她就会将当年她亲见亲闻的掌故、趣闻，当做小故事讲给来自台北"荣总"的护士小姐们听。这些孙女辈的女孩儿对她的每句话都感到新鲜有趣。

中国人对过年总是情有独钟的，宋美龄也不例外，她同样带着欢喜的心情迎接新的岁月。特别是在纽约过年时，宋美龄居然会想起给工作人员发红包。

曾是台湾"第一夫人"的宋美龄，如今是和由管家、护士、近亲和侍卫官们合组的大家庭共度新年的。大年三十的年夜饭后，该是发压岁钱的时刻，宋美龄在自己的卧室里拿着手杖踱步，偶尔以英语说出："岂有此理，我怎么没有钱了呢？"随后，她用手杖轻轻敲敲孔二小姐孔令伟的房门，要她想法子，因为没有压岁钱可发了，宋美龄心中很不自在。据说，大年初一这一天她没有下楼，到了初二早上，她高兴了，整理过服装，挺起腰杆，由护士扶着走下楼梯，告诉侍卫官、护士、厨师说："请大家去向孔二小姐拿红包。"于是，工作人员每人按着等级，收到一二百元不等的美元红包。

据闻，在纽约时的宋美龄，对过去为她服务过的人员的来访处理得也颇为体面。例如，从中国台北来到美国的旧属，有些人专程到纽约来看望她时，她都不会慢待，有时她因接待不方便，就叫孔令伟代表她邀请到家中做客，代替她尽地主之谊，表示慰劳慰勉的心意。

又一次成为美国的新闻人物

宋美龄由于有"历史人物"的身份，晚年又曾多次访美，因此，她在美国有较高的知名度，并与美国政界的一些名人，始终有着书信来往。

有报道说，宋美龄1991年赴美后，美国前总统里根、布什，都曾致函在纽约的宋美龄，表达他们的敬意；宋美龄也与她当年在美留学时的两所母校——乔治亚州的卫斯理安专科学校和麻州韦尔斯利学院的校长、校董会时有联系。她的两所母校，都视她为杰出校友，知道她已打算久居美国后，都曾邀请她到母校访问。此外，美国一些教会执事长老、牧师，也常写信给她。

1995年7月26日，宋美龄这位"历史人物"又成了美国的新闻人物。

已度过98岁生日的宋美龄在家人簇拥下，顶着盛夏的华盛顿骄阳，进行了她人生旅程上的另一次"历史性华府之旅"。这一天，应美国国会之邀，宋美龄前往国会山庄，出席了为庆祝第二次世界大战结束50周年而为她举行的敬酒会。

出生于19世纪的宋美龄，重临旧地，风光程度虽不比1943年2月18日应邀向国会两院演说时的那个"中国第一夫人"，但人们从布置在国会参议院罗素大楼致敬会场及双橡园的历史性照片里，仍可一睹"她的风采"。

这一次她还是乘坐专机来到华盛顿的。从步出专机的那一刻起，宋美龄就展现了过人的体力，在平地上她不坐轮椅，坐着接受中外人士致意时，她也频频起身答谢。她在孙子蒋孝勇及孔令杰之子的搀扶下步出户外，高声向美国各地、侨界及从中国台湾赶来的人们问安，并不时含笑挥舞手帕，以飞吻致意。

下午2点左右，宋美龄来到双橡园休憩，路上七百多名侨界人士夹道欢迎。她在双橡园进午餐。由于心情好，胃口亦佳，宋美龄吃完了一份牛排。

连续参加华府美国国会向她致敬的酒会和台北"驻美代表"鲁肇忠夫妇在双

橡园举行的欢迎茶会，宋美龄心情愉快，一直面带笑容，与中外来宾晤谈。

由美国参议员赛门主持的致敬酒会是在罗素大楼二楼举行的。宋美龄于下午五时到达，在旁人扶持下步入会场。她身穿枣红黑底条纹旗袍，外罩黑白相间披肩，胸前别着蝴蝶形翠玉，搭配翡翠耳环与手镯，神情愉快。美国参、众议员及来宾们列队向她致意。致敬会主人赛门在致欢迎词时表示，很荣幸能在第二次世界大战结束50周年时，有机会向第二次世界大战硕果仅存的重要人物致敬。他说，宋美龄的光临让大家得以重温历史。在场的29位参议员、16位众议员分别来到酒会会场向宋美龄表达了敬意。参议员塞蒙德、罗布、穆考斯基、格伦、辛浦森、汤玛斯、裴尔、赛门以及众议员杜南、佛雷塞等，前美国国防部长温伯格以及政府官员波顿、所罗门、华克、赵小兰等与会。这些人之所以来参加酒会，向宋美龄表示敬意，是因为他们都有一段个人与中国、与蒋介石、与宋美龄之间的故事。

采访酒会的新闻记者人数众多，他们分别来自美国、欧洲、日本、韩国等许多国家以及中国的台湾，共有一百余人。

1949年以前，宋美龄多次以"第一夫人"的身份出现在华府。而这一次，她以外国平民身份获得了美国国会致敬酒会的殊荣，这使她又惊又喜。

宋美龄在美国国会演讲前与众议院议长雷朋交谈。

距离上次在美国国会的演说已经52年。漫长的岁月过去，宋美龄在国会致敬会上的致词"返璞归真"，没再使用当年令美国新闻记者都得去翻字典的艰深用语。

杜尔参议员、赛门参议员、各位女士、各位先生：

首先我要表达我的欣喜心情，因为诸位还能记得战时盟友中国的一位老朋友。

1943年2月18日，我应美国国会之邀，向参、众两院发表演说。当时我曾说，我年少即负笈美国，在美国成长，并在美国完成了大学学业，因此，我一直把美国视为我的第二故乡，今天能够回家，自是非常欣喜。

容我提请诸位回想1937年至1945年那段岁月，1937年7月7日，日本对中国发动全面战争。而在日本全面侵略中国的前四年半里，中国孤立无援地独立抗战。一直到日本于1941年12月7日发动珍珠港事变，美国第77届国会对日本宣战后，中美两国才结为盟邦，两国的同心协力，奠定了第二次世界大战终在1945年获得最后胜利的坚实基础。

在我与诸位共同纪念第二次世界大战结束50周年的此一伟大历史性时刻，我无法不想到那次战争的悲剧以及那些血泪交织的岁月，更无法忘怀中美两国人民并肩作战的道德勇气。我也要借此机会，对美国人民以精神及物质援助我的国家，表达衷心感谢。

最后，我祝福各位健康、快乐及成功。愿上帝保佑诸位。

致敬会现场的一位美联社的资深记者说："我觉得她的腔调及咬字比撒切尔夫人的演说还要吸引人、有力。"

前美国总统尼克松之女翠西亚在夫婿陪同下，也参加了致敬会。翠西亚回忆，大约40年前，尼克松

宋美龄在纽约卡内基音乐厅演讲。

711

出任美国副总统时，宋美龄曾至他们家中拜访。当时她大概只有9岁，她请宋美龄在宾客签名簿上签字，宋美龄特地写上了："给我的小朋友翠西亚。"翠西亚一直都觉得很荣耀，也非常珍惜这次经历。

七名热爱中国的飞虎队成员，26日也出席了致敬会。他们个个精神饱满、兴致勃勃，而且看到华人就喜欢用中文说"你好""我会说中国话"等等，在会场相当引人注目。

曾任第十四航空队协会会长的美国空军上尉副官黎满伦，在会场拿着他当年的中文名片献宝。他还带来了飞虎队成员赠给宋美龄的纪念牌。

对宋美龄出席这样一个荣耀的酒会，并不是所有人都表示赞成。她代表的那个时代以及她的家族，一直是"台湾内部政治"反对运动的攻击题材，此间"台湾人公共事务会"甚至发表声明，指责美国国会参议员赛门、杜尔不该发起此一致敬活动。但是，宋美龄在华盛顿的这一天，并没有遇到任何不愉快的场面。不论是在国会大楼外或是在双橡园内，围绕在她身边的都是欢迎她的人们，是"妇联会"、官邸旧属、支持台北当局的侨社人士及他们的下一代等等。

当天下午6点半，双橡园又为她举行了欢迎茶会。出席的大都是宋美龄的旧部好友们，如夏功权、郝柏村、要澄枝、孔令晟、许历农、辜严倬云等三百余人。

傍晚7时，宋美龄赶到会场，她是出席国会山庄的致敬会后，回到双橡园的。一向被认为很神秘、老是避开群众的宋美龄终于有了"走入群众"的表现。

台北"驻美代表处"在双橡园楼邸入口处铺设了一长条红地毯，以便于欢迎群众献花。地毯铺到礼车的右后门，但宋美龄却选择从礼车左后门下车，在孙子蒋孝勇等人的搀扶下，走向"妇联会"华府分会的代表。

来自美国的侨界代表和中国台湾来的故旧们来到了双橡园。"妇联会"秘书长辜严倬云、中国国民党"妇工会"主任要澄枝和"黄埔同心会"代表，分赠礼物、纪念品给宋美龄，她接过这些礼物，非常开心，直说"不敢当"。接受与会人士的致敬后，她离开双橡园赴机场搭专机返回纽约。

除了国会山庄和双橡园的热烈气氛之外，中华人民共和国驻美大使馆对此事的态度相当有分寸，一是没有对这位曾经扬名于国际的"第二次世界大战中华民国第一夫人"作任何负面评论；二是中国大使馆重申其外交部发言人日前的谈话，只着重于提醒美国国会议员，不要借此活动制造"两个中国"。

美国国务院曾表示，行政部门将不会有任何官员参加这项致敬活动，实际上，若干在战前出生的华裔美国政府人士，曾以个人身份出现在国会致敬现场。克林顿政府已作出决定，不反对来自台湾的民间人士以战时盟友的身份应邀参加9月在檀香山举行的第二次世界大战结束50周年纪念活动。

久未露面的98岁的宋美龄为了这两个宴会，居然在华府停留了七个小时，可见身体相当不错。事后，某些台湾人士把她此行的表现吹捧成：高贵典雅的气质，迷人的风范，未因岁月飞逝而稍减分毫，她举止从容，言态镇定，处处展露风格天成的"领袖"风采，"她依然是受人敬爱的世界'领袖'，高贵妇人"，"与会的中外人士，对她的美丽、健康、风采依旧最为赞叹欣喜，啧啧称奇，大家都忍不住相互重述所感，喜极泪下"等等，难免有肉麻之嫌。

返回纽约寓所后，宋美龄很感动，内心非常欣慰。她特别交代孙子蒋孝勇代她向台湾及旅居美国的侨胞诚恳致谢。感谢大家这次在美国国会、双橡园两处致敬会中对她表现的爱戴与关怀，并由衷祝福大家。

蒋孝勇说，这次在华府的活动，有许多人想在致敬会中与宋美龄见面、拍照留念等等，但因为怕宋美龄太累，没能全部答应，对于不周延的地方，宋美龄心中很过意不去，因此特别要他向大家致歉。

有人问，宋美龄可不可能在有生之年回大陆看看？蒋孝勇沉思一下说："大概不可能。"

最开心的时刻

宋美龄于1991年赴美后，每逢一年中的重要节日，如中国农历新年、圣诞节，或宋美龄的生日，她的亲人大都会聚集到纽约同她一起欢度。

事实上，宋美龄在北美的近亲，要比中国台湾多得多。当时，孙辈有在旧金山的蒋孝章、蒙特利尔的蒋孝勇，侄儿辈的孔令仪、孔令伟都住在纽约，孔令杰则住在得克萨斯州，蒋纬国的儿子蒋孝刚当时也在纽约工作。

蒋孝武的孩子蒋友兰、蒋友松，及蒋孝文的独女蒋友梅，因不在美国，来纽约的时间较少一些。蒋孝勇虽迁居加拿大的蒙特利尔，但时常飞来纽约看望祖母宋美龄，他的三个孩子蒋友柏、蒋友常、蒋友青从小就与宋美龄很亲，在台北时，常到士林官邸看望她，所以很受宋美龄的疼爱。蒋纬国这个唯一在世的儿子虽远在台北，也常飞抵纽约来尽孝道。

能够经常与亲人团聚，享受天伦之乐，这大概也是已到高龄的宋美龄再度流寓美国的重要原因吧！

宋美龄最喜爱子孙满堂的热闹，特别是当她娘家宋氏子侄带领家小来请安时，宋美龄总是夸奖能多生儿育女的侄孙媳妇，且待这个侄孙媳妇比谁都亲热。看得出，她有意表扬这位宋家的"功臣"。也难怪，中国人嘛！一看到娘家人丁兴旺，自然是喜出望外。

另一个令宋美龄开心的时刻就是：近年来每逢她的生日，都有来自世界各地的抗战时期遗族学校的祖字辈学生，聚集在纽约宋美龄的寓邸齐声叫着蒋妈妈。她虽然没有嫡出的后代，但每到生日，竟有这么多人称她妈妈、为她祝寿，这也应当算是人生的一大幸事。

在"蒋家的大家长"宋美龄的默认下，蒋氏家族近年不断向中国大陆方面施放试探性的气球，报界经常传出蒋家亲属返回祖国大陆的消息。

先是中国香港的《大公报》摘登了陈香梅的《从章孝慈访问故乡说起》的文章。文章说：蒋经国的儿子章孝慈如愿以偿去北京访问，而且到他生母章亚若女士的墓地去致敬和致哀，获得了中国大陆方面热情的接待。后来章孝慈突然在北京犯了急病，北京和台北红十字会携手合作，很快就将他送回台北的"荣民"总医院治疗。中国大陆方面随后又派人前往台北探视，极尽同胞之情。

随后，新加坡的《联合早报》报道说：离开大陆四十多年的蒋纬国，对故土的思念别有一番滋味。

蒋纬国说，他当年自中国大陆去台湾时，其中带去的两件东西至今仍供奉着，一是一杯祖国大陆的水；二是一抔祖国大陆的土。他说，几十年来，每逢年节，他都会对着故乡的土和水上香、叩拜。这位思乡心重的国民党"二级上将"很想回祖国大陆、回故乡看一看，走一走，唯因时机不成熟，使他至死也无法圆这个思乡梦。

还有消息说，蒋经国的大儿媳徐乃锦女士，通过秘密渠道回过祖国大陆。她的主要目的是安排蒋家后人回浙江奉化祭扫蒋介石生母王太夫人陵墓一事。但是否还有其他使命，不得而知。

1996年7月25日，蒋孝勇抵达北京，看病求诊。

当时在世的蒋家后人中，大概与宋美龄最亲近的人就算是蒋孝勇了。国外那么好的医疗条件，却非要回到祖国大陆来看病，是不是有些耐人寻味呢？事实上，蒋孝勇确实为他的爷爷和爸爸迁葬祖国大陆一事作了一番实地考察。

她的"中国"心

蒋介石至死未放弃"反攻大陆"的计划。他反复强调绝不与苏共和中共接触，但他反对分裂中国的态度也是明确而坚决的。宋美龄在这方面与蒋介石持有相同的态度。可以说，她也有一颗执著的"中国"心。

1974年元旦，南越派军舰闯入西沙，蒋介石拍案骂道："娘希匹！如果中共不出兵，我即出兵。"他当即指示台"外交"部门发表"中国领土不容侵犯"的声明。

中国与南越的海上之战爆发后，西沙海军要求增兵，邓小平请示，毛泽东同意，并特别强调"直接走！"为避免国共不必要的摩擦，在此之前人民解放军海军军舰在东海南海间的往来调动都要绕道台湾东南的公海，穿越巴士底海峡。但此次四艘导弹护卫舰却鲜明地站在东引岛一侧，准备通过。午后正坐在安乐椅上闭目养神的蒋介石听了这个报告，不由一顿，不假思索地幽幽一言："西沙战事紧哪！"当晚，国民党军打开探照灯，让人民解放军军舰顺利通过。毛泽东精明地考验了"老朋友"一下。

人老情切，蒋介石的思乡情在生命的最后时光里愈加炽烈。1975年元旦，他发表了一生中最后一个"复国"文告。蒋介石晚年向毛泽东发出访台邀请。这一年春节前后，回台任"总统府资政"的国民党元老陈立夫接受蒋秘密使命，经秘密渠道向中共发来了邀请毛泽东访问台湾的信息。毛泽东对二度复出担任第一副总理的邓小平说：两岸要尽快实现"三通"，你可以代表我去台湾访问。没等共产党回音，陈立夫在香港报纸上公开发表《假如我是毛泽东》一文，"欢迎毛泽东或者周恩来到台湾访问，与蒋介石重开谈判之路，以造福国家人民。"陈立夫特别呼吁毛泽东"以大事小，不计前嫌，效仿北伐和抗日国共两度合作的前例，开创再次合作的新局面"。没有等到回音，蒋介石永远地走了。

1975年4月5日，蒋介石带着一个遗憾走了，他把自己的梦想留给了儿子。他年复一年地发表着"反攻"的文告，宣布着"反攻"的时间表，作着"反攻"的计划，设计出了一千多种方案，如他自己所说："无一日中断。"人们笑他不自量力，痴人说梦。事实上，"反共复国"对于他来说，与其说是可笑的"梦"，不如说是一个一生未曾动摇的"信念"！

最能表明蒋介石真实心迹的，也许是他死前的遗言："日后'光复大陆'，中正生于斯长于斯，要将遗体移返南京，葬于中山先生之侧。"（摘自马淑明著《中国统一说》）

宋美龄对蒋介石的这个"信念"是十分认可的。蒋介石去世之后，她成为高举"反共复国"大旗的代表人物，晚年她甚至也提出了"和平统一"的建议。据台湾《联合报》1995年8月14日报道：晚年深居简出、不问政治的宋美龄，在海峡两岸关系"山雨欲来"的时刻，12日在一份书面发言中呼吁，海峡两岸"最后的和平统一"，尚有待大家从海内外和各个领域岗位来协力完成，希望大家一齐完成"蒋公统一国家民族的志业"，不要由于一时的不虞匮乏，而忘了"复兴民族"的重责大任。

全球"遗族"学生代表8月12日在新泽西州举行庆祝抗日战争胜利50周年纪念大会，宋美龄未能亲临会场，特地向大会书面致词，由来自台湾的"遗族"学生代表周造时宣读。

宋美龄说："从九一八事变起，到今年已经经历了64年，卢沟桥事变至今也已经58年，今年是抗战胜利50周年，这期间内乱外患，血泪艰难，真不胜其感慨系之！各位遗族子弟都是在痛苦中成长，在千磨万劫中倔强地承担困难。"

她说："50年过去了，今天国家民族，仍然深陷'分裂'艰难之中，其最后的和平统一，尚有待大家始终抱持自己父兄母姐们，当年大忠大孝的愿力，从海内海外、从各个领域岗位来协力完成。"

一位近百岁的老人，也许广大的中国人对她"当年大忠大孝的愿力"难以苟同，但她热切期待祖国和平统一的心愿，是和海内外亿万华夏儿女的心愿紧密相通的。

移灵风波

也许正是出于这样一种"爱国"心，宋美龄与蒋家后人们对于蒋氏父子移灵回祖国大陆一事，一直未曾忘怀。

到了20世纪90年代，面对台湾日益恶化的局势，蒋纬国感到无比的压力和悲哀。一连串的事情出现，使他忧心，也使他寒心：台北"总统府"前介寿路的改名；他父亲在台湾的铜像被破坏和污损已有数起，不是"守"着厕所，就是被凌辱；蒋介石生前的官邸，被挪作他用；更有人借新闻媒体算蒋家的老账……这一再呈现着的世态的炎凉，人情的冷暖！他担心，一旦有了不可预测的变化，则父兄的遗体如何保障？这促使蒋纬国很想在有生之年把父兄的遗体，迁葬回祖国大陆。蒋纬国提议成立"移灵奉安委员会"，先作一些原则性及行动研讨，与中国大陆方面沟通，待时机成熟后随时行动。

于是他向住在美国的宋美龄提出了他的想法，并得到了"同意"。

宋美龄年事渐高之后，也开始想到身后的安排。蒋纬国因为身体不好不宜远行，已有两年半未到纽约探视宋美龄。1995年年底，蒋孝勇到纽约探视时，宋美龄就有所交代。没多久，蒋孝勇因为癌症返台住进"荣民"总医院手术治疗。也就是在那个时候，他和同时住在"荣总"的叔叔蒋纬国谈起了宋美龄与蒋介石合葬的心愿。

当年蒋介石曾经选了两个地点做安葬之处，一是南京紫金山，一是溪口附近的四明山顶。从蒋孝勇的口中，蒋纬国得知了宋美龄对身后事的想法：如果蒋介石移灵祖国大陆，葬于南京紫金山中山陵附近的紫霞湖畔正气亭处，则她希望葬在上海她母亲的墓旁，因为紫金山先后葬了总理与"总裁"，不是她可以随着安葬的；但如果蒋介石是归葬于溪口家乡的四明山址，则她愿与他葬在一块。

蒋经国对于身后事也有相同的愿望——希望能够葬在溪口家乡母亲毛氏墓旁。蒋经国是这么告诉蒋孝勇的："中国只有两位'领袖'，一位是国父，一位是'总裁'。所以我的身后不要当成大事情，我愿意葬在你祖母的墓旁边，简单就行了。"

蒋纬国开始构思如何实现宋美龄的心愿并兼顾哥哥生前身为人子的情怀。他认为，父亲及哥哥的迁葬，不仅仅是蒋家的事，只有国民党及台湾当局才能作最后的决定；然而当时第九届"总统"大选的竞选活动正在进行，马上提出迁葬并不适宜。他决定等到大选后，再循党内渠道提出。

1996年7月8日，在国民党台北市党部直六小组会议上，蒋纬国正式提出他的个人要求，并把事先写就的临时动议提交讨论。他在动议中，并没有提到宋美龄的心愿，而是以当前中国台湾对两位已故"总统"不够尊重，"陵寝"有随时被突击可能的理由，建议国民党中央成立专门机构筹划故"总统""奉安"事宜。

对于蒋纬国的提案，社会各界反响强烈。国民党"立法院"党团书记长施台生称："叶落归根"是现阶段中国人传统的风俗习惯，大家应该尊重蒋家后人的决定。新党"立法院"党团召集人朱高正指出："这件事纯从法律上来看，蒋家应有权来处理两位故'总统'灵柩的事情，因为我们是法治国家，蒋家的后代有权这样做。"连民进党"立法院"党团干事长沈富雄都表示："两位故'总统'的灵柩要返回中国大陆，就应该让他们移回去，民进党乐观其成。"也有舆论把蒋纬国的提议与岛内当时的政治斗争表面化联系起来，认为蒋纬国是利用此事为李登辉出难题。还有人指责蒋氏后代以前人遗骸玩政治游戏。

在等待答复的日子里，蒋纬国委托他的好友武宦宏、旧属张辅教授、装甲兵的老战友胡仪敏等人，于1996年3月至10月间，先后到大陆做了解和前期的准备工作。张辅教授曾与大陆海协会负责人汪道涵会面，征询过大陆方面的意见，甚至还谈到移葬的细节。他根据蒋纬国秉承父兄的遗命，说出了几个安葬的地点。蒋纬国的朋友们都前往察看过。蒋纬国被告知：毛太夫人的墓地在一个村落里，杂草丛生，空间有限，似不适合经国先生的迁葬，倒是蒋介石母亲的墓地，因已经修葺得庄严堂皇，还有一间厅房，陈列了蒋氏家人的彩色照片，是奉化县知名的一个风景点，比较合适。

朋友们回来后，不仅携带了一些资料和照片，还带来了一篓奉化的特产水蜜桃，以慰解蒋纬国的乡愁。可是对于病情不见好转的蒋纬国来说，展阅这些资料，感觉距离完成心愿的时机尚远，更增添忧愁。蒋纬国的担心不无道理，如果上天不借时间给他，这件事的后续发展，委实难测。此时的蒋纬国，其无奈的惆怅，落寞的情怀，真是别有一番滋味在心头。

国民党高层人士表示：对于蒋纬国主张将蒋介石、蒋经国灵柩"奉安"大陆之事，牵涉的问题相当多，必须考虑到现行"法律"、政治现实及社会反应等各方面的影响，并且尊重宋美龄与蒋方良两位遗孀的意见，因此还需要进一步审慎研究。国民党高层原则决定由三位前秘书长张宝树、马树礼、蒋彦士等人组成筹划委员会，就蒋纬国提议进行研究。蒋彦士明确表示："两位蒋'总统'奉安不是简单的事，站在'国家'和国民党的立场，奉安是'国葬'，不是一般民众归葬家乡，应好好研究。"又说："国家统一之后再谈移灵比较适当。"（1996年7月18日台湾《联合报》）

蒋经国唯一活在世上的儿子章孝严，在7月17日国民党中常会上称，认为蒋氏父子厝墓"已有随时被突袭的可能"，"实在不能反映台湾社会现况"，"两位蒋'总统'分别在台湾居住26年与39年，已与台湾同胞结为一体，上述忧虑应不存在。"他认为："目前时机不宜处理两位蒋'总统'的奉安事宜，应等两岸统一后处理。"（同上）

国民党当局对蒋纬国所提"移灵案"采取低调处理，蒋纬国于8月24日"十四届四次中评委会"上重提"移灵案"，并且有国民党元老陈立夫与夏功权的联署。在提案中，蒋纬国提出五项说明，并建议三点处理意见：

第一，目前移灵时机固未成熟，但开始策划、筹备奉安，以及和各方沟通的时机已见迫切，建议将"中央"成立之"奉安"研究小组，尽速改组为"移灵筹备委员会"，认真研究相关事项，逐步采取行动，以催化移灵时机早日到来。

第二，在行动之前，慈湖和头寮之安全必须绝对保证，移灵之时起，至"奉安"之地间，沿途安全细则亦应有专组筹划以便洽定。

第三，两岸恢复会谈时，或密派专使，作有力之诚恳要求。（1996年8月25日台湾《中国时报》）

陈立夫对蒋纬国的建议深表赞同，他称：国民党中央对各地"总统"像遭破坏都不置一词，是令蒋家要求移灵的主要原因。（同上）

就在蒋纬国重提"移灵案"的同日，蒋孝勇也强烈质疑国民党对蒋家父子移灵事宜的做法。在以国民党"中央委员"身份出席"四中全会"开会典礼后，他向记者发表了不满意见。蒋孝勇指出："移灵应是很单纯的事，但现在似乎把它太政治化了。"

宋美龄一直关注着移灵之事。关键时刻，她发话了。海基会董事长辜振甫夫人辜严倬云女士，在11月中旬将两位蒋故"总统""奉安"移灵小组所拟的两项方案带给宋美龄，她在公文上以红笔批了"同意"二字。据此，"奉安"移灵小组作出了"先在台湾'国葬'，等统一后迁葬大陆"的决定。

台湾《中国时报》12月20日报道：据了解，在宋美龄同意两位"总统"遗体在台湾"奉安"后，高层将积极规划"奉安"事宜，以隆重的"国丧"仪式为两位蒋"总统"举行"奉安大典"，而李登辉可望担任"奉安"委员会之主任委员。

国民党派员告诉蒋孝勇妻子方智怡，宋美龄已经亲笔同意国民党的两阶段移灵方案。同意书是由辜严倬云经由"妇联会"管道，以传真先和宋美龄联系后，用"外交"邮袋送到纽约，宋美龄亲自以红笔批示"同意"之后，仍以"外交"邮袋送回台湾。

"同意"的影印件早在11月上旬就交给蒋纬国过目；而蒋孝勇这边则直到此时才知晓。

蒋孝勇吩咐："你需要求证一下，看看确实性有多少。"

方智怡联络了纽约，证实的确是宋美龄的亲自批示。

蒋孝勇说："老人家同意，我们就遵办，我们不可能再有任何意见。"他又要妻子去问母亲。

蒋方良告诉媳妇："夫人怎么决定，我就怎么决定。"

争论了半年的移灵事件，似乎有了初步结果。然而，蒋孝勇却再也没有气力，主张蒋家的主导权了。

对宋美龄同意的处理原则，正在台北"荣总"接受洗肾治疗的蒋纬国表示，老夫人所有指示，大家应该参照办理，把两位蒋故"总统"早日送回大陆安葬是最重要的。

就此，移灵事件由宋美龄画上了句号。

"做人 happy 最重要"

1996年3月22日，美国纽约大都会艺术博物馆从台湾运抵纽约450件中华奇珍异宝，在为之举办的"中华奇观"展览会预展上，宋美龄也到了现场，这是她近十年来第一次在公众场合露面。

由于宋美龄的到来，预展上出现了从未有过的盛况，许多中外记者并不一定是参观中华瑰宝，而是要一睹已近百岁的宋美龄的风采。镁光灯此起彼落。由此可以看出，对于早已退出政治舞台的宋美龄，许多人依然保持着对她的关注。

刚刚过完99岁生日的宋美龄精神矍铄，坐在轮椅上浏览了从台北"故宫博物馆"运到美国的展品，偶尔她也从轮椅上站立起来，在旁人搀扶下走两三步再坐回轮椅。当众记者争先恐后将她围得水泄不通时，她年轻时的作风则又显现出来，她急促地说道："再距我这么近，我就要把你们的摄像机给摔了。"当记者闻此言与她保持适当距离后，宋美龄则又恢复其最佳风度姿态。宋美龄参观完毕后，与艺术博物馆馆长共进了午餐。蒙特贝罗对宋美龄的评价是：她是一个贵夫人，一个镇定自若、宁静祥和的人。

中国香港《九十年代》杂志1996年第9期对宋美龄又有如下的报道：5月初，刚接任"经济部"中小企业处"处长"的原台湾驻香港"代表"黎昌意有美国之行，在纽约见到了宋美龄，并单独谈了一个半小时。他说宋美龄以近百之高龄，看起来依然健康美丽。

黎昌意和蒋家渊源颇深，因为父亲黎玉玺的关

1940年，（右起）宋庆龄、宋美龄、宋蔼龄与女兵在一起。

系，双方可说是世交。黎昌意从小和蒋家的小孩玩在一起。读大学的时候关系更密切，几乎每个星期天一起去做礼拜，有时完了还一道吃饭。黎昌意说他四年多前去中国香港任职曾到美国见过宋美龄，这次也趁着访美的机会去看一下，还带了包括《九十年代》刚出版的《在宋美龄身边的日子》在内的几本书去向宋美龄请安。

黎昌意说宋美龄当天心情看来很愉快，穿高跟鞋和旗袍，依旧美丽。她把这本当年抗战时期她的秘书张紫葛所写的书翻了很多次，一再问："这个人现在是不是还活着？现在在哪里？"当看到书前面她们三姐妹当年的照片时，则说"她们都不在了"。显然对书感到相当有兴趣。

由于宋美龄视力不很好，黎昌意事先把要说的话用大字写在几张纸上，宋美龄戴着眼镜看。事实上她的听力也不好，但她拒绝戴助听器，所以，讲话要大声一点。她说话时夹杂着英语和带上海腔的汉语。她不止一次问黎昌意：Are you happy? 并说"做人happy最重要"。

黎昌意与宋美龄边吃乳酪蛋糕边聊了一个半小时。他说宋美龄仍非常关心台湾，但很少谈政治，大多是闲话家常，她关心黎的家人和孩子的近况。

子嗣凋零

岁末，家家户户都在做着庆圣诞、迎新年的准备，有关蒋氏家族的消息又接踵而来，宋美龄最心爱的孙子蒋孝勇在台北病逝。几年光景，蒋家已是"一门五寡"了。

1996年12月22日晚上8点15分，蒋孝勇在台北去世，享年49岁。继蒋孝文和蒋孝武之后，他是蒋介石第三个英年早逝的孙子。

据台湾《中国时报》1996年12月23日的特写称：

蒋孝勇是一位坚强的病人，他的病故虽然是在预期之中，但是没有想到会这么快。他在生前因为知道自己的生命已经进入倒数计时的阶段，所以无论病痛有多么不舒服，都强忍着接受本报记者访问。他说，他希望在咽下最后一口气前，能为他一辈子沉默的母亲蒋方良留下只言片语。

重病在身的蒋孝勇因为有坚定的宗教信仰，所以并不害怕死亡。罹患癌症以后，化学治疗曾经给他相当的信心，通过今年的中国大陆之行，他才了解自己的病并不简单，而且生命只有几个月的时间了。他虽然一再表示不企求出现奇迹，但是求生的意志十分坚强，每次在记者访谈时，他都要数度休息吃药、吃点心以补充营养。

化学治疗让他感到十分不舒服，但是他思路清楚，声音洪亮，如果不是那消瘦的身子，很难从他的谈话中知道他是一个临终的病人。

他的一辈子充满了争议，临终前他还是不改这个个性。他不仅对蒋经国生前选择接班人的过程留下了"最后的声音"，也为他母亲一辈子的孤苦留下记录。如果有遗憾的话，应该是他十分坚定地反对国民党处理他的祖父和父亲的移灵事件，他担心死后别人自作主张为蒋家做决定，特别叮咛他的母亲这个案子由他全权做主，即使死后也交代了他的太太方智怡处理，不过他的祖母蒋宋美龄已经表达了意见，蒋孝勇也就不再坚持了。

自从罹患食道癌以来，蒋孝勇不忍见母亲蒋方良女士再一次白发人送黑发人，他一直不敢告诉母亲有关自己的病情。第一次开刀时，他还特别叮咛家人把报纸收起来，就是怕他母亲知道，但是在媒体不断报道下，不仅蒋孝勇自己天天看报纸怎么写他的病情，蒋方良也终于知道她仅存的这个儿子，生命已十分有限。在一次赴"荣总"探望儿子时，蒋方良问儿子怎么这么消瘦，说了饱含怜爱与心酸的话，母子两人忍不住泪眼相向。

其实，对于自己的病情，蒋孝勇了解得十分清楚。他赴祖国大陆求医，就是他在了解病情并不乐观的情况下的一趟求生之旅。可惜并没有成功。

早年蒋孝勇经常陪伴祖父母。

以前，圣诞节是蒋家最热闹的时刻。右起：蒋孝勇、蒋介石、蒋孝武。

那时候他的病况虽然不好，但表现得十分坚强。所以他曾经回浙江老家扫墓，本来还想去黄山代替他父亲蒋经国了一个心愿，因为他父亲跑遍了整个的中国大陆，就是没有去过黄山。遗憾的是他想代父亲完成的心愿也没有达成，因为当时他得知癌细胞已经蔓延到脑部，必须赶回去开刀治疗。

蒋孝勇在生病过程中，神志一直十分清楚，不论治疗有多痛苦他都很能配合，包括戒烟戒酒，原本不离手的烟酒也没有再碰过。虽然他在病榻前数度接受记者访问时，一再强调对病情并不企求奇迹出现，但是从每一次的谈话中，都不难了解，他坚强的求生意志，以及他还有很多事要做，包括其祖父与父亲迁葬的问题，明年为祖母100岁庆贺，陪他老迈孤独的母亲回故乡大陆和俄国走一趟，还有他年幼的儿子也需要照顾等等。

但是他知道这一切都因为自己的即将离开人世，而无法实现。所以在治疗过程中，不论有多不舒服，他还是数度往返中国台湾和美国两地，为自己和蒋家善后。他在病榻前接受记者专访时曾经表示，本来他担心母亲会为他的死伤心，所以他考虑留在美国，以免让她再度抚尸痛哭，但是想想母亲如果连他最后一面都见不到，岂不是更伤心，因此数度往返中国台湾和美国之后，这次回台他就是在等待最后一刻的来临。

蒋孝勇可以说是含着金汤匙出生的权贵子弟，他的一生充满了争议。对于自己一生的诸多争议，蒋孝勇曾经剖析说："年轻时都会闯一些祸，但是有时是被别人利用，有些是别人假借我的名义去做。"他对自己的过去坦然面对，一点也不回避。有一次他还把三个儿子叫到面前，交代他们好好念书，他说，"你们只要看到爸爸到这个年纪还要念书念得这么辛苦，就知道小时候念书的重要。"

即使已经褪去蒋家的光环，走出蒋家的阴影，但是随着政治环境的改变，蒋孝勇还是摆脱不了争议。为此，他特别交代三个儿子："你爸爸做错的事一堆，但是有一件事可以记得，就是没有人可以买你爸爸。"他要在是非与争议中建立儿子对父亲的信任，婉转地告诉儿子"别人荣华富贵是别人的事"，一语道破蒋家的兴盛与没落。

蒋孝勇临终前颇有所悟，当知道自己病情已不轻时，他找来亲近的朋友谈道："生命的长度在上苍，生命的宽度在自己。"

即使生命即将走到尽头，蒋孝勇在某些方面还是相当顽固地坚持己见。例如他对蒋介石、蒋经国迁葬一事和叔叔蒋纬国意见相左；他对同父异母兄弟章孝严的不谅解，甚至不惜公开撰文批评章孝严的"外交"政策与他父亲坚持的原则背道而驰。他说，对章孝严兄弟的事，在蒋家是他第一个与他们来往的，但是现在章孝严的从政表现，使他觉得双方已是桥归桥，路归路，没有什么好谈的。即使蒋家日趋没落，但是政治观点的歧义可以说仍然甚于亲情。

蒋孝勇逝世前最挂念的是自己母亲。蒋家的女人可以说个个都是坚强的女性，从宋美龄、蒋方良、徐乃锦、蔡惠媚到现在的方智怡，蒋家已一门五寡，但是她们都是蒋家男人的精神支柱。

蒋孝勇在病榻前有一次告诉记者，他身后有两个令他最放心不下的女人，一个是他孤寂的母亲蒋方良，一个是他最大的精神支柱太太方智怡。每一次提到他的母亲，他都不免潸然泪下，他不断告诉记者有关母亲的轶闻趣事，他希望在自己有一口气时，帮个性保守、辛苦一辈子却无怨无悔的母亲说点话，留点记录。至于他的太太，他说："我下一辈子还要娶她。"

临终前，他对朋友说，对于死"我看得很开，也能够接受命运，唯一放心不下的不是妻儿，而是我这80多岁多病的母亲，老人家怎么受得了，在八年里去了在俄国冰天雪地以柴房为家、做工维生相依为命的丈夫，和都在中年而去的孝文、孝武和我这三个孩子"。

蒋孝勇在圣诞、新年即将来临的日子里去世。可想而知，宋美龄该多么难过，因为蒋孝勇是她最喜欢的"孙子"，他是到纽约看望她次数最多的亲人。亲人们一个个离她而去，作为母亲和祖母她一次次为儿、孙们送葬，这对一位年近百岁的老人来讲确实是太残酷了一些。可是对这种事情，上帝也是无可奈何、爱莫能助的！

百年华诞

宋美龄生于1897年农历二月十二日，公历1997年3月20日是她的百年华诞。为此，国民党早在年初就开始为宋美龄的大喜日子筹办祝寿活动。

随着日期的临近，经过不断的规划、研究、沟通、协调，终于确定了为宋美龄庆祝生日的活动项目：

1. 由国民党中央筹组祝寿代表团专程至纽约向宋美龄祝寿；

2. 在"纽约华夏文化中心"（即国民党驻纽约组织办公室）设置寿堂，供国民党党员及侨胞前来行礼祝寿；

3. 举办祝寿餐会。

在台湾，中国国民党中央党史委员会为彰显宋美龄各方面的"卓越贡献和懿行德范"，特于2月27日在台北市阳明山的阳明书屋（原蒋介石的阳明山官邸）举办了"庆祝蒋夫人期颐嵩寿座谈会"。由国民党副主席俞国华主持，特邀了国民党的元老、追随蒋介石夫妇的侍从人员、亲友、旧属以及对宋美龄个人经历多有研究的学者、专家等各有关方面32人，对宋美龄的百年华诞表示祝贺，同时以座谈的方式对宋美龄进行了评价和颂扬。参加座谈会的有：郝柏村、蒋纬国、秦孝仪、辜严倬云、周宏涛、熊丸、曹圣芬、唐振楚、楚崧秋、孙义宣、蒋孝肃、赵筱梅、李钟桂、邵梦兰、林建业、潘振球、李云汉、石之瑜、夏功权、夏黄新平、文立徽、胡忻、胡章蕴文、孔令

蔡孟坚拜寿后与宋美龄合影。

晟、邹坚、陈宗璀、钱义芳、魏小蒙、陈在俊、黄昭顺、陈鹏仁、乔宝泰、楼文渊等。他们在座谈会上各抒己见，以自己的亲身体会从各个角度概述了宋美龄在"爱国"、"复兴民族"及各项建设上的贡献以及她的懿德风范。

李登辉也参加了"妇联会"在台北举行的庆祝宋美龄女士百龄寿诞茶会，并作了题为《蒋夫人无私奉献，爱心无远弗届》的致词。

在美国的曼哈顿，由于前来祝寿的人太多，宋美龄私邸主持日常事务的主管安排每日分别接见二人（或二组），为期一周。

3月14日下午，首次受到接见的贺寿来宾是前台湾当局"驻日代表"蔡孟坚。他与蒋介石关系已有六十余年。他为宋美龄送来了一幅著名画家欧豪年所绘的寿桃图作为寿礼。宋美龄按时下楼，见到老朋友兴致极好。一会儿用中文，一会儿用英语，不断发问。当她看到寿桃图时，手指寿桃说："欧豪年确是名画家，经国在世时常买他的画赠我。"随后她将自己在台湾时亲绘的山水、花卉画册各一本回赠蔡孟坚。

台北市华兴中学及育幼院，是由宋美龄亲手创办的。他们组成师生代表团前往纽约祝寿。3月15日上午，数百位在校及退休或毕业师生齐聚一堂，

抗战时期，俞国华（右一）曾随蒋氏夫妇访问印度。

727

向这位创校"母亲"表达敬意。

学生们高声朗读他们自己编写的宋美龄华诞颂词："敬爱的夫人，您用无比的仁心、无比的爱心看顾我们，您是慈祥的母亲……我们满心欢喜，愿上帝保佑您永远健康快乐，祝福您福比东海深、寿比南山高。"

率团前来祝寿的华兴中学校长茅钟琪说：蒋夫人虽然旅居美国多年，但是对于华兴师生的关心从未间断，特别提醒校方，在此经济、科技发达的时代，更不要忽略学生在传统文化方面的学习。宋美龄重视毛笔字的练习，因此，所有学生以毛笔书写各式各样的"寿"字为夫人祝寿，有的是龙飞凤舞的寿字，更有学生精心以上百个小楷寿字排列组成大"寿"字作为贺寿礼物。

3月18日下午，台北华兴中小学师生、校友代表41人，在校长茅钟琪、前校长林建业两人率领之下，再次到宋美龄的寓所拜寿。代表中，有学生、有教职员还有退休教师及毕业校友。最小的三年级，最大的五十多岁。

宋美龄身穿深蓝底儿带点的旗袍，并披上了一条蓝色披肩，由楼上房间走下客厅。华兴的代表们都热烈鼓掌，高叫"夫人好！夫人好"。宋美龄和华兴代表们一一握手。林建业说："这一次41位代表来拜寿，不但是祝贺，也带着感恩的心。"宋美龄向大家说："不管你们年龄多大，在我眼中，都是孩子。"

在一个小时的拜寿会晤中，宋美龄十分愉悦地谈她当年创办华兴的情形。她说：当年是基于基督的爱，而创办华兴。她向大家说："我永远爱你们。"学生们也回应说："夫人，我们也永远爱您。"

3月18日下午的第二拨拜寿人马，同样来自台湾。中国国民党祝寿代表团在团长俞国华（时任国民党副主席）的率领下，前往宋美龄寓所进行拜寿。这个代表团，台北部分除了团长俞国华外，包括国民党中评会主席团主席沈昌焕及夫人、"中央常务委员"郭婉容、副秘书长钟荣吉、"妇工会"主任黄昭顺、"中央委员"蔡铃兰、"海工会"专门委员郑志诚等，另外再加上在美国东部地区的两位"中央评议委员"马克任与李达平及两位"中央委员"胡志强与巫和怡，一共由12名成员组成。

在此之前，宋美龄首先接见了台湾当局"驻美代表"胡志强夫妇及驻纽约"台北经济文化办事处"处长吴子丹夫妇，胡志强代表李登辉、连战向宋美龄拜寿，并呈献了贺函与礼物。

3点10分左右赴美祝寿团代表国民党主席李登辉及全党向宋美龄行礼祝寿，俞国华并当面呈上李登辉的贺函以及由欧豪年教授所绘的"山高水长"国画贺礼，宋美龄显得十分高兴，并一再表示谢意。

由于宋美龄与代表团许多团员都有长达五六十年的交情，所以在接见代表团的整个过程中充满了幽默的对话与亲切的交谈，宋美龄富于情感的表达，使在座的人都感到百岁老人宋美龄的精神健康较往年为好。

当天晚上，国民党及纽约侨界共同主办了祝寿餐会，参加的侨胞人数近八百人。餐会上，俞国华先代表国民党主席李登辉与国民党向侨胞致意问好，接着代表宋美龄感谢在座各位的盛情，同时也向在场侨胞详细地说明了代表团向宋美龄拜寿的过程。代表团成员沈昌焕以其追随宋美龄超过50年的时间与经历，以"我所知道的蒋夫人"为题，用风趣幽默的口吻向在场侨胞简明扼要地述说有关宋美龄的一些生活故事。最后，全场高唱《生日快乐歌》，代表团成员与"中华公所"陈炳基主席等一起合切预先准备好的十层巨型蛋糕向宋美龄祝寿。

3月19日晚上，在宋美龄的外甥女婿黄雄盛、孔令仪夫妇的曼哈顿寓所内有一场为她祝寿的家庭聚会。这也是近几年来蒋、宋、孔三家亲戚最大规模的一次聚会。参加者除了宋美龄的至亲外，她的几位至交好友如国民党祝寿团成员俞国华、中评委沈昌焕夫妇等亦应邀参加。

3月20日中午，祝寿活动达到高潮，五十多位宋美龄的至亲、故旧，包括国民党祝寿团成员俞国华、沈昌焕夫妇等人齐聚于宋美龄的寓所，以做感恩礼拜、唱诗、读经、祈祷的方式欢度宋美龄百岁华诞。周联华牧师主持了感恩礼拜。宋美龄神情愉悦地对大家说："不要只为我祝福，更要为我们的国家、人民多祷告，祈求上帝赐福。"这次聚会历时约两小时。

晚上，由宋美龄的外甥女孔令仪夫妇代表她在曼哈顿万寿宫餐厅设宴，答谢向宋美龄拜寿的团体与个人，孔令仪代表宋美龄赠送每位参加者一本宋美龄的画册作为留念。

这场祝寿经过周密的设计、协调和联系，终于圆满地结束了，结果当然令宋美龄十分满意。

宋美龄庆百岁庆祝活动刚刚过去半年，蒋家门里又传出坏消息。1997年9月1日，蒋纬国因肺炎并发急性呼吸性衰竭，被送进了加护病房。不久又发现白血球数目及黄疸指数急速升高，败血症感染严重，医生用高氧和呼吸器治疗，但延至22日午夜11点半，终于在昏迷中病逝。到宋美龄百岁之时，蒋家已是一门六寡。

美国的"士林官邸"

1998年12月12日，台湾《中央日报》驻纽约特派记者阮玟芬发出专电："蒋夫人宋美龄女士在纽约长岛蝗虫谷的故居今（十二）日正式对外开放，豪宅内包括蒋夫人卧室内的寝具和家具古董，将在明年元月（1999年1月2日、3日）公开拍卖。"该报还以"蒋夫人长岛故居，惊叹豪门风华"大字标题，诉说这栋深具传奇色彩的豪宅85年的历史。

1998年12月13日，一向幽静恬寂的长岛蝗虫谷小镇，突然热闹非凡，涌来的数百名华人都想一睹宋美龄在美国的"士林官邸"，一时间，川流不息的车队，惊扰了小镇上的白人居民，他们向镇长、警察局告状，警局出动大批警员维持秩

豪宅拍卖后对外开放，这是宋美龄的卧室。

序，甚至封闭高速路口，并请华人代写中文警告牌："同胞们，路已封，请回吧！"据说，这是开镇三百多年来前所未有的"盛况"。

位于美国纽约长岛蝗虫谷的宋美龄故居，是一幢三层楼建筑的豪宅，这栋占地37英亩的大型庄院，已有85年的历史。大宅内楼房，绿顶白墙的外观为意大利风格，而内部保留的大部分家具洋溢着浓厚的14世纪法国风味，兼具富丽堂皇和古典雅丽，屋内拍卖的物品有在中国历史上举足轻重的画照、宋美龄一帧大幅玉照、孔祥熙和前国民政府主席林森画像等；连接大厅和餐厅的一楼长廊中，两个长形橱柜，有象牙饰品和陶器，以及镶有中国国民党中央委员会的徽章，厨房、餐厅和书房内各有价值上万美元的意大利和法国的画作，其中一幅底价逾1500万美元，是宅内标价最高的物品。

蝗虫谷故居原为孔祥熙家族产业，1949年孔家购自一个纽约富商，宋蔼龄和孔祥熙、孔令伟均在这里度过数十年的旅美岁月。随着宋美龄迁往目前居住的曼哈顿东上城高级公寓，孔家因无力照顾闲置的豪宅，委托普天寿房地产公司以超低市价不到300万美元出售，而据了解，买主将以650万元脱手，转手之间赚进超过300万美元。

买主史地门（STATEMAN）集团负责人史地门表示，在买下这栋豪宅时，已言明接收屋内所有留下的家具，有大部分物品原先打包存放在储藏室中，经过重新整理，共有600多件家具、古董、器皿准备拍卖，并授权布莱思威尔（BRASWEL）艺廊处理拍卖事宜，一连三天开放参观，第二年元月3日（指1999年1月3日），于康乃狄克州该艺廊内举办"蒋介石夫人物品拍卖展"，对无法出售的物品将全数捐给中华儿童社区。

负责拍卖的艺廊主持人布莱思威尔表示，据估计当天下午预览会共吸引逾400名华侨与熟知中国历史的美国民众前来参观，每人25美元的门票收入，将全数捐给当地社区及慈善机构。展示的物品对了解中国近代史的华人特别深具意义，民众也有机会第一次走入孔宋大宅，亲眼看见宋美龄闺房寝室和法式风格气派的大厅。

宋美龄这所豪门巨宅出售的消息引起了不小的轰动。正式对外开放后，这所豪宅使许多前往参观的人感受到宋美龄当年生活的奢华。

102岁的宋美龄，于1999年9月21日得知南投县发生大地震，且受灾惨重的消息后，很快就捐助新台币一亿元，以表示她对受灾同胞的关怀之情。

跨过新千年

宋美龄在千禧年之首又为画坛增添首件盛事。这位寿跨三个世纪的传奇人物，在国画方面确实有相当高的造诣。但是其作品真迹，外界罕有流传。

2000年1月1日，年近103岁的宋美龄在纽约举办了个人画展，把她自己珍藏多年的画作，展现于爱好艺术的中外人士面前。宋美龄坐着轮椅亲自出席了开幕式。她的这些国画精品后来又在西海岸的旧金山再次展出。

宋美龄从50岁起拜名师黄君璧学画，已有不少佳作问世。据说，在台北时张大千也曾夸她很有长进，画山水花鸟都有自己的特色。这次画展既是她心爱佳作的集中展示，又是今后封笔不再作画而画上圆满句号的象征。

进入21世纪，宋美龄仍然是人们关注的重要人物。元旦的上午，照料她生活起居的护士告诉她当天是2001年新年时，宋美龄那浓缩世纪风云的脸就绽开了舒心的笑靥，并回答说："对，对，我没有忘却元旦。"因她清醒记得去年元旦时，纽约《世界日报》为她举办了有意义的个人画展。

2001年3月20日，在宋美龄104岁华诞之际，台湾的民间团体——"中华四海同心会"特为她在台湾举办寿宴，为她祈祷，也为她祝福，并发行纪念特刊，刊物中收集了若干篇纪念回忆文章，并刊登了不少政界名人祝贺宋美龄华诞的亲笔题词。

她为跨越三个世纪而欣慰，回忆中流露出喜悦的心情。2001年元旦又逢跨入21世纪的第一年，依稀记得自己在清朝后期出生，至今已成为生命跨越三个世纪的幸运老人，她那微红的双颊露出笑容。尽管她行动不便，但看上去她的面容要比其百岁出头的实际年龄年轻些，牙齿也只补了四颗，头发没有全白且长到腰际。老态未发展到完全龙钟，往年那种雍容气质并未丧尽。这是她长期注重自身保养，遇事不烦躁的结果。难怪美国化妆美容师们也说，百岁老人还保持如今那样不太难看的面容难得，每年要为她作几次美容，算是在她尊贵的仪容上，为垂暮老人作免费宣传。

自1975年蒋介石病故而由蒋经国接管"台湾权力"后，她对其推行的"改革"政策颇感惆怅，总感到越变越不顺眼，越变越没有秩序，越缺少蒋介石在世时的那种伦理水准，心底总是不那么自在。为此，她毫不犹豫地借故养病，长住美国，以回避这个看不顺眼的环境。

早先住在姐姐宋蔼龄购置的长岛一幢小别墅里，九年后搬至外甥孔令侃在曼哈顿为她特地购买的一套大公寓里。虽然住在高高的九层楼里，不及原台北士林官邸那样舒适，但屋临东河，临窗眺望，视野广阔而一览无遗；旁有一座中央公园，空气新鲜，可以坐着轮椅自由环游，在碧草绿树中寻找一份自然野趣，这让她十分开心。

与宋美龄关系最密切的外甥是孔令侃。早在南京和台北时，不论宋美龄有什么大的外交活动，总少不了孔令侃在幕后帮忙助阵。当年宋美龄到美国国会演讲，其英语稿就经过孔令侃的润色。到美国这几年，孔令侃为她改善居住条件而不惜花费重金购买这套大公寓。

孔令仪也是在纽约时与宋美龄来往最多的。宋美龄到美国居住后，孔令仪一次又一次来看望和陪伴她，有时与她谈天说地，有时陪她到户外散步，十分亲近。

正是外甥、外甥女们对她的孝顺和悉心照料，安慰她那形单影只的心灵，化解了心中的种种郁结。

总体上说，虽然宋美龄早不怎么看重"台湾"的政事，但由于一批"老臣"尚且健在，他们竭力说服"台湾当局"继续关心宋美龄侨居美国的生活。所以，才由台北"荣民"医院派出四名得力护士照料宋美龄的生活，每日轮流，做饭、洗衣、药疗、陪伴全部负责；同时派出以一名中校为首的保安组，负责其寓所的警卫任务，即使外出散步，也有警员紧跟在后。因此，百岁老人宋美龄的日常生活虽然不免孤独，却无后顾之忧。

生活在新的世纪，宋美龄不能不产生寂寞之感。孔令侃、孔令伟、孔令杰三个至亲的外甥都没有跨过新世纪，而蒋家第三代的蒋孝文、蒋孝武、蒋孝勇以及庶出的章孝慈，也未能延寿，因此，前来看望和照料她的亲人大为减少。目前唯一尚存的外甥女孔令仪也因自己年纪大而精力所限，来看望她的次数不及过去多了。过去常去看望她的一些美国故旧，不少也已"黄鹤东去"。以往出入门庭的常客已不多见。

生活在这样的境遇里，宋美龄却并不是无所事事的。她每天生活极有规律。散步、看报、读《圣经》是她生活的主要内容。只要不刮风下雨，她总要在护士和保安人员的陪伴下，坐轮椅到寓所边的东河岸或中央公园走走，呼吸新鲜空气，接受大自然的恩赐。有时甚至不让护士推车，自己双手用力缓缓向前推，借以锻炼衰老的身体。

如今中文已有些陌生，宋美龄每日戴老花眼镜看的是《纽约时报》等几份当地英文报纸。1月底，她就从报上看到美国新总统小布什上任的新闻，认为此人的相貌与其父十分相似。印度发生大地震死伤几万人，令她十分惊讶。

宋美龄曾紧绷神经地对人说过：台湾世事变幻的日历已很厚很厚，翻得最多的是正义与邪恶、正直与虚伪那几页。她说，那个李登辉，当年是在宋楚瑜向她说了一些好话后，才被同意推举到国民党代"主席"的位置。可是，他在手握大权后，培植亲信，排斥异己，清除蒋介石旧部力量，让人一年又一年惊魂，当年上台之初拜会她时那种毕恭毕敬的样子已全然不见，以后又不断发表"两国论"，公然主张分裂国家，把两岸关系推到中国人难以忍受的警戒线。她认为李登辉会唱政治戏，十分虚伪，不能相容。

2000年，台湾"总统"大选国民党形势吃紧。国民党中评委有人请她出面支持连战。秦孝仪执笔代她起草了一封信，经她过目，发往台湾。想不到她的支持并没有发挥太大作用，最终结果仍是民进党的陈水扁上台，令她十分不安。

不过宋美龄还是很忠于国民党的，2001年9月国民党罢免了李登辉的职务，重新登记党员。她按规定交了两张照片和一万元新台币党费，亲笔签字支持绝不参加其他政党的党员规约，完成了重新登记手续，成为国民党的终身党员。

　蒋氏夫妇野炊的情景

第二十二章

复杂的亲情

宋庆龄病重之时，由廖承志代笔给宋美龄写了一封信，希望宋美龄能回祖国大陆姐妹相见，如果不成也希望把在宋美龄处保存的孙中山的遗物还给她。宋美龄传来了一句话说，信收到了。

宋美龄曾打电话给宋子文说："你关照他们（指戴笠）一下，不准在阿姐那里胡来，如果我听到有什么的，我是决不答应的。"

就在宋子文葬礼的前一天，中国政府通知美方，由于包租不到专机，宋庆龄副主席不能应邀赴美参加葬礼了。宋美龄唯恐是"政治圈套"，索性飞回台湾。就连在美国的宋蔼龄也仍然犹豫不决，为了等她的到来，宋子文的葬礼只好改在下午进行。尼克松为之瞠目。据说，他只说了一句话："我真不理解你们中国人。"

宋美龄一生没有自己的亲子嗣，膝下却也儿女成群，其中最为她所溺爱的是其干女儿孔二小姐。

晚年的宋美龄可以说是不断地泪洒黄泉路，亲人一个接着一个地去世，宋美龄也一次又一次遭受着重大的打击。也许，这是她晚年最大的不幸、悲哀与无奈了。

姐妹情深

在宋氏子女中，三姐妹似乎比兄弟们更为显赫、辉煌，她们个个都在中国政治舞台乃至世界政治舞台上直接或间接扮演过重要角色。但姐妹三人的角色又各具特色，用民间流传的俗语来概括就是：大姐蔼龄爱钱；二姐庆龄爱国；小妹美龄爱权。以中国人的"富贵"标准来衡量，三姐妹中，大姐宋蔼龄最"富"，小妹宋美龄最"贵"，被称为国母的二姐宋庆龄却是既不富也不贵，因为她除了刚与国父孙中山结合那几年，享受到了一点人生的温暖外，一直颠沛坎坷，但奉行三民主义的精神却至死不渝。直到新中国成立，宋庆龄才有了安详的晚年。她的一生既没拥有如宋蔼龄那样的财富，也未享受过如宋美龄那般的权力和殊荣，但她却以坚持爱国主义的高尚人格为国人所称道。由于政见不同，1949年后三姐妹天各一方，宋庆龄直到1981年去世，也未能与姐妹们再见上一面，是她不近人情吗?

台湾作家是这样评价宋庆龄的:

接近宋庆龄的亲友都了解,在政治问题上,宋庆龄历来有着十分坚定的
原则性,但"宋庆龄很重视跟她亲属之间的感情"。她的一位亲戚说:"可以
说,二表姐跟她的兄弟姐妹的感情很好。即使后来政见不同,但私人感情并没
有破裂过。"

"文革"期间的一天,宋庆龄跟秘书张珏在寓所内的湖边散步。她问张
珏:"你有兄弟姐妹吗?"张珏说:"三兄弟三姐妹。"宋庆龄感慨万端地
说:"我跟你一样,也是三兄弟三姐妹。"说毕,她若有所思,眼睛凝望着远
方。她曾向美国亲友打听孔祥熙一家的消息,得到的答复都说不知道,使她
十分怅惘。20世纪50年代以后,只要有海外熟悉宋子安的友人来访,宋庆龄总
要详细打听这位幼弟的境况。她还请中国银行香港分行经理郑铁如捎带口信,
说:"二姐非常相信他,希望在有生之年能跟他见一次面。"然而,尽管长期从商的宋子安并未直接卷入政治,姐弟聚首京华的愿望始终未能实现。当宋子安去世的噩耗传来,性格刚毅的宋庆龄流泪了。怀着万分遗憾的心情,她亲拟唁电,让秘书打字后拍发给宋子安的家属。她还给上海的亲戚写信,详细询问宋子安的死。(李达编著《宋美龄与台湾》,第151页)

孙中山去世时,宋庆龄还这样年轻。

与宋庆龄有着长期交往的

经历，又是宋庆龄最信赖的朋友伊斯雷尔·爱泼斯坦是这样介绍宋庆龄与她的亲属亲情的：

她从来不允许因为这种亲属的感情而放弃自己的原则立场，但除此之外，她是很重亲情的，并且只要有利于历史进步，她也会发挥这种亲属关系的作用。

1979年，宋庆龄在给理查德·杨的信中打听她在美国的亲属，因为杨同他们是很熟的："你有没有见过戴维（指孔令侃），同他谈过话？我所有亲属的地址我都没有。最近听上海的一个老朋友谈起，子安（她最喜欢的小弟弟、已故）的妻子婷婷（胡其瑛）嫁给了一个埃及人！大约六七年前，我亲爱的小弟弟在中国香港突然去世之后，她就到美国斯坦福大学去念书了，他们有两个儿子，但我从来没有见过他们，因为子安是战时在美国结婚的。"（伊斯雷尔·爱泼斯坦著《宋庆龄》，第656页）

其后不久，她就同子安的遗孀婷婷联系上了：

"婷婷终于把子安的照片寄给我了。我真难以相信他已经离开了我们！他是我的多好的弟弟，他从不伤害任何人。对他的猝然去世，我止不住掉泪。"（同上，第666页）

在宋庆龄逝世前三个月，廖承志给她来了一封信。他在信中告诉宋庆龄"来自可靠的人"，"从您的亲戚和妹妹（指宋美龄）那里得到"的消息。信上说："有趣的是知道你妹妹是怎样看您的。而我相信这并不是不可想象的。不仅如此，在一个美国人——里根的信使，和一个中国人到过北京后，她表露了她的感情，而这种感情，我相信，要比家庭感情的含义更多些。""更有趣的是，大卫·金把您妹妹的地址和电话告诉了我们。如果没有弄错的话，我想大卫是为您而这样做的。"（同上）

据邹韬奋夫人沈粹缜（曾任中国福利会秘书长，在宋庆龄最后那些日子里一直陪伴着她）的回忆，宋庆龄确实渴望宋美龄北京之行能够实现，既是为了私情，也是为了此行的政治意义。沈粹缜说："宋庆龄有一个未能实现的愿望，她很思念美龄。她告诉我，如果美龄来了，觉得住在她家里不方便，可以安排她住到钓鱼台（国宾馆）去。她把许多细节都想到了。现在她已经故去了，但我还是要把话传给宋美龄：她姐姐思念她，甚至于想到她可以在哪儿住。我愿意亲自到

台湾去传这个口讯。"（同上）

1980年，与美国总统一同访华的陈香梅女士回忆说，她在访问中国大陆时曾为宋庆龄给宋美龄捎过一封信，当时宋庆龄已病重，由廖承志代笔，她签了名。信的主要内容是自己重病在身，希望宋美龄能回大陆在有生之年姐妹相见，如果不成也希望把在宋美龄处保存的孙中山的遗物还给她。陈香梅等了许久，宋美龄传来了一句话说，信收到了。

宋庆龄想念的小弟弟宋子安结婚时的照片。

1981年年初，宋庆龄在这个世界上的日子已经不多了，她却仍然关心着远在海外的弟、妹、亲友。据悉，在宋庆龄病危之时，有关部门为了给她们姐妹相见创造条件，曾邀请过客居美国的宋美龄回国，但为宋美龄峻拒。以至于在二姐临终前，姐妹俩未能见上最后一面。

宋庆龄去世后，治丧委员会向在台湾和海外的宋庆龄亲属和友好发出邀请，欢迎他们前来参加丧礼。亲属中包括蒋介石夫人宋美龄、孙科夫人、宋子良夫人、宋子安夫人、蒋经国、蒋纬国以及宋蔼龄和孔祥熙的子女们等。治丧委员会还通知，台湾"中华航空公司"的专机可在北京及上海降落，一切费用由该会负担。

又一次接到了赴大陆参加二姐葬礼的邀请函的宋美龄，为了维护台湾当局所定的海峡两岸实行"三不"的政策，仍没有作出任何反应，自然也没有成此行，这是怎样的一幕为政见不同而牺牲亲情的人间悲剧啊！

据说，北京这些电报特别是邀请宋美龄参加葬礼的电报发出后，"蒋经国很恼火，又派人到美国去，又写信去，又如何如何，又通过孔令侃，怎么样怎么样"。（想必是要孔令侃阻止宋美龄回复）（同上）

宋美龄虽然一直没有作什么表示，但是中国香港《百姓》半月刊曾有报道：接近宋美龄的人士透露，1981年5月下旬，她在得知宋庆龄病危及逝世的消息时，曾多次流泪，并为二姐向上帝祷告。可见她对二姐仍然怀有深深的感情。

尽管宋氏三姐妹一直有政治上的分歧，但抗日战争时期，大敌当前，她们也曾有过一段手足情深的愉快时光。那段团圆的日子，毫无疑问已深深地留在她们的记忆中。

　　那是在抗战初期，宋美龄由于过度操劳和生活在多雾的重庆，并且连续数小时为她所办的培训班的女孩们讲课，使她感受到疾病的折磨。所以到1939年12月，她请来香港的塔尔伯特大夫赴重庆为她动了手术，但是到了翌年2月，手术并不十分成功，因此，宋美龄秘密到了香港，一方面是疗养，另一方面是看望两个姐姐。这样她们姐妹三人终于有了一次难得的团圆。

　　宋美龄在香港的六个星期里，她所住的沙逊街的房子里呈现出一片繁忙的景象。宋庆龄此时也离开了自己的住宅，搬了过来。在这些快活的日子里，三姐妹完全忘记了她们各自的公开身份，这是多年来她们第一次心安理得地摒除政治上的分歧，"统一战线"已在这所房子里形成。三姐妹亲密、和谐地一起闲聊，一起烹饪，一起开玩笑，并且一起谈着昔日家中的笑话。她们互相试穿衣服，宋美龄买了一条便裤，后来，她的两位姐姐也被劝告穿上这种服装，只不过姐姐们却坚持穿上长外套。

　　尽管宋美龄的赴港非常秘密，但却仍被日本情报人员所发现。当时日本报界

　　　　1938年，宋庆龄和保卫中国同盟中央委员会委员合影于香港。右一廖承志，左一爱泼斯坦，左三廖梦醒。

宣称：宋家正在逃离战争蹂躏的中国，以便到某中立国家去过和平的日子，他们自然已将所获得的不义之财兑换成了安全的外币。

最后，宋美龄决心带她两位姐姐一同回到抗战的大后方，其中最重要的含义在于如果三姐妹在首都重庆的大庭广众中露面，那么人们就不再会相信宋家分裂以及政府分裂的谣言了。姐姐们同意了宋美龄的这种安排。

宋蔼龄

在回大陆的准备期间，三姐妹一同出席了许多讨论会，其中一个惊人之举是：三人一起出现在香港饭店并在那里用餐。这个举动能够令人感到惊奇有两个原因，一是因为她们三人中任何一人从未在这种地方露过面；二是十年来人们从未见过她们团聚在一起。

当宋氏姐妹坐在香港饭店的舞厅里，看着香港的名流、英国的洋行经理和官员、风流的英国女郎以及一些中国的百万富翁偕夫人在吃喝、跳舞的时候，很快引起了轰动。消息传开，不一会儿舞厅里就热闹起来。当对对舞伴踏着舞步经过那张长桌时，他们的头转来转去，人人都伸长了脖子，一双双眼睛目不转睛地盯着她们。最后，人们终于相信了这个千真万确的事实——宋氏姐妹全都在一起。同时，人们也看见了新近康复的宋美龄容光焕发。一个新闻记者评论说：我相信她们两人会在那里，但想不到孙夫人也在那，她从来不和其他两人在一起，也从未和她们一起光临过这个英帝国的前哨所！

1940年4月1日，三姐妹悄然离开香港飞往重庆，她们乘坐的是一架中国民航公司第一流的"D.C—3"型飞机。几乎没有什么人看见启德机场这一忙忙碌碌的场面，三姐妹在秘密的气氛中离去，但到达时却受到公开的热烈欢迎。

为欢迎孔夫人宋蔼龄和孙夫人宋庆龄，在三姐妹访问重庆的第一天，蒋介石夫妇在草坪上举办了宴会，重庆所有显要的中外女士都应邀出席。一群特别

抗战时期的宋美龄

热情的年轻学生和妇女把宋庆龄团团围住。她们都是共产主义的同情者，而且绝大多数人从未见过宋庆龄，这次料想不到的机会使她们感到格外高兴。她们挥舞着题词簿和照相机，紧紧地拥在她的座位旁，以至于使她喘不过气来。在欢迎宋氏姐妹举办的野餐会上，女孩们呼叫鼓掌的嘈杂声越过三个住宅区，一直传到重庆饭店的门前。

当时，对二位夫人的欢迎非常狂热，以至于她们不得不订立了一条规矩：她们任何一人都不许接受私人的邀请，只有各个协会和委员会才特许招待她们。宋美龄在各种讨论会、晚会和招待会上，频频向人们介绍自己的姐姐们。宋美龄显然很喜欢她的姐姐们陪伴她。

三姐妹走遍了这座被围困的城市，访问了学校和医院，进行了参观并且走访了成都城。她们一起视察防空洞，看望孤儿。她们的活动被摄制成电影，她们的演讲被汇集成册，她们努力地工作着，快速旅行、参加欢迎庆祝会、参观学校以及无数的讲演，一直围绕着三姐妹，她们四处奔忙。由于日本人的轰炸，夜晚在月光下，她们经常从寝室里被唤起，沿着台阶走入防空洞。在洞中，她们秉烛商讨形势，一待就是几个小时。

在重庆逗留期间，宋氏三姐妹每个人都成了女学生所迷恋的对象，一张有典型意义的照片显示了这种情景：历经磨难的三姐妹坐在草坪上喝茶，周围的人挤得紧紧的，她们目不转睛地盯着她们，而且腼腆地说不出一句话。

三姐妹里最受民众瞩目的是二姐宋庆龄。

孙中山夫人宋庆龄给人以

1942年宋庆龄摄于重庆。

稳重的印象，多年来的实践养成了她的自制能力。她的个性是低调的，朴素无华的服装，十分简朴的房屋和深沉含蓄的性格。当她在公开场合进行演讲时，人们感觉她虽然十分柔弱，然而她讲出的话语却铿锵有力。

从香港到重庆和大后方各地，三姐妹一起度过了她们成年之后时间最长的一次欢乐相聚。她们一起为中国人民抗日战争而呐喊，为救助陷入苦难的人民而奔走。难得的共同经历暂时抑制了她们的政治分歧，更加深了她们的姐妹之情。

在重庆期间，宋美龄对二姐非常关照，她曾交代侍从室给宋庆龄安装一部对外不公开的电话，便于她们姐妹间的通话。

她们之间的通话，均由军话台接通，而且多数是由宋美龄先呼唤："接宋委员电话。"当时宋庆龄是国民党中央委员。每次通话时，都是宋美龄先开口说："阿姐么？"宋庆龄回答说："美龄吗？"

宋美龄用电话通话，一般系使用英语，不止与外国人通话是这样，即使对一些官员如董显光、吴国桢等，也一律使用英语。但她和宋庆龄之间，则用道道地地的上海话。她们两人的上海话，都讲得极为流利亲切，语气之间始终保持着热情。

两人通话的内容，不外乎两个方面：一是生活，对其饮食起居，问寒问暖无微不至。再就是拉家常。当时宋子良任滇缅路总办，宋子安也在昆明。她俩在通话中，谈及他们兄弟。在她们姐妹间的电话中，从未涉及其他方面。

抗战时期，是宋美龄和宋庆龄见面最频繁的时期之一。每次见面，大多是宋美龄去看望宋庆龄的，事先都要由宋美龄通过电话向宋庆龄联系，征得她的同意。个别时候也有约在范庄孔祥熙官邸会晤，那是因为大姐宋蔼龄同时也可以在一起见面。

当宋子良、宋子安到达重庆后，蒋介石曾和宋美龄商议说："我要子文、子良、子安他们邀请阿姐和大阿姐一起到黄山聚餐。"宋美龄说："让我先问问阿姐后再说。"旋即和宋庆龄通电话说："……这是我伲姐弟自家聚会，其他人没有呀……"宋庆龄听后犹豫了一下，说："不来喽，这两天我正犯病，身体很不适意……"宋美龄一听即说："那么我马上派医生来给看看。"宋庆龄说："不用了，我正在服药。"这次由蒋介石倡议的所谓"家宴"，宋庆龄就这样拒绝了。

宋美龄打给宋庆龄的电话，是经由长途军话台接转的，同时宋美龄也把长途军话台的秘密电话号码——"2080"告知了宋庆龄。"2080"电话，外界是不知道的，是长途军话台一个绝对保密电话，除充作蒋、宋等必要联系外，并充作中继线之用。宋庆龄每次打进"2080"时，即说："2080吗？接蒋夫人电话。"

此时的宋庆龄虽然有"国母"的称号，但她实际上处处受到牵制，甚至暗中遭到监视。宋庆龄对此毫无惧色，屡次在公共场所如中苏友好协会和沧白堂等处露面，都以坚持抗战、反对倒退，教育和激励广大人民。

有一次，宋美龄打电话给宋子文说："你关照他们（指戴笠）一下，不准在阿姐那里胡来，如果我听到有什么的话，我是决不答应的。"接线员们听到宋美龄很气愤，声音很高，语气非常尖厉。

军统特务曾遵照蒋介石意旨，计划对宋庆龄有所举动，而宋美龄对此则坚决反对。重庆时期担任军线接线员的王正元回忆说："一次我和一个中层特务——重庆航空检查所主任姚某闲谈，他说：'戴老板对此非常为难，很伤脑筋，照委员长意旨办嘛，夫人不答应，闹出乱子来，委员长还是拗不过夫人，大家都有所顾忌。我们底下人都知道，闹出乱子来吃罪不起。而且戴老板也深知夫人是不好惹的。'所以特务们一直有所畏惧，不敢胡来。"

在渝期间，宋美龄和宋庆龄通过经常性的电话往来保持着密切的联系，姐妹之间在电话中共话心曲家常，始终保持着姐妹间的感情。（参见王正元文，载《文史资料选辑》第93辑，第83页）

宋美龄的大草帽既实用，又美观。

在宋氏兄弟姐妹中，宋美龄与大姐宋蔼龄联系是最多的，也是感情最好的。对于宋蔼龄，宋美龄小时是模仿，长大以后是尊重。早在20世纪40年代初，名义上，"蒋委员长夫人地位要高于孔夫人"，但宋美龄仍以大姐之礼对待宋蔼龄，不仅因为大姐是蒋宋联姻的促成者，而且宋蔼龄的精明、能干也为小妹所佩服。在蒋介石侍从的日记中，时常可以看到，为了大姐，为了孔家，宋美龄与丈夫争吵、负气出走的记录。

由此，有人评论说：正是由于姐妹情深，大姐宋蔼龄又挟恩自重，得以利用小妹及妹夫蒋介石的权势，造就了丈夫孔祥熙，使之成为当时中国最富有的人并为其子女在美国的庞大财富打下了基础。在宋美龄的庇护下，孔家不仅成了中国的首富，而且还被西方人称为"宫廷派"，他们巧取豪夺，无所不贪。这正是姻亲误国的最好写照。

孔祥熙当上了国民党的高官，掌握着民国政府的财政大权，他未能使国家的财政金融步上正轨，但是却借工作之便和其皇亲国戚之利，成功地发展和维护了自身的经济利益。一直到新中国成立之前，孔家还是全中国最有钱的家族之一。

宋蔼龄的精明还表现在：在国民党政权行将在大陆覆灭之前，她早已有"先见之明"，将家族财产的大部分转移到海外，其中大部分在美国，少部分在中国香港、日本和欧洲等地。开始她把目光投向经营房地产业和股票，后来转投资到银行金融、旅游业。20世纪70年代前后，在她熏陶下的孔家儿女们在石油投资方面大收其利。他们大概不会不知道由于裙带关系，孔家能有今天是一直受惠于宋美龄的荫庇！

但是当年孔祥熙夫妇也并非是一帆风顺的。1947年，就是他们最倒霉的一年，孔祥熙在丑闻不断曝光的情形下，以"忽接家人自美来电，谓夫人染患恶疾，情况严重"为由，匆匆忙忙地离开了上海，飞往美国。从此以后，他一直与宋蔼龄在美国过着客居他乡的生活。

孔氏夫妇虽身居海外，但因姐妹情深，他们与蒋介石夫妇、与台湾各界的来往始终没有断线。1948年，宋美龄赴美为蒋乞援。由于在华盛顿受到冷遇，很快，她就住进了大姐家里。她与大姐、大姐夫大部分精力用于对美国朝野的游说活动，有时为了研究对策，他们又都集中在孔宅开会。

美国专栏作家德鲁·皮尔逊，对宋氏一家人在美的活动颇感兴趣。他称孔祥熙控制的中国银行是"院外援华集团的神经中枢"，认为孔祥熙对美国政治熟谙的程度不亚于他对中国财政的精通。在路易斯·约翰逊参加杜鲁门内阁以前很早，孔祥熙就选择约翰逊为他的私人律师。

后来，约翰逊当了国防部长，成为主张美国支持台湾最坚决的倡导者之一。孔祥熙还曾多次拜访新罕布什尔州参议员斯泰尔斯·布里奇兹，而这位参议员也一直积极敦促给台湾和蒋介石以援助。

1948年，布里奇兹竞选连任时，他的表上登记了纽约的阿尔弗雷德·科尔伯格的2000美元的竞选捐款。而科尔伯格是"院外援华集团"的前台人物，也是孔祥熙的朋友。意味深长的是，布里奇兹参议员不仅投票支持"院外援华集团"的政策，并就此发表演说，而且还为孔、宋王朝帮了一次大忙。1948年，布里奇兹指派前参议员沃思·克拉克为参议院拨款委员会的公正代表，到中国去提出关于国民党政府情况的"公正"报告。布里奇兹当时占有拨款委员会主席的重要职位。

然而，关于这次所谓的公正考察，人们有一点情况没认识到，这就是克拉克所处的地位使他很难做到公正。因为这位前参议员长期以来，一直是代表宋子文进行法律诉讼的律师事务所的成员。换言之，克拉克是"院外援华集团"花钱雇用的说客。另外，克拉克此行的部分费用是中国支付的，尽管他表面上是为美国参议院和美国纳税人进行工作，但他的屁股实际早已坐到了国民党一边。所以，回国后，克拉克极力建议增加对蒋介石的援助。

孔家还有一个为宋美龄忙碌的后人孔令杰，美国人说，孔令杰是这个家族中最忙碌的一员。在1950年尼克松竞选参议员期间，孔祥熙派这个小儿子去了洛杉矶，给这位参议员送去大笔的捐款和鼓励。他还劝说加利福尼亚州众多华人选民帮助选举尼克松。孔令杰的援助之手巩固了孔家与尼克松夫妇之间的交情。此后多年里，尼克松夫妇时常造访里弗达尔的孔府。

孔祥熙夫妇到美国后，主要由二子一女孔令侃、孔令伟、孔令杰出面在商场活动，从事石油、建筑、股票、期货、批发等业务。一

早年蒋介石与孔祥熙在一起。

直在南京政府内共管财政的宋子文和孔祥熙，虽同住在纽约，子孙间也有来往，可两人却是老死不相往来，从不见面。

1952年8月，当台湾驻美"大使馆"还未得到确切消息时，8月8日，广播中已播出，孔祥熙夫人宋蔼龄已赴檀香山迎接小妹宋美龄的到来。

10月17日，宋美龄又通过大姐夫传话给"大使馆"：她于18日到达纽约。顾维钧告诉孔祥熙已为宋美龄安排好了住所，而孔则毫不迟疑地说，蒋夫人还按惯例住到她的大姐家去。

12月初，顾维钧应宋美龄之约赶赴纽约，双方见面刚刚几分钟，宋蔼龄和孔祥熙就相继参与了这次谈话。当顾维钧提到：报纸上说孔祥熙可能要去台湾时，孔祥熙发作了，他说那都是谣言，他根本不想去。顾维钧认为这显然是因为台湾各报过去对他啧有烦言，对他这次台湾之行都表示反对之故。但是宋美龄却说她一直在劝他回台，1950年返台时就曾请他同行，她回台湾后又为孔祥熙返台作好了安排。

孔祥熙同台湾方面的联系基本上没有停止，来往于纽约的国民党要员一般都要到孔宅拜访，宋美龄每到美国也必到孔家。

1956年宋蔼龄回到台湾，念及手足情和其多年的效力，蒋氏夫妇盛情接待了她。

随着岁月的流逝，孔祥熙回台之心日切，多次对友人说："我是中国人，我死也要死到中国。"蒋介石没有忘记连襟兄，于1962年10月上旬亲自用长途电话邀请其返回台湾长住。1962年10月23日，以为75岁的蒋介石祝寿为名，82岁的孔祥熙飞抵台北。孔祥熙和二小姐、宋美龄的干女儿孔令伟在松山机场受到蒋介石、陈诚、蒋经国、蒋方良、张群、于右任等大员的迎接，国民党昔日党政大员中，孔祥熙受到欢迎的规格最高。蒋介石为这位国民党元老送了一个"中央评议委员"的虚衔。孔祥熙夫妇决定留居台湾，度过余生。

1966年，孔祥熙健康突然恶化，他又再度踏上美国的土地。1967年8月16日，已88岁高龄的孔祥熙忽感

抗战期间，宋美龄在重庆打电话。

不适，虽经全力抢救，但未能挡住上帝的召唤。

台北方面派出了由宋美龄、蒋纬国等五人组成的代表团参加葬礼，并带来蒋介石的"褒扬令"，蒋介石还专门写了《孔庸之先生事迹》，称："不愿其潜德幽光，湮没不彰，乃不能再避亲姻之私，而述其大略如此，世人当不以中正为有所偏私而加以辩解也，惟期对党国忠贞不贰之庸之先生在天之灵，有所慰藉云尔。"

孔祥熙死后，宋霭龄又活了六年，从此她再未回过台湾。1973年10月19日，宋霭龄已到弥留之际。此时，宋美龄才匆匆从台湾赶来，但没能赶上与大姐作最后的诀别。这在1975年宋美龄赴美就医辞中写得很清楚："近数年来，余迭遭家人丧故，先是姐丈庸之去世，子安弟、子文兄相继溘逝，前年霭龄大姐在美病笃，其时总统方感不适，致迟迟未行，迨赶往则姐已弥留，无从诀别，手足之情，无可补赎，遗憾良深。"（李达编著《宋美龄与台湾》，第170页）

宋美龄对于她的大姐以及其家人一贯是关怀备至的，无论是大陆时期，还是到了台湾。甚至面对这些亲人的丑行，她也是宁负国人不负家人的。

兄妹之情

由于宋家姐妹一系列独特的政治婚姻，她们的三个兄弟，特别是长兄宋子文自然在中国近代史上也占有了特殊的地位。新中国成立时，兄弟姐妹中唯有宋庆龄留在大陆担任了国家副主席，其他五人四散在海外。宋美龄因政治观点和家族利益则常与海外的手足们聚一聚。同时，也尽其所能，对兄姐们时有关照。

美国作家爱德加·斯诺对宋子文有一番评价，他说，宋子文的头脑是宋家最好的一个，他受过很好的训练，并拥有充分的现代银行知识。"二战"期间与宋子文接触最多的美国财政部长摩根也对宋子文的印象远比宋美龄为佳。

只可惜，他的妹夫蒋介石对他却没有这么高的评价。蒋介石说他"不讲道义"。（《台湾"中央研究院"近代研究所口述历史丛书》第23册，第87页）有人说，宋子文不得蒋介石的欢心，最大原因就在于宋子文的办事不讲情面、在财政开支上的"不通融"。这只是问题的一个方面，而更多的原因在于，宋子文在官场上为人处世太有棱角，甚至经常与蒋介石剧烈争吵，恶言相向。这样的关系怎么能长期共事呢？

1949年，宋子文夫妇流亡美国。当他6月9日抵达纽约时，有记者问他此次赴美的任务是什么，宋子文回答是当然为了私事。这位曾经在中国政坛叱咤风云的国民党要员为何落到流亡国外的地步？这要从两年前说起。

西安事变爆发前，蒋氏夫妇与孔祥熙合影。

1947年3月1日，宋子文被迫辞去"行政院长"的职务。3月4日，被免去"最高经济委员会委员长"；3月8日，被免去行政院绥靖区政务委员会主任委员；5月11日，被免去"中央、中国、交通、农民"四银行联合办事处理事会副主席。宋子文一连串华冠落地。但有人还在穷追不舍，痛打"落水狗"。7月29日，在CC系控制的国民党最高喉舌——《中央日报》上居然刊登了宋、孔两家族利用特权牟取暴利的详细事实。很显然，52岁的宋子文成了60岁的妹夫蒋介石的替罪羊，之所以曝光这些具体数字，就是要把老百姓对时局的不满集中到宋子文身上，以此来转嫁统治危机。于是，宋子文辗转到了美国。

宋子文辞职后，宋美龄着实有些过意不去，她曾向美国驻华大使表示，他们把我哥哥当做替罪羊了。但是为谁替罪，她却缄口不言。

宋美龄替哥哥说话并非仅此一次，老记者陆铿回忆1946年在庐山采访宋美龄时说："一次是记者团问起孔祥熙和宋子文既然身为国家负责官员，为何还拥有扬子公司和孚中公司，蒋夫人一听之下大怒，毫不客气地教训大家说：'你们知不知道西方的政治领袖很多都是出身商界的，做生意并不是坏事，中国人一听经商就好像犯了什么大错，这是传统的偏见。'说完这几句，不等记者回应就匆匆离开。当时大家出于礼貌，没有反驳，因为记者本身的职责是报道事实，而不是进行辩论。谁都知道，即使在美国这个资本主义商业社会里，一旦做了大官，必须脱离商界，顶多只能请求律师把股票托管起来，亦官亦商是不许可的。"

抗战时期，（左起）孔祥熙、宋蔼龄、蒋介石在一起。

1947年7月，南京《中央日报》揭露了孔祥熙、宋子文利用职权为扬子、孚中两公司套取国家外汇三亿多美金案，大大触怒了宋美龄。据说，她在这件事情上的愤怒远远超过蒋介石，她非常生气地喊来专机驾驶长衣复恩，乘坐"美龄号"飞往上海去了。很显然，这时宋美龄的立场是站到了亲情一边。

哥哥当然对小妹的关照也是非常领情的。尽管宋子文与妹夫有很深的矛盾，关键时刻还是要帮一把的。宋子文1949年的赴美，并不完全像他所说的是为私事，一个重要的目的就是乞求美国政府再为已经在垂死挣扎的蒋介石政权输血打气，他利用他在美国政界的关系，寄希望于大量美援能成为挽救败局的"回天之术"，如果从为亲属帮忙的角度上说，也可算是他为妹妹和妹夫办点"私事"吧。

顾维钧的回忆录中对宋子文在美活动有如下的记载：

1949年6月11日，宋子文在约见顾维钧时说：委员长本不想让他离开中国，但他到这里是以一个公民的身份来尽自己的力量。中国的局势已经十分危急，他感到国家兴亡匹夫有责。（《顾维钧回忆录》第7卷，第132页）

宋子文在这里所指的"国家"概念，完全是指在中国大陆行将就木的国民党政权。为了这个政权，这位"国舅"不惜硬着头皮，找昔日的"朋友"乞求援助来了。

1949年8月，宋子文在小妹宋美龄的授意下，草拟一份"援华备忘录"。他的计划是"争取美国提供两亿美元，其中包括经济合作署中国专款结存的约8500万美元，国

蒋介石、孔祥熙、宋美龄都已到了拄杖而行的年纪。

会批准的对整个中国地带军事援助款7500万美元，以及向美国政府预支并以中国的锡、钨、锑和猪鬃等战略物资偿还的4000万美元。总数额分五个月使用，每月用于轻武器1000万美元，用于军饷3000万美元"。（同上，第134页）

乐呵呵的孔祥熙

对于内容如此具体的计划，顾维钧认为要美方予以认可会有很大困难，特别是把大部分款项用于军饷，会遭到美方的激烈反对。但是宋子文为了蒋介石政权的前途也顾不上那么多了，他说："没办法，我们现在只得把死马当做活马医了。"（同上，第136页）

这时的宋子文依然活跃在美国朝野，经常与相关人士聚会，讨论如何"力挽狂澜、拯救国府"；如何再组飞虎队协助国民党军队；如何促使美国加强援华；如何筹组一个留美学者组成的新内阁，他甚至还提出"新内阁"以胡适来领导的设想。

由此可见，宋子文在他政治生涯的最后岁月，为了小妹和妹夫的"事业"真可谓是不计前嫌，鞠躬尽瘁了。

在宋子文夫妇赴美之前，他的大姐、大姐夫和小妹都曾先后飞往美国。大姐一家人在国内利用特权，中饱私囊，为所欲为，声名狼藉，所以躲到美国后，很少公开出面。只有小妹宋美龄自1948年11月赴美后，在华府上下、内外，奔走呼吁，孤军奋战，乞求美援。但是，在许多官方场合，杜鲁门总统不给她一点面子，宋美龄时常处于十分尴尬的境地。

宋子文的到来，无疑是给一筹莫展的宋美龄送来了一份精神安慰，兄妹俩可以携起手来，利用他们在美的一切社会关系，开始新的一轮公关。

宋子文先是同顾维钧商议，请陈纳德组织一支空军志愿队，乞求美国派一个正规军事代表团，在军事方面来帮助国民党挽救败局。

有了宋子文的支持，顾维钧马上同陈纳德讨论了中国的军事形势。陈纳德当即表示，只要有他的"空军志愿队"，国民党军队在湖南衡阳地区很容易防御。

由于蒋介石派出代表在美国国会议员中进行了大量串连活动以求尽快得到

1942年6月2日，宋子文在美国华盛顿签署租借法案后，手持法案留影。

美援，造成了各方代表提交的美援方案互不一致，而使美国国会中蒋介石的支持者们感到无所适从，他们希望得到一份统一的计划。为此，宋子文准备在纽约的蒋廷黻家中召开会议讨论协调各项援助计划。很快，他把此消息通知了宋美龄，宋美龄欣然同意召开这样一个协调会议。

此后，宋子文曾多次求见美国出席联合国大会代表团成员杜勒斯，请求美国派出一个军事代表团。1949年8月，杜勒斯向宋子文表示，赞成宋的想法，即提供两亿美元的借款和向中国派出一个军事代表团，同时又问宋子文下一步的打算。由此，宋子文似乎看到了一线希望。

但是，无论宋子文如何竭尽全力为妹夫效劳，中国人民解放战争胜利的大局已定。

4月下旬，中国人民解放军百万雄师过长江，解放了国民党的统治中心南京；

5月中旬，解放了华中重镇武汉；

5月下旬，解放了中国最大的工业城市上海；

8月上旬，解放军占领了长沙；

9月至10月，从衡阳到广州，几十座城市相继解放。

目睹国民党军队的节节败退，宋子文也感到，无论他的"陈纳德计划"，还是"军事代表团方案"，都已无法挽回蒋介石在中国大陆的败局。宋子文只有另辟蹊径，另起炉灶了。

宋子文来到美国，一方面与小妹宋美龄联手乞援，一方面又开始谋划另一个"救国方案"。他明确向顾维钧表示："赞成一个由归国的留美学者组成的自由主义内阁的人选。"（同上）

之后，宋子文就如何挽救残局同国民党驻美国一些官员进行多次磋商，也同他所接触到的美国朝野的官员、人士多次交换意见。很快，刚到美国一个多月，宋子文就与一些人有了共识："组织一个其成员主要是美国熟悉的留美学者同时又掌握实权的内阁，是挽救国家的唯一的出路。"（同上）他们认为，只有这样才有把握使国民党取得全面的美援和合作扭转局面，而且还天真地提出什么，不要害怕美国侵犯我们的主权，只要我们告诉他们或暗示我方意图，他们就会随时随地撤离。要得到美国的充分关心和心甘情愿的支持，就必须让美国分享控制权。

组织新内阁的方案一经提出，宋子文就紧锣密鼓地干了起来。顾维钧认为，为使这项试验能付诸实施，必须说服蒋介石自己退居幕后。宋子文认为这能做到，蒋介石也将这么办。

正当宋子文寄极大希望于这个"新内阁计划"得到美国人的认可来挽救败局之时，10月1日，中华人民共和国中央人民政府成立的消息传遍了全世界。紧接着，以苏联为首，相继有许多国家承认新中国的消息又不断传来。就这样，宋子文等人挽救国民党政权的梦想又一次在现实面前被击得粉碎。

对于宋子文的打击不仅仅来自徒劳的乞援，而且还在于他成了美国一些官员和美国记者津津乐道的国民党各种丑闻的核心人物之一。一些很尖锐的说法令宋子文十分难堪和不安。让他感到尽管此行本想为妹夫雪中送炭，可时时感到的却是自身难保。

本来，宋子文从纽约一下飞

1943年1月11日，中英双方在重庆签署《中英新约》。左起：英国驻华大使薛穆、宋子文。

机，就打算到华盛顿去。因为这些传言，宋子文很快就改变了主意，他对顾维钧说："他已被华盛顿的共产党分子或同情共产党分子诽谤中伤到如此程度，使他感到访问首都毫无意义。"

其实，早在1949年5月，宋美龄访美几个月后，杜鲁门总统已听到银行界人士的指控，他们对国会议员们提出，关于宋家和孔家在美国的曼哈顿实际上积蓄了20亿美元。总统立即命令联邦调查局对这些传闻进行秘密调查，查明涉及款额的确切数目和钱存在什么地方。这次调查以及调查结果是如此敏感，以致其详细情况于1983年，事隔34年后才销密，但仍然受到严格的控制。

首先，联邦调查局找出关于宋家战时情况的档案材料，重新发现宋子文"开始担任公职时财力十分有限，而（1943年1月）他已经积蓄7000多万美元"。同时指出，孔夫人宋蔼龄在美国一家银行存款8000万美元；蒋夫人宋美龄在美国一家或两家银行共存款1.5亿美元。

对于美国人的指责以及秘密调查，宋美龄极为不快。她愤怒地离开了华盛顿，隐居到了里弗代尔孔祥熙的别墅。然而就在这时，宋子文却毫无准备地踏上美利坚的土地。

令宋子文大伤脑筋的并非是什么共产党分子，而是美联邦调查局的调查。因为联邦调查局确实发现了一些有价值的情况，查明这个家族的成员包括宋美龄在内，从美国的东海岸到西海岸都拥有公寓楼和办公大厦，调查人员还发现这个家族在美国拥有或控制着许多公司。

早年宋子文偕夫人张乐怡访问美国时，会晤加州州长华伦。

在确凿的事实面前，难怪杜鲁门总统要大骂："他们都是贼，个个都他妈的是贼……他们从我们给蒋送去的38亿美元中偷去7.5亿美元。他们用这笔钱在圣保罗搞房地产投资，他们有的房地产就在纽约市。"（斯特林·西格雷夫著《宋家王朝》，第622页）

就连曾经支持过蒋介石的美

国将军魏德迈也不无讥讽地说："不要再派出像中国要求的那种正规军事代表团……派少量美国顾问，分配给每个中国师长，则所费不大也许只需几百万美元，是可以做到的，这笔经费让宋子文单独筹措就可以了。"（《顾维钧回忆录》，第490页）他显然认为，宋子文应从私人财产中拿出这笔钱来。

宋子文面对着美国朝野的指控，显得束手无策。他更没有想到的是：在这山雨欲来的形势后面，还有更多的棘手问题在等着他呢！

1950年初，宋美龄在蒋介石一再要求下，告别美利坚，一无所获地回到了台湾。随后，宋子文也收到一纸电文，这是蒋介石向妻兄发出的紧急邀请电。接着，宋子文又得到了一条消息，国民党中央委员会常务委员会通过一项决议，要求海外的国民党员限期返回台湾，否则将被注销"护照"。

此时的宋子文刚刚在美国的新居中安顿下来，所以他无意马上回台湾。但是蒋介石固执己见，毫不客气地向宋提出，要么回台"操持政府公务"，要么就被开除国民党的领导核心。宋子文回绝了返台的邀请，开始留在美国当寓公。

何去何从，十分精明的宋子文心中早已有了打算。他之所以不愿返台，自有他的道理。

其一，宋子文对蒋家王朝"前途"十分悲观。1949年末到1950年初的那段时间用苟延残喘来形容之最为恰当，在美国几乎没有人认为蒋介石能在台湾待上一年以上。所以，宋子文不会冒这个险。

其二，宋子文与蒋介石及退台后蒋介石集团中的许多人都有宿怨，历史上的这些"恩恩怨怨"必会成为日后的麻烦，显然，对宋子文来说，此时去台湾凶多吉少。

表示从此不问政治的宋子文，大概是出于家族血缘关系，在美国依然关注着台湾的时局变化。不仅小妹几度赴美，他都必是送往迎来，而且隔段时间他就要与国民党驻美要员探讨美国对台政策的利害得失。同时，宋子文也密切关注着台湾政坛的风云变幻。在有条件的情况下，他也会替妹夫做点工作，甚至被蒋介石赶出台湾的前台湾省主席吴国桢到了美国，宋子

宋子文正在演说。

文也出面去劝阻吴不要发表对台湾不满的演讲。应该说，客居美国的宋子文的表现是对得起妹夫蒋介石的。

在宋美龄的鼓动下，1959年初，宋子文接到了，也终于接受了蒋介石的访台邀请。这是宋子文逃离大陆后的第一次台湾之行，也是宋子文与别离、隔膜了10年的妹夫的再度相聚。这时蒋介石已经73岁、宋美龄已经63岁，宋子文也已67岁，时间已经淡漠了他们之间的矛盾。于是，蒋介石向宋子文夫妇发出了邀请。宋子文夫妇也就以"处理私务"和"观光浏览"为名，先到马尼拉看望女儿，再到中国香港查看生意，最后飞往台北。

宋子文的第二次也是最后一次台湾之行，是在1963年2月间。在台期间，宋子文和蒋介石、宋美龄再次见了面，这三位曾经在南京官场叱咤风云的人物大概都感到了岁月的无奈、世事的多艰、历史的无情。

1971年4月，宋子文离开纽约来到旧金山。24日，宋子文在他下属高级职员爱德华·尤的家宴上因为食物堵住气管引起心脏病突发，突然晕倒，从此再也没有醒来。宋子文病逝后，蒋介石送来了"勋猷永念"的挽额。宋子文的遗体停在纽约州北部佛恩崖公墓的地下尸库中，等待葬回长眠在祖国上海万国公墓的父亲宋嘉树母亲倪桂珍墓边。

据悉：宋子文去世后，美国总统尼克松曾想通过宋氏三姐妹奔丧的机会推进中美两国建交，他找到热衷于为中美建交奔走的华裔政治家，提出邀请宋庆龄、宋美龄、宋蔼龄前来参加宋子文的葬礼。

1945年8月，宋子文与女儿宋琼颐摄于华盛顿。

美国当天就收到了中国政府的信息："宋庆龄副主席赴美参加宋子文的葬礼，由于中美尚未建交，没有直达航班，现在通过美国航空公司联系专机，经伦敦飞美国。同时，尼克松获告宋蔼龄赶来参加胞弟的葬礼；宋美龄已经乘专机启程来美，当晚在夏威夷休息，翌日直飞纽约。"（《宋氏家族秘史》，

第229页)

　　很快，尼克松收到了一份意外的情报，暂息在夏威夷的宋美龄得到了夫君的通知，停止参加葬礼。时至中午，宋子文的亲属又收到孔家的电话，宋蔼龄临时决定不来参加葬礼了。几天过去了，留在夏威夷的宋美龄仍无登机的消息。就在宋子文葬礼的前一天，中国政府通知美方，由于包租不到专机，宋庆龄副主席也不能应邀赴美参加葬礼了。宋美龄唯恐是"政治圈套"，索性飞回台湾。就连在美国的宋蔼龄也仍然犹豫不决，为了等她的到来，宋子文的葬礼只好由上午改在下午进行。尼克松为之瞠目。据说，他只说了一句话："我真不理解你们中国人。"（同上）其实很好理解，政治分歧时刻介入着他们的感情交流，政治的沟坎阻碍着他们寻找回手足之情。

　　尽管由于上述原因，宋美龄没能向哥哥的遗体告别，但她与兄长之间的感情仍不可谓不深。她的侍者发现，葬礼的第二天，宋美龄眼睛红肿得厉害。毕竟宋子文与她是一奶同胞，而且早年赴美留学，哥哥是她的保护神，他们互相照顾，感情笃深。

　　宋子文的死带走了许多秘密。据1996年1月19日台北《中国时报》的报道，宋子文家属多年前把他们所保存的宋子文档案捐给加州斯坦福大学胡佛研究所档案馆，其中包括1920—1968年的中英文文件和信函，分装58箱，另附有几箱照片、底片和纪念品等。宋家规定，其中17箱皆属机密文件，禁止阅览，期限为1995年4月1日。结果，期限到了，宋家改变初衷，宣布不得开放，须待宋美龄死后方能公开。很显然，不是宋子文的家属，而是宋美龄不愿意在她生前把国民党及宋氏家族的秘密曝光在世人面前。

母子之情

　　宋美龄一生没有自己的亲子嗣，她的大半生都扮演着后母的角色。在大陆时期，她已初步体会了当后母的滋味，但由于两个公子大部分时间都在国外，宋美龄还没有太多的母子关系要处理。除了"蒋家王朝"在大陆行将覆灭之时，她为了外甥与"打虎"的蒋经国发生了冲突之外，还没有其他不和的传闻。

挽着宋美龄出现在公众面前的蒋经国。

1937年，蒋介石的大公子蒋经国由苏联回国。4月21日，他带着全家抵达上海后，蒋介石派杭州笕桥航空学校总务处长陈舜耕到上海将经国夫妇接到杭州。在杭州，他们与宋美龄第一次正式会了面，认了娘。（关于蒋经国认母之事，有几种说法，此处据唐瑞福、汪日章《蒋介石的故乡》，见《浙江文史资料选辑》第23辑，第59页）

蒋经国的生母是毛福梅。在蒋介石与宋美龄结婚时，她在法律上已与蒋氏离异。但是，毛氏一直住在溪口丰镐房。蒋介石每次回溪口，都要到丰镐房与毛氏叙谈，毛氏也照例要为他做几样家乡菜，二人的关系并未因形式上的离婚而断绝。宋美龄每次陪蒋介石回溪口，也总要带些貂皮、人参给毛氏，三人表面上尚能和睦相处。

父亲与生母离异再娶，这是令为人子者非常难堪的事情。作为毛氏独生子，蒋经国在苏联时闻知蒋宋结婚，大不以为然。但回国后也只能面对现实，对宋美龄称以"母亲"。

但此时，蒋经国心目中的"慈母"，指的显然是毛夫人。台湾学者认为，宋美龄与蒋经国在年龄上的差距只有11岁，这似乎也造成彼此间的矜持，宋美龄不敢以母亲自居，蒋经国则只是在遵从父命下，保持了最起码的礼貌与尊敬而已。尽管蒋介石用了相当多的心思，却似乎始终没有办法完全拉近双方的距离。

从当年电文记录上看，宋美龄与蒋经国真正开始改善关系，是在1949年蒋介石被迫"引退"的时候。这时的宋美龄，正在美国奔走乞援，蒋经国则护侍父亲身侧，随时筹谋挽救局势之策。由于双方都挂虑蒋介石的安危，往来频繁的电讯，自然增加了他们彼此间的了解与关怀。1978年宋美龄在致蒋经国的一封信中说："回忆在大陆'沦陷'之前后，余赶赴国外，图尽挽转澜之时，汝对椿庭尽孝、尽力、尽劳，为父亲之一大快慰。"从中可以体会，因蒋经国的表现使宋美龄深受感动，所以她主动改善与蒋经国的关系。

国民党退台后公开的蒋家电文，可以作为观察宋美龄与蒋经国关系变化的第一手材料，综观二十世纪五六十年代的函电和称呼及署名上，可以感受到，宋美龄在国民党退台后，已开始注意改善与蒋经国的关系，并逐渐在署名上以母亲自居。但蒋经国由于毛夫人情结，在相当长的一段时间内，函电上称"母亲大人尊鉴"的仅有一件，称"蒋夫人"的有37件。足见这时双方仍有相当大的隔阂。

蒋介石生前，他的医生熊丸也对宋美龄与"儿""女"之间微妙关系有如下的描述："有好几次，经国先生要我转报夫人处理一些事，但若二小姐不同意，则夫人往往也不会同意，我不知该怎么办时便干脆不报不答。"又说："二小姐与经国先生两人完全不对味，很多事情都合不来，让夹在中间的我实在头痛……外面的人都说经国先生与夫人处不好，但其实经国先生是与二小姐处不好，而非与夫人。因为经国先生有许多见解报告给'先总统'后，'先总统'有时会把经国先生的意见告诉夫人，而夫人又会把意见告诉二小姐，二小姐往往反对，夫人又把二小姐的反对意见告诉'先总统'，'先总统'有时也会修改经国先生的意见，造成经国先生心里很不痛快。经国先生与二小姐两人表面看来都客客气气，但暗地里却互不搭调，意见总是不合，让夹在中间的我感到十分为难。其实他们俩也没什么过节，只是两人的个性都强，经国先生又看不惯二小姐许多作风，二小姐对经国先生的许多意见也不满意，但因二小姐有夫人撑腰，所以经国先生对

蒋经国陪蒋氏夫妇视察东西横贯公路运输。

竹墨一作畫生先國經蔣

宋美龄为蒋经国所画的墨竹题字。

她也莫可奈何。"（参见《熊丸先生访谈记录》，第144页）

可见，跛扈而又为宋美龄所溺爱的干女儿（孔二小姐）没有起什么促进作用，反而加深了蒋经国与宋美龄之间的不和谐。

随着时间的推移与环境的改变，蒋经国逐渐去除心结上的不平，于1954—1958年间，诚挚地改口尊宋美龄为母亲。此后二人彼此关怀，并同心协力地襄助蒋介石。随着政治局势的稳定，宋美龄与蒋经国的关系进一步改善。据报道，蒋介石临终前，曾多次紧握蒋经国的手说："孝顺汝母，则余可安心于地下矣！"并把宋美龄的手加于蒋经国的手上，叮嘱他："要以孝父之心而孝母。"蒋经国表示："儿当谨遵父命。过去如此，今日如此，日后亦永远如此。"（台湾《近代中国》第134期，第64页）

蒋介石去世后，宋美龄再度赴美。于是宋美龄与蒋经国间，又一次鱼雁函电频繁往来，每当蒋经国踌躇、焦虑、无助时，宋美龄的箴言、劝勉与分忧，就成了最强而有力的支柱。这时蒋经国对宋美龄，不但"以母侍之"，且视之如"良师"一样。

蒋介石逝世后，宋美龄与蒋经国间的函电录底，经汇编成《宋美龄在美与蒋经国来往电报录底影印》共13册，时间自1975年9月19日至1986年10月15日。函电共763件，其中宋美龄致蒋经国的有247件，蒋经国致宋美龄的有497件。其内容包括报喜、报平安、报行止、贺节庆寿辰与问安、问疾，互诉对蒋介石的思念哀情与励志等。可以看出，凡是对台湾有重要影响的事件，蒋经国都会向宋美龄汇报或请教，宋美龄也一定会提供参考意见。如第六、第七任"总统"选举，历次中国国民党全会与中全会、各级选举、重要人事任免、重要经济建设、军事会议、教育改革、双十盛典，及天然灾害损失、党外人士政治活动、"台美"关系调整、"日韩"政情变局、约旦断交，以及宋庆龄去世、廖承志电报、两岸军事对峙、海峡封锁、香港回归、"华航"货机事件等等，这一时期发生的几乎所有重大事件都是他们二人函电讨论的对象，甚至于像《宋家王朝》一书的出版等"小事"，他们也是通过函电往来确定对策的。

第六任"总统"选举时，宋美龄答应蒋经国遇有确切需要时，愿意从旁相助，并且勉励他发扬"仁敬孝慈信"的传统穆德，并作为解决困扰时的座右铭。在第七任"总统"选举时，蒋经国因为自己的健康状况而有顾虑，宋美龄一面劝蒋经国"勿用踌躇"，一面叮咛他要"慎重考虑副贰人选"，至于副"总统"人选的条件，宋美龄建议要"对吾党宗旨深切服膺"，而"坚持执行复兴大业者"。

宋美龄对蒋经国的"外交"仍然保持了非常大的发言权。中美建交时，台美之间的谈判令宋美龄十分不悦。宋美龄对中美关系的变化早有预见，曾多次提醒蒋经国注意。因此当1978年12月16日美国宣布要与中国建交时，宋美龄并不诧异，只是要蒋经国在"坚持国家立场、保持国家权益与国格"的前提下，"不浮不躁，不负气，得体行事"，沉着应付。但是其后双方进行谈判，台湾代表迫于情势，不得不同意互设非官方性质的机构。宋美龄得知消息后却颇为不悦。她致电责备蒋经国，要他招谈判代表"返国述职"，并公开引咎"提出辞呈，以谢'国人'"。蒋经国知道问题并不出在代表身上，所以一再解释，却仍然无法获得宋美龄的谅解。最后宋美龄以严厉的语气告诉蒋经国："余向来对铢锱末事，均可采取或容纳中外及各方意欲，唯对'中华民国'之存亡大关键，

孙子们为祖父祝寿。

无可圆融，志不可夺。""若同志中仍不能挺身站起来，消泯懦怯，则何以对总理及父亲耶！余亦夫复何言。"此电过后，宋美龄掷笔足足有五个月的时间不再致电。蒋经国知道宋美龄真的生气了，只好苦苦哀求："惟望再赐指针，使益知惕厉，并有所遵循。""以儿愚钝，当此忧危实诚惶诚恐，时虞陨越，唯愿大人耳提面命。"

至于美国学者斯特林·西格雷夫所撰写的《宋家王朝》一书，蒋经国更是把自己掌握的各种细节，电告宋美龄。宋美龄则撰专文予以指责。

宋美龄不仅提供自己的政见，而且她还成了孔大少爷的"传声筒"。40多年来，孔令侃在美国经营公司、投资股票和房地产，低姿态、不张扬的作风与大陆时期截然不同，但他在政治上是不甘寂寞的，一直在幕后为宋美龄代撰中英文讲稿与信件，或明或暗地影响台湾及美国政治。蒋经国在世时，经常接到宋美龄来自纽约的指示。蒋经国曾经很奇怪宋美龄远隔重洋为什么如此了解台湾的情况，经查证之后，方知宋美龄指示的背后有许多是孔大少爷的"高见"。

在台湾有一则传闻称：蒋经国成为第六任"总统"时，"母亲"由美国打来电话，非要"经儿"把孔令侃"聘"为"总统"的"国策顾问"不可！在"母命难违"的情形下，蒋经国纵有一百个"不愿意"，还是为宋美龄办了此事，但没有发布新闻消息。如果传闻确有其事，可以想见的是，当蒋经国下"聘书"时，怎能不勾起当年"打老虎"失败的回忆？但是，今非昔比了，给个空头高位的顾问怎能和当年在上海"打老虎"失败，在全国人民面前威信扫地时的情形相提并论呢？对此时的蒋经国来说，为了维护母与子的关系，这点"让步"又算得了什么呢！

在《宋美龄在美与蒋经国来往电报录底影印》中，值得一述的还有两类反映宋美龄与蒋经国亲情的记录。一类是宋美龄常在圣诞节及蒋经国生日的时候赠送礼物，蒋经国则更是不定时地敬献时果珍馐，以表孝心。宋美龄赠送给蒋经国的礼物，有皮鞋、大衣、放大镜、饼干及糖食等；蒋经国敬献的时果珍馐，则有冬笋、柿子、柚子、芋头、枇杷、西瓜、梨、荔枝、肉松、燕窝、梨山特产及水年糕、米拌浆粉等家乡味食品。每年宋美龄的寿辰，蒋经国都要打贺电，并派蒋孝勇全家做代表，专程前往美国问安拜寿。另一类是宋美龄与蒋经国对彼此健康状况的关怀。宋美龄与蒋经国身体都不好。在这段时间里，宋美龄除了有皮肤过敏、牙疼、颈背酸疼僵硬、重听及车祸旧伤的宿疾外，曾经得过行荨麻疹、胃溃疡、左腿神经痛、腰伤、晕眩症、重感冒、肺炎、右手发麻、血栓症、高血压及髀骨折伤等。每次宋美龄身体有恙，蒋经国都多次致电问候，并常常以不能随侍左右而内疚自责。宋美龄患血栓症时，蒋经国曾想派医护人员前往照料，但被宋美龄劝止。其后宋美龄折伤髀骨，开刀治疗，蒋经国不待请示，即派蒋孝勇带着当时台北的骨科权威邓述微医生前往纽约诊治。

至于这段时间蒋经国的健康状况，则可以"百病缠身"四字来形容，较严重的有糖尿病、前列腺肥大、左眼玻璃体出血、视网膜剥离、足末梢神经炎、白内障、心律不齐等。蒋经国的糖尿病非常严重，不时复发，而且会引起许多的并发症，久治不愈，因此最让宋美龄担心。她常常劝蒋经国："希汝于周末离台北，以便多加休息，不宜过劳。""欲达报国之愿，务希珍惜身体。""余隔重洋，虽卧病榻，亦不断以国家前途、汝身体健康为忧。盼节力珍摄，耐心调养。""须牢记养病如养虎之要谛，切勿……又过操劳。""凡中年以上者……体力方面，不宜时常透支。""汝不可终日湎于各种公务作业……希能拨冗作较轻松之消遣……以平衡气质。""希于汝者，能牢记多多休息，不为琐事所羁，亦不必事事躬亲，留诸精神，针对前途之崎岖。""汝能不稍存懈怠，固属可嘉，但谚云年龄不饶人，故仍须积力，以延为国家人民服务之时。"

这些亲切的关爱与叮咛，在宋美龄给蒋经国的函电中多处可见。以往蒋经国接到宋美龄的手书时，必定会以墨笔楷书的亲笔函敬复，但是自从左眼玻璃体出血、视网膜剥离后，视力大受影响，只好借助于电报回复。为此，蒋经国深深地感到不安。他一再请宋美龄见谅。宋美龄则说自己"既感且憾"，她要蒋经国不必介意，并劝蒋经国："我母子不必拘泥于此一形式，凡能节省汝目力体力及增加汝之健康处，皆是对余之孝心切实表现。"这时宋美龄与蒋经国间的母子感情，以此可见一斑。

笔者认为：宋美龄在国民党退台以后与蒋介石儿子关系可以称作"和平共处"，特别是与蒋经国，没有出现过像在大陆时期那样，宋美龄为了孔家、宋家的利益搬出蒋介石出面"训子"，因而与蒋经国关系异常紧张的情形。最根本的原因在于，他们双方都看在蒋介石的面子上，看在蒋家的最大利益上，彼此恭恭敬敬、和和睦睦。所以，几十年来，母与子的关系始终没有什么"家丑"外扬。即使在蒋介石去世后，蒋经国坐上了台湾的头把"交椅"，宋美龄还是以蒋氏家族的大局为重，尽力维护台湾政局的安定。她发表的一些文章和讲话，大多是本着这一立场，从未因计较以往的"恩恩怨怨"，去给"经儿"出什么难题。相反的，由于孙子辈的"纽带"作用，甚至在关键时刻，宋美龄还"大度"地表现出一些"提携"与"帮助"。

宋美龄大概未曾料到，绘画也成了拉近她与蒋经国之间母子感情的纽带。

宋美龄晚年非常喜爱绘画，这是众人皆知的事情，但是蒋经国在此方面也曾有些造诣却是鲜为人知的。当宋美龄有了一点绘画的功底后，她也充当起赏画的"伯乐"。

20世纪60年代初期，蒋经国的大儿子蒋孝文曾对此有过披露，他说，宋美龄这一段时间常和蒋经国谈画、论画，尤其是蒋经国新作了一幅墨竹，大受宋美龄赞赏。蒋孝文还对他的客人说道：这一幅画现在正在中山北路的裱画店裱褙，你们有空的话，我就带你们去看看。于是，客人们就搭乘蒋孝文自驾的一辆洋铁皮篷的吉普车驶往中山北路去看画。

这是一幅使用一丈二尺高乘六尺的玉版宣纸画的大墨竹，落款是高逸鸿写的："经国兴到之作，笔墨苍劲，饶有古趣，至可喜也。壬寅新春高逸鸿题。"客人们围在裱画店的墙壁前欣赏、观看，一致认为：这巨幅墨竹，不论气韵、意境、布局、笔法、用墨，无一不具大家风范，虽未必迈越古人，即与古人名家相较也不多让的。甚至还有人吹捧说，甚至蒋经国的老师高逸鸿也画不出这种大气魄的画来。

在此情况下，蒋孝文又说出蒋家有关绘画的秘闻：在这幅墨竹未付裱之前，宋美龄一边看一边指着画对蒋介石说，从这一幅画的气

宋美龄在用自己的生日蛋糕喂小"开心果"三孙蒋孝勇。

势看来，经国是可以做大事体的人。蒋孝文还说道：公公（他称蒋介石为"公公"）听了也十分高兴。

　　"行家"对蒋经国绘画的肯定，不仅是要说明，做大事体的人画风也与常人不一般；进而便有了1963年严家淦组阁时，宋美龄为蒋经国抱打不平而进言的事：

　　在这一年，陈诚的健康已成问题，他向蒋介石提出请辞"行政院长"的兼职，由严家淦继任组阁，在组阁之前，严家淦到士林官邸商量"八部二会"及"政务委员"等等名单，等到名单大体已经决定的时候，宋美龄看到了"阁员"的名单上，蒋经国仍是"政务委员"——退除役官兵辅导会主任时，就发话说：经国呢？总不能让他一辈子做特务，做见不得人的事。蒋介石听了一愕，迟疑半晌：难道要给自己儿子做"部长"？他行吗？继而蒋介石又说：让他到"国防部"做个"副部长"，跟俞大维见习见习吧！宋美龄继续帮儿子说情：你不给他机会，怎么知道他不行？

　　这一次可不是什么虚夸画风，而是实实在在的帮助了。

　　这就是蒋经国已做到"不管部部长"的"政务委员"，已具"部长"身份而"降"为"国防部副部长"的经过。而这段事实也是由蒋经国的儿子蒋孝文通过蒋家亲信传出来的。

　　宋美龄为什么会对这个儿子如此"厚爱"，也是事出有因的。据台湾媒体报道说：

　　1950年初，宋美龄求美援未果，悻悻地飞回台湾，回到蒋介石的身边。当时，蒋经国亲到菲律宾的马尼拉迎接，第一个登上飞机欢迎宋美龄，大声呼唤：妈呀！你回来了！你辛苦了！此时宋美龄已经差不多两年没有见过蒋经国了，此时的蒋经国礼貌、热情、恭顺，是妈妈面前的乖孩子。飞回台北时，

宋美龄与蒋经国的合影。

他又亲自扶着宋美龄下了飞机。在贵宾室中等着接机的蒋介石，看到蒋经国的恭敬孝顺，也乐得合不拢嘴。自此之后，不论任何公私场所，蒋经国对宋美龄都是毕恭毕敬，前一声妈，后一声妈，令宋美龄乐不可支。从此之后，宋美龄与她的"经儿"的关系大大改善了。

能让宋美龄对蒋经国"刮目相看"，母子关系改善，孙子们起到的"润滑剂"作用也是不可小视的。

"孝"字辈的兄弟姐妹和蒋方良，在1949年的暑假前就先期抵达台湾。那时台湾"省主席"陈诚给他们安排住在中山北路四条通（现为长安路一段18号）落脚，所以门口挂的是"蒋孝文"的门牌。那时候，蒋孝文13岁、蒋孝章12岁、蒋孝武4岁、蒋孝勇还未满周岁。蒋介石重视长孙，宋美龄则对两个小的孙儿特别钟爱。没两三年，善于讨得奶奶喜欢的孙子们就成为改善宋美龄和蒋经国母子关系的润滑剂。

据说，国民党初到台湾时，蒋经国最小的儿子孝勇，被誉为蒋介石的"开心果"，原因很简单，当公务使他心烦时，只要人们把孝勇抱到他的桌上一

由于脚踝受伤，蒋孝勇使蒋介石希望有个军人晚辈的梦落空了。这是蒋孝勇读军校时与蒋经国的合影。

放，蒋介石立即就会眉开眼笑。当时，侍从人员都很聪明，一遇蒋介石发脾气，他们马上先想到去请宋美龄，因为他们都知道只有宋美龄可以迅速使蒋介石息怒。另外，有时也靠"开心果"起作用。

蒋孝勇在和记者谈到外界怀疑宋美龄与蒋经国之间是否有心结存在的问题时，就十分愤慨："祖母历年来至少跟我讲了不下十次，她说：'孝勇啊，我自己没有生小孩，即使我有小孩，也不可能和经国一样！'外面的谣言、中伤可恶至极！"

蒋经国去世时，宋美龄当时正住在士林官邸。蒋孝勇随后前往官邸向祖母报告父亲的死讯，并陪宋美龄到蒋经国的七海官邸见了蒋经国最后一面，为他们母子之间的关系画上了一个句号。

宋美龄与蒋纬国的关系自一开始就比较融洽。1940年蒋纬国从德国学成回国，在他的记忆中，当时，在香港的思豪酒店房间里，两兄弟久别重逢，有说不完的话题。哥哥终于要弟弟打住："天亮了，我们要休息一下，父亲命我带你去见母亲，母亲刚好也在香港。"

蒋经国所指的母亲，是弟弟从未谋面的宋美龄。蒋介石希望蒋纬国这次回来后，和宋美龄正式见面。

于是，蒋纬国在哥哥的陪同下，终于和宋美龄见面了。他回忆，当时见面非常自然而且亲切："我喊她Mother，并且在她颊上吻了一下，因为出国四年，一些礼节就很欧化了；她亲热地问我在国外好不好等等。我们谈话的气氛可以说一点都没有第一次见面的尴尬。她给我的印象，就好像是长辈看见自己的孩子回来一样。"

宋美龄是在与蒋介石结婚13年之后，才第一次和蒋介石的次子见面。她不禁有些感慨："我几次问你父亲，想把你接过来，可是你父亲不赞成，总是说以后再说……可是我现在想想，愈想愈觉得你父亲对。我是个喜欢孩子的人，你要来的话，一定会被我惯坏！所以你父亲让你单独在外头念书，对你尔后自立自强，很有帮助。同时对姚妈妈来说，这也是很公道的。"

由于宋美龄在香港还有事，兄弟俩随后联袂飞回重庆。

宋美龄与蒋纬国母子相认之后，在很长一段时间，或许是相处较少，或许没有利害冲突，所以他们之间没有像蒋经国"打虎"之类的传闻。直到国民党退台以后，特别是到宋美龄的晚年，根据媒介报道和回忆，人们才渐渐对这一对母子亲情有了一些了解，对宋美龄在母子关系中的"作为"略知一二。

1975年8月，蒋介石的丧事已告一段落，宋美龄即打算赴美静养。士林官邸的秘书、侍卫们都全部帮着收拾行李和恭送，蒋家的两个公子自然也被通知前往送行。士林官邸的侍从回忆说：

这一天，蒋纬国同往常一样比送行启程的时间早一两个小时先到了。而不同于往昔的是，这一天他穿着军常服，佩戴勋章勋标前往。在以前，士林官邸的家庭聚会每年总有几次，如蒋介石、宋美龄的农历生日家宴，农历的除夕团圆饭，端阳、中秋等节日聚会，王太夫人（蒋介石的生母）的冥诞和忌辰，国庆节等，都有家庭团聚的场合，所有人一般都是穿着便服前往。

所以，当宋美龄看到蒋纬国一身戎装出现，并先行了一下军礼，难免有些怪怪的，就仔细端详了他一下说："你穿军装的确很有精神，啥事情今天给我送行又穿军装，又行军礼？"

"因为再过不久，我就没有资格再穿军装了！所以今天给妈妈送行，特别让妈妈看看穿军装的印象。"

宋美龄绝没有想到过蒋纬国会有"没有资格再穿军装"的事，经这么一说，更加奇怪了！便问："为什么？"蒋纬国便把国民党军中强制限龄退役的制度，大略说了一遍。然后他又说道："今年已到了我中将限龄退役的年龄，我已在

蒋纬国与宋美龄合影

报请退役了，妈妈回来时，我退了役自然不能再穿军装看妈妈了！"

　　侍从们认为，国民党军有关限龄退役的规定，对宋美龄来说，无疑是从来没听过的新鲜事。在她的印象里，自己的丈夫穿了一辈子军装，她常见到的军人，如何应钦、薛岳、顾祝同等等，这些人到了拿拐杖时还在穿。宋美龄又问："何敬之（何应钦）为什么可以继续穿？"

　　"那是一级上将，功在国家，终身职的。"

　　这才算使宋美龄弄明白了是怎么一回事。说着，说着，蒋经国一家也到了，来给宋美龄送行。

　　侍从说：宋美龄远行未定归期，蒋经国自必须和宋美龄有所请示。在往常，都是到宋美龄单独的会客室中谈，可是今天情形特殊，行李已在整装待发，侍卫人员进进出出在搬运，所以大家都在大客厅里坐着谈话。

　　蒋纬国也站起来向哥哥行了一个军礼，蒋经国说："在家里干什么来这一套？"宋美龄忽然指着蒋纬国问蒋经国："纬国做军人行吗？"

　　"他本来就是干军人，干得很出色。"蒋经国一时还不知内情，所以只能这么回答。

　　"既然他干军人很出色，为什么听说他在办报请退役，要脱掉军装？"

　　"纬国中将年龄到了，也听说他报请及龄退役，不过我已经交代给他办升级上将的事体。"

　　以上就是蒋纬国在做了二十多年的中将，临了及龄退役的最后边缘，而晋升上将的一段曲折经历。

　　这段本是士林官邸侍从们不该听到的母子谈话，其真实性可从时间上来验证。在1975年8月15日，蒋介石过世后两个月又十天，蒋纬国就顺利晋升上将军衔。

　　事实上，宋美龄到台湾以后对蒋纬国一向是关爱有加、视同己出的。在对"湖口兵变"的处理上，可以说，有没有宋美龄的参与，结果大不相同。

　　"湖口兵变"是指1964年2月21日上午，位于台湾新竹湖口的装甲兵基地发生了震惊中外的"兵变"事件。这次事件的主角是由蒋纬国一手提拔的台湾装甲兵团副司令赵志华，他在例行的"战备检查"大集合中突然提出"清君侧"的问题，并表示了对于高级将领只顾自己享受、不顾部队生活的不满，号召装甲兵挺身而出，向腐败势力作战！

赵志华是国民党中央陆军官校第10期毕业生，曾任蒋介石和宋美龄的侍卫，算起来亦是官邸派的出身。后来，他追随蒋纬国任职于国民党军装甲兵团，逐级升至副司令。

国民党军的装甲兵团，从武器到人员，都是接受"美援"最多的军事单位，其战斗力亦号称陆军中第一。这支部队的很多将领为美军训练，故与长期主持国民党对美"外交"的宋美龄关系较为密切，先后出任装甲兵司令的徐庭瑶、蒋纬国等，都是亲宋美龄的将领。

由于宋美龄同美国方面的渊源甚深，故对待蒋介石的两个儿子态度上是有所区别的。她一向喜欢自幼受西方教育的蒋纬国，而对在苏联成长的蒋经国心存隔膜，再加之蒋介石退台后刻意培养大公子，所以说，蒋纬国在台湾的主要靠山就成了宋美龄。

蒋孝勇陪伴祖父母散步。

蒋纬国的军事学历和才干，在国民党军队的将领中堪称上乘。到台湾后，蒋介石为更好地控制军队，任命蒋纬国为装甲兵司令。但由于蒋纬国与黄埔系和政工系无缘，加之蒋介石考虑到各方面的影响，以后便一直没有再提拔蒋纬国。而从未打过一次仗的蒋经国，却在军队中迅速扩张势力。

蒋纬国在任时，如遇离台外访，均由赵志华代理司令。1963年，蒋介石下令免去蒋纬国装甲兵团司令，调任陆军参谋大学校长。他卸任时，正式推荐赵志华接任。然而，蒋介石却另派一位资历才干都不如赵志华的人来任司令，这一下使赵志华在下属面前无地自容，他向蒋纬国哭诉冤屈，要求立刻离职，但被蒋纬国百般劝阻。

1964年2月，台湾突然传出装甲兵中有人图谋发动"兵谏"失败，赵志华被拘押的消息。据外电及港澳报刊消息，赵志华被捕后，又相继有三十多名装甲兵的中、高级将领被捕。蒋纬国当时虽已调离装甲兵司令部，但他作为装甲部队的创建者、赵志华的提拔者，本人亦向蒋介石"自请处分"。

据知情人透露：这时，宋美龄出面说情，劝蒋介石下令将赵志华的死刑改为"终身监禁"，受到株连的三十多名将、校级军官，亦因宋美龄的力保，而获得"原职待退"的处理，即表面上维持原职，实际上夺去军权，到任期一满，退役了事，不再追究。

而蒋纬国本人，则从"湖口兵变"后便被冷落了多年，未得到重用。他一直担任"三军大学副校长"，经他所调教出来的学生，如蒋仲苓、刘和谦、许历农、宋心濂、陈守山等，却一个个荣任军中要职，声势、权位都在他之上。蒋纬国的好友认为，这一事件至少反映了他缺乏"知人之明"和治军不行，在蒋介石的天平上的分量大大减轻是必然的。而负责处理"湖口兵变"的"国防部副部长"蒋经国却彰显其应变能力，证明了"此才可大用"，而打下了以后接班的基础。

时过多年，台湾"官方"，甚至包括蒋纬国在内仍矢口否认"湖口兵变"的实在性，坚持宣称"只是一个军官发表了些不相宜的讲话"。人们不禁会问：以赵志华的身份、地位，若无人支持，岂敢随便发表"不相宜的讲话"？耐人寻味的是，事变发生时，蒋纬国已不在装甲兵团，他为何要"自请处分"？如若只是一个"讲话"，又为何影响到蒋纬国此后多年不得升迁？况且，港台报纸的消息是出自曾任蒋介石侍卫长和"三军大学校长"的皮宗敢这样的"近臣"，并非捕风捉影，所以，台湾当局的说法实在不能令人信服。

即以"湖口兵变"而言，没有宋美龄作为蒋纬国的后援，主事者蒋纬国的部下赵志华是不会从死期改判为"无期徒刑"的。对于这一点，蒋纬国始终感激宋美龄。

1975年，宋美龄赴美后，她在美国的侍从，都是由蒋纬国亲自挑选的。万里之外，宋美龄也仍对蒋介石的二公子关怀备至。

当蒋纬国出任台湾"国家安全会议"秘书长的消息，传到宋美龄那里时，宋美龄特拍电报致贺，勉励他坚守岗位，做好"政府及国家"所交付给的一切任务。据悉，在台湾，政界人事变动获得宋美龄专电祝贺的，蒋纬国似乎还是第一人。

日后，宋美龄听说蒋纬国因病住进"荣民总医院"时，还曾打电报询问他的病况。电报由台北转到住院的蒋纬国手中时，据闻，蒋纬国甚为感动，立即回电告之病情，只是细菌性的白血球过多症，而非一般所谓的"血癌"，其后又以长途电话详述，才使得纽约那边的宋美龄放下心来。

旅居美国的宋美龄面对蒋氏兄弟之间的矛盾与分歧，她时不时还要做一个"调停人"。

1989年，中国香港知名的资深记者孙淡宁把握机会访问了蒋纬国，其中谈到了两岸关系及对未来的预测等话题。孙淡宁在香港《明报月刊》上发表了一篇题为《蒋纬国报到》的文章。文章刊出后，台湾报纸全文转载，因为这是蒋家人首次公开接受访问的报道，当然会引起了很多人的关注。

隔了没多久，蒋纬国请孙淡宁到家里吃晚餐，两人开始往来。孙淡宁常常到台湾，一到台湾就和蒋纬国见面，两人天南地北地聊，聊到蒋纬国工作，也聊到他的身世、他所遭遇到的一些挫折等。其中，有些挫折来自他的哥哥蒋经国。她将其整理成文字，并且累积下来。

以后，她就以这些谈话内容结合自己搜集的资料，写了本二十多万字的书，书名还是《蒋纬国报到》。1984年初，孙淡宁把这本书交给远流出版社，准备付梓，但蒋经国事先拿到一份，为此，兄弟俩出现了争议。

对蒋家而言，这本书有杀伤力。蒋经国把弟弟找去问罪，厉声斥责如果这本书出来，唯你是问！尽管蒋纬国心中不平，但他还是保证，这本书如果出版的话，我会到慈湖去，在父亲灵前自杀谢罪！

蒋经国余怒未消，派人把这本书拿到美国纽约给宋美龄看。宋美龄看过后要蒋纬国到美国去一趟。

蒋纬国飞到纽约，见到宋美龄。蒋纬国说："老夫人已经看完这本书，她的评语是一句上海话：'姆沙沙！'（意思是没什么嘛）老夫人非常好，她知道我这个人不说谎，我把这个情形一解释，她就说，好了，她了解了，再加上一句：'你那宝贝哥哥，兴风作浪！'"不过，她担心经国和纬国两兄弟之间会为了这本书发生不愉快，她劝蒋纬国了结此事。

之后，蒋纬国找到孙淡宁，话说得很重："我不阻止你出这本书，但里面有些资料不确实，你该找我商量才是。你原来预备写本书以后退隐，这本书一出，留下来的却是败笔，毁了你一世英名嘛，这实在划不来，这里面的内容对我兄弟之间有挑拨之嫌，对我父子、母子之间也都有不良影响，有许多事情，老夫人还在，你批评干嘛……你有出书的自由，我有否认的自由……我没有什么政治力量来暗算你，我没有什么帮派的力量来钳制你，我也没有新闻界的力量来包围你，但到必要的时候，我的'弟弟'不认人！"他在孙淡宁面前挥了挥拳头。

在蒋纬国全力阻止之下，远流出版社负责人表示没有出书的意思，这个风波至此暂告平息。

对于兄弟俩出现的矛盾，宋美龄作为后母也只有抹稀泥了，她当然不希望蒋家内部出现什么"丑闻"被记者曝光。

宋美龄虽然长居美国纽约，却了解许多台湾岛内的事情。丈夫和长子掌权半个多世纪，她自然也十分关切接班问题。于是，正当第六届"总统"任期将届，第七届"总统、副总统"人选尚未公布之前，宋美龄对前往美国探视陪伴的孙辈蒋孝武及蒋孝勇谈到了相关话题，他们之间有一段有趣的对话，孙子告诉奶奶，国内有两个人想要夺权，一个是王升，一个就是叔叔。

"叔叔要来接班吗？不可能。"宋美龄说。

"为什么？"

"叔叔啊，他只懂得找找女明星，唱唱流行歌曲，他懂什么政治？"

这段对话，是宋美龄事后告诉蒋纬国的。蒋纬国又把它写进了回忆录中。

蒋纬国一直没有接班的野心，然而他总是有那种感觉：哥哥在防着他走入权力的核心，也不喜欢他太接触社会大众。他为此深受挫折。

宋美龄与蒋介石的两个儿子的感情，应当说对次子较为亲近。蒋纬国在蒋介石逝世后的处境及心中的想法，她相当清楚。她对次子并非没有期待，然而她也知道长子对次子的一些看法及安排。孙淡宁事件之后，蒋纬国有好长一阵子没有来探视她，一方面是因为做哥哥的以公务繁忙为由，要弟弟别出远门；另一方面，蒋纬国那时的职务是台湾"联勤总司令"，公务上确实繁重，再加上职务也敏感，所以也是有不宜出去的理由。然而，蒋经国不让他出去，会不会还有其他考虑就不得而知了。

日后蒋经国就任第七届"总统"，随即发布调蒋纬国为"联训部"主任后，他终于有了机会赴美和宋美龄见面，当然宋美龄少不了给他许多安慰。

蒋经国逝世后，蒋纬国先是被卷入"非主流"政争，1989年又被老"国代"推出与林洋港搭档竞选"正、副总统"，台湾社会出现了拥立蒋纬国竞选下任"总统"的声浪，蒋纬国非常焦急，他怕引起李登辉误会，说他在中间捣鬼。1989年12月底，蒋纬国主动借《中央日报》访谈之机，向李登辉表明心迹。他申明："我是一个中国国民党的党员，一定遵守党的制度与规定，绝不会违反党纪，自行参选。""对于'总统''副总统'候选人，党有一定的提名程序与规定，任何党员自行参选，就是违反党纪，就要开除党籍。我是一个忠贞党员，如果有一天'蒋纬国被开除党籍！'我何以见人？如果有那么一天，我要到慈湖'先总统'陵寝前切腹自杀。"

蒋纬国还曾怀着极其矛盾的心情去见宋美龄，宋美龄告诫他说："你的个性最容易遭受误会，因此，过去你受了很多的委屈，这一点我最了解了，我们蒋家从你父亲到你哥哥对党和国家已经尽了责任，对于历史也有交待，一切自有公论，你不必考虑为了蒋家而刻意去做或者不做一些事情，只要国家需要你，大家需要你，你就去做。"

经宋美龄指点迷津，蒋纬国心情平静多了。为了"避免卷入是非"，蒋纬国与拥蒋派大将滕杰协商后，于1990年3月声明放弃竞选，并偕夫人邱如雪赴美度假。

蒋纬国此行赴美，还有一件不为人知的小事。据蒋纬国说，一次，宋美龄、孔令伟（孔二小姐）与蒋纬国同桌用餐时，孔令伟说："纬国哥也可以竞选'总统'啊。"但蒋纬国摇头表示不可以，他说他只是候选而不竞选，因为"国民大会"里有"国代"主动发起征召他；接着他说明，他不适合竞选"总统"："首先，我的行政经验不够；其次，我对台湾的接触层面也不够广；最后，目前已由本省籍'总统'主政，接下来如果不是本省籍'总统'，以后政局可能很难稳定。"此时，宋美龄在旁边没有对此表态。

母"女"之情

因为同大姐的感情好，宋美龄对孔家子弟也格外照顾。在宋美龄的庇护下，孔家上下可以为所欲为。宋蔼龄的几个儿女也着实沾尽了小姨妈的光，横行于国民党统治下的大陆和台湾的商界。

在宋蔼龄的几个孩子中，宋美龄对大姐的二女儿孔令伟的宠爱，官邸人人皆知。而宠爱之深，更使外界有很多不实传言，指孔二小姐根本就是宋美龄所生，甚至连男主角的名字都说出，即曾任南京市长、广州市长的刘纪文。陆铿也听过此一传言。1949年10月，陆铿因公务住在一宾馆时，曾和刘纪文住在一起。陆铿身为记者，当然不会放过这一机会，在和刘闲谈时，问起了他和宋美龄之间的关系。当时刘纪文只承认他的太太是宋美龄所介绍的，宋美龄和蒋介石结婚时，刘纪文则是男傧相。他只说："我们是很好的朋友。"

一般人只知宋美龄在20世纪40年代后期的一大杰作——放"虎"归山，殊不知宋美龄的干女儿孔令伟（又称令俊）早在她的溺爱下变得无法无天了。

抗战进入相持阶段，国民党政府迁往大后方的过程中，爆出了孔二小姐大闹"民航"的风波。当时中国香港开往内地的班机座位十分紧张，但孔二小姐把国民党的公务人员赶下飞机，只有一个原因——她的两只爱犬必须有座位。消息传出，民怨沸腾，在宋美龄的压力下，蒋介石不得不设法为孔家开

左起：孔二小姐、桂永清、顾维钧夫人、陈绍宽、翁文灏、孔祥熙，1943年摄于瑞士。

脱。据侍从说，为此事，宋美龄与蒋介石闹了几天的气。

后在重庆时，孔二小姐更是横行不法、声名狼藉。

她经常穿男装，据传，她还效法旧社会的男人，"讨小纳妾"。第一次她看上了范绍增的一个姨太太，硬把她要过来住在范庄（孔祥熙官邸），俨然夫妇。后来，她又看上了顾祝同一个军需处长的妻子，又把她夺过来住在范庄。

提起这位二小姐，她还是上海圣约翰大学在重庆唯一的"特殊毕业生"。1942年，该校一个美国教授到了重庆，宋蔼龄见到他，要他为孔令伟弄一张圣约翰大学的毕业文凭。这个美国人异想天开，要她就近在重庆找一些老师，算作是圣约翰大学的教授，专教她的女儿，读满一定学分以后，就算毕业。宋蔼龄照着这个建议，就在孔的部下中，挑选有博士衔的几个留学生为她女儿教课，被聘的有哈佛大学毕业的王元照，康乃尔大学毕业的邓辉，时任孔祥熙秘书的夏晋熊也被聘教法文和经济学。每次上课，说是一小时，实际上教了十几分钟，就陪学生聊天游玩，这样混了一年，孔令伟的圣约翰大学文凭就到手了。

一次重庆的空袭警报响起，孔二小姐亲自驾车向新开市（孔的乡间官邸）驶去。时值夜间，灯火管制，车辆不能开灯，必须缓慢行驶，而她仍开足马力，向前疾驶。路上交通警察举手拦路，要她放慢速度，她口里讲着："去你妈的蛋！"踏足油门向那个警察身上冲去，这个警察被撞出路外，满地是血。

范庄一个年轻卫士把手枪遗失了。孔二小姐不相信，认定他是把手枪卖给别人了。这卫士不承认，她就命人把他吊起来抽打，整整折磨了一夜。

有个副官的徒弟，在孔家当司机，有一次在重庆南岸，因做衣服跟裁缝争吵，出手打人，被对方还揍了几下，回来向副官师傅哭诉，副官带几个人去把铺子全部捣毁，引起四邻公愤，把他们围打了一顿，一个茶房头的眼睛被打瞎。孔令伟为此事大发雷霆，打电话给警察局要求把铺子封闭，并逮捕了多人。

孔令伟在官邸秘书处，经常能够预知一些公事。其原因在于孔的秘书处工作人员陈延祚，为赢得孔二小姐的欢心，将送来的许多公事，先给她过目，特别是有关人事的任用、调迁的案件。当时"中央银行"人事处长潘益民、"财政部"人事司长高晓楼跟孔令伟经常有秘密的谈话。公事先呈阅，后呈阅，或暂时压一压，孔二小姐可以左右一切。甚至在孔祥熙批公事时，她在旁边，指手画脚地参加意见，孔也听之任之，有时竟会受她的影响。不长时间，下边人都知道向孔祥熙有所要求，先通过孔二小姐这一关，事情就好办得多。抗战前夕，"中央银行南京分行"经理李润生，把自己的南京住宅作价卖给银行。胜利复员时，李为了把这所房屋占为己有，活动恢复南京分行经理原职，他所活动的对象，就是孔令伟。当时的监察院委员李世军对此案还提出过弹劾。孔令伟对做生意发财之道很精明，她经常从香港空运重庆缺乏的商品，出售牟利。她的货物一概由财政部总务司司长边定远出面作为受货人，后来航空检查站也打通了，知道这个底细，就照例放行。

孔令伟不仅参与孔祥熙的公事，就是蒋介石的公事，她也能翻弄。有一次何应钦的一份重要报告，被她拿去看后没有归还原处，何应钦几次催询，蒋介石不知究竟，追查侍从室公文收发，确实早已交到蒋处，查来查去是孔令伟看后随手扔开的，蒋介石也无可奈何。有一次在重庆储奇门江边汽车轮渡码头，蒋介石的车队已经来电话通知要过江了，孔令伟也开来一辆汽车，要抢先过江。宪兵拦阻制止，她非但不听，而且撒野大闹，打了指挥交通的宪兵一个耳光。这时正好蒋介石坐车赶到，蒋不得不用官腔训斥她一顿。但孔令伟对蒋介石的训斥若无其事。因她不仅是孔、宋的女儿，而且是宋美龄的干女儿，既然是宋美龄的干女儿，也就是蒋介石的干女儿。她平时经常出入蒋介石的私宅。孔二小姐十分了解蒋介石的为人，虽然蒋介石有时也训斥她，但那是说给外人听的。"打是痛，骂是爱"，她知道蒋介石实际上是宠她的。（参见《上海文史资料选辑》1978年第一辑夏晋熊文）

国民党退到台湾，宋美龄没有条件像在大陆时期与孔家的来往那么频繁，但她依然关心着大姐的后代，20世纪60年代初，孔家大小姐孔令仪到台湾来探望蒋介石和宋美龄，她这时又成了单身，宋美龄为孔令仪挑选了一个姓黄的空军上校充当随从，陪她在台湾各处游玩，相处一段之后，双方皆有结婚之意。之后，黄姓军官上校升少将，并被派往美国担任武官，在美国与孔结婚。他们在美国负责照顾着姨妈宋美龄。

晚年的宋美龄可以说是不断地泪洒黄泉路，亲人一个接着一个地去世，宋美龄也一次又一次遭受着重大的打击。也许，这是她晚年最大的不幸、悲哀与无奈了。在她逝去的亲人中，报道最多，也最详细的莫过于她的干女儿孔令伟的病况与逝世的前前后后。

跟随宋美龄到美国的孔二小姐，是宋美龄身边最得信赖的亲人了。可是这个一生故事最多，也是劣迹最多的孔二小姐却因身体不适从美国返台接受振兴医院的治疗，当时被医生发现并确诊患上了直肠癌。在立即动手术后，她的病情很快得到了稳定。于是，孔二小姐于1993年2月再度赴美陪伴宋美龄。直到9月份，孔令伟的直肠癌复发，她二度返台接受治疗，但是病情很不乐观。

1994年9月10日，在孔令伟病危之际，97岁的宋美龄飞抵台北来探视她心爱的75岁的外甥女。根据接近蒋家的人士透露，宋美龄这次跋涉万里而来，是因为有两个牵挂：第一，为孔令伟；第二，是探询有关蒋氏父子迁葬灵柩之事。孔令伟从小就跟在宋美龄身边，一直是士林官邸中最有权势的人物，在官邸中她不喜欢的人总会吃大亏。宋美龄膝下无儿，她视孔令伟为己出，两人关系亲如母女。70多年来，尤其是晚年的宋美龄，更与孔二小姐相依为命。

台湾的《中国时报》1994年9月12日的一篇报道中写道："以宋美龄97高龄的风烛残年，冒着搭乘长途飞机的辛劳和危险，不辞万里跋涉，来到台湾探视孔

宋美龄（前排右一）在孔二小姐（右三）的陪伴下在台北参加蒋介石去世十周年纪念会。

令伟，她们之间的感情，绝对不是用一般的甥姨之情可以轻易诠释的。"

另外，台湾某些人还认为，宋美龄此行冒了很大政治风险，台湾《天地新闻》社社长曾撰文称："蒋夫人的身份地位，她了解当前的台湾环境，政治气候，是个最敏感的地带，尤其是李登辉几乎已同民进党一鼻孔出气了，她的来去，不会不考虑到出现一些尴尬的场面，不必说什么污辱了，即使有不敬的情况，也会让她感到难堪的。"（参见1994年9月12日香港《星岛日报》）但是宋美龄为了和她这个从小带在身边长大，视同己出的外甥女见上一面，还是不顾一切地来了。

宋美龄从1991年9月离开台湾赴美长居，到这次由美返台，时隔整整三年。9月9日，宋美龄在孙儿蒋孝勇等陪同下，由美国纽约搭乘"华航"011班机返台。

第二天上午，宋美龄便直接前往桃园县大溪慈湖蒋介石陵寝谒陵。她在陵寝前献花后，手扶灵柩，注视蒋介石遗像很久，使人感到他们近半个世纪的夫妇之情确实很深。

为了迎接宋美龄的到来，医院方面做了充分的准备。原以为宋美龄可能一下飞机即来振兴医院探视孔令伟，所以在宋美龄到达当天上午向住院病患宣布8时后请尽量勿下楼，自清晨6时许开始，医院内外即有大批媒体记者守候，四部游览车载来的上百位新同盟会的老兵也准备了红布条欢迎宋美龄，女青年大队退休女兵与新同盟会也不断送来鲜花准备向宋美龄致意。

下午，宋美龄完全不见长途飞行的劳累，神采奕奕地出现在振兴医院，虽然院方为她准备了轮椅，但她并未使用，而是在医护人员搀扶下，未拄杖缓缓走过长达50米的医院大厅，态度亲切、自然、从容，等候的群众对宋美龄97岁高龄却展现出良好的健康状况，皆表示敬佩，看到等候群众，宋美龄立即将深色太阳眼镜摘下，面带微笑地轻轻挥手向大家致意。有人大声向宋美龄问好，也有人不顾警卫警告，高声请蒋夫人说几句话，宋美龄虽未回应但是示以微笑。

宋美龄看到孔令伟时，情绪还是维持一贯的平静，并未太过激动；孔令伟则睁开眼睛，知道是小姨妈来看她了。宋美龄摸着孔令伟的手，关爱之情溢于言表，直到深夜她仍在医院陪伴着这个令她十分喜欢也十分信赖的"女儿"，没有返回士林官邸之意，她住进院方整修好的院内招待所，以备随时探视孔令伟。往后的几天，孔令伟的状况持续好转，为方便抽痰，医疗人员为她施行了气管切开术。在那几天，只要宋美龄跟孔令伟说话，孔令伟似乎都能听到，而且也有一些反应。这点让医疗人员十分诧异，因为在此之前，孔令伟的状况相当不稳定，意识时而清楚，时而模糊，高烧不退，癌细胞已转移到肺部、泌尿系统……这件事也让医疗人员对孔令伟与宋美龄之间的情感，有了更深一层的体会。

孔令伟的病情趋于稳定，她的意识已较清醒，所做的腹部C光检查及电脑断层扫描均显示病情稳定，医生估计病情在短期不会有太大变化。宋美龄准备离开台湾返回美国。宋美龄虽然关切这位亲人的健康，万里迢迢从美国赶来，但却无能为力。用蒋纬国的话来说，现在的孔二小姐只能把命交给上帝，把病交给医师。

宋美龄很清楚，她又将面临一次与亲人的生离死别，却又别无选择。她只有靠另一种境界来帮助她承受这一打击了，这就是她常说的：心中怀有天国团聚的企盼。

宋美龄返回台北后，她终于走进了阔别三年的士林官邸。她先上楼走进每个房间，向大家道谢，然后走进蒋介石的卧室，见床帐亦如生前，连床边几上的半杯白开水，也是刚换过还是温温的，她默祷了半分钟，摸摸枕头，摸摸睡衣就下楼离开了官邸。

听说宋美龄要回家，士林官邸的管家、近亲加上侍卫官们，为了表示对蒋家的忠心，忙碌起来。李大伟、朱霞庭、蒋茂发等自动集资十余万元，分头去南门市场、花店买些宋美龄爱吃的蔬菜、水果和鲜花，按照往常的惯例布置起来。客厅、书房顿时洋溢了花香。86岁的老副官王新标，亲自带着工友打扫院子。这些人心中仍保有老传统、旧观念，之所以这样殷勤备至，据说是因为他们希望：在蒋介石去世后的多年，士林官邸一直冷落着，不能让宋美龄回家有人情冷暖、今非昔比的伤感。

士林官邸园内的老松树还是直挺碧绿，慈云亭上鸟雀起舞，松鼠跳跃在树丛里，蓝天白云依旧，可是这里已是几度沧桑。士林官邸的侍从们送走了宋美龄，又是一番惆怅地说：这一走又不知何年何月再回来，也许永远不会再回来了。

　　9月19日下午宋美龄在家属蒋纬国、徐乃锦、蒋友梅等陪同下登上"华航"班机，终于硬下心肠回美国去了。

　　在宋美龄返美之后不到两个月，她一直宠爱有加的孔二小姐于1994年11月8日离开了人世，终年75岁。

　　孔令伟去世后，台北的振兴医院立刻用传真把死讯告诉了在美国纽约的宋美龄，她即刻吩咐有关人员按照孔二小姐的遗嘱，把她的遗体空运美国同其父母安葬在一处。同时也准备亲自为"女儿"送葬。

　　11月9日，振兴医院为孔二小姐设置了一个简单的灵堂。宋美龄请孔令伟的姐姐孔令仪回台料理后事，孔令仪回台时除了携带一具铜棺之外，并有一位替孔令伟遗体化妆的化妆师同行。不久，孔令伟的遗体空运到美国，安放在纽约市曼哈顿上东城著名的堪贝尔殡仪馆。随后，设灵堂举行葬礼。

　　这一中型的灵堂四周摆满了花牌，而这些花牌上90%的下款都是英文；中文的花牌只有熊丸、王晶、警卫室等少数几面，上款都尊称孔令伟为"总经理"。

　　银白色的铜棺，下半部缀满了花朵，上半部棺门打开，孔令伟躺在那里，深蓝色的长袍，头发松松地向后梳，面部表情平静而安详，方形的脸显得很有福气，脸上完全没有皱纹，一点也不像七十多岁。这和传说中达官贵人都怕三分，喜做男子打扮的"孔二小姐"，不像是同一个人。

　　据资深记者陆铿回忆，1943年当他在"中央电台"任传音科总干事时，曾在孔祥熙公馆"范庄"录音，在客厅中见到了孔令伟，那时她穿蓝色绸子长袍，长袍袖子翻起来露出里面的中国式对襟白衫，完全是一副翩翩公子的打扮。

　　孔令伟生前住在"深宫"之中，很少外出，所以难得有人见到她的真面目，但资深记者龚选舞却"有幸"同时见到孔家大小姐与二小姐。这位曾任《中央日报》驻巴黎"特派员"的记者，与故船王董浩云私交颇深。1970年龚在纽约《美洲日报》任总编辑时，有一天突然接到董浩云的电话，约他去"广州楼"餐馆。当龚选舞用餐到了一半时，董浩云突然对他说："选舞，你今天真的很荣幸，坐在孔家大小姐和二小姐中间。"

　　龚选舞到那时才注意到他左右两边这两位中年妇人。但他对她俩的印象是："斯斯文文，和蔼可亲，一点也不像外传的那种飞扬跋扈的样子；孔二小姐穿的也是女装，并没有什么特别之处。"

孔令伟的丧礼定于1994年11月14日和15日两天，在这座内部陈设古色古香的殡仪馆里接受亲友吊祭；而殡仪馆职员们表示这是一次"私人性质的丧事"，严禁记者们进入殡仪馆。但记者们因为风闻宋美龄要前来吊唁，所以苦苦守候，由上午一直等候到下午6时许，还没有等到。

16日上午9时许，孔令伟的灵柩移到附近的方砖教堂，安置在讲坛上，四周满布香烛花牌。10时10分左右，三十多位亲友先后抵达教堂，包括孔令杰、蒋纬国夫人、蒋孝勇及"协调处驻纽约办事处"处长吴子丹等。记者们先行抵达，在大厦门口守候，宋美龄乘轮椅进门时，大家纷纷抢拍镜头。但这时哀痛非常的宋美龄表示她不想拍照，记者们也很尊重她停止动作。在台北曾见过孔二小姐最后一面的宋美龄则于11时前，在随侍搀扶之下，步入教堂。宋美龄着黑色洋装，面容肃穆。

根据教堂的说法，这一次追思礼拜也是"私人性质"，记者不准进入，只有一两位记者获准进入，参加了这次历时二十多分钟的追思礼拜。追思礼拜开始时，宋美龄尚能自持，但到了牧师祈祷时，对孔令伟"视同己出"的宋美龄，曾一度"失去控制，掩面哭泣"。

孔氏家族的墓园位于芬克利夫公墓内一栋大厦的三楼，墓园中已安放了孔祥熙、宋蔼龄、孔令侃三人的灵柩。典葬牧师行礼祈祷之后，银白色的铜棺嵌入第四层。送葬的亲友步上三楼，坐着轮椅的宋美龄也乘电梯抵达那里。就这样，上帝又从她身边召唤走了一个至爱亲人。葬礼后，宋美龄要求众人暂离，让她单独在墓前哀悼，向心爱的外甥女做最后告别。众人离去时，看见这位年近百岁的老人单独站在墓前，大家都感到了她那白发人送黑发人的悲哀。

祖孙之情

国民党退台以后，蒋经国的四个孩子渐渐长大，当蒋经国个人的事情多，公务忙得实在没有时间多尽孝心时，他的四个孩子会每天围在宋美龄的身边，奶奶长，奶奶短，嘴甜如蜜，笑靥如花，溶化了宋美龄对蒋经国的芥蒂之心，也拉近了宋与蒋的母子关系。

特别是孝武、孝勇，他们俩每到士林官邸，总会拉住奶奶撒娇，亲吻她的脸颊，惹得宋美龄十分欢心。士林官邸中的侍卫们每逢宋美龄心中不快，总会打电话把这两个小宝贝接来给宋美龄开心。因此，侍卫们也对他们客气得不得了！

所以，蒋孝武、蒋孝勇自懂人事后，所见所闻，无非都是奉承之色、阿谀之言。在他们幼小的心灵中，除了公公、爸爸"真伟大"之外，即使秦皇、汉武、唐宗、宋祖、成吉思汗……统统看不上，他们只要能够得到这个能够"管"得住公公的奶奶的钟爱，就自是非同一般，而且是要什么有什么，为所欲为，成为天字第一号的"太保"。

蒋家兄弟长大以后，就各有所亲了。据闻：蒋经国去世后，蒋孝武在大直官邸陪妈妈蒋方良，蒋孝勇却一直住在士林官邸陪奶奶宋美龄。两人在处理问题的态度上也有很多争执。

宋美龄1986年从美国返台后，蒋孝勇几乎每天都到士林官邸向她请安，同时，他也成为宋美龄向外发布消息的代言人。

谈到对母亲及祖母的感情，蒋孝勇指出两位老人家都是很疼他的："然而她俩的教育背景完全不一样，我母亲可说是个农村妇女，我对待母亲也就是对待一位农村母亲，你没法跟她谈问题，她只要你在就好，就是纯粹的母亲，她是不理会政治之类事情的。对我而言，母亲给我的，就是母爱。而祖母则不一样，她受到非常好的教育，不单和我谈信仰，也教我哲理、观念、做人处世等等，等于是个有高深学问的祖母。所以她俩的差距也就在于'一位是农村的母亲，一位是哲人的祖母'。"然而感情的方面，蒋孝勇对两位老人家却是不分轩轾。

蒋孝勇的这番心里话，也从一个侧面反映了他对宋美龄的评价与感情。

蒋孝勇解释他的祖父蒋介石及父亲蒋经国对后辈的期望时说："我祖父非常希望三个孙子中，至少有一个读军校，以后在军中发展；这个愿望，祖父要比父亲更为强烈。我两个哥哥先后读军校都没读完，这个想法就由我来实现了。"

当时蒋孝勇的自我期望值很高，除了学校课程之外，他自己另外涉猎战略及战术方面的书籍。他不单以读军校为荣，也打算好好把军校读完。

陆官预备班，蒋孝勇读得非常顺利。他的成绩极佳，女友方智怡记得是以第三名结业，并上台领奖。接着就成为陆军官校正期生，然而才读了一年就出了意外。

蒋孝勇在陆官一年级下学期，一次打野外单兵攻击时，他跳进一条干沟，干沟里都是石头，一个不小心，脚踝就受伤了。学生营营长认为，那是扭伤，找个跌打损伤的推拿一番就可以了。他当时也以为如此，没太在意，每天到学校附近一个专治跌打损伤的诊所去推拿，但是实际上不是伤到筋骨，而是伤到软骨，拖了三四个月都没有好，再详细检查，才发觉受伤的软骨已经硬化，后来只好连动两次手术。蒋经国先请美军一位对足踝手术很有经验的医师动手术，那位美籍医师认为蒋孝勇年纪轻，软骨应可重新长好，于是只修掉旁边溢出关节的软骨。但手术过后，蒋孝勇依然无法正常步行，第一次手术可谓失败，只好二度进行手术，这回由"荣总"医师主刀，把整个硬化的软骨取出，改以两根钢钉固定。这次手术之后，蒋孝勇的中踝只能上下动，不能左右动。两根钉子跟了他一辈子，也使得他失掉快速移动时的平衡能力。

蒋孝勇脚踝动手术，全家都十分关心，祖母宋美龄亲自数度前往探视，祖父蒋介石手书"持志养气，耐心养病"来勉励这个唯一在军校的孙子。然而经过评估，蒋孝勇显然已不适合留在军中，最后只好在三年级时转学。祖父这个期望也就成为泡影。

蒋孝勇交女友时，开始没有暴露他的家世，到后来女友方智怡才逐渐了解她这位男友的身份特殊，而且，突然有那么一天，她一下子见到了蒋介石夫妇。起初，她非常紧张，因为那时地位崇隆的蒋介石，与民众之间的距离相当遥远。而她年仅19岁，正在世界新闻专科学校就读图书馆科。

方智怡回忆，那年是1968年，蒋孝勇还是陆官二年级学生，正因为足踝扭伤而到"荣总"二度开刀。她到病房陪他，临时突然接到通报，爷爷奶奶要来看孙子。方智怡紧张之下，第一个念头就是该避一避，但蒋孝勇说："不用啊，你留下来没关系。"

没多久，蒋氏夫妇就到病房了。蒋孝勇先把方智怡介绍给爷爷奶奶："这位是方小姐。"

宋美龄很平易近人，看着方智怡回答："啊，我觉得你应该是'圆小姐。'"这么一逗，方智怡就笑了，也化解掉原先紧张的心情。蒋介石微笑着没讲什么话，夫妇俩在病房逗留了一阵子就离去了。

蒋孝勇在父亲死后，经过一段时间考虑，准备举家迁往国外，在准备离境前，他带着儿子友柏及友常到士林官邸，向宋美龄辞别。宋美龄告诉曾孙："你们要出去，太太（按江浙话称曾祖母为"太太"）绝对赞成你们出去；但是出去记得两件事——第一，不要忘记你们姓蒋；第二，不要忘记你们是中国人！"

蒋孝勇得知自己患上癌症，随后带着全家飞往纽约，在中央公园旁的寓所见了宋美龄。蒋孝勇大致向98岁高龄的祖母说明了自己的病情，他并未隐瞒，但轻描淡写地叙述自己如何发现罹患了食道癌，接着就开刀切除肿瘤，然后又做了三个月的化疗。六个月来，蒋孝勇显得消瘦许多，他的体重掉了十公斤，不过仍精神奕奕，讲起话来中气十足，和平常并无两样。

宋美龄十分关切孙子的病情，同时也勉励小两口，这场病要学会交托："你们要对上帝有信心，把一切交给上帝。你们要随时祷告，上帝会照顾的。"

只可惜，上帝没有关照与宋美龄感情极好的这个孙子，蒋孝勇不到50岁就病逝了。

在蒋家孝字辈的兄弟中，蒋纬国的儿子蒋孝刚最小，却是出了一个远离政治的后代。这个结果是与蒋介石夫妇的关心与设计分不开的。

蒋孝刚生于1962年，是蒋

蒋介石与最小的孙子蒋孝刚的合影。

纬国的独子。蒋孝刚和堂兄一样，名字是祖父取的。蒋介石对这个年龄最小的孙子，管教相当严格。在蒋家第三代诸子中，他与外界最无接触。一位接近蒋家的人士回忆在梨山宾馆亲眼见到的一幕：那天，蒋孝刚拿了一个苹果，有个小朋友想要同他分苹果，蒋孝刚不肯，一闹起来，蒋介石就斥责蒋纬国，孩子是怎么教的。

蒋孝刚从台湾复兴小学毕业之后，大约在1972年，就由邱如雪带着到美国去读书了。至于为何让蒋孝刚这么小就负笈异国，其主要原因来自蒋介石，当时他卧病在床，和宋美龄谈起长子蒋经国的三个孙子，十分感慨地说："我们蒋家的孩子很可怜，不管家里管得多么严，社会都会把他们宠坏，人家对我们蒋家的子弟总是客气一些，最后小孩就变成特权阶级。"做祖父的不希望孙子再重蹈覆辙，于是指示夫人转告儿子纬国，当孙子读完小学，就送出国读书，一方面培养自立的性格，也兼顾外语能力；再者，也可避开岛内复杂的环境。

静静等待上帝的召唤

宋美龄顺利度过了新千年的门槛，成为人生跨越三个世纪的寿星。

1996年，宋美龄答记者问时，这样说道："上帝让我活着，我不敢轻易去死，上帝让我去死，我决不苟且地活着。"

支撑宋美龄生命的，除了她的上帝以外，还有她的亲情，哪怕是那些已经过去的亲情。平日在纽约照顾宋美龄的外甥女孔令仪表示，宋美龄近年深居简出，平日除了读《圣经》之外，不太见客，并减少公开活动，她喜欢一个人静静欣赏以前画的国画，回味往事。和宋美龄聊天，要挖心思找话题。关于台湾政情等政治性的话题则完全不能提，免得宋美龄操心。

孔祥熙与宋蔼龄之长女孔令仪，人称"孔大小姐"，也已近90岁了。她说，自己曾在南京和宋美龄同住五年，比两个儿子还亲。孔令仪说，宋美龄的至亲和同辈好友，近年相继过世，特别是在张学良去世之后，宋美龄更显落寞。孔令仪夫妇曾希望宋美龄将亲身参与或居关键角色的往事书写或口述历史，集成自传，但都被宋美龄婉拒。可能受到基督教影响，宋美龄对自己的往事不愿多提。

走下人生的大舞台

新华网纽约2003年10月24日电：蒋介石的遗孀宋美龄女士在美东时间22日曾出现感冒症状，医生初判为肺炎，已于当地时间23日23时17分（北京时间24日11时17分）在美国纽约曼哈顿家中去世，享年106岁。据当时在场的亲属孔令仪说，宋美龄过世时非常平静，她看了孔令仪最后一眼才闭上双眼。

台湾岛内各界对宋美龄逝世表示哀悼

宋美龄逝世后，岛内各界纷纷表示哀悼，并组织悼念活动。

中国国民党得知宋美龄去世深表哀悼，正在美国"访问"的国民党主席连战闻讯后称，他对宋美龄去世一事表示震惊与哀悼。国民党党部决定降旗三天。同时国民党和亲民党主席都表示"国亲联盟"成立治丧小组，共同协助家属办理治丧事宜及哀悼事宜。

国民党高层邀集国民党元老召开宋美龄夫人治丧筹备会议，国民党党部大楼外墙高高挂起追悼宋美龄的巨幅照片，久未公开露面的一批国民党元老齐聚国民党党部。宋美龄曾孙蒋友柏代表蒋家出席会议，表达蒋家希望由国民党主办丧事。会上决定由国亲新三党和妇联总会共同成立治丧会，连战担任治丧会主委，副主委是宋楚瑜、郁慕明和辜严倬云。

"妇女联合会"宣布于10月25日起设立灵堂悼念；"商业总会"表示对于宋美龄的辞世深表哀悼；宋美龄生前创办的振兴医院的员工也在医院设置灵堂悼念。

岛内一些人士也通过多种渠道表达对于宋美龄去世的悼念之情。前台北"故宫博物院"院长秦孝仪、国民党籍"立委"章孝严、前"行政院长"郝柏村、"新党党主席"郁慕明等都在各种场合表示了哀悼。

祖国大陆各界纷纷电唁宋美龄家属

全国政协主席贾庆林10月24日给宋美龄亲属发唁电，对宋美龄女士逝世表示深切哀悼。

贾庆林并发表谈话说，宋美龄女士是中国近现代史上有影响的知名人士，她曾致力于中国人民抗日战争，反对国家分裂，期盼海峡两岸和平统一、中华民族兴盛。

贾庆林所发唁电全文如下：

宋美龄女士亲属：

惊悉中国近现代史上有影响的知名人士宋美龄女士逝世，我谨代表中国人民政治协商会议全国委员会表示深切哀悼，并向你们表示诚挚慰问。

中国人民政治协商会议全国委员会主席　贾庆林

2003年10月24日

10月25日，海峡两岸关系协会会长汪道涵、民革中央委员会主席何鲁丽、宋庆龄基金会、黄埔军校同学会都电唁宋美龄逝世。

中国外交部发言人章启月28日透露，中国驻美国大使杨洁篪先生将受全国政协的委托，参加宋美龄女士的吊唁活动。

同日，美国总统布什发表声明对宋美龄女士逝世表示哀悼。

布什在由白宫发布的声明中说，宋美龄是美国亲密的友人，特别是在前一世纪重要的奋斗期间。布什代表美国人民，向宋美龄的家属和她在全球的仰慕者表示哀悼之意。

最后告别人世

宋美龄的遗体告别仪式于纽约时间10月28日下午在法兰克坎贝尔殡仪馆举行，她的家族人士、故交28日均出席了告别仪式，整个仪式庄重肃穆。宋美龄的孙媳妇蒋方智怡28日下午代表遗属宣读关于宋美龄的治丧事宜。她表示，经过家属数日商量，决定将宋美龄暂厝纽约，在将来会适时和蒋介石一同安葬。她的亲属举行了家祭，由牧师主持祷告后，为宋美龄举行封棺。从那时起宋美龄便正式告别了这个世界。

宋美龄的公祭活动29日中午在纽约法兰克坎贝尔殡仪馆举行。公众未能瞻仰到宋美龄的遗容。殡仪馆内，有一张她生前的大幅肖像油画，摆放在棺木旁边。亲友和各界名流赠送的花圈簇拥着她的棺木。宋美龄的遗体暂放纽约，八小时的公祭活动后，11月5日还将举行追思礼拜。公祭活动吸引了中外媒体大批记者。警方提前三个小时便已就位，维持秩序。

按照生前意愿宋美龄下葬在纽约芬克里夫公墓

宋美龄家族于30日早上为其举行启灵仪式，她的灵柩于美国东部时间30日上午由纽约的法兰克坎贝尔殡仪馆移至纽约上州的芬克里夫公墓，按照宋美龄生前的意愿被安放在该公墓的芬克里夫室内陵园。

上午10时左右，殡仪馆的工作人员将古铜色的棺木抬上灵车，宋美龄女士的家属分乘十几辆礼车护送灵车前往墓园。宋美龄的灵柩将被安放在与她的大姐宋蔼龄和姐夫孔祥熙的墓室相邻的一处墓室。

29日，停放宋美龄灵柩的法兰克坎贝尔殡仪馆开放半天，供公众凭吊，有数百人前往祭奠，其中绝大多数是华人。

宋美龄追思礼拜举行千余人参加场面庄严肃穆

宋美龄的追思礼拜11月5日在曼哈顿圣巴托罗缪大教堂举行。根据台湾"中央社"的报道，这场追思礼拜共有千余人到场，场面庄严肃穆。

追思仪式是美东时间上午9时30分开始，首先由教堂的驻堂牧师宣召，简介蒋夫人生平，随后众人合唱赞美诗"千古保障"，牧师读《圣经》诗篇第121篇，然后由女声独唱蒋夫人生前最喜爱的"奇异恩典"。

这是最后一次，宋美龄让众人瞩目，镁光闪烁。宋美龄，这个20世纪中国最富于传奇色彩的女性，终结了生命的华章。

纽约侨界悼念宋美龄呼吁台各政党维护中国统一

纽约各界华侨华人10月29日下午在华埠集会，悼念宋美龄，呼吁台湾各政党以宋美龄反对国家分裂的言行为楷模，维护中国统一。

集会以静默悼念方式开始，没有宋美龄的遗照，一幅白底黄字的"纪念蒋宋美龄讨论会"的横幅表达着人们的哀悼。

与会者指出，宋美龄一生始终反对国家分裂，反对"台独"，其致力维护国家统一的言行令人尊敬，台湾各政党应以此为楷模，为早日实现海峡两岸统一而努力。

美国林则徐基金会主席黄克锵认为，宋美龄一贯抱有国家统一的信念，尽管很多报道说她生活无缺憾，但她有生之年没有看到海峡两岸统一，姐妹最终未能相见，不可能没有遗憾。

宋美龄辞世难安台湾政坛毁誉纷纷论争激烈

据台湾媒体综合报道，宋美龄去世后，在台湾内部再度引发强烈的政治效应，特别是李登辉日前批评宋美龄搞"金钱外交"，民进党"立委"林重谟又出言不逊，使在野"立委"展开强烈抨击，在"立法院外交委员会"中，把受到李登辉提拔的"外交部长"简又新当做李登辉分身，当面斥责一顿，也强烈要求林重谟须道歉。

国民党元老也对李登辉的谈话表示不满。前"故宫博物院院长"秦孝仪说："根本就是无耻、无聊！"前"行政院长"李焕则表示，莫名其妙，根本都是没有根据的话。

而昨日民进党"立委"林重谟更说，如"总统"去替宋美龄"盖旗"，那他替阿扁感到窝囊，都什么时代了还搞"国母""母国"。

国民党党团即强烈谴责，并要求民进党团立即向全民及蒋家遗族道歉，并严加管教林重谟。

亲民党"立委"孙大千则批李登辉，他说，全台湾最没资格讲这句话的就是李登辉，因李登辉任内多个秘密账户收买美日政治人物，如果说蒋宋美龄是"中国料理"，那李登辉就是搞"流水席外交"。

国民党"立委"章孝严批李登辉简直是信口雌黄、不道德、非常怯弱、自贬身价、忘恩负义、扭曲历史。

针对李登辉所说宋美龄是以"贿赂"罗斯福家族的方式换取美国对中国抗日的支持，蒋家媳妇蒋方智怡昨天表示，"公道自在人心"。李登辉没有任何依据就批评宋美龄，此举不仅对不起她，也对不起蒋家家属及国民党党员和全台人民。

蒋方智怡说，宋美龄在国家处于危急时刻，抱病前往美国，主要是在美国国会演讲中痛斥日本侵华举动，让美国人知道日本侵略者的面目。蒋方智怡表示，她要为宋美龄讨个公道，如果李登辉说话没有证据，相对也伤害到美国前总统罗斯福。

宋美龄治丧委员会官员称，陈水扁表示准备10月31日抵达美国，第一件事就是直奔灵堂致哀，还要为宋美龄女士"盖旗"，一定以最大的诚意展现对宋美龄女士的"最大敬意"。但陈水扁的这项"诚意"遭到宋美龄的孙媳蒋方智怡的拒绝。她激动地表示，宋美龄女士一生信仰一个中国的思想，怎么可能被一位不认同一个中国的人为她覆旗。

激活了"中国记忆"

作为一个"动荡中国现代史的见证人"，宋美龄女士的去世在某种程度上激发了全球华人对过往中国百年风云回顾与探寻的热情。

短期来看，宋美龄的去世无疑会在台湾和祖国大陆民众中掀起一阵对宋所代表的历史的好奇。事有凑巧，就在宋美龄过世之前一周，台湾"公共电视台"斥巨资、耗时两年拍摄完成的宋美龄的故事，刚刚分三天连播完，似乎冥冥中先为观众作好暖身，以备七天之后的星陨。等宋美龄过世消息传来，"公视"当机立断，决定每日重复播送，果然引来大量好奇的观众。

"公视"此节目的制作足迹，遍及海峡两岸与美国，其中对大陆学者杨天石与杨树标等人的访问占重要篇幅。他们对宋美龄的评价尽量采取中立并同情的立场，使观众不得不因为感受不到内战的对峙气氛，而产生这样或那样的联想。更有趣的是拍摄抗战胜利的那一段，屏幕上蒋介石驱车进入重庆时，背景音乐播放着《义勇军进行曲》。对于多数不熟悉中华人民共和国国歌的台湾观众来说，或不觉其特殊，但"公视"制作单位的意向则引起了人们的注意。

可以说，在台湾当局强力推行"去中国化"运动的背景下，宋美龄的去世激活了台湾人的"中国记忆"！

宋美龄风云一世，终于走下了人生的大舞台，但盖棺无定论，对她的功过和她所代表的那段历史还有待于学者们继续探索与评说。

主要参考书目

高惠敏　编著	《中国"第一夫人"》	档案丛刊编委会
江南	《蒋经国传》	中国友谊出版公司
龙流编译	《宋美龄传》	农村读物出版社
陈廷一	《宋蔼龄传》	青岛出版社
翁元口述	《我在蒋氏父子身边的日子》	中华书局
蒋经国	《蒋经国自述》	湖南人民出版社
司马春秋等	《蒋纬国外传》	档案出版社
李松林	《蒋介石晚年》	安徽人民出版社
王俯民	《蒋介石传》	经济日报出版社
李勇等	《蒋介石年谱》	中共党史出版社
辛慕轩等	《宋美龄写真》	档案出版社
沈剑虹	《使美八年纪要》	世界知识出版社
杨树标	《宋美龄传》	江西人民出版社
尼克松	《改变亚洲历史的人物》	洞察出版社
尼克松	《尼克松回忆录》	商务印书馆
顾维钧	《顾维钧回忆录》	中华书局
李桓编译	《宋美龄传》	海峡文化出版社
王松等	《宋子文传》	武汉出版社
李达编著	《台湾接班问题》	广角境出版社
同上	《台湾风云名人录》	同上
同上	《台湾权力核心》	同上
同上	《宋美龄与台湾》	同上
黄植诚　李大维	《我所了解的台湾》	解放军战士出版社
统战部三局	《台湾政党和部分社会政治团体介绍》	团结出版社
风云论坛社	《蒋夫人与元老派》	风云论坛编委会
	《"总统"府内幕》	华文出版社
丁闻等	《台湾名人剪影》	团结出版社
龙中天	《蒋经国的死后生前》	新梅出版社

黄嘉树	《国民党在台湾1945—1988》	南海出版社
李松林	《中国国民党在台湾40年纪事》	解放军出版社
鸿鸣	《蒋家王朝》	中原出版社
韩舞燕等	《蒋氏家人今何在》	百花文艺出版社
陈香梅	《春水东流》	山东人民出版社
李与王	《神秘的孔二小姐》	海天出版社
李敖	《蒋介石研究》	华文出版社
西格雷夫（美）	《宋家王朝》	中国文联出版公司
莫斯利（英）	《马歇尔》	解放军出版社
克罗泽（美）	《蒋介石》	内蒙古人民出版社
凯恩（美）	《美国政治中的"院外援华集团"》	商务印书馆
李纯青	《台湾问题研究》	华艺出版社
同上	《望台湾》	经济日报出版社
张铁男等	《国共两党关系历史与现状研究》	东北师范大学出版社
李达	《台湾五十名世家子弟》	广角境出版社
刘红	《蒋介石大传》	团结出版社
刘巨才	《一代风流宋美龄》	同上
汪荣祖李敖	《蒋介石评传》	中国友谊出版公司
林家有	《宋美龄传》	河南人民出版社
芜影山侯新书	《孔二小姐》	红旗出版社
风云书系	《孔宋世家》	群伦出版社
黄仁霖	《黄仁霖回忆录》	传记文学出版社
王丰	《美丽与哀愁》	团结出版社
岳渭仁等编	《外国人眼中的蒋介石和宋美龄》	三秦出版社
李海生　完颜绍元	《夫人政治》	上海人民出版社
石一流	《一个改写民国历史的女人》	北京师范大学出版社
赵宏　洪泽	《蒋介石家族的女人们》	团结出版社
高景轩　吴汝华	《蒋介石与台湾》	新华出版社
罗比·尤恩森	《宋氏三姐妹》	世界知识出版社
李松林	《王朝终结》	中国青年出版社
刘毅政	《宋美龄评传》	华文出版社
李敖	《扒蒋介石的皮》	中国友谊出版社

李松林	《蒋氏父子在台湾》	同上
唐纵日记	《在蒋介石身边八年》	群众出版社
史良	《史良自述》	中国文史出版社
冯玉祥	《我所认识的蒋介石》	黑龙江人民出版社
李宗仁口述	《李宗仁回忆录》	华东师范大学出版社
张魁堂	《张学良传》	东方出版社
汪士淳	《千山独行》	天下文化出版公司
埃米莉·哈恩	《宋氏家族》	新华出版社
吴景平	《宋子文评选》	福建人民出版社
沃龙佐夫	《蒋介石之命运》	中共中央党校出版社
王力行 汪士淳	《蒋孝勇的最后告白》	时事出版社
金风	《邓颖超传》	人民出版社
全国政协编	《文史资料选辑》	中华书局
上海政协编	《文史资料选辑》	上海人民出版社
王松等	《孔祥熙与宋蔼龄》	河南人民出版社
孙宅巍	《蒋介石的宠将陈诚》	河南人民出版社
尚明轩 唐宝林	《宋庆龄传》	北京出版社
林博文	《跨世界的"第一夫人"》	时报出版社
陈洁如	《我做了七年蒋介石夫人》	团结出版社
程 广 叶 思	《宋氏家族全传》	中国文史出版社
巴巴拉·塔奇曼	《史迪威与美国在华经验》	商务印书馆
	《台湾命运机密档案》	海峡评论杂志社
	《陈诚传》	华艺出版社
	《西安事变档案史料选编》	档案出版社

海内外报纸杂志：

《近代中国》	《中央日报》	《时报新闻周刊》
《中外杂志》	《联合报》	《新新闻》周报
《海外文摘》	《新新闻周刊》	《世界日报》
《传记文学》	《自立晚报》	《华人月刊》
《读者》	《镜报》	《中国时报》
《蒋夫人宋美龄女士百龄晋四华诞纪念特刊》		

后　记

宋美龄是20世纪中国最富于传奇色彩的女性，也是一个对中国历史曾经有几十年影响的风云人物，因此，研究中国近现代社会发展问题，中美关系问题，国共两党关系问题，台湾的政治、经济发展问题等等，都不能离开对宋美龄这样一个重要人物的了解和研究。

2003年10月24日，106岁的宋美龄走完了她跨越三个世纪的传奇人生。尽管她早已退出了历史舞台，也告别了这个世界，但是有关她的政治作为、历史影响，甚至长寿、养生等方方面面，依然成为海峡两岸许多人士关注和津津乐道的话题。

为此，本人在前几年利用所能找到的一切历史的、现实的资料，使用勾勒式的笔法，把宋美龄的一生呈现在一切对她依然感兴趣的人们面前。

本书写作过程中，吸收了许多有关宋美龄传记作者的研究成果，在此表示衷心的感谢。另外，因本次改版匆匆，近两年公布的一些与宋美龄有密切关系的张学良、宋子文等近现代名人的最新资料以及今年纪念抗战胜利的一批最新研究成果都来不及充实和修改，请读者谅解，力争在以后修订版中补充进去。

本书在写作过程中，得到了张同新老师、李松林老师、刘红老师的指点和帮助，关于"妇指会"的一些内容由刘巨才先生供稿，高炜先生、任铁缨先生为本书做了较多的文字修订工作，在此一并表示我的深深谢意。

为使读者对宋美龄有更加形象的认识，随文加配了一些历史图片，其中个别照片因时空相隔未能寻及作者，特在此鸣谢并敬请作者见到本书后主动与出版社联系。